高等学校精品课教材

物流管理概论

主　编　陈　荣　郝世绵

副主编　朱礼龙　刘碧玉

参　编　奚　雷　刘　林　赵　瑾

主　审　冷护基

合肥工业大学出版社

图书在版编目(CIP)数据

物流管理概论/陈荣,郝世绵主编．—合肥:合肥工业大学出版社,2010.7(2015.1重印)

ISBN 978-7-5650-0234-2

Ⅰ.①物… Ⅱ.①陈…②郝 Ⅲ.①物流-物资管理-高等学校-教材 Ⅳ.①F252

中国版本图书馆CIP数据核字(2010)第126773号

物流管理概论

主编 陈 荣 郝世绵　　责任编辑 汤礼广

出 版	合肥工业大学出版社	版 次	2010年7月第1版
地 址	合肥市屯溪路193号	印 次	2015年1月第2次印刷
邮 编	230009	开 本	710毫米×1010毫米 1/16
电 话	总 编 室:0551—62903038	印 张	30.75
	市场营销部:0551—62903198	字 数	549千字
网 址	www.hfutpress.com.cn	印 刷	合肥现代印务有限公司
E-mail	hfutpress@163.com	发 行	全国新华书店

ISBN 978-7-5650-0234-2　　定价:46.00元

如果有影响阅读的印装质量问题,请与出版社市场营销部联系调换。

前　言

物流业是各产业链的重要环节，物流运作的效率和效益是各产业核心竞争力的重要体现。物流业也是国民经济的基础性产业，纵贯商品生产、流通和消费各个环节，横跨国民经济各个产业，是衡量一个国家现代化水平与综合国力的重要标志。从2006年3月十届全国人大四次会议通过的我国国民经济和社会发展"十一五"规划确立了物流产业的地位，到2009年2月，国务院审议并原则通过了物流业调整振兴规划，标志着物流业的发展已被提到了国家宏观经济发展的战略高度。物流业的快速发展必将需要一大批专业的物流人才，到2010年，我国对于物流专业人才的需求总量已达30多万人，在职人员培训需求达100多万人。截至2009年，全国共有近300所高校设置了物流专业，目前物流专业在校的本科和专科学生共有30多万人。但物流人才的缺口依然很大，许多企业面临着物流人才短缺的问题，中高端物流人才更是少之又少，已经成为制约物流业发展的障碍之一。

"物流管理概论"是物流专业的一门入门课程，几乎所有物流专业都要开设。本书作为物流专业的入门教材，内容涉及现代物流的方方面面，它既要具有理论性又要具有实践性，而且还要有一定的研究深度。因此，根据我国物流的发展现状以及学生对物流知识的需求，在阐述现代物流的理论和方法时，我们结合多年从事物流教学与科研的实际经验，突出物流理论和方法在现代物流中的应用，尽量做到理论与实践相结合；同时，在编写本书过程中，我们还采用了大量的分析案例和图表，力求做到图文并茂、生动简洁、通俗易懂。

本书的编写大纲由陈荣教授拟定，经全体参编教师讨论和修改后定稿。全书共有十二章,其中第一章、第二章、第四章由陈荣编写,第三章、第十一章由刘碧玉编写,第五章由朱礼龙编写,第六章、第十二章由刘林编写,第七章由郝世绵编写,第八章由赵瑾编写,第九章、第十章由奚雷编写。全书由安徽工业大学教授冷护基担任主审。

本书可以作为高等院校物流工程、物流管理、工商管理、市场营销等专业的教材,也可作为物流工作者的学习参考资料。

在本书的编写过程中,我们还参阅了大量的国内外教材、专著、期刊和网络资料,在此,谨向相关的作者表示衷心的感谢。

由于编者水平有限,书中难免有错误和不足之处,欢迎广大读者批评指正。

编　者

目　录

第一章　物流概述

【学习目标】

通过本章的学习，了解物流的发展状况及发展趋势，掌握物流的定义及其内涵、物流的分类、物流的基本功能和要素，理解物流的性质、物流的地位与作用。

【导入案例】

一汽-大众汽车有限公司的物流

2009年3月23日，一汽-大众汽车有限公司汽车日产量达到了2 000辆，其中，轿车一厂日产捷达640辆、奥迪425辆；轿车二厂日产迈腾、速腾、新宝来等860辆；成都厂日产捷达30辆。目前仅捷达车就有七八十个品种，十七八种颜色，而每辆车都有2 000多种零部件需要外购。与这些数字形成鲜明对比的是公司零部件居然基本处于“零库存”状态，而形成这一巨大反差的就是一整套较为完善的物流控制系统。

一汽-大众公司拥有一个占地9万多平方米、可同时生产多种不同品牌汽车的亚洲最大的整车车间。生产初期，捷达车的品种比较单一，颜色也只有蓝、白、红三种。公司的生产全靠大量的库存来保证。过去，公司整车车间的仓库里堆放着大量的零部件，货架之间只有供叉车勉强往来的过道，大货车根本开不进去。不仅每天上架、下架、维护、倒运需要消耗大量的人力、物力和财力，而且储存、运送过程中总要造成一定的货损和货差。

随着市场需求的日益多样化，传统的生产组织方式面临着严峻的挑战，1997年，“物流”的概念进入了公司决策层。考虑到应用德方的系统不仅要一次性投入1 500万美元，每年的咨询和维护费用也需数百万美元，一汽-大众公司决定自己组织技术人员和外国专家进行物流管理系统的研究开发。1998年年初，公司开发的仅用了不足300万元人民币的物流控制系统获得成功并正式投入使用。如今，在公司的整车车间，生产线上每辆车的车身上都贴着一张生产指令表，零部件的种类及装配顺序一目了然。计划部门按照装车顺序通过电脑网络向各供货厂下计划，供货厂按照顺序生产、装货，生产线上的工人按顺序组装。

现在一汽-大众公司没有了仓库，只有入口。零部件的送货形式有三种：第一种是电子看板，即公司每月把生产信息用扫描的方式通过电脑网络传送到各供货厂，对方根据这一信息安排自己的生产，然后公司按照生产情况发出供货信息，对方则马上用自备车辆将零部件送到公司各车间的入口处，再由入口处分配到车间的工位上。现在每天平均两个小时要一次货，零部件放在入口处的时间一般不超过一天。第二种是"准时化"，即公司按顺序把配货单传送到供货厂，对方也按顺序装货直接把零部件送到工位上，从而取消了中间仓库环节。订货、生产零件、运送、组装等全过程都处于小批量、多批次的有序流动当中。第三种是批量进货，供货厂每月对于那些不影响大局又没有变化的小零部件分批量地送一到两次。

物流管理就这样使原本复杂的生产变成了简单而高效的"傻子工程"。整车车间的一条生产线过去只生产一种车型，其生产现场就已经拥挤不堪，而如今在一条生产线同时组装两到三种车型的混流生产方式下，不仅做到了及时、准确，而且生产现场比原先节约人员近10%。此外，零部件的存储减少了，公司每年因此节约的成本达六七亿元人民币，同时，供货厂也减少了30%～50%的在制品及成品储备。可见，先进的物流管理带来了实实在在的效益。

第一节　物流的基本概念

一、物流概念的产生

物流活动的历史非常悠久，可以说有了人类社会就有了物流活动。但是物流概念的真正形成却只有100多年的时间。学术界认为，物流概念的起源有三种说法：

第一种说法是1901年约翰·F·格鲁威尔(John F. Crowell)在美国政府《农产品流通产业委员会报告》中提出的，他论述了对农产品流通产生影响的各种因素和费用，其中包括物流因素，从而揭开了人们对物流活动认识的序幕。

第二种说法是琼西·贝克于1905年提出的，称为logistics的物流概念。该观点认为，物流概念是因为军事而产生的。1905年，美军少校琼西·贝克(Chauncey B. Baker)在其专著《军队和军需品运输》中首次提出物流的概念，书中写道："作战艺术的一个分支——关于军队调动和保障供给的工作称为后勤。"原文中使用的是"logistics"，即"后勤学"。"后勤学"的业务包含美军及其盟军的军事人员、物资、装备的制造、供应、战前配置与调运、战中补给与养护等军事后勤活动。由于第二次世界大战期间前方战线变动很快，如何组织军需品的供给，解决军需品的供应基地、中间基地、前线供应点的合理配置，确定各级供应基地的合理库存量，合理使用由后方向各级供应基地运输的路线和运输工具，形成了综合性的研究课题。军需品的供应不足将影响战争的顺利进行，而军需品的过量储存又将造成浪费。美国军事部门运用运筹学和当时刚刚问世的电子计算机技术进行科学规划，较好地解决了这一问题。第二次世界大战期间积累的大量军事后勤保障理论、经验，形成和丰富了"运筹学"的理论与方法，并且这些理论与方法在战后被很多国家运用到民用领域，促进了20世纪世界经济的发展，也使现代物流理论得以形成与发展。

第三种说法是美国市场营销学者阿奇·萧于1915年提出的，叫做physical distribution(缩写为PD)的物流概念。该观点认为，物流概念是因为经济而产生的，即起源于人们对协调经济活动中物流及其相关活动的追求。1915年，阿奇·萧(Arch Shaw)在哈佛大学出版社出版了《市场流通中的若干问题》一书，首次提出physical distribution的概念，明确地将企业的流通活动分为创造需求的活动和物流活动，并指出物流是与创造需求不同的一个问题，流通活动中的重大失误都是因为创造需求与物流之间缺乏协调造成的。

二、物流概念的发展

物流概念的发展经历了三个阶段：

1. 物流概念的孕育阶段(20世纪初至50年代)

如前所述，不管是约翰·F·格鲁威尔、琼西·贝克或是阿奇·萧的物流概念，都只是从不同的专业领域对物流进行了研究。physical distribution直译是"实体分配"，它实际上是指怎样把企业的产品送到客户手中的活动。而logistics来自军事后勤，主要是指军事物资的供应保障、运输、储存等。这些概念，在各自的专业领域中得到了一定程度的响应、应用和发展，而且，两者之间也没有发生冲突。另外，也没有一个权威性的组织出来对其进行统一规范。因此，有学者认为这个阶段是物流概念的孕育阶段。

2. 分销物流阶段(20世纪50～80年代)

20世纪50年代末，PD概念被介绍到日本。目前使用的"物流"一词，是日语"物的流通"的简称。进入60年代，PD概念在美国继续得到发展和完善，基本形成了比较完整的物流管理学。1961年斯马凯伊、鲍尔素克斯和莫斯曼撰写了《物流管理》，这是世界上第一部物流管理的教科书，建立起了比较完整的物流管理学科。60 年代初期，密歇根州立大学以及俄亥俄州立大学在大学部和研究生院开设了物流课程。1963 年，美国物流管理协会成立，该协会将各方面的物流专家集中起来，提供教育、培训活动。这一组织成为世界上第一个物流专业人员组织。

70 年代，物流的概念从美国传到西欧、北美以及其他国家，70 年代末也传到我国。但是，这一时期是把物流看成运输、储存、包装、装卸、加工(包括生产加工和流通加工)、物流信息等各种物流活动的总和，主要研究这些物流活动在分销领域的优化问题。因此，这一阶段被称为分销物流阶段。

3. 现代物流阶段(20 世纪 80 年代至今)

经过第二个阶段，各专业物流理论在分销领域竞相发展，同时，企业内部物流理论研究也出现了许多新的动向。

美国 J. A. 奥列基博士在 20 世纪 50 年代提出独立需求和相关需求的概念，并指出订货点法的物资资源配置技术只适用于独立需求物资，而企业内部的生产过程相互之间的需求则是一种相关需求，应当用物料需求计划(MRP)技术。到了 80 年代，企业内部集成化物流管理理论逐渐发展，诸如：制造资源计划(MRPII)把生产管理与生产能力管理、运输管理、车间管理、采购管理、成本管理等集成起来；分销需求计划(DRP)把分销计划、客户管理、运输管理、配送管理、仓储管理、成本管理等集成起来；物流需求计划(LRP)在 MRP 和 DRP 发展的基础上，把两者结合起来运用；企业资源计划(ERP)把 MRPII 与人事管理、设备管理、行政管理等系统集成起来。

所有这些企业内部物流理论和技术的发展，显然是分销物流的概念所不能包含的。特别是到 20 世纪 80 年代中期，随着物流外包和第三方物流的产生，物流活动进一步集成化、一体化、信息化，实现了生产和物流的分工合作，提高了各自的核心竞争力。90 年代供应链理论诞生，供应链管理系统的形成进一步导致物流管理的联合化、共同化、集约化和协调化。物流已经涉及企业物资供应、企业生产、企业分销以及企业废弃物再生等全范围和全领域，于是，就进入了物流概念发展的第三个阶段——现代物流阶段，用 logistics 代替 PD，作为物流的概念。

当然，这个时候的 logistics 和第一阶段的军事后勤学上的 logistics 意义已经不完全相同了：新时期的 logistics 概念是在各个专业物流全面高度发展的基础上覆盖企业供、产、销等全范围、全方位的物流问题，即为现代物流。它是一种适应新时期所有企业(包括军队、学校、事业单位)的集成化、信息化、一体化的物流概念。

三、物流的定义

物流虽然经历了100多年的发展,但是目前还没有统一的物流定义。美国、加拿大、欧盟、日本、澳大利亚等对物流都有不同的定义。世界各国比较典型的物流定义如下:

1. 美国的物流定义

1935年,美国销售协会最早对物流的定义是:“物流(physical distribution)是包含于销售之中的物质资料和服务从生产地到消费地流动过程中伴随的种种活动。”可见,物流一开始出现是与商品流通和市场密切相关的。此时,人们从有利于商品销售的愿望出发,探讨如何进行“物资的配给”和怎样加强对“物资分配过程”的管理。

1963年,美国全国物流管理协会(National Council of Physical Distribution Management,NCPDM)从管理的角度定义了物流:物流管理是为了计划、执行和控制原材料、在制品库存及制成品从供应地到消费地的有效率的两种或多种活动的集成。这些活动包括顾客服务、需求预测、运输、库存控制、物料搬运、订货处理、零件及服务支持、工厂及仓库选址、采购、包装、退货处理、废弃物回收等。

经过20多年的实践,物流范围不断拓展,logistics逐渐取代了原有的physical distribution,应用于与物流相关的所有经济领域,美国全国物流管理协会于1985年更名为美国物流管理协会(The Council of Logistics Management,CLM)。CLM对物流(logistics)的定义为:物流是对原料、在制品、制成品及相关信息从供应地到消费地的有效率、有效益的流动和储存进行计划、执行和控制,以满足顾客要求的过程,该过程包括进向、去向、内部和外部的移动以及以环境保护为目的的物料回收。

美国物流管理协会在1991年将1985年定义中的“原料、在制品、制成品”改为“产品、服务”。1998年该协会对前述定义进行了修订。

20世纪末,供应链(supply chain,SC)、供应链管理(supply chain management,SCM)及其相关理论在物流界得到广泛传播。尽管logistics实现了企业内部物流的一体化,但由于没有跳出本企业的范围,没有同相关联的上下游企业结成合作伙伴关系,没有共享信息资源,因而会导致需求放大等使物流效率低下、物流成本无法得到真正控制的现象。因此,需要跨越个别企业的边界,将物流整合的范围扩展到供应链上的上下游企业。这样,建立在供应链管理理念基础之上的商品供应系统,较之logistics系统整合的范围更加广泛，有助于上下游企业的 logistics 系统无缝对接。因此，logistics 不断向 supply chain logistics 转变。

2000 年，该协会又一次对物流定义进行了更新，新定义的全文是："物流是供应链过程的一部分，它是为满足客户需要对产品、服务及相关信息在供应地与消费地之间的高效（高效率、高效益）、正向及反向流动与储存进行的计划、实施与控制的过程。"与 1998 年的版本相比，这一定义首次引入了反向物流的概念。由于市场竞争的加剧、消费者地位的日益上升、全球环保意识的兴起与环保法规的建立健全，电子商务模式下退货率的显著提高以及企业减少浪费、挖掘新利润源泉的驱动，越来越多的企业开始关注商品从消费者向生产者的反向流动。美国物流管理协会对物流的这一最新定义及时反映了这种实践中的新趋势。

2005 年 1 月 1 日，美国物流管理协会（CLM）更名为美国供应链管理专业协会（The Council of Supply Chain Management Professionals，CSCMP）。

美国除了管理派的物流定义外，其他工程派、军事派、企业派对物流的定义也具有一定的代表性。美国四大学派对物流的定义见表 1-1。

表 1-1　美国四大学派对物流的定义

派别	年份	定义者	定　义
管理派	2007	美国供应链管理专业协会（The Council of Supply Chain Management Professionals，CSCMP）	物流管理是供应链管理的一部分，以满足客户需求为目的，对产品、服务和相关信息在供应地和消费地之间的有效、高效的正向和反向流动与存储进行计划、执行和控制。
工程派	1974	美国物流工程师学会（Society of Logistics Engineers，SOLE）	物流是与需求、设计、资源供给与维护有关，以支持目标、计划及运作的科学、管理、工程及技术活动的艺术。
军事派	1981	美国空军（U. S. Air Force）	物流是计划、执行、军队的调动与维护的科学。它涉及与军事物资、人员、装备和服务相关的活动。
企业派	1997	美国 EXEL 物流公司	物流是与计划和执行供应链中商品及物料的搬运、储存及运输相关的所有活动，包括废弃物品及旧品的回收复用。

2. 欧洲的物流定义

欧洲物流协会(European Logistics Association,ELA)对物流术语标准每隔三年修改一次,每次都要吸收成员国的物流定义,争取成为欧洲的物流规范。欧洲物流协会在1994年发表的《物流术语》(Terminology in Logistics)中对物流进行了定义。见表1-2。

表1-2 欧洲物流协会的物流定义

年份	定义者	定义
1994	欧洲物流协会(European Logistics Association. ELA)	物流是在一个系统内对人员/商品的运输、安排及与此相关的支持活动的计划、执行与控制,以达到特定的目的。

欧洲物流协会将物流定义为两维矩阵:第一维是物料流,由采购、物料管理和实物配送三个业务功能组成;第二维是工作顺序,由顾客服务、运输、仓储/物料搬运、物料计划与控制、信息系统与支持以及管理等六个学科构成。值得注意的是,欧洲物流协会在物流定义中把人员作为物流的对象。

3. 加拿大的物流定义

加拿大物流管理协会的物流定义见表1-3。

表1-3 加拿大物流管理协会的物流定义

年份	定义者	定义
1985	加拿大物流管理协会(Canadian Association of Logistics Management,CALM)	物流是对原材料、在制品库存、产成品及相关信息从起源地到消费地的有效率、有效益的流动和储存进行计划、执行和控制,以满足顾客要求的过程,该过程包括进向、去向和内部流动。

4. 日本的物流定义

日本的物流定义,可以追溯到1956年日本向美国派出的"流通技术专业考察团",该考察团在美国发现,美国人讲的"PD"涉及大量的流通技术,对提高流通的劳动生产率很有好处,于是在考察报告中对其进行了介绍。随后,这一概念引起了日本产业界的重视,日本人将其译成"物的流通",后来简称为"物流"。

日本日通综合研究所1981年在《物流手册》中对物流进行了定义。见表1-4。

表 1-4　日本《物流手册》中对物流的定义

年份	定义者	定　义
1981	日本日通综合研究所	物流是物质资料从供给者向需要者的物理性移动，是创造时间性、场所性价值的经济活动。从物流的范畴来看，包括包装、装卸、保管、库存管理、流通加工、运输、配送等诸种活动。

徐寿波院士认为，美国管理派对物流的定义实际上不是对“物流”下定义，确切地说是对“物流管理”下定义，因为定义强调“物流是对货物、服务及相关信息从起源地到消费地的有效率、有效益的流动和储存进行计划、执行和控制，以满足顾客要求的过程”。加拿大和欧洲的物流定义与美国的定义基本相同，都是对“物流管理”的定义，因为在定义中都出现像计划、执行和控制等明显属于管理范畴的内容。从这里我们也可以看到，西方发达国家对物流管理科学特别重视。日本的物流定义名副其实，不是对“物流管理”的定义。

5. 我国的物流定义

物流概念传入我国是在 20 世纪 70 年代。1979 年 6 月，我国物资工作者代表团赴日本参加第三届国际物流会议，回国后在考察报告中第一次引用和使用了“物流”一词。

1985 年，我国出版的《经济与管理大辞典》中对物流的解释是：“物流是物资在卖方与买方之间实物形态上的流动过程。”

1995 年，王之泰教授在《现代物流学》书中，将物流定义为“物流是指物质资料从供给者到需求者的物理性运动，主要是由一系列创造时间价值、场所价值(有时也创造加工价值)的经济活动组成，包括运输、保管、配送、包装、装卸、流通加工及信息处理等各项基本活动，是这些活动的统一。”

2001 年 4 月，由中国物流与采购联合会和国家技术监督局编写的中华人民共和国国家标准《物流术语》颁布，2006 年进行了修订，2007 年 5 月 1 日开始实施。《物流术语》中对物流的定义是：“物流是指物品从供应地向接收地的实体流动过程，根据实际需要，将运输、储存、装卸搬运、包装、流通加工、配送、信息处理等基本功能实施有机结合。”这个定义既参考了美国、日本的物流和物流管理的定义，又充分考虑了中国物流发展的现实。

四、物流的分类

社会经济领域中的物流活动无处不在，对于各个领域的物流，虽然其基本要素都存在且相同，但由于物流对象不同，物流目的不同，物流范围、范畴不同，形成了不同的物流类型。在对物流的分类方面目前还没有统一的标准，常见的分类方法有以下几种：

1. 按物流活动的空间范围分类

(1) 国际物流

国际物流是指跨越不同国家或地区之间的物流活动。这种物流是国际贸易的一个必然组成部分。世界发展主流使国家与国家之间的经济交流越来越频繁，国际、洲际的原材料和商品相互流通，各国之间的相互贸易最终通过国际物流来实现。国际物流已成为物流研究的一个重要分支。

(2) 区域物流

区域物流较国际物流的范围小，即在某一地区内所进行的物流活动。区域可以有不同的划分标准：可以按行政区域划分，也可以按地理区域位置划分。一些区域性组织内部的物流，如欧盟的内部物流、北美自由贸易区的物流活动等，都是典型的区域物流形式。另外，还可以把区域限定在一个国家的范围内，或者国家的局部区域等。例如我国的东北区域物流、长江三角洲区域物流、珠江三角洲区域物流、沿海区域物流、内陆区域物流、东部或西部物流等等。

(3) 城市物流

城市物流是指发生在一个城市之内的物流，如上海市物流、北京市物流、大连市物流等等。城市物流问题直接关系到城市人口的工作、学习、生活和文化娱乐，关系到城市的节奏、效率、效益和发展速度。反之，城市物流如果实现现代化，则能减轻城市交通压力，解决道路拥堵，消除废气、震动和噪音公害，保持城市旺盛的生命力，这就体现了物流在城市发展中的重要地位。因此，城市物流的基本要求是：道路通畅、流向合理、运输距离短、配送速度快、库存数量小、包装简单化、装卸效率高、信息传递及时、综合成本低。

(4) 企业物流

企业物流是指生产和流通企业在经营活动中所发生的物流活动，是发生在一个企业内部或者由企业组织的物流。

2. 按物流活动的性质分类

(1) 供应物流

供应物流是指提供原材料、零部件或其他物料时所发生的物流活动。这种物流活动对企业生产的正常、高效起着重大作用，包括原材料、燃料等一切生产资料的采购、进货运输、仓储、库存管理、用料管理和供料运输，它是企业物流系统中独立性相对较强的一个子系统，并且和生产系统、搬运系统、财务系统等企业部门以及企业外部的资源市场、运输条件等密切相关。

(2) 生产物流

生产物流指企业生产过程中发生的涉及原材料、在制品、半成品、产成品等所进行的物流活动。这种物流活动是与整个生产工艺过程伴生的,实际上已构成了生产工艺过程的一部分。企业生产过程的物流大体为原料、零部件、燃料、辅助材料等从企业仓库开始,进入到生产线,再进一步随生产加工过程一个一个环节地流。在流的过程中,原料等本身被加工,同时产生一些废料、余料,直到生产加工终结,再流至成品仓库。过去,人们在研究生产活动时,主要注重一个一个的生产加工过程,而忽视了将每一个生产加工过程串在一起,使得一个生产周期内,物流活动所用的时间远多于实际加工的时间。所以通过企业生产物流的研究,可以大大缩减生产周期,节约劳动力。

(3) 销售物流

销售物流是企业在出售商品过程中所发生的物流活动。通过销售物流,企业得以回收资金,并进行再生产活动。销售物流的效果关系到企业的存在价值是否被社会承认。在现代社会中,市场是一个完全的买方市场,因此,销售物流活动便带有极强的服务性,以满足买方的需求,最终实现销售。在这种市场前提下,销售往往以送达用户并经过售后服务才算终止。在这种前提下,企业销售物流的特点,便是通过包装、送货、配送等一系列物流活动实现销售,这就需要研究送货方式、包装水平、运输路线等,并采取各种诸如少批量、多批次以及定时、定量配送等特殊的物流方式达到目的,因而,其研究领域很宽。

(4) 回收物流

回收物流主要指不合格物品的返修、退货以及周转使用的包装容器从需方返回到供方所形成的物品实体流动。在生产及流通活动中,有一些资料是要回收并加以利用的,如作为包装容器的纸箱、塑料筐、酒瓶等,建筑行业的脚手架也属于这一类物资;还有可用杂物的回收分类和再加工,例如旧报纸、书籍通过回收、分类可以再制成纸浆加以利用;特别是金属的废弃物,由于金属具有良好的再生性,可以回收并重新熔炼成有用的原材料。随着环保问题的日益突出以及人们对环境标准要求的不断提高,废弃物的及时回收和无污染、无公害处理逐渐成为社会主题。回收物资品种繁多,流通渠道也不规则且多有变化,因此,管理和控制的难度也大。

(5) 废弃物物流

废弃物物流是将经济活动中失去原有使用价值的物品根据实际需要进行收集、分类、加工、包装、搬运、存储等,并分送到专门处理场所时形成的物品实体流动。生产和流通系统中所产生的无用的废弃物,如开采矿山时产生的土石、炼钢生产中的钢渣、工业废水以及其他一些无机垃圾等,如果不妥善处理,不但没有再利用价值，还会造成环境污染，就地堆放则会占用生产用地以致妨碍生产。对这类物资的处理过程就产生了废弃物物流。废弃物物流没有经济效益，但具有不可忽视的社会效益。

3. 按照物流活动的承担主体分类

（1）第一方物流

第一方物流是由制造商或生产企业自己完成的物流活动。这些企业的主要业务是生产和供应商品，但为了其自身生产和销售的需要而进行物流网络及设施设备的投资、经营与管理。制造商或生产企业一般都需要投资建设一些仓库、购买运输车辆，设置站台甚至铁路专用线等物流基础设施。卖方为了生产的正常进行而建设的物流设施是生产物流设施，而为了产品的销售在销售网络中配置的这些物流设施就是销售物流设施。

（2）第二方物流

第二方物流是指由物资需求者自己解决所需物资的物流问题，以实现物资的空间位移。传统上的一些较大规模的商业企业都备有自己的运输工具和储存商品的仓库，以解决从供应者到商场的物流问题。这些企业的核心业务是采购并销售商品，为了销售业务的需要而投资建设物流网络、配置物流设施和设备，并进行具体的物流业务运作组织和管理。严格地说，从事第二方物流的公司属于分销商。

（3）第三方物流

随着市场竞争的加剧以及对效率的追求，企业之间的社会劳动分工日趋细化。企业为了提高自己的核心竞争能力，降低成本，增强企业发展的柔性，越来越愿意将自己不熟悉的业务分包给其他社会组织。正因为如此，一些条件较好的原来从事与物流相关的运输企业、仓储企业、货代企业开始拓展自己的传统业务，进入物流系统，逐步成长为能够提供部分或全部物流服务的企业。我们把这种服务称为“第三方物流”(third party logistics，3PL 或 TPL，)。简单地说，第三方物流就是指由物品流动的提供方和需求方之外的第三方去完成物流服务的运作方式，即由第三方专业物流企业以签订合同的方式为其委托人提供所有的或一部分的物流服务。所以，第三方物流也称为合同制物流。第三方物流对物流市场的占有率与物流产业的水平之间有着非常紧密的相关性。有一种观点认为，独立的第三方物流至少占到社会的 50％时，物流产业才能形成。据此，第三方物流的发展程度反映和体现一个国家物流业发展的整体水平。

（4）第四方物流

所谓第四方物流，就是供应链的集成者、整合者和管理者，主要是通过对物流资源、物流设施和物流技术的整合和管理，提出物流全过程的方案设计、实施办法和解决途径。第四方物流是在第三方物流基础上的进化和发展，比第三方物流的涵盖面要广、技巧更复杂，所依托的手段主要是现代的思想理念、现代的信息网络和现代的管理方式，所提供的供应链解决方案具有很好的系统化和完整性。第四方物流与第三方物流的区别之一是对供应链的全套系统设计，同时在供应链的运作过程中发现问题，第四方物流能进行供应链的重新优化整合。

(5) 第五方物流

现在也有关于"第五方物流"(fifth party logistics，5PL)的提法，是指由物流信息服务商提供的物流信息服务，包括提供更大的地理区域、更多的行业和更多的企业供应链物流信息的搜集、设计、整理、分析、开发、集成和推广等。物流信息服务提供商的主要业务是提供信息处理设施设备、技术手段和管理方法等，物流信息只是其提供信息的一部分，它并不从事任何具体的物流活动，严格地讲它属于电子商务或信息中介企业。

第二节　物流的基本功能与要素

一、物流的基本功能

物流的基本功能是指物流活动应该具有的基本能力以及通过对物流活动最佳的有效组合形成物流的总体功能，以达到物流的最终经济目的。一般认为，物流功能应该由包装、装卸搬运、运输、储存保管、流通加工、配送、废旧物的回收与处理，以及与上述职能相关的情报信息等所构成。也就是说，物流的目的是通过实现上述功能来完成的。

1. 运输功能

运输就是用运输设备将物品从一地点向另一地点运送，其中包括集货、分配、搬运、中转、装入、卸下、分散等一系列操作。运输功能是物流系统最主要的功能之一，物流系统的其他许多功能是伴随着运输功能而存在的。

运输提供两大主要功能：

(1) 实现物品的空间位移

因为生产、流通和消费活动需要使物品发生空间转移，物流系统是通过运输工具实现这种转移的。对于有形物品的转移，要靠道路等基础设施和车辆等物流设备来共同完成；对于无形的物品，比如信息，要靠通信线路等基础设施和计算机等设备来共同完成；电力、水、天然气、石油等要利用物体自身的性质，依靠特殊的输送设施、设备，如电线、管道等来实现运输功能；对于有些特殊的生产、流通和消费活动，交易发生后物品本身并不发生空间转移，比如不动产的流通，发生空间转移的只是"商品所有权证书"，它的物流就要简单得多；对于期货交易，买卖各方在交易所经过无数次买卖交易，但是只有那些购买到期合约的买者才进行实物交割，即这时运输才发挥功能。

(2) 降低运输费用

一般来说，空间位移越大，运输费用就越高。因此，设计运输功能首先需要考虑的问题是：物品是否需要发生空间位移，有多少物品要发生空间位移，或者要发生什么样的空间位移(位移的方向、距离、时间、频率等)。

运输问题研究的内容主要有：运输方式及其运输工具的选择，运输线路的确定，以及为了实现运输安全、迅速、准时、价廉的目的所施行的各种技术措施和合理化问题的研究等。

2. 仓储功能

仓储是利用仓库及相关设施设备进行物品的入库、存贮、出库的作业。在物流系统中，仓储和运输是同样重要的构成因素。仓储功能包括对进入物流系统的物品进行储存、管理、保管、保养、维护等一系列活动。

一般来讲，仓储功能是通过仓库来实现的。物质资料的储存，是社会再生产过程中客观存在的现象，也是保证社会再生产连续不断运行的基本条件之一。有物质资料的储存，就必然产生如何保持储存物质资料的使用价值和价值不至于发生损害的问题，为此就需要对储存物品进行以保养、维护为主要内容的一系列技术活动和保管作业活动，以及为了进行有效的保管，需要对保管设施的配置、构造、用途及合理使用、保管方法和保养技术的选择等作适当处理。

仓储所研究的问题包括：对储存空间的管理，即仓库的规划与设计、仓库选址、规模确定、仓库布局、设备选型等；对储存活动的管理，即储存规划、储位管理、出入库管理、在库管理等；对储存物品的管理，即库存量的控制、库存物的日常养护等；另外还包括相关的风险管理、经济管理等一系列管理工作。

3. 包装功能

包装是为了在流通过程中保护产品、方便储运、促进销售，按一定技术方法而采用的容器、材料及辅助物等的总体名称，也指为了达到上述目的而采用容器、材料和辅助物的过程中施加一定技术方法等的操作活动。因此，包装是包装物和包装操作的总称。

包装和运输、保管、配送、装卸、流通加工、物流信息等，都是构成物流系统的分支系统之一。包装这一分支系统，与其他分支系统有着密切的关系。包装的设计必须根据以后的物流形式来考虑，有时也根据包装方式，决定以后的物流形式。比如,出口杂货时,如果采用将货物混装于货船的方法,就必须有坚固的木箱包装。但是,如果采用将货物装于集装箱中,由集装箱船运输的方法,使用纸箱(瓦楞纸箱)包装就足够了。

倘若考虑包装与装卸的关系,那么在必须用人工装卸的情况下,包装应限制在可以用人工进行装卸的单件重量以下(一般为 50 千克);如果在途中全部使用机械装卸,单件重量就不必太小,在交易许可的条件下应尽可能用大的单件重量;如果使用高效灵活的托盘或集装箱,可采用各种规格、形式、材料的包装(除特殊的长重件)进行运输。

如果考虑包装与保管之间的关系,那么在仓库中保管货物堆放太高时,在最底层的包装物必须能承受住上面货物的总重量。例如,毛重 20 千克的箱子堆放 10 层,最下面的箱子必须能承受 180 千克的重量。近年来仓库多采用高层堆放的方法,因而包装必须有足够的耐压强度。

4. 装卸搬运功能

装卸是物品在指定地点以人力或机械装入运输设备或卸下。搬运是在同一场所内,对物品进行以水平移动为主的物流作业。装卸和搬运往往紧密相连,通常作为一项物流活动来看待。

如果说储存功能是静态的,运输与配送功能是平面的,那么,装卸搬运功能则是立体的、动态的。在装卸搬运功能的实施过程中,既有同一地域(一般是库、场区)内的前后、左右的搬与运,又有上上下下的装与卸。装卸搬运功能,一般出现在“动”与“静”、“动”与“动”相结合的部分,起着承上启下的作用。

物流环节各阶段之间的活动,都离不开装卸搬运作业,它是对运输、保管、包装、流通加工、配送等物流活动进行衔接的中间环节,包括装车(船)、卸车(船)、堆垛、入库、出库(取出、分类、理货)以及连接以上各项动作的短途搬运。由装卸搬运把物流的各环节之间或在一个环节之内连接成为一种连续的物流作业过程,以实现物流合理化。

对装卸搬运的研究,主要是对装卸搬运方式的选择和装卸搬运机械的选择,以及通过对装卸搬运物品灵活性和可运性的研究,提高装卸搬运效率。

5. 流通加工功能

流通加工是物品在从生产地到使用地的过程中,根据需要施加包装、分割、计量、分拣、刷标志、拴标签、组装等简单作业的总称。在流通过程或生产过程中,为了向用户提供更有效的商品,或者为了弥补加工不足,或者为了合理利用资源,更有效地衔接产需,往往需要在物流过程中进行一些辅助的加工活动,这些加工活动就是流通加工。

对流通加工的研究,包括的内容非常丰富,诸如流通过程中的装袋、单元小包装、配货、挑选、混装等，生产外延流通加工中的剪断、打孔、拉拔、组装、改装、配套等，以及因经济管理的需要所进行的规模、品种、方式的选择和提高加工效率的研究等。

6. 配送功能

配送是在经济合理区域范围内，根据客户的要求，对物品进行拣选、加工、包装、分割、组配等作业，并按时送达指定地点的物流活动。

配送是物流的一种特殊的、综合的活动形式，它几乎包括了物流的所有职能，是物流的一个缩影或在某一范围内物流全部活动的体现。一般来讲，配送具有以下特征：其一，配送是由集货、配货、送货三部分有机结合而成的物流活动；其二，配送中的送货是短距离的运输；其三，配送是物流的最后一个环节；其四，配送是物流的缩影；其五，配送是现代送货形式，与旧“送货”存在明显的区别。

配送问题的研究包括配送方式的合理选择、不同物品配送模式的研究，以及围绕配送中心建设相关的配送中心地址的确定、设施的构造、内部布置和配送作业及管理等问题的研究。

7. 信息管理功能

物流活动中大量信息的产生、传送和处理为合理地组织物流提供了可能。物流信息对上述各种物流活动的相互联系起着协调作用。物流信息包括与上述各种活动有关的计划、预测、动态信息以及相关联的费用情况、生产信息、市场信息等。对物流信息的管理，必须建立有效的信息系统和信息渠道，合理进行信息收集、汇总和统计，以保证物流活动的可靠性和及时性。

二、物流的要素

物流的要素主要包括流体、载体、流向、流量、流程和流速。

1. 流体

流体是指物流中的“物”，即物质实体。流体都具有一定的自然属性和社会属性。流体的自然属性是指其物理、化学或生物属性。物流管理的任务之一是要保护好流体，使其自然属性不受损坏，因而需要对流体进行检验、养护，并在物流活动过程中根据物质实体的自然属性合理安排运输、保管、装卸等物流作业。流体的社会属性是指流体所体现的价值属性，以及生产者、采购者、物流作业者与销售者之间的各种关系，有些关系国计民生的重要物品作为一种流体还肩负着国家宏观调控的使命，因此物流组织者也要注意保护流体的社会属性。

物流就是实现流体从供应者向需要者的流动。尽管在流动过程中有的流体不得不储存在仓库中，但这也是流动的前提之一，是流动的一种形式。因为所有的流体最终总要经过运输才能实现空间上的移动，所以，从总体上看，流体是处于不断运动变化之中的。

2. 载体

载体是指流体赖以流动的设施和设备，它大体可以分成两种类型：

① 第一类载体是指基础设施。如铁路、公路、航道、港口、车站、机场等基础设施，它们大多是固定的。

② 第二类载体是指各种物流设备。即以第一类载体为基础，直接承载并运送流体的设备，如车辆、船舶、飞机、装卸搬运工具等，它们大多是可以移动的。物流载体的状况尤其是第一类载体的状况，将直接决定物流的质量、效率和效益。物流学就是要研究物流载体的网络结构和技术状况，例如物流中心或配送中心的选址、物流载体的定位和跟踪、物流载体运行速度的控制以及物流载体的配套等问题。

3. 流向

流体从起点到终点的流动方向就是物流的流向，它主要有四种不同的类型：

① 自然流向。指根据产销关系所确定的物品的流向，它表明一种客观需要，即物品要从生产地向需求地流动。

② 计划流向。指流体经营者的经营计划所确定的物品流向，即物品从供应地向需求地的流动。

③ 市场流向。指根据市场供求规律由市场确定的物品流向。

④ 实际流向。指在物流过程中实际发生的流向。

对某种物品而言，可能会同时存在以上几种流向。例如，根据市场供求关系确定的物品流向是市场流向，这种流向反映了产销之间的必然联系，是自然流向。实际发生物流还需要根据具体情况来确定运输路线和运输方案，这才是最终确定的流向，这种流向是实际流向。在确定物流流向时，最理想的状况就是物品的自然流向与实际流向相一致，但由于计划流向与市场流向都要受市场行情、物流条件以及管理水平等因素的制约，所以它们经常会与物品的自然流向或实际流向不符，甚至最终还会导致物品的实际流向与自然流向相背离。

物流科学研究物流的流向就是为了准确掌握流向的变化规律，合理规划物流流向，有效配置物流资源，以达到降低物流成本、加快物流速度的目的。

4. 流量

流量就是依赖载体进行流动的流体在一定流向上的数量。流量与流向是不可分割的,每种流向都有一种流量与之相对应。因此,参照流向的分类,流量也可以分为四种类型,即自然流量、计划流量、市场流量和实际流量。但是,对流量的分类也具有一定的特殊性,根据流量本身的特点,还可以将其进一步细分为实际流量与理论流量。实际流量也就是实际发生的物流流量,它又可分为五种:一是按照流体统计的流量;二是按照载体统计的流量;三是按照流向统计的流量;四是按照发运人统计的流量;五是按照承运人统计的流量。理论流量是指从物流合理化角度应该发生的物流流量,也可按照与实际流量相对应的五个方面进行分类。另外,流量的统计单位也可视具体情况确定,如吨、立方米、元等。

从物流管理的角度来看,最理想的物流应该是在所有流向上的流量都均匀分布。这样,物流资源利用率最高,组织管理最容易。但实际上,在一定的统计期间内,不同流向之间、不同承运人和托运人之间的实际物流流量是很难出现均衡的。所以,物流管理者需要从宏观物流管理的角度,采用合理的物流运行机制,通过合理的资源配置手段来消除物流流向和流量上的不均衡。

5. 流程

流程就是通过载体进行流动的流体在一定流向上行驶的路程。流程的分类与流向基本类似,可以分为自然流程、计划流程、市场流程与实际流程;也可以像流量那样,分为理论流程与实际流程,理论流程往往是可行路径中的最短路径。一般情况下,路径越长,运输成本越高,如果要降低运输成本,就应设法缩短运输里程。实际流程又可按照流体、载体、流向和发运人等四种口径来进行统计。

6. 流速

通过载体进行流动的流体在一定流程上的速度表现就是物流的流速。流速与流向、流量、流程一起构成了物流向量的四个数量特征,是衡量物流效率和效益的重要指标。一般来说,流速快,意味着物流时间的节约,也就意味着物流成本的减少和物流价值的提高。

第三节　物流的发展

一、国外物流的发展

1. 美国现代物流的发展状况

美国经济高度发达,也是世界上最早发展物流业的国家之一。美国政府推行自由经济政策，其物流业务数量巨大且异常频繁，因而就决定了美国多渠道、多形式的物流结构特征。

(1) 美国现代物流业发展概况和结构特点

美国是最早提出“物流”概念的国家。1901年，J. F. Growell在美国政府报告“关于农产品的配送”中，第一次论述了对农产品配送成本产生影响的各种因素，揭开了人们对物流认识的序幕。1905年，美军少校琼西·贝克(Chauncey B. Baker)在其专著《军队和军需品运输》中首次提出logistics的概念，为后来的物流概念奠定了基础。第二次世界大战期间，美国军事后勤活动的组织为人们对物流的认识提供了重要的实证依据，推动了战后对物流活动的研究以及实业界对物流的重视。20世纪60年代，随着世界经济环境的变化，美国现代市场营销的观念逐步形成，顾客服务成为企业经营管理的核心要素，物流在为顾客提供服务上起到了重要的作用，得到了快速的发展。进入20世纪80年代，美国物流管理的内容已由企业内部延伸到企业外部，其重点已经转移到对物流的战略研究上，企业开始超越现有的组织结构界限而注重外部关系。

20世纪90年代，随着电子商务的发展，现代物流上升到了前所未有的重要地位。据统计，1999年，美国物流电子商务的营业额达到了80亿美元以上。电子商务带来的这种交易方式的变革，使物流向信息化并进一步向网络化方向发展。此外，专家系统和决策支持系统的推广使美国的物流管理更加趋于智能化。

进入21世纪，美国物流产业的规模达到9 000亿美元，几乎为高技术产业的两倍，占美国国内生产总值的10%以上，整个物流活动占制成品成本的15%～20%。将近75%的美国制造商和供应商使用或正在考虑使用合同物流服务。

在美国，物流服务的外部化趋势与物流服务供需双方面临的压力有关。首先，从物流服务的需求方看，成本节省和获得高水平的服务，是导致美国企业把资本集中在主要的、能产生高效益并获得竞争力的业务上的主要诱因。有近60%的公司认为物流不是它们的主业，使用外部物流合同，承包商不仅能减少物流设施的新投资，而且解放了在仓库与车队上占用的资金，使其可以用在更有效率的地方，于是第三方物流应运而生。采用第三方物流还可使企业获得物流管理专业公司的专业技能，克服内部劳动力效率不高的问题。其次，从物流供给方的角度看，一方面，随着第三方物流服务业的壮大成长，其提供服务的标准已大大提高，作业效率也有了较大改进，为客户需求定制的各类新型服务得到了充分发展；另一方面，由于公路运输等传统行业竞争越来越激烈,很多企业资金回报下滑,利润率降低,通过改造成综合物流公司,大承运人能对服务增加附加值,形成进入门槛较高的细分市场,以保证与客户的长期合同。这也是促成第三方物流综合服务业快速成长和增加利润的因素。第三方物流服务公司的营销业务也变得更加强势和纯熟,许多传统的运输和仓储公司都演变成了开展广泛物流服务的供应商。

在美国物流产业的发展中,人才的使用和培养发挥着重要作用。表现在两个方面:一是企业高层物流主管的设立,说明在美国的企业中,对物流的认识及物流的地位已经上升到战略的高度。美国奥尔良州立大学调查结果表明:2000 年,物流管理人员的年薪酬水平稳定在 7.4 万美元左右,物流主管则在 9 万～9.4 万美元这个水平上略有上浮;副总裁的薪酬涨幅最大,平均达 15.5 万美元。这在美国同时期各行业的年收入水平中属于中等偏上。二是系统的物流教育体系与物流专业人才培养,美国已经形成了较为合理的物流人才教育培训体系。首先,建立了多层次的物流专业教育,包括研究生、本科生和职业教育等多个层次。许多著名的高等院校中设置了物流管理专业,并为工商管理及相关专业的学生开设物流课程。其次,在美国物流管理委员会的组织和倡导下,美国全面开展物流在职教育,建立了美国物流业的职业资格认证制度,仓储工程师、配送工程师等若干职位均须经过职业资格认证。所有物流从业人员必须接受职业教育,经过考试获得上述工程师资格后,才能从事有关的物流工作。据美国奥尔良州立大学调查,物流管理者的受教育程度和专业结构情况是,大约 92%的被调查者有学士学位,41%的人有硕士学位,22%的人有正式的资格证书。具体的专业结构为:本科毕业生的专业及结构分别为物流 12%、商科 52%、工程 12%,其他各类专业 24%。

(2) 美国物流的管理体制与政策

美国的物流市场错综复杂,又十分活跃,得益于它有一套完善的物流市场管理手段及法制管理体系。联邦层次的管理机构主要有各种管制委员会,其中州际商务委员会负责铁路、公路和内河运输,联邦海运委员会负责国内沿海和远洋运输,联邦能源委员会负责州际石油和天然气管道运输,而联邦法院则负责宪法及运输管制法律的解释、执行、判决和复查各管制委员会的决定,各有关行政部门如交通部、商务部、能源部和国防部等负责运输管理的有关行政事务。立法机构是总的运输政策颁布者、各管制机构的设立和授权者,它们和州级相应机构一起,构成美国全国物流市场的管理机构体系。美国自建国以来,一直设有州际商务委员会,其主要职责是制定除法律之外的规章制度,协调州与州之间的贸易矛盾、商业与进出口事务、消费者权益以及交通运输方面的事宜,为交通运输企业提供咨询服务。美国联邦政府交通部负责公路建设、管理与维护等工作,而如何使用好公路、做到合理运输、确保运输安全等,则属州际商务委员会的职责。仓储设施建设安全由仓储公司自己规划决定,政府不予干涉。

美国政府在物流高度发达的经济和社会环境下,不断通过政府宏观政策的引导,确立以现代物流发展带动社会经济发展的战略目标,其近景和远景目标十分明确。美国在其规划到2025年的《国家运输科技发展战略》中,规定交通产业结构或交通科技进步的总目标是:"建立安全、高效、充足和可靠的运输系统,其范围是国际性的,形式是综合性的,特点是智能性的,性质是环境友善的。"其远景目标是:适应经济增长和贸易发展的需要,通过建立高效和灵活的运输系统,促进美国经济的增长以及在本地区和国际上的竞争力;改进机动性和可达性,确保运输系统的畅达、综合、高效和灵活等。其近期目标是,改进运输系统结构的完善性,使国家运输基础设施新增通行能力,与其运营效率保持平衡等。

2. 欧洲现代物流的发展状况

最近几年来,欧洲在物流产业发展上具有明显的特色。IT技术的发展及相关产业的合并联盟,促进了欧洲物流业的快速发展。

(1) 欧洲物流业的发展

欧洲是引进"物流"概念较早的地区之一,而且也是较早将现代技术用于物流管理的先锋。早在20世纪中期,欧洲各国为了降低产品成本,便开始重视企业范围内物流过程的信息传递,对传统的物料搬运进行变革,对企业内的物流进行必要的规划,以寻求物流合理化的途径。当时制造业(工厂)还处于加工车间模式,工厂内的物资由厂内设置的仓库提供。企业为了满足客户当月供货的服务要求,在内部实现密切的流程管理。这一时期的管理技术还相对落后:信息交换通过邮件,产品跟踪采用贴标签的方式,信息处理的软硬件平台是纸带穿孔式的计算机及相应的软件。这一阶段储存与运输是分离的,各自独立经营,可以说这是欧洲物流的初级阶段。

20世纪70年代,欧洲经济进入繁荣期,也是第二产业快速发展的时期。随着商品生产和销售的进一步扩大,多家企业联合的企业集团和大公司的出现,成组技术(GT)的广泛采用,物流需求的增多,客户期望实现当周供货或服务,工厂内部的物流已不能满足企业集团对物流的要求,因而形成了基于工厂集成的物流。仓库已不再是静止封闭的储存式设施,而是动态的物流配送中心。企业对于有关信息不只是凭订单,而主要是从配送中心的装运情况获取。这一时期信息交换采用电话方式,通过产品本身的标记(product tags)实现产品的跟踪,进行信息处理的硬件平台是小型计算机,企业(工厂)一般都使用自己开发的软件。

20世纪80年代，欧洲开始探索一种新的联盟型或合作式的物流新体系，即综合物流供应链管理。它的目的是实现最终消费者和最初供应商之间的物流与信息流的整合，即在商品流通过程中加强企业间的合作，改变原先各企业分散的物流管理方式，通过合作的形式来实现原来不可能达到的物流效率，创造的成果由参与的企业共同分享。这一时期，欧洲的制造业已采用准时制生产(JIT)，提供给客户的物流服务需求已发展到当天供货或服务，因此，综合物流的供应链管理进一步得到加强，例如组织好港站库的交叉与衔接、零售商管理控制总库存量、产品物流总量的分配、实现供应的合理化等。这一时期物流需求的信息直接从仓库出货中获取，通过传真方式进行信息交换，产品跟踪采用条形码扫描，信息处理的软硬件平台是客户机/服务器模式和购买商品化的软件包。值得一提的是，这一时期欧洲第三方物流开始兴起。

20世纪90年代，欧洲一些跨国公司纷纷在国外特别是在劳动力比较低廉的亚洲地区建立生产基地，故欧洲物流企业的需求信息直接从顾客消费地获取，采用在运输链上实现组装的方式，使库存量实现极小化。信息交换采用EDI系统，产品跟踪应用了射频标识技术(RF Tags)，信息处理广泛采用了互联网和物流服务方提供的软件。

进入21世纪，欧洲合同物流的市场总值已达390亿美元，占欧洲整个物流业的26%。从1999年到2003年，欧洲合同物流市场规模以年均8%的速度增长，到2003年底，欧洲合同物流市场规模已达572亿美元。物流供应商正在积极寻找那些对物流需求增长迅速的地区。

(2) 欧洲物流管理体制的特点

欧洲各国的物流管理体制基本上采取的是政府监督控制、企业自主经营的市场运作的模式。它有如下几个特点：

① 政府在物流管理中的作用——监督控制。以德国为例，德国货运管理的部门是联邦货运交通局(BAG)。联邦货运交通法中规定联邦货运交通局的任务就是监督和控制。为了更好地实行监督功能，联邦货运交通局对所有参加运输的人员不仅在办公室内而且在室外(公路、高速公路、停车场)进行监督，其中也包括发货人、中介人或运输公司。联邦货运交通局规定，如违反规定，要受到主管局的处罚或联邦货运交通局制裁。

② 基础设施——政府兴办，民间经营。德国的货运中心是为了提高货物运输的经济性和合理性，以发展综合交通运输体系为主要目的的。德国的货运中心建设遵循以下原则：联邦政府统筹规划、州政府扶持建设、企业自主经营。具体内容如下：

a. 联邦政府统筹规划。联邦政府在统筹考虑交通干线、主枢纽规划建设的基础上，通过广泛调查生产力布局、物流现状，根据各种运输方式衔接的可能，在全国范围内规划物流园区的空间布局、用地规模与未来发展。为引导各州按统一规划建设物流园区，德国交通主管部门还对规划建设的物流园区给予资助，未按规划建设的则不予资助。

b. 州政府扶持建设。州政府提供建设所需要的土地、公路、铁路、通信等交通设施，把物流园区场地出租给物流企业，按股份制形式共同出资，由企业自己选举产生咨询管理委员会。该委员会代表企业与政府打交道，与其他物流园区进行联系，但不具有行政职能；同时还负责兴建综合服务中心、维修保养厂、加油站、清洗站等公共服务设施，为成员企业提供信息、咨询、维修等服务。

c. 企业自主经营。入驻企业自主经营、照章纳税，依据自身经营需要建设相应的库房、堆场、车间，配备相关的机械设备和辅助设施。以不来梅市货运中心为例，除设立海关负责进出口货物验关外，政府在货运中心不再设其他管理机构，也不再从中心成员那里征收除法定税费以外的任何税费。货运中心自身的经营管理机构采取股份制形式，市政府出资 25%，中心 50 户经营企业出资 75%，由经营的企业选举产生咨询管理委员会，推举经理负责中心的管理活动，实际上是采取了一种企业“自治”的方式。企业按实有工作人员每人每月向中心交 380 德国马克管理费，此外中心不再收取任何费用。中心的职能主要是为成员企业提供信息、咨询、维修等服务，代表 50 家企业与政府打交道，与其他货运中心联系，不具有行政职能。提供良好的公共设施和优良的服务，是中心全面活动的宗旨。因此，中心一般都兴建有综合服务中心、维修保养厂、加油站、清洗站、餐厅等，有的还建立驾驶员培训中心等实体，提供尽可能全面的服务。这些实体都作为独立的企业进行经营服务。良好的设施、优质的服务，使中心不仅取得显著的社会效益，而且取得巨大的经济效益。不来梅市货运中心的投入产出比为 1∶6，投资 2.03 亿德国马克，而实现的效益为 12.15 亿德国马克。

③ 整体运输安全计划。欧洲提出的整体运输安全计划，目的是监控船舶运行状态，通过测量船舶的运动、船体的变形情况和海水的状况，就可以提供足够的信息，避免发生事故，或者是在事故发生之后，确定造成事故的原因。

④ 统一标准，协调发展。为提高欧洲各国之间频繁的物流活动效率，欧盟组织采取了一系列协调政策与措施，大力促进物流体系的标准化、共享化和通用化。例如由全欧铁路系统及欧盟委员会提出的“在未来 20 年内，努力建立欧洲统一的铁路体系，实现欧洲铁路信号等铁路运输关键系统的互用”的目标，就是这一努力的具体体现。另外，为了优化整个欧盟地区的物流资源，使

之实现资源共享，欧洲还建立了欧洲空运集团(European Air Group)，由7个成员国(比利时、法国、德国、意大利、荷兰、西班牙和英国)组成，并在荷兰的Eindhoven空军基地建立了空运联合协调中心(Air Transport Coordination Cell)，该中心2002年开始运作。协调中心的职责是规划并协调空中运输支持、紧急事件处理、空中加油机、重要人物运输和医疗抢救等。

⑤ 扩大行业影响力——行业协会的作用。欧洲的运输与物流业组织——欧洲货代组织(FFE)在董事会年会上决定，为了整个行业的利益和长远大计，将积极在欧洲乃至国际上扩大行业影响力。另外还选举物流巨头Danzas的总裁PeterWagner为该组织新的总裁、物流巨头Kuehne&Nagel的董事会主席Klaus Herms为该组织的副总裁。FFE的成员中包括当今世界上9家最大的货代企业和物流企业，分别为ABX，Dachser，Danzas，Exel，Geodis，GeoLogistics，Kuehne&Nagel，Panalpina和Schenker，这9家企业合起来共拥有15.5万名雇员，每年货物运输量达2亿吨，每年营业额高达300亿欧元。

3. 日本现代物流的发展状况

日本物流业的发展已有较长的历史，在世界居领先地位。特别是日本政府为了大力扶持物流产业的发展所采取的一些宏观政策导向，给日本物流产业带来了快速增长。

(1) 日本物流业发展概况

日本自1956年从美国全面引进现代物流管理理念后，大力进行本国物流现代化建设，将物流运输业改革作为国民经济中最为重要的核心课题予以研究，加快其发展。其特点主要体现在以下几个方面：

① 加快各项物流基础设施的建设，并不断予以完善。日本政府在全国范围内开展了包括高速公路网、新干线铁路运输网、沿海港湾设施、航空枢纽港、流通聚集地在内的各种基础设施建设，以及投资物流运输体系的建设，既拉动了其本国生产的内需，又为日本拓展国际物流市场提供了充实的物流硬件保证。

② 采用先进物流理念，不断提高生产物流管理水平。汽车制造工业的发展为日本生产物流管理手段的发展提供了用武之地。“零库存”管理、准时制生产管理等新的物流管理方式不断涌现：物流中心、中央物流中心等各种物流管理系统不断增加，物流联网系统、物流配车系统等物流软件不断运用。日本堪称是世界上物流管理手段与工业化生产结合得最为成功的国家之一。

③ 发挥本国区位优势，确立海运立国战略。作为传统的海运国家，日本政府把海运作为本国经济发展的生命线。近年来，日本政府又调整了部分物

流发展战略，积极倡导高附加值物流，并将物流信息技术作为重点发展方向，力争在物流国际化、系统化、标准化、协作化方面取得进展。

日本物流业是随着现代科技和市场的发展、市场机制的完善，以及制造商和客户的要求不断变化而发展起来的。随着交通运输基础设施和交通工具的不断发展，物流的效率、成本和形态都发生了较大的变化。另外，日本物流业不仅专业化、自动化水平的发展十分迅速，而且对物流信息的处理手段也极为重视。几乎所有的专业物流企业无一不是通过计算机信息管理系统来处理和控制物流信息，为客户提供全方位的信息服务。为此，日本一大批 IT 业界的公司已成为物流信息平台和物流信息系统需求的直接受益者。

(2) 日本政府的综合物流政策

日本政府早在 1997 年即出台了发展物流业的政策。该政策的基本目标是到 2001 年，在日本国内进一步完善物流基础设施建设，实现国际水平的物流运作。具体提出了三项目标：① 提供亚太地区最方便且有魅力的物流服务；② 降低物流成本，使其不妨碍产业的竞争力；③ 减轻环境的负荷。为了实现上述基本目标，政府还设定了政策实施方面的三个原则：① 以相互合作为基础的综合性施政方式；② 满足客户多样化需求（全方位的施政方式）；③ 促进竞争，搞活市场。在这三项原则指导下，物流的各个领域进一步设立了努力目标，包括政策实施中的一些具体目标值，如货物的托盘使用率、临时停留场所的滞留时间等关键性控制值。

日本政府出台的物流产业发展政策，将建设和完善物流基础设施作为重点内容提出。由于日本已基本形成良性的物流市场和运作机制，物流基础设施也已初具规模，因此政府认为需要通过宏观政策调控，将投资重点着眼于一些重点基础设施的建设和完善方面。建设和完善物流基础设施包括：满足客户需求的拥有多种选择方式的基础设施（强调基础设施间的合作）；消除物流的瓶颈环节；建设和完善国际中心港湾、中心机场。例如，建设高规格的干线公路、地区性高规格公路、港湾和机场的铁路；增强主要干线铁路的货物运输力；建设国际海上集装箱集散地、多功能国际贸易集散地、国内贸易集散地；大都市圈据点机场的建设等。

在宏观规划重点建设基础设施的同时，为了进一步提高物流运作效率，日本政府进行了一系列政策方面的改革，其目的是进一步放宽对物流业的规制，使其完全按照市场运作的规律更加富有活力地发展。这些放宽的政策包括：① 废止物流业的供需调整，即对过去各种限制新增项目的法规进行了放宽。例如对新建项目，只要符合国家规定的安全和技术标准，便很容易地获得批准。② 对安全规定进行了调整。③ 灵活实施货物运输事业法。除此之外，日本政府还着手物流系统的技术升级，包括：① 物流系统的信息化。进出口和港口手续的无纸化、一条龙服务，物流 EDI（电子数据交换）的推进。② 物流系统的标准化。集装箱、托盘的 JIS 国际整合，全程托盘化运输的推进。③ 其他技术开发和商业惯例的改善等。为了确保综合物流政策得以实施，日本政府有关部门通力合作，建立了一套政策推进体制，以确保中央部门、地方政府、物流企业、货主等各方面能够合作实施有关政策。这一体制包括中央政府各有关部门之间的合作、地方政府之间的合作（区域物流的未来结构），并根据实施状况每年进行跟踪调查。

二、我国物流业的发展

我国从 20 世纪 70 年代末从国外引进"物流"概念，80 年代开展物流启蒙和宣传普及，90 年代物流起步，21 世纪初物流"热"开始升温。从我国物流业的现状和目前蓬勃发展的趋势来看，可以说，我国的物流业已经步入了一个崭新发展阶段。

1. 有利的宏观环境

从宏观环境来看，中国物流业发展的体制政策环境、经济发展环境、市场竞争环境、技术与装备环境和社会舆论环境出现了一些新的特点。

（1）中国物流业发展的体制政策环境

① 物流业的产业地位在国家规划层面得以确立。2006 年 3 月，十届全国人大四次会议通过的《国民经济和社会发展第十一个五年规划纲要》，在第四篇"加快发展服务业"，第十六章"拓展生产性服务业"里面，单列一节"大力发展现代物流业"。2007 年 10 月，胡锦涛同志在中国共产党第十七次全国代表大会上的报告中强调，要"发展现代服务业，提高服务业比重和水平"。这是加快转变经济发展方式、推动产业结构优化升级的重要途径。2009 年 2 月 25 日，国务院总理温家宝主持召开国务院常务会议，审议并原则通过了《物流业调整和振兴规划》。这是我国第一个物流业专项规划，也是十大产业中唯一的服务业规划，能够列入其中，表明党中央、国务院对物流业发展的重视。

② 努力营造政策环境，与物流相关的专项规划相继出台。2005 年 5 月，经国务院批准，由国家发改委牵头，商务部等 13 个部委和两个行业协会参加，组成了全国现代物流工作部际联席会议。通过几年来的工作，已先后建立了部际联席会议、办公室工作规则、重点物流企业联系制度和各地物流工作牵头部门联系制度，正在建立专家委员会，基本上形成了纵向联系方便、横向沟通顺畅的工作网络。

同时，国家发改委制订了《综合交通网中长期发展规划》和《粮食现代物流管理暂行办法》,交通部制订了《全国沿海港口布局规划》、《全国内河航道与港口布局规划》和《国家公路运输枢纽布局规划》等。

③ 传统垄断性行业体制改革取得突破。一是邮政体制改革。2006 年,原国家邮政局实行政企分开,重新组建新的国家邮政局和中国邮政集团公司。重组后的国家邮政局是信息产业部管理的国家邮政监管机构,行使政府对邮政监督管理的职能,而原来的有关企业职能,则剥离给了新组建的中国邮政集团公司。二是铁路体制改革。2006 年出台的《铁路"十一五"规划》也提出了积极稳妥推进铁路体制改革,包括推进铁路投融资体制改革、铁路股份制改革和运输管理体制改革等,引导传统铁路运输和铁路运输服务企业向现代物流企业转变。三是民航体制改革。允许各种所有制投资民用航空业,进一步放宽了对航线经营许可的管理,进一步放宽民用航空销售代理市场准入。

④ 鼓励物流业开放发展的政策继续深化。一是进一步扩大物流市场开放和准入范围。外商投资物流企业不再受注册资本和股权比例限制,物流市场进一步扩大开放。国家工商行政管理总局批准把"物流"列入企业登记目录,允许符合条件的企业登记为物流企业。二是实行有利于物流企业的税收政策。从 2006 年 1 月 1 日起,首批经国家发改委和国家税务总局联合确认的 37 家物流企业及其所属企业,开始营业税差额纳税试点工作。三是进一步改善通关环境,全面实施"属地申报,口岸验放"通关模式。四是合力推进综合物流体系建设。五是加强和改进物流市场监管。六是拓展物流领域国际合作。七是地方优惠政策。

⑤ 各地政府扎实推进物流业发展。一是制定物流发展规划。河北、上海、江苏、浙江、山东、重庆、宁波等省市根据本地经济和社会发展的实际情况,因地制宜,相继编制完成了物流发展规划。二是出台促进物流业发展的措施。河北、浙江、湖南、云南、宁波等地先后出台了加快物流业发展的若干措施。三是扶持重点物流企业和项目。上海、浙江、江苏、山东均在服务业引导资金中拿出一定比例专门用于物流项目的开发与建设。四是启动区域物流合作。苏浙沪两省一市已经建立了长江三角洲地区现代物流联动发展工作机制。京津冀地区物流企业签订了《物流合作协议》。四川、湖北、浙江、重庆、云南、新疆和广州 7 省(区)市物流行业协会发表《推进物流合作四川宣言》。安徽、江苏和江西 20 个沿江城市签署协议,区域内车辆在通关、收费、停靠作业等方面享受"普惠制"。五是引导制造业物流发展。上海市制定了《上海推进制造业物流发展实施方案》,推动化工、汽车、钢铁等行业制造业物流的发展。山东省开展优化企业物流管理活动,形成了 8 条优化企业物流管理的思路。江苏省组织了物流业与制造业供需对接会,推动制造业与物流业联动发展。六是推进

物流行业基础性工作。北京、河北、上海、江苏、浙江等省市建立了省市物流统计核算制度，开展物流统计调查工作，并定期向社会公布物流发展的主要经济指标，为当地物流业发展提供了数据支撑。上海市制订了《现代物流标准化三年行动计划》，发布了《上海市食品冷链物流技术与管理规范》等地方标准。

(2) 中国物流业发展的经济环境

① 经济建设跨上新台阶。2007 年，我国国内生产总值达到 24.66 万亿元，比 2006 年增长 11.4%，比 2002 年增长 65.5%，5 年年均增长 10.6%。2009 年我国国内生产总值达到 33.54 万亿元，按可比价格计算，比上年增长 8.7%。

② 开放型经济进入新阶段。2007 年，我国货物进出口总额 21 738 亿美元，比 2006 年增长 23.5%；实际使用外商直接投资金额 748 亿美元，增长 13.6%；对外直接投资额(非金融部分)187 亿美元，比 2006 年增长 6.2%。2009 年我国货物进出口总额达 22 072 亿美元。

③ 物流市场需求持续快速增长。2007 年，我国全部工业增加值 107 367 亿元，比 2006 年增长 13.5%；全社会建筑业实现增加值 14 014 亿元，比 2006 年增长 12.6%；全社会固定资产投资 137 239 亿元，比 2006 年增长 24.8%；社会消费品零售总额 89 210 亿元，比 2006 年增长 16.8%；全社会生产资料销售总额 22.1 万亿元，按可比价格计算比 2006 年增长 19.8%。物流需求量大的产业快速增长，拉动了物流需求总规模快速扩大。全国社会物流总额由 1991 年的 3 万亿元上升到 2008 年的 89.9 万亿元，增长了近 30 倍，年均增长 22%。

进入 2008 年 9 月份以后，我国受到了国际金融危机的冲击。面对严峻复杂的国内外环境，党中央、国务院牢牢把握经济工作的主动权，实施积极的财政政策和适度宽松的货币政策，不断充实和完善我国应对金融危机的一揽子计划，在较短时间内遏制住了经济增长下滑的势头，稳定了各方面的信心，国民经济逐步企稳回升。2009 年我国工业增加值 134 625 亿元，同比增长 8.3%；全社会固定资产投资 224 846 亿元，同比增长 30.1%；社会消费品零售总额 125 343 亿元，同比增长 15.5%；2009 年 1～9 月，生产资料市场稳步回升，销售总额为 19.82 万亿元，同比增长 9.7%，市场供需增长速度加快；全国社会物流总额为 96.65 万亿元，同比增长 7.4%。

(3) 中国物流业发展的市场环境

① 外资物流全面进入中国市场。2005 年 12 月 11 日以后，我国履行加入 WTO 相关承诺，物流领域对外资全面开放。目前，已有 20 多家企业经批准成为外商投资物流试点企业。这些世界著名的物流服务商依托其国际网络和整体优势，带来了先进的经营理念、经营模式、管理技术和高质量的服务，对于提升国内物流业的现代化水平起到了示范和带动作用，加快了我们民族物流企

业的发展。进入中国市场的外资物流企业,从企业类型上看,不仅有知名的大型企业,也有名不见经传的中小型企业;从进入的地域上看,不再局限于经济中心城市,正在向二三线城市扩展;从服务对象上看,既有外资在华企业,也向本土企业渗透;从业态上看,不仅有物流服务业,也包括为物流运作提供配套服务的物流地产、设施设备、咨询服务、教育培训等产业;在投资目的上,既有产业性的投资,也有资本性的运作;在合作方式上,投资、并购、独资的倾向愈来愈明显。

目标为"使您的货物运输在方方面面都尽量简便"的丹麦马士基集团,总部设在上海,在沈阳、天津、青岛、北京、武汉、厦门、深圳和广州等地设有分公司,还在大连、南京、宁波、重庆、福州和哈尔滨设有办事处,其服务包括供应链管理、仓储及物流分拨、空运、内陆运输等。美国联邦快递公司在中国目前拥有 80 家分公司,205 间办公设施,业务年平均增长率为 40%,在中国的市场占有率高达 67%。现在联邦快递公司每周可提供 26 班货机往返中国,已经稳居中国快递业的领导地位。DHL 与中国对外贸易运输集团总公司,各出资 50% 建立了中国成立最早、经验最丰富的国际航空快递公司——中外运敦豪国际航空快件有限公司。目前,中外运敦豪公司在全国各主要城市已建立 82 家分公司,拥有超过 7 100 名高素质员工,服务遍及全国 401 个主要城市,覆盖中国 95%的人口和经济中心。

美国联邦包裹速递公司(UPS)、德国邮政世界网(DPWN)、TNT、日本通运(Nippon Express)等都先后开辟了中国市场。

② 高端物流服务市场竞争愈演愈烈。目前,外资物流企业借助资金、技术和管理等优势"抢滩"中国市场。它们从合资走向独资,从单一业务走向综合物流业务,从中心城市走向全国性物流网络布局。2008 年主要国际物流巨头加快业务整合和规模扩张,在快递、航运以及制造业供应链物流等领域已占据重要地位,个别外资快递企业凭借雄厚实力,逆市大幅降价,进一步加剧了市场竞争。

(4) 中国物流发展的技术与装备环境

一是电子商务环境。电子商务网站与物流企业的结合,预示着物流在电子商务领域发展的作用将越来越突出。二是信息技术环境。RFID 技术已经开始在物料管理、后勤支持、仓储配送等领域出现应用趋势。三是装备制造环境。2006 年 6 月 28 日,《国务院关于加快振兴装备制造业的若干意见》发布,明确了加快振兴装备制造业的目标。

(5) 中国物流发展的舆论环境

中国物流受社会各界关注的程度进一步提高。"现代物流业"一词已进入国家规划纲要；党中央和国务院以及各级地方政府的文件、各级领导人的讲话、人大代表与政协委员的提案均频见这一词语。目前，国内大约有 3 000 多家物流及物流相关网站，物流类刊物各有特色，《国际商报》等开辟了物流类专版，其他各类社会媒体都在关注物流新闻宣传工作，再加上地方报刊参与，现代物流业已经成为家喻户晓的热门话题。

2. 存在的主要问题

尽管中国物流业持续快速增长，但仍然存在一些问题。有些是多年来累积的老问题，也有些是在实际运行中出现的新矛盾。主要表现在：

(1) 社会物流总费用居高不下，但物流企业利润率持续下滑

社会物流总费用与 GDP 的比率，是衡量一个国家物流运行效率和现代化程度的重要指标。近年来，我国社会物流总费用与 GDP 的比率一直在高位运行，2007 年比 2003 年只下降 0.5 个百分点，比 2006 年的 18.3%还上升 0.1 个百分点。2009 年前三季度 18%，比 2008 年同期降低 0.3 个百分点。与发达国家相比，这一比率仍高出 1 倍左右。

但是，社会物流总费用持续高位运行，并没有带来物流企业利润率的上升。据对全国重点物流企业统计调查，2009 年物流企业主要运营指标仍呈普遍下降之势。例如货运量同比下降 1.5%，配送量同比下降 17.3%，流通加工量同比下降 16.5%。与此同时，企业效益继续下滑，主营业务利润额下降 17%，近六成企业利润额同比负增长，近一成企业亏损。也就是说，制造企业和流通企业增长的物流费用，并没有变为物流企业的利润。

(2) 社会化的物流需求不足，专业化的物流服务能力不强

近年来，我国社会物流总额一直以 25%左右的速度增长，大大高于同期 GDP 的增速，但物流业增加值的增长幅度却低于社会物流总额 5～10 个百分点。这显示出我国专业化物流发育缓慢，社会化需求水平较低。同时，高度分散的物流市场、严重缺失的诚信体系，使物流外包存在风险，对社会物流需求的扩张和升级形成制约。目前，我国物流市场仍处在粗放经营阶段，初级物流服务多，高端物流服务少；单一物流服务多，一体化物流服务少。大部分企业仍然在离散的物流功能上过度竞争，把精力过多地放在成本降低和价格竞争方面，提供的产品同质化严重，还不能满足物流需求社会化的需要。

(3) 物流产业发展很快，但相关要素支撑不够

随着物流企业经营规模不断扩大，业务范围持续扩张，相关要素的“瓶颈”制约越来越明显。一是资金的压力越来越大。目前，我国银行信贷的抵押物仍以不动产为主，对于民营物流企业的车辆、物流设备、应收账款等抵押担保业务还没有普遍开展起来。同时，行业“互保”、“联保”等增信机制还没有建

立,政策性担保手段还在探索中。社会担保体系的不健全,也是物流企业特别是中小型民营企业取得银行贷款的一大障碍。二是人力资源的制约。现代物流是一个兼有知识密集、技术密集、资本密集和劳动密集特点的外向型和增值型的服务行业。目前,我国物流企业高端人才尤其是复合型人才严重缺乏;同时,操作性员工成本持续上升,稳定性下降。三是基础设施发展不平衡。从全国范围来看,我国物流基础设施存在重线轻点、衔接不畅、区域不平衡的问题。道路、港口、机场、园区、仓库等物流基础设施整合力度不够,没有形成快捷、畅通、高效的物流基础设施网络。东部、中部、西部地区和城乡物流基础设施发展不平衡,难以适应物流发展的需要。四是技术装备和信息化水平较低。目前,我国物流企业技术装备比较落后,企业难以利用先进技术提高物流生产率。全行业物流信息化水平还比较低,难以利用信息化手段整合物流流程,提高市场反应速度。物流技术应用在模式创新和价值链重构中的作用日益突出,对我国物流科技创新和应用水平提出了更高的要求。

(4) 政策环境已有较大改善,但许多政策需要进一步落实

近年来,特别是 2004 年国家发改委等九部门发布文件和 2005 年全国现代物流工作部际联席会议制度建立以后,政府有关部门采取了一系列支持物流业发展的政策,收到了明显成效。但仍然存在不少问题,主要有:

① 已经出台的政策落实不够。例如:营业税重复纳税的问题,城市配送车辆限制问题,物流企业融资难的问题,等等。

② 对于物流产业发展中遇到的新问题缺乏相应的政策措施。例如,对于促进制造业物流分离外包缺少鼓励性政策,对于国内企业走出"国门"缺少引导性政策,对于外资物流企业对国内物流市场的控制力缺少约束性政策等。

③ 物流市场不正当竞争依然存在。主要是一些地方的封锁和保护,对外地企业存在一定程度的歧视;一些行业的垄断,对新进入者形成障碍;还有个别地方和企业诚信度缺失,"货运蒸发"、"卷款走人"现象时有发生,对整个物流行业健康发展极为不利。

④ 物流企业各环节税率不统一。运输、装卸的营业税为 3%,仓储、配送为 5%,影响了企业的一体化运作。仓储土地使用税增幅过大,最大提高了 15 倍,超过企业承受能力。部分大中城市配送车辆市内通行难的问题依然存在。物流企业融资渠道较少,企业面临较大的资金压力。部分企业反映,由于上述种种原因,物流企业普遍出现了经营收入迅速扩大,但实现利润并没有相应增长、甚至下降的问题。长此以往,无疑将削弱我国物流企业发展的后劲,影响我国物流产业的健康发展。

第四节　物流的性质与作用

一、物流的性质

1. 物流的生产性

无论是生产企业的物流，还是流通领域的物流都具有生产性。其原因如下：

(1) 物流是社会再生产中的必要环节

物流虽然不能使物资的使用价值增加，但是能够保持已创造的使用价值不受损失，解决物品的生产和消费在时间上和空间上的矛盾，从而为物品使用价值的最后实现创造了条件。从这个意义上说，物流活动同物品的生产一样能够创造价值，正因为物流活动所付出的劳动与实现物品的使用价值直接联系，所以它也是社会必要劳动。

(2) 物流活动同样具备生产力的三要素，即劳动力、劳动资料和劳动对象

为了保证物流活动的正常进行，就必须具备各种机械设备和劳动工具，这就是物流的劳动资料要素；物流的劳动对象是流动着的各种实物；从事物流工作的人是物流生产的劳动者。从这个意义上说，物流活动是具有一定物流工作技能的劳动者通过各种物流设施、物流设备或劳动工具对物质资料进行时间和空间转移的一种社会经济活动。

2. 物流的社会性

物流是国民经济的动脉系统，它联结社会生产各个部分使之成为一个有机整体。任何一个社会(或国家)的经济，都是由众多的产业、部门、企业组成的，这些企业又分布在不同的地区、城市和乡村，属于不同的所有者，它们之间相互供应其产品用于对方的生产性消费和人们的生活消费，它们互相依赖而又互相竞争，形成极其错综复杂的关系。物流就是维系这些复杂关系的纽带和血管。马克思对此曾有过如下一段论述："交换没有造成生产领域之间的差别，而是使不同的生产领域发生关系；并把它们变成社会总生产的多个互相依赖的部门。""商流"和"物流"一起，把各个生产部门变成社会总生产中互相依赖的部门。

3. 物流的服务性

如前所述，军事后勤为部队和战争服务，工业后勤为制造业的生产和经营服务，商业后勤为商业运行和顾客服务。企业物流是企业生产和经营的基础，

国民经济物流是国民经济的命脉,国际物流既是国际贸易最终的实现手段,也是经济全球化的基石。总之,物流是为社会经济中的其他活动提供后勤保障的服务性活动,物流的核心是服务。

二、物流的作用

1. 物流创造价值

(1) 物流创造时间价值

由于大量的社会产品都存在生产周期问题,所以物品从供给者到需要者之间存在着一段时间差距,为了改变这一时间差而创造的价值,称作时间价值。物流获得时间价值有以下几种形式:

① 缩短时间。缩短物流时间,可获得多方面的益处,如减少物流损失、降低物流消耗、加速物品的周转和节约资金等。物流周期的结束是资本周转的前提条件,这个时间越短,资本周转越快,表现出资本的增值速度越高,形成了区别于C和V的第三利润源N。从全社会物流的总体来看,加快物流速度、缩短物流时间是物流必须遵循的一条经济规律。

② 弥补时间差。经济社会中,需要和供给普遍存在着时间差。例如,石油集中开采提炼出各种能源,但是人们的能源消费是天天有需求,因而供给和需求之间出现了时间差。供给与需求之间存在时间差,可以说这是一种普遍的客观存在,正是有了这个时间差,商品才能取得自身的最高价值,才能获得十分理想的效益。但是,商品本身是不会自动弥合这个时间差的,以汽油为例,如果没有有效的方法储存,集中生产出的汽油除了当时的少量消耗外,就会挥发损失掉,而在非产出时间,人们就会找不到汽油使用。物流便是以科学的、系统的方法进行弥补,有时是改变这种时间差,以实现其时间效用。

③ 延长时间差。在某些具体物流活动中也存在人为地、能动地延长物流时间来创造价值的情况。例如,秋季集中产出的粮食、棉花等农产品,通过物流的储存、储备活动,有意识地延长物流的时间,以均衡人们的需求;配合待机销售的囤积性营销活动的物流便是一种有意识地延长物流时间、有意识增减时间差来创造价值的方式。

(2) 物流创造空间价值

随着经济全球化的发展,在全球范围内配置资源已经成为现实。物品从供给者到需求者之间空间差距会逐渐加大,由于改变物品的不同空间存在位置而创造的价值称为空间价值。物流创造空间价值是由现代社会产业结构、社会分工所决定的。物流创造空间价值主要有以下几种具体形式:

① 从集中生产地流入分散需求地。现代化大生产的特点之一，往往是通过集中的、大规模的生产来提高生产效率，降低成本。在一个小范围集中生产的产品可以覆盖大面积的需求地区，有时甚至可覆盖一个国家乃至若干个国家。通过物流将产品从集中生产的低价位区转移到分散于各处的高价位区，往往可以获得很高的利益，物流的空间价值因此而产生。

② 从分散生产地流入集中需求地。同以上情况相反的一种情况在现代社会中也不少见。例如，粮食是在一亩一亩的地上分散生产出来的，而一个大城市的粮食需求却相对大规模集中；一辆汽车的零配件生产也分布得非常广，但却集中在一个总厂中装配。这就形成了分散生产和集中需求，物流便依此取得了空间价值。

③ 从低价值生产地流入高价值需求地。现代社会中供应与需求的空间差比比皆是，十分普遍，除了由社会化大生产所决定之外，有不少是由自然地理和社会发展等因素决定的。例如，农村生产粮食、蔬菜供城市消费，南方生产香蕉、菠萝而北方生产玉米、大豆供各地消费等。现代人每日消费的物品几乎都是相距一定距离甚至十分遥远的地方生产的，这些复杂交错的供给与需求的空间差都是靠物流来弥合的，物流也就从中取得了相应的利益。

④ 从资源富余地流入到资源稀缺地。在经济全球化的浪潮中，随着国际分工和全球供应链的构筑，企业在成本最低的地区进行生产，通过有效的物流系统和全球供应链，在资源富余地获得生产所需的资源，各类资源由富余地向稀缺地流动，尤其是先进的机器设备、稀有的原材料、工业半成品等流动更为明显。

(3) 物流创造加工价值

物流的流通加工功能，带有完善补充、增加性质的加工活动，是附加价值。

2. 物流对企业的作用

(1) 物流是企业生产的前提和保证

从企业这一微观角度来看，物流对企业的作用有以下几个方面：

① 物流为企业创造经营的外部环境。一个企业的正常运转，必须有这样一个外部条件：一方面，要保证按企业生产计划和生产节奏提供和运送原材料、燃料、零部件；另一方面，要将产品和制成品不断运离企业，输送到需求地。这个最基本的外部环境正是要依靠物流及有关的其他活动创造条件和提供保证的。

② 物流是企业生产运行的保证。企业生产过程具有连续性和衔接性，需要依靠生产工艺中不断的物流活动，有时候生产过程本身便和物流活动结合在一起。现代企业的生产运行过程中，物流的支持保证作用是不可或缺的。

③ 物流是企业核心能力的重要方面。企业的核心能力体现在质量、技术和效益等方面，物流作为企业竞争力的重要一环，是接近用户阶段的质量保证

手段，是提高企业市场开拓能力、驾驭宏观经济环境能力的体现；更重要的是，物流通过降低成本间接增加企业利润，改进物流技术可直接取得效益，这些都会有效地提高企业可持续发展的能力。

(2) 物流可以降低成本

物流合理化有大幅度降低企业经营成本的作用，对改善我国经济运行的环境、减少和解决企业的经营困难、提高不同规模经济体的运行质量有重要作用。我国当前许多企业面临困难的主要原因之一是运行成本过高。发展物流产业，能够有效地降低社会流通成本，从而降低企业供应及销售成本，起到改善企业外部环境的作用；企业生产过程的物流合理化，又能够降低生产成本。

(3) 物流是第三利润源

一些经济学家将降低生产成本中的物化劳动即降低资源消耗，称为“第一利润源”；把提高劳动生产率，降低人力消耗称为“第二利润源”。降低物流费用，被称为“第三利润源”。对于生产企业而言，可以通过物流活动的合理化，降低生产的经营成本而间接提高利润。第三方物流企业通过有效的经营，可以为企业直接创造利润。物流可以成为企业和国民经济新的利润增长点。过去把国民经济中许多物流活动当做公益活动来看待，只有投入没有回报，组织结构及活动不合理，服务水平低，技术设备落后。在这些领域采用现代物流的组织、管理和技术之后，可以使其成为国民经济新的利润源。企业中许多物流活动，如连锁配送、仓储管理、流通加工等，都可以直接成为企业利润新的来源。

(4) 物流的服务价值

物流将成为服务行业的一支劲旅，它可以为企业和顾客提供良好的服务，这种服务有利于企业积极参与市场竞争，有利于树立企业和品牌的形象，有利于与服务对象结成长期的、稳定的、战略性的合作伙伴，这对企业长远的、战略性的发展有非常重要的意义。物流的服务价值，实际上就是促进企业战略发展的价值。

复习思考题

1. 物流创造的价值表现在哪些方面？
2. 物流对企业有什么重要意义？
3. 美国、欧洲、日本物流发展状况及相关政策对中国的物流发展有哪些启示？
4. 简述物流的性质。
5. 简述物流的功能。
6. 简述物流的要素。

【结尾案例】

全球十大物流企业的成功经验

一个成功的物流企业，必须具备较大的运营规模，建立有效的地区覆盖面，具有强大的指挥和控制中心，兼备高水准的综合技术、财务资源和经营策略。近两年来，不同领域、不同性质、不同规模的企业争相进军物流领域。但是否所有这些企业都能尽快成功转型为物流企业，并能获得丰厚收益呢？我们来考察世界物流企业前十强的有关业务结构、运作模式及赢利状况，以期对我国物流企业有所启示。

一、业务结构

1. 美国联邦包裹速递公司(简称 UPS)

业务概况：UPS 是全球最大的速递机构和全球最大的包裹递送公司，同时也是世界上一家主要的专业运输和物流服务提供商。每个工作日，该公司为 180 万家客户送邮包，收件人数目高达 600 万。主要业务分布在美国国内并遍及其他 200 多个国家和地区。该公司已经建立规模庞大、可信度高的全球运输基础设施，开发出全面、富有竞争力并且有担保的服务组合，其中包括一体化的供应链管理。UPS 的业务收入从地区来看，美国国内业务占总收入的 89%，欧洲及亚洲业务占 11%；从运输方式来看，美国国内陆上运输占 54%，国内空运占 19%，国内延迟运输占 10%，对外运输占 9%，非包裹业务占 4%。

2. 美国联邦快递(FedEX)

FedEX 公司，是一家环球运输、物流、电子商务和供应链管理服务供应商。该公司通过各子公司的独立网络，向客户提供一体化的业务解决方案。FedEX 的业务从地区来看，美国业务占总收入的 76%，国际业务占 24%；从运输方式来看，空运业务占总收入的 83%，公路占 11%，其他占 6%。

3. 德国邮政世界网(Deutsche Post World Net)

德国邮政是德国的国家邮政局，是欧洲地区领先的物流公司，并着眼于成为世界第一。DPWN 划分为四个自主运营的部门，即邮政、物流、速递和金融服务。

邮政部门由邮政、市场直销和出版物发放业务组成，建有最高水准的作业网络，由遍及德国的 83 家标准化分拣中心组成，并越来越重视高成长的市场直销业务。速递部门提供覆盖欧洲的快递业务；通过与 DHL 的合作提供全球业务。

物流部门提供一站式的服务，服务内容包括全球航空、海运、欧洲陆运服务和客户定制的物流解决方案。同时，通过Postbank提供的金融服务于1999年1月成为一家全资的附属公司。在2000年1月收购了DSL银行，向私人和商业客户提供多渠道银行业务。

业务构成及分布：从净收入来看，DPWN的四大业务邮政、快递、物流和金融分别占49%、21%、18%和12%。特别是对于物流业务在地域上的分布来说（从净收入看），德国、法国、意大利和欧洲其他国家分别占23%、17%、8%和23%，斯堪的纳维亚、美洲、远东和大洋洲分别占12%、11%和6%。

4. 马士基集团(Maersk/A. P. Moeller)

丹麦的Maersk Sealand是世界上最大的航运公司，拥有船舶250艘，其中包括集装箱船舶、散货船舶、供给和特殊用途船舶、油轮等。该集团还拥有大量的装卸码头，并提供物流服务。Moeller的附属公司同时还在挪威、委内瑞拉和其他国家进行石油和天然气的钻探。另外，该集团还从事船舶和联运集装箱的制造、药品生产，并经营一家国内航空公司Maersk Air和提供信息服务。另外，该公司还拥有丹麦第二大连锁超级市场。

5. 日本通运公司(Nippon Express)

日本通运公司的业务主要分为汽车运输、空运、仓库及其他，分别占44%、16%、5%及25%。从地域上看，其经营收入有93%来自于日本。其客户主要分布在电子、化学、汽车、零售和科技行业。

6. 瑞德系统公司(Ryder)

Ryder系统公司在全球范围内提供一系列的技术领先的物流、供应链和运输管理服务。该公司提供的产品范围包括全面服务租赁、商业租赁、机动车的维修以及一体化服务。此外还提供全面性的供应链方案、前沿的物流管理服务和电子商务解决方案，从输入原材料供应到产品的配送，致力于支援客户的整条供应链。其业务分布从地区来看，美国业务占总收入的82%，国际业务占18%；从业务板块来看，运输服务占57%，物流占32%，其他占11%。

7. TNT邮政集团(TNT Post Group，TPG)

TPG在全球超过200个国家和地区提供邮递、速递及物流服务，并拥有Postkantoren（经营荷兰各邮局的机构）50%的股权。TPG利用TNT品牌提供速递发送及物流服务，其物流领域现有137座仓库，共占地155万平方米。业务划分及分布：从业务类型来看，TPG的三大业务邮递、速递和物流（净收入）分别占42%、41%及17%；而从地域表现来看（净收入），欧洲占85%，大洋洲、北美、亚洲及其他地区分别占6%、4%、2%、3%。如果从运营利润来看，邮递、速递和物流分别占76%、15%和9%。

8. 康捷空公司(Expeditors)

该公司注册地为美国，是一家提供全球物流服务的公司，向客户提供了一个无缝的国际性网络，以支持商品的运输及策略性安置。公司的服务内容包括空运、海运(拼货服务)及货代业务。在美国的每个办事处以及许多海外办事处都提供报关服务，另外还提供包括配送管理、拼货、货物保险、订单管理以及以客户为中心的物流信息服务。其业务分布从业务类型来看，主要集中在空运、海运和货代方面，按照收入划分分别占63%、25%和12%；而从地区分布来看，主要集中在远东，占56%，在美国、欧洲和中东、南美洲、澳大利亚的收入分别占25%、15%、2%、1%。

9. 泛亚班拿集团(Panalpina)

业务概况：Panalpina是世界上最大的货运和物流集团之一，在65个国家和地区拥有312个分支机构。该集团通过一体化货运服务，将自身定位于标准化运输解决方案和传统托运公司之间。除了处理传统货运以外，该集团还向跨国公司提供物流服务，尤其是汽车、电子、电信、石油及能源、化学制品等领域的公司。业务划分及分布：从总利润来看，Panalpina的四大业务即空运、海运、物流及其他分别占44.9%、31.3%、20.3%及3.5%；而在地域上又分布为欧洲、非洲占52.7%，美洲占33.9%，亚太地区占13.4%。

10. 英运物流集团(Exel)

Exel分为五大业务部门：(消费品、零售、医疗)欧洲部、(消费品、零售、医疗)美洲部、开发和自动化部、技术和全球管理部以及亚太部。该公司全球网点达到1 300个，50 000多名员工。Exel在地面运输供应链服务方面占有很高的市场地位，所提供的服务包括仓储和配送、运输管理服务、以客户为中心的服务、JIT服务和全球售后市场物流服务。

从业务种类来看，Exel主要集中在配送、运输管理和环境服务三个方面，按照净收入划分，则分别占58%、39%和3%，如果按照运营利润划分，则分别占62%、28%、10%；从地理分布来看，业务主要集中在英国与爱尔兰，同时遍及美洲、欧洲大陆和非洲以及亚太地区；按照净收入划分分别占39%、30%、21%和10%；如果按照运营利润划分则分别占54%、27%、10%和9%。

世界十大物流企业中，以空运、快递、陆运等业务为主要背景的公司居多。业务的地区性集中化程度高（即本土化程度高）。十大物流企业中绝大部分是资产密集型企业，大多拥有物流设施和网络。因此从业务结构来看，在进军现代物流行业的诸路大军中，具备快递、空运等快运业务背景的综合企业将拥有巨大潜力。

二、运作模式

目前世界大型物流公司大多采取总公司与分公司体制，采取总部集权式物流运作，实行业务垂直管理，实际上就是一体化经营管理模式（只有一个指挥中心，其他都是操作点）。从实践上讲，现代物流需要一个统一的指挥中心、多个操作中心的运作模式。因为有效控制是现代物流的保证。从物流业务的内容来看，每项内容并不复杂，但协调整个过程的服务必须建立一个高效而有权威的组织系统，能控制物流实施状态和未来运作情况，并能及时有效地处理衔接中出现的各种疑难问题和突发事件。也就是说需要有一个能力很强、指挥很灵的调控中心来对整个物流业务进行控制和协调。各种界面和各种决策必须联系在一起，才能创建一个作业系统。

三、赢利模式

通过分析世界物流前十强，我们发现，非资产型物流公司的赢利能力显然强于资产型物流公司，而且具有竞争力的业务核心是物流管理，也称供应链管理。其中物流设计、控制、组织、协调能力是其竞争基础。具有代表性的竞争手段有：高度重视物流解决方案设计；在服务操作上严格执行统一的服务标准；坚持严格的质量管理制度；以信息技术和信息网络贯穿物流整个服务过程。其次，十大成功物流企业中，以空运、快递、陆运等业务为主要背景的公司居多，而且规模大、赢利能力强，表明时间敏感性强的运输服务在物流行业的成长空间大，有前途。再次，尽管非资产型物流公司赢利快，但在世界物流前十强中仍以资产型物流公司居多，特别是既拥有大量的物流设施和网络、又具有强大的全程物流设计能力的混合型公司发展空间最大。

总之，世界物流前十强在业务结构、运作模式、赢利模式上具有诸多优势，值得我们去认真研究、分析，值得中国物流企业或正在向物流转型升级的企业借鉴。特别是这些著名物流企业的成功之处，比如拥有较大的营运规模，建立有效的地区覆盖，具备指挥能力强、控制能力强的管理层，具备高水准的综合技术、财务资源和经营策略等，非常值得我国大型物流企业（或向大型物流企业进军的企业）学习。

第二章　物流管理及组织

【学习目标】

通过本章的学习，了解物流管理发展的历程，掌握物流管理的定义与内容、物流管理的原则与目标，理解物流管理组织变革的历程和我国物流组织创新的趋势。

【导入案例】

2007年中国制造业物流的新进展

中国制造业物流是由制造业和物流业这两个行业交织发展而成的，2007年中国制造业物流发展取得的成绩十分显著，主要表现在以下五个方面：

1. 政府推动不遗余力

2006年3月14日十届全国人大十次会议通过的《中华人民共和国国民经济和社会发展第十一个五年规划纲要》中提出要大力发展生产性服务业，其中现代物流作为生产性服务业的重要内容而被单独强调，作为生产性服务业的现代物流可以理解为制造业物流，显示中央政府对发展制造业物流的决心；2007年3月19日，国务院发布《国务院关于加快发展服务业的若干意见》，再一次强调要大力发展"面向生产的服务业，促进现代制造业与服务业有机融合、互动发展……优先发展运输业，提升物流的专业化、社会化服务水平，大力发展第三方物流……"；2007年9月21日至22日，国务院在合肥市召开全国服务业工作会议，全面贯彻落实《国务院关于加快发展服务业的若干意见》；2007年9月25日，国家发改委在上海召开首届全国制造业与物流业联动发展大会，这次会议直接点燃了制造业与物流业联动发展的火种。从此，中国制造业物流发展被提到国家层面。2007年中央和地方政府推动制造业物流发展的力度之大前所未有，从"首届制造业与物流业联动发展大会"提供的一些制造企业和物流企业的实际材料来看，我国制造业物流发展已经取得了较好的成果。

2. 联动发展人心所向

当制造业规模较小的时候，普遍采取“大而全、小而全”的企业组织模式，即制造企业自身承担原材料采购、产品制造、商品销售以及物流等所有活动，但由于规模的扩大、竞争和专业化分工的加剧，企业因为资源约束不得不将物流等业务外包，由此产生了制造、物流等活动的相对独立。到了生产相对比较发达的今天，制造与物流的独立掩盖了它们之间的联系，降低制造业与物流业的交易成本、加快制造业与物流业的产业协同的呼声日益高涨。制造业与物流业联动发展成为两家的普遍共识，国家发改委在上海召开的首届全国制造业与物流业联动发展大会得到了业内专家、地方政府、制造业与物流业的领先企业的普遍响应。这次会议的代表共有400多人，12家著名制造企业与12家著名物流企业当场签署合作协议。与会代表纷纷表示，这样的会议对发展中国制造业物流具有极为重要的意义，表明发展制造业物流是顺乎制造业与物流业发展潮流的重要举措。

3. 内部整合成效卓著

制造业整合物流系统大有可为，1999年海尔集团的成功经验就是在企业内部打破事业部的界限，把分散在各事业部的物流资源集中起来，统一成立物流事业推进本部和物流公司，统一受理各事业部的所有物流业务，取得了较大成功。不少企业借鉴了海尔集团内部物流整合的成功经验，比如，武汉钢铁公司将供应物流及销售物流的运输管理职能重组，组建武钢物流管理公司，2007年该公司开始统一调度集团物流资源，并统一规划和调度集团物流运作，取得了较好的效果。

4. 物流外包突出重围

物流外包是让制造业和物流业都感到兴奋的举措。制造业将物流业务外包给物流业，能增加物流业的总市场份额，这令物流业兴奋；制造业将物流业务外包给物流业，制造业能以更低廉的物流成本获得更好的物流服务，这令制造业兴奋。制造商对外包的好处再清楚不过了，但是，制造商在物流外包决策上总是犹豫不定，制造商物流外包困难重重。令人欣慰的是，在2007年，不少制造企业在物流外包上突出了重围，例如上海汽车集团公司将物流业务外包给安吉天地汽车物流公司，2007年两家公司的物流合作全面地向纵深方向展开，安吉天地公司的物流服务能力已经覆盖到上海汽车集团的零部件供应、整车组装、整车销售等核心环节。

5. 信息技术日新月异

由于制造业的国际化和全球化，制造业的供应链超越了国界，制造业的商流、物流、信息流、资金流的全球协同十分重要，这越来越有赖于信息技术的普遍应用。2007 年，中国的制造商进行了大规模的信息技术应用投入。据了解，国家“十一五”期间制造业信息化科技工程计划投资 50 亿元，2007 年已经开始支持制造业的信息化实践，中石油等大型企业 ERP 系统成功上线，GPS、RFID 等一批物流设备广泛应用于神龙汽车有限公司、宝山钢铁集团有限公司、上海华谊集团公司等企业。

第一节　物流管理概述

一、物流管理的定义及内容

1. 物流管理的定义

到目前为止，还没有形成一个统一的物流管理定义，各个国家、各个学派对物流管理的定义各不相同。

中华人民共和国国家标准《物流术语》(GB/T18354—2006)中对物流管理的定义是：“为了以合适的物流成本达到用户满意的服务水平，对正向及反向的物流过程及相关信息进行的计划、组织、协调与控制。”

2. 物流管理的内容

对于物流管理的内容可从不同的角度加以划分，例如，对物流活动各环节的管理，包括运输、储存等环节的管理；对物流系统诸要素的管理，即对其中人、财、物、设备、方法和信息等六大要素的管理；对物流层次的管理，包括战略层次的管理、运营层次的管理和作业层次的管理。

(1) 对物流活动各环节的管理

物流活动各环节的管理内容有以下几方面：

① 运输管理。主要内容包括运输方式及服务的选择、运输路线的选择、车辆调度与组织等。

② 仓储管理。主要内容包括仓库建设规划、物品储存策略、储存作业组织、库存控制、物品养护等。

③ 装卸搬运管理。主要内容包括装卸搬运系统的设计和作业组织等。

④ 包装管理。主要内容包括包装容器和包装材料的选择与研究、包装技术与方法的改进以及包装系列化、标准化、自动化等。

⑤ 流通加工管理。主要内容包括加工场所的选定、加工机械的配置、加工技术与方法的研究和改进、加工作业流程的制定与优化。

⑥ 配送管理。主要内容包括配送中心选址及优化布局、配送功能设计、配送作业流程的制定与优化。

⑦ 物流信息管理。主要是指对反映物流活动内容的信息、反映物流要求的信息、反映物流作业的信息和反映物流特点的信息所进行的收集、处理、存储和传输等。

(2) 对物流系统诸要素的管理

从物流系统的角度看,物流管理的内容有以下几方面:

① 对人的管理。人是物流系统和物流活动中最活跃的因素。对人的管理包括物流从业人员的选拔与录用、物流专业人才的培训与提高、物流教育和物流人才培养规划与措施的制定等。

② 对物的管理。"物"指的是物流活动的劳动对象,即物质资料实体,它是物流活动的客体。物的管理贯穿于物流活动的始终。它包括物流活动诸功能的内容,即物的运输、储存、包装、流通加工等。

③ 对财的管理。主要是指物流管理中有关降低物流成本、提高经济效益等方面的内容。它是物流管理的出发点,也是物流管理的归宿。主要内容有物流成本的计算与控制、物流经济效益评价、资金的筹措与运用、提高物流经济效益等方面。

④ 对设备的管理。即物流管理中与设备有关的各项内容。主要有各种物流设备的选型与优化配置、各种设备的合理使用和更新改造以及各种设备的研制、开发与引进等。

⑤ 对方法的管理。主要内容有各种物流技术的研究、推广、普及,物流科学研究工作的组织与开展,新技术的推广普及以及现代管理方法的应用等。

⑥ 对信息的管理。信息是物流系统的神经中枢,只有做到有效地处理并及时传输物流信息,才能对系统内部的人、财、物、设备和方法等五个要素进行有效的管理。

⑦ 顾客服务管理。以上各项要素反映出的主要效果就是对于顾客的服务水平。顾客服务管理是指对与物流活动相关服务的组织和监督,例如调查和分析顾客对物流活动的反映,决定顾客所需要的服务水平、服务项目等,以及确定物流服务绩效管理方法等。

(3) 对物流层次的管理

从物流层次的角度看,物流管理的内容包括以下几方面:

① 物流战略管理。企业物流战略管理就是站在企业长远发展的立场上,

就企业物流的发展目标、物流在企业经营中的战略定位、物流服务水平、物流服务内容等问题做出整体规划。

② 物流系统的设计与运营管理。企业物流战略确定以后，为了实施战略必须有一个得力的实施手段，即物流运作系统。作为物流战略制定后的下一个实施阶段，物流管理的任务是设计物流系统和物流网络、规划物流设施，确定物流运作方式和程序等；同时形成一定的物流能力，并对系统运营进行监控，及时根据需要调整系统。

③ 物流作业管理。在物流系统框架内，根据业务需求，制订物流作业计划，按照计划要求对物流作业活动进行现场监督和指导，对物流作业的质量进行监控。

二、现代物流管理的特征

现代物流管理的特征表现为以下几方面：

1. 以客户满意为首要目标

物流是以客户需要为出发点，是基于企业经营战略从客户服务目标的设定开始，追求客户服务的差别化战略，以满足客户个性化需求。物流通过提供客户所期望的服务、在积极追求自身交易扩大的同时，强调实现竞争企业在客户服务方面的差别化，在了解竞争对手的战略基础上，努力提高客户的满意度。

在现代物流中，客户服务的设定优先于其他各项活动，并且为了使物流客户服务能有效地开展，在物流体系的基本建设上，要求物流中心、信息系统、作业系统和组织构成等条件的具备与完善。例如，在物流系统中必须做到物流作业效率化，即在配送、装卸、加工等过程中应当运用最恰当的方法、手段使企业能最有效地降低物流成本。

2. 以整个流通渠道的物品运动为管理过程

以往人们认为物流是从生产阶段到消费阶段的物品流动，也就是说物流管理的主要对象是“销售物流”和“生产物流”。而物流管理的范围不仅包括销售物流和生产物流，还包括采购供应物流、回收物流以及废弃物物流。这里需要注意的是，现代物流管理中的销售物流概念也有新的延伸，即不仅是阶段的销售物流(例如厂商到批发商、批发商到零售商、零售商到消费者的相对独立的物流活动)，而且是一种整体的销售物流活动，也就是将销售渠道的各个参与者(厂商、批发商、零售商和消费者)结合起来，以保证销售物流行为的合理化。

3. 以追求企业整体最优为主要目标

充分的分工与合作是当今市场的发展趋势，如果企业物流仅仅追求“部分最优”或“部门最优”，将无法在日益激烈的企业竞争中取胜。从原材料的调拨计划到向最终消费者移动的物品运动等各种活动,不只是部分和部门的活动,而是将各部分和各部门有效结合发挥出综合效益。也就是说,物流管理所追求的费用、效益,是针对调拨、生产、销售、物流等整体最优而言的。应当注意的是,追求整体最优并不是可以忽略物流的效率化,物流部门在充分知晓调拨理论、生产理论和销售理论的基础上,在强调整体最优的同时,应当与现实相对应,彻底实现物流部门的效率化。

4. 以重视效率和效果并重

物流从原来重视物流的设备等硬件要素转向重视信息等软件要素;从以前运输储存为主的活动转向物流的全过程;从原来的作业层次转向管理层次;从原来强调运力确保、降低成本等企业内需求的对应,转变为强调物流服务水平的提高等市场需求对应,进而发展到重视环境等社会需求的对应。因此,物流管理重视效率方面的因素,更强调整个流通过程的物流效果,也就是说,从成果的角度来看,有些物流活动虽然使成本上升,但如果它能有利于整个企业战略的实现,那么这种物流活动仍然是可取的。

5. 以信息为核心来满足市场实际需要

物流活动已不是单个生产、销售部门或企业的事,而是包括供应商、批发商、零售商等有关联企业在内的整个统一体(供应链)的共同活动,因而现代物流通过这种供应链强化了企业间的关系。如果部门间的采购、生产、销售、物流结合追求的是企业内经营最优的话,那么供应链管理则是通过所有市场参与者的联盟追求全过程效率的提高。这种供应链管理带来的直接效应是产需的结合在时空上比以前任何时候都要紧密,并带来了经营方式的改变。即从原来的投机型经营(生产建立在市场预测基础上的经营行为)转向实需型经营(根据订单生产),同时伴随着这种经营方式的改变,在经营管理要素上,信息已成为物流管理的核心,因为没有高度发达的信息网络和信息支撑,实需型经营是无法实现的。

6. 对物品运动的一元化管理

伴随着物品实体的运动,必然会出现"场所移动"和"时间推移"这种物流现象。在当今社会产销紧密联系、流通整体化、网络化的过程中,"时间推移"已成为一种重要的经营资源。因为现代经营的实需型发展模式,不仅要求物流活动能实现经济效益化和客户服务化,而且还必须及时了解和反映市场的需求。并将之反馈到供应链的各个环节,以保证生产经营决策的正确和再生产的顺利进行。所以说,缩短物流时间,不仅决定了流通全过程的物品成本和客户满意程度,而且通过有效的物品运动为生产提供全面准确的市场信息。只有这样才能创造出流通网络或供应链价值,并保证商流能持续不断地进行。

三、物流管理的原则与目标

1. 物流管理的原则

物流管理最根本的原则就是实现物流合理化。具体来说，物流管理必须遵循以下原则：

第一，在总体上，坚持物流合理化的原则。就是在兼顾成本与服务的前提下，对物流系统的构成要素进行调整改进，实现物流系统整体优化。物流活动各种成本之间经常存在着此消彼长的关系，因此，物流合理化的一个基本思想就是“均衡”，从物流总成本的角度来权衡得失。

第二，在微观上，除了实现供应链的整体最优管理目标外，还要实现服务的专业化和增值化。现代物流管理的永恒主题是成本和服务，即在努力削减物流成本的基础上，不断提升物流增值性服务水平。

第三，在服务上，具体表现为7R原则。即适当的质量（Right Quality）、适当的数量（Right Quantity）、适当的时间（Right Time）、适当的地点（Right Place）、适当的产品（Right Product）、适当的条件（Right Condition）和适当的成本（Right Cost）7个“适当”。

2. 物流管理的目标

(1) 客户满意

“客户满意”是现代物流管理的第一目标。现代物流管理中客户服务优先于其他各项活动，为了能有效地开展物流客户服务，在物流体系的基本建设上，要求实现物流中心、信息系统、作业系统和组织构成等，应符合以下要求：① 物流中心网络的优化。即要求工厂、仓库、物品集中配送加工中心的建设（规模、地理位置等）既要符合分散化的原则，又要符合集约化的原则，从而使物流活动能有利于客户服务的全面展开。② 物流主体的合理化。从生产阶段到消费阶段的物流活动主体，常常有单个主体和多个主体之分，另外也存在着自营物流和委托物流等形式的区分，物流主体的选择直接影响到物流活动的效果或实现客户服务的程度。③ 物流信息系统的高度化。就是指物流系统能及时、有效地反映物流信息和客户对物流的期望，从而及时、准确地调整物流系统和物流服务。④ 物流作业效率化。即在配送、装卸、加工等过程中应当运用适当的方法、手段使企业能最有效地实现物品价值。

总之，现代物流通过提供客户所期望的服务，在积极追求自身交易扩大的同时，强调实现与竞争对手在客户服务方面的差别化，就是在对物流资源、物流时间、物流品质、备货、信息等物流服务质量进行决策时，不能仅从供给角度考虑，而应在了解竞争对手战略的基础上，努力提高客户满意度。

(2) 整体最优

整体最优即对运输、储存、装卸、库存、配送、信息等基本功能要素实施优化管理，处理好物流各功能之间的“二律背反”关系，在保证物流系统效率与质量的前提下，实现物流成本的最小化。

现代物流管理所追求的费用、效益，是针对采购、生产、销售、配送等整体最优而言。在企业组织中，以低价格购入为主的采购理论，以生产增加、生产合理化为主的生产理论，以追求低成本为主的物流理论，以增加销售额和扩大市场份额为主的销售理论等理论之间仍然存在着分歧与差异，跨越这种分歧与差异，力图追求整体最优，才是现代物流管理理论。例如，从现代物流管理观念来看，跨国公司的生产全球化或许多企业生产的集约化，虽然造成了物流输送成本的增加，但是由于这种生产战略有效利用了低价生产要素，降低了总生产成本，提高了企业竞争力。对这种背反关系的取舍，取决于企业管理部门因时、因物、因地的决策。所以说，追求整体最优，应在充分认识采购理论、生产理论、销售理论及物流配送理论的基础上，实现物流管理的整体优化。

(3) 零库存

“零库存”是现代物流管理追求的理想目标。保持最低库存的目标就是把库存减少到与顾客服务需求相一致的最低水平，以实现最低的物流总成本，“零库存”是企业物流追求的最理想目标，物流系统必须把企业的库存周转速度和资金占用状况当做重点来进行控制和管理。

(4) 零缺陷

物流管理的目标就是要持续不断地提高物流系统的服务质量。全面质量管理要求企业无论是对产品质量，还是对物流服务质量，都要尽量做得更好。随着物流全球化、信息技术化、物流自动化水平的不断提高，物流管理所面临的常常是“零缺陷”质量要求。

(5) 追求双效

现代物流管理是对经济效益和社会效益的双追求。从原来强调确保运输、储存等，实现低成本的直接利益，转变为强调物流服务水平的提高，以及对环境、能源、污染等有关可持续发展的社会利益的关注。传统物流管理以提高经济效益、降低成本为重点，而现代物流管理更强调整个物流过程中所形成的经济效益和社会效益。

【案例 2-1】

物流管理必须掌握好“1223”原则

搞好“物流管理”的要诀，可以概括为“1223”管理原则——管好“1”个物品，分析“2”种状态，管好“2”条信息链，抓好“3”个控制点。

管好一个物品。就“流量”而言，无论多么庞大的数量都是由一个个物品组成，这就要求我们既要从宏观上理解并制定物流管理策略，又必须从小处入手重视每一个物品和每一个环节。对每一个物品的身份必须明确，并确保其唯一性。就好比我们的身份证，同名同姓的人很多，但身份证必须是绝对唯一的。

分析两种状态。就上面提及的“流程”管理而言，我们可以将流程管理分为“动态”和“静态”两种状态。从管理的角度去分析，静态的物品本身是不会发生错误的，如果说静态的物品会错，那就有两种可能，一种是因为我们对物品本身的身份标志错误，导致识别错误，因此，必须对前面所要求的“1”管好，才能避免静态物品发生错误。另一种是因为我们错误地将动态的物品当成了静态的，也就是说在流程管理过程中可能会发生一些误会或一些不负责任的移动行为，这样也会导致我们对静态物品的管理，只有认识清楚方可从根本上控制静态物品的管理工作。

管好两条信息链。两条信息链就是流程中的顺向和逆向两条信息渠道，抓好这“2”个流程中的信息管理，对正确传递物流信息，反馈和检讨流程中的缺陷，避免继续出现错误和减少重复错误有着至关重要的作用。只有当顺向的指令清晰时，才能保证物品流通过程的正确；同样，也只有在逆向信息清楚、及时的情况下，方可保证万一出现错误时能得到及时纠正，并能在不断自我完善中提高自身的管理水平。

抓好三个控制点。三个控制点就是物资的进仓、出仓、卸货三个环节。我们将这三个环节分为三个相对静止的状态：在供应商处、仓库内、客户手中（或者说在入库卸货前—采购车内、出库装车前—发货现场、交付客户卸货前—送货车内）。也可以将物流管理理解为对物品从一个静止状态到另一个静止状态相对一致性的管理，就是说如果没有相对静止状态也就没有对比参照，所以，设置合理的控制点是做好物流管理的关键。同时我们也可以将每两个大控制点之间的过程又分解成三个小控制点，依次类推。一个公司组织结构越复杂所分的层次越多，应依次从公司高层管理开始，按控制点以从大到小的顺序逐级确定责任人，各负其责。例如三个大控制点由副总经理负责，从采购至入库这一过程又分为三个次控制点，由采购经理控制，再下面又可分为三个控制点，由采购员控制。

通过上述“1223”原则，我们可以有效地将复杂的管理流程进行分解，充分明确各职层在物流管理流程中的职责权限和工作重点。

第二节　物流管理发展的历程

第二次世界大战期间，美国对其军用物资实行系统化管理，并将这些管理思想逐渐推广到工商领域，初步形成了物流管理的理论体系。20 世纪 60 年代后，物流管理得到了进一步的发展，美国经营学家彼特・德鲁克将物流管理称作“降低成本的最后边界”。1965 年以后，日本在提高物流技术的同时，大力推行物流管理工作的综合化和系统化，使其物流管理很快达到世界领先水平。纵观发达国家物流管理发展的历史，大致经历了以下五个阶段。

一、物流功能个别管理阶段

20 世纪 60 年代以前，真正意义上的物流管理意识还没有出现，降低成本不是以降低物流总成本为目标，而是分别停留在降低运输成本或保管成本等个别环节上。降低运输成本的方式主要是要求降低运价或者寻找价格更低的运输服务商。物流在企业中的位置、企业对物流的认知程度都很低。

二、物流功能系统化管理阶段

20 世纪 60 年代至 70 年代，随着系统理论的发展，物流进入功能系统化管理阶段。主要特征是：通过设立专门的物流管理部门，使其管理的对象不再局限于单个功能的现场作业活动，而是站在企业全局的高度，对所有的物流功能进行整合。人们不再只追求运输或保管等个别功能的最优，而是在充分考虑这些功能要素之间的联系的基础上，寻找最佳的功能组合。在物流功能的系统化管理阶段，各种综合性的物流合理化对策开始出现并付诸实施。

三、物流管理领域扩大化阶段

在这个阶段，物流部门在企业中的地位有所提高，作用有所增强。物流管理部门可以出于物流合理化的目的向生产和销售部门提出自己的看法，而这些看法会影响到生产和销售计划或方式，有时使企业须重新考虑和调整。这个阶段的重要性在于，对于众多的、会影响到物流合理化的外部因素，物流部门终于可以站在物流的角度，以物流合理化理论为依据提出自己认为合适的看法，这一点对于物流合理化会产生深刻的影响。

需要指出的是，在这个阶段，物流部门对生产和销售部门提出的合作要求实现起来有一定的限度。比较突出的是在销售竞争非常激烈的情况下，物流服务一旦被当做竞争手段的时候，仅仅以物流合理化的观点要求销售部门提供协助往往不被对方所接受。这是因为，在这种情况下，企业考虑问题的先后顺序首先是销售，其次才是物流。

四、企业内物流一体化管理阶段

企业内物流一体化之所以被提上日程，受到越来越大的关注，从根本上说是由于市场需求的变化以及竞争的激烈。由于消费者需求的个性化和多样化，企业把握消费者需求动向的意图越来越难以实现，换言之，就是企业越来越感到市场的不明确。在这种情况下，企业往往采用推出新产品的办法来适应市场的变化，从而导致市场的多品种化。如此一来就会出现两种后果：一种是企业生产的产品适销对路，形成热销，供不应求，出现市场缺货；另一种恰恰相反，产品销售状况低于预期销售量，供大于求，造成产品积压。而这两种情况都是企业不愿看到的，因为它们都会造成企业绝对收益的降低。

解决这一问题，关键是要尽可能准确地把握市场销售动向，尽可能按照销售动向来安排生产和采购，改变原来的按照预测进行生产和采购的方法，物流一体化正是建立在这样一种思考上的管理方式。

五、供应链管理阶段

企业内物流一体化管理的范围局限在单个企业内部，管理者根据商品的市场销售动向来决定生产和采购，从而保证生产、采购和销售的一致性。但是在这一阶段，生产企业只能根据批发商的订货变化来掌握市场的动向，而对批发环节之后的零售和消费动向仍然一无所知。供应链管理就是一个对交易关联企业进行整合的管理系统，它将供应链上的供应商、制造商、批发商、零售商和顾客等所有关联企业或消费者都当做一个整体来看待。此阶段的物流管理可以在更大的范围内实现无缝连接，是物流管理水平更为高级的阶段。

第三节 物流管理组织

一、物流管理组织的变革

20 世纪 60 年代以前，物流仅仅被看做是生产和流通的附属职能，企业组织机构中没有正式的物流部门，物流功能分散在一系列零散的活动中。60 年代初企业出现了对物流活动的归类，将两个或更多的物流功能在运作上归组，才真正拉开了企业物流管理组织发展的序幕。

企业物流管理组织的变革发展经历了如下几个阶段：

1. 企业物流功能分散时期的物流组织

在这一时期，物流活动分散于企业的各个职能部门，物流的功能局限于支持采购、生产、销售等经营活动，在企业的组织机构中没有明确的、集中的物流功能部门(如图 2-1 所示)。企业只注重对产成品运输和仓储的管理，对物流组织必要性、重要性的认识尚未成熟，这种组织机构形式淡化了物流功能，或者说这种分割意味着完成物流业务需要频繁的部门间协调，造成高成本、低效率和低服务水平。

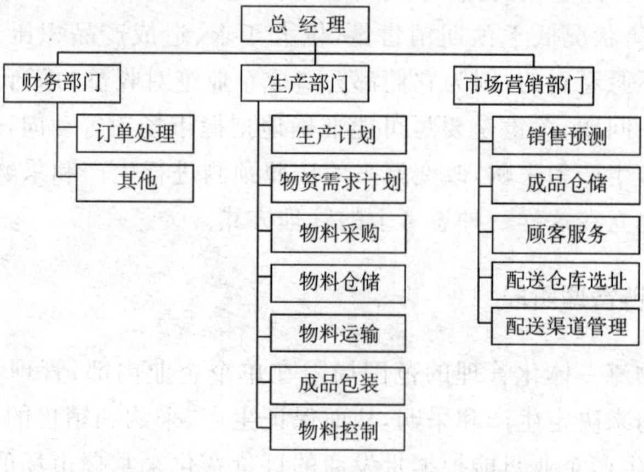

图 2-1 物流功能分散阶段的传统物流组织形式

物流功能分散存在诸多问题，主要表现在以下两个方面：

(1) 物流活动目标冲突

企业业务部门都有明确的经营目标和评价体系，总的经营目标分解变成各种活动的目标。这些分目标往往相互冲突，如表 2-1 所列。

表 2－1 各部门之间的目标冲突

部门	市场部门	财务部门	生产部门
目标	增加库存	减少库存	
	多频率短周期生产		小频率长周期生产
	快速的订单处理速度	低成本订单处理	
	加速配送	低成本配送	
	分散仓储	集中仓储	车间仓储
	宽松的退货政策	严格的退货政策	
	更细更多的产品分类		较少的产品分类

(2) 物流活动效率低下

物流分散处理带来的另一个问题是业务运作相互牵制，物流效率低下。如在一些小型的流通企业中，企业内部已实现信息化，由于物流活动的分散处理，会出现采购部采购的物品已经到达仓库，但采购部未及时对其进行验收入库处理，进而使销售部无法及时配送这些物品的情况。对于这种情况，各部门之间往往互相推诿责任，导致物流活动效率的低下和资源的浪费。

2. 企业物流功能集中时期的物流组织

20 世纪 60 年代末至 70 年代初，随着工业生产的飞速发展，贸易竞争加剧，一些企业将分散的物流活动进行归类，开始了组织功能整合的尝试。企业把物流的发展方向引向机械化和设备投资，集装箱立体仓库、自动分拣系统等技术和设施不断发展，促使企业物流组织从大企业中分离出来，并不断强化其功能，发展到基于整个物流过程的专业化功能集中。功能合并的动机在于人们意识到将所有物流功能集合于一个独立的组织，可提高整个系统的绩效。

这一时期的物流组织是建立在功能集合的基础上的，其特征是将成品配送和原材料运输集中起来。具体又可分为三个阶段：

(1) 集中管理初级阶段的物流组织形式

图 2－2 为集中管理初级阶段的物流组织形式，图中有两个集中点，一个集中点是围绕着如何高效、优质地为客户服务所展开的一系列业务活动，如运输、订单处理、成品库存控制与仓储等，这些活动设置在物资配送之下，目的是突出销售物流、抓住销售市场；另一个集中点是物料的组织供应，将物料需求计划、采购、仓储设在物料管理之下，对组织生产起到支持作用。

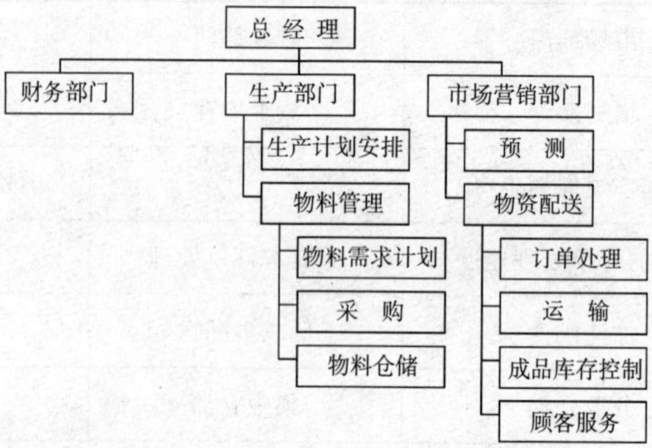

图 2-2 集中管理初级阶段的物流组织形式

(2) 集中管理中级阶段的物流组织形式

物流集中管理发展到一定程度时，物资配送独立出来，它的地位有了突破性的提高，由总经理直接负责。很明显，这种组织的优势在于负责配送部门的经理直接参与公司决策，这有利于高效、优质、低成本地为顾客服务。如图 2-3 所示。

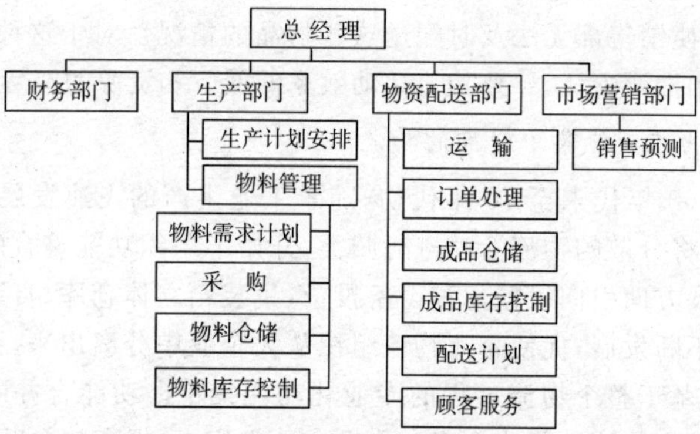

图 2-3　集中管理中级阶段的物流组织形式

与初级阶段相同，这一阶段的物流组织没有实现完全整合的物流。未能将物料管理整合进系统的部分原因是人们专注于诸如订单处理或采购等特定功能的绩效，这些被视为至关重要的传统运作。对组织整合的第二个限制因素是缺乏物流信息系统，组织整合与公司的信息系统能力直接相关。

(3) 集中管理高级阶段的物流组织形式

将企业所有的物流功能集中在物流经理的管辖之下，物流经理与负责财务、生产、营销的经理们作为总经理的直接下属协同作战，同时又有独立开展工作的空间。这一方面使企业在整体上获得经济效益，另一方面为实现物流一体化打下了良好基础。集中管理高级阶段的组织形式如图 2-4 所示。

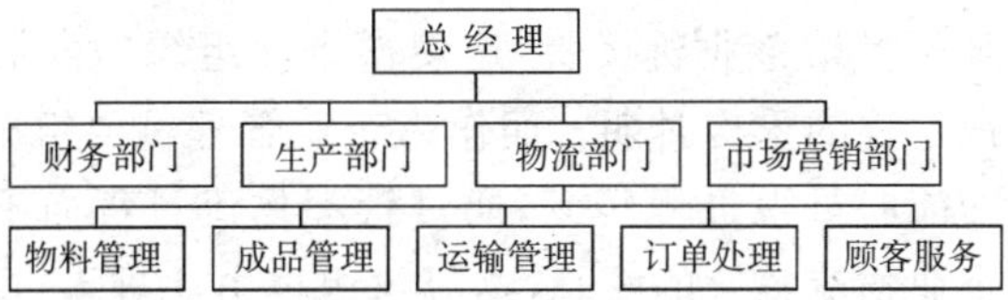

图 2-4　集中管理高级阶段的物流组织形式

3. 企业物流重组时期的物流组织

功能聚合只是对集权和分权的关系以及顾客、地区或产品的关系进行调整，并未涉及基本工作流程的再造。20 世纪 90 年代，随着计算机技术、网络技术和通信技术的发展，可以借助信息共享技术进行企业流程再造。这体现为流程整合，改变传统的垂直功能组织的分割形式，将其转换成一个以过程为导向的水平组织的模式。

(1) 企业物流功能重组——物流功能一体化阶段的组织形式

20 世纪 80 年代开始，物流管理将所有的物流运作有机地结合在一起，并通过现代信息技术进行物流规划、运作、控制以实现物流一体化，其目的在于对原料、配件、产成品的流通进行战略管理，以最优的方式、最快的速度来满足客户需求，实现物流低成本高效益目标。

所谓功能一体化组织，即在一个高层物流经理的领导下，统一所有的物流功能和运作，将采购、储运、配送、物料管理等物流的每一个领域组合，构成一体化运作的组织单元，形成总的企业内部一体化物流框架，如图 2-5 所示。

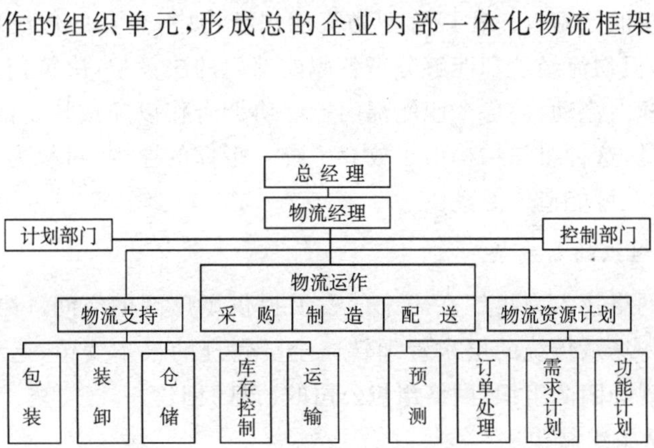

图 2-5　物流功能一体化阶段的组织形式

(2) 企业物流过程重组——物流过程一体化阶段的组织形式

20 世纪 90 年代以来，在彼得·圣吉的学习型组织理论以及迈克·哈默、詹姆斯·钱皮的企业流程再造理论的影响下，流程再造、扁平化、团队和授权的管理思想被越来越多的企业所接受，这使得企业组织的发展进入了一个由重视职能转向重视过程的重构时期。而作为企业管理重要组成部分的物流管理也开始由重视功能向重视过程转变，通过管理物流过程而不是物流功能提高物流效率成为企业物流整合的核心，物流组织也由此进入过程一体化阶段。在这一阶段，物流组织不再局限于功能集合或分割的影响，开始由功能一体化的垂直结构向以过程为导向的水平结构转变，由纵向一体化结构向横向一体化结构转变，由内部一体化结构向内外部一体化结构转变。这一阶段比较典型的物流组织结构形式有矩阵型物流组织等，如图 2－6 所示。

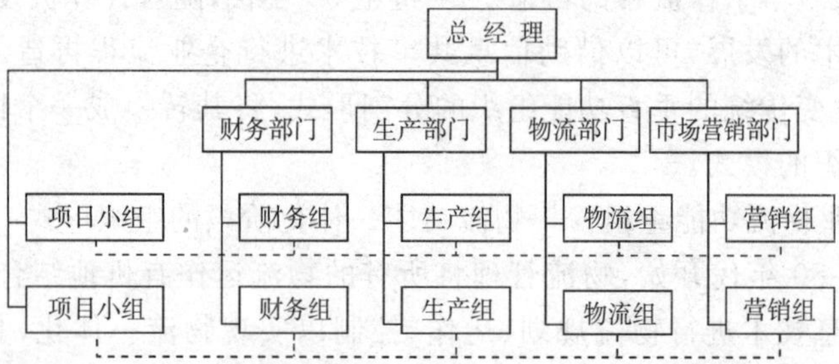

图 2－6 物流过程一体化阶段的矩阵型物流组织形式

在这种组织结构中，物流管理人员参与包括物流以及与其他相关职能部门相交叉的合作项目，物流经理仍然负责物流系统的运作，但对各个项目组的活动没有直接的管辖权。在矩阵型物流组织结构中，企业的传统职能结构虽然没有改变，但物流经理却能够分享各职能部门的决策权，决策信息能够更好地在部门间横向流动，使各个职能部门能够协调合作以完成特定的物流项目。值得注意的是，这种组织结构由于放弃了统一指挥的原则，对权力和责任的界定含糊不清，有可能造成混乱。

4. 物流组织的新发展

计算机网络技术为组织在未来的发展提供了广阔的空间。当前，管理领域正经历着一场从传统的层次管理转向全员管理的根本变革，这种变革在组织形式上表现为团队组织、网络组织、虚拟公司的创建。

(1) 团队组织结构

团队被定义为“基于一个共同的目的，设定绩效目标以及相互负责的方法，具有互补技术的少数人”。一般存在两种类型团队：任务团队和工作团队。

任务团队因特定的、明确的并具有清晰的最终目的而存在。而工作团队是持续进行的,更类似于一个具有特定的、持续的目标的分支结构。对一些工业企业来说,团队组织能够取得良好的效果。团队结构同样支持目前许多公司所经历的组织层次“扁平”化。人们在团队结构中为结果相互负责,而不仅仅是由个人负责。

创建一个任务团队时,应当注意以下几点(适用于所有的团队类型):

① 机会:团队存在的原因是什么?

② 过程:接下来的步骤是什么?将要回答什么问题?

③ 成功的证据:期望的结果是什么?团队应该花多长时间来取得成功?

④ 资源:团队所需的人员、时间、资金以及其他资源是什么?

⑤ 约束:团队的期限有多长,具有的责任范围和权力范围以及预算是多少?

⑥ 期望:团队需获得的结果是什么?应该什么时候得出结果?

工作团队也是自我指导的团队,通过实现共同目标,区别于其他类型组织。这些跨职能的团体(可以描述为在取得授权的组织中被授权的人)常常围绕提供一个产品或一项服务进行组织,对该产品或服务的所有方面负责,从设计、开发到客户支持等活动。采用团队组织的结构示例见图 2-7。

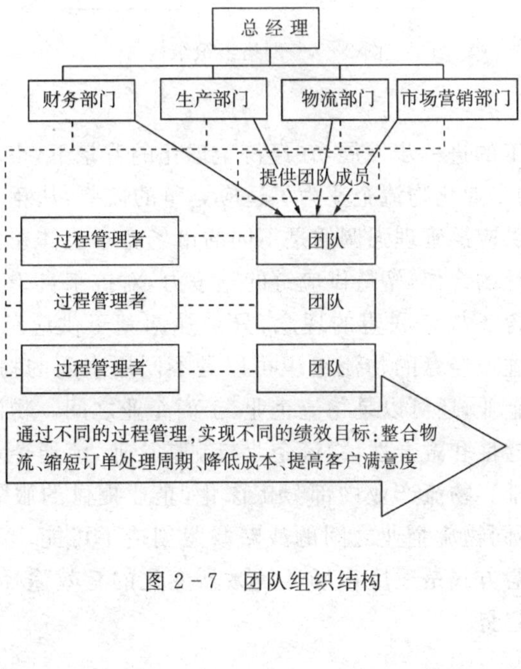

图 2-7 团队组织结构

克莱斯勒(Chrysler)是采用工作团队方式的一个企业。每一个汽车制造商的车型平台团队分别为新车型(如 Neon)的设计、开发、物流、工程、采购等方面负责。

(2) 网络组织结构

网络型物流组织结构是计算机网络技术的产物,它是依靠其他组织以合同为基础进行制造、营销、物流或其他关键业务经营活动的组织结构。这种组织不仅适用于将非核心业务外包的大型企业,也适用于中小企业。它们可以利用网络组织与外界合作,迅速获取所需资源。在网络型物流组织结构中,企业将物流、制造等职能外包出去,集中资源做自己擅长的事,这就给了企业以高度的灵活性来适应不断变化的市场环境。但是,这种结构中的管理者往往无法像其他传统组织那样具有对这些外包活动紧密的控制力,所以管理者需要有更加有效的协调与沟通能力。网络型物流组织结构如图 2-8 所示。

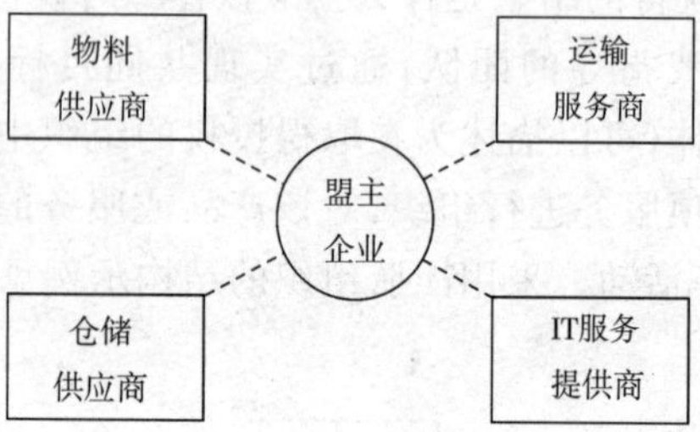

图 2-8 网络组织结构

(3) 战略联盟

随着社会分工的进一步发展,在经济全球化的背景下,市场竞争越来越激烈,分工后产生的专业化物流企业为了适应竞争的需要,从竞争走向合作的趋势越来越明显。供应链管理强调的是不同的市场竞争主体在供应链共同利益的驱使下进行广泛的合作,塑造供应链的竞争力,对抗来自于其他供应链的竞争。这本身就包含了战略联盟的理念,只是强调基于供应链上的合作联盟。形成战略联盟或虚拟经营的物流组织可以是不同层次间的物流企业,也可以是同层次的物流企业,还可以是物流企业、工商企业之间。物流产业与其他产业具有很高的渗透性和融合性,物流企业与制造企业、流通企业的战略联盟有着共同的利益基础。物流产业内部分工深化,企业提供的服务呈现多元化和层次性,这也为不同物流企业之间的战略联盟创造了可能。不同种类的物流企业采取战略联盟方式是适应市场环境激烈变化的有效途径,也是物流组织长远分工的发展趋势。

(4) 虚拟组织

所谓虚拟组织，是指当市场出现新机遇时，具有不同资源与优势的企业为了共同开拓市场，共同对付其他的竞争者所组织的、建立在信息网络基础之上的共享技术与信息、分担费用、联合开发、互利的企业联盟体。面对全球化经济的飞速发展和日益激烈的市场竞争，任何一个企业都无法集中精力于企业所有业务，即使能够全盘掌握，也会出现得不偿失的结果，因为相对于该项业务的专业公司，他们没有任何的竞争优势。虚拟组织的出现使企业能够借助外力来发展自己。在一些情况下，企业物流相对于其他业务来说，并不是主核心业务，相对于专业的第三方物流公司，无论在成本还是在灵活性上都无法与其相比。在这种情况下，企业可以将物流功能剥离，与第三方物流公司建立企业联盟，第三方物流公司内部成立专门项目组对其物流负责，而项目组就如同企业的一个虚拟组织。

二、企业物流组织设计

1. 物流组织设计的影响因素

企业的存在和发展必然受到企业的规模和生命周期、环境、目标和战略、技术和企业文化等因素的影响。要设计适合企业物流的组织结构，首先要分析这些影响因素。

(1) 物流战略体系

物流组织的设计必须服从企业整体战略的需要，一般要遵循生产战略、市场战略和信息战略。

① 生产战略。生产战略的目标是以最大效率将处于原材料状态的货物通过加工过程转化为制成品。与此相适应的物流组织设计关注的重点就是那些产生成本的物流活动，这些战略将被集中起来，进行统一管理。

② 市场战略。以市场战略为核心的企业以服务客户为导向，销售与物流活动也要与之相协调。在此战略下的物流组织不可能像以生产战略为导向的企业那样自然而然地将物流活动整合在一起，而是将那些与客户服务直接相关的经营活动集中在一起，其组织结构可能超越各个经营部门的范围，以实现较高的客户服务水平。

③ 信息战略。追求信息战略的组织一般有大规模的下游分销组织网络，并拥有大量的库存。在这样一个分散的网络中协调物流活动是首要的目标，而信息则是良好物流管理的关键。为确保得到信息，组织结构将会超越各个职能部门、分支机构及经营单位的范围。当物流活动跨越销售渠道成员的法律边界时，要获得信息就必须跨越这些组织的边界，因此，组织结构也必须超越企业自身的法律边界。

(2) 物流的规模

物流规模越大,参与物流运作的人员就越多。各成员在专业方向、文化程度和技能以及个人目标、价值观等方面均存在差异,这种差异必然对企业物流专业化水平和部门机构的设置以及它们之间的协调产生影响。同时,物流规模的大小一般与组织空间上的布局也存在联系,物流规模越大,物流空间就越大,组织中的横向和纵向沟通与协调就越困难,从而导致组织结构的差异也较大。

物流规模的大小对企业物流部门是采取集权式管理还是分权式管理有着直接的影响。一般而言,物流规模小,集权管理较为合适;反之,物流规模大,分权管理能够使企业的物流活动更为合理化。

(3) 物流的技术

企业物流组织的设计受物流技术和生产组织技术两个方面的影响。

① 物流技术。物流技术是与物流活动的全过程紧密相关的、必需的技术工具、设施与手段,既包括物品流动过程中所需要的各种工具、设施等"硬技术",也包括为实现物流活动的目标所需要进行的管理、计划与组织等"软技术"。物流技术的发展是物流组织结构变迁的主导因素之一。

② 生产组织技术。企业的生产组织技术是企业面对消费需求个性化而合理有效地利用资源、适应市场环境变化的技术措施。从成组化技术、柔性制造系统到计算机集成制造系统,从基于虚拟企业的敏捷制造模式到供应链管理,生产组织技术的发展对企业的内外物流活动的组织不断提出新的要求,企业的物流组织结构也必须做出相应的调整。

(4) 物流的环境

大量的研究表明,环境是影响组织结构的一个重要力量。汤姆·伯恩斯和斯托克首先提出了外界环境与组织结构的密切关系,他们在《管理之革新》一书中认为,环境可以分为相对稳定的环境和不稳定的环境,而处于不同环境中的组织结构是不同的。处于相对稳定环境中的组织一般采用机械式的组织结构,以保持组织的长期稳定;而处于不稳定环境中的组织一般采用有机式的组织结构,以保持组积对环境的灵活适应性。物流组织也要根据企业所处的环境的稳定性的特点而采用不同的组织结构。

2. 物流组织设计应遵循的基本原则

在物流管理组织建立过程中,应从具体情况出发,根据物流系统管理的总体需要,体现统一指挥、分级管理原则,体现专业职能管理部门合理分工、密切协作的原则,使其成为一个有秩序、高效率的物流管理组织体系。具体来说,建立与健全物流管理组织必须遵循下述基本原则。

（1）有效性原则

有效性原则是物流管理组织基本原则的核心，是衡量组织结构合理与否的基础。有效性原则要求物流管理组织必须是有效率的。这里所讲的效率，包括管理的效率、工作的效率和信息传递的效率。物流管理组织的效率表现为组织内各部门均有明确的职责范围，节约人力，节约时间，有利于发挥管理人员和业务人员的积极性，使企业能够以最少的费用支出实现目标，使每个物流工作者都能在实现目标过程中做出贡献。有效性原则要求物流管理组织在实现物流活动的目标方面是富有成效的。物流管理组织的成效最终表现在实现物流目标的总体成果上，所以，有效性原则要贯穿在物流管理组织的动态过程中。在物流管理组织的运行中，组织机构要反映物流管理的目标和规划，要能适应企业内部条件和外部环境的变化，并随之选择最有利的目标，保证目标的实现。物流管理组织的结构形式、机构的设置及其改善，都要以是否有利于推进物流合理化这一目标的实现为衡量标准。

（2）统一指挥原则

统一指挥原则是建立物流管理指挥系统的原则，其实质在于建立物流管理组织的合理纵向层次，设计合理的垂直机构。

物流管理组织机构是企业的物流管理部门，负有对不同范围的物流合理化的使命。为了使物流部门内部协调一致，更好地完成物流管理任务，必须遵循统一指挥的原则，实现“头脑与手脚的一体化”、责任和权限的体系化，使物流管理组织成为有指挥命令权的组织。在统一指挥原则下，一般形成三级物流管理层次，即最高决策层、执行监督层和物流作业层。高层领导的任务是根据企业或社会经济的总体发展战略，制定长期物流规划，决定物流组织机构的设置及变更，进行财务监督，决定物流管理人员的调配等；中层领导的任务是组织和保证实现最高决策的目标，包括制订各项物流业务计划、预测物流需求、分析设计和改善物流体系、检查服务水平、编制物流预算草案、分析物流费用、实施活动管理、进行物流思想宣传等；基层领导的主要任务是合理组织物流作业，对物流从业者进行鼓励和奖励，协调人的矛盾和业务联系的矛盾，做好思想政治工作。

管理层次的划分，体现纵向指挥系统的分工和分权原则。物流管理组织层次的合理划分，是形成强有力的物流管理指挥体系的前提，而物流管理指挥体系的建立对于实现物流管理组织化、改变人们轻视物流的传统观念具有重要意义。

（3）合理管理幅度原则

管理幅度是指一名管理者能够直接而有效地管理其下属的可能人数及业务范围，它表现为管理组织的水平状态和组织体系内部各层次的横向分工。管理幅度与管理层次密切相关，管理幅度大就可以减少管理层次，反之则要增加管理层次。

管理幅度的合理性是一个十分复杂的问题。因为管理幅度大小涉及许多因素，诸如管理者及其下属人员素质、管理活动的复杂程度、管理机构各部门在空间上的分散程度等。管理幅度过大，会造成管理者顾此失彼，同时因为管理层次少而事无巨细，鞭长莫及；反之，必然会增加管理层次，造成机构繁杂，增加管理上人力、财力支出，并会导致部门之间的沟通及协调复杂化。因此，确定合理管理幅度的原则一方面要求适当划分物流管理层次，精简机构；另一方面要求适当确定每一层次管理者的管辖范围，保证管理的直接有效性。

(4) 职责与职权对等原则

无论是管理组织的纵向环节还是横向环节，都必须贯彻职责与职权对等原则。

职责即职位的责任。职位是组织机构中的位置，是组织体内纵向分工与横向分工的结合点，职位的工作责任是职务。在组织体内职责是单位之间的连接环，而把组织机构的职责连接起来，就是组织体的责任体系。如果一个组织体没有明确的职责，这个组织体就不牢固。职权是指在一定职位上，在其职务范围内为履行其责任所应具有的权力。职责与职权应是相对应的。高层领导担负决策责任，就必须有较大的物流决策权；中层管理者承担执行任务的监督责任，就要有监督和执行的权力。职责与职权的相适应叫权限，即权力限定在责任范围内，权力的授予要受职务和职责的限制。不能有职无权，无职也不能授权，这两种情况都不利于调动员工的积极性，影响其工作责任心，以致降低工作效率。

要贯彻权责对等的原则，就应在分配任务的同时授予相应的职权，以便有效率、有效益地实现目标。

(5) 协调原则

物流管理的协调原则，是指对管理组织中一定职位的职责与具体任务要协调，不同职位的职能要协调，不同职位的任务要协调。具体地讲，就是物流管理各层次之间的纵向协调、物流系统各职能要素的横向协调和部门之间的横向协调，其中横向协调更为重要。

改善物流管理组织的横向协调关系可以采取下述措施：

① 建立职能管理横向工作流程，使业务管理工作标准化；

② 将职能相近的部门组织成系统，如供、运、需一体化；

③ 建立横向综合管理机构。

复习思考题

1. 物流管理的内容有哪些?
2. 如何理解物流合理化是物流管理的总原则?
3. 物流组织的类型有哪些?
4. 企业物流组织变革经历了哪几个时期?
5. 物流组织设计应遵循的基本原则是什么?

【结尾案例】

宝马靠物流制胜

汽车零部件物流是国际物流业公认的最复杂、最具专业性的领域,因此,汽车装配企业的物流管理水平也成为参与国际竞争的重要因素。有着近百年历史的宝马公司,每天面对上万个零部件的装配、上千家供货商的管理和个性化需求的满足,他们却能够持续地压缩库存、缩短订单交付前置期、进行柔性化生产。为什么呢?这是因为宝马公司做到了以下几点:

1. 就近配置增值服务

宝马公司在全球共有35个物流配送中心,特别是2006年末刚刚建成的位于丁格芬的物流配送中心,被视为宝马公司的"物流心脏"。借助完善的物流配送体系,宝马公司顺利地推动零部件的流动。首先,宝马公司就近配置物流配送中心。与远离装配生产厂的物流配送中心方案相比,宝马公司认为,采用就近配置的物流中心供货方式,不仅能减少汽车装配线缺件停产的风险,并避免产品变型和出现生产问题时修改生产件号所带来的停产风险,而且能节省运量。其次,物流配送中心提供排序增值服务。为了降低零部件物流成本,汽车生产厂采用高效仓储管理系统,构建排序中心,采用高度自动化作业,对零部件进行排序、拣选完成的零部件通过输送机的桥式连接通道与制造厂连接,依次送上生产线,深化和延伸了从汽车生产厂到汽车模块部件、零部件供应商之间的加工生产层次,使得复杂的汽车零部件可以在短时间内按照适时供货的方式直接运送到汽车装配线旁。而排序中心以外的物件,一般流动性很低,或重量过大,不适合在自动仓储系统上使用,如发动机和汽车底盘等,这些物件将装上卡车,短距离运送到装配车间。

2. 拉式生产降低库存

汽车行业的"增产不增收",使汽车企业纷纷"自我解剖",试图通过拉式生产,对每道工序只保存最小的库存,从而大大降低对资金的占用。但是,拉式生产对下游汽车零部件企业的供货能力提出了极大挑战。不同于有些企业,借着拉式生产的由头,把库存压力毫不留情地转嫁到零部件企业头上,宝马公司并不满足于自己实施拉式生产,而是“逆流”而动,专门成立了拉式生产推广小组,以帮助其零部件企业实现拉式生产。目前,全球共有 491 家供应商为宝马公司提供汽车零部件。在拉式生产的条件下,宝马公司针对不同供货体积的供应商采取两种不同的供货方式:一种是根据生产步骤所需提出订单,所需零部件大多在极短时间内多次运送,这种方式适用于大量、高价值或是变化大的零部件。另一种是视当日需要量提出订单,由一家区域性货运公司在前一天从各个供货商处取货,然后根据生产的需要,隔天送达宝马公司组装工厂,进而配送到各汽车装配线上,这能够缓解供应商的库存压力。采用拉式生产,阵低了总体库存,消除了装配线上的零部件存储,供应商的库存也得到了压缩,从接单到发货的周转效率大大提高,宝马公司把汽车交付的前置期压缩了一大半。

3. 个性化产品柔性化生产

继“规模化生产”和“精细化管理”之后,戴尔的“柔性模块化定制”模式逐渐被众多汽车企业借鉴。“柔性模块化定制”可以按照消费者的“个性化定制需求”进行柔性生产,因此不存在库存,并以消费者可以承受的价格提供个性化的产品。宝马公司一年生产 130 多万辆定制轿车,为在这一过程中应用“柔性模块化定制”模式,宝马公司的汽车零部件由两部分构成,一部分是基本的“共性模块”,是那些客户难以擅自改动的部分,包括发动饥、传动系统等;另一部分是“选择性模块”,以车辆外观和内饰为主,可以根据用户的意见随时更改,并插入“共性模块”生产之中:零部件制造完成之后,车辆的最终装配可根据客户要求,在任何符合条件的装配点,甚至是客户家中完成。

基于“柔性模块化定制”模式,顾客和宝马公司都有了更大的灵活性,顾客可以在最后一刻(在最终组装前五天)改变自己的个性化需求,实现“边喝咖啡边等待”的个性化汽车制造愿望。宝马公司也可以在最后截止时间到来之前的空当里,对生产进程安排做出规划或调整,排除供应链上可能发生的瓶颈因素,也使整个供应链系统得到优化,进而节约资金、控制成本。

4. 分类仓储高效周转

针对不同的零部件,宝马公司仓储中心采取了不同的存储方式。对于尺寸规格与标准周转箱相符的零部件、没有标牌的零部件、不属于适时供货的零部件,将直接送往立体仓库。同时,为了便于提取货物,立体存储单元中存放货物的高度还可自动调节;采用立体存储方式还使宝马公司省去了 800

平方英尺的车间地面仓储面积。对于小型零件，例如螺钉、螺母等，则送入全自动小件仓库。对于需要适时供货的零部件、预组装的半成品零部件，以及用户专门定做的特种零部件，例如汽车发动机、变速器等，则由货运车直接运送到安装工位现场。对于一些不适合在物流运输网络中运送的汽车零部件，例如专门定做的汽车挡风玻璃或者后消音器等，则从物资入库处经专用件检查站检验，由地面运输车或者铲车运送到离后装线不远的专用件仓库保存，以便被及时运送到装配工人的手中。

5. 注重备件经营，完善服务体系

在汽车行业中，一半的利润来自于售后市场的运营，汽车厂家之间的竞争也已经从制造向服务方面升级。作为世界豪华轿车数一数二的品牌，宝马公司知道，让客户尽快得到质量可靠的备件和车，进而保证自己的产品有很长的寿命，是保持竞争地位的关键。但是，宝马公司近几年车型更替很快，对于广大消费者来讲，最大的顾虑莫过于买不到汽车的关键零部件。因此，尽管汽车制造业发展到今天，全球化业务扩张与本土化采购已经相当深入，宝马公司还是把零部件物流服务看成是售后市场的主体，仍会按其业务规模的需求，在总部兴建巨大的备件仓库，放置最近十来年出产车型的所有零部件，其战略意义与制造、销售汽车同样重要；并且，在宝马公司备件管理平台上，每一个被用于车身的部件从被订购的一刻开始，生命中的每一秒都处于宝马公司物流系统的跟踪之下，它的质量问题和寿命情况都会被载入记录。

6. 掌控核心技术，用好外部资源

根据全球化发展战略的需要，宝马公司将核心技术研发和市场营销这两个高附加值环节掌握在手中，而对于生产、加工和一般设计等方面则根据相对优势转移或外包到其他国家，在全球范围内优化资源配置。首先，仓库作业外包。自生产装配线建成之后，宝马公司就为完成物流运输任务建立了自己的仓库。虽然宝马公司拥有排序中心和其中的存货，但是坚持由第三方物流管理公司负责运输工具的管理和货运调度控制，并将零部件投料分配任务以及模块化部件直接供应到装配线上的任务也都交给了第三方物流管理公司，宝马公司因此可以节省一块配料场地；同时，为节约人工成本，宝马公司把包装的专业工作外包给其他公司，仓库中的包装工人、包装机和许多升降机都属于包装公司。其次，部分设计能力外包。宝马公司控制着与其核心竞争力密切相关的关键部件，如发动机、车辆平台的设计，其他非关键零部件则外包出去。譬如，宝马公司对其 X3 新款运动车型的整车生产实行外包。

第三章　企业物流管理

【学习目标】

通过本章的学习，了解企业物流的发展历程、生产物流控制的原理和内容、回收和废弃物物流的内容；掌握企业物流概念、分类，采购与供应物流的内涵，生产物流的时间和空间组织、销售物流合理化；理解供应物流流程、模式及服务管理，生产物流的类型及特点。

【导入案例】

胜利油田企业物流发展状况

胜利油田的企业物流已有40年的发展历史。每年平均为油田的生产建设采购供应56个大类、共计12万项物资，采购资金达到100多亿元人民币，物流技术经过多年的发展也有了质的进步。由于具有生产点多、线长、面广的特点，胜利油田形成了庞大而又分散的物料消耗、使用终端。而且生产连续性、用料随机性强，也对物料的供应保障度要求高。因此，胜利油田自2001年以来不断探索适合油田生产特点的物资配送供应体系，并逐步探索从原有的物资领料制向现代物资配送制转变的新型油田物资供应服务模式。至2005年底，胜利油田完成了仓储与配送功能的彻底分离，生产物资配送已经扩大到20个大类，物资配送工作量和配送范围逐年稳步增长，提升了生产物资的保障，降低了油田企业的生产成本。但是，在油田目前的物流模式中，供应商、供应处、二级供应部门、实际用料单位没有在信息流、作业流上形成有序流动，缺乏有效的运行机制进行整体作业规划，导致油田生产领域的物流配送工作还处于割裂状态，没有形成供应链下的统一物流配送体系。二级供应更多的仍然是延续着领料制的作业模式。供应处承担着很多延伸的、无序的二级配送工作。这样的延伸配送随意性很强，应该说在一定程度上也影响了油田整体的配送服务水平。因此，油田现行的物资配送体系存在的突出问题是人员多、仓储设施得不到有效利用、物流费用高、效率低等，已成为制约基于电子商务的现代物流发展的瓶颈。物流配送体系要体现电子商务所具有的范围广、选择强、速度快、成本低的优势，就必须改革传统的物流配送形式。而连锁经营在商业界的成功，区域化配送等新型供应模式的出现，给了我们很大的启示。

1. 集中储备、区域配送模式

针对胜利油田物资系统人员多、仓储利用率低、物流费用高的问题，如何合理配置物流节点，整合物流资源，发展石油企业专业化的企业物流，成为胜利油田物资系统发展中急需解决的课题。通过对油田物流资源的调研分析，结合油田生产特点，管理人员发现实施"集中储备、区域配送"是提升物流效率的有效途径。

(1) 实施"集中储备、区域配送"，发展个性化企业物流

虽然胜利油田当前工作区域分布在山东省的8个市的28个县区境内，油区作业面积3.7万平方千米，油田的二级单位总计48家，三级单位1 200余家，四级单位近4 500家，生产油井15 000余口，形成了庞大而又分散的物料消耗、使用终端，但是，各区域内生产单位相对集中、物资消耗量大，层层设库、单位领料或各单位都设立配送队的"大而全、小而全"的物流资源配置必然带来不必要的浪费。因此，油田结合企业物流特点，在各区域内整合物流资源，合理选择物流节点，建立区域物流配送中心，实行集中储备、区域化配送，从而缩短油田物资系统的服务反应时间，保证物资服务质量，构建符合油田生产实际的个性化企业物流模式。

(2) 实施"集中储备、区域配送"，实现配送及库存储备合理化

目前，胜利油田物资系统共有4 500多人，年均库存10亿元。各单位都有自己的配送队伍、自己的库存储备，分散的格局造成了物资资源的浪费和配送成本的居高不下，因此，为了降低库存，缩减物资配送总成本，在实施集中储备的同时，必须整合物流资源，实施统一调度的区域配送，从合理配置物流设施据点入手，合理选用运输工具，提高运输配送量，提高车辆运行效率，减少车辆使用台数，缩短运输配送距离，消除交错运输，并合理利用回程车、直达配送，从批量配送中见效益。

(3) 实施"集中储备、区域配送"，优化业务模式

发展现代企业物流，必然要求在企业内建立一支精干、快捷、适应现代物流需要的组织机构，这就要打破原有的物资供应管理模式，优化物流资源配置，促进现行业务流程的优化、再造，使管理层次减少，物流运作模式方便、

快捷，实现物资计划、采购、检验、储存、包装、运输、信息各个环节的快捷响应，适应企业高效的生产工艺要求。

2. 实施条件

(1) 交通条件

胜利油田地处黄河三角洲的东营市，濒临渤海，公路四通八达，纵横交错，覆盖全境，油田基地具备较好的公路、铁路、航空、港口等交通条件。东营市还将进一步发展海运，扩建东营港，配套连接德州至烟台的港口铁路，扩建东港高速公路，形成了完善的交通网络。

(2) 基础设施

油田各二级物资配送队有基础设施良好的仓库、料棚、料场，在对库房进行改造后能有效满足区域配送中心的业务需求。各生产单位都具有一定的装卸、运输能力。自油田实施物资配送后，经过多年的运营，油田的一级配送和二级配送已形成一定规模，物资配送流程日趋成熟、合理，协调配送能力不断提高，已经完成了由领料制向物资配送的转变。

(3) 信息技术

计算机网络以及信息技术在油田已经广泛应用，全油田所有的二级单位、小队，甚至班组都开通了局域网，ERP和“三流合一”项目的实施，在信息化建设方面为油田实施库存的网络查询和区域网络配送奠定了基础。

目前，胜利油田依托运作成熟的孤东采油厂物资配送站组建了仙河地区物资配送中心，物资供应处与孤东采油厂按照双方共赢的经济关系运营。仙河物资配送中心的成立，有效提升了区域物资配送的辐射能力和一级配送的延伸服务能力，并逐步形成统一管理下的区域配送网络布局，也为全面推行集中储备、区域配送的供应模式积累了经验。经过测算，实施集中储备、区域配送后，油田每年将减少物资仓储费、保管费、倒运费、装卸费、过桥过路费4 000万元，二级单位减少库存资金占用6 000万元。在一定区域范围内由区域配送中心直接进行物资配送，既降低了运输成本，缩短了到货时间，又全面提高了订单完成速度，物流效率将得到有效提升。物流资源的整合，将增强区域配送中心的物流核心竞争力，向供应链前端延伸，开拓物流服务领域，实现增值化服务，提高油田物资系统自身的生存能力。

第一节　企业物流概述

一、企业物流的含义

企业是为社会提供产品或某些服务的经济实体。而企业物流，是以企业经营为核心的物流活动，从物流系统的性质看，企业物流是与社会大物流相对应的概念，是具体的、微观物流活动的典型领域，是对企业经营活动的支持和保障，是企业创造“第三利润”的源泉。

中华人民共和国国家标准《物流术语》(GB/T18354—2006)中对企业物流(Enterprise Logistics)的表述是“生产和流通企业围绕其经营活动所发生的物流活动”。美国后勤管理协会认为：“企业物流是研究对原材料、半成品、产成品、服务以及相关信息从供应始点到消费终点的流动与存储进行有效计划、实施和控制，以满足需要的科学。”具体来说，企业物流是指企业生产经营过程中，物品从原材料的采购供应，经过生产加工到产成品和销售，以及废弃物的回收和再利用所发生的运输、储存、装卸、搬运、包装、流通加工、配送及信息处理等活动。

企业系统的基本结构是投入—转换—产出—反馈，对于生产类型的企业来讲，是原材料、人力、资金的投入，经过制造加工过程使之转换为产品或服务；对于服务类型的企业来讲则是设备、人力、管理和运营的投入，转换为用户的服务。总之，企业物流活动是伴随着企业的投入—转换—产出而发生的。相对于投入的是企业外供应物流，相对于转换的是企业内生产物流，相对于产出的是企业外销售物流。同时，企业通过销售物流流入市场的产品或服务还需要逆向的反馈过程，伴随着逆向物流活动形成的物流，称为回收物物流和废弃物物流。企业物流结构图如图 3-1 所示。

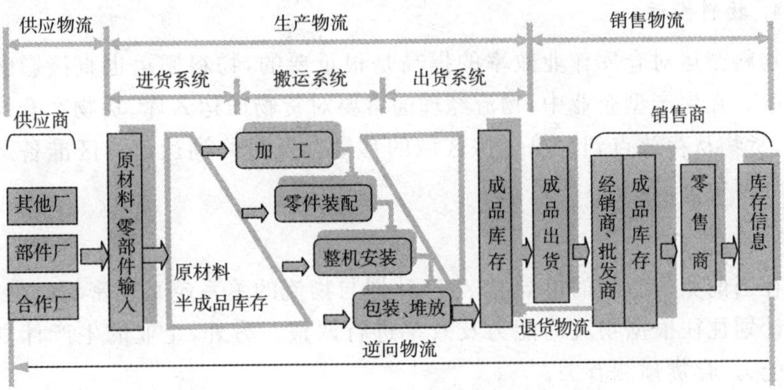

图 3-1　企业物流结构图

二、企业物流的内容

企业物流在不同的发展阶段包含着不同的内容。随着企业物流从单纯的产品配送向综合物流直至向供应链管理阶段发展,企业物流包含的内容不断地得到增加、丰富,涉及的领域不断地扩大。现在看来,企业物流几乎贯穿于企业的整个运营过程。概括地说,企业物流包含采购、运输、存储、搬运、生产计划、订单处理、包装、客户服务以及存货预测等若干项功能。

1. 采购

把企业采购活动归入企业物流是因为企业运输成本与生产所需要的原材料、零部件等的地理位置有直接关系,采购的数量与物流中的运输与存储成本也有直接关系。把采购归入企业物流领域,企业可以通过协调原材料的采购地、采购数量、采购周期以及存储方式等来有效地降低运输成本,进而为企业创造更大的价值。

2. 运输

运输是企业物流系统中非常重要的一部分。事实上,运输也是企业物流最为直接的表现形式,因为物流中最重要的是货物的实体移动及移动货物的网络。通常情况下,企业的物流经理负责选择运输方式来运输原材料及产成品,或建立企业自有的运输系统。

3. 存储

存储包括两个既独立有联系的活动,即存货管理与仓储。事实上,运输与存货水平及所需仓库数之间也有着直接的关系。企业许多重要的决策与存储活动有关,包括仓库数目、存货量大小、仓库的选址、仓库的大小等。

4. 物料搬运

物料搬运对仓库作业效率的提高是很重要的,物料搬运也直接影响到生产效率。在生产型企业中,物流经理通常要对货物搬运入库、货物在仓库中的存放、货物从存放点到订单分拣区域的移动以及最终到达出货区准备运出仓库等环节负责。

5. 生产计划

在当前竞争激烈的市场上,生产计划与物流的关系越来越密切。事实上,生产计划往往根据物流的能力及效率进行调整。另外,企业的生产计划还与存货能力、存货预测有关。

6. 订单处理

订单处理过程包括完成客户订单的所有活动。物流领域之所以要直接涉及订单的完成过程，是因为产品物流的一个重要方面是提前期，即备货周期，它是指从客户下达订单开始至货物完好交于客户为止的时间。从时间或者说前置期的角度来看，订单处理是非常重要的物流功能。订单处理的效率直接影响到备货周期，进而影响到企业的客户服务质量与承诺。

7. 工业包装

与企业物流紧密相关的还有工业包装，即外包装。企业物流中运输方式的选择将直接影响到包装要求。一般来说，铁路与水运引起货损的可能性较大，因而需要支出额外的包装费用。

8. 客户服务

客户服务也是一项重要的物流功能。客户服务水平与物流领域的各项活动有关，存货、运输、仓储的决策等取决于客户服务要求。

9. 存货预测

准确的存货和物料、零部件的预测是有效存货控制的基础，尤其是使用零库存和物料需求计划方法控制存货的企业。因此，存货预测也是企业物流的一项重要功能。

除了以上列举的几个主要功能外，企业物流还包括诸如工厂和仓库选址、维修与服务支持、回收物品处理、废品处理等功能。当然，不同的企业或企业处于不同的发展阶段，其企业物流不一定会涉及上述所有内容。

三、企业物流的分类

企业物流可以按不同的分类方法进行分类。下面分别按行业及企业活动的过程对企业物流进行分类。

1. 按行业分类

企业物流按行业分类，可以分为生产企业物流和流通企业物流。生产企业物流是伴随企业生产全过程发生的物流活动。流通企业物流是伴随商品流通过程而发生的物流。

(1) 生产企业物流

生产企业物流是以购进生产所需原材料、设备为始点，经过加工，形成新的产品，然后供应给社会需要部门为止的全过程。这个过程要经过原材料及设备的采购供应阶段、生产阶段和销售阶段。由此，可将生产企业物流分为供应物流、生产物流、销售物流、回收物流和废弃物物流。

生产企业种类很多,按照主体物流活动不同还可以分为以下四种类型:

① 供应物流突出型。在供应物流突出型企业的经营活动中,供应物流突出而其他物流简单,供应物流组织和操作十分复杂,难度大。例如,大型机械、汽车、飞机等机械制造企业,一架飞机的生产可能需要几万个零部件,需要由若干不同地域的供应商供应,而销售物流相对简单,甚至没有。

② 生产物流突出型。生产物流突出型企业在经营活动中,生产物流突出而供应、销售物流相对简单,例如,钢铁、冶金、电力、热力等企业。典型的生产化工产品的工业企业,供应的是品种相对简单的化工原料,而从原材料转化为产品的生产工艺过程复杂,内部物流环节多。

③ 销售物流突出型。销售物流突出型企业在经营活动中,销售物流突出,难度大。例如小商品、小五金等企业,它们大宗原材料进货,加工也不复杂,但产品品种繁多,销售遍及很大地域范围。此外,例如水泥、玻璃、化工危险品等,虽然生产物流也较为复杂,但其销售时物流难度更大,有时会出现大事故或花费大代价,因而也包含在销售物流突出的类型中。

④ 回收物流和废弃物物流突出型。有些企业在经营活动中会产生很多废弃物。例如,制药、造纸、印染、制糖等工业企业。由于企业在生产过程中产生大量无害或有害环境的废弃物,所以要对废弃物进行回收和再处理,企业才能获得运营的资格,回收物和废弃物物流组织的程度几乎决定了企业能否生存。

(2) 流通企业物流

流通企业物流是指从事商品流通的企业的物流。从制造商的角度看,它属于销售物流,但从流通企业本身来看,也包括供应物流。不同类型的流通企业,其物流也各有特点。下面分别介绍批发企业、零售企业的物流活动。

① 批发企业的物流。批发企业的物流是指以批发据点为核心,由批发经营活动所派生的物流活动。这一物流活动对于批发的投入是组织大量物流对象的流入,产出是组织相同总量物流对象的流出,在批发据点中的转换是包装形态及包装批量的转换。

批发企业物流既包括供应物流,又包括销售物流。对于一些将自身核心能力集中在新产品研发与生产的制造企业来说,可能将产品委托或直接销售给其下游的批发企业,由批发企业为其销售产品。

随着工厂直送和零售商的日益壮大,批发商的发展空间将受到制约。过去,批发企业物流系统就像一个调节阀,一边从制造业企业订购大批量的物品,另一边是化大为小,将小批量物品送到零售商的商店,以满足零售商的需求。但现在这些职能工厂和零售商都具备。减少中间环节将是批发企业遇到的最大挑战。在这个时候,配送中心的增值服务应成为批发企业新的利润源。因为零售商普遍储存空间不足,往往希望减少物品的储存和流通加工功能,多要求批发商能把他们订购的物品贴好标签,对物品进行分类和销售包装,并最终配送到零售商指定的地点。此外,零售商的订货周期一般都较短,对于批发商来说,在短时间内进行分拣、流通加工、配送等一系列大量烦琐的工作,是一件困难的事。为此应建立具有较强的处理物品功能的配送中心,实现物品的快速、准确、低成本的配送。

② 零售企业的物流。零售企业的物流主要是供应物流,它是以零售商店据点为核心、以实现零售销售为主体的物流活动。现代零售企业主要包括百货商店、连锁超市等商业企业。连锁零售企业一般设有配送中心,由配送中心组织货源并进行配送和送货。独立的零售企业则由具备物流功能的批发企业送货或自行组织货源的运输、存储等物流业务。过去,在卖方市场情况下,由于货源有限,物品的供应权力主要在供货商;而今,在买方市场情况下,物品的同质化导致零售商的权力不断增加。由于供货商的物流管理水平参差不齐,完全依赖供货商来经营零售业物流,有可能给零售商带来物品供应问题,比如物品不能及时送达,物品存在残次品等问题,这些都将直接导致零售商因缺货或退货等而造成销售损失。为避免此类问题的出现,零售商越来越重视物品采购系统及供应系统的管理,以保证及时交货。

2. 按企业活动的过程分类

企业物流按企业活动的过程分类,可以分为供应物流、生产物流(流通企业物流不含这项)、销售物流、回收物流和废弃物物流。

第二节　企业采购与供应物流管理

一、供应物流概述

1. 供应物流的含义

传统上,供应商将物料运送到企业仓库称之为采购物流,从企业仓库取货搬运到各车间、生产线、工段等各工作地,以满足企业内部供给需求,称为供应物流。如图 3-2 所示。

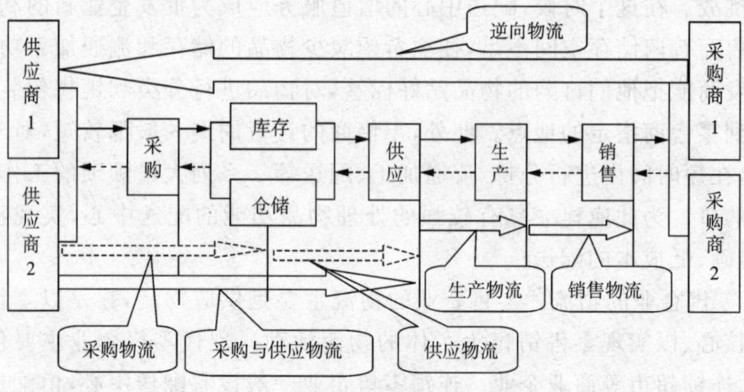

图 3-2　传统的采购物流与供应物流关系

需要说明的是，随着社会的进步，社会分工越来越专业化，任何企业都存在供应物流的问题。如今，生产企业的组织结构也在发生变化，供应活动中的商物分离现象更明显。一些企业的供应部门专门行使商流职能，主要任务是选择供应商，实施采购、合同管理以及对供应商的管理；有的供应部门已改称采购部，而将运输、储存、供料、回收等供应物流与生产物流、销售物流整合，形成产、供、销物流一体化。因而，随着采购供应一体化，地方物流分工专业化，采购物流直接扩展到企业内部的工作地，使两者合二为一，统称为供应物流，其表现形式如图 3-3 所示。

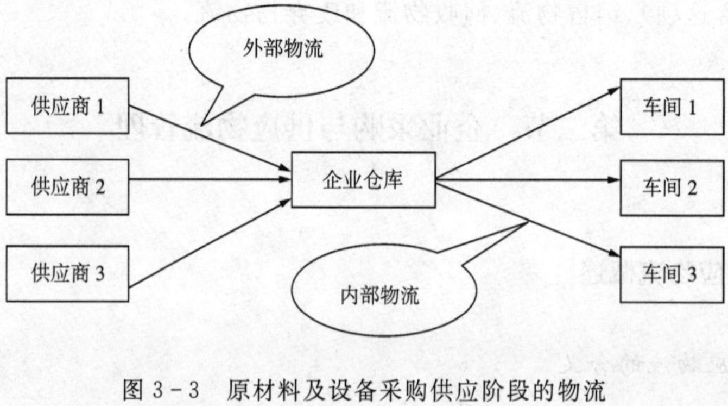

图 3-3　原材料及设备采购供应阶段的物流

中华人民共和国国家标准《物流术语》(GB/T18354—2006)对供应物流的定义是“供应原材料、零部件或其他物料时所发生的物流活动”。供应物流是生产系统中相对独立性较强的子系统，并且与生产系统、财务系统等生产企业各部门以及企业外部的资源市场、运输部门有密切的联系，包括一切企业生产所需的物料（原材料、燃料、备品备件、辅助材料等）在供应企业与生产企业之间流动的物流及其管理活动。供应物流的运作安排需要根据企业的生产计划，使物流运作与企业生产紧密衔接并实现操作上的一致性，从而保证企业生产活动的连贯性和持续性。

供应物流的作用具体表现在以下两个方面：

（1）保证企业正常生产

从企业生产活动的过程角度来说，企业物流是由供应物流、生产物流、销售物流、回收物流与废弃物物流组成的。其中，生产物流处于中心地位，它是和生产同步进行的，受企业内部控制。而供应物流是生产物流的上游部分，它受企业外部环境影响较大，如政策与市场环境，仓储与运输环境和一些间接环境等。简单地说，供应物流是企业为保证生产节奏，不断组织原材料、零部件、燃料、辅助材料供应的物流活动，这种活动对企业生产的正常、高效率进行发挥着保障作用。

企业的供应物流有两种形式：一种是从各供应商外购原材料、协作件等的采购物流；另一种是同一企业所属各分厂之间相互提供零部件的调拨物流。美国通用汽车公司装配一辆汽车，需要 13 000 多种零部件，由 20 000 多家供应商和该公司所属的 100 多家配件制造分厂供应给 30 余家汽车装配工厂。所以，有效计划和组织供应物流，保证企业不间断生产，是一项复杂且十分重要的工作。

（2）降低生产成本

企业供应物流不仅要实现保证供应的目标，而且要在低成本、少消耗、高可靠性的限制条件下来实现这一目标。加强供应物流的科学管理，是保证完成企业各项技术经济指标、取得良好经济效果的重要环节。

美、英等国工业企业年生产成本中用于采购原材料、外协件等支出款所占比例为 40%～60%，因此，合理组织供应物流活动，如采购、运输、搬运等，对降低产品成本有着重要的意义。在现代化大生产中，企业的储备资金在流动资金中占有较大的比例，一般为 50%～60%，因此，合理储备，对压缩储备资金、节约占用资金、加快流动资金的周转起着重要的作用。

2. 供应物流过程

不同的企业、不同的生产工艺、不同的生产组织模式、不同的供应环节和不同的物流供应链，使得企业供应物流过程有所区别，即表现出许多不同的模式。尽管不同的模式在某些环节上有着各自的特点，但基本流程是相同的，一般包括以下几个环节：

(1) 取得资源

这是完成供应活动的前提条件。而需要什么样的资源,获取什么样的资源,这都是由处于核心地位的生产过程或转换过程所决定的。同时也要按照供应物流可以承受的技术条件和成本条件来进行决策。通过采购、交换等方式获得企业所需的物料,是实现供应物流正常运转的前提条件。在这一阶段里,采购是企业生产正常运行的前提条件。采购物料为生产活动进行物料准备,保证企业在按照事先制订的生产计划组织的生产过程中可以随时获得需要的物料,实现无间断的生产,即实现企业生产的持续性;同时,对生产的保证可以为企业节约支出,降低管理费用。

(2) 组织到厂物流

所取得的资源必须经过物流才能到达企业,这个过程是企业的外部物流过程,其中需要运用运输、储存、装卸搬运、包装等物流活动才能完成。而这个过程可以由企业、社会公共物流部门、第三方物流企业等来完成。这个阶段的主要工作是运输,企业需要确定供应物流过程中运输活动的执行方式。选择适当的运输模式是指选择适当的运输方式、运输路线和运输时间,安排生产物料的运输,以便协调企业物流活动与外部物流活动的衔接,从而保证供应物流的顺利进行。这一阶段,供应物流的主要作用是实现物料的空间价值。供应物流能否协调企业与运输承运人、需求方、物料运输方和存储方之间的物流活动,将直接影响企业生产计划的执行情况。

(3) 组织厂内物流

即所取得的资源在企业内部各生产经营环节之间的流动,如从企业的仓库开始到各车间或生产线的物流过程。一般该阶段的物流活动由企业自己完成,但也有部分企业采取把部分物流业务外包的形式开展物流活动。企业利用自身物流服务,重点在于对物料进行厂内的库存管理和搬运。由于多数企业很难在物料运达企业时就投入生产(需要经过一段时间的存储),所以储存便成为企业在这一阶段重要的物流管理活动。这一阶段供应物流的主要作用是实现物料的时间价值。企业供应物流是能够协调企业生产活动与物料管理活动的统一,将库存物料准确地送到生产线上,是企业降低物料库存、减少企业资金额外占用的重要途径之一。

3. 供应物流的组成部分

供应物流是企业物流过程的起始阶段,是保证企业生产经营活动正常进行的前提条件,适时、适量、齐备和成套地完成供应活动是供应物流的主要任务。供应物流包括采购、供应、库存管理和装卸搬运等几个环节,它们之间的关系如图 3-4 所示。

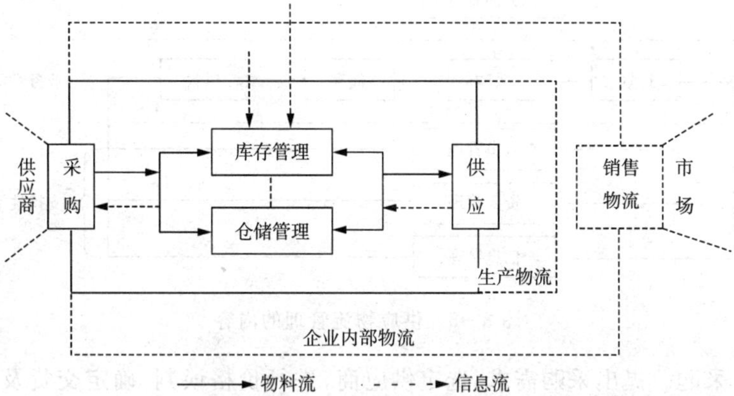

图 3-4　供应物流系统结构

① 采购。采购工作是供应物流与社会物流的衔接点，是依据生产企业生产-供应-采购计划来进行原材料外购的作业层，在完成将采购物资输送到企业内的物流活动的同时，还要承担市场资源、供应商、市场变化、供求信息等的采集和反馈任务。

② 供应。供应工作是供应物流与生产物流的衔接点，是依据材料供应计划及物资消耗定额进行生产资料供给的作业层，负责原材料消耗的控制。厂内供应方式有两种基本形式，一是用料单位到供应部领料，二是供应部门配送。

③ 库存管理。库存管理是供应物流的核心部分。其功能主要体现在两个方面：一方面，它要依据企业生产计划的要求和库存的控制情况，制订物资采购计划、确定库存数量和结构的控制，并指导供应物流的合理运行；另一方面，库存管理又是供应物流的转换点，它需要具有完成生产资料的接货、验收、保管和保养等具体功能。

④ 装卸搬运。装卸搬运工作是原材料接货、发货、堆码时进行的操作。虽然装卸搬运是随着运输和保管而产生的作业，但却是衔接供应物流中其他活动的重要组成部分。

二、供应物流管理的内容

生产企业供应物流管理包括三方面的内容：业务性活动、支持性活动和拓展性活动（如图 3-5 所示）。

1. 业务性活动

① 计划。根据企业总体战略以及内外部顾客的需求，制订供应战略规划和物品的供应计划。

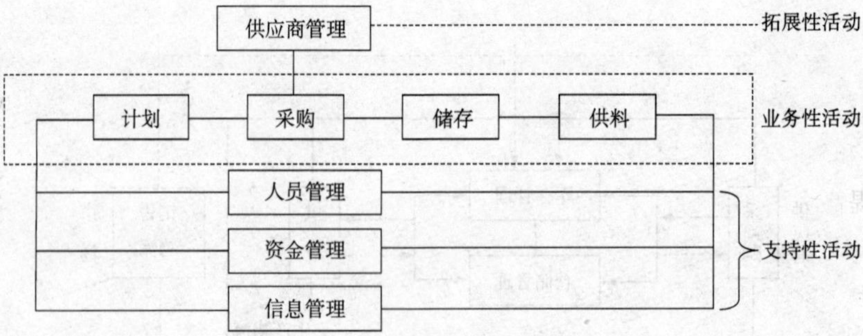

图 3－5　供应物流管理的内容

② 采购。提出采购需求，选定供应商，进行价格谈判，确定交货及相关条件，签订合同并按要求收货付款。

③ 储存。物品验收入库、保管保养、发货，确定合理库存量并对库存量进行控制。

④ 供料。编制供料计划，领料审批，定额供料，回收利用，消耗控制与管理。

2. *支持性活动*

① 人员管理。制定供应岗位职责，对供应人员进行能力考察、素质培养、工作评价、绩效考核与激励等。

② 资金管理。物品采购价格的控制，采购成本的管理以及储备资金的核定与控制等。

③ 信息管理。在物品编码的基础上对供应信息进行管理，在 MRP Ⅱ、ERP 系统中进行供应物流管理。

3. *拓展性活动*

在生产企业中，占其成本最大比例的物品以及相关信息都发生于或来自于供应商。所以，将供应物流管理从内部管理拓展到对供应商的管理，包括对供应商的选择与认证、与供应商建立合作伙伴关系以及对供应商绩效的考评等，以此来降低成本，提高供应的可靠性和灵活性，提升企业的市场竞争力。

三、供应物流合理化

企业供应物流作为企业生产之前的准备工作和辅助作业活动，关系到企业生产的正常运行。因此，合理组织供应物流对于企业管理具有重要的作用，其基本工作包括以下几个方面：

1. *准确预测需求*

这里所指的需求，是以工厂生产计划为依据对各类物资的需求所确定的物资供应需求量。生产计划是根据市场对产品的需求量来制订的，而供应计划则依据生产计划下达的产品品种、结构、数量、时间的需求，以及各种原材料的消耗定额和生产工艺路线来制订。供应计划要对各种原材料、零部件的需求量和供货日期作出准确需求预测，才能保证生产的正常进行，加速资金周转，提高企业经济效益。因此，制订切实可行的生产计划，确定合理的物资消耗定额，是做到准确预测需求的关键。

2. 合理控制原材料库存

供应物流一旦中断，将会使生产陷于停顿，所以必须有一定数量的储备，以保证生产的正常进行。这种储备包括两个方面：一方面是正常储备，因为采购是批量进行的，而生产是连续进行的，由于这种节奏的不一致，要保证生产，必须有正常的库存；另一方面是安全库存，为了防止发生意外情况和不可知因素的影响，供应活动受到阻碍时，需要有安全库存，以保证生产的正常进行。库存控制是实现合理储存的重要手段，运用这种手段来解决物资供应计划中的合理数量问题，将改变物流供应状态。

3. 科学采购

科学采购是从供应源头上对物流实施合理化管理的重要方面，其关键是做好采购决策，包括深入开展市场调查、掌握市场信息、慎重选择与评估供应商、制定正确的采购策略。

4. 强化供应保障

经过科学决策确定合理库存后，还应采取合理的运输方案、先进的仓储管理技术和手段，以使供应物流有效运转，保证及时供应生产。

5. 控制供应物流成本

利用先进的信息技术，并结合先进的物流管理方法，对供应物流进行综合管理，降低供应物流成本。例如，为了降低供应物流成本，美、日等发达国家发展了 MRP(物料需求计划)、看板管理、准时制(JIT)等先进的管理模式。

四、采购管理

采购是企业供应的重要环节，企业为了保证其生产的节奏性，就要不断地组织原材料、零部件等的采购供应方面的物流活动。这种物流活动不仅要对生产的正常进行提供保障，而且还应该以最低的成本来完成这种保障。而所谓采购管理，是指为保障企业物资供应而对企业采购进货活动进行的管理活动，是对整个企业采购活动的计划、组织、指挥、协调和控制活动。

1. 采购概述

如前所述，采购是指具体的采购业务活动，属于作业活动范畴；而采购管理是对整个企业采购活动的计划、组织、指挥、协调和控制活动，属于管理活动范畴。因此，应该先了解采购的含义、作用及其基本流程。

(1) 采购的含义及作用

所谓采购就是通过交易从资源市场获得所需资源的过程。

对采购的定义有狭义和广义之分，狭义的采购即买东西，就是企业根据需要提出采购计划、审核计划、选好供应商、经过商务谈判确定价格和交货条件，最终签订合同并按要求收货付款的过程；而广义的采购则指除了以购买的方式占有物品之外，还可以通过其他途径，诸如租赁、借贷、交换、征收等方式取得物品的使用权，来达到满足需求的目的。

采购行为由采购部门执行，采购员完成采购活动。企业生产或经营活动所需的货物都是通过采购行为获得，是企业物流管理的起点。采购的含义包括五个方面：

① 采购是到有形的市场里直接购物，强调购买的一次性作用；

② 采购是选择与寻找供应商的过程，强调与供应商的经济关系；

③ 采购关注的是采购物品的所有权总成本，通过一个合理的总成本优势而获得资源；

④ 采购关注与供应商的合作，强调的是供应商管理；

⑤ 采购的最终目的在于使企业具有竞争力的同时增加供应商的价值，强调双赢与供应链协作关系，本质是采购竞争力。

采购是企业物资的入口，是企业生产经营的起点，采购工作在企业物流管理中具有重要的地位和作用，具体体现在以下几个方面：

① 采购是企业成本管理的核心资源。企业的采购资金约占销售额的40%～60%，采购成本对企业利润有很大影响，降低采购成本可以体现杠杆作用。

② 采购是工厂供应链管理过程中的主导力量。企业的利润是同制造及供应过程中的物流和信息流的流动速度成正比例的。从整体供应链角度来看，企业为了获取尽可能多的利润，都会想方设法加快物料和信息的流动，这样就必须依靠采购的力量，充分发挥供应商的作用，因为占成本60%以上的物料以及相关的信息都发生或来自于供应商。

供应商提高其供应的可靠性及灵活性、缩短交货周期、增加送货频率，可以极大地改进工业企业的企划表现，如缩短生产总周期、提高生产效率、减少库存、加快资金周转、增强对市场需求的应变力等。

③ 采购是企业产品质量的基本保证。产品中价值的60%是经过采购由供

应商提供，毫无疑问，产品“生命”的60%应在来货质量控制中得到确保，也就是说企业产品质量不仅要在企业内部控制好，更多的应控制在供应商的质量管理过程中，这也是“上游质量控制”的体现。供应商上游质量控制得好，不仅可以为下游质量控制打好基础，同时可以降低质量成本，减少企业来货检验费（降低检验频率甚至免检）等。经验表明，一个企业要是能将1/4～1/3的质量管理精力花在供应商的质量管理上，那么企业自身的质量水平至少可以提高50%以上。

④ 采购是促进产品开发的重要因素。通过采购将供应商纳入早期开发的过程，尽早让供应商参与企业自身的产品开发，不仅可以利用供应商的专业技术优势大大地缩短产品开发时间、降低开发费用及制造成本，还能更好地满足产品功能性的需要，提高产品的竞争力。许多大公司都将供应商看成自身产品开发与生产的延伸，与供应商建立伙伴关系，自己不用直接投资，充分利用供应商的能力为自己开发、生产产品。

（2）采购流程

① 采购的一般流程。企业采购流程通常是指有生产需求的企业选择和购买生产所需的各种原材料、零部件等物料的全过程。采购的一般流程可以用图3-6来表示。

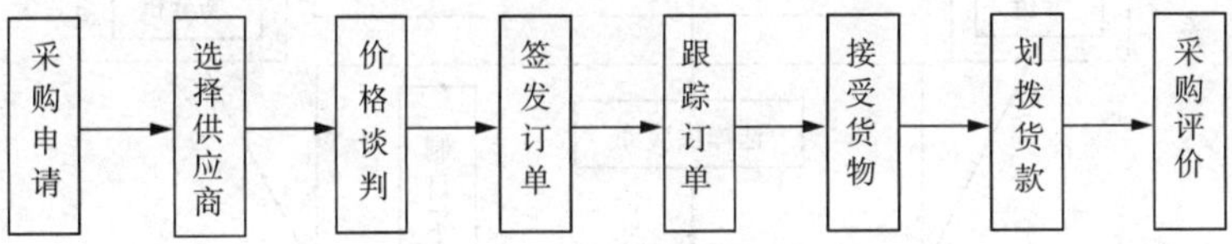

图3-6 采购的一般流程

② 采购流程的变革。传统采购流程的特点主要为：

a. 传统的采购过程是典型的非信息对称博弈过程。

b. 供需关系是临时的或短期的合作关系，这种合作关系造成了竞争多于合作。

c. 对于用户需求的反应迟钝。

d. 对质量和交货期只能进行事后把关，采购方很难参与供应商的生产过程和有关质量控制活动。

同传统的采购流程相比，现在许多企业已经采取供应链管理来完成采购流程，称为基于供应链环境下的采购流程，目的是强调协调采购的理念。

现代采购流程的特点有：

a. 现代采购利用电话、传真、EDI、电子邮件等方式进行电子化订货。

b. 与传统的基于库存的采购不同，现代采购不是为了补充库存，而是为了直接满足需求。在供应链管理模式下，供应商的生产活动是以用户的采购订单来驱动的，由采购订单驱动供应商，供应商生产的产品直接供应到需求点。这样可以大大降低库存成本，提高物流的速度和库存周转率。

c. 与供应商形成战略协作伙伴关系，实现信息共享、资源共享、责任共担、利益共享。

d. 实施小批量、多频次连续补充货物的机制，向零库存进军。

2. 采购管理的内容和模式

企业采购管理主要包括三项内容：一是要保证企业所需的各种物资的供应；二是要从资源市场获取各种信息，为企业物资采购和生产决策提供信息支持；三是要与资源市场供应商建立起友好互利、长期合作的关系，为企业营造一个宽松有效的资源环境。其中，第一项是最重要、最基本的任务。如果这一项搞不好，就不能称之为采购管理。

采购管理具体来说是从计划下达、采购单生成、采购单执行、到货接收、检验入库、采购发票的收集到采购结算等采购活动的全过程，对采购过程中物流活动的各个环节状态进行严密的跟踪、监督，实现对企业采购活动执行过程的科学管理。其包括的一系列业务内容和业务模式如图 3－7 所示。

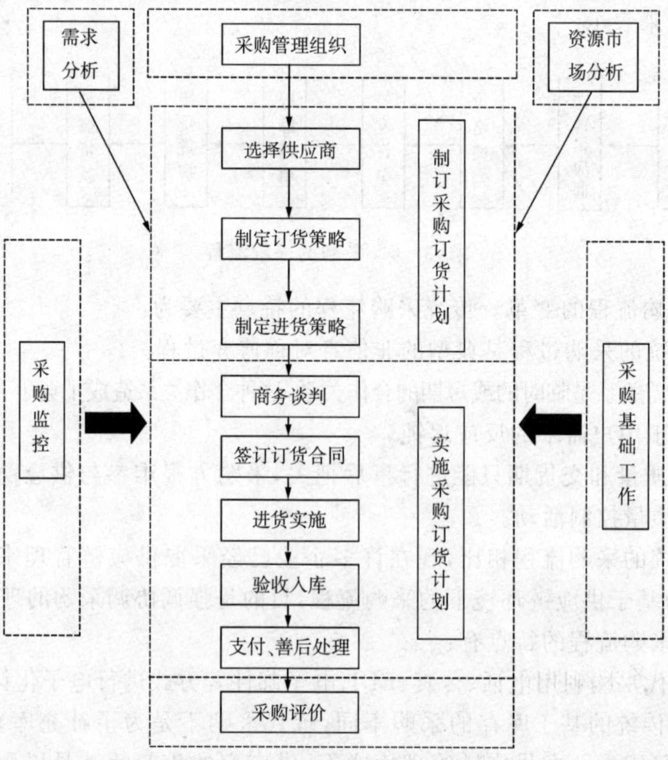

图 3－7　采购管理的内容和模式

3. 现代采购方法

如果企业的信息化程度不同、管理水平不同、生产方式不同，就会造成物料需求状态的不同。综合目前的生产需求方式，基本可以归纳出以下几种采购方法。

（1）订货点采购

它是根据需求的变化和订货提前期的不同，精确确定订货点、订货批量或订货周期、最高库存水准等，然后建立起一种库存检查机制，当发现到达订货点，就检查库存、发出订货，订货批量的大小由规定的标准确定。分为定量订货法采购和定期订货法采购。该方法的特点是以需求分析为依据，以填充库存为目的，采用一些科学方法，兼顾满足需求和库存成本控制，原理比较科学，操作比较简单，但是由于市场的随机因素多，该方法同样具有库存量大、市场响应不灵敏的缺陷。

（2）MRP 采购

MRP 采购主要应用于生产企业。它是生产企业根据主生产计划（MPS）和产品结构树（即物料清单 BOM）以及库存情况逐步推导出生产主产品所需要的零部件、原材料等的生产计划和采购计划的过程。这个采购计划规定了采购的品种、数量、采购时间，计划比较精细、严格。它也是以需求分析为依据、以满足库存为目的。它的市场响应灵敏度及库存水平比上述方法有所提高。

（3）JIT 采购（准时化采购）

JIT 采购是一种完全以满足需求为目的的采购方法。要求供应商恰好在用户需要的时候，将合适的品种、合适的数量送到用户需求的地点。它是一种直接面向需求的采购模式，既能做到灵敏响应需求，又能使库存趋近于零库存，是一种比较科学、比较理想的采购模式。

（4）供应链采购

它是一种供应链机制下的采购模式。在供应链机制下，采购不再由采购者操作，而是由供应商操作，叫供应商管理库存（VMI）。采购者把自己的需求信息及库存信息向供应商连续及时传递，供应商则根据自己产品的消耗情况不断、及时地小批量补充库存，保证采购者既能满足需要又能使总库存量最小，但供应链采购对信息系统、供应商操作要求比较高。

（5）电子商务采购

电子商务采购即网上采购，是在电子商务环境下的采购模式。这种模式是由采购人员在互联网上寻找供应商、品种，洽谈贸易、订货甚至支付货款，而在网下送货进货。该模式的好处是扩大了采购市场的范围，缩短了供需距离，简化了采购手续，减少了采购时间，降低了采购成本，提高了工作效率，是一种很有前途的采购模式。但是它依赖于电子商务的发展和物流配送水平的提高，而两者都要取决于整个国民经济发展水平和科技进步的水平。

4. 供应链环境下的采购与传统采购方式的区别

(1) 传统物流采购的特点及其弊端

传统采购的重点放在与供应商的价格竞争上，一般选择价格最低的供应商作为一次性采购活动的物料来源，下次采购就有可能更新供应商。同时采购过程中物料的质量和交货期都是事后把关，不与供应商建立合作伙伴关系。这种采购模式随着经济一体化和供应链管理的不断深入，其弊端也越来越明显，主要表现如下：

① 信息不对称。采购方为了从众多与其具有竞争性的供应商中选择最佳的供应商，就往往会对自己的信息有所保留，怕给的信息越多，供应商的竞争筹码就越大，而这对采购方来说是不利的。同时供应商在与其他的供应商竞争中也会隐瞒自己的信息。这样双方就无法及时地了解采购的真正需求，只能通过增加库存来避免不确定事件的发生，从而造成采购库存成本的大大增加。

② 物料质量、交货期难以控制。采购方与供货商的工作是不透明的，质量检验也是通过事后把关的方法，所以采购方就无法知道物料生产过程，也就无法知道物料的真实质量。同时，又由于供应商为了取得供货资格必然简化物料生产工序、降低物料成本，结果使物料的质量大大降低，损害了采购方的利益。此外，由于短期合作关系和其他复杂的交通运输状况，交货误期现象时有发生。这些都增加了采购成本，对企业的生产产生了很大的不利影响。

③ 供应关系难以协调。传统采购模式的供应关系往往是临时性的，双方缺乏有效的合作与协调，往往是竞争多于合作，因此，企业经常把时间浪费在供应商不断选择上，而无法建立稳定双赢的合作供应关系。

④ 缺乏对生产和市场需求变化的应对能力。因为信息的不对称，采购方无法根据用户需求的变化来改变已经签订的采购合同，供应商也不能根据采购计划做出调整，这使得供需脱节，从而丧失很多市场机会。

(2) 供应链环境下采购的特点

在供应链管理的环境下，采购工作发生了变化，要做到五个恰当，即恰当的数量、恰当的时间、恰当的地点、恰当的价格、恰当的来源。它的工作特点表现在以下三个方面：

① 与供应商建立长期的战略合作伙伴关系。建立战略性的长期合作伙伴关系可以解决全局性的、战略的供应链问题。它实现了库存数据的共享，解决了传统采购的信息不对称等问题，降低了采购风险和采购成本，从而提高了采购效率；同时它还消除了供应过程中的组织障碍，为实现 JIT 采购创造了条件。

② 采用订单驱动的采购方式。传统采购模式是以补充库存为目的的，采购部门不关心生产的过程，不了解生产的进度和对原材料零部件的需求变化，这样的采购计划很难适应生产需求的变化。而在供应链管理的环境下，采购是以订单驱动方式进行的，企业的制造订单是根据用户需求订单产生的，而采购订单又是根据制造订单制定的。这样的采购方式准时地响应了用户的需求，再加上采购方与供应商建立了合作伙伴关系，他们就可以根据需求的变化，及时地改变供应。这样既降低了库存成本，也提高了物流的速度和库存周转率。

③ 实施有效的外部资源管理。进入到供应商企业生产过程中，把事后把关转变为事中控制，这种有效的管理途径就叫做外部资源管理。它改变了传统采购缺乏柔性、对需求反应慢的缺点，加强了与供应商的信息联系和合作。实施有效的外部资源管理要从以下几方面着手：第一，与供应商建立长期的互惠互利的合作关系；第二，通过提供信息反馈和教育培训，促进供应商提高质量并保证质量；第三，参与供应商的产品设计和产品质量的控制过程，把事后把关变为实时监控；第四，要协调供应商的计划。另外，也要知道外部资源管理并不是采购方单方面的努力就能取得成效的，还要供应商提供协作才能达到最佳效果。

(3) 供应链采购与传统采购的区别

从以上对传统采购与供应链采购的特点的分析可以看出，两者的区别较为明显，见表 3-1 所列。

表 3-1　供应链采购与传统采购的区别

项　目	供应链采购	传统采购
基本性质	基于需求的采购	基于库存的采购
	供应方主动型、需求方无采购操作的采购方式	需求方主动性、需求方全采购操作的采购方式
	合作型采购	对抗型采购
采购环境	友好合作环境	对抗性竞争环境
信息关系	信息传输、信息共享	信息不通、信息保密
库存关系	供应商掌握库存，需求方掌握库存	需求方可以不设仓库、零库存，需求方设立仓库、高库存
送货方式	供应商小批量、多频次连续补充货物	大批量、少频次进货
双方关系	供需双方关系友好，责任共担、利益共享、协调性配合	供需双方关系敌对，责任自负、利益独享、互斥性竞争
货检工作	免检	严格检查

五、供应商管理

供应商管理是企业保证物资供应、确保采购质量和节约采购资金的重要环节，能否与供应商建立友好且有效的关系，是企业目前关注的焦点，也是供应链管理环境下的必然要求。因此，采购与供应物流管理中对于供应商的管理就显得尤为重要。

1. 供应商的分类

按供应商对于企业的重要性对供应商进行分类，可以分为以下四种，如图 3－8 所示。

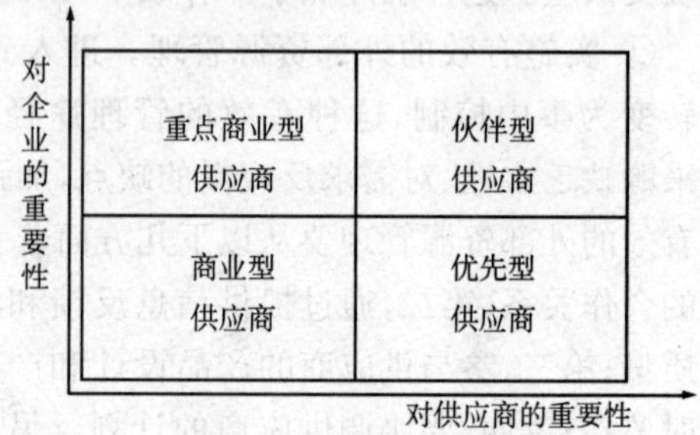

图 3－8　供应商的分类

① 伙伴型供应商。在供应商分类模块中，如果供应商认为该企业的采购业务对他们来说非常重要，供应商自身又有很强的产品开发能力，同时该采购业务对本企业也很重要，那么这些采购业务应该对应于“伙伴型的供应商”。

② 优先型供应商。如果供应商认为该企业的采购业务对于他们来说非常重要，但该采购业务对本企业来说却不是十分重要，这样的供应商无疑有利于本企业，是本企业的“优先型供应商”。

③ 重点商业型供应商。如果供应商认为该企业的采购业务对于他们来说无关紧要，但该采购业务对本企业来说却十分重要，这样的供应商就是需要主要改进提高的“重点商业型供应商”。

④ 商业型供应商。对于那些对供应商及本企业来说均不是很重要的采购业务，相应的供应商可以很方便地选择更换，那么这些采购业务对应的供应商就是普通的“商业型供应商”。

综上所述，在不同的供应商中重点商业型供应商会给本企业的采购带来较高的风险。反过来从顾客定位的角度看，如果本公司的采购份额占了供应商销售额的很大部分，且本企业的业务合作对于供应商来说在各方面都很具有吸引力，那么供应商必定会将本企业看成他们的“核心客户”；相反，如果本企业的采购份额占供应商销售额比例很小，而且本企业的业务合作对于供应商来说又无吸引力，那么供应商必定会将本企业看成是他们无关紧要的“普通客户”；如果本企业的采购份额占供应商销售额的比例虽然很大，但由于价格等对供应商来说吸引力不够，那么供应商就会采取“剥削”的态度来对待客户，将本企业定位于他们的“剥削客户”；虽然本企业的采购份额占供应商销售额的比例很小，但本企业的业务合作对供应商来说很有吸引力，那么供应商必定会将本企业看成是他们要发展的“发展客户”。毫无疑问，从顾客定位的角度看，如果供应商认为本企业是他们一个无关紧要的客户，那么他们对于本企业的供应风险性就会提高。

2. 供应商的评估与选择

供应商的评估与选择既是供应商管理的重要内容，也是企业经营管理活动的一项重要决策。适当地选取供应商对于企业产品的质量、成本和可靠性都会产生一定的影响。企业对供应商进行评估、选择的具体步骤如图 3-9 所示。

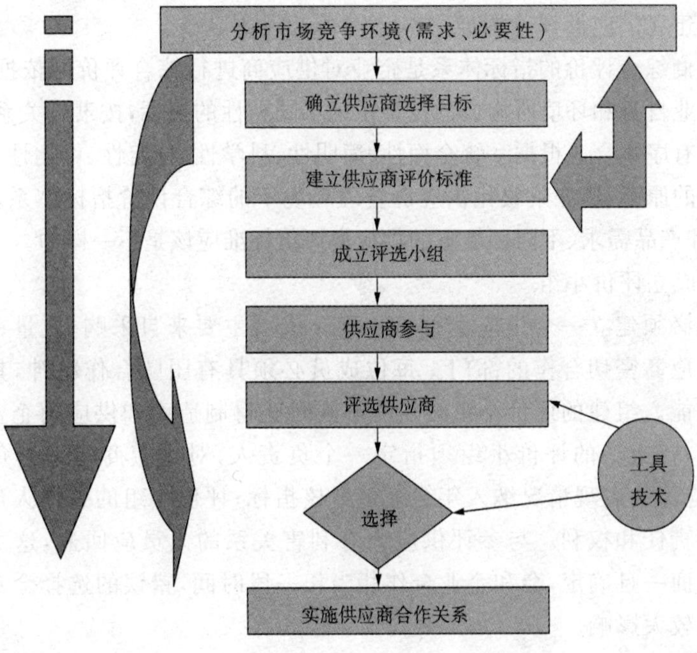

图 3-9　供应商评估与选择的步骤

(1) 分析市场竞争环境

建立基于信任、合作、开放性交流的伙伴供应商长期合作关系，必须首先分析市场竞争环境。市场分析的目的，在于研判市场对产品的需求状况以及供应商对产品的重要程度和可能提供的支持。对供应市场的分析有助于企业了解供应市场的总体风险水平，可以帮助企业识别和选择最适合自己需求的供应商市场细分(如国家、技术和供应渠道等)。这就为企业确定在哪些细分市场中寻找供应商奠定了基础。

（2）确立供应商选择目标

企业必须确定供应商评价流程，明确实施的环节、信息流程，以及各个环节的负责人，而且必须建立实质性的目标。降低成本是主要目标之一，供应商评价、选择不仅仅是一个简单的评价、选择过程，同时也是企业内部和企业与企业之间的一次业务流程重组过程，一个优化的业务流程本身就可以带来一系列利益。供应商评选目标不外乎下述几个：获得符合企业总体质量、数量要求的产品和服务；确保供应商能够提供最优质的服务、产品及最及时的供应；力争以最低的成本获得最优的产品和服务；淘汰不合格的供应商，开发有潜质的供应商，不断推陈出新；维护和发展良好的、长期稳定的供应商合作关系。

（3）建立供应商评价标准

供应商综合评价的指标体系是企业对供应商进行综合评价的依据和标准，是反映企业自身和环境所构成的复杂系统不同属性的指标，按隶属关系、层次结构组成的有序集合。根据系统全面性、简明性、科学性、稳定性、可比性、灵活性、可操作性的原则，建立集成化供应链管理环境下的综合评价指标体系。不同行业、企业和产品需求、不同环境下的供应商评价标准应该是不一样的。

（4）成立评价小组

企业必须建立一个供应商评价小组。成员主要来自采购、质量、生产、工程等与供应商密切合作的部门。每位成员必须具有团队合作精神，具有一定的专业技能。组建的评价小组必须能够同时获得制造商和供应商企业最高领导层的支持，成功的评价小组须指定一个负责人，对供应商的选择负完全责任，将供应商的表现情况纳入年终绩效考核指标；评价小组的其他人员也须承担相应的责任和权利。与参评供应商有利害关系的人员应回避，这主要因为伙伴供应商一旦确定，会和企业合作相当长一段时间，错误的选择会对企业的绩效造成较大影响。

（5）供应商参与

一旦企业决定实施供应商评价，评价小组必须与初步选定的供应商取得联系，以确认他们是否愿意与企业建立合作关系，是否有获得更高业绩水平的愿望。企业应尽早让供应商参与到评价程序的设计过程中来。然而，由于企业的力量和资源是有限的，企业只能与少数的、关键的供应商保持紧密的合作关系，所以参与评价的供应商应尽可能少。

（6）评价供应商

评价供应商的一项主要工作，是调查、收集有关供应商的生产运营等方面的信息。在收集供应商信息的基础上，就可以利用一定的工具和技术方法对供应商进行评价；然后，根据一定的技术方法进行供应商选择决策，从而同合格的供应商建立伙伴供应商关系。如果没有合格的供应商可选,则需要调整供应商选择目标。

(7) 实施供应商合作关系

由于市场需求的不断变化,在实施供应商合作关系的过程中,可以根据实际需要及时修改供应商评价标准,或重新开始供应商评价选择。在重新选择供应商的时候,应给予供应商适当的时间来适应这种变化。

评价和选择一个供应商,一般应考虑以下几个因素:

① 质量。一般来说,衡量供应商最重要的因素是质量。只有良好的设备和技术以及技术的不断创新,才能保证供应产品的品质

② 可信度。购买者关心按时交货以避免中断生产。同时,产品的生命周期对最终产品的质量、制造商的质量保证以及重复销售有直接影响。

③ 能力。即潜在供应商的设备和生产能力、技术力量、管理与组织能力以及运行控制能力等,这些因素旨在考虑供应商是否具有确保提供所需物资的质量与数目的能力,以及供应商能否持续、稳定地提供相关服务的能力。

④ 产品价格。产品的价格是选择供应商的主要因素,但不是最重要的因素,原料的价格会影响到最终产品的成本,但综合看,与质量、可靠性以及能力相关的成本更为重要。

⑤ 良好的管理制度,优秀的企业集体。没有良好的管理制度及企业运营财务状况,可能会中断物料的长期连续供应。因此,对长期采购的物料,更应该注重企业的整体状况。

3. 供应商关系管理

(1) 正确选择供应商

企业选择供应商,首先是对市场上的供应商提供的产品进行选择,这里要用到价值工程的原理。价值工程认为,满足一定的产品功能要求的材料并不是唯一的,实际上它应该有多种替代方案。在众多方案的比较中,根据功能成本分析,一定可以取得一种既可以满足功能要求、又能使费用较小的方案。我们通过价值工程分析方法来选择材料,然后再对能够提供适合自己产品需要的材料的供应商进行选择,这样就可以寻找到真正适合自己企业需要的供应商,同时可以避免采购的物资出现功能过剩,而为不必要的功能支付额外的代价。当然,选择供应商还要考虑其他方面因素,如价格、交货时间、信誉、供应商实力等因素,从而确保选择真正适合自己需要的供应商,建立相对稳定的供求关系,实现企业利益的最大化。

(2) 在供应商管理中应用重点管理方法

对于一个大型企业,供应商成百上千,必须分清主次,对供应商进行重点管

理,这样有利于节约企业的人力、物力。这里首先用ABC分类方法对供应商进行分类,运用ABC分类方法,对于关键的少数供应商,进行重点管理。我们依据下列比例,对供应商进行ABC划分:A类供应商占总供应商数量的10%,其供应的物资价值占企业采购物资价值的70%左右;B类供应商占总供应商数量的20%左右,其供应的物资价值占企业采购物资价值的20%左右;C类供应商占总供应商数量的60%～70%,其供应的物资价值占企业采购物资价值的10%～20%。A类供应商为公司提供了大部分的物资供应,并且数量少,对其进行重点管理是降低采购供应成本的潜力所在和主要途径,因而要投入主要精力。而对于B、C类供应商,因其所提供的物资比重小、数量多,则可以减少精力的投入,作一般管理,它们不是降低采购供应成本的重点。ABC分类管理方法的应用,减轻了工作量,加强了管理,提高了效率,是一种科学、实用的供应商管理方法。

(3) 对供应商的业绩进行科学的考评

建立科学的指标体系,对供应商进行综合的评价。企业可以根据自身的需要,合理地运用这些指标,来对供应商进行科学的评定。这些指标包括质量、价格、交货时间、合同完成率等。可以对这些指标按照对企业需要的重要程度,给予一定的权重,进行综合考核。这些指标真正发挥作用,还在于历史数据的收集、整理,以及数据的真实有效。所以,平时维护供应商资料的工作量比较大,需要一定的投入。这些资料,对于采购决策的支持,起着重要的作用。

(4) 保持供应商之间适度竞争,优胜劣汰

对于供应商的选择,既可以选择独家供应,也可以选择多家供应,这要根据企业所面临的具体情况来考虑。独家供应易于管理,也可能享受到批量大的优惠,但易出现缺货。如果条件可以的话,对同一种材料,还是要选择两三家供应商来供应,这样既可以有个比较,促进它们之间的竞争,也可以保证供货不中断。还可以分阶段,先多家供应,再选择最好的一家供应,再多家供应,再一家供应,交替使用。要进行合理地选择、比较和淘汰,从而为企业选择最优秀的供应商。

(5) 建立同供应商的密切合作、互荣共存的关系

随着生产力水平的提高,社会分工越来越细,各个企业可能只在一个相对狭窄的领域生产经营。每个企业都有一定的规模,不能无限地扩大。同其他企业合作,可以降低费用,是保证企业成功的关键。供应商、企业、客户组成了一个共同的价值链,企业要发展得好,这个价值链就应畅通无阻,每一环节都不能出问题。作为一个企业,只有在考虑自身利益的同时,兼顾客户的利益和供应商的利益,保证各自的合理利润,才是企业发展的长久之计。企业与供应商的利益是一致的,并不互相矛盾,无论买方市场还是卖方市场,谁也不是"上帝"。共求生存,共同发展,才是处理企业与供应商关系的准则。

第三节　企业生产物流管理

一、企业生产物流概述

“工艺是龙头，物流是支柱”，与生产过程伴随产生的企业生产物流是企业物流的关键环节，如何认识和研究企业生产物流，关系到企业物流的优化和企业核心竞争能力的提高。

1. 企业生产物流的含义

中华人民共和国国家标准《物流术语》（GB/T18354—2006）中对生产物流（Production logistics）的表述是：“企业生产过程中发生的涉及原材料、在制品、半成品、产成品等所进行的物流活动。”在生产过程中，生产所需原材料、燃料、外购件投入生产后，经过下料、发料，运送到各加工点和存储点，以在制品的形态，从一个生产单位（仓库）流入另一个生产单位，按照规定的工艺过程进行加工、储存，借助一定的运输装置，在某个点内流转，又从某个点内流出，始终体现着物料实物形态的流转过程，这样就构成了企业内部物流活动的全过程，所以，生产物流的边界起源于原材料、外购件的投入，止于成品仓库，贯穿于整个生产过程。如图 3-10 所示。

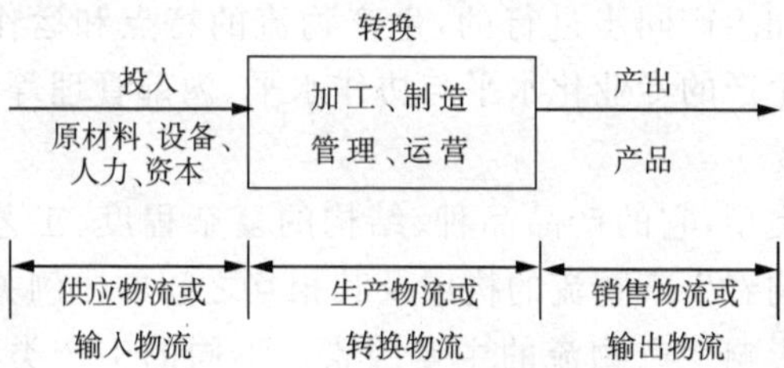

图 3-10　企业生产物流系统图

企业生产物流的含义可以从以下三个方面进行分析：

(1) 从生产的工艺流程方面分析

由于生产工艺是企业运作的源头，这就要求物流系统支持其发展。所以，生产物流是物品在生产工艺中的物流活动（即物料持续地从一个工序进入到另一个工序），各个工序之间存在着先后的关系，不断发生着上下搬动、向前移动、暂时停滞等活动。这种物流活动是伴随着整个工艺流程产生的，成为生产工艺流程的一部分。例如某机械加工企业生产阶段的物流过程就能体现这一特点，如图 3-11 所示。

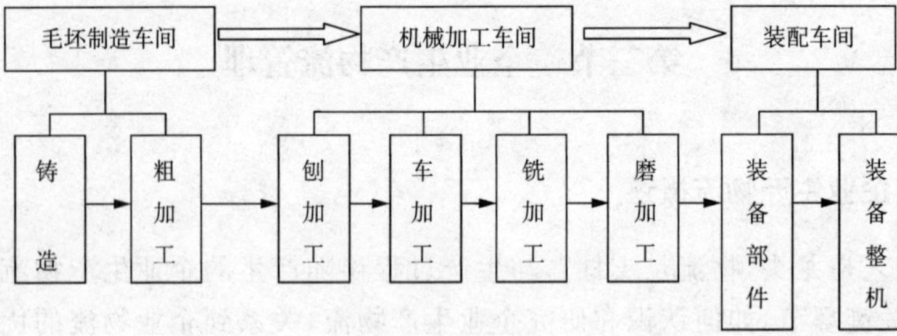

图 3-11　机械加工企业生产阶段的物流

(2) 从物流的范围方面分析

在企业中，整个生产系统的物流过程起始于原材料、外购件的投入，终止于成品仓库，它贯穿于生产全过程。物料投入生产后，物品就按生产工艺开始流转，并随着时间的变化而改变自己的实物形态（如加工、装配、储存、搬运）和场所位置。

(3) 从物流属性方面分析

企业生产物流是生产所需物料在空间和时间上的运动，是生产系统的动态表现。也就是说，物料（如原材料、零配件、半成品）经历了生产系统各个生产阶段或工序的全部运动过程就是生产物流。

2. 影响生产物流的主要因素

生产物流是和生产同步进行的，生产物流的特点和运作方式要受到生产类型、生产规模、生产的专业化水平与协作水平、内部管理等因素的制约。

(1) 生产类型

不同的生产类型，它的产品品种、结构的复杂程度、工艺要求以及原材料的准备特点都影响着生产物流的构成及其相互之间的比例关系。

生产类型是影响生产物流的主要因素。不同的生产类型，生产的产品品种、数量、质量等级、性能精度、产品结构的复杂程度和工艺加工的技术要求都不尽相同，因而对原材料及配件的种类、质量、数量的要求及其在企业内的流动过程也各不相同，这将影响到生产物流的构成。

(2) 生产规模

生产规模是指单位时间内的产品产量，通常以年产量来表示。生产规模越大则生产过程的结构越复杂，物料需求量越大，生产物流量越大；反之，生产规模越小，其生产过程的结构也越简单，生产过程的构成就没有条件划分得很细，物料需求量小，生产物流量也小。

(3) 企业专业化和协作水平

企业的专业化和协作水平低，企业内自身生产的产品的零部件种类就多，所需的原材料的品种也随之增加，物料流程更复杂且会延长；若企业的专业化和协作水平高，生产中需要的一些半成品可以由外厂供给，则企业的物流流程就会缩短。

(4) 企业内部技术管理水平

企业的技术水平先进、组织管理能力强，就可采用先进的生产设备和工艺，保证各生产阶段、各工序的活动有序开展，提高产品质量，降低物资消耗，其生产物流系统就易于实现。

3. 企业生产物流的类型

企业生产类型是生产系统结构类型的简称，是指企业生产产品的品种、产量和生产专业化程度在企业生产系统的技术、组织和经济效果综合反映的不同类别。它在很大程度上决定企业及车间的生产结构布局、工艺流程和工艺配备装备的特点，以及生产过程的组织形式和生产管理的方法，同时也决定了与之匹配的生产物流类型。

一般情况下，企业生产的产品产量越大，产品的品种则越少，生产专业化程度也越高，而物流过程的稳定性和重复性也就越大；相反，企业生产的产品产量越小，产品的品种则越多，生产的专业化程度越低，而物流过程的稳定性和重复性也越小。由此可见，生产物流类型与决定生产类型的产品品种、产品产量和生产专业化程度有着内在的联系，同时对生产组织也有不同的要求。所以可以把划分生产物流的类型与划分生产类型看成是同一个问题的两种不同的说法。

(1) 按物料流转的区域和功能分类

该分类方法根据物料流转范围的大小，将生产过程中的物流分为工序间物流（车间物流）、工厂间物流两部分。

① 工序间物流：也称工位间物流、车间物流，指生产过程中车间内部与车间、仓库之间各工序、工位的物流，其内容包括：采购原材料、零部件后的储存活动；加工过程中的在制品储存活动；产品出厂前的包装、储存活动；仓库向生产车间运送原材料、零部件的搬运活动；各种物料在车间、工艺之间的搬运活动。

② 工厂间物流：大型企业各专业厂间运输物流或独立工厂与原材料、零配件供应厂之间的物流。

(2) 按产品或服务的专业化程度分类

该分类方法根据产品在工作地生产的重复程度，将生产过程中的物流分为单件生产、大量生产、成批生产和大规模定制生产四种类型。

① 单件小批量生产（项目型）物流：生产品种多，但每一品种仅生产一件或几件，生产的重复度低。

② 大量流水生产(连续或离散型)物流:生产品种单一,产量大,生产重复度高。

③ 成批轮番生产(连续或离散型)物流:介于上述两者之间。即品种不单一,每种都有一定批量,生产有一定的重复性。通常划分为大批生产、中批生产、小批生产。

④ 大规模定制生产(连续或离散型)物流:生产品种单一或多品种,产量大,生产重复度高,是产需双方以合同等契约形式订立的。

(3) 按物料流向的不同分类

该分类方法根据物料在生产工艺过程中的特点,将生产过程中的物流划分为项目型、连续型、离散型三种类型。

① 项目型生产(固定式生产)物流:即当生产系统需要的物料进入生产场地后,几乎处于停止的"冻结"状态,或者说在生产过程中物料流动性不强。分两种状态:一种是物料流入生产场地后,"滞留"时间很长形成最终产品后再流出,如大型的水电设备、冶金设备、轮船、飞机等;另一种是物料进入生产场地后就被凝固在场地中和生产场地一起形成最终产品,如住宅、厂房、公路、铁路、机场、大坝等。管理的重点是按照项目的生命周期对每阶段所需的物料从时间、质量、费用以及进度等方面进行计划和控制。

② 连续型生产(流程式生产)物流:通常是高度自动化的,实际上是构成一个综合"机器"每天24小时物料均匀、连续地投入,以避免高额的停工与启动费用;生产出的产品与使用的设备、工艺流程都是固定且标准化的,工序之间几乎没有在制品储存。管理的重点是保证物料连续供应和确保每一生产环节的正常运行。由于工艺相对稳定,企业可采用自动化装置实现对生产过程的实时监控。

③ 离散型生产(加工装配式生产)物流:产品是由许多零部件构成的,各个零部件的加工过程又相对独立。该生产方式是指制成的零部件按装配顺序从一个工作地到另一工作地进行装配生产,最后成为产品。各个产品的生产工艺是离散的,各个生产环节之间要求有一定的在制品库存。管理的重点是在保证及时供料和零件、部件的加工质量基础上,准确控制零部件的生产进度,缩短生产周期,保证生产的成批、成套性。

二、企业生产物流的组织

生产物流与企业生产是紧密联系在一起的。如果物流活动组织水平低,达不到生产要求,即使生产条件、设备条件再好,也不可能顺利完成生产过程,更谈不上取得较高的经济效益。因此,只有合理组织生产物流过程,才有可能使生产过程处于最佳的状态。

1. 合理组织生产物流的基本条件

组织生产物流的目的是使物流运输路线最短,物料周转速度最快,供应及时,搬运省力,使企业生产有效进行,物流成本降到最低。为此,合理组织的生产物流所具备的基本特征有以下几个方面:

(1) 生产物流过程的流畅性、连续性

企业生产是一道一道工序连续进行的。为提高其连续性,首先应对企业的各生产单位进行合理布局,使物料流程合理;其次应组织好生产的各个环节,包括投料、搬运、准备工具、机器维修等,使物料供应不发生停歇。因此,要求物料能最快、最省地走完各个工序,直至产品形成。

(2) 生产物流过程的平行性

一个企业通常生产多种产品,每种产品又需要多种原材料和零部件。企业在组织生产时,将各种原材料、零部件分配到各个车间的各个工序,而有些工序是可以同时进行的。因此,要求各个生产支流交叉作业,这样可大大缩短产品的生产周期。

(3) 生产物流过程的节奏性、均衡性

物流过程的节奏性是指产品从投料到最后完工入库,都能保证按预定计划有节奏、均衡地进行,要求在相同的时间间隔内生产数量大致相同,均衡地完成生产任务。尽量减少忙闲不均、突击加班的现象。

(4) 生产物流过程的协调性、比例性

它是指生产过程的各个工艺阶段之间、各工序之间在生产能力上存在一定的比例关系,以适应产品制造过程中的生产要求。物流过程的比例关系表现在各生产环节的人工数、设备数、开启台班数、车间面积及生产速率等因素之间相互协调和适应。它是生产顺利进行的重要条件。

(5) 生产物流过程的柔性、适应性

它是指加工制造过程的灵活性(弹性)、可变性、可调节性。即在短时间内以最少的资源消耗从一种产品的生产转换为另一种产品的生产,要求生产物流具有较强的应变及适应能力,从而适应市场的多样化、个性化的需求。

2. 企业生产物流的组织要素

企业从物料投入到产品产出的生产物流过程,通常包括生产工艺过程、搬运过程、运输过程、检验过程、包装过程、等待停歇过程等。为了提高生产效率,企业可从空间、时间、人员三个要素来组织生产物流。这里主要介绍生产物流空间组织和时间组织。

(1) 生产物流的空间组织

生产物流的空间组织是相对于企业生产区域而言，目标是如何缩短物料在工艺流程中的移动距离。一般有四种专业化组织形式，即产品专业化、加工工艺专业化、成组技术及定位形式。

① 按产品专业化形式组织生产物流。产品专业化(装配线)形式，又称对象专业化形式，是指将加工同一产品所需的不同类型的机器设备和不同工种的工人按制造步骤或加工过程集中在一起，布置在一个生产单位内，按单一加工对象完成其全部制造过程。这种组织形式的加工对象是一定的，机器设备、工艺方法是多种多样的，工艺过程是封闭的，能独立地出产产品。图 3－12 是产品专业化(对象专业化)原则下的生产单位与物流示意图。

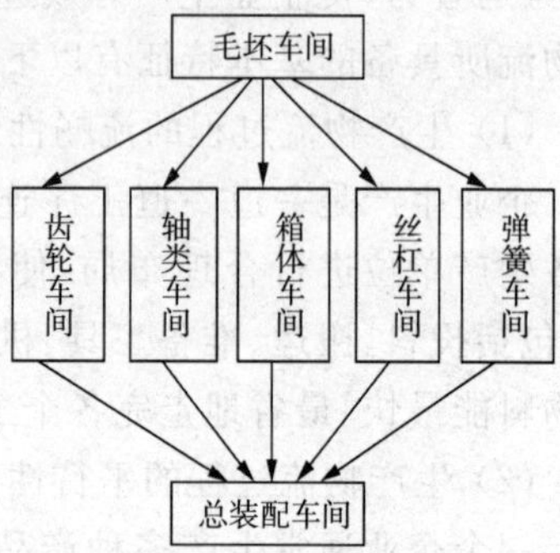

图 3－12 对象专业化原则下的生产单位与物流

② 按加工工艺专业化形式组织生产物流。加工工艺专业化又称为工艺原则或功能性生产物流体系，是指把同类型的机器设备和同工种的工人集中在一起，建立一个生产单位(车间、工段)，对企业生产的各种产品进行相同工艺的加工。生产车间设备布置方式是采用“机群式”布置方式，即把功能相同或相似功能的机器、设备(例如车床群、铣床群、磨床群、钻床群等)集中布置在一间厂房或区域内，在该区域内只完成产品生产过程的部分加工任务，即加工对象多样化，但加工工艺、方法却相同。图 3－13 就是工艺专业化原则下的生产单位与物流示意图。

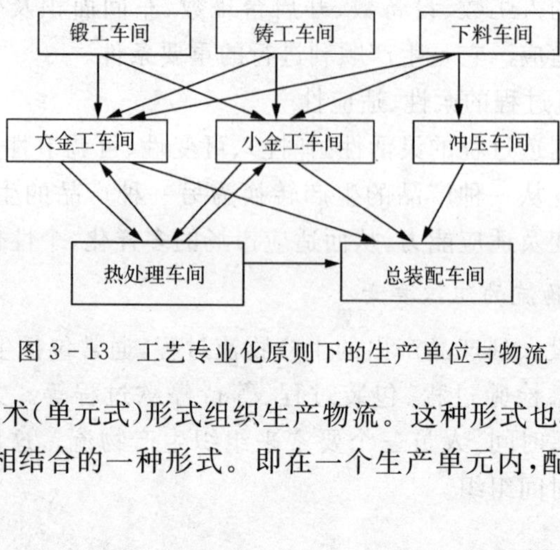

图 3－13 工艺专业化原则下的生产单位与物流

③ 按成组技术(单元式)形式组织生产物流。这种形式也称综合原则布局，是上述两种形式相结合的一种形式。即在一个生产单元内，配备某些不同类型

的加工设备，对形状和工艺相似的一族或几族零件进行加工。在一个企业（车间）中，有按加工对象布置的车间（班组），也有按加工工艺布置的车间（班组）。其布局一般以产品专业化形式为主，而对特殊的车间可采用加工工艺形式。

④ 按定位形式组织生产物流。定位形式是指产品由于体积或重量大而停留在一个固定的地方，生产设备移动到要加工的产品处，而不是产品移动到设备处。

上面四种组织生产物流形式各有特色，而如何选择则主要取决于生产系统中产品品种多少和产量大小。上述四种形式的优缺点如表3－2所列。

表3－2　四种空间组织形式的比较

组织形式	优　点	缺　点	适用条件
产品专业化	减少运输次数，缩短运输路线，每种产品的加工路径最短；协作关系简单，从而简化了生产物流管理；在制品少，生产周期短。	对品种的变化适应能力弱；生产系统的可靠性较低；工艺及设备管理较困难。	适宜于企业专业方向已经确定，产品品种比较稳定，生产类型属于大量、大批生产，设备比较齐全配套的情况下采用。
工艺专业化	产品加工顺序有弹性，对产品品种的变化适应能力强；生产系统的专业化程度高；工艺及设备管理较方便。	搬运次数多、流经路线长、流动速度慢，不便于小批量运输；协作关系复杂、难以协调；使用的是通用设备，生产效率较低；在制品多、用人多。	适宜于企业的专业方向未确定，生产专业化程度低，产品品种不稳定，生产类型属于单件小批生产的情况下采用。
成组技术	大大地简化产品的加工流程，即简化物流路线，加快物流速度，减少工序之间不必要的在制品储量。	企业（车间）设备的布置比较复杂。	适宜于企业生产多种系列产品，产品品种有一定调整变化的批量生产的情况下采用。
定位形式	物流量相对小，可灵活操作、调用设备。	加工过程中设备移动频繁，设备管理较难。	适宜于产品庞大的企业，或需利用的资源是不可移动的。产品品种不稳定，生产类型属于单件生产的情况下采用。如建筑工地、造船厂、电影外景制片场。

生产物流的空间组织应从企业的全局出发，在编制产品生产工艺流程时，充分考虑到产品的可加工性和企业内部设备等的工艺布局，将物流技术应用于企业的生产工艺流程中。

(2) 生产物流的时间组织

生产物流的时间组织是指一批物料在生产过程中各生产单位、各道工序之间在时间上的衔接和结合方式。要合理组织生产物流，不但要缩短物流流程的距离，而且还要加快物料流程的速度，减少物料的闲置等待，实现物流的节奏性、连续性。

通常情况下，一批物料在生产加工中可以采用三种典型的移动方式，即顺序移动、平行移动、平行顺序移动。

① 顺序移动方式。顺序移动方式是指一批物料在上道工序全部加工完毕后，整批地转移到下道工序继续加工，如图 3-14 所示。

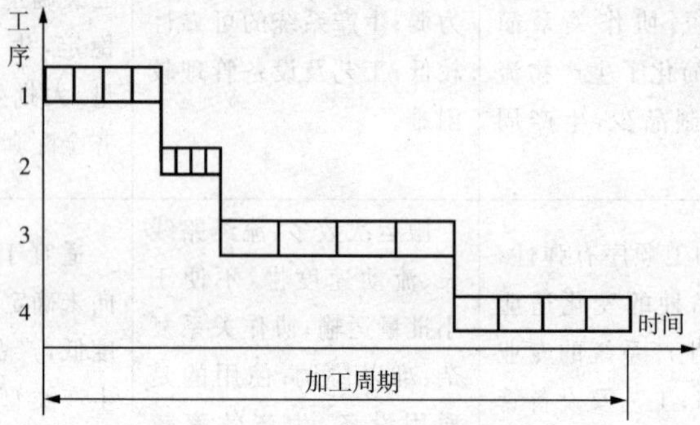

图 3-14　顺序移动方式

由图 3-14 可知这批物料数为 4 件，该批物料经过 4 道工序完成，每道工序单件加工时间分别为 10 分钟、5 分钟、20 分钟、15 分钟。如果第一道工序是 7:00 开始加工，则这批物料在第一道工序结束时间为 7:40。假设第一道工序结束时间就是第二道工序的开始时间（不考虑运输时间），那么第二道工序要在 7:40 才开始加工，到 8:00 结束。以下各道工序依次类推，这批物料的加工周期为 200 分钟。由此，我们可以得出采用顺序移动方式，一批物料加工周期的公式为

$$T_{顺}=n\sum_{i=1}^{m}t_i$$

式中：$T_{顺}$ 为顺序移动方式下一批物料的生产周期；n 为物料批量；m 为工序数；t_i 为第 i 道工序的单件时间。

② 平行移动方式。平行移动方式是待一批物料在前道工序加工完毕之

后，立即移送到后道工序继续加工，产品在各道工序上成平行作业状态，多道工序间总体形成前后交叉作业。如图 3 - 15 所示。

由图 3 - 15 可以看出，一批物料在平行移动方式下的加工周期计算如下：

$$\begin{aligned}T_{平} &= (t_1+t_2+t_3)+3t_3+t_4\\ &=(t_1+t_2+t_3+t_4)+3t_3\\ &=\sum_{i=1}^{4}t_i+(n-1)t_3\\ &=(10+5+20+15)+(4-1)\times 20\\ &=110(分钟)\end{aligned}$$

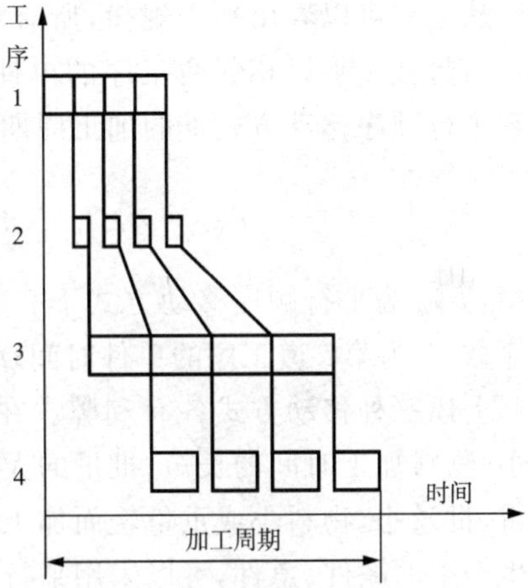

图 3 - 15　平行移动方式

式中 t_3 是该批物料加工工序中，单件工序加工时间最长的那道工序的单件加工时间，如果用 t_L 来表示，则一批物料在平行移动方式下的加工周期计算公式为

$$T_{平}=\sum_{i=1}^{m}t_i+(n-1)t_L$$

式中：$T_{平}$ 为平行移动方式下一批物料的生产周期；n 为物料批量；m 为工序数；t_L 为加工时间最长的单件工序时间。

③ 平行顺序移动方式。平行顺序移动方式是上述两种方式的结合，指每批物料在每一道工序上连续加工没有停顿，并且物料在各道工序的加工尽可能做到平行进行。这种方式既考虑了相邻工序间加工时间尽量重合，又保持了该批物料在工序上的顺序加工。如图 3 - 16 所示。

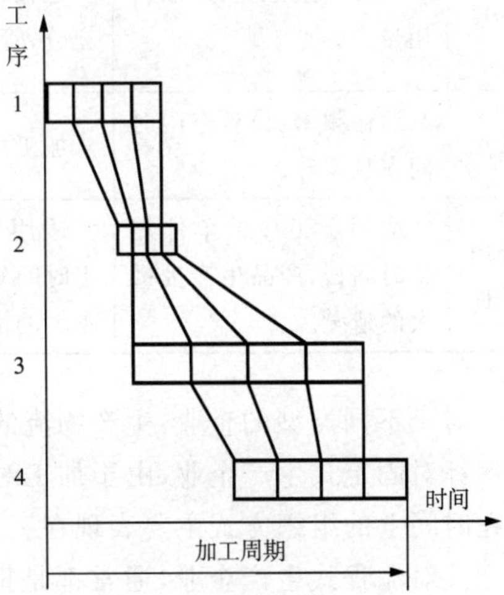

图 3 - 16　平行顺序移动方式

由图 3 - 16 可以看出，平行顺序移动方式下的一批物料加工时间，可用顺序移动下的加工周期减去相邻两工序重合部分的时间之和而得到。即

$$T_{平顺} = n\sum_{i=1}^{m} t_i - [(n-1)t_2 + (n-1)t_2 + (n-1)t_4]$$

$$=125(分钟)$$

从上式可以看出一个规律，所有相邻两工序加工时间的重合部分都是该批物料数减1乘以相邻两工序的单件加工时间中较短的一个。因此，一批物料在平行顺序移动方式下的加工周期计算公式为：

$$T_{平顺} = n\sum_{i=1}^{m} t_i - (n-1)\sum_{j=1}^{m-1} \min(t_j, t_{j+1})$$

式中：$T_{平顺}$ 为平行顺序移动方式下一批物料的生产周期；n 为物料批量；m 为工序数；t_i 为第 i 道工序的单件时间；t_j、t_{j+1} 为相邻的两个工序的单件时间。

上述三种移动方式各有利弊。在安排物料进度计划时，需要考虑物料的大小、物料加工时间的长短、批量的大小以及生产物流的空间组织形式。一般来讲，批量小、物料小或重量轻而加工时间短的物料，适宜采用顺序移动方式；对生产中的缺件、急件，可以采用平行或平行顺序移动方式。三种移动方式的优缺点如表3-3所列。

表3-3　三种移动方式比较

移动方式	平行移动	顺序移动	平行顺序移动
优点	加工周期短，在制品占用量少。	运输次数少，设备利用充分，管理简单。	提高了工时与设备的利用率，生产周期介于前两者之间。
缺点	运输频繁、设备空闲时间多且零碎。	加工周期长。	组织管理作业复杂，要求高。
适用条件	适用于工序的单件加工时间长、产品生产批量大的情况。	适用于工序的单件加工时间短、产品生产批量不大的情况。	适用于工序的单件加工时间不协调的情况。

对于不同类型的企业，生产物流的时间组织形式是灵活多变的。

针对固定式生产企业，由于加工对象（物料）固定，因而生产物流的加工工序在时间上的组织方式主要表现在工人的顺序移动上。

针对流程式生产企业，通常都是把整批的物料投入加工后，整批地按加工顺序进行工序间的移动，同一批物料不可能同时在多道工序上加工，因而生产物流是按顺序移动方式组织进行。

针对加工装配型企业，一批要加工的物料（零件或部件）在各工序之间的加工过程难免会有成批等待现象。所以,生产物流的时间组织目标是在保证设备充分负荷的前提下加速物料在各工序之间的流通速度,通常采用平行顺序移动方式。

三、企业生产物流管理模式

生产物流管理是指生产企业运用现代管理理念、技术、方法与手段,对企业生产过程中的物流活动进行计划、组织、指挥、协调与控制的过程。虽然生产物流管理并不直接与最终顾客打交道,但生产物流管理中的各项决策,都会直接影响企业的顾客服务水平,最终影响企业的竞争力,影响企业的获利能力。因此,搞好生产物流管理,对保证和促进生产、减少物资消耗、加速资金周转、降低产品成本以及企业运行的成本、提高企业的经济效益有着非常重要的意义。

从生产方式的发展来看,依次出现了"作坊式生产"、"大规模生产"、"多品种小批量生产"三个阶段,它们分别对应农业社会、工业社会、后工业化社会。不同的生产模式对物料管理的重点也不同。

1. 作坊式手工生产模式

作坊式手工生产模式(Craft Production,CP)也称单件生产模式,最早产生于16世纪的欧洲。在大批量生产模式到来之前的长期生产实践中,作坊式手工生产是最主要的生产方式。作坊式手工生产模式下,生产物流管理凭借的是个人的生产经验及行规。这一阶段整个管理活动的特点体现为一种经验管理。因此,个人的经验智慧和技术水平决定了生产物流管理的水平。

2. 大批量生产模式

大批量生产模式(Mass Production,MP)产生于19世纪末至20世纪60年代。传统大批量生产模式作为一种技术进步和客观存在,取得了巨大的成就。大批量生产模式的基本特点是生产的产品品种很少,产量很大,生产的重复程度高。这就使生产物流管理体现出以下特点:建立在科学管理的基础之上,即事先必须制定物料消耗定额,然后编制各级生产计划对生产物流进行控制,并利用库存对物料的采购及分配过程进行相应的调节。

3. 多品种小批量生产模式

多品种小批量生产模式(Lean Production,LP)也称精益生产模式。20世纪70年代,当时日本丰田汽车公司提出了"JIT"即准时生产制,后来美国在全面研究以准时生产制为代表的日本式生产方式在发达国家以及发展中国家应用情况的基础上,于20世纪80年代形成了较为完整的生产经营管理理论,即"精益生产"理论。

随着社会的发展,企业面临的市场环境发生了很大的变化,曾经支持传统大批量生产方式的几个市场要素也发生了变化。市场需求进入多样化的新阶段,生产能力与市场需求是否适应已成为制约制造业发展的因素。如何适应市场的快速变化,抓住稍纵即逝的市场机遇,生产出满足消费需求的个性化产品,成为制造企业所要解决的主要矛盾。另外,传统大量生产方式的核心思想在于提高生产效率,因而围绕着制造过程形成了配置企业内部资源和社会资源的刚性系统。这种系统很难重新配置,不适应变化迅速的市场环境,不能实现制造资源的动态优化组合,从而迫切要求进行生产方式的转换。

精益生产模式下的生产物流管理有两种模式,即推进式和拉动式。

(1) 推进式模式

推进式模式是以 MRP 技术为核心的生产物流管理模式。具体来讲,企业的计划部门根据企业的经营方针和市场预测制订年度生产计划,对产品按零部件展开,计算出每种零部件的需要量和各生产阶段的生产提前期,确定每个零部件的投入产出计划,并按计划发出生产和订货指令。每一生产环节都按计划进行生产,将实际完成情况反馈到计划部门,并将加工完的零部件送到下游的生产环节,不管后续环节当时是否需要。其原理如图 3－17 所示。

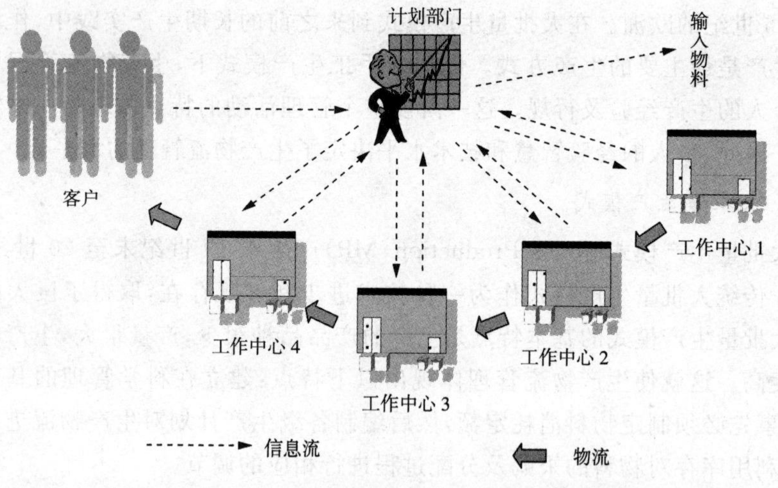

图 3－17　推进式模式下信息与物料流程图

由于计划信息的有限性与不准确性,计划不可能做到很精确,因此,推进式管理生产物流实际上做不到按需生产。在这种模式下,物流和信息流是完全分离的。

推进式模式下生产物流管理的特点体现在以下几个方面:

① 在管理手段上,大量运用计算机系统。

② 在生产物流的组织上,以物料为中心,强调严格执行计划,维持一定的

在制品库存。

③ 在生产物流计划编制和控制上，围绕物料转化组织制造资源。执行中以计算机编制的物料需求计划、生产作业计划为中心，控制上以保证按计划的要求按时完成任务为目的。为了防止计划与实际的差异所造成的库存短缺，企业在编制物料需求计划时，往往采用较大的安全库存和固定的生产提前期方法，不可避免地会产生在制品库存现象，即该模式下承认库存的作用。

(2) 拉动式模式

在拉动式模式下由客户订单来触发产品需求，该需求将需要的生产物料在整个生产系统中牵引而过。具体来讲，由客户订单信息牵动产品装配，再由产品装配拉动零部件加工。每道工序、每个车间都按照当时的需要向前一道工序、上游车间提出要求，发出工作指令，上游工序、车间完全按这些指令进行生产。换句话说，真正的生产计划指令只下达到总装配线，其余的每一道工序的生产指令由其后面的工序在需要的时候下达。在拉动式模式下，物流和信息流是结合在一起的。其原理如图 3－18 所示。

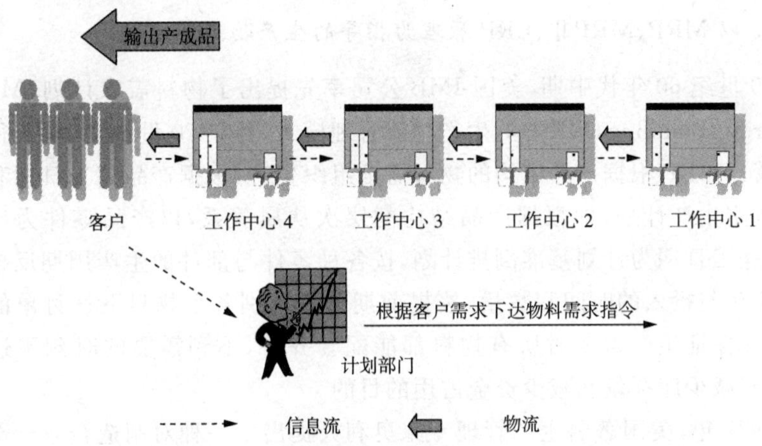

图 3－18　拉动式模式下信息与物料流程图

采用拉动式模式进行生产物流的管理，可以真正做到按需生产。如果每道工序都按其下一道工序的要求，在适当的时间、按需要的品种与数量进行生产，企业就不会发生将不需要的零部件生产出来的情况。可以说，对物流平衡的无限追求是拉动式模式的核心所在。在拉动式模式下，生产物流管理的特点体现在以下几个方面：

① 以最终用户的需求为生产起点，拉动生产系统各生产环节对生产物料的需求。

② 强调物流平衡，追求零库存。要求上一道工序加工完的零部件立即进入下一道工序。生产中的节拍可由人工控制，但重在保证生产中的物流平衡。

③ 在生产的组织上，计算机与看板结合，由看板传递后道工序对前道工序的需求信息。

④ 将生产中的一切库存视为“浪费”。出发点是整个生产系统，而不是简单地将“风险”看做外界的必然条件，并认为库存掩盖了生产系统中的缺陷。它一方面强调供应对生产的保证，另一方面强调对零库存的要求，从而不断暴露生产中基本环节的矛盾并加以改进，不断降低库存以消除库存产生的“浪费”。

四、企业生产物流的计划与控制

生产物流的计划与控制从功能上看是要保证企业生产计划中规定的最终产品所需的全部物料，以及其他资源能够按时按需供应。随着生产方式的演变，出现了不同理论、思想对物料进行计划，对物流进度进行控制的方式，也即不同的生产物流运营方式。

1. 以 MRP、MRPⅡ、ERP 原理为指导的生产物流运营方式

20 世纪 60 年代中期，美国 IMB 公司率先提出了物料需求计划（Material Requiring Planning，MRP）的生产物流管理模式，并在 20 世纪 70 年代得到不断完善。MRP 根据产品结构的物料需求组织生产，根据产品完工日期和产品结构规定生产计划，即根据产品结构的层次从属关系，以产品零件为计划对象，以完工日期为计划基准倒排计划，按各种零件与部件的生产周期反推出他们的生产与投入的时间和数量，按提前期长短区别各个物料下达订单的优先级，从而保证生产需要时所有物料都能配套齐备，不到需要的时刻不过早积压，达到减少库存量和减少资金占用的目的。

1977 年，美国著名生产管理专家奥利夫提出了一种对制造企业全部资源进行系统综合计划的方法，即制造资源计划（Manufacturing Resources Planning，MRPⅡ）。MRPⅡ的基本思想是把 MRP 同所有其他与生产经营活动直接相关的工作和资源，以及财务计划连成一个整体，以实现企业管理的系统化。MRPⅡ将企业的经营计划、销售计划、主生产计划、物料需求计划和生产能力计划、现金流计划，以及物流需求和生产能力需求计划的实施等通过计算机有机地结合起来，实现了物流与资金流的统一。

20 世纪 90 年代初，美国加特纳公司（Gartner Group lnc.）又提出了企业资源计划（Enterprise Resources Planning，ERP），其核心思想是供应链管理，即在 MRPⅡ的基础上通过前馈的物流与反馈的信息流和资金流，把客户需求

和企业内部的生产活动以及供应商的制造资源整合在一起，体现完全按客户需求制造的一种供应链管理思想的功能网络结构模式。它强调企业间的合作，强调对市场需求快速反应、高度柔性的战略管理以及降低风险成本、实现高收益目标等优势，从集成化的角度管理供应链问题。

从 MRP 到 MRPⅡ，然后再到 ERP，资源概念的内涵不断扩大，体现了不同时期人们对生产物流的认识和发展，归纳起来是基于“推动”生产物流的物流管理理念，即从构成一个产品的所有物料出发，通过产品结构，一级一级地制定不同阶段的 MRP，生产物流的计划与控制也逐步从企业内部发展到上下物料供应的企业之间。

2. 以 JIT 思想为宗旨的生产物流运营方式

1953 年，日本丰田公司首先创造了一种在多品种小批量混合生产条件下高质量、低消耗的生产方式，即准时生产、及时配送（JIT）。该方式可表述为“只在需要的时候，按需要的量，生产所需的产品”，也就是追求一种无库存，或库存达到最小的生产物流系统。

JIT 生产物流系统是一种积极和动态的系统，它强调在批量、准备时间、提前期、废品率、成本及质量方面的持续改进，对整个生产过程进行全面的分析，消除一切浪费，减少不必要的操作，降低库存，减少工件等待和移动的时间，对问题采取事前预防而不是事后检查。

JIT 是基于“拉动”的生产物流管理理念，即它从订货需求出发，根据市场需求确定应该生产的品种和数量，以看板管理为手段，采用“取料制”，即后道工序根据市场需要的产品品种、数量、时间和质量进行生产，一环一环地拉动前道工序；对本工序在制品短缺的量从前道工序取相同的在制品量，从而消除生产过程中的一切松弛点，实现产品“无多余库存”甚至“零库存”，最大限度地提高生产过程的有效性。

3. 以 TOC 理论为依据的生产物流运营方式

约束理论（Theory of Constraint，TOC）是以色列物理学家于 20 世纪 70 年代提出的又一项组织生产的新方式。约束理论把企业看作是一个完整的系统，认为任何一种体制至少都会有一个约束因素。正是各种各样的制约（瓶颈）因素限制了企业出产产品的数量和利润的增长。因此，企业的目标是逐个识别和消除这些约束，实现企业“有效产出”（即产品通过销售获得的货币）。

为了达到这个目标，约束理论强调：首先，在能力管理和现场作业管理方面寻找约束因素。约束是多方面的，有市场、物料、能力、工作流程、资金、管理体制、员工行为等，其中市场、物料和能力是主要的约束。其次，应该把重点放在瓶颈工序上，保证瓶颈工序不发生停工待料，提高瓶颈工作中心的利用率，从而得到最大的有效产出。最后，根据不同的产品结构类型、工艺流程和物料流动的总体情况，设定管理的控制点。

TOC非常重视物流在企业系统中的作用，其中的一个重要原则就是系统应该平衡物流，而不是平衡生产能力，优先保证瓶颈环节的物流需求。另外，根据不同类型物流的特点对企业进行分类，为企业准确识别各自的约束提供帮助，并对其实施有针对性的计划与控制。

第四节　企业销售物流管理

一、企业销售物流概述

销售物流是企业物流与社会物流的连接点之一。销售物流的效果关系到企业的存在价值是否被社会承认。因此，为了增强企业的竞争力，必须重视销售物流的管理。

1. 销售物流的内涵

中华人民共和国国家标准《物流术语》(GB/T18354—2006)对销售物流的定义是："企业在出售商品过程中所发生的物流活动。"

销售物流的起点，一般情况下是生产企业的产成品仓库，经过分销物流，完成长距离、干线的物流活动，再经过配送完成市内和区域范围的物流活动，到达企业、商业用户或最终消费者。销售物流是一个逐渐发散的物流过程，这和供应物流形成了一定程度的镜像对称，通过这种发散的物流，使资源得以广泛的配置。因此，对企业销售物流的理解可总结为以下几个方面：

① 企业销售物流是一个子系统，具有一体化特征。销售物流是企业为保证自身的经营利益，不断伴随销售活动，将产品所有权转给用户的物流活动，它是订货处理、产成品库存、发货运输、销售配送等物流活动的有机统一。

② 企业销售物流是连接生产企业和用户的桥梁。销售物流是企业物流活动的一个重要环节。它以产品离开生产线进入流通领域为起点，以送达用户并经售后服务为终点。

③ 企业销售物流是企业物流与社会物流的另一个衔接点。销售物流作为连接生产企业与用户的桥梁，企业销售物流与社会销售系统相互配合、共同完成企业的分销和销售任务。

④ 企业销售物流是生产企业赖以生存和发展的条件。对于生产企业来讲，物流是企业的第三利润源，降低销售物流成本是企业降低成本的重要手段。销售物流成本占据了企业销售总成本20%左右，销售物流的好坏直接关

系到企业利润的高低，进而关系到企业的生产与发展。

⑤ 企业销售物流具有很强的服务性。销售物流的服务性表现在要以满足用户的需求为出发点，树立"用户第一"的观念，要求销售物流必须快速、及时，这不仅是用户和消费者的要求，也是企业发展的要求。销售物流是物流与物流管理的核心，用户对企业销售物流提出了一系列的要求，如快速反应、提高可得性、减少不确定性等。这就要求不断改进销售物流的组织工作，满足用户的需求。

⑥ 销售物流以实现销售为目的。销售物流过程的终结标志着商业销售活动的终结。销售物流是以实现销售为目的的。它的所有活动及环节都是为了实现销售利润。因此，物流本身所实现的时间价值、空间价值及加工价值在销售过程中都处于从属地位。

2. 企业销售物流流程

企业销售物流是企业物流的一个重要环节，它与企业的销售系统相结合，共同完成产品的销售任务。一般的企业销售物流流程如图 3－19 所示。

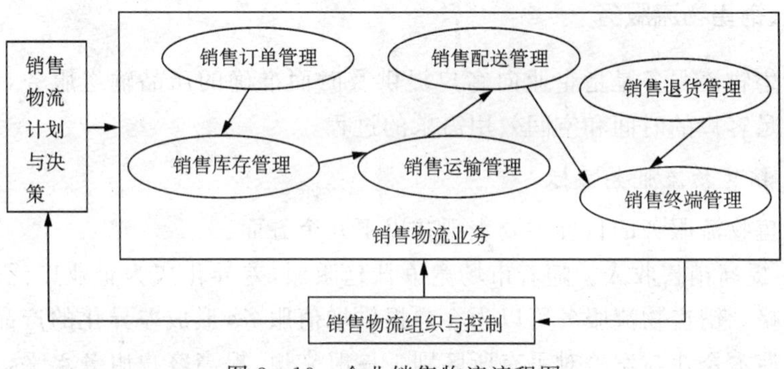

图 3－19　企业销售物流流程图

销售物流归根到底是由客户订单驱动的，而物流的终点又是客户。因此，在销售物流之前，企业要进行售前的各种市场活动，包括确定客户（潜在客户、目标客户）、与客户的联系、产品展示、客户询价、报价、报价跟踪等。

3. 企业销售物流模式

销售物流有三种主要的模式：生产企业自己组织销售物流；第三方物流企业组织销售物流；用户自己提货的形式。

① 生产企业自己组织销售物流。生产企业自己组织销售物流实际上是把销售物流作为企业生产的一个延伸或者是看成生产的继续。这是在买方市场环境下主要销售物流模式之一，也是我国当前绝大部分企业采用的模式。该模式的好处在于，生产企业可以和用户直接联系，信息反馈速度快、准确程

度高。在生产企业规模可以达到销售物流的规模效益前提下,采取这种模式是可行的,但不一定是最好的选择,主要存在三方面原因:一是对核心竞争力可能会造成影响;二是生产企业销售物流专业化程度有限;三是很难达到经济规模。

② 第三方物流企业组织销售物流。由专门的物流服务企业组织企业的销售物流,实际上是生产企业将销售物流外包,将销售物流社会化。这种模式的最大优点在于,第三方物流企业是社会化的物流企业,它向很多生产企业提供物流服务,因此可以将企业的销售物流和企业的供应物流一体化,可以将很多企业的物流需求一体化,采取统一解决的方案。这样可以做到专业化及规模化。在网络经济时代,这种模式是一个发展趋势。

③ 用户自己提货的形式。这种形式实际上是将生产企业的销售物流转嫁给用户,变成了用户自己组织供应物流的形式。对销售方来讲,已经没有了销售物流的职能。这是在计划经济时期广泛采用的模式,将来除非十分特殊的情况下,这种模式不再具有生命力。

二、销售物流服务

销售物流服务是指企业向客户提供及时而准确的产品输送服务,是一个广泛满足客户的时间和空间效用需求的过程。

1. 销售物流服务目标

销售物流服务的目标主要表现在以下几个方面:

① 提高销售收入。随着市场竞争日趋激烈,差异化成为企业广泛采用的发展战略. 销售物流服务可以为客户提供增值服务,形成差异化的产品,从而有效地使本企业与竞争对手有所区别。一般来说,提高客户服务水平,可以增加企业的销售收入,提高市场占有率。

② 提高客户满意度。客户服务是由企业向购买其产品或服务的人提供的一系列活动。从现代营销学的观念看,产品有三层含义:核心含义、形式含义和延伸含义。产品的核心含义是指产品提供给客户的基本效用或利益,是客户要求的中心内容;产品的形式含义即产品的本体,是指产品向市场提供的实体和劳务的外观,是扩大化了的核心产品,也是一种实质性的东西,它由五个标志构成,即产品的质量、款式、特点、商标和包装。产品的延伸含义是指客户购买产品时得到的其他利益的总和,这是企业另外附加上的东西,它能够给客户带来更多的利益或更大的满足,如维修服务、咨询服务、交货安排等。从这个角度看,销售物流服务是一种增值产品,良好的销售物流服务会提高产品价值和客户的满意程度。

③ 留住老客户。贝恩咨询公司的研究资料表明，留住老客户的战略越来越重要，服务质量、留住客户和公司利润率之间有着非常高的相关性。高水平的销售物流服务能够吸引客户并留住客户。因为，对客户来说，频繁地改变供应来源会增加其物流成本及风险。

④ 制约销售物流成本。由于物流中的二律背反，销售物流的服务水平对物流系统起着制约作用，运输、仓储、订单处理等各项物流成本的增加或减少都依赖于客户所期望的服务水平。因此，为了保持企业在市场中的竞争优势，企业所作的每一项降低物流成本的决策都必须考虑所维持的服务水平，物流管理者必须全面衡量客户需求、服务水平和服务成本之间的关系。物流服务水平与企业销售额及物流成本的关系如图 3－20 所示。

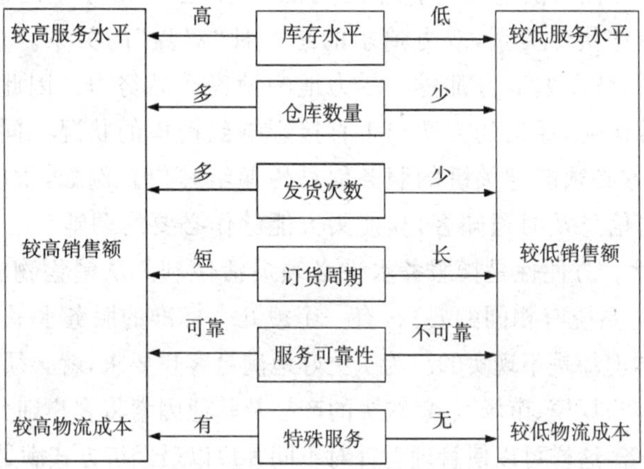

图 3－20 物流服务水平与企业销售额及物流成本的关系

综上所述，提高销售物流的客户服务水平是提高企业竞争优势的重要途径，企业的销售物流与产品质量、质量管理具有同等重要性，需要引起企业管理者的高度重视。

2. 销售物流服务要素

为实现销售物流服务目标，为客户提供快速、满意的物流服务，需要从以下几个方面考虑，即销售服务的四个要素：时间、可靠性、通信和方便性。这些要素无论对卖方成本还是对买方成本都有影响。

① 时间。目前很多企业对物流服务要求的标准水平，已经从“97－3”提高到“98－2”，其含义是：97％的企业要求物流服务的时效从 3 天 72 小时，提高到 98％的企业要求时效为 2 天 48 小时。很多企业接到生产指令后，从原材料供给到将产品送达供应商手中，全部周期仅仅为 48 小时。

对销售物流而言,时间因素重点指订货周期(提前期),即从客户确定对某种产品有需求到需求被满足之间的时间间隔。

② 可靠性。"97－3"和"98－2"除了上面讲的时间外,还有一个意思就是差错率由3%下降到2%,也就是说目前供应商要求制造企业的供货差错率低于2%。因此,企业在销售物流整个过程中要考虑货物的安全性,保证产品在预定的时间、以足够的数量及承诺的质量送到供应商手中,也就是正确供货的可靠性。当客户收到货物与所订货物不符时,将给客户造成停工待料损失或不能及时销售产品。销售物流领域中,订货信息的传送和订货挑选可能影响企业的正确供货。因此,为了做到正确供货,在订货信息传递阶段,使用电子数据交换(EDI)系统,可以大大降低出错率。

③ 通信。当前,供应商与企业之间的关系,已经由原来的短期买卖关系转变为长期合作伙伴关系,双方追求的是一种"双赢"的关系。企业和供应商要达到"双赢",就需要双方都尽心尽力地为销售产品努力。因此,企业与供应商之间要经常沟通,通信的方便与否直接影响到销售的状况。同时,通信必须是双方的,卖方必须能把关键的服务信息传递给客户。例如,供应方应该把降低服务水平的信息及时通知客户,使买方能够作必要的调整。

④ 方便性。方便性是指服务水平必须灵活便利。从销售物流服务的观点看,所有客户对系统有相同的要求,有一个或几个标准的服务水平适用于所有客户是最理想的,但却是不现实的。为了更好地满足客户要求,就必须确认客户的不同要求,根据客户规模、市场区域、购买的产品及其他因素将客户细分,为不同客户提供适宜的服务,这样可以使管理者针对不同客户以最经济方式满足其服务需求。

总的来说,企业的产品只有经过销售才能实现价值,从而创造出利润,实现企业的价值。因此,提供优质的销售物流服务,与供应商相互配合及合作,才能真正达到"双赢"。

三、销售物流管理环节

企业在产品制造完成后,需要及时组织销售,使产品能够及时、准确、完好地送达客户指定的地点。为了保证销售物流的顺利完成,实现企业以最少的物流成本满足客户需求的目的,企业需要在产成品包装、产成品储存、开拓销售渠道、订单及信息处理、产品发送和客户服务等方面做好工作。

1. 产成品包装

产成品包装是企业生产物流系统的终点,也是销售物流的起点,是销售物流中不可缺少的重要环节。产品包装尤其是产成品运输包装在销售物流过程中起到保护产品、方便储运和利于装卸搬运的作用。在包装材料、包装形式上，既要考虑储存、运输等环节的方便，又要考虑材料及工艺的成本费用、包装材料的回收和再利用，以及客户对这些成本费用的承受心理与承受力。

2. 产成品储存

产成品存储是销售物流系统中的重要内容和环节，其目的是及时、优质地满足客户的需求。产成品的可得性是衡量企业销售物流系统服务水平的一个重要参数。客户对企业产成品的可得性较敏感，缺货不仅使客户需求得不到满足，而且还会提高企业进行销售服务的物流成本。解决产成品可得性的一个重要的、有效的方法就是产成品存储，包括仓储作业、物品养护、库存控制等内容。现代企业的储存已经与电子计算机管理系统联结起来，通过计算机管理系统和通讯设备，将销售与生产、销售与客户需求联系构成一个完整的体系。这为减少产成品储存并给予客户高质量的服务提供了可能。同时，也有利于对销售物流系统进行改进和提升。

3. 开拓销售渠道

当生产者和消费者之间存在大量“交换”需求时，社会中就产生了“分销渠道”。对于按照订单进行生产的企业而言，销售过程中，不存在产成品的在库储存问题，也就是说，产成品可以直接进入市场流通领域，进行实际销售；而对于按照产品的需求制订计划进行生产的企业，产成品进入流通领域以前多数会经过短暂的在库储存阶段，然后再根据企业销售部门收到的产品订单和产品运输时所选择的运输方式等来决定产品的运输、包装。产品的外包装工作结束后，企业就可以将产成品放入企业所建立或选择的销售渠道中进行实物的流转了。图 3－21 中用不同形式的箭头表示企业可以选择的三种销售渠道：① 配送中心—批发商—零售商—消费者；② 配送中心—零售商—消费者；③ 配送中心—消费者。

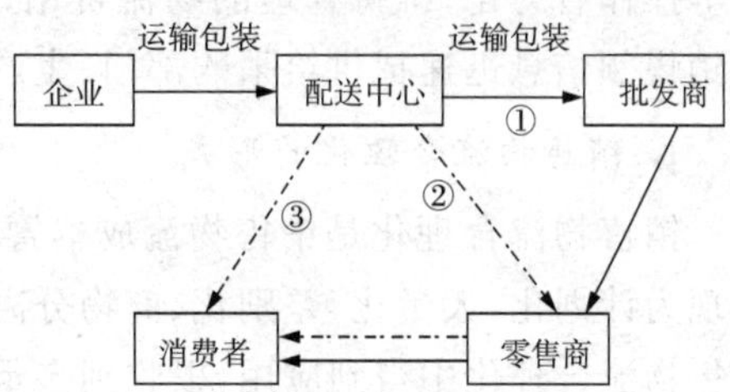

图 3－21　三种销售渠道

4. 订单信息处理

企业销售物流中的订单处理是从客户发出订货请求开始到客户收到所订货物为止的一个完整过程。在这个过程中进行的有关订单的诸多活动都是订单处理活动，包括订单准备、订单传输、订单录入、订单履行、订单跟踪等。它对销售目标的实现至关重要。从销售环节所处的位置来看，订单处理又与企业物流的其他系统（如生产物流系统、整个物流信息网络）直接相关。

5. 产品发送

产品发送以供给方和需求方之间的运输活动为主，是将产品送达客户指定地点的活动，是企业销售物流的主要环节。该环节涉及产品的销售渠道、运输方式、运输路线和运输工具等的选择问题。因此，企业在进行销售物流的管理过程中需要进行大量的决策工作，通过对各方面因素进行综合考虑，做出对企业经营最有利的、最低成本的选择。

6. 客户服务

客户常常希望在物料搬运设备方面的投资最小化，他们总希望获得更多的高附加值的服务。例如，客户要求供应商使用标准尺寸的托盘交货，也有可能要求将特殊货物集中在一起装车，这样他们就可以直接再装运，而不需要重新分类。

四、销售物流合理化及其实现

销售物流管理的目标是追求销售物流的合理化。销售物流合理化应该做到在适当的交货期，准确地向客户发送商品；对于顾客订单，应尽量减少商品缺货；合理设置仓库和配送中心，保持合理的商品库存；运输、装卸、保管和包装等操作省力化；维持合理的物流费用；从订单到发货的信息流动畅通无阻；将销售额信息迅速提供给采购部门、生产部门和销售部门。

1. 销售物流合理化的形式

销售物流合理化是销售物流成本管理的基础，其形式是多种多样的，一般表现为计划化、大量化、差别化、商物分离化和标准化等类型，它们可以同时在销售物流合理化中得到应用，以收到多重效益。

① 计划化。通过巧妙地控制客户的订货，使发货大量化、稳定，这是实行计划运输和计划配送的前提。为此必须对客户的订货按照某种规律制订发货计划，并对其实施管理。

② 大量化。这是通过增加运输量使物流合理化的一种做法，一般通过延长备货时间得以实现，这样做能够掌握配送货物量，大幅度提高配送的装载效率。

③ 差别化。根据商品周转的快慢和销售对象规模的大小，把保管场所和配送方式区别开来，这就是利用差别化方法实现物流合理化的策略。即实行周转较快的商品群分散保管、周转较慢的商品群尽量集中保管的原则，以做到压缩流通进行阶段的库存，有效利用保管面积，库存管理简单化，等等。

④ 商、物分离化。商、物分离的具体做法之一，是订单活动与配送活动相互分离。这样，就把自备卡车运输与委托运输乃至共同运输联系在一起了，而且，利

用委托运输可以压缩固定费用开支，由于共同运输提高了运输效率，从而大幅度节省了运输费用。

⑤ 标准化。销售批量规定订单的最低数量，会明显提高配送效率和库存管理效率。比如成套或者成包装数量出售。

2. 销售物流合理化的实现

许多企业把销售物流的最终目标确定为以最短的时间、最少的成本把适当的物品送达客户手中，但在实际工作中很难达到这一目标，因为没有任何一种销售物流体系能够既最大限度地满足客户的需求，又最大限度地减少销售物流成本，同时又使客户完全满意。例如，如果客户要求及时不定量供货，那么销售企业就要准备充足的库存，这样就会导致库存上升，库存费用增加；同时，及时不定量的随时供货又使运输费用增加，从而使企业在销售过程中的物流成本增加。若要使销售物流成本降低，则必须选择低运费的运输方式和低库存，这样就会导致送货间隔期长，增加缺货风险，而顾客的满意度也会降低。因此，在销售物流过程中，应做好以下几方面工作，以实现销售物流合理化。

（1）正确处理好销售物流的职能成本与系统成本的矛盾

为了实现销售活动，仓储、运输、包装等各职能部门所投入的成本称为职能成本。系统成本则是整个销售物流活动过程中各职能成本的总和。不少企业往往认为自己的物流系统已达到高效率水平，因为库存、仓储和运输各部门经营良好，并且都能把各自成本降至低水平。然而，如果仅能降低个别职能部门的成本，而各部门之间不能互相协调，那么总系统成本也不一定最低，这就存在着各职能部门的成本与系统总成本的矛盾。企业销售物流系统的各职能部门具有高度的相关性，企业应从整个物流系统的成本考虑来制定物流策略，而不能仅考虑降低个别职能部门的成本。

（2）制定系统方案，进行综合物流成本控制

① 直销方案的综合物流费用分析。把商品直接销售到客户手中，这种销售物流方案一般会耗费较高的物流成本，因为通常直销的货物数量不会很大而且运输频率较高。因此，运送成本较高。但是这种直销一般是针对急需的客户而采用的，一旦延误，很有可能会失去客户。如果失去销售机会所损失的收益大于物流成本，则企业还是应采取直销方案。

② 中转运输方案的综合物流费用分析。如果企业经计算发现，将商品大批量运至销售地区仓库或中转仓库，再从那里根据订单送货给每一位客户的费用少于直接将货物送至客户，则可采用经中转再送货的方案。增建或租赁中转仓库的评价标准是，增建或租赁仓库所节约的物流费用与因此而增加顾客惠顾的收益大于增建或租赁仓库所投入的成本。

③ 配送方案的费用分析。配送价格是到户价格,与出厂价相比,其构成中增加了部分物流成本,因而价格略高于出厂价。与市场价相比,其构成中也增加了市场到客户这一段运输的成本,因而价格也略高于或等于市场价。但是客户若将以往的核算改成到户价格的核算,就可以发现,配送价格更优越。配送方案可以使企业、配送中心、客户三方分享规模化物流所节约的成本。因此,配送中心的代理送货将逐渐成为合理资源配置的一种方案。

(3) 销售物流统一管理

在销售物流过程中,仓储、运输、包装决策应该是互相协调的。在不少企业,将物流运营权分割到几个协调性差的部门,就会使控制权过于分散,而且还会使各职能部门产生冲突。如运输部门只求运费最低,宁愿选用运费少的运输方式大批量运输,库存部门尽可能保持低库存水平,减少进货次数,包装部门则希望使用便宜的包装材料。各部门都从自己的局部利益出发,会使整个系统的全局利益受损。因此,企业应将销售物流活动统一管理,协调各职能部门的决策,这对于节约企业的物流投入是非常有利的。

第五节 企业逆向物流管理

一、逆向物流概述

逆向物流是在市场逐步成熟、企业责任开始扩大到整个产品生命周期时,企业不得不面对的一个问题。随着市场的发展,对逆向物流的处理能力将会成为关系企业生存的一项重要的能力。

1. 逆向物流的定义

目前,理论界对逆向物流概念表述也有很多,较专业、准确地概括其特点的定义是:与传统供应链反向,为价值恢复或处置合理而对原材料、中间库存、最终产品及相关信息从消费地到起始点的有效实际流动所进行的计划、管理和控制过程。

可见,逆向物流的表现是多样化的,从使用过的包装到经处理过的电脑设备,从未销售商品的退货到机械零件等。也就是说,逆向物流包含来自于客户手中的商品及其包装物、零部件、物料等物品的流动。简而言之,逆向物流就是从客户手中回收用过的、过时的或者损坏的商品和包装开始,直至最终处理环节的过程。但是,现在越来越被普遍接受的观点是,逆向物流是在整个产品生命周期中对产品和物资的完整、有效和高效的利用过程的协调。然而,对产品再使用和循环的逆向物流控制研究却是过去十年里才开始被认知和展开的。其中较知名的论著是罗杰斯和提篷兰柯的《回收物流趋势和实践》、佛雷普的《物流计划和产品再造》等。

中华人民共和国国家标准《物流术语》(GB/T18354—2006)中对逆向物流(Reverse logistics)的定义是:“物品从供应链下游向上游的运动所引发的物流活动。”其具体表述是:“逆向物流是指不合格物品的返修、退货以及周转使用的包装容器从需方返回到供方所形成的物品实体流动。比如回收用于运输的托盘和集装箱、接受客户的退货、收集容器、原材料边角料、零部件加工中的缺陷在制品等的销售方面物品实体的反向流动过程。”正向物流、反向物流的流向如图 3-22 所示。

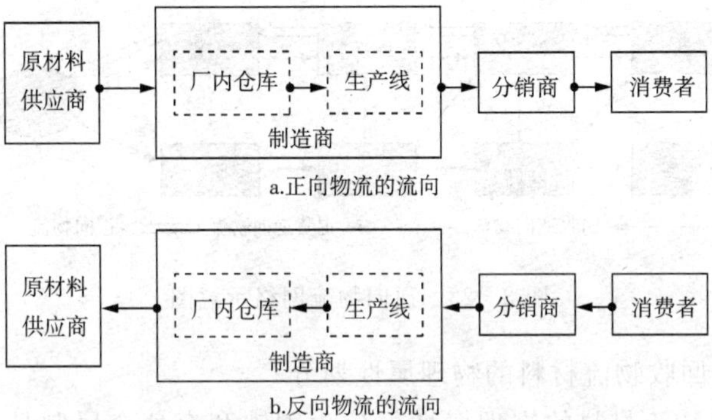

图 3-22　正向、反向物流流向

中华人民共和国国家标准《物流术语》(GB/T18354—2006)中对废弃物物流(waste material logistics)的定义是:“指将经济活动或人们生活中失去原有使用价值的物品,根据实际需要进行收集、分类、加工、包装、搬运、储存等,并分送到专门处理场所时所形成的物品实体流动。”

综上所述,逆向物流有广义和狭义之分。狭义的逆向物流是指对那些由于环境问题或产品已过时的原因而导致产品、零部件或物料回收的过程。它是指将排泄物中有再利用价值的部分加以分拣、加工、分解,使其成为有用的资源重新进入生产和消费领域。广义的逆向物流除了包含狭义的逆向物流的定义之外,还包括废弃物物流的内容,其最终目标是减少资源使用,并通过减少使用资源达到减少废弃物的目标,同时使正向以及回收的物流更有效率。

从广义角度而言,在其他参考文献中与它等同的相关概念还有“回收物流”、“逆物流”、“返回物流”或“静脉物流”等专业术语。

2. 逆向物流的分类

逆向物流根据分类的依据和标准的不同,可以分为不同的类别。

(1) 按照回收物品的渠道来划分

按照回收物品的渠道可分为退货逆向物流和回收逆向物流两部分(见图3-23)。退货逆向物流是指下游客户将不符合订单要求的产品退回给上游供应商,其流程与常规产品流向正好相反。回收逆向物流是指将最终客户所持有的废旧物品回收到供应链上各节点企业,它包括五种物资流:直接再售产品流(回收、检验、配送);再加工产品流(回收、检验、再加工);再加工零部件流(回收、检验、分拆、再加工);报废产品流(回收、检验、处理);报废零部件流(回收、检验、分拆、处理)。

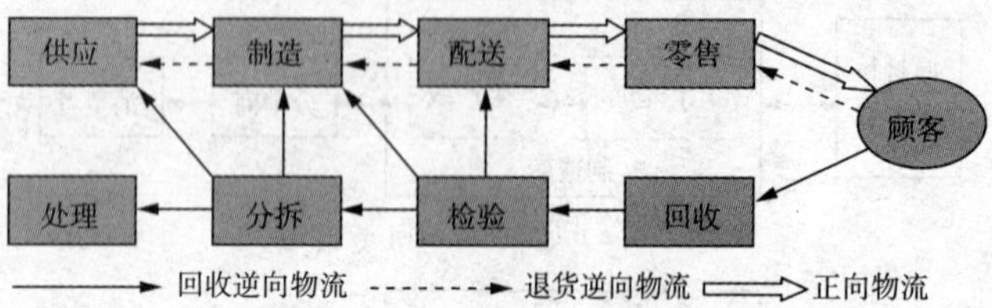

图3-23 逆向物流网络示意图

(2) 按照回收物流材料的物理属性划分

按照回收物流材料的物理属性可分为钢铁和有色金属制品回收物流、橡胶制品回收物流、木制品回收物流、玻璃制品回收物流等。

(3) 按成因、途径和处置方式及其产业形态来划分

根据成因、途径和处置方式及其产业形态的不同,逆向物流被学者们区分为投诉退货、终端使用退回、商业退回、维修退回、生产报废与副品以及包装六大类别。表3-4中列出了这六类典型逆向物流的特点。

表3-4 按成因、途径和处置方式及其产业形态来划分的回收物流分类

类 别	周期	驱动因素	处理方式	例 证
投诉退货:运输短少、偷盗、质量问题、重复运输等	短期	市场营销、客户满意服务	确认检查、退货、换货、补货	电子消费品,如手机、数码产品等
终端使用退回:经完全使用后需处理的产品	长期	经济、市场营销	再生产、再循环	电子设备的再生产等
		法规条例	再循环	白色和黑色家用电器等
		资产恢复	再生产、再循环、处理	计算机元件等

（续表）

类　别	周期	驱动因素	处理方式	例　证
商业退回：未使用物品退货还款	短到中期	市场营销	再使用、再生产、再循环、处理	零售商积压库存的时装、化妆品等
维修退回：缺陷或损坏物品	中期	市场营销、法规条例	维修处理	有缺陷的家用电器、零部件、手机等
生产报废与副品：生产过程废品和副品	较短期	经济、法规条例	再生产、再循环	药品行业、钢铁业等
包装：包装材料和产品载体	短期	经济	再使用	托盘、条板箱、器皿等
		法规条例	再循环	包装袋等

3. 逆向物流的特点

逆向物流作为企业价值链中特殊的一环，与正向物流相比，既有共同点，也有各自不同的特点。两者的共同点在于都具有包装、装卸、运输、储存、加工等物流功能。但是，逆向物流与正向物流相比又具有以下特殊性：

（1）分散性

逆向物流产生的地点、时间、质量和数量是难以预见的。如废旧物资可能产生于生产领域、流通领域或生活消费领域，涉及任何领域、任何部门、任何个人，在社会的每个角落都在日夜不停地发生。正是这种多元性使逆向物流具有分散性。这也由于逆向物流发生的原因通常与产品的质量或数量的异常有关。

（2）缓慢性

人们不难发现，开始的时候逆向物流数量少、种类多，只有在不断汇集的情况下才能形成较大的流动规模。如废旧物资的产生往往不能立即满足人们的某些需要，它需要经过加工、改制等环节，甚至只能作为原料回收使用，这一系列过程的时间是较长的；同时，废旧物资的收集和整理也是一个较复杂的过程。这一切都决定了逆向物流缓慢性这一特点。

（3）混杂性

回收的产品在进入逆向物流系统时往往难以划分为产品，因为不同种类、不同状况的废旧物资常常是混杂在一起的。当回收产品经过检查、分类后，逆向物流的混杂性随着废旧物资的产生而逐渐衰退。

(4) 多变性

由于逆向物流的分散性及消费者对退货、产品召回等回收政策的滥用,有的企业很难控制产品的回收时间与空间,这就导致了多变性。主要表现在以下几个方面:

① 逆向物流具有投资风险大、结构复杂、地点分散无序、回收物品不可能集中一次向接收点转移等问题,因而具有极大的不确定性;

② 逆向物流的处理系统与方式复杂多样;

③ 尽管逆向物流回收过程仍然是由运输、储存、装卸搬运、包装、流通加工和物流信息管理等环节组成,但回收物流技术也具有自身的特点,有一定的特殊性。

(5) 相对高昂的成本

逆向回收的物料通常价值比较低,而相对的运输、仓储和处理的费用高昂。这主要是因为这些物品通常缺少规范的包装,又具有不确定性,难以充分利用运输和仓储的规模效益;另一个重要原因在于许多物品需要人工的检测、判断和处理,极大地增加了人工的费用,同时效率也低下。

二、企业逆向物流的内容

从广义角度来说,逆向物流包括废弃物物流,这里我们主要介绍回收物流和废弃物物流。中华人民共和国国家标准《物流术语》对回收物流(return logistics)(GB/T18354—2006)的定义是:"退货、返修物品和周转使用的包装容器等从需方返回供方所引发的物流活动。"由此可知,回收物流包括退货引起的回收物流和有价值回收的再生资源物流。因此,下面将分别介绍这三种物流,即退货逆向物流、回收逆向物流(有价值再生资源物流)、无价值废弃物物流。

1. 退货逆向物流

越来越多的企业认识到退货管理的重要性,这些企业采取积极的措施节约资金、提高客户满意度。没有人喜欢产品退货,但是这个供应链上不可避免的"肿瘤"正在引起企业的关注,企业已经认识到退货管理对客户关系、品牌忠诚度和净收益的重要性。

退货逆向物流是指下游客户将不符合订单要求的产品、根据销售协议规定将接近有效期限的产品、或者有瑕疵的产品退回给上游供应商,其流程与常规产品流向正好相反。在这个流程运行过程中,客户处于主动地位,企业处于对客户需要的响应地位。退货的过程是:产品送回供应商、进行修理和再销售,或者把产品作报废处理,回收其中的有用部分。包装物一般可以再循环使用。

形成退货物流的原因主要体现在以下几个方面:① 客户无理由的退货;② 产品过期造成的退货;③ 产品不合格导致的退货;④ 产品运输不合理形成

的退货;⑤ 订单处理疏忽造成产品的错误运输所形成的退货;⑥ 产品有危害导致客户不满意的退货等。一般来说,退货物流具有以下特点:① 退货物流产生的时间、地点、数量很难确定;② 发生退货物流的地点较为分散、无序;③ 退货物流发生的原因通常与产品的质量或数量的异常有关;④ 退货物流的处理系统与方式复杂多样,不同处理手段对恢复资源价值的贡献有明显差异。

2. 回收逆向物流

回收逆向物流就是将排放物中有再利用价值的部分加以分拣、加工、分解,使其成为有用的物资重新进入生产和消费领域。例如废纸被加工成纸浆,又成为造纸的原材料,废钢被分拣加工后又进入冶炼炉变成新的钢材,废水经净化后又被循环使用等。这类物质的流向形成了回收物流。在这个流程运行过程中,企业处于主动地位。

(1) 回收逆向物流的业务流程

回收逆向物流主要包括以下几个环节:

① 回收。回收是将客户所持有的产品通过有偿或无偿的方式返回销售方。这里的销售方可能是供应链上的任何一个节点,如来自客户的产品可能返回到上游的供应商、制造商,也可能是下游的配送商、零售商。

② 检验与处理决策。该环节是对回收品的功能进行测试分析,并根据产品结构特点以及产品和各零部件的性能确定可行的处理方案,包括直接再销售、再加工后销售、分拆后零部件再利用和产品或零部件报废处理等。然后,对各方案进行成本效益分析,确定最优处理方案。

③ 分拆。按产品结构的特点将产品分拆成零部件。

④ 再加工。对回收产品或分拆后的零部件进行加工,恢复其价值。

⑤ 报废处理。对那些没有经济价值或严重危害环境的回收品或零部件,通过机械处理、地下掩埋或焚烧等方式进行销毁。西方国家对环保要求越来越高,而后两种方式会对环境带来一些不利影响,如占用土地、污染空气等。因此,目前西方国家主要采取机械处理的方式。

(2) 回收逆向物流的特点

回收物流是针对排放物中有再生利用价值的部分进行回收再处理,因此,与其他物流相比有以下特点:

① 回收对象种类繁多。在人类的生产活动中,任何生产企业、流通领域和消费过程都会产生排放物。在生产过程中的每一道工序、流通领域的每个环节以及整个消费过程都有排放物的产生,它伴随着人类的生产劳动及生活过程。由于这种生产劳动及生活消费涉及各个行业与领域,所以,回收物流的回收对象种类繁多。

② 回收数量大。回收物流不仅回收对象种类多，而且单一种类也具有回收量大的回收对象，例如废钢铁、废纸、废橡胶等。

③ 粗放性。回收对象中只有少数价值较高，具有较高的物流费用承受能力，而绝大多数是价值低、数量大且经过生产和消费后，其主要使用价值已基本耗尽，回收时可以采用粗放的物流方式，以降低物流成本，使加工处理所获得的再生资源成本下降，具有竞争力。

由于再生资源本身价值较低，物流费用所占比重相对较大，有时会出现某种回收对象再生是不合算的现象，这就使该回收对象成为最终废弃物。

④ 运距短。回收物流中除极少数情况外，再生资源都是就近处理，这样可以大幅度降低物流成本，使再生产品具有竞争力。所以，回收物流中的运距比较短。

(3) 回收逆向物流的意义

① 回收物流是自然界物资大循环的重要一环。自然界的物资是有限的，森林的采伐、矿山的开采都是有一定限度的，在资源已日渐枯竭的今天，人类社会越来越重视通过回收物流将可以利用的废弃物收集、加工，重新补充到生产、消费的系统中去。

② 回收物流的经济意义。垃圾也是一种资源，但和自然资源不同，它们曾有过若干加工过程，本身凝聚着能量和劳动力的价值，因而常被称为载能资源。回收物资重新进入生产领域作为原材料会带来很高的经济效益。

③ 回收物流的社会意义。由于废弃物的大量产生，严重地影响人类赖以生存的环境，必须有效地组织回收物流和废弃物物流，使垃圾得以重新进入生产、生活循环或得到妥善处理。

当前社会关注的问题之一就是环境问题，而环境污染的根本问题是废弃物(含废水、废气、废固态物质及废放射性物质)造成的。良好的垃圾处理系统是文明的标志之一，城市里如果没有环卫系统的运行，数日之间将变得又脏又臭，良好的生活环境和工作环境将受到破坏。

造纸厂和化工厂的废水如果任其流入自然界的水源中，将污染河流和海洋，不仅危害人类，水生动植物的生存环境也将受到严重影响。核废料属于放射性物质，它已成为国际公害，受到世界舆论的密切关注。

3. 废弃物物流

对已丧失再利用价值的排放物，要从环境保护的目的出发将其焚烧，或送到指定地点堆放掩埋；对含有放射性物质或有毒物质的工业废物，还要采取特殊的处理方法。这类物质的流向形成废弃物物流。

(1) 废弃物的种类及物流特点

① 按形态分，废弃物可以分为以下三种：第一种是固体废弃物，通常称为

垃圾，是各种各样固体物的混杂物；第二种是液体废弃物，通常称为废水废液，是各种成分液体的混合物；第三种是气体废弃物，通常称为废气，主要是工业企业尤其是化工企业的排放物。

② 按来源分，废弃物可以分为以下三种：第一种是生活垃圾，它是居民生活中各种排放物的混杂体，其主要成分为蔬菜根叶、水果皮核、食品屑及各类变质食物、包装废料、炉灰、淘汰家具及电器等。城市生活垃圾成分随城市居民生活条件不同而不同。生活垃圾的物流特点是：污染环境，有异味，传播病菌，滋生蚊蝇，数量大，需要专用运输车辆和设施（垃圾收集站、包装袋等）。第二种是产业垃圾。它是产业部门排放的最终废弃物，通常是再生后无法再使用的废弃物。由于产业垃圾来自不同的行业，所以，产业垃圾的形态及物流特点各不相同。农业垃圾为农田杂屑，一般不专门回收处理，涉及物流问题不多。工业垃圾种类较多，根据具体废弃物的特点，其物流方式不同。第三产业的垃圾类似于生活垃圾，处理方式也类似。对建筑装修垃圾一般采用就近填埋的方法。第三种是环境垃圾，来自于总体空间环境，例如街道泥土、环境落尘、枯枝落叶、环境丢弃物等。处理方式与生活垃圾类似。

（2）废弃物物流的业务流程及处理方法

生产活动中产生的废弃物的处理是一个重要环节。如废汽油、机油以及废弃的焊锡、焊渣等，建议集中收集，由具有此类垃圾处理能力并符合国家环保要求的单位处理，不应随意丢弃。废弃物物流的业务流程如下：

一是收集。废旧产品的物料从废料中分离出来进入回收通道——废品处理中心。

二是分拣。对物料进行分拣、分类，过程相当费时费力，但这一过程决定了物料的处置地点与处置方式。

三是处置。由于废弃物来源不同，种类繁多，需要采用有针对性的处理方法，具体有以下几种：

① 掩埋。在一定的划定区域内利用自然的废弃坑塘或人工挖出的深坑，将运来的垃圾倒入，表层用土掩埋。特点：掩埋后土地可以利用，不露天污染环境，可防止异味对空气的污染。但有时需要挖坑，填埋前对环境有污染。多适用于对地下水无毒害的固体垃圾。

② 焚化。即用高温焚毁垃圾。可以大大减少垃圾的占地，防止病菌传播及蚊蝇滋生。发达地区的大城市可以建造垃圾专用焚毁设备。利用其热能发电，焚烧灰作为肥料。这种方法需要投资购建设备，适用于有机物含量高的垃圾，是现代化城市垃圾的处理方法。

③ 净化处理。对垃圾进行净化处理，以减少对环境的污染。这种净化处

理主要是对污水进行处理，使工业废水、居民生活污水达标排放，减少对江河及地下水资源的污染。净化处理需要投资兴建污水处理厂，投资较大，虽然需要增加企业支出，增加生产成本，但社会效益良好，使企业走上可持续发展的道路。工业废水和城市居民生活污水排放达标是现代化城市建设的重要标志。

④ 堆放。在远离城市的沟、坑、塘、谷中，选择适宜的位置直接堆放垃圾，通过自然净化作用使垃圾逐渐沉降风化。垃圾堆放方式处理成本低，运距较远，适于小城市及暂时不具备焚化、净化处理能力的地方。

⑤ 特殊处理。某些对人类生存健康具有严重威胁的工业废弃物，例如具有放射性的核废料等，应该采用特殊的处理工艺进行慎重处理，以确保人民生命财产的安全。虽然这种特殊处理需要较高的物流成本。但是，为了人类的生存环境与可持续发展，我们必须这样做。

(3) 企业废弃物物流合理化

企业废弃物的物流合理化必须从能源、资源及生态环境保护三个战略高度进行综合考虑，形成一个将废弃物的所有发生源包括在内的广泛的物流系统（如图 3－24 所示）。

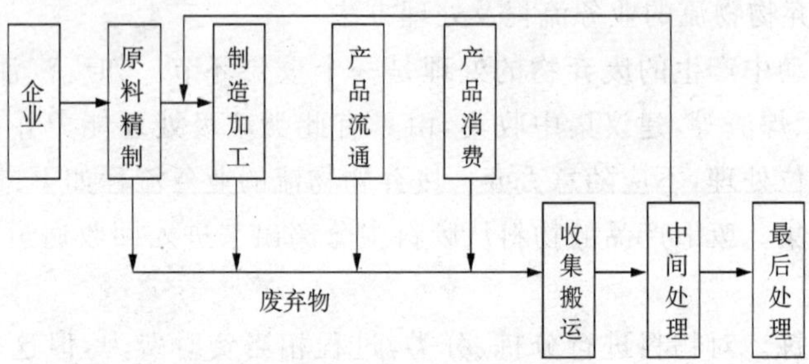

图 3－24　企业废弃物的产生、处理系统

这一物流系统实际包括三个方面：一是尽可能减少废弃物的排放量；二是对废弃物排放前的预处理，以减少对环境的污染；三是废弃物的最终排放处理。

① 生产过程中产生的废弃物的物流合理化。为了做到对企业废弃物的合理处理，实现废弃物物流合理化，企业通常可以采取以下做法：

a. 建立一个对废弃物收集、处理的管理体系，要求企业对产生的废弃物进行系统管理，把废弃物的最终排放量控制到最小的限度之内。

b. 在设计研制产品开发时，要考虑到废弃物的收集及无害化处理的问题。

c. 加强每个生产工序变废为宝的利用，并鼓励职工群策群力。

d. 尽可能将企业产生的废弃物在厂内进行合理化处理，暂时做不到厂内处理的要经过无公害处理后，再考虑向厂外排放。

② 产品进入流通、消费领域产生的废弃物的物流合理化。为了塑造一个良好的企业形象，增强对社会环境的保护意识，企业还应关注产品进入流通、消费领域产生的废弃物的物流合理化。

要遵守政府有关规章制度，鼓励商业企业和消费者支持产品废弃物的收集和处理工作，例如可以采取以旧换新购物等。要求消费者对产品包装废弃物纳入到企业废弃物的回收系统，不再作为城市垃圾而废弃，以免增加环境压力，例如购买产品对回收部分收取押金或送货上门时顺便带回废弃物。要教育企业职工增强环保意识，改变价值观念，关注本企业产品在流通、消费中产生的废弃物的流向，积极参与物流合理化的活动。

③ 企业排放废弃物的物流合理化。为了使企业最终排放废弃物的物流合理化，主要应做到以下几点：

a. 建立一个能被居民和职工接受并符合当地商品流通环境的收集系统；

b. 通过有效地收集和搬运废弃物，努力做到节约运输费；

c. 在焚烧废弃物的处理中，尽可能防止二次污染；

d. 对于最终填埋的废弃物，要尽可能减少它的数量和体积，使之无害化，以保护处理场地周围的环境；

e. 在处理最终废弃物的过程中，尽可能采取变换处理，把不能回收的部分转换成其他用途，例如用焚烧废弃物转化的热能来制取蒸汽、供暖、供热水等。

另外需要说明的是产品召回。它既不同于前面介绍的退货，又不同于回收。它是由于生产工艺的不成熟而导致的。世界上有些大型企业如 Dell、三菱、福特等都有过产品召回的历史。具体流程是先退回生产企业或维修中心，进行维修后再返回客户。而产品召回的过程就是逆向物流形成的过程。

总之，企业对于逆向物流必须采取主动的态势，从经营战略和供应链的高度，积极寻求和培养自身对于逆向物流的处理能力。具体来说，要做好正向的生产、物流信息化管理；提高对回收产品再利用的能力；从供应链的角度重新思考产品的设计、生产、包装，降低产品的分解和维修成本；对需要回收的包装也应使用在企业可以控制的物流包装上。

复习思考题

1. 什么是企业物流？不同类型的企业其物流有何异同？
2. 简述企业物流的分类、内容。
3. 什么是企业物流管理？如何理解其重要性？
4. 采购在企业中的地位如何？

5. 供应链下的采购与传统采购方式有何区别?
6. 企业生产物流的含义是什么?
7. 生产物流有哪些基本特征?
8. 生产物流的空间组织有哪三种专业化组织形式? 它们的优缺点如何?
9. 什么是销售物流? 销售物流管理的内容是什么?
10. 销售物流合理化是什么?
11. 什么是逆向物流、回收物流、废弃物物流? 研究废弃物物流有什么意义?

【结尾案例】

戴尔的敏捷物流管理模式

戴尔计算机公司从1984年创办至今,营业额每年以两位数的增长速度发展,近年来更是稳坐全球个人电脑销售额的头把交椅。经过20多年的努力,公司从1 000美元起家发展为年营业额达410多亿美元的全球性大企业。戴尔公司的成功引起了学术界和企业界的普遍关注,大多数人认为是直销模式促成了戴尔公司骄人的业绩。实际上,虽然直销模式是戴尔公司取得竞争优势的一个方面,但更重要的是戴尔公司选择了被约瑟夫·派恩等学者认为是竞争的新前沿的生产组织模式——大规模定制,而支撑戴尔公司成功实现大规模定制的关键是其敏捷物流管理模式。

1. 戴尔敏捷物流模式的构建和实施

(1) 供应物流

戴尔公司的供应物流主要是指公司的物料采购运作,涉及商务计划和物料采购等环节,其目标是在保证物料供应的基础上库存最小。深谙外包精髓的戴尔公司没有在零部件生产上花精力,而将这些工作交由Intel等硬件生产厂家完成。因此,供应物流能否敏捷响应将直接影响戴尔公司的后续乃至整体生产运营。

戴尔公司的供应物流采用第三方物流模式,其实施的关键是供应商管理库存(VMI)和信息共享。戴尔公司先和供应商签订合同,要求每个供应商都必须按照它的生产计划,按照8～10天的用量将物料放在由第三方物流企业管理的VMI仓库里(在美国,第三方物流企业是伯灵顿全球有限公司)。戴尔公司确认客户订单后,系统会自动生成一个采购订单给伯灵顿,伯灵顿公司在90分钟内迅速将零部件运送到戴尔公司的装配厂(称为客户服务中心),最后由供应商根据伯灵顿公司提供的送货单与戴尔公司结账。为了使自己和供应商的库存都尽可能降到最低,戴尔公司告诉供应商真实的需求,戴尔公司的零部件库存周期一直维持在 4 天以内，远低于行业 30～40 天的平均水平。零部件库存的减少是戴尔公司增加利润的一个重要来源，也是因 IT 行业零部件和产成品更新加快而规避贬值风险的一种重要手段。

(2) 生产物流

由于戴尔公司生产的是定制产品，所以不同的计算机可能有不同的规格要求，也就要求有不同的零部件和组装方式，弹性很强。因此，戴尔公司必须选择与此匹配的装配生产方式和物流运作方式。戴尔公司的客户订单确立后，系统在传递物料采购信息的同时，迅速将顾客订单安排到具体的生产线上。零部件通过第三方物流企业的车厢卸到戴尔公司客户服务中心之后，通过以下四个步骤完成生产运作和生产物流的过程：一是配料，就像药剂师根据医生的药方配药一样，工人根据客户下的订单连同规格要求组配好各种零件放入一个盒子中，然后送往具体的生产线；二是组装生产，每个生产线上的组装工人根据规格要求，从盒子中取出零件进行装配，一个人完成整机的装配工作；三是对整机进行硬件和软件配制的测试，通过专有软件进行 2～10 小时的自动测试，如果发现问题，将整机返回到组装生产线上进行修正；四是包装，包装好的机器从生产线下来后，运送到特定区域分区配送。从整个流程来看，零部件从送进戴尔公司的客户服务中心到产成品运出，通常只需要 4～6 小时。

(3) 销售物流

由于自营物流具有分散资源、送货不经济、物流成本增加等缺点，戴尔公司的销售物流也采用外包形式。目前，在全球承担戴尔公司销售物流的有联邦快递、伯灵顿和敦豪等企业。

在销售物流环节，其敏捷性体现在产品是直接从戴尔公司的客户服务中心运送到客户手中，省掉了中转环节，极大地缩短了产品送达的时间，降低了物流成本。第三方物流企业早在戴尔公司的客户订单确立时，就已被告知货物物流要求，提前制订配送计划，确定运输路线、车辆调度及人员配备等，使戴尔公司产品可以立即送往客户处。在整个物流过程中，戴尔公司可以通过第三方物流企业的信息管理系统实施跟踪，监控销售物流的质量和效率。

2. 戴尔公司敏捷物流的启示

通过分析戴尔公司敏捷物流模式的构建和运作，可以得到以下启示：

(1) 快速获取和聚集客户订单

戴尔公司的敏捷物流首先表现在能够快速获取和聚集客户的订单。与竞争对手依靠经销商反馈客户需求信息不同，戴尔公司是通过网络或电话与客户直接联系，获取第一手信息，极大地缩短了获取需求信息的时间，并保证了其准确性。戴尔公司通过网络形成客户订单的时间一般只有几分钟。客户订单生成后经戴尔公司的数据处理系统自动进行聚集分类，形成各种零部件需求单传送给上游供应商。戴尔公司通过“虚拟整合”的方式，以客户订单为核心打造了一条由零部件供应商、戴尔公司客户服务中心、第三方物流服务提供商和客户组成的快速而高效的供应链，实现其物流的敏捷运作和管理。

(2) 与供应商建立战略伙伴关系

对于唇齿相依的供应商，戴尔公司十分注重与其建立双赢的战略伙伴关系，其国际采购事务处的主要职能就是对供应商进行指导、协调与管理，并将自己在供应链设计、规划和实施等方面的经验传授给供应商，共同探讨技术、设计和生产过程等多方面的细节，帮助供应商共同成长，实现提高最终客户满意度及忠诚度的目的。具体实施时，公司通过信息共享来帮助供应商降低库存。如果缺乏某种零部件，戴尔公司的敏捷物流管理部门会及时与顾客联系，将供应商现有的替代品以优惠价格推荐给顾客，以帮助供应商减少库存。正是这种双赢的战略思想，保证了戴尔公司供应物流的敏捷高效。

(3) 信息高度共享

戴尔公司敏捷物流模式成功的重要保障是公司与供应商、顾客和第三方物流企业间信息的高度共享。通过互联网和电子数据系统，戴尔公司实时将客户订单信息传递给供应商和第三方物流企业，从而保证了生产运营和管理工作的并行。这不仅减少了库存，而且大大缩短了生产组织和响应时间，提高了整个系统物流运作的效率和效益。

(4) 充分重视和运用第三方物流

第三方物流是目前企业物流运作的重要方式，不仅可以保证戴尔公司全力专注于自己的核心业务，而且通过管理理念先进、功能齐全、网络分布广的第三方物流服务提供商，极大地降低了戴尔公司的物流运作成本，缩短了公司响应客户需求的总时间，实现了公司低成本、快速满足客户独特需求的目标。

第四章　仓储管理与库存控制

【学习目标】

通过本章学习，掌握仓储管理的基本概念、储存规划和仓储作业组织的内容，以及库存控制的基本方法，熟悉仓库建设规划的内容，了解仓储在物流中的地位和作用以及出入库作业、保管作业的基本流程。

【导入案例】

Team Hanes 公司的库存管理

Team Hanes 公司是美国运动服装制造商。通常由于季节、运动方式、时尚、尺寸及款色品种变换等会产生大量的库存，如何使这种不确定性需要得到有效控制，经销此类商品的零售商采取一定的控制对策，有的要求每年库存周转 5 次，并希望订货提前期是 5 天，还要求 95%的履约率和详细准确的价格标签。

在目前这种零售商与制造商角色难以替换的情况下，怎样保持最低的零售库存来实现每年 5 次的周转，而且在零售中有足够的库存以避免缺货？怎样在配送中心保持足够的库存来满足需求中不可预见情况的同时，又不会遭受价格下跌而过多抛售的风险？怎样平衡各类产品生产大批量与需求小批量的成本利益？Team Hanes 公司为此采取了相应措施，并为在大型零售商店中出售运动衣应用了供应商管理系统(VMI)。其方案是和零售商更紧密地协作管理各类服装，这包括积极地监控和调整商店一级的各种款式服装的库存，根据 POS 数据，每周进行库存补货，并把带标价签的产品直送商店。公司通过管理从零售到生产的整个供应链，缩短了供货周期，降低库存(如零售商的配送中心)，从而对多变的消费需求作出更快的反应。Team Hanes 公司的供应商管理系统能够增加零售商与 Team Hanes 公司间运动衣交易量，然而随着业务的发展，随着产品线扩大且经销产品的零售店的增加，供应商管理系统的持续实施也面临着挑战。

Team Hanes 公司认识到，要在这个瞬息万变的运动衣市场实现赢利目标，需要一个能够更可靠地满足消费需求且整个系统的库存又比传统方式更少的经营基础。Mercer 公司帮助 Team Hanes 公司设计了一个业务系统，使公司在发展的时候获得这些供应商管理的利益。

已开发的 Team Hanes 公司业务系统，根据消费需求预测，以一体化的方式管理整个供应链，解决了传统方式的不足，以系统化思想来整合供应链中的所有活动。

利用消费需求预测，可每周检查服装零售信息，以调整各种款式服装的库存水平，满足当前的需求，而不是保持若干周销量的库存。

结合商店 POS 数据和对各款服装库存的调整，公司每周确定向各零售店铺的发货。这些补充供货在 Team Hanes 公司的配送中心拣选后，直接运到商店。这种补充商品的方式降低了中间环节库存维持水平，缩短了订货周期。在配送中心内，对销量大的商品品种采用更为专门的自动化处理技术，进一步降低了成本，提高了反应速度。

根据消费需求预测和对不确定性的分析，在 Team Hanes 配送中心内，每个品种的库存每周都要再次评定。消费需求趋势方面的变化在相应的时期被自动整合到库存计划中，以更好地预防潜在缺货情况的发生。采取这种方式，改变了传统的“库存以几周计算”的习惯，库存要不断与每周的消费需求预测比较，而不是用过去的平均消耗率。

根据库存与消费需求预测，每个品种的生产计划均要每周进行检查，经预测任一品种低于所需的库存水平时，就安排生产计划。这种方式以一种对需求的前瞻性眼光关注生产计划，能充分满足消费需求，并在问题出现之前就采取措施。

每个品种的生产规模得到优化，以平衡根据每个品种的具体销售特征计算出的经济订货批量和预测消费需求，由此大量生产可以保证，而且成品库存量总是和下几周的预期销量相联系。

零售式样、成品库存水平和生产进度怎样才能既针对每个品种、每周进行的检查，而又不花费大量人力呢？关键在于整个流程实现真正的自动化。在日复一日的供应链运营中，所有决策能够从消费需求预测中制定。Team Hanes 公司的计算机系统可以为供应链中的每项活动推荐最佳方案。这些建议能够自动执行(例如，对量小的式样的库存调整)或者为检查作出提示(如生产计划方面)。

这个业务系统在业务增长时，能够一致地和可靠地向零售商传达 Team Hanes 公司独特的价格建议。它使 Team Hanes 公司运动装的供应链管理前后衔接，零售商和自己双方在收入和利润上均实现最大化。

第一节　仓储管理概述

一、仓储在物流中的地位和作用

1. 仓储的内涵

仓储是利用仓库及相关设施设备进行物品的入库、存贮、出库的活动(中华人民共和国国家标准《物流术语》)。

仓储在英文中对应的词是“warehousing”,它发展到今天,已经不是传统意义上的“仓库”、“储存”与“仓库管理”,而是“现代”仓储,即在经济全球化与供应链一体化背景下的仓储,是现代物流系统中的仓储。根据发达国家的研究,“warehousing”表示一项活动或一个过程,是以满足供应链上下游的需求为目的,在特定的有形或无形的场所、运用现代技术对物品的进出、库存、分拣、包装、配送及其信息进行有效的计划、执行和控制的物流活动。从这个概念可以看出,仓储有以下五个基本内涵:

(1) 仓储首先是一项物流活动,或者说物流活动是仓储的本质属性

仓储不是生产,不是交易,而是为生产与交易服务的物流活动中的一项。这表明仓储只是物流活动之一,应该融于整个物流系统之中,应该与其他物流活动相联系、相配合。这一点与传统的“仓库管理”是有较大区别的。

(2) 仓储的基本功能包括物品的进出、库存、分拣、包装、配送及其信息处理

物品的出入库与在库管理可以说是仓储的最基本的活动,也是传统仓储的基本功能,只不过管理手段与管理程度得到了提升;物品的分拣与包装,过去也是有的,只不过现在更普遍、更深入、更精确,甚至已经与物品的出入库和在库管理相结合,共同构成现代仓储的基本功能;之所以将“配送”作为仓储活动、作为仓储的基本功能之一,是因为配送不是一般意义上的运输,而是仓储的自然延伸,是仓库发展为配送中心的内在要求,如果没有配送,仓储也就仍然是孤立的仓库;至于信息处理,已经是现代经济活动的普遍现象,当然也应是仓储活动的内容之一,离开了信息处理,也就不称其为现代仓储了。

(3) 仓储的目的在于满足供应链上下游的需求

这与过去仅仅满足“客户”的需求在深度与广度方面都有较大区别。谁委托、谁提出需求,谁就是客户。客户可能是上游的生产者,可能是下游的零售者,也可能是企业内部,但仓储不能仅仅满足直接“客户”的需求,也应满足“间接”客户即客户的客户的需求。仓储应该融入到供应链上下游之中,根据供应链的整体需求确立仓储的角色定位与服务功能。

（4）仓储的条件是特定的有形或无形的场所与现代技术

"特定"是指各个企业的供应链是特定的，仓储的场所也是特定的；有形的场所是指仓库、货场或储罐等，现代经济背景下，仓储也可以在虚拟的空间进行，也需要许多现代技术的支撑，离开了现代仓储设施设备及信息化技术，也就没有了现代仓储。

（5）仓储的方法与水平体现在有效的计划、执行、保护和控制等方面

移动、储存和控制是现代管理的基本内涵，科学、合理、精细的仓储离不开有效的计划、执行和控制。

随着物流向供应链管理方向的发展，企业越来越多地强调仓储作为供应链中的资源提供者的独特角色。仓库再也不是存储物品的库房了。

2. *仓储在物流中的地位和作用*

仓储角色的变化，用一句话概括就是仓库向配送中心的转化。传统仓库与现代配送中心的本质区别是：仓库侧重于管理空间，而配送中心更侧重于管理时间（即物品周转速度），所以说，两者的本质区别是配送中心既管理空间又管理时间。这就是为什么美国 85％以上的配送中心都提供越库（corss docking）服务的原因。如果对配送中心（仓储）进行具体分析，仓储在物流和供应链中的角色可以概括为四个中心。

（1）仓储是物流与供应链中的库存控制中心

库存成本是主要的供应链成本之一。在美国，库存成本约占供应链总成本的 1/3。因此，管理库存、减少库存、控制库存成本就成为仓储在供应链框架下降低供应链总成本的主要任务。

（2）仓储是物流与供应链中的调度中心

仓储直接与供应链的效率和反应速度相关。人们希望现代仓储处理物品的准确率能达到 99％以上，并能够对特殊需求做出快速反应，当日配送已经成为许多仓库所采用的一种业务方式，客户和仓库管理人员不断提高精确度、及时性、灵活性以及对客户需求的反应程度等方面的目标。

（3）仓储是物流与供应链中的增值服务中心

现代仓储不仅提供传统的储存服务，还提供与制造业的延迟策略相关的后期组装、包装、打码、贴商标、客户服务等增值服务，提高客户满意度，从而提高供应链上的服务水平，可以说，物流与供应链中的绝大部分增值服务都体现在仓储上。

（4）仓储还是现代物流设备与技术的主要应用中心

供应链一体化管理，是通过现代管理技术和科技手段的应用而实现的，这种应用更多地体现在仓储上。流程管理、质量管理、逆向物流管理等管理手段

提高了仓储效率,促进了供应链上的一体化运作,而软件技术、互联网技术、自动分拣技术、光导分拣、RFID、声控技术等先进的科技手段和设备的应用,则为提高仓储效率提供了实现的条件。

二、仓储管理基本内容

仓储管理是对仓储设施布局和设计以及仓储作业所进行的计划、组织、协调与控制。

仓储管理的研究内容非常广泛。仓储,就是在“仓”中“储”存“物”,因此,仓储管理就是对这三个关键词的管理。

仓:指的是仓储活动所需的设施,一般是各种类型的仓库,也包括保税仓库、储备仓库等。仓库的管理活动范围极广,从仓库是否需要建设的决策开始,到仓库的选址、规模确定、内部布置与布局、设备选择,涉及多个学科的内容。

储:指的是储存,即仓库储存物品所涉及的业务及其管理,内容也极其广泛。首先,进库的物品怎么放、放在哪里——这是物品储存规划、储位管理需要解决的问题;其次,还包括物品的出入库业务、在库业务管理。

物:对于所储存的“物”的管理,要非常细致。首先,所储存物品的质量需要保证,即库存物品的养护;其次,要对所储物品的数量进行管理,就是我们非常熟悉的库存控制问题。除此之外,还包含着很多相关的问题,例如在储存过程中发生的装卸搬运、包装、流通加工,以及储存的安全管理、成本管理、现代化管理等。

三、仓储管理模式

仓储管理模式是库存保管的方法和措施的总和。

企业拥有一定数量的库存是客观事实。库存控制和保管是企业生产经营过程管理的重要环节,仓储成本是企业物流总成本的重要组成,因此选择适当的仓储管理模式,既可以保证企业的资源供应,又可有效地控制仓储成本。

1. 仓储管理模式分类

仓储管理模式按仓储活动的运作方可以分为自建仓库仓储、租赁仓库仓储和第三方仓储;还可以按库存所有权划分为寄售和供应商管理库存等。

(1) 自建仓库仓储

自建仓库仓储可配合企业本身生产线的需要,设计符合自己特点的仓库布置与建筑结构。优点是:① 可以根据企业特点加强仓储管理;② 可以依照企业的需要选择地址和修建特需的设施;③ 长期仓储时成本低;④ 可以为企业树立良好形象。缺点是:① 存在位置和结构的局限性;② 企业的部分资金被长期占用。

(2) 租赁仓库仓储

租赁仓库仓储就是委托营业型仓库进行仓储管理。优点是:① 需要保管时,保证有场所,不需要保管时,不用承担仓库场地空闲的无形损失;② 有专家进行保管和进出物品的工作,管理安全;③ 不需仓库建设资金;④ 可以根据市场需求变化选择仓库的租用面积与地点。

缺点是:① 当物品流通量大时,仓库保管费与自建仓库相比较高;② 所保管的物品需遵守营业仓库的各种限制规则。

(3) 第三方仓储

第三方仓储又称合同仓储(contract warehousing),是指企业与第三方仓储公司签订长期互惠的协议,将仓储管理等物流活动转包给第三方仓储公司,由第三方仓储公司为企业提供特别定制的仓储与综合物流服务。

第三方仓储不同于一般的租赁仓库仓储,它能够提供专业化的高效、经济和准确的物流服务。可以为货主提供存储、卸货、拼箱、订货分类、现货库存、在途混合、存货控制、运输安排、信息和货主要求的其他专门物流服务,并且同货主分担与经营有关的风险。优点是:① 有利于企业有效利用资源;② 有利于企业扩大市场;③ 有利于企业进行新市场的测试;④ 有利于企业降低运输成本。缺点是:对物流活动失去直接控制。

2. 仓储管理模式的决策

(1) 三种仓储模式的成本比较

三种仓储模式的成本如图 4-1 所示。

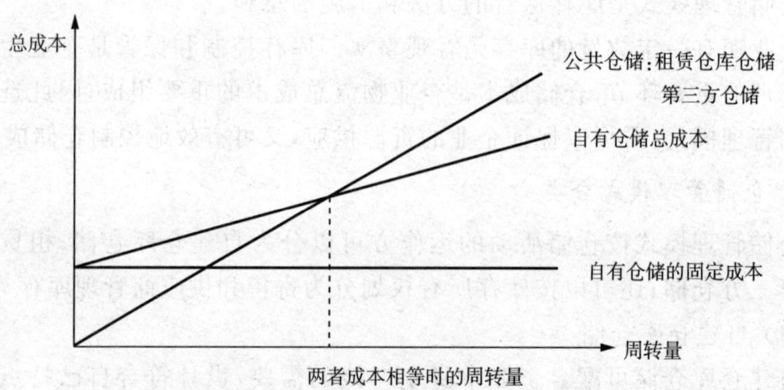

图 4-1　三种仓储模式的成本比较

自建仓库仓储的总成本包括固定成本和变动成本两部分。租赁仓库仓储和第三方仓储的成本只包括变动成本。

营业性仓库一般是按照仓储物品所占用的空间收费，随着仓储量的增加，租赁的空间就会增加。所以，租赁仓库仓储和第三方仓储的仓储成本与周转量成正比，其成本函数是线性的。自建仓库仓储的变动成本增长速率通常低于租赁仓库仓储和第三方仓储的仓储成本增长速率。当周转量达到一定规模时，两条成本线相交，即成本相等。在周转量较低时，选择租赁仓库仓储和第三方仓储；周转量达到一定规模后，选择自建仓库仓储更经济合理。

（2）三种仓储模式的适用条件

一个企业是自建仓库仓储、租赁仓库仓储还是采用第三方仓储的仓储管理模式，主要由物品周转总量、需求的稳定性和市场密度三大因素决定。见表 4－1。

表 4－1　三种模式的适用条件

仓储模式	周转总量		需求的稳定性		市场密度	
	大	小	是	否	集中	分散
自建仓库仓储	√	×	√	×	√	×
租赁仓库仓储	×	√	×	√	×	√
第三方仓储	×	√	×	√	×	√

自建仓库仓储有较大的固定成本，因此，只有周转量较高时，由于可以把固定成本均摊到大量存货中，自建仓库仓储才更经济；否则，选择租赁仓库仓储和第三方仓储。

需求稳定性是选择自建仓库与否的一个关键因素。如果企业有多条产品线，仓库具有稳定周转量，自建仓库的运作才更经济；否则，选择租赁仓库仓储和第三方仓储。

当市场密度较大或者供应商相对集中时，自建仓库能提高企业对供应链稳定性和成本的控制力。反之，当供应商和用户较为分散而使市场密度较低时，在不同地区选择几个公共仓库比自建一个仓库服务一个很大地区更经济。

四、仓储合理化

1. 仓储合理化的含义

仓储合理化就是用最经济的仓储管理来实现仓储的功能。

仓储的功能是对需要的满足，实现被储物的“时间价值”，这就必须“有一定储量”。这是仓储合理化的前提。但是，仓储的不合理往往是对仓储功能实现的过分强调、过分投入仓储力量和其他仓储劳动所造成的。所以，合理仓储的实质是在保证仓储功能实现前提下的尽量少的投入。

2. 仓储合理化的衡量

仓储合理化可以从质量、数量、时间、费用、结构、分布等方面衡量，常用指标见表4-2所列。

表4-2 仓储合理化的衡量指标

指标类型	仓储合理化的内容
质量指标	保证被仓储物的质量，是完成仓储功能的根本要求，只有这样，物品的使用价值才能通过物流之后得以最终实现。在仓储中增加了多少时间价值或是得到了多少利润，都是以保证质量为前提的。所以，仓储合理化的主要指标中，首要的应当是反映使用价值的质量指标。
数量指标	在保证仓储功能实现的前提下有一个合理的数量范围。合理的仓储数量应该是既满足需要又使成本最低。
时间指标	在保证仓储功能实现的前提下，寻求一个合理的储存时间。这是和数量有关的问题，储存量越大而消耗速率越慢，则储存的时间必然长，相反则必然短。在具体衡量时往往用周转天数、周转次数等指标来反映时间指标，仓储的时间指标反映出仓储的动态管理制度。
费用指标	从仓租费、维护费、保管费、损失费、资金占用、利息支出等实际费用上判断储存的合理与否。
结构指标	是从被储物不同品种、不同规格、不同花色的仓储数量的比例关系对储存合理性的判断。尤其是相关性很强的各种物品之间的比例关系更能反映储存合理与否。
分布指标	指不同地区储存的数量比例关系。以此判断对需求的保障程度，也可以此判断对整个物流的影响。

第二节 仓库建设规划

一、仓库的分类

仓库是保管、储存物品的建筑物和场所的总称，包括库房、货棚、货场等。可以根据不同的分类标准，将仓库分为不同的类型。

1. 按使用范围分类

① 自用仓库。是生产或流通企业为本企业经营需要而修建的附属仓库，完全用于储存本企业的原材料、燃料、产成品等物品。

② 营业仓库。是一些企业专门为了经营储运业务而修建的仓库。

③ 公用仓库。是由国家或某个主管部门修建的为社会服务的仓库，如机场、港口、铁路的货场、库房等仓库。

④ 出口监管仓库。是经海关批准，在海关监管下存放已按规定领取了出口货物许可证或批件，已对外买断结汇并向海关办完全部出口海关手续的货物的专用仓库。

⑤ 保税仓库。是经海关批准，在海关监管下专供存放未办理关税手续而入境或过境货物的场所。

2. 按保管物品种类的多少分类

① 综合仓库。指用于存放多种不同属性物品的仓库。

② 专业仓库。指用于存放一种或某一大类物品的仓库。

3. 按仓库保管条件分类

① 普通仓库。指用于存放无特殊保管要求的物品的仓库。

② 保温、冷藏、恒湿恒温仓库。指用于存放要求保温、冷藏或恒湿恒温的物品的仓库。

③ 特种仓库。通常是指用于存放易燃、易爆、有毒、有腐蚀性或有辐射性的物品的仓库。

④ 气调仓库。指用于存放要求控制库内氧气和二氧化碳浓度的物品的仓库。

4. 按仓库建筑结构分类

① 平房(单层)仓库。构造比较简单，建筑费用便宜，人工操作比较方便。

② 楼房(多层)仓库。是指二层楼以上的仓库，它可以减少土地占用面积，进出库作业可采用机械化或半机械化。

③ 高层货架仓库。在作业方面，高层货架仓库主要使用计算机控制，能实现机械化和自动化操作(见图 4-2)。

④ 罐式仓库。构造特殊，呈球形或柱形，主要是用来储存石油天然气和液体化工品等(见图 4-3)。

图 4-2　高层货架仓库

图 4-3　罐式仓库

⑤ 料棚(半封闭式仓库)。这种仓库保管条件不如库房,但出入库作业比较方便,且建造成本较低,适宜存放那些对温湿度要求不高且出入库频繁的物品(见图 4-4)。

⑥ 露天堆场。用于物品露天堆放的场所。一般堆放的是大宗原材料,或不怕受潮的物品(见图 4-5)。

图 4-4　料棚(半封闭式仓库)

图 4-5　露天堆场

5. 按建筑材料分类

现代化的高层楼房仓库,用钢筋混凝土的较多;一般平房仓库大部分仍采用砖石和木结构;一些用特殊仓库如储油罐等,则用钢结构。

也有一些新型材料建成的仓库。

【案例 4-1】

阿根廷广泛使用的塑料粮库袋

在阿根廷一望无垠的潘帕斯平原上，到处可以看到一条一条的白色长龙俯卧在刚刚收割过的田野里，这就是农户们用来储存粮食的塑料粮仓，叫做粮库袋(见图 4-6)。

粮库袋是用低密度聚酯材料制作的，每个一般直径 2.7 米，长 61 米，可以储藏 200 吨粮食，储存期可以达数年之久。每个粮库袋售价 850 比索(约合 280 美元)。这种储藏粮食的方式解决了农户在收获季节缺乏仓储能力的困难。农户可以将收获的粮食就地储存，等待市场价格合适时再出售，不必因为无法储藏而匆忙出售，在价格上吃亏。这样还可以节省运费，因为在高峰期，运费总是比较高的。粮库袋在其他国家也有，但是在阿根廷使用最普遍，全国有 8 家工厂生产塑料粮库袋。阿根廷企业还开发了自己的新的生产技术，将产品出售给其邻国和法国、澳大利亚等国家。

图 4-6　阿根廷广泛使用的塑料粮库袋

6. 按库内形态分类

① 地面型仓库。一般指单层地面库，多使用非货架型的保管设备。

② 货架型仓库。指采用多层货架保管的仓库。在货架上放着物品和托盘，物品和托盘可在货架上滑动。货架分固定货架和移动货架。

③ 自动化立体仓库。自动化立体仓库主要由库房、机械设备(高层货架、货箱与托盘、搬运设备等)、计算机仓库管理系统、配套的公用设施(例如消防系统、照明系统、通风及采暖系统、给排水系统、动力系统等)组成(见图 4-7)。

图 4-7　自动化立体仓库

7. 按仓库功能分类

① 集货中心。将零星物品集中成批量物品称为“集货”。集货中心可设在生产点数量很多、每个生产点产量有限的地区；只要这一地区某些产品的总产量达到一定水平，就可以设置这种有集货作用的物流据点。

② 分货中心。将大批量运到的物品分成批量较小的物品称为“分货”，分货中心是主要从事分货工作的物流据点。企业可以采用大规模包装、集装箱散装的方式将物品运到分货中心，然后按企业生产或销售的需要进行分装。利用分货中心可以降低运输费用。

③ 加工中心。加工中心的主要工作是进行流通加工。设置在供应地的加工中心主要进行以物流为主要目的的加工，设置在消费地的加工中心主要进行以实现销售、强化服务为主要目的的加工。

④ 转运中心。转运中心的主要工作是承担物品在不同运输方式间的转运。转运中心可以进行两种运输方式的转运，也可进行多种运输方式的转运，在名称上有的称为卡车转运中心，有的称为火车转运中心，还有的称为综合转运中心（cross docking 交叉站台、越库作业），如图 4-8 所示。

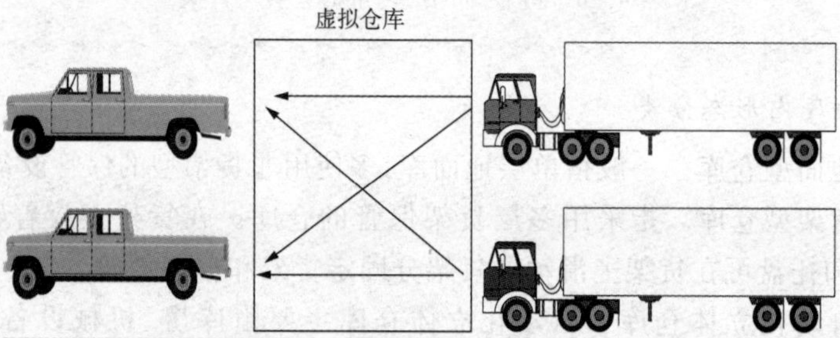

在直接转运系统中，仓库是库存的协调点而不是存储点。
物品在仓库中停留的时间很短，通常不超过 12 小时。
这种系统通过缩短存储时间，降低了库存成本，加速了流通。

图 4-8　转运中心作业示意图

二、仓库建设规划的内容

所谓仓库建设规划，就是从空间和时间上对仓库的新建、改建和扩建进行全面系统的规划。

仓库建设规划的内容包括：确定仓库规模及服务范围；确定备选仓库地址；仓库库区平面规划设计；确定仓库建筑类型及规模；确定仓库设备类型及数量；确定仓库技术作业流程；预测仓库建设投资及运行费用。

仓库建设规划流程如图 4－9 所示。

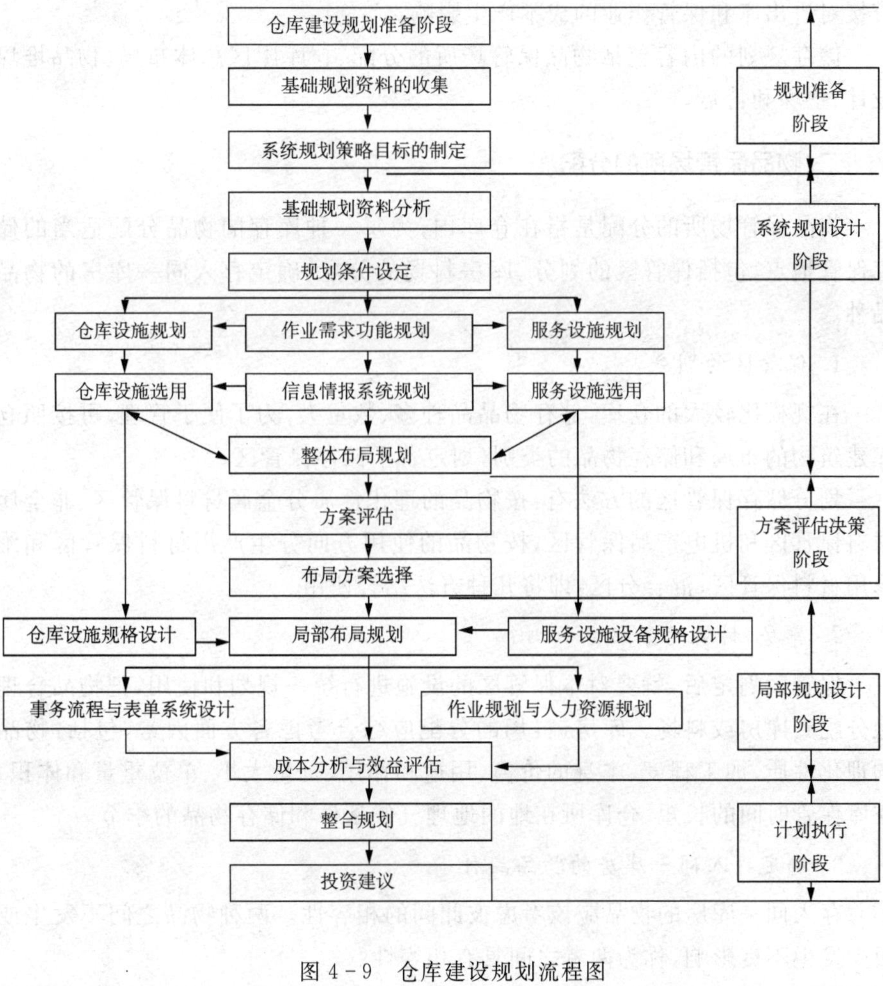

图 4－9　仓库建设规划流程图

第三节 储存规划

一、储存规划的定义

储存规划就是根据仓库总平面布置和物品储存任务,对仓库生产作业区的库房、货棚、物品进行合理分配,并对其内部空间进行科学布置。

仓库储存规划涉及仓库空间利用与库存物品处置成本之间如何进行平衡的问题,因此,仓库储存规划不仅直接影响仓库的进出库作业的流畅性,还将直接对进出库和保管作业的成本产生影响。

储存规划的内容包括物品保管场所的分配、仓库库区总体布局、物品堆垛设计、垫垛和苫盖。

二、物品保管场所的分配

物品保管场所的分配是指在仓库内,为每一种库存的物品分配适当的储存保管地点,包括保管区的划分、库房料场的分配、确定存入同一库房的物品品种。

1. 保管区的划分

在规模比较大的仓库,储存物品品种多、数量大,为了便于管理,可按照仓库建筑物的布局和储存物品的类别,划定若干储存保管区。

划分储存保管区的方法有:按物品的理化性质分金属材料保管区、非金属材料保管区和机电产品保管区;按物品的使用方向分生产用材料保管区和维修用材料保管区;混合分区,即将几种方法结合使用。

2. 库房、料场的分配

保管区划定后,就要对本保管区的设施进行统一规划和使用,把物品合理地分配到库房或料场。库房、料场的分配应综合考虑各方面因素,包括:物品的理化性质、加工程度、本身的价值、用途和作用、批量大小、单位重量和体积、在库保管时间的长短、仓库所在地的地理气候条件和储存物品的季节。

3. 确定存入同一库房的物品品种

存入同一库房的物品应该考虑彼此间的相容性。两种物品之间不发生或很少发生不良影响,称为两者之间具有相容性。

下列物品不宜混存:一是相互影响的物品,主要是粉尘材料和精密仪器、腐蚀性物品和易被腐蚀的物品、大部分化工危险品；二是要求不同保管条件的物品，主要是怕潮湿与怕干燥的物品、怕高温的物品与一般物品；三是要求不同作业手段的物品，主要是体积大小相差悬殊的物品和单重相差很大的物品。

三、仓库库区总体布局

仓库库区总体布局是指在规划管理部门批准使用地的范围内，按照一定的原则，把仓库的各种建筑物、道路等各种用地进行合理协调的系统布置，使仓库的各项功能得到发挥。

1. 仓库库区构成

仓库库区由仓库作业区、辅助生产区和行政商务区构成。仓库作业区内主要进行装卸货、入库、拣选、流通加工、出库等作业，这些作业一般具有流程性的前后关系。辅助生产区和行政商务区内主要进行计划、协调、监督、信息传递、维修等活动，与各作业区有作业上的关联性。

2. 仓库作业区布置的形式

仓库作业区布置的形式可以概括为平面布置和空间布置。

(1) 平面布置

平面布置是指对作业区内的货垛、通道、垛间（架间）距、收发货区等进行合理的规划，并正确处理它们的相对位置。平面布置的形式通常有垂直式和倾斜式。

① 垂直式布局。它是指货垛或货架的排列与仓库的侧墙互相垂直或平行，具体包括横列式布局、纵列式布局、纵横式布局。

横列式布局是指货垛或货架的长度方向与仓库的侧墙互相垂直，如图 4-10 所示。这种布局的主要优点是主通道长且宽，副通道短，整齐美观，便于存取查点，还有利于通风和采光。

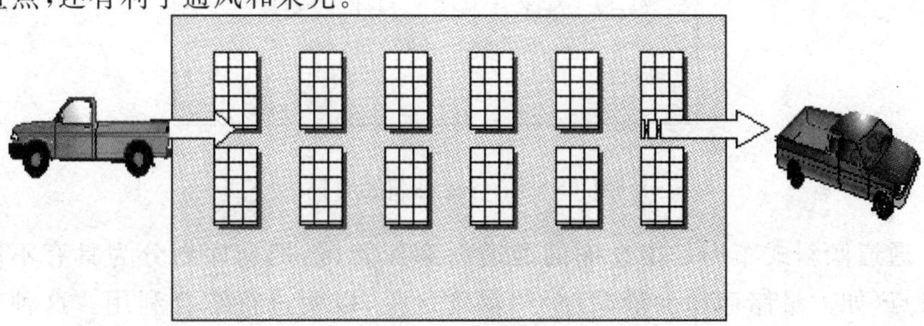

图 4-10　横列式布局

纵列式布局是指货垛或货架的长度方向与仓库侧墙平行，见图 4－11。这种布局的优点主要是可以根据库存物品在库时间的不同和进出频繁程度安排货位：在库时间短、进出频繁的物品放置在主通道两侧；在库时间长、进出不频繁的物品放置在里侧。

纵横式布局是指在同一保管场所内，横列式布局和纵列式布局兼而有之，可以综合利用两种布局的优点，如图 4－12 所示。

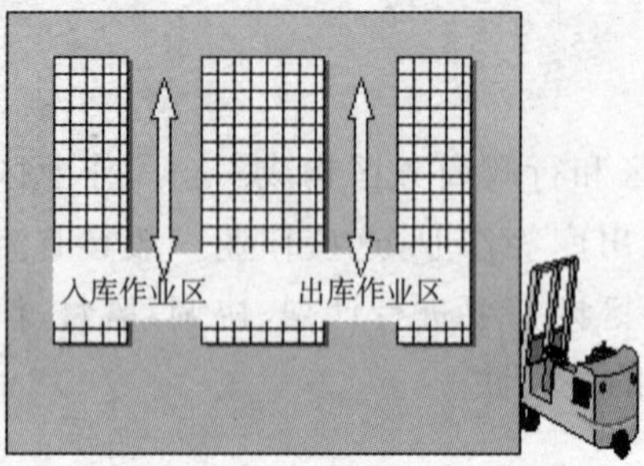

图 4－11　纵列式布局

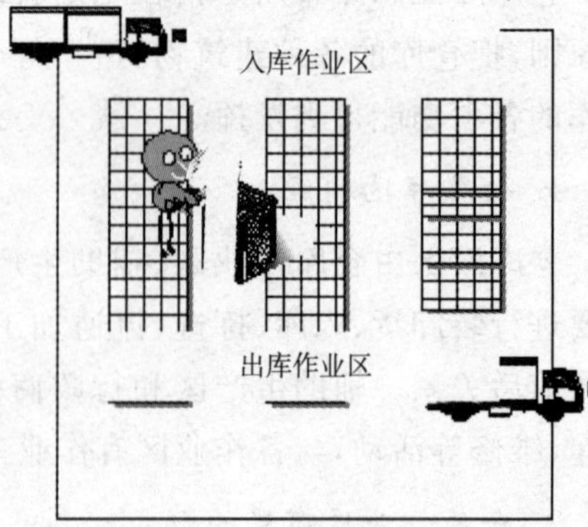

图 4－12　纵横式布局

② 倾斜式布局。它是指货垛或货架与仓库侧墙或主通道成 60°、45°或 30°夹角。具体包括货垛（架）倾斜式布局和通道倾斜式布局。

货垛倾斜式布局是横列式布局的变形，它是为了便于叉车作业、缩小叉车的回转角度、提高作业效率而采用的布局方式，如图 4－13 所示。

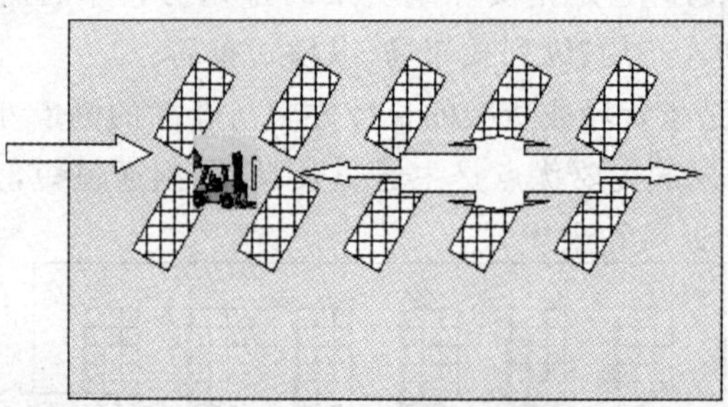

图 4－13　货垛倾斜式布局

通道倾斜式布局是指仓库的通道斜穿保管区，把仓库划分为具有不同作业特点（如大量储存和少量储存）的保管区等，以便进行综合利用。这种布局形式下，仓库内形式复杂，货位和进出库路径较多，如图 4－14 所示。

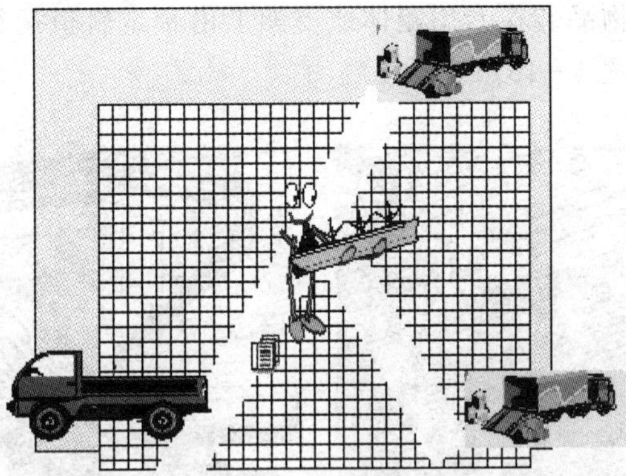

图 4-14　通道倾斜式布局

(2) 空间布置

空间布置也称为仓库内部竖向布局，指库存物品在仓库立体空间上的布局，其目的在于充分有效地利用仓库空间。空间布置的形式主要有以下几种：

① 就地堆码。借助于物品的外部轮廓或包装进行堆垛。托盘、集装箱堆码就是其中典型的布置形式。

② 利用货架存放。将物品直接或装入货箱、托盘后存入货架。

③ 架上平台。架上平台也称为阁楼式货架，是一种能充分利用空间的简易货架。用货架做楼面支撑，在货架上建造一个阁楼以增加储存面积，可灵活设计成二层及多层。阁楼楼板上可以放置重量较轻、小件物品或储存期长的物品。设置有楼梯和货物提升电梯等，也可用叉车、提升机、输送带或升降台提升物品。阁楼上一般采用轻型小车或托盘牵引小车作业。架上平台适用于库房较高、货物轻小、人工存取、储货量大情况下的物品储存，见图 4-15。

图 4-15　架上平台

④ 空中悬挂。将物品悬挂在库墙上或库房的上部结构上。它是在空间输送物品的设备,物品装在专用箱体或支架上沿预定轨道运行,箱体可在空间上下坡和转弯,见图 4-16。

图 4-16　空中悬挂

3. 库房内部储位(货位)布置

库房内部储位布置的主要目的是提高库房内作业的灵活性和有效利用库房内部的空间。

(1) 储位存货方式

主要分为固定型和流动型两种。

① 固定型。固定型是利用信息系统事先将货架进行分类、编号,并贴上货架代码,各货架内装置的物品事先加以确定。在固定型管理方式下,各货架内装载的物品长期是一致的。

② 流动型。流动型指所有物品按顺序摆放在空的货架中,不事先确定各类物品专用的货架。流动型管理方式下各货架内装载的物品是不断变化的。

(2) 储位编号

储位编号就是将物品存放场所按照位置的排列,采用统一标记编上顺序号码,并作出明显标志。

我国仓库多采用"四号定位"方法。"四号定位",就是由库房号、货架(垛)号、货架(垛)层号和货位顺序号组成一组数码来表示一个货位,并尽可能与账页编码一致,如图 4-17 所示。

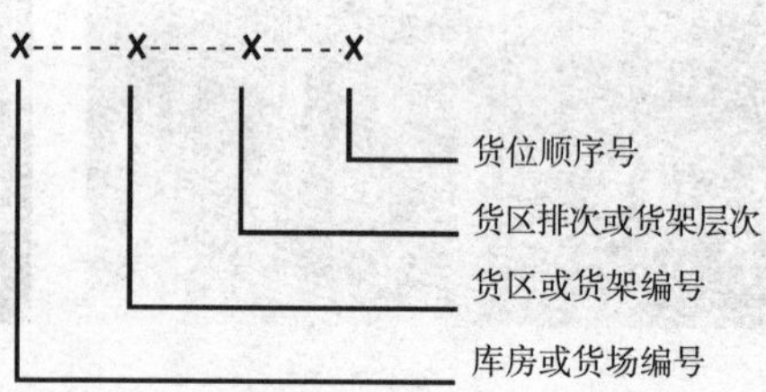

图 4-17　四号定位示意图

储位编号的表示方法一般以字母和阿拉伯数字混合表示。例如,要表示2号库房、3号货架、4层、12号货位,可以表示为B 3 D 12。再如,13－15－2－26即指13号库,15号货架,第2层,第26号货位。

储位编号和储位规划可以绘制成平面布置图。通过图板管理不但可以全面反映库房和货场的物品储存分布情况,而且可以及时掌握物品储存动态,便于仓库调整安排。

4. 库内非保管场所的布置

非保管场所包括通道、墙间距、收发货区、仓库人员办公地点等。

① 通道。库房内的通道,分为运输通道(主通道)、作业通道(副通道)和检查通道。运输通道供装卸搬运设备在库内行走,其宽度主要取决于装卸搬运设备的外形尺寸和单元装载的大小。宽度一般为1.5～3.0米。如果库内安装有桥式起重机,运输通道的宽度可为1.5米甚至更窄些。如果使用手动叉车进入作业通道作业,则通道宽度应视手动叉车的宽度和作业特点而定。一般情况下,作业通道的宽度为1.0米左右。检查通道是供仓库管理人员在检查库存物品的数量及质量时行走的通道,其宽度只要能使检查人员自由通过即可,一般为0.5米左右。

② 墙间距。为了减少库存物品受到库外温湿度的影响,货垛、货架都应与墙体保持一定的距离,不允许货垛、货架直接靠墙堆码和摆放。墙间距的作用一方面是使货垛和货架与库墙保持一定的距离,避免物品受潮,同时也可作为检查通道或作业通道。墙间距一般宽度为0.5米左右,当兼做作业通道时,其宽度需增加一倍。墙间距兼做作业通道是比较有利的,它可以使库内通道形成网络,作业方便。

③ 收发货区。收发货区是供收货、发货时临时存放物品之用的作业场地,可划分为收货区和发货区,也可以划定一个收发货区,收货和发货共用。收发货区的位置应靠近库门和运输通道,可设在库房的两端或适中的位置,并要考虑到收货、发货互不干扰。对靠近专用线的仓库,收货区应设在专用线的一侧,发货区设在靠近公路的一侧;如果专用线进入库房,收货区应设在专用线的两侧。

④ 库内办公地点。仓库管理人员需要一定的办公地点,可设在库内也可设在库外。总的来看,管理人员的办公室设在库内特别是单独隔成房间是不合理的,既不经济又不安全。所以办公地点最好在库外另建办公室,使仓库能存放更多的物品。

四、物品堆垛设计

1. 堆垛

堆垛就是根据物品的包装形状、重量和性能特点，结合地面负荷、储存时间，将物品分别堆码成各种垛形。

物品的堆垛方式直接影响物品的保管，合理地堆垛，能够使物品不变形、不变质，保证物品储存安全；同时，还能够提高仓库的利用率，并便于物品的保管、保养和收发。

2. 堆垛的基本操作要求

① 合理。垛形必须适合物品的性能特点，不同品种、型号、规格、牌号、等级、批次、产地、单价的物品，均应该分开堆垛，以便合理保管，并要合理地确定堆垛之间的距离和走道宽度，以便于装卸、搬运和检查。

② 牢固。货垛必须不偏不斜，不歪不倒，不压坏底层的物品和地坪，与屋顶、梁柱、墙壁保持一定距离，确保堆垛牢固安全。

③ 定量。每行每层的数量力求成整数；过秤物品不成整数时，每层应该明显分隔，标明质量，以便于清点发货。

④ 整齐。垛形有一定的规格，各垛排列整齐有序，包装标志一律朝外。

⑤ 节约。堆垛时要考虑节省货位，以提高仓库利用率。

⑥ 方便。选用的垛形、尺度、堆垛方法应方便堆垛、搬运装卸作业，提高作业效率；垛形应方便理数、查验物品，并方便通风、苫盖等。

3. 货垛“五距”要求

货垛的“五距”指的是垛距、墙距、柱距、顶距和灯距。堆码货垛时，不能依墙、靠柱、碰顶、贴灯；不能紧挨旁边的货垛，必须留有一定的间距。无论采用哪一种垛型，库房内必须留出相应的走道，方便物品的进出和用于消防用途，见表 4－3。

表 4－3　货垛“五距”要求

垛距	墙距	柱距	顶距	灯距
≥1 米	≥0.5 米	≥0.3 米	≥0.3 米	≥0.5 米

4. 堆码方式

常见堆码方式包括重叠式、纵横交错式、仰伏相间式、压缝式、通风式、栽柱式等，见图 4－18。

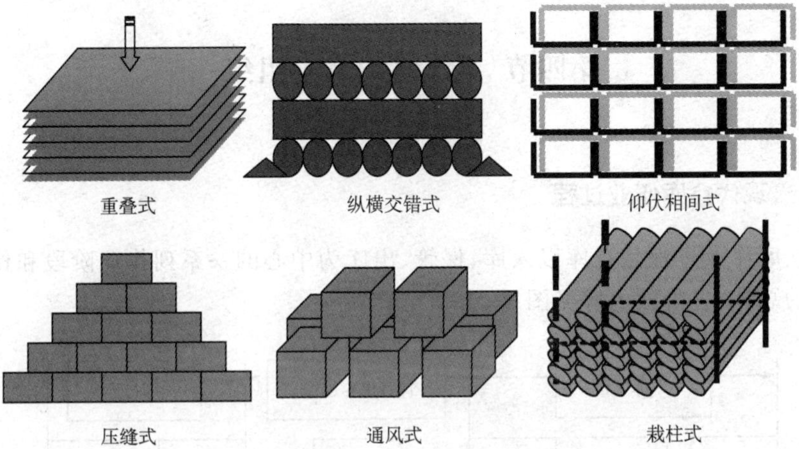

图 4-18　常见堆码方式

① 重叠式。重叠式也称直堆法，是逐件、逐层向上重叠堆码，一件压一件的堆码方式。为了保证货垛稳定，在堆码一定层数后（如 10 层）改变方向继续向上，或者长宽各减少一件继续向上堆放（俗称四面收半件）。该方法比较便于作业、计数，但稳定性较差，适用于袋装物品和箱装、箩筐装物品，以及平板、片式物品等。

② 纵横交错式。将长短一致、宽度排列能够与长度相等的物品，一层横放，一层竖放，纵横交错堆码，形成方型垛。长短一致的锭材、管材、棒材、狭长的箱装材料均可用这种垛形。

③ 仰伏相间式。对于钢轨、槽钢、角钢等物品，可以一层仰放、一层伏放，仰伏相间面相扣，使堆垛稳固。也可以伏放几层，再仰放几层，或者仰伏相间组成小组再码成垛。但是，角钢和槽钢仰伏相间码垛，如果是在露天存放，应该一头稍高，一头稍低，以利于排水。

④ 压缝式。将底层并排摆放，上层放在下层的两件物品之间。如果每层物品都不改变方向，则形成梯形形状；如果每层都改变方向，则类似于纵横交错式。上下层件数的关系分为“2 顶 1”、“3 顶 2”、“4 顶 1”、“5 顶 3”等。

⑤ 通风式。需要防潮湿、通风保管的物品，堆垛时每件物品和另一件物品之间都留有一定的空隙以利于通风。

⑥ 栽柱式。在货垛的两旁栽上两至三根木柱或者是钢棒，然后将材料平铺在柱中，每层或间隔几层在两侧相对应的柱子上用铁丝拉紧，以防倒塌。这种堆垛方式多用于金属材料中的长条形材料，例如圆钢、中空钢的堆码，适宜于机械堆码。

第四节　仓库生产作业组织

一、现代仓库作业过程

仓库作业过程是仓库以入库、保管、出库为中心的一系列作业阶段和作业环节的总称，各阶段内容见图 4－19。

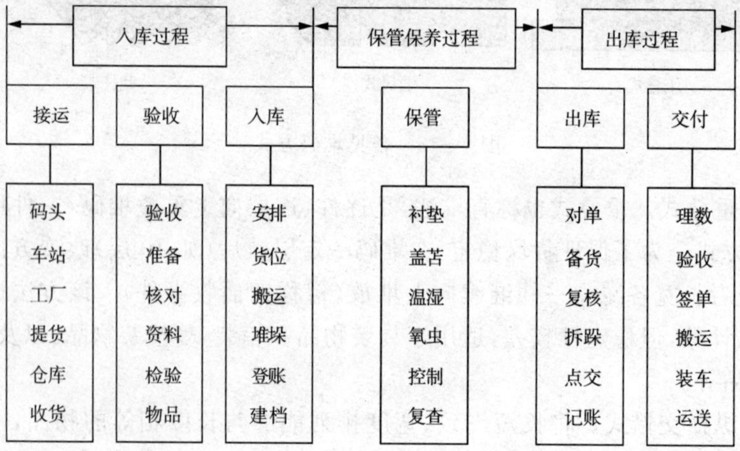

图 4－19　现代仓库作业过程

二、入库作业管理

1. 物品入库准备

仓库应根据仓储合同或者入库单、入库计划，及时地进行库场准备，以便物品能按时入库，保证入库过程顺利进行。仓库的入库准备需要由仓库的业务部门、仓库管理部门、设备作业部门分工合作，共同做好以下工作：熟悉入库物品、掌握仓库库场情况、制订仓储计划、妥善安排货位、做好货位准备、准备苫垫材料和作业用具、验收准备、装卸搬运工艺设定、文件单证准备。

2. 接运

物品到达仓库的形式除了一小部分由供货单位直接运到仓库交货外，大部分要经过铁路、公路、航运、空运和短途运输等方式转运。凡经过交通运输部门转运的物品，均需经过仓库接运后，才能进行入库验收，因此，接运是入库业务流程的第一道作业环节。

接运的主要任务是及时而准确地从交通运输部门提取物品,在接运由承运人转运的物品时,必须认真检查,分清责任,取得必要的证件,避免将一些在运输过程中或运输前就已经损坏的物品带入仓库,造成验收中责任难分和在保管工作中的困难或损失。

3. 检验验收

验收是指仓库在物品正式入库前,按照一定的程序和手续,对到库物品进行数量和外观质量的检查,以验证它是否符合订货合同规定的一项工作。

由于到货的来源复杂、渠道繁多、产地和厂家不同,又都经过不同的运输方式和运输环节的装卸、搬运,有可能使到货在数量上、质量上发生变化,因此,进入仓库储存的物品必须经过检查验收,只有验收合格的物品,方可入库保管。

验收的主要任务是查明到货的数量和质量状态,为入库和保管打基础,防止仓库和货主遭受不必要的经济损失,同时对供货单位的产品质量和承运部门的服务质量进行监督。

物品质量检验的方法根据仓储合同约定。合同没有约定的,按照物品的特性和仓库的习惯确定。物品检验的主要方法有以下六种:

① 视觉检验。在充足的光线下,利用视力观察物品的状态、颜色、结构等表面状况,检查有无变形、破损、脱落、变色、结块等损坏情况,以判定质量。

② 听觉检验。通过摇动、搬运操作、轻度敲击、听取声音,以判定质量。

③ 触觉检验。利用手感鉴定物品的细度、光滑度、黏度、柔软程度等,判定质量。

④ 嗅觉、味觉检验。通过物品所特有的气味、滋味测定,判定质量或者感觉串味损害。

⑤ 测试仪器检验。利用各种专用测试仪器进行物品性质测定。例如对物品的含水量、密度、黏度、成分、光谱等性质进行测试。

⑥ 运行检验。对物品进行运行操作,如电器、车辆等,检查操作功能是否正常。

4. 入库交接

入库物品经过点数、查验之后,可以安排卸货、入库堆码,表示仓库接收物品。在卸货、搬运、堆垛作业完毕,与送货人办理交接手续,并建立仓库台账。

① 交接。交接是指仓库对收到的物品向送货人进行的确认,表示已接收物品。办理完交接手续,意味着分清运输、送货部门和仓库的责任。

② 登账。物品入库,仓库应建立详细反映物品仓储的明细账,登记物品进库、出库、结存的详细情况,用以记录库存物品动态和出入库过程。

③ 立卡。物品入库或上架后，将物品名称、规格、数量或出入状态等内容填在料卡上，称为立卡。料卡又称为货卡、货牌，插放在货架上物品下方的货架支架上或摆放在货垛正面明显位置。

④ 建档。仓库应对所接收仓储的物品或者委托人建立存货档案或者客户档案，以便物品管理和保持客户联系，也为将来可能发生的争议保留凭据；同时，有助于总结和积累仓库保管经验，研究仓储管理规律。

三、在库保管保养

1. 物品保管的原则

在仓库保管中，有几个重要原则必须特别注意，否则作业效率与库存物品的保管质量都要受到严重的影响。一般的保管原则如下：

① 质量第一原则。物品保管保养的根本目的，是要保持物品原有使用价值。

② 科学合理原则。对物品储存要进行合理的规划，对物品养护要采取先进的技术与养护方法，还要做到因库制宜，因物而异，以达到科学合理地进行储存的目的。

③ 效率原则。效率原则要求在保证库存物品的使用价值不变的前提下，有效利用现有仓储设施，提高仓库利用率和设备利用率，减少保管费用，降低供应成本。

④ 预防为主原则。为了避免或减少物品在保管中质量下降和数量损耗，应积极采取预防措施，工作中只能按制度办事，按标准办事，不留隐患，防止质量事故的发生。

2. 物品质量养护

要抑制自然因素对物品的不良影响，其中温湿度影响最大。这里的温度是指大气温度，即气温，它反映了大气中所含热能的多少。湿度分为货物湿度、空气湿度(大气湿度)。笼统来说，湿度表示含水量的多少，但在不同场合又有不同的表示方式。对货物湿度采用含水量指标，用百分比表示；空气湿度则分为绝对湿度和相对湿度两种方式。温湿度控制的基本方法是：通风、密封、除湿、气幕隔潮、自动控制与调节温湿度等。

① 通风。仓库通风有自然通风、机械通风、机械循环通风、制冷通风等方式。普通仓库采用前两种通风方式。

② 密封。密封是指将储存物品的一定空间，使用密封材料(隔热性能和防潮性能较好)尽可能严密地封闭起来，使之与周围大气隔离，防止或减弱自然因素(外界温湿度)对物品的不良影响，以达到安全储存的目的。

密封措施是仓库温湿度控制的基础。若能根据储存物品的特性，做到合理密封，就能达到防潮、防锈蚀、防霉、防虫、防热、防冻、防老化等多方面的效果。

③ 除湿。除湿是在梅雨季节或阴雨天库内湿度较大又不能通风时、在密封条件下降低库内湿度的方法，常见的有机械吸湿法、吸湿剂吸湿法。

④ 气幕隔潮。气幕俗称“风帘”，是利用机械鼓风产生强气流，在库门口形成一道气流帘子，其风速大于库内外空气的流速，可以阻止库内外空气的自然交换，从而防止库外热潮空气进入库内。

⑤ 自动控制与调节温湿度。光电自动控制设备可以自动控制与调节库房的温湿度，并自动做好记录。当库内温湿度超过贮品规定范围时，设备能自动报警、自动开启仓窗、自动开动去湿机、自动记录、自动调节库内的温湿度；当库内温湿度降到适宜条件时，又能自动停止去湿机工作，自动关闭通风窗。

四、出库作业管理

物品出库作业管理，是仓库根据出库凭证，将所需物品发放给需用单位所进行的各项作业管理。

① 物品出库前准备。物品出库前的准备工作分为两方面：一方面是计划工作，就是根据需货方提出的出库计划或要求，事先做好物品出库的安排，包括货场货位、机械搬运设备、工具和作业人员等的计划、组织；另一方面是要做好出库物品的包装和涂写标志工作。

② 核对出库凭证。物品出库凭证，不论是领（发）料单或调拨单，均应由主管分配的业务部门签章。出库凭证应包括以下内容：收货单位名称（用料单位名称）、发料方式（自提、送料、代运）、物品名称、规格、数量、单价、总价、用途或调拨原因、调拨单编号、有关部门和人员签章、付款方式及银行账号。

③ 备料出库。仓库接到提货通知时，应及时进行备货工作，以保证提货人可以按时完整提取物品。备货时要认真核对物品资料，核实物品，避免出错。在部分物品出库时，应按照先进先出的原则，安排出货。

④ 复核查对。物品备好后，为了避免和防止备料过程中可能出现的差错，应再做一次全面的复核查对。

⑤ 出库交接。仓库根据物品出库凭证，组织物品出库，准确、及时地将物品发放给提货人。

⑥ 销账存档。物品点交清楚，出库发运之后，该物品的仓库保管业务即告结束，物品仓库保管人员应做好清理工作，及时注销账目、料卡，调整货位上的吊牌，以保持物品的账、卡、物一致，将已空出的货位标注在货位图上，及时、准确地反映物品的进出、存取的动态。

第五节 库存控制

一、库存的基本类型

1. 库存的概念

库存是指“储存作为今后按预定的目的使用而处于闲置或非生产状态的物品。广义的库存还包括处于制造加工状态和运输状态的物品”(中华人民共和国国家标准《物流术语》GB/T18354—2006)。生产企业在采购阶段,为了保证生产过程的连续性,需要有一定的原材料、零部件的库存;在生产阶段,原材料投入生产之后,变成各种在制品,不论在制品是处于运动状态还是停顿状态,它们都构成在制品库存;在销售阶段,为了能及时满足顾客的要求,避免发生缺货或延期交货现象,需要有一定的成品库存。

2. 库存基本形式

库存按照其所处领域可以分为生产库存、流通库存和国家储备。

生产库存按照其作用又可划分为经常库存、保险库存、季节库存和在途库存。

经常库存是在正常的经营环境下,企业为满足日常需要而建立的库存。

保险库存是为了防止不确定性因素(如大量突发性订货、交货期突然延期等)的发生而建立的缓冲库存。

季节库存是为了防止季节性因素造成供应中断而建立的库存。

在途库存是处于运输以及停放在两个组织之间的库存。在途库存的大小取决于运输时间以及该期间内的平均需求。

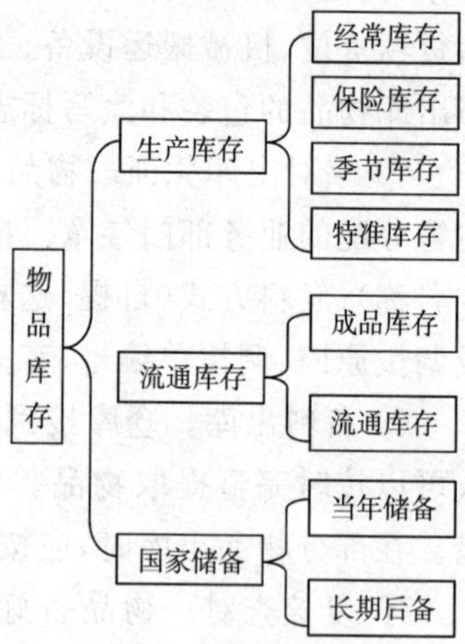

图 4-20 库存基本形式

库存基本形式见图 4-20。

二、传统库存控制方式

库存控制是指在保障供应的前提下,使库存物品的数量最少所进行的有效管理的技术经济措施。传统库存控制有以下两种方式。

1. 定量订货法

定量订货法也称订货点法，是当库存量下降到预定的最低的库存数量（订货点）时，按规定数量（一般以经济订货批量为标准）进行订货补充的一种库存管理方式。

实施定量库存控制的关键是确定订货点和订货批量。订货点取决于前置时间内的需求量和保险库存量，即

$$R=L\times r+B$$

式中：L（前置时间）为从提出订货到该批物品到货为止的这段时间，r 为平均每日需求量。

B 为保险库存量，订货量一般采用经济订购批量（EOQ）。定量订货法的优缺点如下：

优点：能经常掌握库存动态，及时提出订货，不宜出现缺货；保险库存较少；订购量固定，可采用经济订购批量，降低购储总费用；盘点和订购手续简单。

缺点：时间不定，编制计划困难；不能突出重点物品管理；不适应需求量变化大的物品；不能多种物品合并订购。

因此，这种方法的适用范围是单价较低、需求量较稳定的物品。

在实际应用时，定量订货法的简化形式是双堆法或多堆法，也称为分存控制法。它是将订货点物品数量从库存量中分出，单独存放或标出明显标记，当库存量的其余部分用完，只剩下订货点一堆时，即提出订货。

2. 定期订货法

定期订货法是按预先确定的订货间隔期间进行订货补充的一种库存管理方式。它具有订购时间、进货时间固定而订购量不固定的特点。订购量根据盘点时的实际库存量和下一个订购周期需求量确定，即

订货量＝订购周期需求量＋前置时间需求量＋保险库存量

－订购时实际库存量－已订未到量（在途）

在定期库存控制中，关键问题是确定订购周期，可以按照库存模型确定经济订购周期。

定期订货法的优缺点与定量订货法相反。

这种方法的适用范围是单价较高、需求变动较大、需要量大而且必须严格管理的物品。

三、库存控制模型

1. 理想状态下的EOQ模型

(1) 条件假设

理想状态即为等量消耗、瞬时补充、前置时间不变、无保险库存、不允许缺货。储存参数为：TC——年购储总费用；Q——订购批量；T——订购周期(年、月或日)；D——全年需求量(件/年)；P——单价(元/件)；C——每次订货的订货费(元)；H——单位物资储存一年的储存费(元/件·年)。

(2) 建立模型

年购买费等于全年需求量与单价的乘积。年订购费用指订货、采购、催交等的差旅费、行政管理费等。年储存费用包括库存物品占用资金的利息，库房建筑物和仓库机械设备折旧费、修理费等，仓库管理费包括仓库职工的工资、办公费等，库存物品在保管过程中的短缺损失、积压损失等。即

年购买费＝全年需求量×单价

$$TC_P = D \times P$$

年订购费＝全年订购次数×每次订货费

$$TC_R = \frac{D}{Q} \times C$$

年储存费＝年平均库存量×该物品每件每年储存费用

$$TC_H = \frac{Q}{2} \times H$$

年购储总费用＝年储存费用＋年订购费用＋年购买费

$$TC = TC_H + TC_R + TC_P = \frac{Q}{2} \times H + \frac{D}{Q} \times C + D \times P$$

通过对购储总费用计算公式进行微分求导数，并令其一阶导数等于零。求解这个方程所得的订购批量就是经济订货批量，即

$$Q_0 = \sqrt{\frac{2DC}{H}}$$

按照经济订货批量进行订货，可使购储总费用达到最小。所以，经济订购批量(economic order quality，EOQ)即为使购储总费用达到最小的订货批量。如图4－21所示。

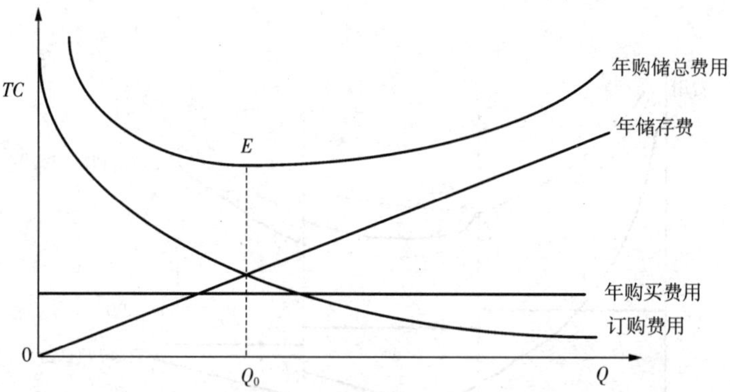

图 4-21　经济订购批量模型

例 1:某公司以单价 10 元每年购入 8 000 件某种物资,订购费用每次 30 元,每件该物资年储存费用 3 元,前置时间 2 周。求订购量、年购储总费用、年订购次数、订货点。

$$Q_0=\sqrt{\frac{2DC}{H}}=\sqrt{\frac{2\times 8\ 000\times 30}{3}}=400(\text{件})$$

$$TC=\frac{Q}{2}\times H+\frac{D}{Q}\times C+D\times P=\frac{400}{2}\times 3+\frac{8\ 000}{400}\times 10=812\ 000(\text{元})$$

$$n=\frac{D}{Q}=\frac{8\ 000}{400}=20(\text{次})$$

$$R=L\times\frac{D}{360}=2\times\frac{8\ 000}{52}=308(\text{件})$$

2. 有数量折扣时的 EOQ 模型

供应商为了吸引顾客一次购买更多的物品,往往规定对于购买数量达到或超过某一数量标准时,给予顾客价格上的优惠。这个规定的数量标准称为折扣点。

在有多个折扣点的情况下,成本最低点或者是曲线斜率为 0 的点,或者是曲线的中断点。有数量折扣时的价格折扣模型如图 4-22 所示。

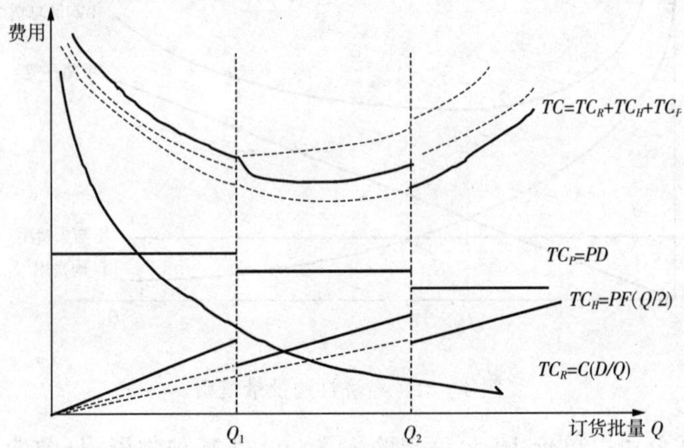

图 4-22　有两个折扣点的价格折扣模型

依据经济批量模型确定最佳订货量的步骤如下:第一步计算每一折扣数量对应的总成本;第二步计算每种单价下的 EOQ 及有效 EOQ 的总成本;第三步比较几个总成本,找最小者。

例 2:某厂每年需要某种物资 450 件,储存费用为单价的 10%,不允许缺货。现有 B 厂可以订购,每次订购成本为 14 元,并提出下列价格(见表 4-4),求最佳订购批量。

表 4-4　多重折扣的价格

订购件数	单价(元)
0～199	1.12
200～399	1.08
≥400	1.05

(1) 计算每一折扣数量对应的总成本

$$TC_{200}=\frac{Q}{2}\times H+\frac{D}{Q}\times C+D\times P$$

$$=\frac{200}{2}\times 1.08\times 10\%+\frac{450}{200}\times 14+450\times 1.08$$

$$=528(元)$$

$$TC_{400}=\frac{Q}{2}\times H+\frac{D}{Q}\times C+D\times P$$

$$=\frac{400}{2}\times 1.05\times 10\%=\frac{450}{400}\times 14+450\times 1.05$$

$$=509(\text{元})$$

(2) 计算每种单价下的 EOQ 及有效 EOQ 的总成本

$$Q_{1.05}=\sqrt{\frac{2DC}{H}}=\sqrt{\frac{2\times 450\times 14}{1.05\times 10\%}}=346(\text{件})(\text{无效})$$

$$Q_{1.08}=\sqrt{\frac{2DC}{H}}=\sqrt{\frac{2\times 450\times 14}{1.08\times 10\%}}=342(\text{件})(\text{有效})$$

$$Q_{1.12}=\sqrt{\frac{2DC}{H}}=\sqrt{\frac{2\times 450\times 14}{1.12\times 10\%}}=335(\text{件})(\text{无效})$$

$$TC_{342}=\frac{Q}{2}\times H+\frac{D}{Q}\times C+D\times P$$

$$=\frac{342}{2}\times 1.08\times 10\%+\frac{450}{342}\times 14+450\times 1.08$$

$$=522(\text{元})$$

(3) 比较几个总成本，找最小者

$$TC_{200}(528)>TC_{342}(522)>TC_{400}(509)$$

最佳订货批量 400 件。

四、供应链管理环境下的库存控制策略

1. VMI 管理系统(Vendor Managed Inventory VMI)

VMI 管理系统(供应商管理库存)是一种供应链库存管理策略，国内外学者有不同的定义，中华人民共和国国家标准《物流术语》(GB/T18354—2006)中的定义是：通过信息共享，由供应链上的上游企业根据下游企业的销售信息和库存量，主动对下游企业的库存进行管理和控制的管理模式。

(1) VMI 的基本思想

VMI 管理系统突破了传统的条块分割的库存管理模式，以系统的、集成的管理思想进行库存管理，使供应链系统能够获得同步化运作。其基本思想体现在以下几个原则中：

① 合作性原则。在实施该策略时，相互信任与信息透明是很重要的，供

应商和客户(零售商)都要有较好的合作精神,才能够相互保持较好的合作。

② 总成本最小原则。VMI 不是关于成本如何分配或谁来支付的问题,而是关于减少成本的问题。该策略使双方的成本都能够减少。

③ 目标一致性原则。双方都明白各自的责任,观念上达成一致的目标。如库存放在哪里,什么时候支付,是否要管理费,要花费多少等问题都要做出界定,并且体现在框架协议中。

④ 连续改进原则。使供需双方能共享利益并避免浪费。VMI 的主要思想是供应商在客户的允许下设立库存,确定库存水平和补给策略,拥有库存控制权。精心设计与开发的 VMI 系统,不仅可以降低供应链的库存水平及成本,而且还可获得高水平的服务,改善资金流,与供应商共享需求变化的透明性和获得更高的客户信任度。

(2) VMI 实施中需要解决的问题

① 信任问题。这种合作需要一定的信任,否则就会失败。零售商要信任供应商,不要干预供应商对发货的监控;供应商也要多做工作,使零售商相信他们不仅能管好自己的库存,也能管好零售商的库存。只有相互信任,通过交流和合作才能解决存在的问题。

② 技术问题。只有采用先进的信息技术,才能保证数据传递的及时性和准确性,而这些技术往往价格昂贵。利用 EDI 技术将销售点信息和配送信息分别传输给供应商和零售商,利用条码技术和扫描技术来确保数据的准确性,并且库存与产品的控制和计划系统都必须是在线的、准确的。

③ 存货所有权问题。实施 VMI 系统以前,零售商收到物品时,所有权也同时转移了,现在变为寄售关系,供应商拥有库存直到物品被售出。同时,由于供应商管理责任增大,成本增加了,双方要对条款进行洽谈,使零售商与供应商共享系统整体库存下降。

④ 资金支付问题。过去,零售商通常在收到物品一至三个月以后才支付货款,现在可能不得不在物品售出后就要支付货款,付款期限缩短了,零售商要适应这种变化。

(3) VMI 的支持技术

① 条码技术。条码是目前国际上供应链管理中普遍采用的一种技术手段。为有效实施 VMI 管理系统,应该尽可能地使供应商的产品条码化。条码技术对提高库存管理的效率是非常显著的,是实现库存管理的电子化的重要工具手段,它使供应商对产品的库存控制一直可以延伸到和销售商的 POS 系统进行连接,实现用户库存的供应链网络化控制。

② ID 代码技术。供应商要有效地管理用户的库存,必须对用户的商品进

行正确识别，为此对商品进行编码，通过获得商品的标识(ID)代码并与供应商的产品数据库相连，以实现对用户商品的正确识别。目前国外企业已建立了应用于供应链的ID代码的类标准系统，如EAN－13(UPC－12)、EAN－14(SCC－14)、SSCC－18以及位置码等，我国也有关于物资分类编码的国家标准，可参考使用。

③ EDI(Electronic Data Interchange)。供应商要有效地对用户(分销商、批发商)的库存进行管理，采用EDI进行商品数据交换，是一种安全可靠的方法。为了能够实现供应商对用户的库存进行实时的测量，供应商必须每天都能了解用户的库存补给状态。因此采用基于EDIFACT标准的库存报告清单能够提高供应链的运作效率，每天的库存水平(或定期的库存检查报告)、最低的库存补给量都能自动地生成，这样就大大提高了供应商对库存的监控效率。分销商(批发商)的库存状态也可以通过EDI报文的方式通知供应商。

④ 连续补充策略。连续补充策略是将零售商向供应商发出订单的传统订货方法，变为供应商根据用户库存和销售信息决定商品的补给数量。这是一种实现VMI管理策略的有力工具和手段。为了快速响应用户“降低库存”的要求，供应商通过和用户(分销商、批发商或零售商)建立合作伙伴关系，主动提高向用户交货的频率，使供应商从过去单纯地执行用户的采购订单变为主动为用户分担补充库存的责任，在加快供应商响应用户需求的速度同时，也使用户方减少了库存。

(4) VMI的局限性

① VMI中供应商和零售商协作水平有限；

② VMI对于企业间的信任要求较高；

③ VMI中的框架协议虽然是双方协定，但供应商处于主导地位，决策过程中缺乏足够的协商，难免会造成失误；

④ VMI的实施减少了库存总费用，但在VMI系统中，库存费用、运输费用和意外损失不是由用户承担，而是由供应商承担，无疑加大了供应商的风险。

2. 联合库存管理(Joint Managed Inventory JMI)

联合库存管理是供应链成员企业共同制订库存计划，并实施库存控制的供应链库存管理方式。

(1) JMI基本思想

联合库存控制强调供需双方同时参与，共同制订库存计划，使供应链过程中的每个库存控制者(供应商、制造商、分销商)都从相互之间的协调性考虑，保持供应链相邻的两个节点之间的库存控制者对需求的预期保持一致，从而消除了需求变异放大现象。任何相邻节点需求的确定都是供需双方协调的结果,库存控制不再是各自为政的独立运作过程,而是供需连接的纽带和协调中心。联合库存控制是集中型的库存控制系统。

(2) 实施联合库存管理要做的工作

① 建立供需协调的管理机制。制造商要担负起责任,提供必要的资源与担保,使经销商相信承诺,协调其经销商的工作(有时可能是相互竞争的经销商),本着互利互惠的原则,建立共同的合作目标和利益分配、激励机制,在各个经销商之间创造风险共担和资源共享的机会。

② 建立信息共享与沟通的系统。利用 EDI 和 POS 系统、条码和扫描技术以及 Internet 的优势,在供需之间建立一个畅通的信息系统,使各经销商协调一致,快速响应用户要求。

③ 经销商之间要建立相互信任。有的经销商会怀疑参加这样一个系统是否值得,尤其是当他的库存比别人多的时候,同时,参与进来的经销商要依靠其他经销商来帮助他们提供良好的顾客服务。这时,制造商就要大力支持,多做工作,使经销商之间建立信任,使不同的经销商能够发挥不同领域的技能,实现联合库存管理的目标。

3. 协同规划、预测与补给(Collaborative Planning Forecasting and Replenishment,CPFR)

(1) CPFR 基本思想

CPFR 的形成始于沃尔玛公司所推动的 CFAR(Collaborative Forecast And Replenishment),CFAR 是利用 Internet 通过零售企业与生产企业的合作,共同做出商品预测,并在此基础上实行连续补货的系统。后来,在沃尔玛公司的不断推动之下,基于信息共享的 CFAR 系统又向 CPFR 发展。

CPFR 是在 CFAR 共同预测和补货的基础上,进一步推动共同计划的制订,即不仅合作企业实行共同预测和补货,同时将原来属于各企业内部事务的计划工作(如生产计划、库存计划、配送计划、销售规划等)也由供应链各企业共同参与。

(2) CPFR 本质特点

① 协同。从 CPFR 的基本思想看,供应链上下游企业只有确立起共同的目标,才能使双方的绩效都得到提升,取得综合性的效益。CPFR 这种新型的合作关系要求双方长期承诺公开沟通、信息分享,从而确立其协同性的经营战略,尽管这种战略的实施必须建立在信任和承诺的基础上,但这是买卖双方取得长远发展和良好绩效的唯一途径。因此,协同的第一步就是保密协议的签署、纠纷机制的建立、供应链计分卡的确立以及共同激励目标的

形成(例如不仅包括销量,也同时确立双方的赢利率)。应当注意的是,在确立这种协同性目标时,不仅要建立起双方的效益目标,而且要确立协同的赢利驱动性目标,只有这样,才能使协同性体现在流程控制和价值创造的基础之上。

② 规划。1995 年沃尔玛公司与 Warner-Lambert 的 CFAR 为消费品行业推动双赢的供应链管理奠定了基础,此后当 VICS 定义项目公共标准时,认为需要在已有的结构上增加"P",即合作规划(品类、品牌、分类、关键品种等)以及合作财务(销量、订单满足率、定价、库存、安全库存、毛利等)。此外,为了实现共同的目标,还需要双方协同制订促销计划、库存政策变化计划、产品导入和中止计划以及仓储分类计划。

③ 预测。任何一个企业或双方都能做出预测,但是 CPFR 强调买卖双方必须做出最终的协同预测,像季节因素和趋势管理信息等无论是对服装或相关品类的供应方还是销售方都是十分重要的。这类信息的共同预测能大大减少整个价值链体系的低效率、死库存,促进更好的产品销售,节约使用整个供应链的资源。与此同时,最终实现协同促销计划是实现预测精度提高的关键。CPFR 所推动的协同预测还有一个特点是,它不仅关注供应链双方共同做出最终预测,同时也强调双方都应参与预测反馈信息的处理和预测模型的制定和修正,特别是如何处理预测数据的波动等问题,只有把数据集成、预测和处理的所有方面都考虑清楚,才有可能真正实现共同的目标,使协同预测落在实处。

④ 补货。销售预测必须利用时间序列预测和需求规划系统转化为订单预测,并且供应方约束条件,如订单处理周期、前置时间、订单最小量、商品单元以及零售方长期形成的购买习惯等,都需要供应链双方加以协商解决。根据 VICS 的 CPFR 指导原则,协同运输计划也被认为是补货的主要因素,此外,例外状况的出现也需要转化为存货的百分比、预测精度、安全库存水准、订单实现的比例、前置时间以及订单批准的比例,所有这些都需要在双方公认的计分卡基础上定期协同审核。对于潜在的分歧,如基本供应量、过度承诺等,双方事先应及时加以解决。

(3) CPFR 流程

CPFR 流程共有九个运行步骤,分为三个阶段:计划阶段、预测阶段和补货阶段。其中,第一个计划阶段包括第一至第二步,第二个预测阶段包括第三至第八步,第三个补货阶段是第九步。如图 4－23 所示。

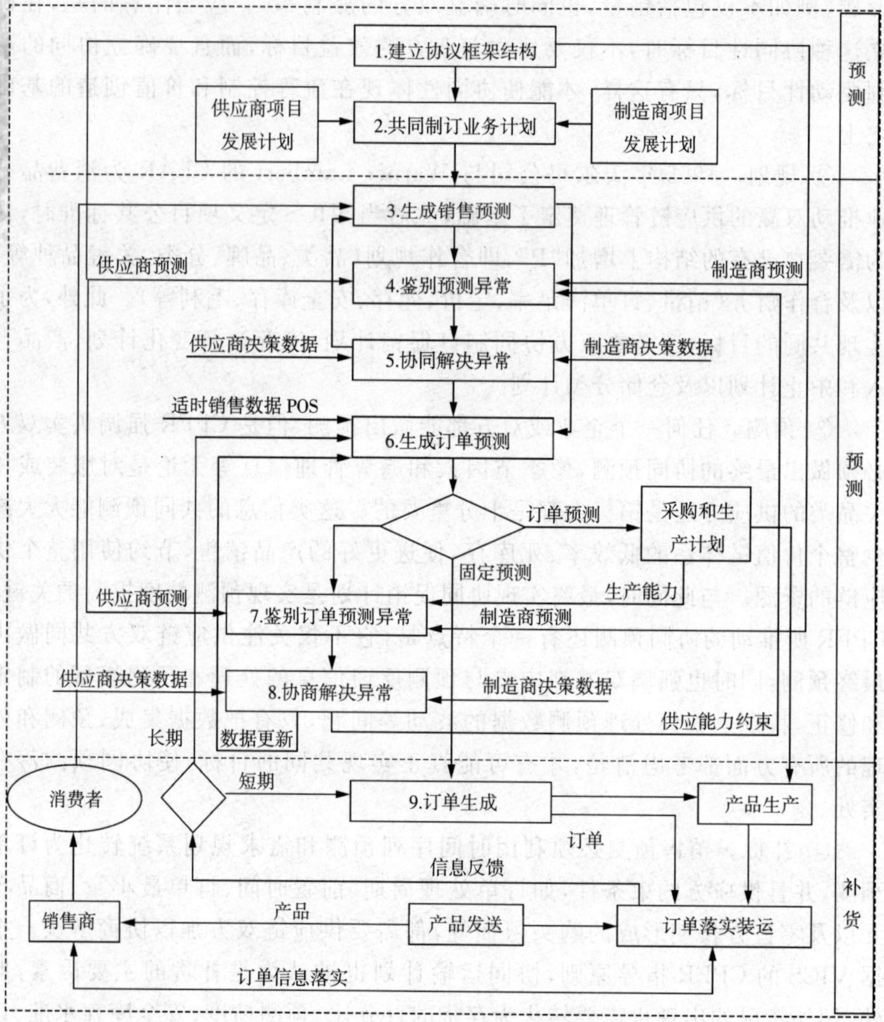

图 4－23　CPFR 流程图

① 建立业务联盟伙伴协议框架结构。供应链上的合作伙伴，包括供应商、生产商、分销商和零售商等共同建立一个通用业务框架协议，包括合作的指南、目标、任务与职责、业务规则、绩效评价、保密协议和资源授权等内容。它是一个所有业务活动的总纲领。

② 共同制订业务计划。根据共同的发展战略，由合作各方共同基于共享的业务信息制订联合业务计划。合作伙伴首先建立合作伙伴关系战略，然后定义分类任务、目标和策略，并建立合作项目的管理细节（如订单最小批量、交货期、订单间隔和提前期等）。

③ 生成销售预测。合作双方根据因果关系，利用零售商 POS 或其他有关预测数据与事件信息进行预测，由预测来驱动各自单独的和共同的业务，完成一个支持共同业务计划的销售预测创建。

④ 鉴别预测异常。每个事件是否为例外，都需要依据在步骤一中得到一致认同的准则来进行判断。

⑤ 协同解决异常。找出例外事件后，双方通过查询共享数据、采用各种交流方式协商、共同解决销售预测中的例外情况，并将产生的变化反馈给步骤三的销售预测的创建。

⑥ 生成订单预测。通过合并 POS 数据、因果关系信息与其他预测数据和库存策略，产生一个支持共享销售预测和共同业务计划的订单预测，提出分时段的实际需求数量，并通过产品及接收地点反映库存目标。订单预测周期内的短期部分用于产生订单，长期部分用于计划。

⑦ 鉴别订单预测异常。根据在步骤一中已建立例外准则来识别和判断例外事件，如果是例外事件，到下一步去处理这些事件，否则转去步骤九生成订单。

⑧ 协商解决异常。找出例外事件后，双方通过查询共享数据、采用各种交流方式调查研究订单预测例外情况，经过协商、共同解决订单预测中的例外情况，并将产生的变化反馈给订单预测步骤六。

⑨ 生成订单。将订单预测转变为已承诺的订单，订单生成可由生产厂或分销商根据自己的资源、能力和系统来完成。这样，就完成了补货工作。

(4) 基于 CPFR 的供应链合作伙伴关系

CPFR 的关系结构分为三个层次(见图 4－24)：

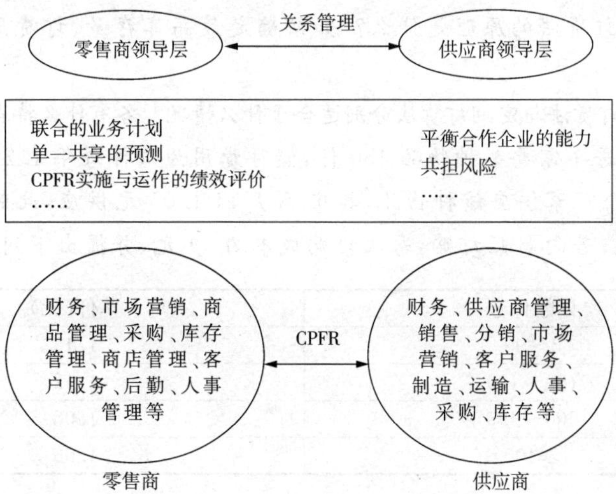

图 4－24　CPFR 的关系结构图

① 第一层是战略决策层。其主要职责是供需双方领导层的关系管理，包括合作构架的建立、合作联盟目标与战略的制定、企业文化的融通、跨企业业务过程的建立、信息的共享、业务过程与信息系统的集成等。

② 第二层为运作层。其主要职责是 CPFR 的具体实施和运作，包括制订联合业务计划，建立单一的和共享的需求预测，共同承担风险、平衡合作企业的能力和 CPFR 绩效评估。

③ 第三层为内部管理层。其主要职责是负责企业内部的运作和管理，在零售环节中，主要包括商品或分类管理、库存管理、商店运作和后勤等；在供应环节中，主要包括顾客服务、市场营销、制造、销售和分销等。

CPFR 是从 VMI 和 JMI 发展而来的，它保留了 VMI 和 JMI 中一些先进的技术和管理思想，同时克服了它们的不足，代表了未来库存管理技术的发展方向。欧美若干试验性项目研究发现，CPFR 对商家带来的效益是明显的。虽然目前 CPFR 还处在萌芽阶段，尤其是 CPFR 软件的集成水平有待于进一步的提高，但 CPFR 正被广大的生产销售厂家所接受，必将为供应链上的库存管理带来一次新的革命。

复习思考题

1. 基本的库存控制方式有哪些？

2. 什么是订货点、安全库存量、安全系数？它们之间有什么关系？

3. 定量订货法的原理是什么？如何确定订货点、订货量？如何实施？

4. 定期订货法的原理是什么？如何确定最高库存量、订货周期、订货量？如何实施？

5. 定量订货法与定期订货法分别适合于什么情况？各有什么特点、优点、缺点？

6. 某厂每年需要某种物品 450 件，储存费用为每件每年 1.2 元，不允许缺货。现有两个厂家供应该种物品，其中 A 厂以 1.05 元供应，此时的采购成本为每次 16 元；若向 B 厂订购，每次订购成本为 14 元，并提出下列价格表：

订购件数	单价(元)
0～99	1.15
100～199	1.12
200～399	1.08
≥400	1.05

问：应选择那个厂家？订购量为多少？

7. 某超市的某种饮料的日需求量为 1 000 罐，前置时间随机变化且服从均值为 5 天、标准差为 1 天的正态分布，如果该超市确定的客户服务水平要达到 95%，请结合所提供的客户服务水平与安全系数对应关系的常用数据（见下表），计算出该种饮料的安全库存量是多少？

服务水平	0.999 8	0.99	0.98	0.95	0.90	0.80	0.70
安全系数 λ	3.5	2.33	2.05	1.65	1.29	0.84	0.55

8. 某公司某种物品的前置时间内的需求量服从正态分布，均值 $r=200$ 件，标准差 $\sigma_r=60$ 件，如果服务率从 80%提高到 95%，问保险库存量的变化为多少？

9. 某公司 A 产品在 6 周内的销售情况如下表：

周	1	2	3	4	5	6
销售量(件)	78	76	90	88	72	76

若销售量服从正态分布，订货提前期（前置时间）为一周，一次订货费用为 147 元，每一件 A 物品储存一周费用为 6 元，要求库存满足率达到 95%。

(1) 若实行定量订货法进行库存控制，请确定订货点和订货量。

(2) 若实行定期订货法进行库存控制，请确定最高库存和订货周期。

【结尾案例】

珠江三角洲地区仓储行业的发展

截至 2007 年底，珠江三角洲（简称“珠三角”）地区 GDP 已超过全国平均 GDP10%以上，物流服务需求规模巨大。随着珠三角地区现代物流业总量规模的持续扩大，作为现代物流业的支柱基础，仓储业也得到强劲发展。

一、珠三角地区仓储业的特征

1. 仓储业呈现不均衡化发展

其中以深圳仓储业发展最为迅速，库区基本是 3～4 层楼房，普遍应用自动立体化仓库；广州仓储业近年来发展较为迅速，兴建了一批现代化库区，部分普通仓库也正在向自动立体化仓库转型。珠海仓储业的发展相对较为缓慢，主要以普通仓库为主，且大部分是平仓，但珠港澳大桥的建立将带来物流业的繁荣，珠海的仓储业将得到进一步发展。

2. 仓储用地租金上升

香港威格斯亚太区研究部发表的最新报告显示，愈来愈多的外资物流公司正在珠三角地区购入物流仓储用地以发展业务，深圳东部的盐田港后勤用地与西部福田保税区仓储用地租金在上升，土地售价亦在升温。

3. 仓储业在主要物流园区和基地发展迅速

近年来，珠三角地区各级政府以及企业致力于物流园区的发展建设，截至目前，珠三角地区已经开工建设和正在规划的物流园区有三十多家。珠三角丰富的物流园区资源促进了各城市物流园区的发展。珠三角地区物流主要在珠江流域，根据历史数据的分析以及最近几年经济发展状况和珠三角地区的交通研究，珠三角地区物流园区宏观布局可分为三大层次类别，其中香港为一层，深圳、广州为一层，其他城市为一层。

4. 保税仓储发展迅速

珠三角地区是我国经济最活跃的区域之一，根据珠三角地区的外向型经济特征，珠三角地区发展保税物流的潜力十分巨大。珠三角地区作为当今世界最大的出口商品加工区，世界出口货物总量的50%集中在东南亚及我国的华南，而其中五成集中在珠三角地区。

5. 国际知名仓储开发商和服务商大举进入珠三角地区

全球最大的物流配送开发商和服务商——美国普洛斯公司(Prologis)已率先进入中国市场，其客户大多来自跨国公司、第三方物流服务提供商、制造商以及零售商，并与许多已进入中国或者即将进入国内市场的跨国公司及领先的本土企业建立了紧密的战略合作伙伴关系。

二、珠三角地区仓储业发展展望

在珠三角地区(含港澳)有香港机场、新白云机场、澳门机场、深圳机场、珠海机场五大机场；港口超过60个，形成了海港、河港、商业性港口、专业性港口相配套的港口群，海港主要有香港、深圳、珠海三大港口，河港则有广州、中山、江门、虎门、佛山、肇庆等。根据《珠江三角洲地区改革发展规划纲要》，到2012年，珠江三角洲高速公路通车里程将达3 000千米，轨道交通运营里程达1 100千米，港口货物吞吐能力达9亿吨，集装箱吞吐能力达4 700万标箱，民航机场吞吐能力达8 000万人次；到2020年，轨道交通运营里程达2 200千米，港口货物吞吐能力达14亿吨，集装箱吞吐能力达7 200万标箱，民航机场吞吐能力达1.5亿人次。

同时，为迎接2010年亚运会，广州市政府将投资2 000多亿元人民币进行体育场馆、城市基础设施建设，直接产生210亿元的物流需求。仅联邦快递亚太转运中心的进驻，就能为白云机场新增60万吨以上的货物吞吐量。这相当于白云机场2004年全年的货运吞吐量。显然，这将为珠三角地区仓储业的发展带来机遇。

1. 仓储业的现代化进程会加快，以适应经济一体化发展的需要

随着大量外资企业涌入珠三角地区，深圳盐田港、广州经济开发区等区域刺激了高端物流需求。服务于高端物流的仓储向现代化仓储企业转型，同时新扩建的现代化库区将不断涌现。

2. 珠三角仓储业将向着更加综合化、专业化、国际化的方向发展

一是仓储增值业务水平将有进一步提高，综合功能集成使仓储企业收入和赢利都将持续增加。基于仓储的综合物流业务将是仓储业的主要方向，就是说仓储业要把功能向上游和下游延伸，这样可以获得更多的增值收入。二是业务流程将进一步和国际接轨，流程的优化和改革将大大提高仓储业的效率，扩大服务的对象。三是向立体化要仓容。仓库高度会进一步增高，楼库、立体仓库、货架的增长速度将会更快。四是物流中心的专业化方向更为明显，冷库、液体库、化工危险品库的需求进一步增加。五是仓储管理公司将会有更多的发展机遇。

3. 仓库基础设施建设将向集约化方向发展

国家出台一系列严格的土地政策，主要目的是加大土地的取得、使用、保有成本。城镇土地使用税将大幅提高，这就加大了仓储企业的运营成本，新增建设用地将更难取得，这就给新设仓储企业征地和原有仓储企业的置换带来困难。

仓储业将向集约化的方向发展，在有限的土地上建设功能更加齐全、运营更加有效、产出更高的物流中心。库房的建筑密度提高，道路通行能力增强，站台库数量增加，起重设备更加先进，调度更为科学，这些将是仓储企业追求的目标。

第五章　运输物流管理

【学习目标】

通过本章内容的学习，学生将了解运输在物流中的地位与作用，掌握铁路、公路、航空、水路和管道等五种货物运输方式及其技术经济特点，综合运输体系的概念、内涵、组成部分、发展简况，发展综合运输体系的意义，国内外综合运输发展的主要理念，综合运输体系发展的基本思想和思路，运输合理化及运输系统优化。

【导入案例】

家乐福(中国)公司及其运输决策

成立于1959年的法国家乐福集团是大型超级市场概念的创始者，目前是欧洲第一、全球第二的跨国零售企业，也是全球国际化程度最高的零售企业。家乐福公司于1995年进入中国市场，最早在北京和上海开设了当时规模最大的大卖场。目前，家乐福公司在中国31个城市相继开设了86家商场，拥有员工4万多人。家乐福中国公司经营的商品95%来自商场所在地，因此家乐福的供货很及时，这也是家乐福公司在中国经营很成功的原因之一。家乐福公司实行“店长责任制”，赋予各店长极大的权力，所以各个店之间并不受太多的制约，店长能灵活决定所管理的店内的货物来源和销售模式等。由于家乐福公司采用的是各生产商缴纳入场费，商品也主要由各零售商自己配送，家乐福中国总公司本身调配干涉力度不大，所以各分店能根据具体情况灵活决定货物配送情况，事实证明这样做的效果很成功。

家乐福中国公司在网络设计方面主要体现为运输网络分散度高。一般流通企业都是自己建立仓库及其配送中心，而家乐福公司的供应商直送模式决定了它的大量仓库及配送中心事实上都是由供应商自己解决的，受家乐福公司集中配送的货物占极少数。这样的经营模式不但可以节省大量的建设仓库和管理费用，商品运送也较集中配送更方便，而且能及时供应商品或下架滞销商品，不仅对家乐福公司的销售，对供货商了解商品销售情况也是极有利的。在运输方式上，除了少数需要进口或长途运送的货物使用集装箱挂车及大型货运卡车外，由于大量商品来自所在地生产商，故较多采用送货车。这些送货车中有一部分是家乐福公司租的车，而绝大部分则是供应商自己长期为家乐福公司各店送货的车，家乐福公司自身用车的数量不多，所以它并没有自己的运输车队，也省去了大量的运输费用，从另一方面提高了效益。在配送方面，供应商直送的模式下，商品来自多条线路，而无论各供应商还是家乐福公司自己的车辆都采用了“轻重配载”的策略，有效利用了车辆的各级空间，使单位货物的运输成本得以降低，进而在价格上取得主动地位。而先进的信息管理系统也能让供应商在最短时间内掌握货架上销售的各种商品的数量以及每天的销售情况，补货和退货更加方便，也能让供应商与家乐福公司之间相互信任，建立了长期的合作关系。

第一节 运输在物流中的地位与作用

在现代物流诸子系统中，运输是一个十分重要的环节。任何跨越空间的物质实体的流动，都可称为运输，它实现了物质实体由供应地点向需求地点的移动。运输是指用专用运输设备将物品从一个地点向另一个地点运送。其中包括集货、分配、搬运、中转、装入、卸下、分散等一系列操作。运输功能的发挥，扩大了社会经济活动的范围，缩小了物质交流的空间，实现了价值在运输范围内的平均化、合理化。

一、运输在物流中的地位

1. *运输是物流的主要功能要素之一*

按物流的概念，物流是“物”的物理性运动，这种运动不但改变了物的时间状态，也改变了物的空间状态。物流系统具有创造物品的空间效用、时间效用、形式效用等三大效用(或称三大功能)。时间效用主要由仓储活动来实现，形式效用由流通加工业务来实现，空间效用通过运输来实现。运输是物流系统不可缺少的功能。物流系统的三大功能是主体功能，其他功能(装卸、搬运和信息处理等)是从属功能。而主体功能中的运输功能的主导地位更加凸现出来，成为所有功能的核心。在物流系统中，运输主要承担了改变物的空间状态的任务，运输再配以搬运、配送等活动，就能圆满完成改变空间状态的全部任务，运输是改变空间状态的主要手段。

在现代物流观念诞生之前，有不少人将运输等同于物流，其原因是物流中很大一部分任务是由运输承担的，是物流的主要部分。

2．运输是社会物质生产的必要条件之一

运输是国民经济的基础和先行。马克思将运输称为“第四个物质生产部门”。运输是生产过程的继续，这个继续虽然以生产过程为前提，但如果没有这个继续，生产过程则不能最后完成。所以，虽然运输的这种生产活动和一般生产活动不同，它不创造新的物质产品，不增加社会产品数量，不赋予产品新的使用价值，而只变动其所在的空间位置，但这一变动则使生产能继续下去，使社会再生产不断推进，所以将其看成一种物质生产部门。

运输作为社会物质生产的必要条件，表现在以下两方面：

① 在生产过程中，运输是生产的直接组成部分，没有运输，生产内部的各环节就无法联结。

② 在社会上，运输是生产过程的继续，这一活动联结生产与再生产，以及生产与消费的环节，联结国民经济各部门、各企业，联结着城乡，联结着不同国家和地区。

3．运输可以创造“场所效用”

同种“物”由于空间场所不同，其使用价值的实现程度则不同，其效益的实现也不同。由于改变场所而最大限度地发挥其使用价值，最大限度地提高产出投入比，这就称为“场所效用”。通过运输，将“物”运到场所效用最高的地方，就能发挥“物”的潜力，实现资源的优化配置。从这个意义来讲，也相当于通过运输提高了物的使用价值。

4．运输是“第三个利润源”的主要源泉

第一个利润源是指原材料成本的降低，第二个利润源是指活劳动消耗的降低，第三个利润源是指物流费用的降低。运输作为物流的主要功能要素，因而也就成为“第三个利润源”的主要源泉。

① 运输是运动中的活动，它和静止的保管不同，要靠大量的动力消耗才能实现这一活动，而且运输又承担大跨度空间转移的任务，所以活动的时间长、距离长、消耗也大。消耗的绝对数量大，其节约的潜力也就大。

② 从运费来看，运费在全部物流费用中占最高的比例，一般综合分析计算社会物流费用，运输费在其中占接近50%的比例，有些产品运费高于产品的生产费。所以通过合理安排运输，节约物流费用的潜力是很大的。

③ 由于运输总里程大，运输总量巨大，通过体制改革和运输合理化可大大缩短运输的吨千米数，从而获得比较大的节约。

在物流过程中，直接耗费的活劳动和物化劳动所支付的直接费用主要有运输费、保管费、包装费、装卸搬运费和物流过程中的损耗等。其中，运输费用所占的比重最大，是影响物流费用的一项重要因素，是运输降低物流费用、提高物流速度、发挥物流系统整体功能的中心环节，特别在我国交通运输业还很不发达的情况下更是如此。因此，在物流的各环节中，如何搞好运输工作，开展合理运输，不仅关系到物流时间占用多少，而且还会影响到物流费用的高低。不断降低物流运输费用，对于提高物流经济效益和社会效益都起着重要的作用，所谓物流是企业的"第三个利润源"，其意义也在于此。

二、运输在物流中的作用

运输是物质资料包括原材料的物理性移动，是从供应者到使用者的运输、包装、保管、装卸搬运、流通加工、配送以及信息传递的过程。因此，运输是物流过程的主要职能之一，也是物流过程各项业务的中心活动。物流过程中的其他各项活动，如包装、装卸搬运、配送、物流信息等，都是围绕着运输而进行的。

可以说，在科学技术不断进步、生产的社会化和专业化程度不断提高的今天，一切物质产品的生产和消费都离不开运输。物流合理化在很大程度上取决于运输合理化，所以，在物流过程的各项业务活动中，运输是关键，起着举足轻重的作用。运输工作是整体物流工作一个十分重要的环节，搞好运输工作对企业物流的意义可以体现在以下八个方面。

1. 运输合理化是物流系统合理化的关键

物流系统合理化是指在各物流子系统合理化的基础上形成的最优物流系统总体功能，即系统以尽可能低的成本创造更多的空间效用、时间效用、形式效用。或者从物流承担的主体来说，是以最低的成本为用户提供更多优质的物流服务。运输是各功能的基础与核心，直接影响着各物流子系统，只有运输合理化，才能使物流结构更加合理，总体功能更优，因此，运输合理化是物流系统合理化的关键。

2. 防止货物灭失或损毁，实现货物保值

货物运输有保值作用。也就是说，任何产品从生产出来到最终消费，都必须经过一段时间、一段距离，在这段时间和距离中，都要经过运输、保管、包装、装卸搬运等多环节、多次数的货物运输活动。在这个过程中，产品可能会淋雨受潮、水浸、生锈、破损、丢失等。货物运输的使命就是防止上述现象的发生，保证产品从生产者到消费者移动过程中的质量和数量，起到产品的保值作用，即保护产品的存在价值，使该产品在送达消费者时使用价值不变。

3. 提高运输效率,节约物流成本

搞好运输,能够节约自然资源、人力资源和能源,同时也能够节约费用。运输成本在物流总成本中所占比重非常大。国际上一般把物流成本分为运输成本、保管成本和管理成本三部分。除产品采购成本外,运输成本在企业总成本构成中所占的比例越来越大,是成本消耗最大的物流活动,约占物流总成本的1/3~2/3。运输成本与产品的种类、装运的规模、距离直接相关。要减少运输成本,就要实现整合运输。一般来说,运输规模越大、运输距离越长,则单位运输成本越低,就需要把小批量的运输聚集成集中的、具有较大批量的整合运输。

4. 缩短距离,提高运输能力

货物运输可以克服时间间隔、距离间隔和人的间隔,这自然也是货物运输的实质。现代化的货物运输在缩短距离方面的例证不胜枚举。在北京可以买到世界各国的新鲜水果,全国各地的水果也长年不断;邮政部门改善了货物运输,使信件大大缩短了时间距离,全国快递的邮件两天内就可送达;美国联邦快递公司能做到隔天送达亚洲15个城市;日本的配送中心可以做到上午10点前订货、当天送到。这种运输速度,把人们之间的地理距离和时间距离一下子拉得很近。随着货物运输现代化的不断推进,国际运输能力大大增强,极大地促进了国际贸易,使人们逐渐感到这个地球变小了,各大洲的距离更近了。

5. 增强企业竞争力,提高服务水平

在新经济时代,企业之间的竞争越来越激烈。在同样的经济环境下,制造企业(比如家电生产企业)相互之间的竞争主要表现在价格、质量、功能、款式、售后服务的竞争上,可以讲,像彩电、空调、冰箱等这类家电产品在工业科技如此进步的今天,在质量、功能、款式及售后服务方面,目前各企业的水平已经没有太大的差别,唯一可比的地方往往是价格。近几年全国各大城市此起彼伏的家电价格大战,足以说明这一点。那么支撑降价的因素是什么?如果说为了占领市场份额,一次、两次地亏本降价,待市场夺回来后再把这块亏损补回来也未尝不可。然而,如果降价亏本后仍不奏效又该如何呢?不言而喻,企业可能就会一败涂地。在物资短缺年代,企业可以靠扩大产量、降低制造成本去赚取第一利润;在物资丰富的年代,企业又可以通过扩大销售赚取第二利润。可是在新世纪和新经济社会,第一利润源和第二利润源已基本到了一定极限,目前剩下的“未开垦的处女地”就是运输。降价是近几年家电行业企业之间主要的竞争手段,降价竞争的后盾是企业总成本的降低,即功能、质量、款式和售后服务以外的成本降价,也就是所说的降低运输成本。

国外的制造企业很早就认识到了货运是企业竞争力的法宝，搞好运输可以实现零库存、零距离和零流动资金占用，是提高为用户服务、构筑企业供应链、增强企业核心竞争力的重要途径。在经济全球化、信息全球化和资本全球化的21世纪，企业只有建立现代货物运输结构，才能在激烈的竞争中求得生存和发展。

6. 加快商品流通，促进经济发展

可以说，配送中心的设立为连锁商业提供了广阔的发展空间。利用计算机网络，将超市、配送中心和供货商、生产企业连接，能够以配送中心为枢纽形成一个商业、运输业和生产企业的有效组合。有了计算机迅速及时的信息传递和分析，通过配送中心的高效率作业、及时配送，并将信息反馈给供货商和生产企业，可以形成一个高效率、高质量的商品流通网络，为企业管理决策提供重要依据；同时，还能够大大加快商品流通的速度，降低商品的零售价格，提高消费者的购买欲望，从而促进国民经济的发展。

7. 科学设置运输网络，保护环境

环境问题是当今时代的主题，保护环境，治理污染和公害是世界各国的共同目标。

人们经常会看到马路上撒了一层黄土，这是夜里施工运土的卡车漏撒的，如果有运水泥的卡车经过，粉尘污染将更严重；马路上堵车越来越厉害，噪音和废气使环境污染严重。所有这一切问题都与货物运输落后有关。卡车撒黄土是装卸不当，车厢有缝；卡车运水泥灰尘飞扬是水泥包装苫盖问题；马路堵车属流通设施建设不足。这些如果从货物运输的角度去考虑，都会迎刃而解。

比如，我们在城市外围多设几个货物运输中心、流通中心，大型货车不管白天还是晚上就都不用进城了，只利用两吨小货车配送，夜晚的噪音就会减轻；政府重视货物运输，大力建设城市道路、车站、码头，城市的交通阻塞状况就会缓解，空气质量自然也会改善。

8. 创造社会效益和附加价值

实现装卸搬运作业机械化、自动化，不仅能提高劳动生产率，而且也能解放生产力。把工人从繁重的体力劳动中解脱出来，这本身就是对人的尊重，是创造社会效益。

比如，日本多年前推行的“宅急便”和“宅配便”，国内近年来开展的“宅急送”，都是为消费者服务的新行业，它们的出现使居民生活更舒适、更方便。当滑雪爱好者去滑雪时，那些沉重的滑雪用具，不必自己搬运，只要给“宅急便”打个电话就有人来取，滑雪者可能还没到滑雪场，滑雪板等用具已经先到了。

再如，人们在超市购物时，超市提供的手推车，可以使人轻松购物。手推车是搬运工具，不仅能给消费者带来诸多方便，而且创造了社会效益。

随着运输的发展，城市居民的生活环境得到改善，生活质量不断提高，人的尊严也会得到更多体现。运输创造附加值主要表现在流通加工方面，比如，把钢卷剪切成钢板、把原木加工成板材、把粮食加工成食品、把水果加工成罐头等，名著、名画都会通过流通中的加工，使装帧更加精美，从而大大提高了商品的欣赏性和附加价值。

第二节　各种运输方式及其技术经济特点

运输方式是指为完成客货运输任务而采取的一定性质、类别的技术装备（运输线路和运输工具）和相应的管理手段。运输方式取决于所使用的运输工具、交通线路与港站的类别和性质，并受其基本设施与技术装备特点以及主要技术经济指标的影响。运输方式主要分为铁路、公路、航空、水路和管道等五种，它们的性质、技术经济特点和应用范围也不相同。

一、铁路货物运输及其技术经济特点

1. 铁路货物运输概述

铁路货物运输是以机车为牵引动力、以客车或货车为运载工具、沿着轨道运载货物的运输方式。铁路货物运输承担着我国货物运输总量相当大的比重，是我国经济大动脉，在综合运输体系中起着骨干和主导的作用。

(1) 适合于铁路运输的货物种类

铁路对托运人托运的各种货物，按货物自身的性质和运送条件，分为普通货物和按特殊条件办理的货物两类。

① 普通货物。在铁路运送过程中，只需按一般运送条件办理的货物称为普通货物。

② 特殊货物。特殊货物是指按特殊条件办理的货物，即由于货物的性质、重量、体积和状态特殊，在运输过程中需要使用特制或专用的车辆（如长大货物车、冷藏车、罐车等）运送或需要采取某些特殊运送条件和措施，才能保证货物完整和行车安全。特殊货物包括超长、集重和超限的货物，危险货物和鲜活货物三类。

(2) 铁路货物运输方式

铁路货物运输种类即铁路货物运输方式，按我国铁路技术条件，现行的铁路货物运输种类分为整车、零担、集装箱三种。

① 整车运输。整车运输是指按照一批货物的重量、体积、性质或形状需要以一列或一列以上铁路货车装运的货物，可以按整车办理。一般意义上的整车运输是指整车货物的运输，适用于运输大宗货物。而特殊整车运输则包括整车分卸和准轨、米轨直通运输等。

《铁路货物运输规程》规定，下列货物限按整车办理：

a. 需要冷藏、保温或加温运输的货物；

b. 规定限按整车办理的危险货物；

c. 易于污染其他货物的污秽品（如未经消毒处理或未使用密封不漏包装的牲骨、湿毛皮、粪便、炭黑等）；

d. 不易计算件数的货物；

e. 蜜蜂；

f. 未装容器的活动物（铁路局定有管内按零担运输的办法者除外）；

g. 一批货物重量超过 2 吨、体积超过 3 立方米或长度超过 9 米的货物（经发站确认不致影响中转站和到站装卸车作业的货物除外）。

② 零担运输。零担运输是指一批货物的重量、体积、性质或形状不需要一辆铁路货车运送，而且允许与其他货物配装的货物。按零担托运的货物，一件体积最小不得小于 0.02 立方米（一件重量在 10 千克以上的除外），每批不得超过 300 件。零担适用于运输小批量的零星货物，具体包括普通零担货物、危险零担货物、笨重零担货物和易腐零担货物等类型。

③ 集装箱运输。集装箱运输是指以集装箱这种大型容器为载体，将货物集合组装成集装单元，以便在现代流通领域内运用大型装卸机械和大型载运车辆进行装卸、搬运作业和完成运输任务，从而更好地实现货物"门到门"运输的一种新型、高效率和高效益的运输方式。集装箱适用于运输精密、贵重、易损的货物。

(3) 铁路货物运输流程

发送作业（托运人）：提出货物运输服务订单，填写货物运单，办理托运交货、装车，交付运输费用，将领货凭证递交收货人。

途中作业（承运双方）：运输合同解除、变更，或运输阻碍处理，或货物换装整理。

到达作业（收货人）：查询到货情况，办理取货手续，到货场取货或到专用线卸车。

托运和承运的一般程序：

第一步，了解该站的性质，看自己所要托运的货物有无限制。

第二步，申报计划。申报计划有两种形式，一是月计划，二是日常计划。

第三步，进货。在计划得到批准后，可以向车站提出进货的要求，并申请货位，得到允许后，即可进货。

第四步，报请求车。在货物准备齐了，按批准的月计划和日常计划，每个车皮要提交一份填写好的货物运单，申报日请求车。

第五步，装车。空车皮送到装车地点后，车站即应迅速组织装车。由托运人组织装车的，托运人也应及时组织好，保证快速、安全装好车。

第六步，运送。车辆装好以后，铁路运输部门及时联系挂车，使货物尽快运抵到站。

2. 铁路运输的技术经济特点

(1) 铁路运输的技术特点

① 运行速度快，时速一般在80～120千米。

② 运输能力强，对于陆上运输而言，铁路运输的运送能力是最强的。特别是重载铁路的修建，使得铁路运输的运送能力比以前有了相应的提高。如果计算铁路运输的平均运输能力，每一次铁路车辆的平均运送能力可以达到4 000吨，单线单向年最大货物运输能力达1 800万吨，复线达5 500万吨；运行组织较好的国家，单线单向年最大货物运输能力达4 000万吨，复线单向年最大货物运输能力超过1亿吨。铁路运输远远大于公路运输的单车运量，因此铁路运输非常适合大宗物资的陆上运输。在我国，铁路运输仍然起到运输主动脉的作用。

③ 铁路运输过程受自然条件限制较小，连续性强，能保证全年运行。由于铁路运输具有高度的导向性，所以只要行车设施无损坏，在任何自然气候条件下，列车均可以安全行驶，受气候因素限制很小，因此铁路运输是较可靠的运输方式。

④ 通用性能好，既可运客又可运各类不同的货物。

⑤ 火车客货运输到发时间准确性较高。由于铁路运输统一调度，并且具有专用路权，先进的列车可以通过高科技电脑控制，实现全自动化，可以完全不受人为的控制，因此能保证运输到发时间的准确性。

⑥ 火车运行比较平稳，安全可靠。

⑦ 平均运距分别为公路运输的25倍，为管道运输的1.15倍，但不足水路运输的一半，不到民航运输的1/3。

此外，铁路运输在技术上也存在一些缺点：

① 营运缺乏弹性。铁路运输只有达到一定的运输量，才能保证其经济性，这样势必影响铁路运输的机动灵活性；同时，铁路运输不会随着客源和货源所在地变更营运路线，不能实现“门到门”服务。

② 货损较高。由于铁路运输在运输的过程中需要编组(货物)，会出现货

物的多次装卸搬运现象，如果不能精心处理，会造成货物的损坏。铁路运输货物货损或事故通常比其他运输方式多。

③ 由于设计能力是一定的，当市场运量在某一阶段急增时，难以得到及时运输。

④ 长距离运输情况下，由于需要进行货车配车，其中途的停留时间较长。

(2) 铁路运输的经济特点

① 铁路运输成本较低。铁路运输采用大功率机车牵引列车运行，可承担长距离、大运输量的运输任务，而且由于机车的运行阻力较小、能源消耗低，因此系统的运行价格较低。

② 能耗较低，每千吨千米耗标准燃料为汽车运输的 1/11～1/15，为民航运输的 1/174，但是这两种指标都高于沿海和内河运输。

此外，铁路运输在经济方面也存在一些缺点：

① 初期建设投资高。铁路运输固定资产的比例要远远高于其他运输项目。对于铁路运输，初始建设的投资包括铁路线路的修建和机车的购买成本。单线铁路每千米造价为 100 万～300 万元之间，复线造价在 400 万～500 万元之间，一旦铁路拆除，造成的损失是很大的，因此铁路运输的投资风险比较高。

② 建设周期长，一条干线要建设 5～10 年，而且，占地太多，随着人口的增长，将给社会增加更多的负担。

因此，综合考虑铁路运输的技术经济特点，铁路适合于在内陆地区运送中长距离、大运量、时间性强、可靠性要求高的一般货物和特种货物；从投资效果看，在运输量比较大的地区之间建设铁路比较合理。

二、公路运输及其技术经济特点

1. 公路运输概述

公路运输是在公路上运送货物的运输方式，是交通运输系统的组成部分之一，主要承担短途货物运输。现代企业所用的运输工具主要是汽车，因此，公路运输一般即指汽车运输。

(1) 适合于公路运输的货物种类

公路货物运输的货物分为普通货物、特种货物和轻泡货物三种。

普通货物是指对运输、装卸、保管没有特殊要求的货物。

特种货物是指对运输、装卸、保管有特殊要求的货物。特种货物包括长大笨重货物、危险货物(需要特别防护的货物)、贵重货物(价值昂贵、在运输过程中承运人须承担较大经济责任的货物)、鲜活货物。

轻泡货物是指每立方米重量不足 333 千克的货物。

(2) 公路货物运输方式

《汽车货物运输规则》规定，汽车货物运输类别有零担货物运输、整批货物运输、大型特型笨重货物运输、集装箱运输、快件货物运输和特快件货物运输、危险货物运输、出租汽车货运、搬家货物运输等，一般根据托运人运输要求和承运人的运输条件，商定适用的运输方式。

① 托运人一次托运货物计费重量3吨及以下的，为零担货物运输。

② 托运人一次托运货物计费重量3吨以上，或不足3吨但其性质、体积、形状需要一辆汽车运输的，为整批货物运输。

③ 因货物的体积、重量的要求，需要大型或专用汽车运输的，为大型特型笨重物件运输。

④ 以集装箱为容器，使用汽车运输的，为集装箱汽车运输。

⑤ 在规定的距离和时间内将货物运达目的地的，为快件货物运输；应托运人的要求，采取即托即运的，为特快件货物运输。

⑥ 承运《危险货物品名表》列入的易燃、易爆、有毒、有腐蚀性、有放射性等危险货物和虽未列入《危险货物品名表》但具有危险货物性质的新产品，为危险货物汽车运输。

⑦ 采用装有出租营业标志的小型货运汽车，供货主临时雇用，并按时间、里程和规定费率收取运输费用的，为出租汽车货运。

⑧ 为个人或单位搬迁提供运输和搬运装卸服务，并按规定收取费用的，为搬家货物运输。

(3) 公路货物运输流程

① 接单。公路运输主管从客户处接受(传真)运输发送计划；公路运输调度从客户处接出库提货单证；核对单证。

② 登记。运输调度在登记表上分送货目的地，分收货客户标定提货号码；司机(指定人员及车辆)到运输调度中心拿提货单，并在运输登统本上确认签收。

③ 调用安排。填写运输计划；填写运输在途、送到情况，追踪反馈表；电脑输单。

④ 车队交接。根据送货方向、重量、体积统筹安排车辆；报运输计划给客户处，并确认到厂提货时间。

⑤ 提货发运。按时到达客户提货仓库；检查车辆情况；办理提货手续；提货，盖好车棚，锁好箱门；办好出厂手续；电话通知收货客户预达时间。

⑥ 在途追踪。建立收货客户档案；司机及时反馈途中信息；与收货客户电话联系送货情况；填写跟踪记录；有异常情况及时与客户联系。

⑦ 到达签收。电话或传真确认到达时间；司机将回单用 EMS 或 FAX 传回公司；签收运输单；定期将回单送至客户处；将当地市场的地址及时反馈给客户。

⑧ 回单。按时准确到达指定卸货地点；货物交接；百分之百签收，保证运输产品的数量和质量与客户出库单一致；了解送货人对客户产品在当地市场的销售情况。

2. 公路运输的技术经济特点

（1）公路运输的技术特点

① 机动灵活，适应性强。由于公路运输网一般比铁路、水路网的密度要大十几倍，分布面也广，因此公路运输车辆可以“无处不到、无时不有”。公路运输在时间方面的机动性也比较大，车辆可随时调度、装运，各环节之间的衔接时间较短。尤其是公路运输对客货运量的多少具有很强的适应性，汽车的载重吨位有小(0.25 吨～1 吨左右)有大(200 吨～300 吨左右)，既可以单个车辆独立运输，也可以由若干车辆组成车队同时运输，这一点对抢险、救灾工作和军事运输具有特别重要的意义。

② 可实现“门到门”直达运输。由于汽车体积较小，中途一般也不需要换装，除了可沿分布较广的路网运行外，还可离开路网深入到工厂企业、农村田间、城市居民住宅等地，即可以把货物从始发地门口直接运送到目的地门口，实现“门到门”直达运输。这是其他运输方式无法与公路运输比拟的特点之一。

③ 在中短途运输中，运送速度较快。在中短途运输中，由于公路运输可以实现“门到门”直达运输，中途不需要倒运、转乘就可以直接将货物运达目的地，因此，与其他运输方式相比，其客货在途时间较短，运送速度较快。

④ 掌握车辆驾驶技术较易。与火车司机或飞机驾驶员的培训要求来说，汽车驾驶技术比较容易掌握，对驾驶员的各方面素质要求相对比较低。

⑤ 服务上的灵活性。具体表现为能够根据货主或旅客的具体要求提供有针对性的服务，以最大限度地满足不同性质的货物运送与不同层次旅客的需求。

此外，公路运输在技术方面也存在一些缺点：

① 运行持续性较差。有关统计资料表明，在各种现代运输方式中，公路的平均运距是最短的，运行持续性较差。例如，我国 2008 年公路平均运距货运为 171 千米，而铁路货运为 760 千米。

② 安全性较低，污染环境较严重。据历史记载，自汽车诞生以来，已经吞吃掉 3 000 多万人的生命，特别是 20 世纪 90 年代开始，死于汽车交通事故的

人数急剧增加,平均每年达50多万。这个数字超过了艾滋病、战争和结核病人每年的死亡人数。汽车所排出的尾气和引起的噪声也严重地威胁着人类的健康,是大城市环境污染的最大污染源之一。

③ 运输能力弱。每辆普通载重汽车每次只能运送5吨货物,长途客车可送50位旅客,仅相当于一列普通客车的1/30～1/36。

④ 运输能耗很高。公路运输分别是铁路运输能耗的10.6～15.1倍,是沿海运输能耗的11.2～15.9倍,是内河运输的13.5～19.1倍,是管道运输能耗的4.8～6.9倍,但比民航运输能耗低,只有民航运输的6%～87%。

⑤ 劳动生产率低。公路运输只有铁路运输的10.6%,是沿海运输的1.5%,是内河运输的7.5%,但比民航运输劳动生产率高,是民航运输的3倍;此外,由于汽车体积小,无法运送大件物资,不适宜运输大宗和长距离货物;公路建设占地多,随着人口的增长,占地多的矛盾将表现得更为突出。

(2) 公路运输的经济特点

① 原始投资少,资金周转快。公路运输与铁路、水路、航空运输方式相比,所需固定设施简单,车辆购置费用一般也比较低,因此,投资兴办容易,投资回收期短。有关资料表明,在正常经营情况下,公路运输的投资每年可周转1～3次,而铁路运输则需要3～4年才能周转一次。因此,从业者完全可以根据运输需求和自身的条件灵活选择。

② 运输生产固定结构低,选择空间大。经营者可根据市场环境和自己的风险承受能力选择合适的投资固定结构,属于低风险发展的运输方式。

此外,公路运输在经济方面也存在运量较小、运输成本较高的缺点。公路运输成本是铁路运输的11.1～17.5倍,是沿海运输的27.7～43.6倍,是管道运输的13.7～21.5倍,但比民航运输成本低,只有民航运输的6.1%～9.6%。

公路运输比较适宜在内陆地区运输短途旅客、货物,因而可以与铁路、水路联运,为铁路、港口集中和疏散旅客、物资,可以深入山区及偏僻的农村进行旅客和货物运输,可以在远离铁路的区域从事干线运输。

三、水路运输及其技术经济特点

水路运输是以船舶为主要运输工具,以水域包括海洋、河流和湖泊为运输活动范围的一种运输方式。水运至今仍是世界许多国家最重要的运输方式之一。

1. 水路运输概述

(1) 适合于水路运输的货物种类

水路运输的货物包括原料、材料、工农业产品、商品以及其他产品。从水路运输的要求出发,可以从货物的形态、性质、重量、运量等不同的角度进行分类。

① 从货物形态的角度分类，水路运输的货物包括包装货物、裸装货物和散装货物。散装货物是指无须包装、可以直接装入运输工具的货物。这类货物多为不易或不值得包装的货物，如小麦、杂粮、煤、生铁等农矿产品。裸装货物是指形态上自然成件数，无须包装或略加捆扎可以成件的货物，如烟胶片、钢材、铜锭及车辆等。包装货物是指必须经过一定包装才能进入市场的货物，大多日用消费品和工业制成品都需要包装。

② 从货物性质的角度分类，水路运输的货物包括普通货物和特殊货物。普通货物一般通称为百杂货，是指不需要用特殊方法进行装卸和保管、可按件计数的货物。根据其包装形式和货物的性质，普通货物又可分为清洁货和污货两类。特殊货物是指在性质、重量、价值、形态上具有特殊性，运输时需要用特殊容器或工具装载的货物。根据货物的性质，特殊货物又可分为冷藏货、活动（植）物和重货三类。

③ 从货物的重量和体积分类，水路运输的货物包括重量货物和体积货物。按国际上统一的划分标准，凡 1 吨货物的体积不超过 40 立方米的货物为重量货物。凡 1 吨货物的体积超过 40 立方米的货物为体积货物，也称轻泡货。我国海运部门规定，凡 1 吨货物的体积不超过 1 立方米的货物为重量货物。凡 1 吨货物的体积超过 1 立方米的货物为体积货物。

④ 从货物运量大小的角度分类，水路运输的货物包括大宗货物、件杂货物和长大笨重货物。大宗货物即该批（票）货物的运量很大者，如化肥、粮食、煤炭等。件杂货物即大宗货物之外的货物。长大笨重货物指运输中凡单件重量超过限定数量的货物称为重件货物或超重货物，如火车头、钢轨、石油钻台等。

（2）水路运输方式

根据分类依据的不同，水路运输有多种分类方法。

① 按贸易种类，水路运输可以分为外贸运输和内贸运输。外贸运输是指本国同其他国家和地区之间的贸易运输；内贸运输是指本国内部各地区之间的贸易运输。

② 按航行区域，水路运输可以分为远洋运输、沿海运输、内河运输和湖泊（包括水库）运输。远洋运输是指国与国之间的运输，以外贸运输居多；沿海运输是指几个邻近海区间或本海区内的运输，以内贸运输为主；内河运输是指在一条河流（包括运河）上或通过几条河流的运输，一般为国内运输；湖泊运输是指一个湖区内的运输，大多属于国内运输。

③ 按运输对象，水路运输可以分为旅客运输和货物运输。旅客运输是指以旅客和部分货物为载运对象的运输，有单一客运（包括旅游）和客货兼运之

分。货物运输是指以货物为载运对象的运输。按货类分有散货运输和杂货运输两类，前者是指无包装的大宗货物如石油、煤炭、矿砂等的运输；后者是指批量小、件数多或较零星的货物运输。

④ 按船舶营运组织形式，水路运输可分为定期船运输（即班轮运输）、不定期船运输和专用船运输。定期船运输是选配适合具体营运条件的船舶，在规定航线上，定期停靠若干固定港口的运输；不定期船运输是指船舶的运行没有固定的航线，而是按照运输任务或按租船合同所组织的运输；专用船运输是指企业自置或租赁船舶从事本企业自有物资的运输。

(3) 水路运输业务流程

水路运输业务流程与水路运输种类密切相关，下面主要介绍班轮运输业务流程和租船业务流程。

① 班轮运输业务流程。班轮运输业务流程主要包括揽货、订舱、装船、卸货、误卸、交付货物和保函等七个环节。

a. 揽货。揽货是指从事班轮运输经营的船公司为使自己所经营的班轮运输船舶能在载重量和舱容上得到充分利用，力争做到“满舱满载”，以期获得最好的经营效益而从货主那里争取货源的行为。

b. 订舱。订舱是指托运人或其代理人向承运人（即班轮公司）或它的营业所或代理机构等申请货物运输、承运人对这种申请给予承诺的行为。承运人与托运人之间不需要签订运输合同，而是以口头或订舱函电进行预约，只要船公司对这种预约给予承诺，并在舱位登记簿上登记，即表明承托双方已建立有关货物运输的关系。

c. 装船。装船是指托运人应将其托运的货物送至码头承运船舶的船边并进行交接，然后将货物装到船上。

d. 卸货。卸货是指将船舶所承运的货物在卸货港从船上卸下，并将货物交给收货人或代其收货的人和办理货物的交接手续。

e. 误卸。卸货时，船方和装卸公司应根据载货清单和其他有关单证认真卸货，避免发生差错，然而由于众多原因难免不发生将本应在其他港口卸下的货物卸在本港，或本应在本港卸下的货物遗漏未卸的情况，通常将前者称为溢卸，后者称为短卸。溢卸和短卸统称为误卸。关于因误卸而引起的货物延迟损失或货物的损坏转让问题，一般在提单条款中都有规定，通常规定因误卸发生的补送、退运的费用由船公司负担，但对因此而造成的延迟交付或货物的损坏，船公司不负赔偿责任。如果误卸是因标志不清、不全或错误，以及因货主的过失造成的，则所有补送、退运、卸货和保管的费用都由货主负担，船公司不负任何责任。

f. 交付货物。交付货物是实际业务中船公司凭提单将货物交付给收货人的行为。具体过程是收货人将提单交给船公司在卸货港的代理人，经代理人审核无误后，签发提货单交给收货人，然后收货人再凭提货单前往码头仓库提取货物并与卸货代理人办理交接手续。交付货物的方式有仓库交付货物、船边交付货物、货主选择卸货港交付货物、变更卸货港交付货物、凭保证书交付货物等。

g. 保函。保函即保证书，为了方便，船公司及银行都印有一定格式的保证书。其作用包括凭保函交付货物、凭保函签发清洁提单、凭保函倒签预借提单等。在凭保函交付货物的情况下，收货人保证在收到提单后立即向船公司交回全套正本提单，承担应由收货人支付的运费及其他费用的责任；对因未提交提单而提取货物所产生的一切损失均承担责任，并表明对于保证内容由银行与收货人一起负连带责任。凭保函签发提单则使托运人能以清洁提单、已装船提单顺利地结汇。关于保函的法律效力，海牙规则和维斯比规则都没有作出规定。考虑到保函在海运业务中的实际意义和保护无辜的第三方的需要，汉堡规则第一次就保函的效力问题作出了明确的规定，保函是承运人与托运人之间的协议，不得对抗第三方，承运人与托运人之间的保函，只是在无欺骗第三方意图时才有效；如发现有意欺骗第三方，则承运人在赔偿第三方时不得享受责任限制，且保函也无效。

② 租船运输业务流程。租船运输业务流程主要包括询盘、报盘、还盘、接受和签订租船合同等五个环节。

a. 询盘。通常由承租人以期望条件，通过租船经纪人寻求租用所需要的船舶，即货求船。

b. 报盘。报盘也称报价或发盘，是出租人对承租人询盘的回应。若是船舶所有人先发出的询盘，则报盘人是承租人。报盘又分实盘与虚盘。实盘为报盘条件不可改变，并附加时效的硬性报价；虚盘则是可磋商、修改的报价。

c. 还盘。还盘是询价双方通过平等谈判、协商、讨价还价的过程。

d. 接受。通过双方的谈判，最后达成一致意见即可成交。成交后交易双方当事人应签署一份“订租确认书”，就商谈租船过程中双方承诺的主要条件予以确认，对于细节问题还可以进一步商讨。

e. 签订租船合同。签订确认书只是一种合同意向，正式租船合同要按租船合同范本予以规范，进行编制，明确租船双方的权利和义务，双方当事人签署后即可生效。之后，哪一方提出更改或撤销等异议，造成的损失由违约方承担责任。

定期租船合同的主要内容包括出租人和承租人的名称、船名、船籍、船级、吨位容积、船速、燃料消耗、航区、用途、租船期限、交船与还船时间、地点以及条件、租金及其支付等相关事宜。

航次租船合同的主要内容有出租人和承租人的名称、船名、船籍、载货重量、容积、货名、装运港与目的港、受载期限、装卸期限,运费、滞期费、速遣费的支付及其他事项。

租船运输合同正式签订后,船舶所有人就可按合同的要求,安排船舶投入营运;货方备好货物准备装船。

租船业务中,租船经纪人代表各自委托人洽谈租船业务,代为签约,可迅速而有效促进租船业务的成交,减少船东或租船人大量的事务性工作,减少了租约中的责任风险,协调了租船市场的正常运营。租船业务成交后,由船东按照运费的1.25%~2.5%付给经纪人作为佣金。

2. 水路运输的技术经济特点

(1) 水路运输的技术特点

从技术性能看,水路运输有以下优点:

① 运输能力强。在五种运输方式中,水路运输能力最强,在长江干线,一支拖驳或顶推驳船队的载运能力已超过万吨,国外最大的顶推驳船队的载运能力达3~4万吨,世界上最大的油船已超过50万吨。

② 在运输条件良好的航道,通过能力几乎不受限制。

③ 水路运输具有通用性,既可运客,也可运货,可以运送各种货物,尤其是大件货物。

水路运输在技术方面存在以下缺点:

① 受自然条件影响较大,内河航道和某些港口受季节影响较大,在冬季结冰和枯水期水位变低时无法运输,难以保证全年通航。

② 营运范围受到限制。

③ 航行风险大,安全性略差。

(2) 水路运输的经济特点

从经济指标上看,水路运输有以下优点:

① 水运建设投资省。水路运输只需利用江河湖海等自然资源,除必须投资购买船舶、建设港口之外,沿海航道几乎不需投资,整治航道也只有铁路建设费用的1/3~1/5。

② 运输成本低。我国沿海水路运输成本只有铁路运输的40%,美国沿海水路运输成本只有铁路运输的1/8,我国长江干线运输成本只有铁路运输的84%,而美国密西西比河干流的运输成本只有铁路运输的1/3~1/4。

③ 劳动生产率高。沿海水路运输劳动生产率是铁路运输的6.4倍,长江

干线运输劳动生产率是铁路运输的 1.26 倍。

④ 平均运距长。水路运输平均运距分别是铁路运输的 2.3 倍，是公路运输的 59 倍、管道运输的 2.7 倍、民航运输的 68%。

⑤ 远洋运输在我国对外经济贸易方面占独特的重要地位，我国有超过 90%的外贸货物采用远洋运输，是发展国际贸易的强大支柱，战时又可以增强国防能力。这是其他任何运输方式都无法代替的。

水路运输在经济方面存在以下缺点：

① 运送速度慢，在途中的货物多，会增加货主的流动资金占有量，经营风险增加。

② 搬运成本与装卸费用高，这是因为运能最大，所以导致了装卸作业量最大。

总之，水路运输综合优势较为突出，适宜于运距长、运量大、时间性不太强的各种大宗物资运输。例如，承担大批量货物特别是集装箱运输；承担原料半成品等散货运输；承担国贸运输，即远距离、运量大、不要求快速抵达目的港的客货运输等。

四、航空运输及其技术经济特点

1. 航空运输概述

航空运输是指使用飞机、直升机及其他航空器运送货物、邮件的一种运输方式，为国际贸易中的贵重物品、鲜活货物和精密仪器运输所不可或缺。

(1) 适合于航空运输的货物种类

航空运输货物分为普通货物、等级货物、指定商品等三类。

① 普通货物。是指有时间性要求、不宜颠簸或容易受损的精密仪器设备、价值与体积之比比较大的贵重物品等。

② 等级货物是指急件、生物制品、珍贵植物和植物制品、活体动物、骨灰、灵柩、鲜活易腐物品、贵重物品、枪械、弹药、押运货物等特种货物。

③ 指定商品是指一些批量大、季节性强、单位价值低的货物。

(2) 航空货物运输方式

航空货物运输主要包括班机运输和包机运输。

① 班机运输。班机是指定期开航、定航线、定始发站、定目的港、定途经站的飞机。班机运输具有迅速准确、方便货主和舱位有限等特点。

② 包机运输。包机人为一定的目的包用航空公司的飞机运载货物的形式称为包机运输。包机运输分为整包机和部分包机两种类型。

a. 整包机。即包租整架飞机，指航空公司按照与租机人事先约定的条件及费用，将整架飞机租给包机人，从一个或几个航空港装运货物至目的地。包机人一般要在货物装运前一个月与航空公司联系,以便航空公司安排运载和向起降机场及有关政府部门申请、办理过境或入境的有关手续。包机的费用是一次一议,随国际市场供求情况变化。

b. 部分包机。由几家航空货运公司或发货人联合包租一架飞机或者由航空公司把一架飞机的舱位分别卖给几家航空货运公司装载货物。部分包机适用于托运不足一架整飞机舱容、但货量又较重的货物运输。

(3) 航空运输流程

① 接受发货人的委托,预定舱位。从发货人取得必要的出口单据;安排运输工具取货或由发货人送货到指定地点,与单证认真核对。

② 申报海关:

a. 报关单据一般为商业发票、装箱单、商检证和出口货物报关单,有的商品则需要动植物检疫证书或产地证、出口外汇核销单和外销合同等。

b. 在海关验收完货物,在报关单上盖验收章后,缮制航空运单。

c. 将收货人提供的货物随行单据订在运单后面;如果是集中托运的货物,要制作集中托运清单,并将清单、所有分运单及随行单据装入一个信袋,订在运单后面。

d. 将制作好的运单标签贴在每一件货物上。如果是集中托运的货物,还必须有分运单标签。

e. 持缮制完的航空运单到海关报关放行。

f. 将盖有海关放行章的运单与货物一齐交与航空公司,航空公司验收单货无误,在交接单上签字。

g. 集中托运的货物,需要电传通知国外代理以下内容:航班号、运单号、品名、件数、毛重和收货人等。

③ 口岸外运公司与内地公司出口运输工作的衔接:

a. 内地公司提前将要发运货物的品名、件数、毛重及时间要求通知口岸公司,并制作分运单,与其他单据一起寄出或与货同行交给口岸公司。

b. 内地公司将货物按照规定的时间、地点运至口岸。

c. 口岸公司设专人承接内地公司运交的货物。

d. 口岸公司负责向航空公司订舱;通知内地公司航班号、运单号或总运单号,内地公司将航班号,运单号打在分运单上,并将分运单交与发货人办理结汇。

2. 航空运输的技术经济特点

(1) 航空运输的技术特点

① 速度快。"快"是航空运输的最大特点和优势。现代喷气式客机,巡航

速度为每小时 800～900 千米，比汽车、火车快 5～10 倍，比轮船快 20～30 倍。距离越长，航空运输所能节约的时间越多，快速的特点也越显著。

② 机动性强。飞机在空中飞行，受航线条件限制的程度比汽车、火车、轮船小得多。它可以将地面上任何距离的两个地方连接起来，可以定期或不定期飞行。尤其对灾区的救援、供应、边远地区的急救等紧急任务，航空运输已成为必不可少的手段。

③ 舒适、安全。喷气式客机的巡航高度一般在 10 000 米左右，飞行不受低气流的影响，平稳舒适。由于科学技术的进步和对货运飞机适航性的严格要求，航空运输的安全性比以往已大大提高。

航空运输在技术方面存在以下缺点：

① 飞行受气候条件的限制，在一定程度上影响了运输的准确性和正常性。

② 需要航空港设施，所以可达性差。

③ 飞机机舱容积和载重量都比较小。

④ 航空运输速度快的优点在短途运输中难以充分发挥。因此，航空运输比较适宜于 500 千米以上、时间性强的鲜活易腐和价值高的货物的中长途运输。

(2) 航空运输的经济特点

航空运输的基本建设周期短、投资小。要发展航空运输，从设备条件上讲，只要添置飞机和修建机场。这与修建铁路和公路相比，一般来说建设周期短、占地少、投资省、收效快。据计算，在相距 1 000 千米的两个城市间建立交通线，若载客能力相同，修筑铁路的投资是开辟航线的 1.6 倍，开辟航线只需两年。

航空运输在经济方面存在以下缺点：

① 运载成本和运价比地面运输高；

② 设施成本高，维护费用高；

③ 运输能力弱，运输能耗高；

④ 运输技术要求高，人员（飞行员、空勤人员）培训费高。

五、管道运输及其技术经济特点

1. 管道运输概述

管道运输是使用管道输送流体货物的一种运输方式，是一种专门由生产地向市场输送石油、煤和化学产品的运输方式，是统一运输网中干线运输的特殊组成部分。

(1) 适合于管道运输的货物种类

管道运输所运流体货物包括原油、成品油、天然气(包括油田伴生气)和煤、铁等固体料浆。

(2) 管道货物运输方式

管道按所运货物种类可分为原油管道、成品油管道、天然气管道和固体料浆管道;按铺设工程可分为架空管道、地面管道和地下管道;按地理范围可分为油矿至炼油厂的原油管道,从炼油厂至海港或集散中心的成品油管道,从海港至海上浮筒的系泊管道;按运输对象可分为液体管道、气体管道和水浆管道。因此,管道货物运输的种类也是十分丰富的。下面介绍两类重要的运输方式,即原油管道运输和天然气管道运输。

① 原油管道运输。原油是我国的战略物资,是国家的经济命脉。我国原油物资隶属国家所有,国家经贸委下属的中国石油天然气集团公司及中国石油化工集团公司行使国家赋予的石油勘探、开发权利。作为中游业务的原油管道运输,其作用是将原油由油田的集输厂通过管道长距离输送至炼油厂、码头等。目前我国绝大多数长距离原油管道由中国石油天然气集团公司下属的中国石油天然气管道局及中国石油化工集团公司下属的管道储运公司管理,国家依据国民经济的总体发展需要制订宏观的年原油生产计划,集团公司根据各油田的产量及下游企业——炼油厂及化工厂的情况制订年度、季度及月度管道输油计划,管道企业依据计划与原油承接方——炼油厂及化工厂等签订供货合同并制定输油方案组织输送。随着市场经济的逐步深入,石油的运作逐步向市场运作机制靠拢,原油的产、供、销等也会相应发生变化,管道企业在完成国家任务的同时也可承担其他原油输送业务,以满足国内原油输送市场的需要,原油管道输送将会更加市场化。

我国原油管道布局有以下特点:

a. 我国石油工业主要分布在东北、华北和东部沿海地区,因而,原油管道也主要集中在这里,约占总长度的76%,且直径在529毫米以上的大型管道占2/3以上。

b. 许多管道从油田直接通往炼油厂。据统计,由管道供应原油的炼油厂约占全国炼油能力的70%。还有一些管道通往海港、长江沿岸和铁路车站,形成管道与海运、河运、铁路等联运的综合运输系统。

c. 我国一些大油田是逐步发展起来的,管道的建设是根据油田开发的需要分阶段建设的,因此在一些方向上形成了复线管道,如大庆至铁岭就敷设了两条720毫米的管道。

d. 由于我国原油凝固点高(20～34℃)、黏度大(20～100厘沱)、含蜡多

(10%～25%)，需采用管道加热输送方法，因此管道沿线除布置加热泵站外，有的管道还要布置辅助加热站。施工时还应考虑清蜡设施。

② 天然气管道运输。中国是最早用木竹管输送天然气的国家。1 600 年前后，四川省自流井气田不但在平地敷设管道，而且"高者登山，低者入地"，"于河底掘沟置笕，凿石为槽覆其上"。中国现代天然气运输管道，多集中在天然气主要产地四川省。1963 年我国建成了第一条巴渝输气管道，管径为 426 毫米，全长 54.7 千米。到 2009 年底，我国已建成天然气管道 3.6 万千米，总输气能力超过每年 1 000 亿立方米。

通常而言，天然气输气管道系统由管道输气站和线路系统两部分组成，后者包括管道、沿线阀室、管道通信系统、调度和自动监控系统等。其中，天然气输气管道是由单根管子逐根连接组装起来的，是个连续密闭输送系统，从输送、储存到用户使用，天然气均处于带压状态。

2. 管道运输的技术经济特点

(1) 管道运输的技术特点

① 运输量大。一条输油管线可以源源不断地完成输送任务。根据其管径的不同，其每年的运输量可达数百万吨到几千万吨，甚至超过亿吨。国外一条直径 720 毫米的输煤管道，一年即可输送煤炭 2 000 万吨，几乎相当于一条单线铁路的单方向的输送能力。

② 运输工程量小，占地少。管道运输只需要铺设管线，修建泵站，土石方工程量比修建铁路小得多。运输系统的建设实践证明，运输管道埋藏于地下的部分占管道总长度的 95%以上，因而对于土地的永久性占用很少，分别仅为公路的 3%、铁路的 10%左右，在交通运输规划系统中，优先考虑管道运输方案，对于节约土地资源，意义重大。

③ 能耗小。管道运输的能耗在各种运输方式中是最低的。发达国家采用管道运输石油，每吨千米的能耗不足铁路的 1/7，在大量运输时的运输成本与水运接近，因此在无水条件下，采用管道运输是一种最为节能的运输方式。

④ 安全可靠，无污染。由于石油天然气易燃、易爆、易挥发、易泄漏，采用管道运输方式，既安全，又可以大大减少挥发损耗；同时由于泄漏导致的对空气、水和土壤的污染也可大大减少，也就是说，管道运输能较好地满足运输工程的绿色化要求。

⑤ 不受气候影响，可以全天候运输，送达货物的可靠性高。由于管道基本埋藏于地下，其运输过程受恶劣多变的气候条件影响小，可以确保运输系统长期稳定地运行。

⑥ 管道可以走捷径，运输距离短。

⑦ 可以实现封闭运输,损耗少。

管道运输在技术方面存在以下缺点:

① 专用性强,运输货物过于专门化,运输物品仅限于气体、液体及其他流体。

② 管道起运量与最高运输量间的幅度小。因此,在油田开发初期,采用管道运输困难时,还要以公路、铁路、水路运输作为过渡。

③ 管道运输不如其他运输方式(如汽车运输)灵活。除承运的货物比较单一外,它也不容随便扩展管线,实现"门到门"的运输服务。对一般用户来说,管道运输常常要与铁路运输或汽车运输、水路运输配合才能完成全程输送。

(2) 管道运输的经济特点

管道运输投资少,管理方便,运输成本低。据计算,建设一条年运输能力为1 500万吨煤的铁路,需投资8.6亿美元,而建设一条年运输能力为4 500万吨煤输送管道只需1.6亿美元。经常的管理人员也只有铁路运输的1/7。管道运输的成本一般只有铁路运输的1/5,公路运输的1/20,航空运输的1/66。

管道运输在经济方面存在以下缺点:

① 运输量明显不足时,运输成本会显著增大。

② 固定投资大。例如,西气东输一线工程投资总额为1 200亿元,二线工程投资约为1 420亿元。

第三节　综合运输体系

由于各国的情况不同,综合运输体系没有具体固定的结构模式,其取决于所贯彻的发展理念以及与这种理念相配合的发展政策、使用成本政策。不同发展理念和政策下所形成的不同的综合运输体系,将构成不同的社会资源消耗总量、社会总运输成本和系统效率水平,同时,对人们的生活方式、满足人们追求物质享乐的程度,以及社会、经济、环境的可持续发展产生不同的影响。

一、综合运输体系概述

1. 综合运输体系的概念

综合运输体系是由铁路、公路、水路、管道和航空等各种运输方式及其线路、站场等组成的综合体系,是符合于一个国家或地区的经济地理特征,适应国民经济发展和人们生活水平提高的要求,各种运输方式分工协作、优势互补，采用现代先进技术在物理上和逻辑上实现一体化的交通运输系统的总称。综合运输体系的中心思想是：根据全国或区域经济地理特征和各种运输方式的技术经济特点，经济合理地发展各种运输方式，并使之有机结合形成一个完整的高效的交通运输系统，为社会经济发展服务。

2. 综合运输体系的内涵

首先，综合运输体系是在运输方式的基础上建立起来的，随着经济的发展和科学技术的进步，运输过程必然要由单一方式向多样化发展，运输工具也不断向现代化方向发展，因此，运输生产本身就要求把多种运输方式组织起来，形成统一的运输过程。综合运输体系是生产力发展到一定阶段的产物。

其次，综合运输体系是各种运输方式通过运输过程本身的要求联系起来的。各种运输方式在分工的基础上，有协作配合、优势互补的要求，即在运输生产过程中要求有机结合，在各个运输环节上要求连接贯通，以及各种交通运输网和其他运输手段的合理布局。从运输业发展的历史和现状上看，各种运输方式一方面在运输过程中存在着协作配合、优势互补的要求；另一方面，在运输市场上和技术发展上又存在相互竞争。如果没有这种内在的要求，或者这种内在要求受到限制，也就不可能建立和完善综合运输体系。

最后，综合运输体系表现为一种先进的运输经营体系或系统，它由三个子系统组成：其一是有一定技术装备的综合运输网及其结合部系统，这是综合运输体系的物质基础。系统的布局要合理协调，运输环节要相互衔接，技术装备要成龙配套，运输网络要四通八达。其二是各种运输方式的联合运输系统。这个系统要实现运输高效率、经济高效益、服务高质量，充分体现出各种运输方式综合利用的优越性。其三是综合运输管理、组织和协调系统。这个系统要有利于宏观管理、统筹规划和组织协作。上述三个方面构成了综合运输体系生产能力的主要因素。

3. 综合运输体系的组成部分

综合运输体系是运输生产力发展到一定阶段的产物。一方面各种运输方式在生产过程中有一种协助配合、优势互补的需要，客观上要求在运输的各个环节上连接贯通；另一方面，运输市场和技术发展促使企业相互竞争，货主在选择运输方式上要求速度、时间和方便，这样就要求各种运输方式联合起来，以满足需要。

综合运输体系一般由三个子系统组成：

(1) 综合运输网络系统

综合运输网络系统是具有一定技术装备的综合运输网及其结合部系统，

是综合运输网络系统这个大系统的硬件，由各种运输方式的线路、港、站、场、运输枢纽和各个换装点以及各种运输设备、生产工具所组成的运输网络系统，它构成了综合运输体系的物质技术基础。

(2) 综合运输生产系统

综合运输生产系统是由软硬件结合而形成的系统，是综合运输体系的核心，是由各种运输方式组成的综合运输协作系统、一体化系统、区域运输系统相互衔接和相互配合而构成的联合运输系统，它要求高效率、低能耗和高质量、低成本，充分发挥各种运输方式的能力及优势。

(3) 综合运输组织管理系统

综合运输组织管理系统是综合运输体系的软件，由三部分组成，一是在各种供给方式内部及其相互之间进行组织衔接、协调的运输生产指挥系统；二是对某种运输方式、某一运输网及区域运输体系进行调节和控制的综合调控系统；三是对所有运输方式、统一运输网络和运输体系进行生产、调度、指挥所必需的通讯、导航、计算机、管理信息系统。

4. 综合运输体系发展简况

综合运输是在社会生产发展到一定历史阶段产生的。18 世纪蒸汽机的发明，使交通领域逐渐出现了列车、机动船、汽车、飞机和管道等新型运输工具。采用新型的运输工具，需要配套的工程技术设备和相应的科学组织管理，从而构成了新型的运输方式。资本主义社会运输业由于发展的盲目性，运输企业间竞争激烈，从而造成极大的重复和浪费。在这种情况下，人们开始认识到有必要从综合角度对各种运输方式的发展及其协作关系进行科学研究。最初，某些国家的政府和私人企业，只是试图对不同运输企业之间的利害冲突进行某些调节工作。由于各种运输方式为完成一定客货运输任务所需的投资和经济效益不尽相同，而国民经济各部门和人民生活对客货运输的需求也较复杂，因此，根据客货运输的需要，研究各种运输方式的综合发展和综合利用，对于国民经济和社会发展具有重要意义。20 世纪 50 年代开始，不少国家设立主管运输的综合决策部门，并相继建立了若干研究机构，如苏联国家计划委员会综合运输问题研究所、中国国家经济委员会综合运输研究所等，对运输量预测、合理运输、运输网规划、联运、各种运输方式的综合利用和技术经济比较以及运输技术政策等方面进行了大量研究工作，为国家制定运输规划和有效地利用各种运输方式的决策提供了理论依据。随着社会的发展，综合运输体系中的各种要素以及整个综合运输体系本身都呈现出许多新的发展趋势，主要表现在客运高速化、货运物流化和管理智能化等方面。与此同时，各种运输方式结构不断优化。从横向看，各种运输方式在综合运输体系中所承担的比例正在不断优化；以纵向看，多式联运这种新的运输组织形式将在综合运输体系中发挥越来越重要的作用。

5. 发展综合运输体系的意义

(1) 发展综合运输体系是当代运输发展的新趋势、新方向

当代运输的发展，出现了两大趋势：一是随着世界新技术革命的发展，交通运输广泛采用新技术，实现运输工具和运输设备的现代化；二是随着运输方式的多样化和运输过程的统一化，各种运输方式朝着分工协作、协调配合的方向发展。在世界范围内，把这两种趋势结合起来，成为当代运输业发展的新方向。

(2) 发展综合运输体系是我国运输发展的新模式

我国传统的工业和交通运输管理基本上是以条条为主的，各种运输方式的横向联系欠缺。由此往往造成该建设的项目没有及时建设，而不该建设的反而建成，造成浪费。运输业的建设从单一的、孤立的发展模式向综合的、协调的模式转变，无疑会给我国经济建设带来良好效果。

(3) 发展综合运输体系可增强有效运输生产力，缓解交通运输紧张的状况

交通运输是一个大系统，各种运输方式、各条运输路线、各个运输环节如果出现不协调，都不能充分发挥有效的运输生产力。多年来，我国交通运输出现了发展不平衡的状况，如有些线路压力过大，而有些线路运力得不到充分发挥；有些运输方式严重超负荷，而有些运输方式又不能充分发挥作用等。采取综合运输体系将有效地改变这一不协调、不平衡的现状。

(4) 发展综合运输体系是提高运输经济效益的重要方法

按照各种运输方式的技术特点，建立合理的运输结构，可以使各种运输方式扬其所长、避其所短，既可扩大运输能力，又可提高经济效益。

二、国内外综合运输发展的主要理念

1. 国外综合运输发展的主要理念

国外对综合运输的发展主要强调以下几个方面：

① 各组成运输方式的多重性、平等性和包容性；

② 各组成运输方式在充分发挥各自比较优势基础上的合理利用、协调和可持续发展；

③ 各组成运输方式的基础设施、运输装备等硬件设施和管理软件在物理和逻辑上相互连接以及配合的紧密性、融合性和一体性；

④ 各组成运输方式的结构比例随需求结构而变化并逐步趋于一致，其结构的技术水平随技术进步而不断升级，运输过程呈现出连续性、无缝性和全程性；

⑤ 综合运输体系通过市场机制和宏观调控来建立和发展；

⑥ 与传统运输体系相比，综合运输体系具有更高的经济效益和社会效益，更加适应当代经济多样化、国际化、信息化、网络化和持续稳定发展的要求。

2. 国内综合运输发展的主要理念

我国目前正处于运输规模和结构优化的大发展时期，也是综合运输体系构建和逐步成型的关键时期，必须借鉴国外的发展经验，根据我国的国情，树立正确的发展理念，从而使综合运输体系更有效地支持经济、社会的发展，切实体现科学发展观。为此，综合运输发展理念要体现以下几个方面：

① 交通运输是经济社会发展的重要基础设施和城市的重要组成部分，构建的综合运输体系必须在规模和结构上支持城市、经济、工业化、城市化的发展以及区域一体化建设和人们生活水平的提高。

② 必须以资源的可支撑性为基础支持人们生活品质的不断提高，即交通运输发展结构要体现“在可承担得起的资源和成本消耗的情况下，建立能够有效地满足人们出行和货物运输需要、创造更好生活和工作环境的交通运输系统”的思想，要与我国国情和资源禀赋相结合。

③ 不能仅从交通流与基础设施的平衡来进行规划和构建综合运输体系，必须从人和货物的位移即“运输”需求的角度以及大众需求的角度来规划构建可持续发展的综合运输体系，要突出大运量公共运输方式的作用和发展。

④ 交通运输是区域合作和城市群发展的重要载体，综合运输体系的构建必须能够支持和引导这方面的发展，并适应更多运输需求。区域经济合作与城市群的发展是面向经济全球化和提高竞争力的发展方向，并已日渐成为我国经济发展的主旋律和主导力量。以中心城市为龙头的城市群的发展正日益促使区域资源更紧密整合与共享以及经济发展的整体化，经济与城市进入了新的发展机遇期，地区之间的经济竞争正逐步从简地地以行政区划为单元之间的竞争转向更大范围的经济区域以及城市群之间的竞争。

⑤ 综合运输体系的构建不仅要考虑资源的合理利用和各种运输方式优势的发挥，还应建立一体化运输的网络系统和服务系统，即各种运输方式之间和运输方式内部在基础设施、运输装备、运输组织、管理软件等方面实现物理和逻辑上的紧密连接和一体化，实现运输过程的无缝化、连续化。

⑥ 综合运输体系的构建，各方式、各环节之间都要有利于先进技术的推广应用，有利于集约化的发展和整体水平的提高；在一次性资金投入代价与资源和生态环境代价比较中，要侧重于资源和生态环境的代价。

三、综合运输体系的发展

1. 综合运输体系发展的基本思想

交通运输是现代经济社会赖以运行和发展的基础，交通运输的发达程度直接关系到对经济发展的支持力度、人们的生活质量以及产品的国际竞争力。至目前为止，我国交通运输还没有完成大发展过程，总量规模和质量与我国经济地理发展的需求都还存在着较大的差距，还不能有效地满足我国工业化和城市化发展的需要，不能对经济社会发展提供足够有力的基础支持。同时，交通运输又是占用资源和消耗能源较多的产业，在给人类社会带来便利、克服空间距离阻碍的同时，占用了大量的土地资源，带来了环境质量等负面问题。我国人口总量多，人均资源容量和环境容量都大大低于发达国家水平，甚至低于世界平均水平，交通运输的发展受资源的约束性强。因此，我国综合运输体系的发展，将面临着如何更快地发展和更有效地利用有限资源的问题，既不能因为强调发展而造成较为严重的环境破坏和损害后代人的需求，也不能因资源和环境保护，片面地理解可持续发展的内涵而制约交通运输的发展，阻碍经济的发展和人们生活质量的提高，要将提高人类的生存能力和生存质量作为社会可持续发展的重要内容。

由此，未来我国交通运输发展的基本思想应是：在可承担得起的资源和成本消耗的情况下，建立能够较有效地满足人们出行和货物运输需要，并创造更好的生活和工作环境的交通运输系统。

2. 现代综合运输体系发展的思路

根据我国交通运输的现状和基础、未来社会经济发展对交通运输的需求、资源和环境条件以及世界科技发展趋势，未来我国现代综合运输体系建设发展的主要思路如下：

(1) 以加快发展为主题，在发展中进行结构优化

经济发展是一个以交易费用下降为核心，劳动分工和制度变迁循环累积、互为因果的过程。交通运输的改进是实现生产力水平提高、交易费用降低和促进市场扩张等极其重要的手段。目前，交通运输全面紧张状况虽已得到缓解，但这是一种低水平的、暂时的、非全面性的缓解，各种运输方式的交通基础设施依然薄弱，交通运输系统整体效率和服务质量不高，运输成本尚未有效降低；还不能有效地满足我国工业化和城市化发展的需要，不能对经济社会发展提供足够的基础支持，与我国经济地理发展的需求存在着较大差距。未来 20 年，我国仍处于工业化的加速发展期，经济总量迅速增长，城市化进程增速，到 2020 年，我国的交通运输需求总量将达到目前的 2.5～3 倍。如果没有交通运

输的大发展并及时提供足够的基础条件，保证其应有的机动性和便利性，我国的工业化进程就会受到制约，人们的生活质量也将受到很大的影响。因此，未来我国的综合运输体系的建设，还需要继续以发展为主题，继续支持各种运输方式完成大的发展过程，通过增加总量规模，提高我国交通运输的机动性和通达性，增强对未来社会经济发展的支持能力；并在发展过程中按照各种运输方式的合理分工与协作，加快符合未来发展需求的主导运输方式的发展，通过增量调整和存量升级，使各种运输方式之间的结构和布局逐步趋于优化。

(2) 充分发挥各种运输方式的优势，发展综合运输网络系统

发达国家的运输结构是各种运输方式通过市场竞争形成的结果，代表了当代社会文明的发展趋势。我国的交通运输正处于大规模的建设发展过程，具有后发优势，应充分分析和借鉴发达国家交通运输发展的经验和最新的发展趋势，在发展过程中实现跨越，少走弯路，在大发展的过程中不断实现和完善各种运输方式的合理分工和协调发展。在规划思想上，要充分体现社会的进步性，将时间效率、便捷性、个性化需求作为重要的衡量标准，并且考虑各种运输方式的互补和相互促进作用，以实现整个大系统的高效率为目标。

① 公路。要形成层次结构合理的、完善的基础网络系统，骨架干线要高速化，次干线要快速化，支线要密集化。

② 铁路。铁路路网系统应着重于干线和通道，要形成与地理空间和大运量流向相适应的较完善的框架网络布局，而没有必要形成一个普遍的高密度的网络。

③ 内河和沿海水运。要充分利用现有的江、河、海等自然条件，结合水资源的综合开发利用，形成江、海运输大通道和水系运输网络。

④ 远洋运输和港口。要建成具有较强竞争力的现代化船队和适应外贸进出口、沿海运输需要的、结构合理的现代化港口。

⑤ 航空。要建成枢纽机场、干线机场、支线机场结构层次合理的机场布局。

⑥ 管道。要逐步形成与油气资源开发地、进口点至加工地、消费地相适应的具有较好调配功能的输送管道网。

(3) 以多种运输方式共存互补的方式，建设综合运输大通道

综合运输大通道(交通轴)是综合运输网络和国家经济发展的命脉，是跨区域间最重要的连接，其发达程度既代表着一个国家交通运输的发展水平，也是区域经济发展规模与发展水平的重要影响因素。通道内城市、人口、产业密集，经济规模总量大，居民收入水平相对较高，区域内部以及跨区域之间的人员和货物交流量大等特点，决定了大通道运输需求总量庞大，且具有集中和多样性，为各种运输方式的共存与发展奠定了基础。

尽管各种运输方式之间具有一定的可替代性，但有限的选择会造成运输成本增加和便利性降低，会使人们被迫放弃一些最符合自己愿望和最经济合理的需求，其结果不仅不能较好地满足通道内的各种不同类型的运输需求，较严重地影响产品的市场范围和市场竞争力以及人们出行的欲望，而且还会由于缺乏足够竞争，造成运输能力的紧张、服务水平下降、系统效率降低等。

综合运输通道内各种运输方式共存与紧密的协作，可使交通运输系统更发达，为经济起飞创造更好的基础支持条件；会使产品的交易成本降低、市场范围扩大，会进一步促进区域间和区域内产业分工的深化，增强产业分布的聚集效应和新产业的诞生；使得越来越多的产业和生产、经销企业以及人口沿着通道聚集，形成更加密集的工业带和城市带，经济发展的爆发力增强。

大通道是国家社会经济的主要集中带和发展带，是各种运输方式骨干线路必经的地区，同时也是各种运输方式承担运输量最大、在综合运输体系中作用最明显的线路。多种运输方式共同组成通道综合运输系统，既是通道地区社会经济发展的要求，也是交通运输发展的必然结果。

(4) 以较高起点进行干线基础设施规划与建设，加快交通运输现代化

交通运输是现代经济社会正常运行的基础保障。经济社会实现现代化首先要求交通运输现代化。交通基础设施是一种投资大、占用土地等稀缺资源较多、建设周期较长、长期服务于经济社会的必不可少的基础设施，一经建成使用后，再进行改造或重建的社会成本较高，因此，在制定发展规划与确定建设项目前，要有超前性和预见性。

交通运输的发展不仅能满足交通运输的需求，而且是对经济社会的可持续发展提供基础支撑条件。我国的经济与社会正经历着从起飞进入持续增长的历史发展时期，各种运输的需求在不断快速地增长，加大交通运输投资、较早实现交通运输现代化，可显著地改善区域之间和区域内的流通条件，降低交易成本，使各种资源能够在更大的范围内自由、便捷地流动，实现资源的优化配置，为经济社会的专业化分工提供更多的社会资本支持。干线网络是交通运输的核心组成部分，更应在建设标准与规模上满足未来较长时期的交通运输量增长的需要，而且要尽量提高基础设施的科技水平，并为未来的科技发展留出开放性的接口。

(5) 以可持续发展和需求管理的新理念，建设符合我国国情的综合运输体系

交通运输可持续发展，在于从战略的角度做到交通运输发展与经济社会发展、人们生活质量提高、土地资源利用、环境保护等各方面之间确立一种协

调发展的辩证比例关系。世界发达国家讲的可持续发展，是建立在其已完成了交通运输的大发展、拥有了雄厚的基础上的，而我国的交通运输规模远落后于发达国家，必须同时解决发展与环境保护问题。坚持交通运输可持续性发展的思想，是为我国经济社会持续、快速、健康、协调发展奠定物质基础。

在运输方式的选择上，不能简单地以占用土地的多少来衡量，关键要看是否更符合未来的发展趋势，是否更有利于经济发展，是否更有利于整体路网布局的完善以及效率与效益的提高。

交通需求管理是为了解决交通基础设施的无限扩展，并不能根本解决运输量不断增长的需要问题。为此，政府应通过一些理性的手段，引导人们自觉地调整消费观念和交通行为方式：一是建立与我国国情和资源禀赋相适应的综合运输体系，发展公共交通，在结构上实现交通模式的优化；二是创造条件和鼓励人们采用资源消耗较少的交通模式；三是不断促进交通行业的技术进步。

(6) 以干支线路协调和区域协调的发展思想，完善综合运输网络布局

建设综合运输体系过程中，在重点解决干线交通运输的同时，应加快与其连接的次干线和支线网络的建设，提高路网密度和农村的通达程度，形成层次结构合理的网络系统，适应地区经济、农村经济和城市化发展的需要，加深区域内的分工与协作，促进城市与农村共同发展以及全面建设小康社会目标的实现。要以区域协调发展的思想加快西部地区的交通基础设施建设，要综合考虑各层次路网的功能需求和社会效益，促进西部大开发，增强西部地区的经济发展能力。要注重老、少、边、穷地区的公路建设，积极改善农村交通条件，体现社会公平发展的原则，支持社会的可持续发展。

(7) 统一政策、规划和体制管理，实现运输“一体化”

交通运输是一个非常复杂的庞大系统，具有极强的基础性和社会性特征。综合运输体系的形成必须依靠政府的力量进行推动，要在政策、规划、技术标准、信息传输、经营规则以及管理体制上进行统一的协调和宏观调控，避免各种运输方式或部门各自规划、分散建设、自成体系，最终导致系统效率低、成本高、资源浪费；尤其是对综合运输枢纽的建设以及信息化等技术标准的制定，更需要从综合运输体系的发展战略上进行统一的规划与指导。

综合交通运输枢纽，是多种运输方式实现一体化发展的全程“无缝”物理连接和逻辑连接的关键。必须以战略的高度在规划综合运输网络的同时，对综合交通运输枢纽进行统一布局规划，加强包括各城市在内的各有关部门的协调，强调城间运输与城市交通的衔接配合。要采取指定部门(单位)负责、联合建设、共同使用的方式，加快建设。

(8) 积极推进交通运输信息化、智能化的进程，发展集约型交通

人类不可能通过无限制地扩张设施和服务来满足运输需求，只有改进方式、挖掘潜力、提高效率，才能克服空间约束性。随着经济的发展和社会的进步，交通基础设施能力与使用者需求之间的矛盾将会日益突出，必须依靠科技进步，采用现代化的装备和管理技术，改进整个交通运输系统的运行组织方式，才能最大限度地提高交通基础设施的使用能力、效率，以及安全性能等。

世界发达国家已开始把注意力从修建更多交通基础设施、扩大交通网络规模转移到采用高新技术来改造现有运输系统及其管理体系上。交通运输信息化和智能运输系统(ITS)的建设，已成为21世纪现代化交通运输体系的发展方向。ITS的广泛推广应用，将有助于实现由单一的基础设施扩张向集约型交通发展的转变，是解决现代交通发展问题的重要手段。“以信息化、网络化为基础，加快智能型交通的发展”是我国交通运输业实现跨越式发展、缓解资源和环境压力的有效途径，是实现我国交通运输现代化的关键。同时，在交通发展的全过程中，要始终贯彻以人为本的思想，从交通运输政策和规划的制定开始，就应把人类对各种交通运输服务的需要，如安全、便捷、舒适、智能等要素加以全面考虑。

(9) 以宏观调控和市场化相结合的思想，实现资源的合理配置

综合交通运输体系的建设需要依靠国家宏观调控和市场化两方面的合力。交通基础设施具有很强的公共物品属性，交通运输赖以存在的土地、岸线、空域、航道等都为政府所控制，通过有效的宏观调控，政府可促进各种运输方式合理布局与协调发展；而市场化手段对于合理配置交通资源和加快综合运输体系形成与完善等方面具有重要作用。没有市场化的手段也就没有交通运输今天的成就，未来的发展道路也将越走越窄，现代化的交通运输进程将会受到资金、体制等各方面的严重制约。

在基础设施网络的建设上，政府要进行规划与协调，采用政府投资和引导社会投资的方式实现结构合理化，并积极采用市场运作的方式，促使资金、资源的有效利用和社会公平；运输方面要按照市场化的原则由企业自主经营，政府要在规则的制定、市场准入与监督上行使职能，消除体制性障碍和行业壁垒，鼓励各种运输方式之间的自由竞争。

此外，经营性交通基础设施的发展规模应从国家经济战略角度进行决策，从而既能较好地满足经济社会发展对交通运输不断增长的需要，又能提高我国产品在经济全球化中的国际竞争力。

【案例5-1】

安徽芜湖加速推进综合交通运输体系建设

芜湖市交通运输港航工作会议提出要求，2010年芜湖市将更加注重综合交通运输体系建设，更加注重统筹城乡发展，更加注重改善民生，不断提高交通运输“三个服务”的能力和水平，全面实现“十一五”规划目标。

2010年，芜湖市将继续大力推进交通运输快速发展、高效发展、安全发展和绿色发展，支持保障系统更加完善，运输保障能力明显提高，客货运周转量持续增长，初步建成综合交通运输体系。重点是高标准、高质量地编制《芜湖市交通运输“十二五”发展规划》，全力推进芜雁高速、芜湖长江二桥等项目建设进程，继续加快干线公路网建设，继续推进交通民生工程建设；加强运输行业管理，以推进成品油价税费改革和取消政府还贷二级公路收费工作为重点，深化交通行业改革；坚持城市公共交通优先发展，扎实开展治超专项整治，狠抓安全生产工作，扎实开展行业精神文明建设。港航工作主要预期指标为：完成港口货物吞吐量6 100万吨，保持船舶保有量310万吨，完成规费收入2 880万元；全面推进芜申运河工程，完成水运建设投资11.5亿元。

抢抓皖江城市带承接产业转移示范区建设纳入国家发展战略等重大机遇，全市交通运输和港航业提出要全力实施“大交通”发展战略，着力打造完善、高效的现代化综合交通运输体系，构建区域性综合交通枢纽。

第四节　运输合理化及运输系统优化

一、运输合理化及其影响因素

1. 运输合理化的概念

运输合理化是指从物流系统的总体目标出发，选择合理的运输方式和运输路线，即运用系统理论和系统工程原理和方法，选择合理的运输工具和优化运输路线，以最短的路径、最少的环节、最快的速度和最少的劳动消耗，组织好运输活动，以获取最大的经济效益。

2. 运输合理化的影响因素

由于运输是物流中最重要的功能要素之一，物流合理化在很大程度上依赖于运输合理化。运输合理化的影响因素很多,起决定性作用的有五方面的因素,称为合理运输的“五要素”,其主要内容如下：

① 运输距离。在运输过程中,运输时间、运输货损、运费、车辆或船舶周转等运输的若干技术经济指标,都与运距有一定比例关系,运距长短是运输是否合理的一个最基本因素。缩短运输距离对于宏观、微观两方面都会带来好处。

② 运输环节。每增加一次运输,不但会增加起运的运费和总运费,而且必须增加运输的附属活动(如装卸、包装等),各项技术经济指标也会因此下降。所以,减少运输环节,尤其是同类运输工具的环节,对合理运输有促进作用。

③ 运输工具。各种运输工具都有其使用的优势领域,对运输工具进行优化选择,按运输工具特点进行装卸运输作业,最大限度地发挥所用运输工具的作用,是运输合理化的重要一环。

④ 运输时间。运输是物流过程中需要花费较多时间的环节,尤其是远程运输,在全部物流时间中,运输时间占绝大部分,所以,运输时间的缩短对整个流通时间的缩短有决定性的作用。此外,运输时间短,有利于运输工具的加速周转,充分发挥运力的作用,有利于货主资金的周转,有利于运输线路通过能力的提高,对运输合理化有很大贡献。

⑤ 运输费用。运费在全部物流费中占很大比例,运费高低在很大程度决定整个物流系统的竞争能力。实际上,运输费用的降低,无论对货主企业来讲还是对物流经营企业来讲,都是运输合理化的一个重要目标。运费的判断,也是各种合理化实施是否行之有效的最终判断依据之一。

二、不合理运输

与运输合理化相对的是不合理运输。不合理运输是在现有条件下可以达到的运输水平而未达到,以致造成运力浪费、运输时间增加、运费超支等问题的运输形式。

目前我国存在的主要不合理运输形式有以下几种：

1. 返程或起程空驶

空车无货载行驶,可以说是不合理运输的最严重形式。在实际运输组织中,有时候必须调运空车,从管理上不能将其看成不合理运输。但是,因调运不当,货源计划不周,不采用运输社会化而形成的空驶,是不合理运输的表现。

造成空驶的不合理运输主要有以下几种原因：一是能利用社会化的运输体系而不利用,却依靠自备车送货提货,这往往出现单程重车、单程空驶的不合理运输。二是由于工作失误或计划不周，造成货源不实，车辆空去空回，形成双程空驶。三是由于车辆过分专用，无法搭运回程货，只能单程实车，单程回空周转。

2. 对流运输

对流运输亦称"相向运输"、"交错运输"，指同一种货物或彼此间可以互相代用而又不影响管理、技术及效益的货物，在同一线路上或平行线路上作相对方向的运送，而与对方运程的全部或一部分发生重叠交错的运输称对流运输。已经制定了合理流向图的产品，一般必须按合理流向的方向运输，如果与合理流向图指定的方向相反，也属对流运输。

在判断对流运输时需注意的是，有的对流运输是不很明显的隐蔽对流，例如不同时间的相向运输，从发生运输的那个时间看，并未出现对流。对此，有可能做出错误的判断，所以要注意隐蔽的对流运输。

3. 迂回运输

迂回运输是舍近求远的一种运输。这是一种可以选取短距离进行运输而不办、却选择路程较长的路线进行运输的不合理形式。迂回运输有一定复杂性，不能简单处之，只有当计划不周、地理不熟、组织不当而发生的迂回，才属于不合理运输。如果最短距离有交通阻塞、道路情况不好或有对噪音、排气等特殊限制而不能使用时发生的迂回，不能称为迂回运输。

4. 重复运输

重复运输有两种形式，一种是本来可以直接将货物运到目的地，但是在未达目的地之处，或目的地之外的其他场所将货卸下，再重复装运送达目的地；另一种形式是，同品种货物在同一地点一面运进，同时又向外运出。重复运输的最大毛病是增加了非必要的中间环节，这就延缓了流通速度，增加了费用，增大了货损。

5. 倒流运输

倒流运输是指货物从销地或中转地向产地或起运地回流的一种运输现象。其不合理程度要甚于对流运输，其原因在于，往返两程的运输都是不必要的，形成了双程的浪费。倒流运输也可以看成是隐蔽对流的一种特殊形式。

6. 过远运输

过远运输是指调运物资舍近求远，近处有资源不调而从远处调，这就造成可采取近程运输方式而未采取、拉长了货物运距的浪费现象。过远运输占用运力时间长、运输工具周转慢、物资占压资金时间长，远距离自然条件相差大，又易出现货损，增加了费用支出。

7. 运力选择不当

这是未发挥各种运输工具的优势而不正确地利用运输工具造成的不合理现象，常见的有以下形式：

① 弃水走陆。在同时可以利用水运及陆运时，不利用成本较低的水运或水陆联运，而选择成本较高的铁路运输或汽车运输，使水运优势不能发挥。

② 铁路、大型船舶的过近运输。即不是铁路及大型船舶的经济运行里程却利用这些运力进行运输的不合理做法。主要不合理之处在于火车及大型船舶起运及到达目的地的准备、装卸时间长，且机动灵活性不足，在过近距离中利用，发挥不了运速快的优势；相反，由于装卸时间长，反而会延长运输时间。另外，同小型运输设备比较，火车及大型船舶装卸难度大、费用也较高。

③ 运输工具承载能力选择不当。这是不根据承运货物数量及重量而盲目选择运输工具，造成过分超载、损坏车辆及货物不满载、浪费运力的现象。尤其是"大马拉小车"现象发生较多。由于装货量小，单位货物运输成本必然增加。

8. 托运方式选择不当

对于货主而言，这是应选择最好托运方式而未选择、造成运力浪费及费用支出加大的一种不合理运输。例如，应选择整车而未选择，反而采取零担托运，或应当直达而选择了中转运输，或应当中转运输而选择了直达运输等都属于这一类型的不合理运输。

上述的各种不合理运输形式都是在特定条件下表现出来，在进行判断时必须注意其不合理的前提条件，否则就容易出现判断的失误。例如，如果同一种产品的商标不同、价格不同，所发生的对流，不能绝对看成不合理，因为其中存在着市场机制引导的竞争，优胜劣汰；如果强调因为表面的对流而不允许运输，就会起到保护落后、阻碍竞争甚至助长地区封锁的作用。类似的例子，在各种不合理运输形式中都可以举出一些。

以上对不合理运输的描述，主要就形式本身而言，主要是从微观观察中得出的结论。在实践中，必须将其放在物流系统中做综合判断，在不做系统分析和综合判断时，很可能出现"效益背反"现象。单从一种情况来看，避免了不合理，做到了合理，但它的合理却使其他部分出现不合理。只有从系统角度，综合进行判断才能有效避免"效益背反"现象，从而优化全系统。

三、实现运输合理化的有效措施

1. 提高运输工具实载率

实载率有两个含义：一是单车实际载重与运距之乘积和标定载重与行驶里程之乘积的比率，这在安排单车、单船运输时，作为判断装载合理与否的重要指标；二是车船的统计指标，即一定时期内车船实际完成的货物周转量（以吨千米计）占车船载重吨位与行驶距离之乘积的百分比。

2. 选择最佳的运输线路

最佳运输线路的选择是缩短运输里程、提高运输效率、降低运输成本的有效途径。

3. 采取减少动力投入、增加运输能力的有效措施求得合理化

这种合理化的要点是，少投入、多产出，走高效益之路。运输的投入主要是能耗和基础设施的建设，在基础设施建设已定型和完成的情况下，尽量减少能源投入是少投入的核心。做到了这一点就能大大节约运费，降低单位货物的运输成本，达到合理化的目的。

4. 尽量发展直达运输

直达运输是追求运输合理化的重要形式，其对合理化的追求要点是通过减少中转过载换载，从而提高运输速度，省却装卸费用，降低中转货损。直达运输的优势，尤其是在一次运输批量和用户一次需求量达到了一整车时表现得最为突出。

5. 配载运输

配载运输是充分利用运输工具的载重量和容积，合理安排装载的货物及载运方法以求得合理化的一种运输方式。配载运输也是提高运输工具实载率的一种有效形式。配载运输往往是轻重商品的混合配载，在以重质货物运输为主的情况下，同时搭载一些轻泡货物。例如，海运矿石、黄沙等重质货物，在舱面捎运木材、毛竹；铁路运矿石、钢材等重物上面搭运轻泡农副产品等，在基本不增加运力投入、不减少重质货物运输的情况下，解决了轻泡货物的搭运，因而效果显著。

6. 发展特殊运输技术和运输工具

依靠科技进步是运输合理化的重要途径。例如，专用散装及罐车，解决了粉状、液状物运输损耗大、安全性差等问题；袋鼠式车皮，大型半挂车的采用解决了大型设备整体运输问题；滚装船解决了车载货的运输问题；集装箱船比一般舱能容纳更多的箱体，集装箱高速直达车、船加快了运输速度；等等。上述方法都是通过采用先进的科学技术实现了运输合理化。

7. 通过流通加工使运输合理化

有不少产品，由于产品本身形态及特性问题，很难实现运输的合理化，如果进行适当加工，就能够有效解决合理运输问题。

【案例 5－2】

三星物流运输合理化

1989 年至 1993 年，韩国三星公司实施了物流运输工作合理化革新的第一个五年计划。这期间，为了减少成本和提高配送效率，三星公司开展了“节约成本 200 亿”、“全面提高物流劳动生产率”等活动，最终降低了成本，缩短了前置时间，减少了 40%的存货量，并使三星公司获得首届韩国物流大奖。1994 年至 1998 年，三星公司实行第二个五年计划，将销售、配送、生产和采购有机地结合起来。三星公司扩展和强化物流网络，同时建立一个全球性的物流链使产品的供应线路最优化，并设立全球物流网络上的集成订货-交货系统，从原材料采购到交货给最终客户的整个路径上实现物流和信息流一体化，这样客户就能以最低的价格得到最高质量的服务，从而对企业更加满意。三星公司物流工作合理化革新小组在配送选址、实物运输、现场作业和信息系统四个方面进行物流革新。

① 配送选址新措施。为了提高配送中心的效率和质量，三星公司将其划分为产地配送中心和销地配送中心。前者用于原材料的补充，后者用于存货的调整。三星公司对每个职能部门都确定了最优工序，配送中心的数量被减少、规模得以最优化，以便于向客户提供最佳的服务。

② 实物运输革新措施。为了及时地交货给零售商，配送中心在考虑货物数量和运输所需时间的基础上确定出合理的运输路线。同时，一个高效率的调拨系统也被开发出来，这方面的革新增强了支持销售的能力。

③ 现场作业革新措施。为使进出工厂的货物更方便快捷地流动，公司建立了一个交货点查询管理系统，可以查询货物的进出库频率，高效地配置资源。

④ 信息系统革新措施。三星公司在局域网环境下建立了一个通信网络，并开发了一个客户服务器系统，公司集成系统的 1/3 将投入物流中使用。由于将生产配送和销售一体化，整个系统中不同的职能部门将能达到信息共享。客户如有涉及物流的问题都可以通过实时订单跟踪系统得到回答。

四、物流运输系统的优化

物流运输系统是由多种运输方式、多种运输工具、多家运输部门、多种运输资源构成的复杂的综合运输系统。各个组成要素之间既存在着有机的联系，又存在着相互冲突，而这些冲突在一定程度上制约了物流运输系统的优化和协调发展。

1. 物流运输系统的组成

运输系统是由包括车站、港口、机场的运输节点、运输工具、运输执行组织与管理组织等在内的硬件要素和交通控制与营运等软件要素组成的有机整体。

按照运输方式的不同，有铁路运输、公路运输、水路运输、航空运输、管道运输，以及水陆空复合运输方式。其中的水陆空复合运输方式是我们必须重点提及的，它是吸取铁路、公路、水路、航空等运输方式的长处，把它们进行有机组合而形成的多环节、多区段、多工具相互衔接的商品运输方式。

复合的方式有很多种，比如卡车—铁路—卡车组合、卡车—船舶—卡车组合、卡车—飞机—卡车组合、卡车—船舶—铁路—船舶—卡车组合、卡车—船舶—卡车—飞机—卡车组合等。集装箱是连接各种运输工具的通用媒介。这种运输方式有两大优势，一是克服了单个运输方式所固有的缺陷，从而在整体上保证了运输全过程的最优化和效率化；二是有效地解决了由于地理、气候、基础设施建设等各种差异而造成的商品在产销空间、时间上的分离。

运输方式的选择应以满足顾客需求为第一目标，在成本合理化和物资产品的自然属性的约束下进行。

在电子商务中，运输的经营管理与运作方式有一些新的变化。运输业务主要由专门从事物流活动的第三方进行。第三方物流经营者一般自己拥有或掌握一定规模的运输工具，其物流设施与站点形成一个覆盖全国或某一大的区域的网络，通过为客户设计最合适的物流方案、选择满足客户需要的运输方式、组织网络内部的运输作业，在规定的时间内将客户的商品运抵目的地。

2. 物流运输系统优化的障碍因素

物流运输系统的优化受制于物流运输系统诸要素的冲突，这些冲突主要表现在目标冲突、边界冲突、能力冲突以及运作冲突等方面。

(1) 物流运输系统诸要素的目标冲突

在物流运输系统中，不同的构成要素具有不同的功能和目标，这些不同组成要素的目标之间就可能存在着相互冲突的地方；同一要素在实现多种功能时也有着不同的目标，这些不同的目标之间也可能存在着冲突。

① 各种交通运输方式之间存在着目标冲突。物流运输系统是由铁路、公路、水路、航空和管道五种运输方式构成的综合体系。铁路运输具有快速、准确、安全的优势，但由于铁路运输承运的手续复杂，待运时间较长，很难实现灵活、及时的目标。公路运输机动灵活，能够实现“门到门”运输，但其规模性、安全性程度较低。水路运输是五种交通运输方式中运费较为低廉的，但速度较慢，区域性特征明显，使用范围受到极大限制。航空运输速度快、机动性强，运送货物及时、准确、安全，但其运费昂贵，很难达到低成本的目标。管道运输安全可靠、运输成本低，但其运送的货物具有较大的选择性。

② 效益目标之间存在着冲突。在组织运输过程中，交通运输部门追求的是以较低的运输成本，在满足用户需求的前提下，尽可能获得较高的经济效益；但作为运输需求者而言，则期望的是以较低的运费获得尽可能理想的服务，要求运输部门必须提高运输质量。而提高运输质量和服务水平，必然意味着需要更大的投入，物流运输系统的成本就难以降低。

③ 交通运输与物流其他功能要素之间存在着冲突。例如为了降低运输成本，提高运输效益，在组织运输时，总是要求遵循规模经济原理，尽量采用整车、整船运输，避免零担运输，因为整车、整船运输的运费比零担运输的运费要低得多。但这样却会提高库存和仓储的水平，要求必须具有相应的装卸能力，其结果是增加了库存和装卸成本。物流运输系统目标冲突的潜在根源是“二律背反”定律作用的结果。

(2) 物流运输系统诸要素的边界冲突

由于物流运输系统是由多家运输部门、多种运输方式组成的复杂系统，各个系统、部门、运输方式之间便存在着客观的行政边界、管理边界和运输覆盖范围边界。各级交通运输管理部门受其管理权限的限制，存在着规定的职责、权限的管理边界。各种运输方式由于受其技术经济性能的限制，各自存在着一个最优的运输半径或运输覆盖范围。由于这些边界的存在，物流运输系统的诸要素便会有条件地与内外部环境发生着联系，这种条件性从某种意义上讲就是一种阻碍，物流运输系统要素的边界冲突便由此产生。特别是在组织综合运输过程中，需要各种运输方式进行及时的转换和联运，但各种运输方式都有其合理的运输边界与范围，超出其边界与范围，就会降低某种运输方式的有效性与适应性。

(3) 物流运输系统诸要素的能力冲突

组织综合运输，要求各种运输方式在装卸能力、转换能力、通过能力和运输能力等方面要达到协调匹配，但由于各种运输方式存在着技术经济性能方面的差异，必然存在着能力方面的冲突。

① 各种运输方式能力的冲突。各种运输方式技术经济特征各有优劣，运输能力存在着较大差异，铁路、船舶运输能力较强，汽车、飞机运输能力较弱，四种运输方式能力之间难以匹配。

② 运输方式内部能力的冲突。这类冲突包括运输基础设施的等级标准冲突，运输工具装备的技术结构冲突，运输网络中点与线、干线与支线、线路与站场枢纽的冲突，以及运输固定设备与移动设备、运输技术装备与管理现代化之间的冲突等。

③ 运输供给能力与运输需求能力之间的冲突。特别是在季节性运输、"春运"、应急性运输期间，运输需求量骤然增大，运输瞬间强度较高，运输方向性较强，对运输能力提出了极高要求，导致运输供给和运输需求之间的冲突较为突出。

(4) 物流运输系统诸要素的运作冲突

在物流运输系统中，各个组成要素都具有区别于其他要素的特殊结构，因而也就具有各自的运作规律和运作标准。当这些要素之间发生联系时，这些规律和标准就有可能因不适应对方的特点与要求而发生冲突。例如，集装箱运输是提高运输效率和质量、降低运输成本的有效手段，但公路运输所使用集装箱的重量系列多为 5 吨、10 吨，而海上运输所使用的集装箱的重量系列多为 20 吨、30 吨，当组织公路运输与海上运输多式联运时，就会发生因集装箱的重量系列不同而产生的冲突。另外，各种运输方式、各个运输部门由于在运输规程、作业规范上具有不同的要求，也会导致运输组织过程中的运作冲突。

3. 消除物流运输系统障碍因素，实现物流运输系统的优化

为了优化物流运输系统，提高物流运输系统的保障效能，实现物流运输系统的功能目标，就必须通过各种有效途径消除上述存在的各种冲突。

(1) 集成物流运输系统诸要素

集成物流运输系统要素，是指通过采用一定的组织结构和标准规范，对物流运输系统的各组成要素进行统一规划、管理和评价，从而密切物流运输系统要素之间的联系，协调物流运输系统要素之间的冲突，实现物流运输系统整体优化的目标。但这种集成并非将所有的组成要素都置于同一标准控制之下，当然这也是集成的一种形式，更可行的形式是按照统一的标准与规格，将物流运输系统中所需要的其他要素联合起来，形成一个完整且有机的整体，达到互相协调和配合的目的。

(2) 推动物流运输系统的快速响应

从物流运输部门接到上级下达的运输任务或客户提出的运输需求到完成整个运输任务的过程，称为物流运输的服务周期。推动物流运输系统的快速

响应,就是要缩短物流运输系统的服务周期,提高货物的运送速度,减少货物的在途运行时间。它不仅仅是提高物流运输中某一过程、某一阶段和某一环节的效率,而是通过加快物流运输的全过程,减少货物的在途时间,提高运输速度和效率。推动物流运输系统快速响应的方法可从以下两方面入手:一是提高某一个具体环节的响应速度,例如使用速度更快的运输工具,采用信息网络技术采集、传输、处理相关运输信息等,这类方法通常需要较大的投资和技术投入;二是优化运输组织和过程,如采用直达运输、一体化运输,合理选择运输路线等,这类方法主要是通过加强运输组织与管理,来推动物流运输系统的快速响应。

(3) 构造物流运输系统的无缝接口

构造物流运输系统的无缝接口,就是使物流运输系统要素之间通过相同口径的接口进行有效对接,从而弱化物流运输系统各要素的边界,增强诸要素的功能,使整个物流运输系统获得一个更高的运作平台。构造物流运输系统无缝边界的过程,受集成物流运输系统要素的制约。集成物流运输系统要素内在的要求是构建无缝接口,其目的是提高物流运输系统的集成度,使物流运输系统要素集成为一个统一的整体,以实现物流运输系统整体优化的目标。具体而言,可采取以下措施:

① 完善交通运输结构。我国目前仍然是以铁路为主的运输结构体系,运输结构不合理,各种运输方式之间能力不匹配,这是阻碍我国物流运输系统协调发展的重要原因。应将海上和航空运输作为发展重点,逐步调整完善我国物流系统的运输结构。只有建立因地制宜、布局优化、结构合理、能力匹配、符合我国自然地理特征的综合运输系统,才能达到运输结构合理、各种运输方式相互协调的目的。

② 加强联合运输系统衔接点的建设。在联合运输系统中,转载点、中转点等衔接点起着重要的过渡与缓冲作用。为了在组织联合运输过程中实现各种运输方式的有效对接、快速转换,必须重视加强联合运输系统衔接点的建设。

③ 实现"点""线"协调。交通运输的全过程是由装卸、搬运、车船载运等环节组成的,包括"点"和"线"两大环节,运输的综合能力是受"点"和"线"等环节所制约的,单一运输方式如此,各种运输方式之间的联结运输也是如此。所以,着眼于发展,通盘考虑,全面安排,需要协调点线各环节的设备能力和运输组织工作,才能使"点""线"之间达到相互协调。

(4) 采用系统论的方法,消除物流运输系统要素冲突

消除物流运输系统的要素冲突,应充分运用系统论中整体性、综合性、相关性等原理与方法。在综合运输体系中,铁路、公路、水路、航空、管道五种运

输方式组成了一个完整的交通运输体系，为此，必须按照系统论的观点、思想与方法对其进行规划、建设与发展。同时，还要立足于更高层面，站在大物流系统的高度，促进交通运输规划与物流体系中装卸、库存等相关发展规划的衔接，既要注重交通运输系统内部的协调，还要注意与物流供应链中其他节点相关发展规划的相互衔接与统一。通过整体规划与整合，引导物流运输系统与物流其他功能要素之间的协调配合发展。

点、线、网络形成了物流运输系统综合保障能力的三个核心系统。“点”的能力是以运输枢纽为中心，又涉及其到达、出发和技术作业能力；“线”的能力是运输区间、动力、桥梁、隧道等设备能力的综合体；“点”“线”之间相互联互通，便构成了整个运输网络系统能力。同时，在运输网络中，各个“点”、“线”之间相互作用、相互影响，发生着密切的联系。为此，必须运用系统理论与方法，对运输系统中的点线进行整体规划，促使其协调发展。

物流运输是一个典型的动态过程，被运对象在整个运输过程中，应使各个作业环节的能力彼此协调，以便形成最大的综合运输能力。应运用现代系统理论的观点与方法，针对我国交通运输实际，对物流运输系统中各个子系统、各个子过程、各个作业环节的通过能力和运输能力等进行具体细致的调查分析，并加以综合研究，从全局出发，从中找出影响物流运输整体能力的制约因素，并加以重点解决，使各个子系统、各个运作过程、各个作业环节的通过能力、运输能力等达到和谐统一，以保证物流运输系统的畅通无阻。

复习思考题

1. 运输在物流中的地位与作用？
2. 在铁路、公路、航空、水路和管道等五种货物运输方式中，每种运输方式具体分为哪几类？
3. 简述铁路、公路、航空、水路和管道等五种货物运输方式的业务流程。
4. 简述铁路、公路、航空、水路和管道等五种货物运输方式的技术经济特点。
5. 综合运输体系由哪几部分组成？
6. 简述国内外综合运输发展的主要理念。
7. 简述综合运输体系发展的基本思想和思路。
8. 物流运输系统优化的障碍因素有哪些？
9. 案例分析题。

中外运空运公司为摩托罗拉公司提供的物流服务

中外运空运公司是中国外运集团所属的全资子公司，是一家具有较高声誉的大型国际、国内航空货运代理企业，下面是中外运空运公司为摩托罗拉公司提供"第三方物流服务"的情况介绍。

1. 摩托罗拉公司对物流服务的要求和考核标准

(1) 摩托罗拉公司对物流服务的要求

一是要提供24小时的全天候准时服务。主要包括：保证摩托罗拉公司中外业务人员、天津机场、北京机场两个办事处及双方有关负责人的通讯联系24小时畅通；保证运输车辆24小时运转；保证天津与北京机场办事处24小时提货、交货。

二是要求服务速度快。摩托罗拉公司对提货、操作、航班和派送都有明确的规定，时间以小时计算。

三是要求服务的安全系数高，要求对运输的全过程负全责。要保证航空公司及派送代理处理货物的各个环节都不出问题，一旦某个环节出了问题，将由服务商承担责任，赔偿损失，而且当过失达到一定程度时，将被取消做业务的资格。

四是要求信息反馈快。要求公司的电脑与摩托罗拉公司联网，做到对货物的随时跟踪、查询，掌握货物运输的全过程。

五是要求服务项目多。根据摩托罗拉公司的货物流转需要，通过发挥中外运空运公司系统的网络综合服务优势，提供包括出口运输、进口运输、国内空运、国内陆运、国际快递、国际海运和国内提货的派送等全方位的物流服务。

(2) 摩托罗拉公司选择中国运输代理企业的基本做法

摩托罗拉公司通过多种方式对备选的运输代理企业的资信、网络、业务能力等进行周密的调查，并给初选的企业少量业务试运行，以实际考察这些企业服务的能力与质量，对于不合格者，取消代理资格。

摩托罗拉公司对获得运输代理资格的企业进行严格的月度作业考评。主要考核内容包括运输周期、信息反馈、单证资料、财务结算、货物安全和客户投诉。

2. 中外运空运公司的主要做法

(1) 制定科学规范的操作流程

摩托罗拉公司的货物具有科技含量高、货值高、产品更新换代快、运输风险大、货物周转以及仓储要求零库存的特点。为满足摩托罗拉公司的服务要求，中外运空运公司从1996年开始设计并不断完善业务操作规范，并纳入了公司的程序化管理。对所有业务操作都按照服务标准设定工作和管理程序进行，先后制定了出口、进口、国内空运、陆运、仓储、运输、信息查询、反馈等工作程序，每位员工、每个工作环节都严格按照设定的工作程序进行，使整个操作过程井然有序，因而提高了服务质量，减少了差错。

(2) 提供24小时的全天候服务

针对客户24小时服务的需求，中外运空运公司实行全年365天的全天候工作制度，周六、周日(包括节假日)均视为正常工作日，厂家随时出货，中外运空运公司随时有专人、专车提货和操作。在通讯方面，相关人员从总经理到业务员实行24小时的通讯畅通，保证了对各种突发性情况的迅速处理。

(3) 提供门到门的延伸服务

普通货物运输的标准一般是从机场到机场，由货主自己提货，而快件服务的标准是从门到门、库到库，而且货物运输的全程都在代理的监控之中，因此收费也较高。中外运空运公司对摩托罗拉公司的普通货物虽然是按普货标准收费的，但提供的却是门到门、库到库的快件服务，这样既使得摩托罗拉公司的货物运输及时，又保证了安全。

(4) 提供创新服务

从货主的角度出发，中外运空运公司推出新的更周到的服务项目，最大限度地减少货损，维护货主的信誉。为保证摩托罗拉公司的货物在运输中减少被盗，中外运空运公司在运输中增加了打包、加固的环节；为防止货物被雨淋，又增加了一项塑料袋包装；为保证急货按时送到货主手中，中外运空运公司还增加了手提货的运输方式，解决了客户的急、难的问题，让客户感到在最需要的时候，中外运空运公司都能及时快速地帮助解决。

(5) 充分发挥中外运空运公司的网络优势

经过50年的建设，中外运空运公司在全国拥有了比较齐全的海、陆、空运输与仓储、码头设施，形成了遍布国内外的货运营销网络，这是中外发展物流服务的最大优势。中外运空运公司通过网络，在国内为摩托罗拉公司提供服务的网点已达98个城市，实现了提货、发运、对方派送全过程的定点定人、信息跟踪反馈，满足了客户的要求。

(6) 对客户实行全程负责制

作为摩托罗拉公司的主要货运代理之一，中外运空运公司对运输的每一个环节负全责，包括从货物由工厂提货到海、陆、空运输以及国内外的异地配送等各个环节。对于出现的问题，公司积极主动地协助客户解决，并承担责任和赔偿损失，确保了货主的利益。中外运空运公司6年来为摩托罗拉公司提供的服务，从开始的几票货发展到面向全国，双方在共同的合作与发展中，建立了相互的信任和紧密的业务联系。随着中美达成关于中国加入 WTO 的双边协定，公司又为中美贸易与合作开辟了更加广阔的前景。在新的形势下，中外运空运公司和摩托罗拉公司正在探讨更加广泛和紧密的物流合作。

思考：

(1) 运用所学的运输理论，简单归纳摩托罗拉公司对物流运输的要求和标准。

(2) 中外运空运公司针对上述要求和标准采取了哪些措施？

【结尾案例】

上海浦东汽车运输总公司物流系统变革

在上海浦东汽车运输总公司(以下简称浦运)的现代物流系统变革中，快步易捷公司全程参与了浦运公司的企业变革。双方的合作集中在三个方面：一是企业战略规划，包括市场战略、内部运作体系战略；二是开发应用一套可适应多种业务模式和多种调度模式的一体化运输管理系统；三是物流系统变革的实施。

要保证物流系统达到预期目标，实施步骤是关键。第一阶段，快步易捷公司在对浦运实际的运作情况和业务流程进行分析的基础上，提出了详尽的企业变革计划。在变革计划实施的过程中，快步易捷公司的物流顾问团队直接参与了浦运营销中心的建立，领导和完成了 SOP(标准运作流程)和 KPI 体系的设计。

第二阶段，快步易捷公司为浦运设计了未来业务模式的核心目标，目标之一就是：建立起一个支持浦运业务快速发展、适应多种业务类型和运作方式的一体化运输管理系统。快步易捷公司在对系统进行全面设计和开发的过程中，融合了国际先进物流管理理念和深厚的本土行业经验，以及跨系统、跨平台的集成方案，协助浦运建立起基于客户业务模式的、跨部门的、动态实时配置的流程管理平台。

方案凭借强大的技术平台，实现企业物流信息的高效管理，重组企业业务流程，其目的是对运输过程中的人、车、货、客户进行有效的协调和管理，以提高运输企业的经营管理水平，创造更好的效益与利润，从而最终做到：

① 形成在全国范围内提供多种增值服务、处于领导者地位的资产型专业运输公司。

② 通过运输管理系统，将托运单调度作业流程统一化、规范化和高效化，实现最优的客户服务和最大的资源利用。

③ 使所有运作成本透明化，帮助浦运进行成本控制的集中管理。

系统面向管理、调度、作业、车辆技术、人事和市场营销等各个部门，实现了贯穿托运单处理及调度、作业全过程的信息化处理，能向企业内部的周边系统及客户提供有关托运单处理的相关信息。在统一的流程驱动基础上，规范了托运单的处理和优化调度，实现了资源利用的最大化，确保托运单全过程相关方获得透明、准确、一致的信息。

经过一段时间的上线运作，上海浦运公司基本做到了从收到订单开始到货物准时、安全抵达客户手中的运作过程的全程可视性。目前，通过一体化物流信息平台的接入，再加上良好的管理制度，上海浦运公司轻松地实现了企业间物流流程的电子化连接、集成和整合。

第六章　配送物流管理

【学习目标】

通过本章的学习，理解配送的概念、发展及其在现代物流中的作用，理解配送模式，掌握配送模式选择方法以及配送路线的优化算法；了解配送中心的概念、种类与功能，理解配送中心作业流程，掌握配送中心规划设计的内容，包括选址的影响因素、网点布局方法、区域布置规划。

【导入案例】

丰田汽车备件物流配送系统

在过去的十年多时间里，丰田汽车公司不以生产汽车为满足，而是一直在澳大利亚发展全方位的汽车零部件配送系统和物流链管理服务。迄今，丰田汽车备件公司在澳大利亚的物流服务已经成为日本其他汽车厂商在全球各个角落发展经营交易的典范。

一、汽车备件的销售成为汽车厂商重要的利润增长点

丰田汽车公司把零部件物流服务看成是“售后”市场的主体，认为与制造和销售汽车同样重要，因为公司知道“好事不出门，坏事传千里”。对于广大消费者来讲，最容易损害某种牌子汽车信誉的莫过于到处买不到这种汽车的关键零部件。

现在出售一辆新汽车的利润并不高，因此汽车产品能否吸引远来的广大消费者已经成为汽车厂商加快促销、减少库存、降低成本、提高效益的最关键的一招。原来在丰田汽车公司并不热门的汽车零部件物流服务现在竟然成为汽车制造厂商长期生存战略的关键行业。

短短三年，丰田汽车公司仅仅在澳大利亚经营的汽车零部件的交易营业额已经超过 8.7 亿美元。精于市场动态调查的丰田汽车公司早就发现一个“天

大的秘密”，消费者一旦享受到某种牌子汽车的汽车厂商提供的最佳售后服务，就会对自己购置的该牌子的汽车赞不绝口，在客观上为汽车厂商大做义务广告，于是买这种牌子汽车的消费者就会接踵而来。丰田汽车公司又发现，大约有86%的消费者在购置某品牌汽车的第一年内会回头向该品牌的汽车厂商购买汽车零部件，但是5年以后回头购买该品牌汽车零部件的消费者骤降到20%。也就是说，新车使用期一年内，是汽车零部件需求量最低的时候，购买零部件的“回头”消费者的保留量是最高的。当汽车使用期超过5年，特别是在7至8年，这正是修理保养汽车需要零部件最多的时候，到汽车零部件特许专卖店购买这种品牌汽车零部件的“回头”消费者总量大幅度降低。显而易见，这些本来应该继续是“回头”的消费者因为种种原因转身到其他汽车零部件商店购买他们需要的汽车备件了。如果让这种倾向继续发展下去，丰田汽车公司必将在日益激烈的汽车备件批发销售市场的竞争中严重失利。

二、对汽车零部件的经营需要全面改革

从20世纪90年代初起，为了把大部分消费者变成“回头客”，丰田汽车公司及时变换经营理念，调整机制，给企业和产品重新定位，于是下决心改革陈旧的汽车零部件的经营方式，开始在澳大利亚市场开拓和重新组合丰田汽车零部件销售服务渠道。

类似参加一场“跨栏越障赛跑”的体育比赛，为了在激烈的市场竞争中不输给其他竞争对手，丰田汽车公司顺利跨越的第一个“栏架”，就是每一位公司职员都必须坚决而又彻底地改变已经变得非常陈旧落伍的有关汽车零部件交易的经营观念。

首先，让公司大多数高级管理人员确信，汽车售后服务、汽车零部件销售和快速递送，以及汽车备件物流链管理都是公司的利润中心之一，而绝不是低人一等的差使。汽车产品的销售，或者新型汽车产品的销售果然需要竞争，但是新汽车需要的零部件不多。各种品牌汽车厂商之间最激烈的竞争往往不是在汽车本身，而是在售后服务及其可以互相替代使用的零部件销售额上。只要消费者“回头”到丰田汽车零部件特许专卖商店的人数在逐年减少，丰田汽车公司的整体销售额就会下跌，成本相应会上升，公司经济效益必然下滑。

接着，丰田汽车公司全面调查零部件销售情况后发现，汽车售后服务管理人员缺乏敬业精神，官僚主义严重，销售渠道不畅，销售方式单一，缺乏灵活变通，不贴近市场，把消费者看成麻烦制造者，等等。

按照所谓传统的销售方式，凡是需要汽车备件者必须预订，汽车零部件大多是预先堆放在某地一个预配中心的仓库里。其后果是，汽车的零部件在仓库里堆积如山，而消费者或者客户却为一时买不到丰田汽车某个备件而干着急。这时候往往其他品牌可以替代的备件供应商就会乘虚而入。正因为当初丰田汽车公司缺乏汽车零部件的整体物流链管理和周详的服务规划，以致许多业务发展机会和大批潜在的丰田汽车消费者从丰田汽车公司面前一晃而过。

三、领先竞争对手，加强配送中心建设

于是丰田公司立即采取行动，首先开发丰田汽车零部件销售新系统、新方式，进行新部署，以更低的成本、更高的服务水准和质量，向广大消费者推销汽车零部件，并昼夜提供售后服务。此外，丰田公司经常主动拜访客户和广大消费者，有偿聘用独立咨询专家，请他们对丰田汽车产品质量和售后服务毫不留情地提供评论，不仅要表扬，更需要批评和提出建议。由此组成的丰田汽车质量标准售后服务水平评估和今后的发展设计蓝图就具备了广泛的社会基础和最现实的市场规范。

由于澳大利亚幅员辽阔，地形复杂，丰田汽车公司根据汽车用户的数量和销售商的经营情况，把澳大利亚分成六大丰田汽车零部件配送中心和六大物流链管理区。当然这绝不是一成不变的，将随时根据市场需求，及时进行调整，其唯一动力就是千方百计满足客户的要求和尽可能逐步提高公司的经济效益。

丰田汽车公司自己在忙着“改革”的同时，还不忘盯着与自己竞争的“劲敌”：美国的福特汽车公司和通用汽车公司。他们发现，这两家汽车公司几乎一成不变，在澳大利亚仍然各自只有一个汽车备件中心，并继续由该中心分别承担向澳大利亚全国提供售后服务的责任。在具体操作上是由这两家汽车公司委托或者依靠分布在澳大利亚各地的当地汽配供应商，向福特汽车和通用汽车用户或者消费者履行汽车零部件配送的义务。其效率之低可想而知。但是丰田汽车公司没有放慢脚步，更没有停顿，而是放手大干。

丰田汽车公司在悉尼和墨尔本建设了两个大规模的汽车零部件配送中心，两者加起来的总面积是300 000平方英尺。这两个汽车零部件的配送设施主要负责澳大利亚东北海岸人口稠密地区的旅行车的需要。在澳大利亚西北海岸的丰田汽车公司零部件配送站设施规模较小，但是“麻雀虽小，五脏俱全”。设立在澳大利亚布里斯班的昆士兰市和汤斯维尔市，还有设立在澳大

利亚中部地区的达尔文市的丰田汽车零部件物流链管理中心和配送站，主要负责澳大利亚的矿产、天然气田等工业用车和商业用车的重型车辆备件，当然必须兼顾满足消费者或者用户提出和急需的其他汽车售后服务项目。丰田汽车公司在澳大利亚各地设立汽车零部件配送中心和售后服务点，即使在人烟稀少的荒漠地区和原始山林地区，在700到3 000英里距离内必有丰田汽车零部件特许专卖点，专门为客户提供紧急援助。

经过十年建设，丰田公司在澳大利亚的零部件配送中心站和物流链管理中心区经营总共165 000种汽车备件，其中包括其他品牌的汽车，售后服务和汽车零部件的物流供应链的送达效率已经大为提高，其营业范围已经在澳大利亚达到无微不至的地步。近年来，丰田牌汽车在澳大利亚市场的销售量不断上升，可以看出这套物流体系的功用所在。

第一节　配送物流概述

一、配送及其特征

1. 配送的概念

配送是日本引进美国物流管理理论时对“Delivery”的意译。目前，由于人们对配送概念的理解不尽一致，因而在给“配送”下定义时，往往存在着一些差异。

在日本，配送的定义也有多种。1985年底，日本颁布的《日本工业标准(JIS)物流用语》将配送定义为：“将货物从物流据点送交给收货人”。日本日通综合研究所编写的《物流手册》则将配送定义为“面向城市和区域范围内，对需要者进行的运输称为配送”。1998年4月，早稻田大学的西泽修博士在《物流ABC指南》中将配送定义为：“从发货地到消费地之间，对所有进货物品、半成品、发货物品及库存品所做的计划、实施及管理。配送的目的是寻求费用效率最高的方法，将原材料和成品送达目的地。”

我国也使用了“配送”这个词，并形成了对配送的定义。中华人民共和国国家标准《物流术语》(GB/T18354—2006)中对配送的定义是：在经济合理区域范围内，根据用户要求，对物品进行拣选、加工、包装、分割、组配等作业，并按时送达指定地点的物流活动。另一种被广泛认同的定义为：配送就是根据客户的要求，在物流据点内进行分拣、配货等工作，并将配好的货送交收货人的过程。

一般来说，配送集装卸、包装、保管、运输于一身，通过这一系列活动达到将物品送达客户的目的。特殊的配送则还要以加工活动为支撑，包含的面更广。但配送与物流又有明显的差异。物流是商物分离的产物，而配送则是商物合一的产物。配送是“配”和“送”的有机结合体。配送与一般送货的重要区别在于，它往往在物流据点有效地利用分拣、配货等理货工作，使送货达到一定的规模，以利用规模优势取得较低的送货成本。同时，配送以客户为出发点，强调“按客户的订货要求”为宗旨。

2. 配送的特征

① 配送不是单纯的送货、运输，而是“配”与“送”的有机结合。其中的“配”包括货物的分拣和配货等活动，“送”则泛指各种送货方式和送货行为。配送是在全面配货基础上，完全按用户要求（包括种类、品种搭配、数量、时间等方面）所进行的运送。因此，除了“送”的活动外，还要从事大量分货、配货、配装等工作，是送货数量达到一定规模，并利用规模优势取得较低送货成本，因此配送是“配”和“送”的有机结合形式。

② 配送是从配送中心至用户的一种特殊送货形式。不同于一般送货的偶然行为，配送是一种有固定场所和组织形态的、有专业化管理队伍、设施设备和技术的高水平送货形式。在整个输送过程中配送处于“二次输送”、“支线输送”、“终端输送”的位置，配送是“中转”型送货，其起止点是配送中心至用户。从服务方式角度讲，配送是一种“门到门”的服务，可以将货物从配送中心一直送到用户的仓库、营业所、车间乃至生产线的起点或个体消费者手中。

③ 配送是以满足用户需求为目标的。中华人民共和国国家标准《物流术语》(GB/T18354—2006)的定义中明确提出“根据用户要求”进行作业，确立了用户的主导地位。配送处于服务地位，其活动主要是根据用户的要求来进行的。不同于一般送货的有什么送什么，配送是企业需要什么送什么。配送企业不能利用配送损害客户利益或控制客户，而应该通过满足客户需求获取自身的利益。然而，过分强调“按客户要求”是不妥的，客户要求有时会损害其自身或双方的利益。

④ 配送的全过程应有现代化技术和装备的保证。配送在规模、水平、效率、速度、质量等方面远远超过传统的送货形式，这些活动中，大量采用各种传输设备及识别码、拣选等机电装备，同传统送货形式比较还存在着现代装备的差别。

⑤ 配送具有规模性、专业性、系统性特征。与传统的点对点式的运输相比，现代配送一般是以一个或多个配送中心为据点，是从配送中心到用户的运输过程。配送中心在完成配送工作的过程中起到调配、管理的核心作用，因此，现代配送更具有规模性、专业性、系统性特征。

二、配送的发展历程与趋势

配送和其他新生事物一样，是伴随着生产的不断发展而发展起来的，并出现了新的趋势。

1. 萌芽阶段

配送的雏形最早曾出现于20世纪60年代初期。在这个时期，物流活动中的一般性送货开始向备货、送货一体化方向转化。从形态上看，初期的配送只是一种粗放型、单一性的活动，其活动范围很小，规模也不太大。在这个阶段，企业开展配送活动的主要目的是促进产品销售和提高其市场占有率。因此，在发展初期，配送主要是以促销手段来发挥其作用的。

2. 发展阶段

20世纪60年代中期，在一些发达国家，随着经济发展速度的逐步加快，以及与此相关的货物运输量的急剧增加和商品市场竞争的日趋激烈，配送得到了进一步发展。在这个时期，欧美一些国家的实业界相继调整了仓库结构，组建或设立了配送中心，普遍开展了货物配装、配载及送货上门活动。这期间，配送的货物种类日渐增多，配送范围除了种类繁多的服装、食品、药品、旅游用品等日用工业品外，还包括不少生产资料产品。配送活动的范围也在不断扩大。从配送形式和配送组织上看，在这个时期，曾试行了"共同配送"，并且建立起了配送体系。

对我国而言，20世纪80年代以前，所有物资由政府物资部门负责，按计划购买、运输，并按计划分配，只是因为某些特殊物资如钢铁、木材等需要定期大量运输，而且路线比较固定，才自发形成一些运输中转货站。由于落后的生产力，低下的经济发展水平，加上其他方方面面因素的制约，这些运输中转站没有得到持续平稳的发展。但这可以算是配送的雏形，此阶段并没有意识到物流以及配送潜在的利润空间，技术装备主要以手工作业、机械作业为主，效率较低。

3. 成熟阶段

20世纪80年代以后，受多种因素影响，配送有了长足发展。在这个阶段，配送已演化成了广泛的、以高新技术为支撑手段的系列化、多功能性的供货活动。首先，配送范围进一步扩大，许多发展中国家也按照流通社会化的要求试行了配送，并且积极开展了配送活动。其次，发达国家在开展配送活动的过程中，普遍采用了诸如自动分拣、光电识别、条形码等先进技术，并且建立起了配套的体系和配备了先进的设备，由此，大大提高了配送作业效率。第三，随着市场竞争日趋激烈以及企业兼并速度的明显加快，出现了整个产业、整个行业的配送企业，配送的集约化程度不断提高，能提高车辆的使用效率。第四，配送作业方式也逐渐多了起来，在配送实践中，除了存在着独立配送、直达配送等一般性的配送形式以外，人们又推出了许多种新的配送模式。

对我国而言，20 世纪 80 年代到 90 年代，商品市场逐步繁荣，企业脱离计划经济的约束，出现了竞争。一些企业为了在竞争中占据主动地位，对部分商品采取送货上门的策略。这是我国配送的发展阶段，是我国配送行业从自发阶段到自为阶段的过渡阶段。20 世纪 90 年代至今，随着国外物流理念引入中国，人们认识到物流在流通领域中可挖掘的巨大空间，它是现代经济发展的第三利润源，于是产生了专业的配送公司。广东宝供物流企业集团是中国第一家注册成立的物流企业集团，以超前的物流服务理念、运作网络、先进的管理模式和强大的物流人才成为中国物流的璀璨之星。

4. 发展趋势

随着网络技术、电子商务、交通运输和管理的现代化，现代配送也将在运输网络合理化和销售网络系统化的基础上实现各环节作业的自动化、智能化。现代信息和通信技术的发展与应用，催生了一些新的配送趋势，有些趋势已经在企业中得到很好的实践。比如配送的共同化、集约化发展趋势，能够提高配送效率和社会效益；配送模式由生产者和销售商自营配送转变为第三方配送为主，能够优化资源配置、降低成本、提高效率；配送的区域化趋势将进一步带动国际物流，使配送业务向国际化方向发展；配送的产地直送化趋势，将有效地缩短流通渠道，优化物流过程，大幅度降低物流成本；配送的信息化趋势使企业重新构筑配送系统成为可能；自动化立体仓库、自动装卸机、自动分拣机、无人取货系统和搬运系统等物流设施的自动化趋势，可以提供高效和快速的配送服务；多种配送方式组合最优化趋势，将有效地解决配送过程、配送对象、配送手段的复杂化问题，从而寻求到配送的最大利益和最高效率。

三、配送在现代物流中的作用

配送将销售与供应结合起来，是物流系统的最后环节，体现了物流效率和顾客满意程度。配送同时将物流与商流紧密结合，包含了商流活动，也包含了物流中的若干功能要素。配送作为一种专业化、社会化的服务模式，适应了经济一体化的需要，适应了社会化大生产的发展，体现了现代经济的发展趋势。在企业现代物流体系中，配送的重要性与运输、仓储、装卸、搬运等并列，在以下方面发挥着重要作用。

1. 配送有利于降低物流成本

现代配送处于物流过程的末端，是以专业化为基础的综合性流通活动。配送对于降低物流成本的意义体现在供应链物流和社会物流上，具体来说就是集中社会库存和分散的运力，以配送企业的库存取代分散于各家各户的库存，进而以社会供应系统取代企业内部的供应系统。同时，配送中心通过集中进货，可以降低进货成本；通过集中库存，可以保持合理库存，压缩分散库存造成的不必要的多余库存，减少仓储费用；通过合理配货、共同配送，可以消除重复运输、空载运输，提高运输工具的利用率，实现合理运输，降低运输成本。

2. 配送能够促进物流资源的合理配置

现代物流正在朝着科学化、合理化、全球化、信息化、网络化和智能化等方向发展。配送在保障货物移动低成本运作和面向客户高效率服务的过程中发挥着重要作用。配送对现代物流的意义，不仅在于保障货物的及时送达，还在于其调动了其他物流资源的合理布局和优化配置。随着现代物流的不断发展和配送效率的不断提高，物流资源配置的科学化和合理化发展，对整个商贸流通格局的发展影响已经越来越大。

3. 配送是客户的后勤保障

配送是直接连接最终客户的物流活动。由于配送中心网络覆盖面大、信息量大且传递快，物流手段先进、设备齐全、专业化程度高，所以其服务成为现代经济中客户不可缺少的后勤保障。对于生产企业来讲，可以根据企业生产的需要，组织原材料、辅助材料、零部件等，按计划实时、定量配送，解除企业的后顾之忧，大大减少企业库存，甚至实现零库存；对于零售商店来讲，可以根据商店状况及时补充商品，既保证不缺货，又可实现零库存。对于不同的中小客户来讲，组织共同进货、共同配货，可以使中小客户得到规模经济的效益。

4. 配送有助于提高物流系统的宏观调控能力

配送实行的集中库存、共同配送等大物流的形式，可以从根本上改变一家一户取货送货、重复设库的小生产式的物流格局，从而打破条块分割，为流通主管部门进行有效的宏观调控创造良好的条件，也有利于物流业优化资源配置，提高经济效益。配送中心又是物流系统中重要的信息中心和调配中心，通过对配送中心的管理在很大程度上可以提高整个物流系统的运作效率。

5. 配送能够有效促进流通的组织化和系列化

互联网技术的发展以及电子商务的兴起，为流通的组织化和系列化发展提供了更为广阔的空间，同时也带来了流通变革。电子商务离不开配送的发展,同时电子商务又促进了配送的发展,这使得配送对于促进物流乃至流通发展的意义变得更为重要。

第二节　配送模式及配送合理化

目前,在我国流通体制改革日趋深化的重要时刻,研究配送模式问题具有很重要的现实意义。选择适合的配送模式,不仅可以为企业节约成本、提高末端物流的价值,还可以提高供应保证程度,降低生产风险;因此企业根据自身的特点选择适合自己的模式,可以促进自身的发展。

一、配送模式的种类

配送模式是企业对配送所采取的基本战略和方法。在不同的国家和不同的经营者之间,配送是以不同的方式组织和开展起来的,从而形成了各种配送模式。根据配送主体承担者不同,可以将配送模式划分为自营配送、第三方配送、混合配送和共同配送。

1. 自营配送

自营配送是指企业根据自己的经营规模、企业的物品配送量、企业的经营策略以及业务网点布局等多种条件与因素,在合适的地点自己建造一个或多个配送中心,依靠自己构建的网络体系开展配送业务。自营配送的运作流程见图 6-1。

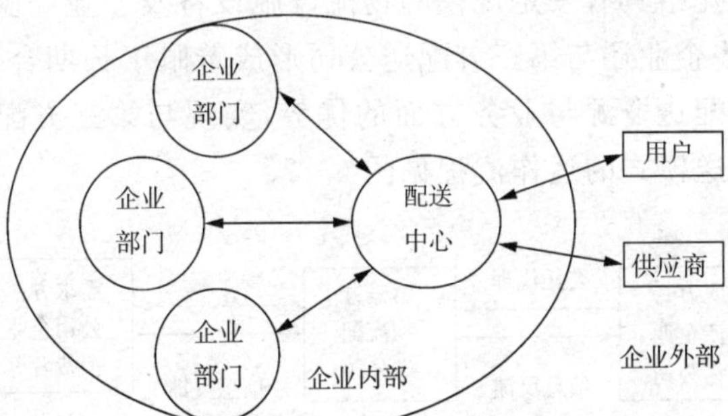

图 6-1　自营配送模式运作示意图

我国的制造企业大多继承了计划经济时代所建立起来的仓库、运输车队。对于一些大型企业集团来说,自身资源的改造利用往往是决策者的首选,很多企业将原有的仓库改造成具有现代配送功能的配送中心。业务覆盖范围较大的企业,通过在不同的地点建立新的配送中心或者收购其他配送企业等方式,建立企业自己的配送和分销网络。有些企业为了维持配送系统的运作,在企业内部进行人员培训或者直接招收具有配送管理经验的人员。鄂尔多斯集团就是应用自营配送模式较为成功的企业。

自营配送模式具有很多优势。首先，企业围绕自己的销售直接管理和运作商品的配送业务，能最大限度地满足企业销售服务的要求，提供更灵活、方便的配送业务服务。其次，企业可以根据市场需求随机调整配送的策略，配送柔性较强，能够及时响应配送需求变化，实现供产销的一体化作业，系统化程度相对较高。自营配送可以使企业对供应链有较强的控制能力，使企业的供应链更好地保持协调、简洁与稳定，也容易与企业的其他业务环节密切配合。然而，独立从事配送活动，企业必须根据配送规律和特点分别建立配套的组织体系并配备专用的设施和设备等，因此自营配送投资规模较大、周期长、资金占用多。如果企业的经济实力与销售规模无法产生配送规模经济，不但不能降低配送费用，反而会导致高额的配送成本，并且容易导致企业资金链的中断；同时，自营配送对企业的配送管理能力要求较高，一个现代化配送中心不但需要配送管理系统的支持，还需要有专业化的物流管理人员，这些因素导致中小企业很难建立自己的配送中心。因此，自营配送模式多为资金实力雄厚、配送规模较大的商业零售集团公司采用，它们基本上是通过组建自己的配送系统来完成企业的配送业务，包括对内部各场所、店面的配送和对企业外部客户的配送。

2. 第三方配送

第三方配送主要是指企业自身不建配送中心，而是以签订服务合同的形式把配送业务委托给具有一定规模的物流设施设备及专业经验和技能的第三方配送公司，有些企业还与第三方配送公司形成着眼于长期合作的战略联盟，以充分利用外部配送资源与业务方面的优势，实现与第三方配送公司的互惠互利。第三方配送模式的运作流程见图 6－2。

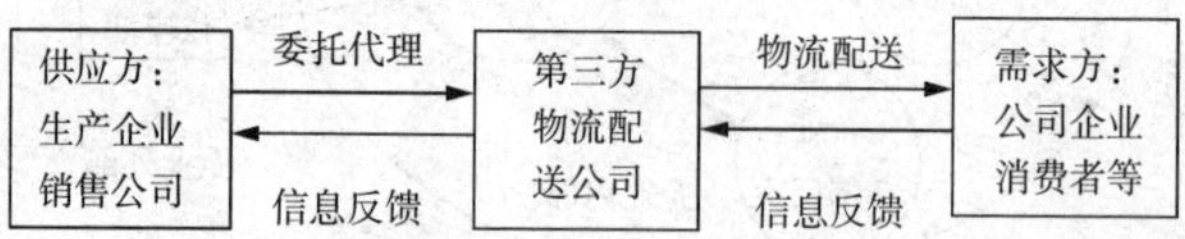

图 6－2　第三方配送模式运作

在发达国家，第三方配送所占的比例是比较大的，由于第三方物流公司能够提供比配送业务外包企业更合理、更高效的物流解决方案，因此外包企业都非常愿意把配送业务外包出去。

目前，欧洲各国和美国的运输配送中心、仓储配送中心和物流服务配送中心所开展的配送活动均属于第三方配送模式。实行第三方配送，企业不需要投巨资建设仓库、购置物流设备，以及配备大批人员从事物流工作，这样不仅可以有效地减少资金占用，而且能降低企业生产、流通成本。企业不用操心相关流程就可以享受完善的配送服务，更重要的是可以集中力量于自己的核心业务，有利于培育核心能力和实现战略灵活性。而且，对于第三方物流企业来说，其借助于先进的物流设施和专业人才优势，有能力建立快速反应系统、自动化配送系统，为客户提供个性化、及时、可靠、准确的配送服务。第三方物流企业通过提供专业化的有竞争力的配送服务，能够承包大量的配送业务，从而实现规模经济效益。另外，物流企业还能不断采用先进的设施、技术和方法等，不断地降低配送成本。但是，企业在选择第三方配送模式、享受第三方配送企业服务的同时，也容易导致受制于第三方配送企业的局面。而且，这种配送模式由于企业不直接掌握货源，因此在开展配送活动的过程中，对货源与配送设施、设备的控制和调度的作用难以发挥。

3. 共同配送

按照日本工业标准的解释，共同配送是“为提高物流效率，对许多企业一起进行配送”。共同配送是各配送主体为实现整体的配送合理化，以互惠互利为原则，互相提供便利的配送业务的协作型配送模式，是配送的一种发展方向，特别是在城市中的配送。中华人民共和国国家标准《物流术语》中对共同配送的定义是“由多个企业联合组织实施的配送活动”。当前，共同配送的内涵在国内外的实践中已大大拓展，其运作的具体形式有两种：一种是由一个配送企业对多家用户进行配送，即由一个配送企业综合某一地区内多个用户的要求，统筹安排配送时间、次数、路线和货物数量，全面进行配送；另一种仅在送货环节上将多家用户待运送的货物混载于同一辆车上，然后按照用户的要求分别将货物运送到各个接货点，或者运到多家用户联合设立的配送货物接收点上。共同配送的一般流程如图 6－3 所示。

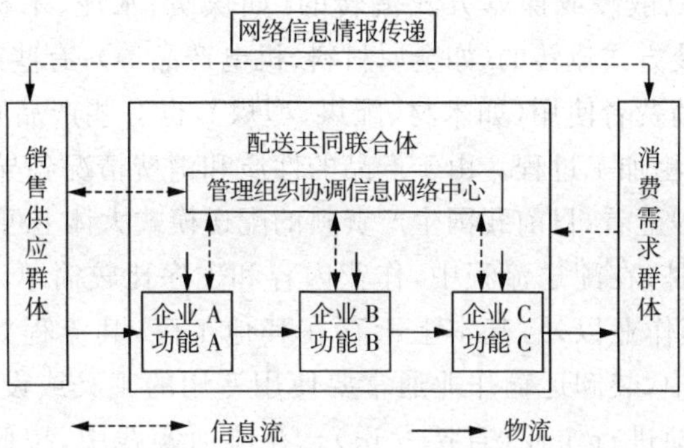

图 6－3　共同配送模式运作示意图

共同配送是经长期的发展和探索优化出的一种追求合理化配送的配送形式，也是美国、日本等一些发达国家采用较广泛、影响面较大的一种先进的物流方式。这种模式将功能互补的不同企业（或者同行业企业）联合起来，对配送资源进行整体、有效的配置，促使各企业配送能力的提高和配送规模的扩大，为客户提供更有效率、更便捷的服务。一般而言，企业在决定是否选择共同配送时，要考虑参与共同配送的企业是否功能互补；实施共同配送后是否对各方有利；企业间是否能够协调一致；组建共同配送联合体的外部环境是否合适；配送联合体是否存在技术问题，如信息沟通、资料保密等。

4. 混合配送

混合配送模式是指企业自身适当地建立小型配送系统，大范围的配送采用外包配送模式，小范围的配送采用自营配送模式。混合配送模式充分考虑自营配送与外包配送的优劣势，根据企业自身的特点，建立小范围的配送体系，如城市配送中心，而长距离的配送则由专业的第三方配送公司承担，企业不用太大的投资就可以保证城市内恰当的商品供应，避免因脱销而影响企业的市场份额；同时，又控制着对客户配送的主动权，一旦市场情况变化，需要调整企业经营策略，配送就可以积极地配合销售过程。

二、我国几种主要配送模式

除了根据配送主体承担者不同划分配送模式外，还可以根据配送对象的性质将我国配送模式划分为两大类：生产资料产品配送和生活资料产品配送，前一种配送模式涉及煤炭、水泥、钢材和化工等大宗生产资料的配送，后一种配送模式主要涉及小件杂品和食品等生活资料产品的配送。

1. 生产资料产品配送模式

生产资料的消费量一般比较大，因而运输量也比较大。从物流的角度看，有些生产资料是以散装或裸露方式流转的（如煤炭、水泥、木材等产品），有些则是以捆装和集装方式流转的（如金属材料、机电产品等）；有些产品是经过粗加工以后才供应给消费者使用（如木材、配煤、型煤），也有些产品则直接进入消费领域，中间不经过粗加工过程。由于产品的性质和消费情况各异，其配送模式也迥然不同。从流程上看，目前我国生产资料的配送模式大体上可分为以下两种：

第一种模式是，在配送流程中，作业内容和工序比较简单，除了有进货、储存、装货和送货等作业以外，基本上不存在其他工序，其流程如图 6-4 所示。在这种配送模式中，装卸运输作业通常要使用专用的工具或设备，并且车辆可直接开到储货场地进行作业（直接发送）。在流通实践中，按照上述模式进行配送的产品主要有煤炭、水泥、成品油等。

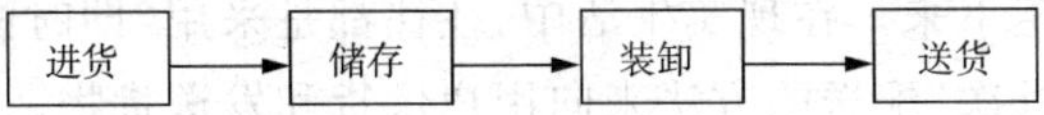

图 6-4　没有流通加工的生产资料配送模式

第二种模式是，在配送活动中包含着流通加工(产品的初级加工)。流通加工作业成了配送流程中的一道重要工序(图 6-5)。由于产品需求方向不同，在加工工序之后续接的作业不尽一致。很明显，这种配送模式要比第一种模式复杂，不但作业工序多，而且同样的工序会重复出现(如储存工序)。目前，钢材、木材等物资主要采取这种配送模式。

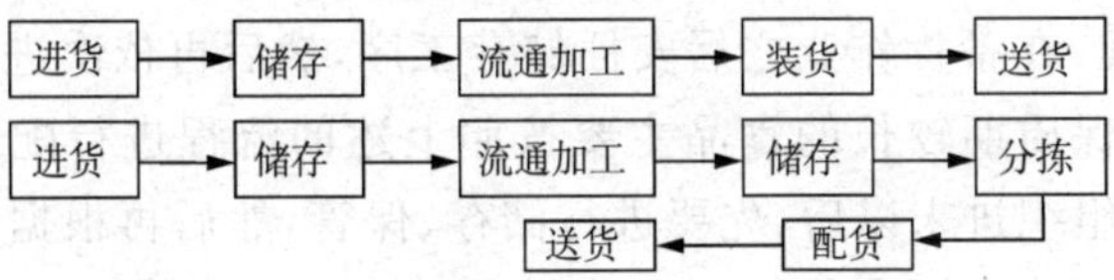

图 6-5　有流通加工的生产资料配送模式

2. 生活资料产品配送模式

生活资料是用来满足人们生活需要的劳动产品，其品种、规格较之生产资料更为复杂，其需求变化也比生产资料要快，因此，生活资料的配送不但必须安排分拣、配货和配装等工艺(或工序)，而且其作业难度也比较大。此外，就生活资料中的食品而言，有保鲜、保质期和卫生等质量要求，根据这一特点，一部分生活资料的配送流程中也包含着加工工序。

(1) 小件杂品配送模式

小件杂品主要涉及如下几类产品：小百货(包括服装、鞋帽、日用品等)、小机电产品(如家用电器)、仪器仪表和电工产品、轴承及小五金、图书和其他印刷品、无毒无害的化工产品和其他杂品。这类产品的共同特点是：有确定的包装，可以集装、混装和混载，产品的尺寸不大，可以成批存放在设有单元货格的现代化仓库中。由于小件杂品的品种、规格繁多，其市场需求又呈多品种、小批量状态，因此，其配送流程中必然要求有理货和配货等工序。由于每一个用户每次对小件杂品的需求量有限而这类产品又能够进行混存、混装，因此，为了进行合理运输，在配送流程中又必然安排配装工序。就配送流程来看，小件杂品配送是一种标准化的配送模式。

小件杂品的配送作业，其工序比较齐全，但流程中没有加工工序。实际上，因小件杂品多为有包装物品，并且包装的产品数量一般说都不太多(即为小包装物品)，故在这类产品的配送中很少有流通加工环节出现。小件杂品的配送常常要根据用户的临时需要来安排和组织，因而其配送量、配送路线和配送时间等很难固定下来。在现实生活中,往往都是采用"即时配送"形式和"多品种、少批量、多批次"配送的方法来向用户供货和发送货物。

(2) 食品配送模式

食品的种类很多,其形状各异,而且又都有保质、保鲜期。食品配送可以有三种流程。

第一种流程:在备货工序之后紧接分拣工序和配货等工序,中间不存在储存工序。亦即货物(食品)组织到以后,基本上不存放,而且很快进行分拣、配货,然后快速送货。通常,保质期较短和保鲜要求较高的食品(如点心类食品、肉制品、水产品等)基本上按照上述流程进行配送。

第二种流程:在备货作业之后安插储存工序,然后再依次进行配货和配装等作业。通常,保质期较长的食品主要按照上述的流程进行配送。其操作程序是:大量货物组织进来以后,先要进行储存、保管,然后再根据用户订单进行分拣、配货、配装,待车辆满载以后,随即向各个用户送货。

第三种流程:是带有加工工序的配送流程。大量货物集中到仓库或场地以后,先进行粗加工,然后依次衔接存储、分拣、配货、配装和送货等工序。

上述包含加工工序的食品配送模式是鲜菜、鲜果、鲜肉和水产品等保质期短的货物配送经常选用的模式。就加工工序的作业内容而言,主要有分装货物(将大包装改成小包装)、货物分级分等、去杂质(如蔬菜去根、鱼类去头和内脏)、配制半成品等。食品配送特别要强调速度和保质。因此,在物流实践中,一般采用定时配送、即时配送等形式向用户供货。

三、配送模式的选择

1. 影响配送模式选择的因素

一个企业选择哪种配送模式开展配送活动,受到很多因素的制约。一般而言,影响企业配送模式选择的因素表现在以下几个方面。

① 企业经营发展战略与投资规模。配送在企业的经营管理上占据何种地位,是否影响企业的核心竞争力,或者企业的配送能力是不是企业核心竞争力的一个组成部分,是影响企业配送模式的一个重要因素。配送投资规模指的是企业选择某一种配送模式所需要的资金投入量。我国大多数企业现在都面临资金紧缺的问题,把大量的资金用在发挥企业的配送能力上对许多企业来说是不能承受的,除非企业的配送能力本身就是企业的核心竞争力。

② 企业自身配送能力。企业自身配送能力受其现有的能够进行配送服务的硬件设施和软件设施影响。如果企业配送硬件设施好,那么采用自营配

送所需要的再投资就少，相反则需要较大的投资。很多企业选择第三方配送模式就是因为第三方物流公司不但拥有大量的硬件设施，还有一批专业员工等软件资源。我国现在专业物流管理人才缺乏，相关的理论也不完整，更缺乏先进的物流应用软件。因此，在一定程度上企业配送的软件资源决定其配送模式。

③ 第三方配送的发展状况。如果企业采用外包配送模式，第三方配送公司的配送能力，或者说能给企业带来怎样的客户满意程度是企业决策选择的一个重要参考。第三方配送公司能不能很好地提供配送服务，并且与企业的销售行为紧密配合，能否根据企业的需要对配送策略作适当的调整，使企业降低因缺货而失去客户的风险，这是企业选择配送模式时须谨慎考虑的。

④ 与其他企业的合作能力。企业与其他企业合作能力的强弱，决定着它能否选择共同配送或者第三方配送等涉及企业间协调与合作的配送模式。一般而言，企业与其他企业之间的协调、沟通能力以及对合作企业的控制能力越强，多方协调决策能力越强，越有可能选择非自营配送模式。

⑤ 配送成本。不同配送模式下实现配送规模效益的程度不同，决定了配送成本的不同。配送成本不仅指某种配送模式所产生的作业成本和管理成本，还包括投资这种模式可能出现的各类风险成本。企业在选择某种配送模式时，会重点考虑因这种配送模式可能会产生的配送成本，在其他因素等同的情况下，它会选择最低配送成本的配送模式。

2. 配送模式选择方法

企业配送模式的选择方法包括定性分析法和定量分析法。

(1) 定性分析法

① 经验选择法。配送模式的正确选择需要根据企业自身的特点和实力而定，不能仅凭感觉做决策。传统的决策方法是完全经验性的，传统的决策依据是企业是否有能力自营配送，如果企业有设施、有技术就自营，方便控制；如果某项物流功能自营有一定困难就外包。经验选择法的特点是，公司决策人员主要依据配送业务对公司核心竞争能力的影响程度来决策，一般可以从以下几方面考虑：配送业务是否决定企业的核心竞争能力、是否高度影响客户关系、有没有第三方物流公司能很好地胜任自己的配送业务、哪一种配送模式使公司的配送成本最少、公司有无足够的用于提升配送能力的投资预算、公司有无与其他企业开展合作的经验。经验判断的定性方法的主要缺陷是：企业在进行配送模式选择的决策时，配送的总成本与服务水平的考虑是放在其次的，管理人员对核心物流功能认识不清，缺乏对物流作战略分析的能力。

② SWOT 决策法。用 SWOT 分析进行配送模式决策，强调根据企业经营目标，将对企业配送活动及其发展有着重大影响的内外部因素列出，并根据所确定的标准对这些因素进行评价和系统性的分析，从而判定企业配送活动所面临的优势、劣势、机会与威胁，随后企业在对各项利弊因素进行分析权衡之后，选择出符合企业发展需求的配送模式。

进行 SWOT 分析，主要考虑企业在配送中所面临的企业内部优势、劣势和外部的机会、威胁。其中，内部优势和劣势包括：是否已经形成现代化的配送理念？是否具有先进合理的配送设施、设备？是否拥有经验丰富的专业化的物流技术与管理人才？企业物流发展战略和发展政策是否清晰？配送业务量是否能形成规模化配送，实现集约化？外部机会与威胁涉及：政府是否支持发展配送服务？社会公共运输设施网络的完善与发展程度如何？专业技术设备的成本与技术的发展情况如何？主要竞争对手是否掌握了新的配送技术，它们的配送成本水平如何？市场上是否存在专业化的、实力强大的、能够服务本行业的第三方物流公司？

企业在对以上四个维度的因素进行分析和鉴定的基础上，根据分析的情况来合理选择适宜自身发展的配送模式（如图 6－6 所示）。

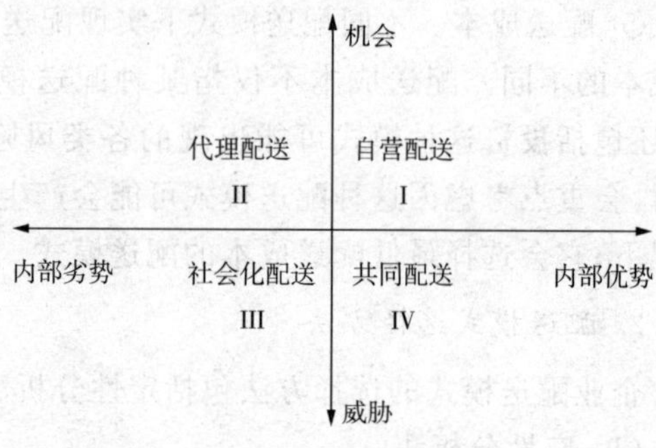

图 6－6　配送模式选择的 SWOT 决策法

当企业具有良好的内部优势和外部机会时，企业可以采取自营配送模式，抓住机遇不断完善自己的配送网络，发挥企业对销售与配送运作的控制作用，通过物流自营来实现低成本、高效率的配送运作。当企业面临巨大的外部机会，但受到内部劣势的限制，可以通过代理配送模式，将企业配送的薄弱环节外包给专门的配送服务提供商，从而充分利用外部环境所带来的机会，不断发展与壮大企业。当企业具有一定的内部优势，而外部环境存在一定的威胁时，可以与其他企业通过合同机制形成共同配送来实现资源优势互补，实现规模化、低成本化配送。当企业内部存在明显劣势，而外部面临强劲的威胁时，企业有必要将配送业务进行社会化运作，通过社会化配送模式将配送服务外包给第三方物流，通过第三方物流的规模化和经验化运作，使企业能集中优势资源来发展企业的核心竞争力，从而在市场上占有一席之地。

(2) 定量分析法

① 比较决策法。比较决策法分为确定型决策、非确定型决策和风险型决策三种类型。企业通过对不同配送模式的成本和预期收益进行比较做出选择。其中,确定型决策是指一个配送模式只有一种确定的结果,只要比较各个方案的结果,就可选择配送模式;在实际经营过程中,企业进行配送模式选择时往往需要考虑许多方面的因素,即进行多目标决策。非确定型决策是指一个配送模式可能出现几种结果而又无法知其概率时所进行的决策。这种决策方法虽带有较大主观性,但也有一些公认的决策准则可供企业参考,比如乐观准则、悲观准则、折中准则、等概率准则以及最小后悔值准则。一般来说,同一问题按照不同的准则来决策,其结果往往差异很大。因此,企业在用不确定型决策方式选择配送模式时,还需要考虑其他方面因素。

② 层次分析法。层次分析法(Analytic Hierarchy Process,简称 AHP 法)是一种多目标决策分析方法,将决策者的经验判断加以量化,在目标结构复杂且缺乏必要数据的情况下更为实用,尤其适合于对决策结果难于直接准确计量的场合。

层次分析法的基本思想是:把要解决的问题根据其性质和预期达到的目标,分解为各个组成因素,按照因素之间的相互影响和隶属关系将其分层聚类组合,形成一个有序的递阶层次结构。然后,对模型中每一层次因素的相对重要性,依据人们对客观现实的判断给予定量表示,再利用数学方法确定每一层次全部因素相对重要性次序的权值。最后,通过综合计算各因素相对重要性的权值,得到方案层相对目标层相对重要性次序的组合权值,以此作为评价和选择方案的依据。

例如,某公司是一个大型连锁商业企业,主营电冰箱、电视机、洗衣机等家电产品,公司的核心竞争力为商品的价格定位低,属于零售系统,因此对配送要求较高,一般不允许缺货,希望建立较好的配送体系,提高客户满意程度,获得良好的经济效益。应用层次分析法选择配送模式。

首先对决策目标所涉及的因素进行分类,构造各因素之间相互连接的递阶层次结构模型,见图 6-7。该模型中,决策目标是合理选择配送模式,准则层有五个因素——客户满意程度、库存量、配送能力、核心能力、总投资额,措施层/方案层包括外包配送(即第三方配送)、混合配送、共同配送、自营配送等四种备选配送模式。需要指出,不同企业可能构造的结构层次模型略有差异,这种差异主要体现在准则层的构成因素上。

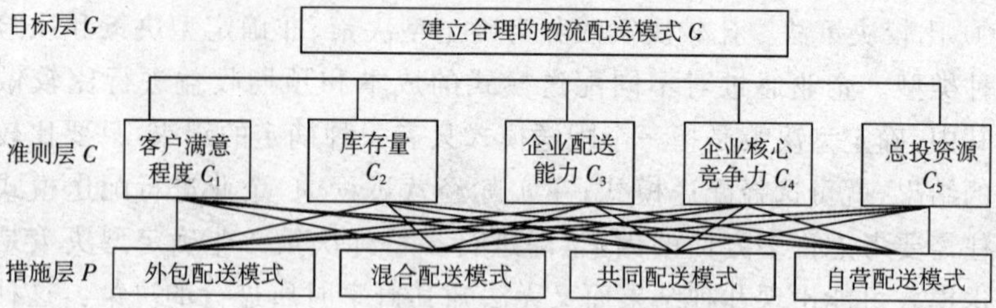

图 6－7　配送模式因素结构层次模型

建立目标层与准则层的判断矩阵 $G\text{-}C$，判断矩阵的值一般是根据层次分析法的创始者 Saaty 提出的标度进行的，由专家和分析者一起确定。

$$\boldsymbol{A}=\begin{bmatrix}1 & 3 & 3 & 1/3 & 1/2\\ 1/3 & 1 & 2 & 1/9 & 1/5\\ 1/3 & 1/2 & 1 & 1/5 & 1/5\\ 5 & 9 & 5 & 1 & 1\\ 3 & 5 & 5 & 1 & 1\end{bmatrix};\boldsymbol{B}_1=\begin{bmatrix}1 & 3 & 2 & 3\\ 1/3 & 1 & 1 & 2\\ 1/2 & 1/2 & 1 & 1/2\\ 1/3 & 1 & 2 & 1\end{bmatrix}$$

再建立准则层与措施层的判断矩阵如下：

$$\boldsymbol{B}_2=\begin{bmatrix}1 & 2 & 2 & 3\\ 1/2 & 1 & 1 & 2\\ 1/2 & 1 & 1 & 2\\ 1/3 & 1/2 & 1/2 & 1\end{bmatrix};\boldsymbol{B}_3=\begin{bmatrix}1 & 3 & 2 & 3\\ 1/3 & 1 & 1 & 2\\ 1/2 & 1/2 & 1 & 1/2\\ 1/3 & 1 & 2 & 1\end{bmatrix}$$

$$\boldsymbol{B}_4=\begin{bmatrix}1 & 1/2 & 1/2 & 1/3\\ 2 & 1 & 1 & 1/2\\ 2 & 1 & 1 & 1/2\\ 3 & 2 & 2 & 1\end{bmatrix};\boldsymbol{B}_5=\begin{bmatrix}1 & 1/2 & 1/4 & 1/5\\ 2 & 1 & 1/2 & 1/3\\ 4 & 2 & 1 & 1\\ 5 & 3 & 1 & 1\end{bmatrix}$$

利用方根法计算判断矩阵的最大特征值与特征向量，这里省略烦琐的计算过程，判断矩阵的一致性指标 $CI=0.0687$，总排序结果见表 6－1。

表6-1 总排序表

C层 \ P层	因素及权重					组合权重
	C_1	C_2	C_3	C_4	C_5	
	0.200 3	0.171 9	0.155 8	0.243 9	0.228 1	
P_1	0.249 8	0.288 4	0.212 0	0.199 6	0.195 6	0.235 0
P_2	0.245 6	0.249 8	0.249 8	0.236 4	0.231 6	0.241 5
P_3	0.214 0	0.249 8	0.249 8	0.266 9	0.278 4	0.253 3
P_4	0.245 6	0.212 0	0.288 4	0.297 2	0.299 4	0.271 3

从表6-1中可以看出，该企业配送模式的优劣次序为P_4、P_3、P_2、P_1，即自营配送模式最优，共同配送模式次之，混合配送模式第三，而外包配送模式最差。案例结果和事实吻合。

四、配送合理化

1. 配送合理化的判断标志

对于配送合理化与否的判断是配送决策系统的重要内容。目前，国内外尚无一定的技术经济指标体系和判断方法。一般情况，有以下几个判断标志。

(1) 库存标志

库存是判断配送合理与否的重要标志，具体指标有库存总量和库存周转。库存总量在一个配送系统中，从分散于各个用户转移给配送中心，配送中心库存数量加上各用户在实行配送后库存的量之和应低于实行配送前各用户库存量之和。此外，从各个用户角度判断，各用户在实行配送前后的库存量比较，也是判断合理与否的标准，某个用户库存量上升而库存总量下降，属于一种不合理现象。由于配送组织的调剂作用，以低库存保持高的供应能力，库存周转一般总是快于原来各企业的库存周转。此外，从各个用户角度进行判断，各用户在实行配送前后的库存周转比较，也是判断合理与否的标志。

(2) 资金标志

总的来讲，实行配送应有利于资金占用降低及资金运用的科学化。具体判断标志如下：

① 资金总量。用于资源筹措所占用流动资金总量，随储备总量的下降及供应方式的改变必然有一个较大的降低。

② 资金周转。从资金运用来讲，由于整个节奏加快，资金充分发挥作

用，同样数量资金，过去需要较长时期才能满足一定供应要求，配送之后，在较短时期内就能达此目的。所以资金周转是否加快，是衡量配送合理与否的标志。

③ 资金投向的改变。资金分散投入还是集中投入，是资金调控能力的重要反映。实行配送后，资金必然应当从分散投入改为集中投入，以便能增强调控作用。

(3) 成本和效益标志

总效益、宏观效益、微观效益、资源筹措成本都是判断配送合理化的重要标志。对于不同的配送方式，可以有不同的判断侧重点，例如配送组织、用户都是各自独立的，以利润为中心的企业，不仅要看配送的总效益，而且还要看对社会的宏观效益及两个企业的微观效益，不顾及任何一方都必然出现不合理。又例如，如果配送中心是由用户集团自己组织的，配送则主要强调保证能力和服务性，那么效益主要从总效益、宏观效益和用户集团企业的微观效益来判断，不必过多顾及配送部门的微观效益。

(4) 供应保证标志

配送的重要一点是必须提高而不是降低对用户的供应保证能力，才算合理。供应保证能力可以从以下方面判断：

① 缺货次数。实行配送后，对各用户来讲，该到货而未到货以致影响用户生产及经营的次数，必须下降才算合理。

② 配送企业集中库存量。对每一个用户来讲，其数量所形成的保证供应能力高于配送前单个企业保证程度，从供应保证来看才算合理。

③ 即时配送的能力及速度是用户出现特殊情况的特殊供应保障方式，这一能力必须高于实行配送前用户紧急进货能力及速度才算合理。

(5) 社会运力节约标志

末端运输是目前运能和运力使用不合理、浪费较大的领域，因而人们寄希望于配送来解决这个问题。这也成了配送合理化的重要标志。具体判断标志：一是社会车辆总数减少，而承运量增加为合理；二是社会车辆空驶减少为合理；三是一家一户自提自运减少，社会化运输增加为合理。

(6) 物流合理化标志

物流合理化的问题是配送要解决的大问题，也是衡量配送本身合理与否的重要标志。这可以从以下几方面判断：① 是否降低了物流费用；② 是否减少了物流损失；③ 是否加快了物流速度；④ 是否发挥了各种物流方式的最优效果；⑤ 是否有效衔接了干线运输和末端运输；⑥ 是否不增加实际的物流中转次数；⑦ 是否采用了先进的技术手段。

2. 不合理配送的表现形式

不合理配送是在现有条件下可以达到的配送水平而未达到，从而造成了资源浪费、成本增加、服务不到位等问题的配送形式。配送应全面、综合决策，在决策时要避免由于不合理配送的出现所造成的损失。比较常见的不合理配送形式主要有以下几种：

① 资源筹措的不合理。配送通过筹措资源的规模效益来降低资源筹措成本，使配送资源筹措成本低于用户自己筹措资源成本，从而取得优势。如果不是集中多个用户需要进行批量筹措资源，而仅仅是为某一两户代购代筹，对用户来讲，就不仅不能降低资源筹措费，相反却要多支付一笔配送企业的代筹代办费，因而是不合理的。资源筹措不合理还有其他表现形式，如配送量计划不准，资源筹措过多或过少，在资源筹措时不考虑建立与资源供应者之间长期稳定的供需关系等。

② 库存决策不合理。配送应充分利用集中库存总量低于各用户分散库存总量，从而大大节约社会财富，同时降低用户实际平均分摊的库存负担。因此，配送企业必须依靠科学管理来实现一个低总量的库存，否则就会出现单是库存转移，而未解决库存降低的不合理。配送企业库存决策不合理还表现在储存量不足，不能保证随机需求，失去了应有的市场。

③ 价格不合理。总的来讲，配送的价格应低于不实行配送时用户自己进货的产品购买价格加上用户提货、运输、进货之成本总和，这样才会使用户有利可图。有时候，由于配送有较高服务水平，价格稍高，用户也是可以接受的，但这不是普遍的原则。如果配送价格普遍高于用户自己进货价格，损伤了用户利益，就是一种不合理表现。价格标准制定得过低，使配送企业处于无利或亏损状态下运行，会损伤销售者，也是不合理的。

④ 配送与直达的决策不合理。一般的配送总是增加了环节，但是这个环节的增加，可降低用户平均库存水平，因此，不但抵消了增加环节的支出，而且还能取得剩余效益。而如果用户使用批量大，可以直接通过社会物流系统均衡批量进货，较之通过配送中转送货则可能更节约费用。所以，在这种情况下，不直接进货而通过配送，就属于不合理范畴。

⑤ 送货中不合理运输。配送与用户自提比较，尤其对于多个小用户来讲，可以集中配装一车送几家，这比一家一户自提，可大大节省运力和运费。如果不能利用这一优势，仍然是一户一送，而车辆达不到满载（即时配送过多过频时会出现这种情况），则属于不合理。此外，不合理运输若干表现形式，在配送中都可能出现，会使配送变得不合理。

⑥ 经营观念的不合理。在配送实施中，有许多是经营观念不合理，使配

送优势无从发挥，相反却损害了配送的形象。这是在开展配送时尤其需要注意克服的不合理现象。例如，配送企业利用配送手段，向用户转嫁资金、库存。在库存过大时，强迫用户接货，以缓解自己库存压力；在资金紧张时，长期占用用户资金；在资源紧张时，将用户委托资源挪作他用而获利等。

3. 配送合理化的实现途径

建立现代化的高效率的配送系统，必须以信息技术和自动化技术等先进技术为手段，以良好的交通设施为基础，不断优化配送方式，实现配送的合理化。实现配送合理化可以采取以下途径：

① 推行一定综合程度的专业化配送。通过采用专业设备、设施及操作程序，取得较好的配送效果并降低配送过分综合化的复杂程度及难度，从而追求配送合理化。

② 推行共同配送。共同配送可以避免不同企业之间的重复配送，提高车辆使用效率，可以以最近的路程、最低的配送成本完成配送，从而实现合理化。

③ 推行区域配送。配送的区域扩大化趋势突破了一个城市的范围，发展为区间、省间甚至是跨国的更大范围的配送，即配送范围向周边地区、全国乃至全世界辐射。配送区域扩大化趋势将进一步带动国际物流的发展，使配送向国际化方向发展。

④ 实行送取结合。配送企业与用户建立稳定、密切的协作关系。配送企业不仅成为用户的供应代理人，而且承担用户储存据点，甚至成为产品代销人。在配送时，将用户所需的物资送到，再将该用户生产的产品用同一车运回，这种产品也成了配送中心的配送产品之一，或者作为代存代储，免去了生产企业库存包袱。这种送取结合，使运力充分利用，也使配送企业功能有了更大的发挥，从而实现合理化。

⑤ 推行准时配送。准时配送是配送合理化的重要内容。配送做到了准时，用户才有资源保障，可以放心地实施低库存或零库存，可以有效地安排接货的人力、物力，以追求最高效的工作。另外，保证供应能力，也取决于准时供应。从国外的经验看，准时配送是现在许多配送企业追求配送合理化的重要手段。

⑥ 推行即时配送。即时配送是最终解决用户担心断供之忧、大幅度提高供应保证能力的重要手段。即时配送是配送企业快速反应能力的具体化，是配送企业能力的体现。即时配送成本较高，但它是整个配送合理化的重要保证手段。

⑦ 推行配送信息化。配送信息化就是直接利用计算机网络技术重新构筑配送系统。信息化是其他先进物流技术在配送领域应用的基础。例如，利用计算机技术、条码技术，建立计算机辅助送货系统、辅助配货系统和辅助分拣系统等。

第三节 配送路线的优化

配送路线是指各送货车辆向各个用户送货时所要经过的线路。由于现代配送具有多频次、小批量、多品种、高效率的特点，因此需要设计合理、有效的车辆运输路线方案，以减少配送里程数和配送时间。这不仅可以减少资源浪费，提高企业的经济效益和竞争力，而且可以更好地为客户服务，维护企业良好的形象。配送路线合理与否对配送速度、车辆的合理利用和配送费用都有直接影响，因此，配送路线优化是配送过程中的关键环节。

一、优化目标与约束条件

国外对车辆路线优化问题做了大量而深入的研究。该问题一般定义为：对一系列装货点和卸货点，组织适当的行车线路，使车辆有序地通过线路，在满足一定的约束条件（如货物需求量、发送量、交发货时间、车辆容量限制、行驶里程限制、时间限制等）下，达到一定的目标（如路程短、费用最少、时间尽量少、使用车辆数尽量少等）。大多数的配送调度问题可以归结为配送车辆的分配、行车路线的组织问题，即根据不同的目标函数，将配送过程归结为表述问题的数学模型，然后用计算机求得合理可行的优化方案，在生产中付诸实施。

1. 确定优化目标

进行配送路线优化时，必须有明确的目标。选择配送路线方案目标可以从以下几个方面来考虑：① 配送效益最高，即以配送利润最大化为目标；② 配送成本最低，即以配送成本最小化为目标；③ 配送里程最短，即当成本与路程相关性较强而与其他因素的相关性较小时，可以以路程最短作为目标；④ 配送服务水准最优，比如配送服务的准确性最高；⑤ 配送劳动的消耗最小。

配送路线优化方案的目标实际上可以是多元的，但制订方案所选择的目标值应当容易计算，一般要尽可能选择单一化的目标值，这样容易求解，实用性较强。

2. 确定优化的约束条件

配送路线方案目标的选择过程受到很多约束条件的限制，比如配送的具体要求、配送中心的实力及客观条件。因此，必须在满足约束条件的限制下取得成本最低、或路线最短、或消耗最小等目标。其中常见的约束有以下几方面：

① 满足收货人对货物品种、规格和数量的要求；② 满足收货人对货物送达时间或时间范围的要求；③ 道路运行条件对配送的制约，如单行道、城区部

分道路对货车通行的限制；④ 各配送路线的货物量不得超过车辆最大装载能力的限制；⑤ 车辆最大行驶里程数的限制；⑥ 在配送中心现有运力允许的范围内；⑦ 司机的最长工作时间的限制；⑧ 各种运输规章的限制，等等。

二、模型求解方法

随着配送的复杂化，配送线路的优化一般要结合数学方法及计算机求解的方法来制定合理的配送方案。模型求解时常用的基本理论和方法有分枝定界法、分割平面法、线性规划法、动态规划法、匹配理论、对偶理论、组合理论、线搜索技术、列生成技术、拉格朗日松弛技术、状态空间松弛技术、次梯度优化技术、概率分析、统计分析、最差情况分析等。

实质上，车辆路径问题的求解方法，基本上可分为纯优化算法和纯启发式算法两大类。由于纯优化方法在实际中应用范围很有限，为此，专家学者们主要把精力花在构造高质量的纯启发式算法上。目前已提出的纯优化算法和纯启发式算法相当多，大体上可分为以下几种：

1. 基于数学规划的算法

把问题直接描述成一个数学规划问题，根据其模型的特殊构形，应用一定的技术（如分解）进行划分，进而求解。此法以动态规划法、整数规划法、树状搜寻法等方式为主来进行求解，对于配送点数较少的情形能求得一个最优解，但若求解的节点数增加，则其结果相对变差，与实际配送的情况相差较大。

2. 人机互动法

把人的因素结合到问题的求解过程中，其思想就是：有经验的决策者应具有确定和修改参数的能力，并且根据知识直感，把主观的估计加到优化模型中去，以作为配送路线规划决策的依据，这通常会增加模型最终实现并被采用的可能性。

3. 先分组再排路线法

先将所有配送点分成数个群组，再分别对各个群组进行路线规划，如Gillete&Mmer(1974)所提出的扫描法，根据所有配送点的分布，以及坐标的表示方法来呈现各配送点的位置，然后任意选取一个配送点作为起始点，依顺时针或逆时针的方向选取尚未指派的配送点，并以货车的容量或其他条件作为限制，进行车辆配送的分组作业，再以求解旅行商问题（TSP）的算法进行最优化的操作。由于以不同配送点作为起点就会有不同的运算结果，因此可以针对每个配送点为起始点求解，取演算结果的最佳者。

4. 先排线路再分组法

与前一种方法相反，这种方法是先进行路线的规划，然后再进行分割，如

Golden(1984)的巨集分割法。这种方法首先构造一条或几条很长的路线(通常不可行),它包括了所有需求对象,然后再把这些很长的路线划分成一些短而可行的路线。此方法又因切割方式的差异,可分为单巨集切割法(SGT)及多巨集切割法(MGT)两种。单巨集切割法取所有配送点进行旅行商问题(TSP)的求解,建立一个自原点出发,经过所有节点,最后回到原点的巡回路线,然后以最短路径解法对此路线进行分割,求得所需要的结果。多巨集切割法与单巨集切割法相似,最大的差异在于建立巡回路线时并不包含原点,因此在切割路线时,可以有较多的切割方式。

5. 节约里程法

节约里程法由 Clarke&Wright(1964)提出,以三角不等式为基础,一部车只以一个配送点为起始点,如此若有 N 个配送点即有 N 条路线,计算节省量,可将较短的路线与原始路线交换,缩短配送距离。假设配送点 i 与 j 分别由不同的车辆来服务,如将两个配送点由一辆车服务,即可得到一个节约值,而后依据节约值的大小决定需求点是否可以相互连接,连接的方法有联结、并入、合并等三种。

三、节约里程法

对于有装载闲置的配送路线的确定,有时求最优解很困难(受太多条件的约束),此时可以求解近似最优解,在这种情况下可以采用节约里程法,也叫节约法。

1. 节约里程法的基本思想

节约里程法的基本思想如图 6-8 所示。由配送中心 P 向两个用户 A、B 送货,P 至 A、B 的最短距离为 L_1 和 L_2,A、B 间的最短距离为 L_3,用户对货物的需求量为 q_1 和 q_2。

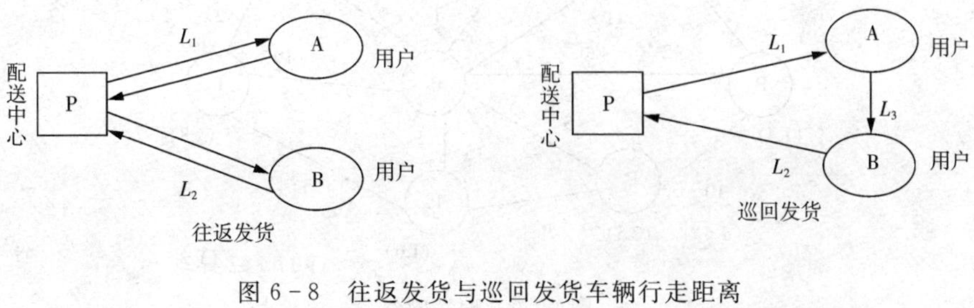

图 6-8 往返发货与巡回发货车辆行走距离

若用两辆汽车分别对 A、B 两个用户往返送货时,汽车行走总里程为:

$$L=2(L_1+L_2)$$

第六章 配送物流管理

如果改由一辆汽车分别对A、B两个用户巡回送货[设$(q_1+q_2)<$汽车载重量],则汽车行走里程为:

$$L=L_1+L_2+L_3$$

在汽车载重量允许的情况下,采用巡回发货比采用往返发货可节约汽车行走里程为:

$$\Delta L=L_1+L_2-L_3$$

如果在配送中心P的供货范围内还存在着第$3,4,5,\cdots,n$个用户,在汽车载重量允许的情况下,可将它们按节约量的大小依次连入巡回路线,直至汽车满载为止。余下的用户用同样的方法确定巡回路线,另外派车。

在实际利用节约里程法确定配送路线时,首先要计算出配送中心至各个收货点以及各收货点之间的最短距离,再计算出各收货点相互间的"节约里程",然后按"节约里程"的大小和各收货点的数量或重量,在车辆载重允许的条件下,将各可能入选的收货点连接起来,形成一条配送路线。如果一辆货车不能满足全部送货要求,可先安排一辆,然后按上述程序继续安排第二辆、第三辆或更多辆,直到全部收货点连接在多条配送路线中为止。

2. 节约里程法的应用实例

假设配送中心P_0向7个用户配送货物,其配送路线网络如图6-9所示,图中括号内的数字表示客户的需求量(单位:吨),线路上的数字表示两节点之间的距离(单位:千米)。现配送中心有两台4吨卡车和两台6吨卡车可供使用,用节约里程法制定最优的配送方案。

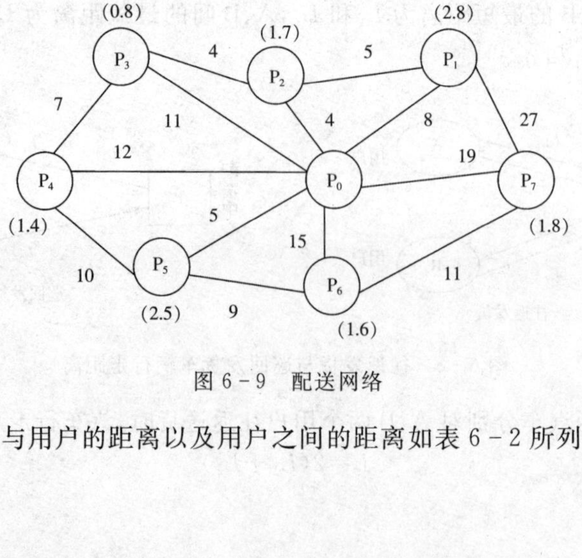

图6-9 配送网络

配送中心与用户的距离以及用户之间的距离如表6-2所列。

表 6－2 运输里程表

需要量	P_0							
2.8	8	P_1						
1.7	4	5	P_2					
0.8	11	9	4	P_3				
1.4	12	16	11	7	P_4			
2.5	5	13	9	13	10	P_5		
1.6	15	22	18	22	19	9	P_6	
1.8	19	27	23	30	30	20	11	P_7

解： 第一步，根据运输里程表，按节约里程公式，求出相应的节约里程数；

第二步，将节约里程数按大小顺序排列，如表 6－3 所列；

第三步，按节约里程数大小，组成配送路线图。

表 6－3 节约里程数计算结果

序号	路线	节约里程(km)	序号	路线	节约里程(km)
1	P_6P_7	23	9	P_2P_4	5
2	P_3P_4	16	10	P_3P_6	4
3	P_2P_3	11	11	P_1P_4	4
4	P_5P_6	11	12	P_5P_7	4
5	P_1P_3	10	13	P_3P_5	3
6	P_4P_6	8	14	P_1P_6	1
7	P_4P_5	7	15	P_2P_6	1
8	P_1P_2	7	16	P_4P_7	1

配送路线如下：

① P_5—P_6—P_7组成共同配送，节约里程 11＋23＝34(千米)，配送重量 2.5＋1.6＋1.8＝5.9(吨)，使用一辆 6 吨车；

② P_4—P_3—P_2组成共同配送，节约里程 16＋11＝27(千米)，配送重量 1.4＋0.8＋1.7＝3.9(吨)，使用一辆 4 吨车；

③ P_1单独配送，重量 2.8 吨，使用一辆 4 吨车。

配送共节约里程 34＋27＝61(千米)。优化后的配送路线如图 6－10 所示。

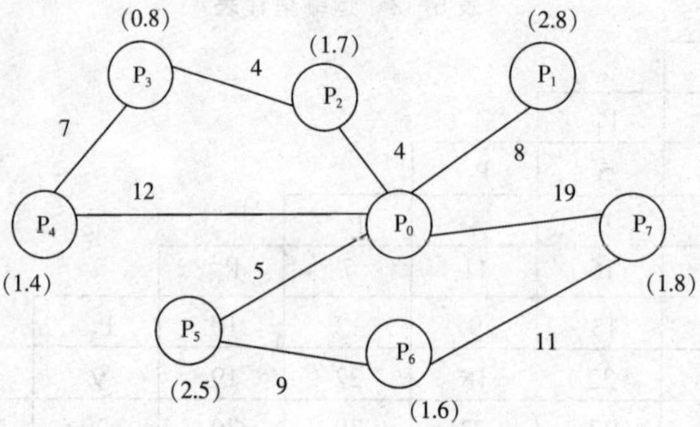

图 6-10 优化配送网络图

3. 节约里程法的优缺点

节约里程法的确是一种简便、易行的方法，一方面体现出优化运输过程，与一般方法相比缩短了运输路程；另一方面，它也体现了配送网络的优势，实现了企业物流活动的整合，而且思路简单、清晰，便于执行。因此，这种方法在国内外的配送中都受到重视。

然而，利用节约里程法选择配送路线过于强调节约路程，而没考虑行程中的时间因素，在许多情况下，时间更能决定配送的成本与服务质量；而且，利用节约里程法选择配送路线不能对客户的需求进行灵活多变的处理，该方法更适合需求稳定或是需求的时间不紧迫的市场环境。

第四节 配送中心及其功能

传统的商品流通模式越来越难以满足多品种、小批量的市场需求，一些生产或流通企业纷纷组建或开始筹建配送中心，以降低成本，提高服务质量和服务水平。通过建设配送中心，企业可以扩大经营规模，改进物流与信息运作系统，满足用户不断发展的多样化需求，使末端物流更加合理。

一、配送中心的概念

日本《物流手册》把配送中心定义为："从供应者手中接受多种大量的货物，进行倒装、分类、保管、流通加工和情报处理等作业，然后按照众多需要者的订货要求备齐货物，以令人满意的服务水平进行配送的设施。"中华人民共和国国家标准《物流术语》(GB/T 18354—2006)将配送中心定义为："从事配送业务且具有完善信息网络的场所或组织。应基本符合下列要求：主要为特定客户或末端客户提供服务，配送功能健全，辐射范围小，提供高频率、小批量、多批次配送服务。”

不管从哪个角度来界定配送中心，配送中心都是一种以配送活动为核心的商业组织，其目的是提供高质量的配送服务。而且，配送中心是按照生产企业的要求组织货物，定时、定点、定量地送抵用户。由于送货方式较多，有的由配送中心自行承担，有的利用社会运输力量完成，有的由用户自提，因此就送货而言，配送中心是组织者而不是承担者。另外，配送中心是现代流通设施，同以前的流通设施诸如商场、贸易中心和仓库有区别。配送中心以现代装备和工艺为基础，不但处理商流，而且处理物流、信息流，是集商流、物流、信息流于一身的全功能流通设施。而且，新型配送中心对上下游配送需求的反应速度越来越快，前置时间越来越短。配送中心强调配送作业流程和运作的标准化、程序化及规范化，使复杂的作业简单化，从而大规模地提高物流作业的效率和效益。

二、配送中心的类型

随着社会生产和市场经济的发展，配送中心的数量在不断增加，由于各自的服务对象、组织形式各不相同，可以把配送中心划分为许多的类型。

1. 按配送中心的经济功能分类

① 供应型配送中心。供应型配送中心是指专门为某个或某些用户组织供应的配送中心，例如为大型连锁超级市场组织供应的配送中心，代替零件加工厂送货的零件配送中心等。这类配送中心大多与生产企业、大型商业组织建立起相对稳定的供需关系，为其供应原材料、零配件或者零售商品，一般路线较为固定，有大批量、多品种的特点。

② 销售型配送中心。销售型配送中心是以销售商品为目的、借助配送这一服务手段来拓展经营活动的配送中心。销售型配送中心大体有三种类型：第一种是生产企业为其产品直接销售给消费者而建立的配送中心；第二种是流通企业作为本身经营的一种方式，建立配送中心以扩大销售；第三种是流通企业和生产企业联合协作建立的配送中心，这类配送中心对商品的销售流通很有利。从国内外发展趋向看，第三种配送中心有很好的发展前景。销售型配送中心面向消费者，因而配送中心多建在城市周围，采用多品种混装配送。

③ 储存型配送中心。储存型配送中心是充分强化物品的储备和储存功能、在充分发挥储存作用的基础上开展配送活动的配送中心。这类配送中心通常具有较大规模的仓库和储物场地，在资源紧缺的条件下，能形成储备丰富资源的优势。例如美国赫马克配送中心拥有一个具备 163 000 个货位的储存区；瑞士 GIBA - GEIGY 公司的配送中心拥有世界上规模居于前列的储存库，

可储存4万个托盘，可见存储规模之大。我国目前建立的配送中心多为储存型，大多采用集中库存形式，库存量比较大。

④ 加工型配送中心。这种配送中心主要根据客户的需要，对物品进行清洗、下料、分拣、分割、集装、计量、贴标签及组装等加工活动，储存作业和加工作业占主导地位。由于流通加工多为按照用户要求进行单品种大批量的加工作业，分类作业量小，往往不设分拣、配货流程环节。一般在生产资料的配送活动中有加工型配送中心，例如钢材剪切、动力配煤、建筑用混凝土、木材粗加工、玻璃切割、钢板剪裁等物品的加工配送。

2. 按配送中心的辐射范围分类

① 城市配送中心。这类配送中心的配送范围以城市为中心，其配送距离通常在汽车运输的经济里程内，可以采用汽车作为运输工具，将物品直接配送到最终用户。这种配送中心往往和零售经营相结合，由于运输距离短，反应能力强，因而从事多品种、小批量、多用户的配送比较有优势。其服务对象多为连锁零售商业的门店或最终消费者。我国已建立的“北京食品配送中心”和许多城市建立的“消毒餐具配送中心”就属于这种类型。城市配送中心是一种适用于多品种、少批量、多用户的配送方式。城市配送中心一般采用“日配”方式，在网络经济时代，为了配合和执行电子商务的配送，也会采取“时配”方式。

② 区域配送中心。这类配送中心物品储备充分、辐射能力强，因而其配送范围广，是面向省际、全国乃至区域性国际范围的配送中心。这类配送中心的配送规模比较大，其业务既配送给下一级的城市配送中心，也配送给批发商、企业用户、经营商店和营业场所。例如一些大型连锁集团建设的区域配送中心，主要负责某一区域范围内部分物品的集中采购，再配送给下一级配送中心。一般而言，区域型配送中心的区域范围是有限的，往往适用于“日配”和“隔日配”可以覆盖的地区。如果地域范围太广阔，往往建立物流中心来衔接城市配送中心，进行分层次的分销和配送，而不由一个区域配送中心作大范围的覆盖。

③ 国际配送中心。国际配送中心是一种向国际范围内用户提供配送服务的配送中心。其主要特征是经营规模大、辐射范围广，配送设施和设备的机械化、自动化程度高，配送方式采用大批量、少批次和集装单元，存储吞吐能力强。配送对象主要是超大型用户，如区域配送中心和跨国工商企业集团。

三、配送中心的功能

配送中心是一种多功能、集约化的物流节点。作为现代物流方式和优化销售体制的配送中心，它把收货验货、储存保管、装卸搬运、分拣、流通加工、配送、结算和信息处理，甚至包括订货等作业有机地结合在一起，形成全方位服务的供货枢纽。作为一个订购量大、集约化的配送中心，通常具备以下功能。

1. 集散功能

配送中心能够凭借其特殊的地位和其拥有的各种先进设备及完善的物流信息管理系统，将分散于各个生产企业的产品集中在一起，通过分拣、配货、配装等环节向多家客户发送。同时，配送中心也可以把多个客户所需要的多种货物有效地组合在一起运送，实现高效率、低成本的目标，充分发挥集散货物的功能。例如，花王的大型配送中心——花王川崎配送中心，它的自动化仓库的储量是花王川崎工厂的 3 倍，在集中生产企业的货物后，根据客户的订单进行配送，订单分为零星和整箱，并保证能在 24 小时内发货。

2. 储备功能

配送中心的服务对象是为数众多的生产企业和商业网点，如连锁店和超市等，其主要职能就是按照客户的要求及时将各种配装好的货物交到客户手上，确保生产和消费的需要。为履行该职能，配送中心一般都建有现代化的仓储设施，如仓库、堆场等，储存一定量的商品，发挥着蓄水池的作用，保证配送中心有充足的资源，以免发生缺货而造成客户的损失或不满。例如，中海北方物流有限公司在大连拥有 10 万平方米、配备了国内一流仓储设备的现代化物流配送仓库。

3. 包装功能

为了满足客户的不同要求，配送中心还需要进行包装作业，对商品进行组合、加工、加固、拼配，形成组合包装单元，方便物流配送。

4. 分拣功能

分拣是配送中心的重要功能，是将货物按品种、出入库先后顺序进行分门别类堆放的作业。由于配送中心所服务的客户是数目较多的企业或零售商，所以这些客户之间的需求差别较大。为了满足客户的不同需求，配送中心应该根据客户的需求，将客户所需要的货物从仓库中挑选出来，然后按照配送计划组织配货和分装。强大的分拣能力是配送中心得以按客户要求组织送货的基础。

5. 送货功能

配送中心的送货一般是在城市范围内的短距离的运送。配送中心需要按照客户的要求，将货物按时按量送至客户。因此，进行商品配送时，要制订派车计划、选择路线、装车调度等，以便合理地完成配送任务。

6. 采购功能

配送中心必须首先采购所要供应配送的商品，才能及时、准确无误地为其用户即生产企业或商业企业供应物资。现代配送中心应能在供应商管理、库存管理、配送和销售管理的基础上实现有效采购。

7. 流通加工功能

配送中心的流通加工作业包括对货物分类、过磅、包装和粘贴标签等。流通加工活动可以大大提高客户的满意程度，赢得客户的信赖，增加配送中心的利益。国内外有很多配送中心都开始重视提升自己的流通加工能力，从而获取稳定的客户。我国目前最先进、规模最人的生鲜食品加工配送中心——联华生鲜食品加工配送中心，年生产能力 20 000 吨，其中肉制品 15 000 吨，生鲜盆莱、调理半成品 3 000 吨，西式熟食制品 2 000 吨，产品结构分为 15 大类，约 1 200 种生鲜食品。

8. 信息处理功能

由于多种功能聚集于配送中心，配送中心已成为信息交汇中心，可以提供货物到达、分发、装卸、搬运、储存保管、销售、价格、运输以及客户资料等各种信息。配送中心可以通过处理这些信息来经营管理和服务客户。例如日本的“西友”公司所属的川越食品流通中心，每天在中午 12 时以前将用户的订货信息收集至信息中心，由信息中心的电子计算机对数据进行快速处理，2 万笔订货数据汇总仅需一两个小时。信息中心将汇总后的数据通过电脑网络通知加工中心进行加工，或通知进货部门组织配货，用户在第二天上午取得订货。

9. 装卸搬运功能

配送中心进货、理货、装货、加工都需要辅之以装卸搬运。有效的装卸会大大提高配送中心的水平。所以，装卸搬运是配送中心的基础工作，也是一项基础功能。

10. 延伸服务功能

配送中心的延伸服务功能主要包括市场调查与预测、采购与订单处理、配送、物流咨询、物流方案的选择和规划、库存控制决策建议、货物回收与结算、物流系统工程设计与规划方案的制作等。

不同配送中心可能具有相同的功能，但对其中某一功能的重视程度会不同，这就决定了各配送中心的性质不尽相同，而且其选址、房屋构造、规模和设施等也会随之变化。

第五节 配送中心系统设计

配送中心的作业流程本质上属于物流作业流程，是规划配送中心的基础。因而，本节首先介绍配送中心作业流程，然后在此基础上详细阐述配送中心的规划设计。配送中心的规划设计要考虑一个区域范围内物流系统的整体规划，是一项建设规模大、投资额高、涉及面广的系统工程，主要涉及外部布局和内部结构设计两方面。外部布局就是根据现状和发展的预期，确定配送中心应如何分布，特定条件下其地址又如何确定；而内部结构设计则主要包括基本作业区域规划、功能布局设计和区域布置规划等几个方面。

一、配送中心的作业流程

配送中心的特性或规模不同，其运营涵盖的作业项目和作业流程也不完全相同，但一般来说，其基本作业主要包括进货作业、搬运作业、储存作业、盘点作业、订单处理作业、拣货作业、补货作业及出货作业等。因而其基本作业流程大致可归纳为如图 6－11 所示。

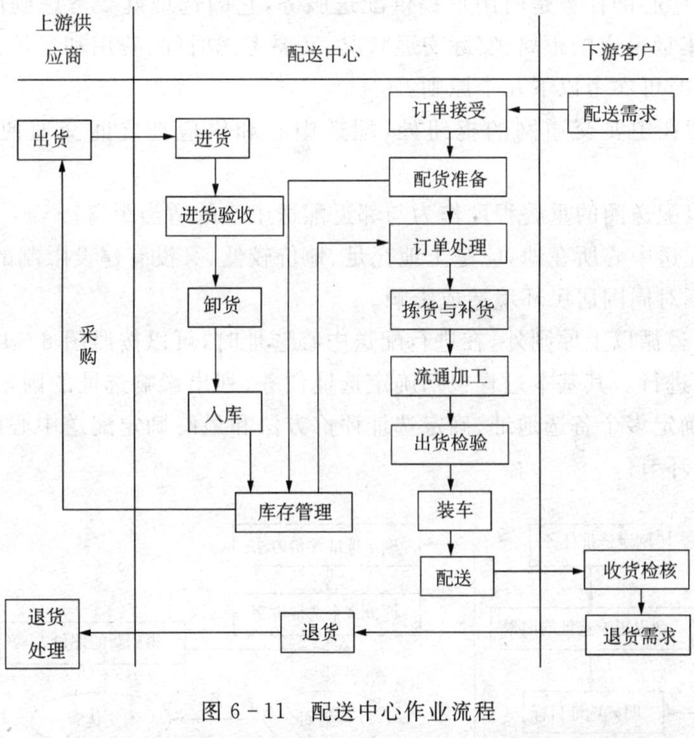

图 6－11　配送中心作业流程

从图 6－11 可以看出，由供应货车到达码头开始，经进货作业确认进物品后，便依次将物品储存入库。为确保在库物品受到良好的保护管理，需要进行定期或不定期的盘点检查。当接到客户订单后，配送中心先将订单依其性质做订单处理，之后即可按处理后的订单信息将客户订购的物品从仓库中取出（拣货作业）。拣货作业完成后，一旦发现拣货区所剩余的存量过低，则必须由储存区来补货，当然，如果整个储存区的存量也低于标准，便应向上游供应商采购进货。而从仓库拣出的物品经整理后即可准备出货，等到一切出货作业完成后，司机便可将出物品装上配送车，配送到各个客户点交货。

二、配送中心的选址

就单个企业而言，配送中心的选址问题属于企业长远的、战略性的决策问题，配送中心地址选择的好坏直接影响到企业物流系统的效率。要建立一个集物流、信息流、资金流于一体，体现信息化、社会化、现代化、国际化发展方向的高效的物流配送系统，科学合理地选择配送中心的位置至关重要。因此，企业在确定配送中心的位置时，必须谨慎考虑各相关因素，并按适当步骤进行。

1. 配送中心选址的原则及选址程序

配送中心的任务是向用户提供配送服务，它的选址既要考虑到配送范围的距离、集货渠道的距离、实际交通状况，又要考虑时间、费用和经济效益等因素。选址时可参考以下几个原则：

① 建在主要交通网的枢纽处，配送中心和供应地之间交通便利，距离较近；

② 以配送圈的重叠程度作为与邻近配送中心的适当距离；

③ 配送中心所在地，应是土地充足、地价较低、又没有建设限制的区域；

④ 不对周围居民环境造成影响。

除了遵循以上原则外，在进行配送中心选址时，可以按照图 6－12 所示的选址程序进行。其基本过程包括确定选址任务、列出影响选址的因素、明确选址目标、确定多个备选地址、确定选址评价方法和最终确定配送中心的地址等六个基本环节。

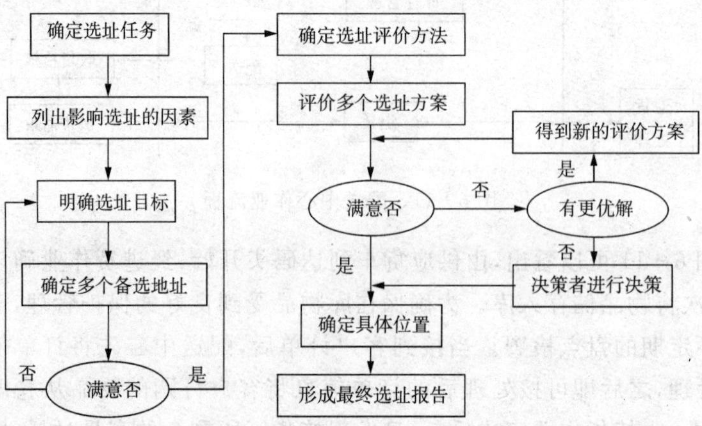

图 6－12　配送中心的选址程序

① 确定选址任务。在一个新地点设置一个配送中心应该符合组织的发展目标和生产运作战略，能为企业带来收益。只有在此前提下，才能开始进行选址工作。

② 列出影响选址的因素。影响配送中心选址的因素很多，组织必须对诸多因素进行主次排列、权衡取舍，寻找关键成功因素。关键成功因素是指那些投资者必须坚持而绝对不能妥协的因素，这些因素决定了选址决策是否能够成功。

③ 明确选址目标，即列出组织的选址要求。

④ 确定多个备选地址。配送中心的选址是在明确配送中心自身定位的基础上，对以上各类条件和因素进行充分论证与分析，根据选址要求和目标进行地址的预选，并确定多个备选地址以供选择。

⑤ 确定选址评价方法。确定选址评价方法以对初步拟定的候选方案进行分析，所采用的分析方法取决于各种要考虑的因素是定性的还是定量的，有时要综合各种评价方法以确定最佳评价方案。

⑥ 最终确定配送中心的地址。根据评价方法进行评价，确定最终方案并形成最终报告，提交企业最高决策层批准。但是要注意的是，所得的解有可能只是满意解，而不是最优解。

2. 影响配送中心选址的因素

配送中心选址十分困难的原因是选址涉及很多影响因素，既有微观的，又有宏观的，既有定量的，又有定性的。归纳起来，应该考虑的因素大致可分为以下几种：

(1) 自然环境因素

① 气象条件。主要考虑自然环境的湿度、盐分、降雨量、降雪量、风向、风力等。特别要考虑地震、山洪、泥石流、台风等自然灾害对配送中心的影响，必须特别留意并避免被损害。选址时还要避开风口以避免露天堆放商品的加速老化。

② 地理条件。配送中心应选择地势较高、地形平坦之处，且应具有适当的面积与外形。地形坡度应在1%～4%之间，在外形上可选择长方形，不宜选择狭长或不规则形状。另外还要考虑地质情况，要求土壤载力较高。

③ 水文条件。配送中心应远离容易泛滥的河川流域与地下水上溢的区域。洪泛区、内涝区、古河道、干河滩等区域绝对禁止选择。

(2) 经济环境因素

① 商品特性。经营不同类型商品的配送中心需结合商品所属的产业结构和产业布局来考虑，分布在不同的地域。

② 服务水平。在配送中心选址时，应考虑保证客户在任何时候向配送中心提出需求时，都能获得快速满意的服务。能否实现准时、准确的运送是配送中心服务水平高低的重要指标。

③ 物流费用。物流费用是配送中心选址的重要考虑因素之一。大多数配送中心选址接近物流服务需求地，例如接近大型工业区、商业区，以便缩短运距，降低运费等物流费用。

④ 人力资源条件。在高效的配送作业中，数量充足和素质较高的劳动力也是很重要的因素。因此配送中心选址时必须考虑专业技术工人、熟练工人和其他劳动力的来源以及熟练程度、素质要求能否满足配送中心的需求。

(3) 基础设施因素

① 交通条件。交通条件是影响物流配送成本及效率的重要因素之一，交通不便将直接影响车辆配送的进行，因此必须考虑对外交通的运输道路。一般配送中心应尽量选择在靠近交通枢纽的位置，如紧邻港口、交通主干道枢纽、铁路编组站或机场等，而且要便于两种或两种以上的交通方式联运。

② 公共设施状况。配送中心所在地，要求城市道路、通信等公共设施齐备，有充足的动力、能源供应条件，且周边要有污水、废物处理能力。

(4) 社会环境因素

① 政策环境。政策环境也是物流配送中心选址评估的重点之一。如果有政府支持，更有助于配送中心的发展。政策环境条件包括企业优惠措施、城市规划、地区产业政策等。

② 环境保护要求。配送中心选址既要考虑保护自然环境与人文环境等因素，还要尽可能降低对城市生活的干扰。

③ 国土资源利用情况。我国国土资源相对紧张，因此配送中心的选址应注意节约用地，充分利用土地资源。此外应该在考虑现有地价及未来增值状况下，配合未来可能扩充的需求程度，决定最合适的面积大小，并且要兼顾区域与城市规划用地的因素。

3. 配送中心选址评价方法

近年来，选址理论发展迅速，各种不同的选址方法层出不穷。下面仅介绍几种比较常用的评价方法。

(1) 成本因素评价法

长期以来，我国配送中心选址一直采用定性的经验分析方法，这些方法很大程度上依赖于设计者个人的经验与直觉，使得在决策时，有些重要因素被忽视，给企业带来难以弥补的损失。经过多年来的发展，目前国内外形成了基于成本因素和综合因素评价的两类方法。

在场址选择的各种因素中，有些因素可以用货币的形式体现出来，可以采用比较不同地点的经济成本的方法确定最佳场址。以下将介绍最常用的几种成本因素评价方法，使读者对配送中心选址的定量方法有一个基本认识。

① 盈亏平衡点法。该方法属于经济学范畴，其着眼点在于通过确定产量的临界点来寻求成本为最低的设施选址方案，下面举例说明。

假设某外资企业拟在国内新建一个配送中心，确定了三个备选场址。由于各场址土地费用、建设费用、原材料成本不尽相同，从而配送成本也不相同。三个场址的配送成本如表 6-4 所列，试确定最佳场址。

表 6-4 不同场址的配送成本

	场址 A	场址 B	场址 C
固定成本/元	800 000	1 500 000	4 000 000
可变成本/(元/件)	60	36	18

解： 先求 A、B 两场址方案的临界产量。设 C_f 表示固定成本，C_v 表示单件可变成本，Q 为产量，则总费用为 C_f+QC_v。

设 Q_{e1} 表示 A、B 点的临界产量。则有下列方程：

$$800\ 000+60\ Q_{e1}\leqslant 1\ 500\ 000+36\ Q_{e1}$$

$$Q_{e1}\leqslant(1\ 500\ 000-800\ 000)/(60-36)$$

$$Q_{e1}\leqslant 29\ 000$$

Q_{e2} 表示 B、C 点的临界产量，同理：

$$1\ 500\ 000+36\ Q_{e2}\leqslant 4\ 000\ 000+18\ Q_{e2}$$

$$Q_{e2}\leqslant(4\ 000\ 000-1\ 500\ 000)/(36-18)$$

$$Q_{e2}\leqslant 139\ 000$$

结论：以配送成本最低为标准，当产量 Q 小于 29 000 件时选场址 A 为佳，产量 Q 介于 29 000 到 139 000 件之间时选场址 B 的成本最低，当 Q 大于 139 000件时，则需选择场址 C。所以要根据不同的建厂规模确定相应的场址。

② 单一配送中心选址——重心法。重心法是研究单个配送中心选址的

常用方法，这种方法将物流系统中的需求点和资源点看成是分布在某一平面范围内的物流系统，各点的需求量和资源量分别看成是物体的重量，物体系统的重心作为物流网点的最佳设置点。当产品成本中运输费用所占比重较大，企业的原材料由多个原材料供应地提供或其产品运往多个销售点，可以考虑用重心法选择运输费用最少的场址。

设有一系列点分别代表生产地和需求地，各自有一定量货物需要以一定的运输费率运向位置待定的配送中心，或从配送中心运出，那么该配送中心位于何处呢？

目标函数：

$$\min Tc=\sum_i V_i R_i d_i$$

式中：Tc——总运输成本；

V_i——i 点的运输量；

R_i——到 i 点的运输费率；

d_i——从位置待定的配送中心到 i 点的距离。

距离 d_i 可以由下式估计得到

$$d_i=\sqrt{(X_i-\bar{X})^2+(Y_i-\bar{Y})^2}$$

式中：$(\bar{X},\bar{Y})$——位置待定的中心坐标；

(X_i,Y_i)——产地或需求地的坐标。

求解过程：

第一步，确定各产地和需求地点的坐标值 (X_i,Y_i)，同时确定各点之间的货物运输量和运输费率。

第二步，不考虑距离因素 d_i，用重心公式估算初始选址点。

$$\bar{X}=\frac{\sum_i V_i R_i X_i}{\sum_i V_i R_i},\bar{Y}=\frac{\sum_i V_i R_i Y_i}{\sum_i V_i R_i}$$

第三步，根据距离公式，用步骤二得到的 $(\bar{X},\bar{Y})$ 计算 d_i。

第四步，将 d_i 代入以下精确重心公式

$$\bar{X}=\frac{\sum_i V_i R_i X_i/d_i}{\sum_i V_i R_i/d_i},\bar{Y}=\frac{\sum_i V_i R_i Y_i/d_i}{\sum_i V_i R_i/d_i}$$

计算出修正的坐标值 $(\bar{X},\bar{Y})$；

第五步，根据修正的$(\bar{X},\bar{Y})$，再重新计算 d_i。

第六步，重复步骤四和五直至$(\bar{X},\bar{Y})$在连续迭代过程中都不再变化，或变化很小。最后，如果需要，利用成本公式计算最优选址的总成本。

在许多实际应用中，重心法能够计算出一个合理的接近最优解的选址，可以得出一个最小成本的满意解，而且当各点的位置、货物运输量及相关成本完全对称时，还可得出最优解。然而，重心法根据距离、重量或两者的结合，通常考虑较少影响因素，建立的模型也简单，主要适用于单个配送中心选址问题。重心法模型属于连续型模型，相对于离散型来说，配送中心的选择可以不加特定限制，有自由选择的长处。但从另一方面来看，重心法模型自由度过多也是一个缺点。它仅考虑运输费用而没有考虑配送中心建设的固定费用(包括基本建设费用和固定经营费用)以及因经营管理产生的可变费用，这在实际应用的时候会受到很大的限制。该模型所用的解法主要是迭代法，而迭代法计算求得的最佳地点实际上往往很难找到，有的地点很可能在河流、湖泊或街道中间，此时就要根据客观条件，放弃最优位置而选择一个比较满意的位置。因此，根据重心法确定的配送中心选址只能作为参考。

③ 启发式算法。服务系统经常会面临在一个城市内建立几家配送中心的问题，比如在全省或全国范围内建几家配送中心，该问题比较复杂，可以通过启发式方法求解。启发式算法是一种逐次逼近最优解的方法，大部分在 20 世纪 50 年代末期以及 60 年代期间被开发出来。该方法是针对模型的求解而言的，对这种方法反复判断实践修正，直到满意为止。这种方法的优点是模型相对简单，因而容易寻求出最佳答案;缺点是得出的答案很难保证是最优的，一般情况只能得到满意的近似解。但是借助计算机辅助手段可以求得最优的满意解。用该方法进行选址时，一般要经过如下几个步骤:首先定义一个计算总费用的方法，然后制定评判准则，规定方案的改进途径并给出初始方案，最后在此基础上进行迭代求解，直到找到满意解。

(2) 综合因素评价法

设施选址受到诸多因素的影响，比如经济因素和非经济因素，经济因素可以用货币的量来表示，而非经济因素要通过一定的方法进行量化，并按一定规则和经济因素进行整合，称为综合因素评价法。综合因素评价是一种全面考虑各种影响因素，并根据各影响因素重要性的不同对方案进行评价、打分，以找出最优的选址方案。

① 加权因素法。对非经济因素进行量化，一般采用加权因素法。首先，对场址选择涉及的非经济因素赋以不同的权重，权重大小为 1～10。其次，对各因素就每个备选场址进行评级，共分为五级，用五个元音字母 A、E、I、O、U 表示。

各个级别分别对应不同的分数，A=4 分、E=3 分、I=2 分、O=1 分、U=0 分。最后，将某因素的权重乘以其对应级别的分数，得到该因素所得分数，将各因素所得分数相加，分数最高者为最佳场址方案。表 6－5 是加权因素法的举例。

表 6－5　加权因素法举例

影响因素	权　重	各方案等级及得分			
		A	B	C	D
场址位置	9	A/36	E/27	I/18	I/18
面积和外形	6	A/24	A/24	E/18	U0
地势和坡度	2	O/2	E/6	I/6	I/6
风向、日照	5	E/15	E/15	I/10	I/10
铁路接轨条件	7	I/14	E/21	I/14	A/28
施工条件	3	I/6	O/3	E/9	A/12
同城市规划的关系	10	A/40	E/30	E/10	I/20
合　计	—	137	126	105	94

从表 6－5 中可以看出，A 方案分数最高，选 A 场址为佳。该方法的关键是确定合理的权重和等级评定，可以采用专家或决策者打分，求平均值的办法。

② 因子分析法。因子分析法是将经济因素（成本因素）和非经济因素（非成本因素）按照相对重要程度统一起来。设经济因素和非经济因素重要程度之比为 $m:n$，经济因素的相对重要性为 M，则 $M=m/(m+n)$，相应非经济因素的相对重要性为 N，则 $N=n/(m+n)$，且有 $M+N=1$。

首先，确定经济因素的重要性因子 T_j，即

$$T_j=\frac{\frac{1}{c_i}}{\sum_{i=1}^{k}\frac{1}{c_i}}$$

设有 k 个备选配送中心场址，c_i 为每个备选场址的各种经济因素所反映的货币量之和，即该场址的经济性成本。此处取成本的倒数进行比较，是为了和非经济因素相统一。因为非经济因素越重要其指标应该越大，而经济因素成本越高，经济性越差。所以取倒数进行比较，计算结果大者经济性好。

其次，非经济因素的重要性因子 T_f 的计算分三个步骤：

a. 确定单一非经济因素对于不同候选场址的重要性。即就单一因素将被选场址两两比较，令较好的比重值为 1，较差的比重值为 0。将各方案的比重除以所有方案所得比重之和，得到单一因素相对于不同场址的重要性因子 T_d，用公式表示则为

$$T_d=\frac{W_j}{\sum_{j=1}^{k}W_j}$$

式中：T_d——单一因素对于备选场址 j 的重要性因子

W_j——单一因素所获得的比重值；

$\sum W_j$——单一因素对于各备选场址的总比重求和。

b. 确定各个因素的权重比率。对于不同的因素，确定其权重比率 G_i，G_i 的确定可以用上面两两相比的方法，也可以由专家根据经验确定，所有因素的权重比率之和为 1。

c. 将单一因素的重要性因子乘以其权重，将各种因素的乘积相加，得到非经济因素对各个候选场址的重要性因子 T_f，公式为

$$T_f=\sum_{i=1}^{k}G_i\cdot T_{di}$$

式中：T_{di}——非经济因素 i 对备选场址的重要程度；

G_i——非经济因素 i 的权重比率；

k——非经济因素的数目。

最后，将经济因素的重要性因子和非经济因素的重要性因子按重要性程度叠加，得到该场址的重要性指标 C_t。

$$C_t=M\cdot T_j+N\cdot T_f$$

式中：T_j——经济因素重要性因子；

T_f——非经济因素重要性因子；

M——经济因素的相对重要性；

N——非经济因素的相对重要性；

C_t——场址的重要性指标。

比较不同备选场址 C_t 的计算结果，选择重要性指标最高的场址作为最终配送中心选址。

三、配送中心的网点布局

1. 配送中心网点与网点布局

(1) 基本概念

配送中心网点主要指配送中心的物资储运仓库，是大量物资集散的场所。概括地讲，配送中心网点的合理布局是以配送系统和社会的经济效益为目标，用系统学的理论和系统工程的方法，综合考虑物资的供需状况、运输条件、自然环境等因素，在一大片经济区域中，对物流网点的设置位置、规模、供货范围等进行研究和设计。此外，研究物流网点布局还应考虑系统中中转供货和直达供货的比例。

(2) 网点布局需要解决的问题

进行物流网点布局应以费用低、服务好、社会效益高为目标，重点解决以下几方面的问题：计划区域内配送中心网点的数目设计；计划区域内配送中心网点的地理位置设计；计划区域内配送中心网点的规模（吞吐能力）设计；计划区域内各配送中心网点的供货范围的设计，即向哪些用户供货；计划区域内各配送中心网点的进货渠道和进货方式的设计，即从哪些资源厂进货。

研究和解决这些问题，一般先通过详细的系统调查，收集资料并进行系统分析，确定一些可能设置网点的备选地址，建立模型，然后对模型优化求解，最后进行方案评价并确定最佳布局方案。

(3) 物流网点布局模型的约束条件

网点的规模一般用吞吐能力表示。物流网点布局模型的目标是系统总成本最低，其约束条件主要在于：资源点向外提供的资源量不超过其生产能力；运达用户的物资等于它的需求；各网点中转物资的数量不超过网点的设置规模（吞吐能力）；用户采取直达方式进货时，其每笔调运量不低于订发货起点的限制；用户中转进货的物资应尽量集中在一个网点上，以便提高转运效率。

(4) 选择配送中心网点备选地址的原则

配送中心网点布局的最优方案，是在选择备选地址的基础上建立数学模型，然后进行优化计算求得的。因此，备选地址选得是否恰当，直接影响计算求解的过程与最优方案的确定，如果备选地址选得太少，则可能使所得方案偏离最优解太远，达不到合理布局的目的。由此可见，选择备选地址对于配送中心网点布局的合理与否是一个关键性的步骤。为使备选地址选得恰当，进行备选地址选择时应考虑以下几项原则：

① 有利于物资运输合理化。配送中心网点是物资运输的起点和终点，网点布局是否合理将直接影响运输效益的提高，因此从运输子系统考虑，网点应设置在交通方便的地方，一般应在交通线上。

② 方便用户。物资部门的服务对象是物资的供需双方，而且主要是物资的需求用户，因此应该使网点尽量靠近用户一些，特别是在用户比较集中的地方设置网点。

③ 有利于节省基建投资。配送中心网点的基建费用是布局网点所考虑的主要费用之一。为降低基本建设费用，应在地理区位比较有利的位置设置网点。

④ 能适应国民经济一定时期发展的需要。国民经济的不断发展必然导致生产力布局的变更，生产结构和运输条件也会发生变化，而这些变化无疑对配送系统的效益产生新的要求和影响。因此，在设置配送中心网点时，除了考虑现存的情况外，还应对计划区域内生产发展水平和建设规划进行预测，以使网点布局方案对今后一定时期内国民经济的发展有较好的适应能力。

2. 配送中心网点布局的方法

配送中心网点布局按照布局网点数目的多少可以分为一元网点布局和多元网点布局两类。一元网点布局是整个地区就设立一个配送中心网点，这是最简单的情形，而且模型方法原理和计算都比较简单，比如解析法；多元网点布局是在一个区域内要设立多个配送中心网点，这种情况比较复杂，而且建立的模型和计算过程相对复杂，比如逐次逼近法。

（1）解析法

解析法是通过数学模型进行网点布局的计算方法。采用这种方法，首先根据问题的特征、外部条件和内在联系建立数学模型或图解模型，然后对模型求解，获得最佳布局方案。解析法的特点是能获得精确的最优解；但是，这种方法对某些复杂问题难以建立恰当的模型，或者由于模型太复杂，使求解困难，或要付出相当高的代价；另外，解析法在求解过程中做了一些理想化的假设处理，得出的结果还要根据实际情况做一些相应调整才能最终确定，因而这种方法在实际应用中受到一定的限制。

（2）模拟法

网点布局的模拟法是将实际问题用数学方程和逻辑关系的模型表示出来，然后通过模拟计算机逻辑推理确定最佳布局方案。这种方法较之用数学模型解析简单。采用这种方法进行网点布局时，分析者必须提供预定的各种网点组合方案以供分析评价，从中找出最佳组合。因此，决策的效果依赖于分析者预定的组合方案是否接近最佳方案，这也是该方法的不足。

（3）逐次逼近法

逐次逼近法是针对模型的求解方法而言的，是一种逐次逼近最优解的方法。这种方法对所求得的解进行反复判断、实践修正直到满意为止。特点是模型简单，需要进行方案组合的个数少，因此便于寻求最终答案。其步骤包括:定义一个计算总费用的方法;拟定判别准则,规定方案该选的途径;建立相应的模型;迭代求解。

四、配送中心基本作业区域规划设计

配送中心的内部结构和一般仓库有明显的不同,它的内部设计必须体现其职能要求,具有与商品流动相适应的装卸、搬运、储存、保管等多种作业功能,同时还应满足易于管理、灵活应付作业量调整、提高经济效益等要求。配送中心的内部区域结构一般可划分为以下作业功能区。

1. 进货区

该区域完成接货及入库前的工作,如接货、卸货、清点、检验、分类等各项准备工作。进货区的主要设施包括进货铁路或公路、装卸货站台、暂存检查区域。

2. 储存区

该区域储存或分类储存所进的物资,属于静态区域,进货在此要有一定时间的放置。同不断进出的进货区相比,该区域所占面积较大,在许多配送中心里往往占总面积的一半左右。对某些特殊配送中心(如水泥、煤炭配送中心)而言,甚至占总面积的一半以上。在这个区域内一般都建有专用仓库(包括现代化的立体仓库),并且配置各种设备,包括各种货架、叉车和吊车等设备。从位置上看,储存区多设在紧靠接货站台的地方,也有的设在加工区的后面。

3. 理货区

该区域是配送中心的核心作业区,主要进行分货、拣货、配货作业,目的是为送货做准备。区域面积随配送中心的类型不同而有所区别。一般而言,拣选货和配货工作量比较大的配送中心其理货区的面积比较大。大的配送中心,其理货区所占的面积也大。在理货区内配置了许多专用设备和设施,包括手推载货车、重力式货架和回转式货架、升降机、传送装置、自动分拣棚等。

4. 配装区

配装区主要用来放置和处理待发送的货物。在配装区内,工作人员要根据每个货主的货物数量进行分放、配车和选择装运方式(单独装运或混载同运)。因在配装区内货物转瞬即出,停留的时间不长,所以货位所占的面积不大。另外,有一些配送中心的配装区是并入理货区或发货区的。在配装区内一般配置一些计算工具(微机)以及小型装卸机械和运输工具。

5. 出货区

出货区主要用来将组配好的货物装车外运,同进货区类似,也是由运输货物的线路和接靠载货车辆的站台、场地等组成。

6. 流通加工区

流通加工区是根据客户要求或为装运方便对货物进行流通加工的区域，因此该区域配备有加工设备（如剪床、锯床、打包机、配煤生产线等）。因为加工工艺有别，各个配送中心的加工区所配置的设备也不完全相同。同储存区一样，加工区所占的面积也比较大，尤其是煤炭、水泥、木材等生产资料加工区，所占面积更大。

除了以上主要的作业区域外，配送中心还设有管理区、退货区、废弃物处理区等。

五、配送中心内部整体布局设计

根据规划资料完成作业流程及基本作业区域规划后，就可进行整体布局的设计，产生作业区域的区块布置图，标示各作业区域的面积与界限范围。配送中心整体布局设计的程序如图 6－13 所示。

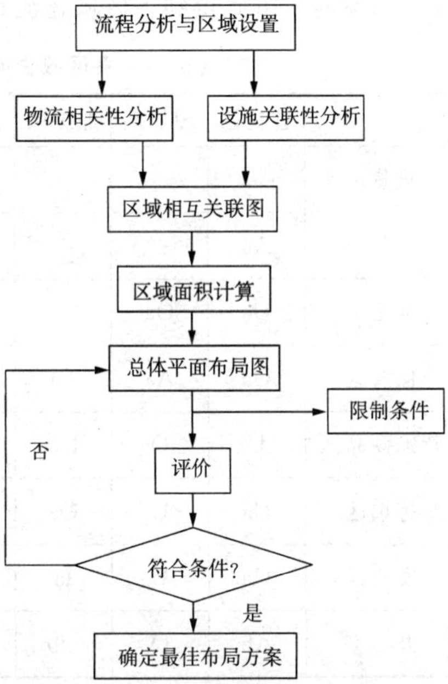

图 6－13　配送中心整体布局流程

1. 物流相关性分析

首先汇总各项物流作业活动从某区域至另一区域的物流流量（单位不同的必须换算成同一单位），再计算其物流流量的总和。物流流量分析如表 6－6 所列。

表 6－6 物流流量分析

	进货	分类	流通加工	仓储	分拣	配货	发货	合计
进货								
分类								
流通加工								
仓储								
分拣								
配货								
发货								
合计								

根据物流量的大小，将各功能区域之间的物流相关性分为五个级别，分别用A、E、I、O、U表示，其中A表示非常高，E表示高，I表示较高，O表示一般，U表示不高。由此得到各区域物流相关表，如表6－7所列。

表6－7　各区域物流相关性及业务活动关联表

	进货区	理货区	加工区	保管区	特殊商品区	拣选区	发货区	办公室
进货区								
理货区	Aa							
加工区	Ua	Oa						
保管区	Ua	Aa	Ea					
特殊商品区	U	O	Iab	Oa				
拣选区	Ua	U	Oa	B	O			
发货区	Ua	U	Ia	E	E			
办公室	Ab	O	Ob	Ob	Eb	Ab	Ab	

注：a表示对商品流程方便，b表示对票据流程方便

2．设施关联性分析

在对配送中心内部进行设计时，把设施及评价项目总称为业务活动，所以除了与物流有关的功能区域外，还有许多管理或辅助性的功能区域，如办公室、道路等。这些区域与其他区域有密切的业务关系，因此有必要对所有区域进行业务活动相关性分析，分析顺序如下：

① 列举必要的设施。如办公室、绿化地、仓库、正门等，包括配送中心的建筑物及具体的各项内部设施。

② 业务活动关联表。对上述各项业务活动做相关性分析。所谓相关性分析是指不仅要研究商品的流程、票据的流程、作业人员的管理范围，还要考虑以下因素：组织与管理框架、是否使用共享设备和相同区域、工作环境改善、提升工作效率以及人员作业区域分布等，以作为布置参考的依据。

3．业务活动路线图

根据上面分析的结果得出各业务活动相互位置的关系图，如图6－14所示，以粗线（表示关联程度非常重要）、细线（表示关联程度重要）表示相互关系的程度。

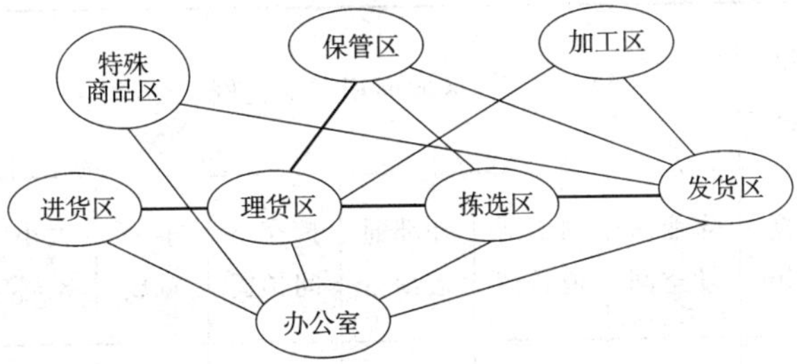

图 6-14　业务活动相互关系

4. 区域面积确定

按上述方法确定设施关联方案后，再计算这些设施需要的面积。可以先按作业量算出基本预估面积，然后再根据实际情况加以调整。

假设单位面积作业量如下：保管设施为 1 吨/平方米；处理货物的其他设施为 0.2 吨/平方米。假如每天处理货物 100 吨，入库量为 50 吨，出库量为 50 吨，每天需求量为 5 吨，仓库通常储备一个星期的需求量，则面积估算如表 6-8 所列。

表 6-8　设施面积估算表

序　号	设施名称	每日作业量（吨）	单位面积作业量（吨/平方米）	设施面积（平方米）
1	进货区	50	0.2	250
2	理货区	30	0.2	150
3	加工区	5	0.2	25
4	保管区	70	1.0	70
5	特殊商品区	5	0.2	25
6	拣选区、发货区	50	0.2	250
7	办公室	—	—	50
合　计				820

得到估算面积后，对作业区域面积作进一步的分析，以确定最终合理面积，作业区域面积分析表如表 6-9 所列。

表 6－9　作业区域面积分析表

作业区域	基本预估面积		区域面积调整比例						调整后的面积	
	长/m	宽/m	作业活动空间	内部通道预留	外部通道预留	扩充空间预留	事项宽放	大小(长×宽)/m	长/m	宽/m

综合上述分析结果，就可以得到配送中心整体平面布局图。

5. 方案评价

这一阶段主要是根据规划的基本原则和预算、效益等对方案进行评估，最常用的评估法是计算方案的投资金额以及经济效益，如果都达到预算要求，就可以确定最佳方案，否则要对方案做适当的调整。

总之，配送中心的规划设计是一项复杂的系统工程，需要考虑的因素非常多。在进行规划时，各部门的人员要密切配合，同时也需要多方面的人才，如管理、物流、建筑、机电、计算机等方面的人才。在规划过程中，不仅要按照理论的程序进行，而且要结合实际情况做适当的调整，以得到最佳的设计方案。

复习思考题

1. 简述配送的概念与特征。

2. 配送在现代物流中的积极作用有哪些？

3. 根据配送主体承担者不同，存在哪几种配送模式，它们有什么特征？

4. 企业选择配送模式时需要考虑哪些因素？

4. 说明节约里程法的基本原理与步骤。

5. 简述配送中心的选址原则，并举例说明重心法在配送中心选址中的应用。

6. 论述如何进行配送中心网点布局的合理化。

7. 简述配送中心的作业流程。

8. 说明配送中心整体布局设计的基本程序及主要设计内容。

【结尾案例】

沃尔玛公司的配送体系

沃尔玛公司的业务之所以能够迅速增长，并且成为非常著名的公司，是与其在节省成本以及配送系统方面取得的成就分不开的。与其他竞争者相比，沃尔玛公司之所以能够给顾客提供更好的价值，是由于沃尔玛公司把注意力放在物流运输和配送系统方面，这也正是沃尔玛公司的焦点业务。沃尔玛公司的新任CEO，就来自于物流部门，由此可见物流和配送在公司中的重要性。

沃尔玛公司的最早创始人山姆．沃尔顿，于1962年开设了第一家沃尔玛商场，而配送中心一直到1970年才成立。现在沃尔玛公司的配送中心已经有了超过30年的历史。美国目前有1 800多家沃尔玛商场和721个沃尔玛超级中心。沃尔玛商场是一个比较常规的、提供商品的商场，它以比较低的价格提供日常用品。沃尔玛超级中心是由规模较大的商场加上附近一些小的副食店而形成的超级中心。这样，沃尔玛就可以为顾客提供一站式的消费服务。顾客来到这里，所有东西都可以买到，这是沃尔玛业务增长的一个模式。它在中国是这样，在其他国家也是这样，而且沃尔玛认为美国未来的商场也应当是这样的。

在配送方面，沃尔玛尽可能降低成本。为了做到这一点，沃尔玛为自己提出了一些挑战。其中的一个挑战就是要建立一个"无缝点对点"的物流系统，能够为商店和顾客提供最迅速的服务。这种"无缝"指的是整个供应链形成一种非常顺畅的链接，必须提供顾客所需要的服务。然而物流业务要求比较复杂，有时难以满足要求。如一些产品容易破损，那么在包装方面就需要有一些对产品特别的运销能力。对沃尔玛来说，能够提供合适的产品种类与质量是非常重要的。高质量与多品种的良好匹配，对于商场来说，其成本是最低的。

沃尔玛的配送系统能够取得成功与其完善的补货系统是分不开的。每一个商店都有这样的系统，它使得沃尔玛在任何一个时间点都可以知道，现在这个商店有多少货品，有多少货品正在运输过程中，有多少是在配送中心，等等。同时它也使沃尔玛可以了解，沃尔玛某种货品上周卖了多少，去年卖了多少，而且可以预测这种货品将来卖多少。之所以能够了解这么详细，就是因为沃尔玛有UPC货品代码(在中国叫EAN数码)，既可以对它进行扫描，又可以对它进行阅读。在沃尔玛的所有商场当中，都不需要用纸张来处理订单。沃尔玛这个自动补货系统，可以自动向商场经理订货，可以非常及时地对商场进行帮助。经理们在商场选择一种商品，对它扫描一下，就知道现在商场有多少这种货品，有多少订货，而且知道这种产品有多少正在运输途中以及到达商场的时间。

沃尔玛每一个配送中心的平均面积约有11万平方米。在这些配送中心，每个月的产品价值超过两亿美元。为降低配送成本，沃尔玛采取的一个有效方法就是和供应商共同分担成本。供货商可以送货到沃尔玛的配送中心，也可以送到商店。如果供货商采用集中式的配送方式，可以节省很多钱，这样供货商就可以把这部分利润让利于消费者，也可以为沃尔玛分担一些建立配送中心的费用。所有这些做法最终目的是向消费者让利。通过这样的方法，沃尔玛就从整个供应链中，将这笔配送中心的成本费用节省下来。

同时，沃尔玛的配送中心面积相当大，并且是一层建筑，因为沃尔玛希望产品能够流动，从一个门进从另一个门出。如果多层建筑有电梯或其他物体，就会阻碍流动过程。沃尔玛使用一些传送带，让这些产品能够非常有效地进行流动，对它进行处理不需要重复进行。

沃尔玛所有的系统都是基于UNIX系统的配送系统，采用开放式的平台、产品代码以及自动补货系统和激光识别系统，为沃尔玛降低了经营成本。

沃尔玛每星期可以处理的产品是120万箱。由于沃尔玛公司的商店众多，每个商店的需求各不相同。沃尔玛的配送中心能够根据商店的需要，将商品自动分类放入不同的箱子中。这样，员工可以根据信号灯的颜色提示来确定商品应送往的商店。

沃尔玛采用最现代化、最先进的系统，进行合理的配送安排，通过使用信息系统和配送中心网点布局，使得零售业更加成功。沃尔玛正带领着零售业物流运作的潮流，是物流方面的领跑者，这样的运作模式可以使供货商、配送中心、商场获得更大的效益，顾客也能得到更好的服务。

第七章　包装、装卸搬运与流通加工

【学习目标】

通过本章的学习，了解包装材料和包装技术以及集装箱和托盘的种类、规格，了解装卸搬运在物流系统中的地位和作用以及装卸搬运作业内容及考虑因素，了解流通加工在物流系统中的地位和作用以及流通加工产生的原因、流通加工的类型和方式。掌握包装的概念、功能和分类以及掌握集装化和集合包装的知识，掌握装卸搬运的内涵、特点以及装卸搬运合理化的措施，掌握流通加工的内涵及其与生产加工的区别，掌握流通加工合理化及实现策略

【导入案例】

未来五年可持续包装市场趋势及分析

对大多数人来说，包装是一个非常复杂的行业。不同的消费者和物品需要有不同的包装机械，但是随着发展中国家对消费品需求的日益增长，包装行业也取得了快速增长。

派克研究公司(PikeResearch)的调查报告显示：全球包装行业的年收入将从2009年的4 290亿美元增长到2014年的5 300亿美元，增速超过全球经济的增长速度。随着行业的高速发展，包装也给全球环境带来了沉重的负担，它所消耗的原材料、能源、运输设备以及产生的废料都给环境造成了一定的影响。但是，派克研究公司的报告显示：可持续包装领域的增长速度将超过整个包装行业的增长速度，而清洁技术市场的调研公司预计，环保包装的产值将在2009到2014年之间翻一番，从880亿美元增长到1 700亿美元。

派克研究公司的总经理林特·惠洛克(ClintWheelock)说："包装行业只有团结起来，通力合作，才能迎接可持续包装的挑战。无论是消费者、制造商、零售商、媒体还是各国政府，都希望能够生产和使用对环境更加负责的包装物品。"

派克研究公司预计，在2009到2014年之间，环保塑料包装将成为可持续包装中增长速度最快的一个领域。环保塑料包装的影响力不容小觑，因为它是仅次于纸张包装的第二大包装品种，在全球包装行业中占有三分之一以上的份额。

据了解，派克研究公司此次推出的《可持续包装》报告不但对环保包装在全球市场上的商机进行了评估，而且还对市场的主要推动力和包装市场在未来五年内的发展趋势进行了详细分析。

第一节 包装概述

在现代物流观念形成以前，包装被看做生产的终点，因而一直是生产领域的活动。由此带来的结果是，包装的设计往往主要从生产终点的要求出发，常常不能满足流通的要求。物流研究者认为，包装与物流的关系比之与生产的关系要密切得多。所以，包装不仅是生产的终点，也是物流的起点。

包装作为物流的基本功能要素之一，与运输、储存、装卸搬运、流通加工等均有十分密切的关系，对物流的合理化有着极为重要的推动作用。

一、包装的产生与发展

包装是人类生产活动及生活消费对物品提出的客观要求，是物品的运输、保管等得以顺利进行的重要环节。随着人类社会的进步及生产技术的发展，包装从无到有、从简到繁，如今已经发展成为人们生产和生活不可缺少的一部分。

原始社会末期，人们利用自然界的天然材料作为最早的包装物。例如，用藤蔓捆扎猎物，用树皮、竹皮、荷叶等包装农产品。随着生产的进步，人们发明并制作了一些简单的包装工具，例如用葫芦做瓢、用兽皮做袋子、把木头挖空后制成容器。

到了奴隶社会，开始出现了用金属制造的容器。我国秦代以前就出现了用木材制作的木箱、木桶等容器。随着人类社会分工的不断细化，商业活动日益频繁，远距离的运输活动也逐渐发展起来，这对包装服务提出了旺盛的需求。在这个时期，密封不漏的桶或篓等容器类包装在物品运输中发挥了十分重要的作用。

包装工业开始于19世纪末20世纪初。工业革命使生产力水平得到大幅度的提高，企业需要大批量向外销售物品。同时，生产的发展也使消费者对物品的质量和数量的要求提高。为了保证流通领域的物品安全，使之在从生产者流向消费者的过程中保持卫生、无毒、不污染且保质保量，包装成了必不可少且行之有效的一种手段。在20世纪的三四十年代，包装由原来的单纯保护物品的作用逐渐发展到具有推销物品的作用，即销售包装。由此，物品包装发展成为独立于物品生产之外的一个新兴工业部门。

现在，新型包装材料、新型包装形式和新型包装技术的出现为包装工业拓展了新的发展空间。随着物流新技术的不断开发和应用，物流对包装又提出了更新更高的要求。

二、包装的概念

关于包装的定义，不同的国家有不同的解释。

美国对包装的定义为："包装是使用适当的材料、容器并施以技术，使其能将物品安全送达目的地——即在物品输送过程中的每一个阶段，不论遭到怎样的外来影响，均能保护内装物，不影响物品的价值。"

日本对包装的定义为："包装是指物品在运输、保管等过程中，为保护其价值和状态而对物品施以适当的材料、容器等的技术以及实施的状态。"

中华人民共和国国家标准《物流术语》(GB/T18354—2006)对包装的定义为："所谓包装是指为了在流通中保护物品、方便储运、促进销售，按一定技术方法而采用的容器、材料及辅助物等的总体名称。也指为了达到上述目的而在采用容器、材料和辅助物的过程中施加一定技术方法等的操作活动。"

理解物品包装的含义，包括两方面意思：一方面，包装是指盛装物品的容器而言，通常称为包装物，如箱、袋、筐、桶、瓶等；另一方面，包装是指包扎物品的过程，如装箱、打包等。而我国对包装所下的这个定义不仅明确指出包装是在物品生产、流通和消费过程中共有的一种通用器具，并且这种通用器具必须对物品在流通过程的各个环节中具有盛装、保护、便利和效益等属性，而且指明包装是具有劳动形态的技术操作活动过程，这在内容上全面、完整和确切地概括了包装的基本概念。

三、包装的功能

在市场经济条件下，物品要在激烈的市场竞争中脱颖而出，不仅要有良好的质量，还要有好的包装。良好的包装可以保护物品、便于流通、吸引顾客购买。大量实践证明，物品在流通中如无良好的包装，则会使物品受到损坏，使用价值降低甚至完全丧失。

包装的具体作用表现在以下几个方面：

1. 保护功能

据统计，物品有效期与流通期的比例为 2∶1，也就是说物品有效期的一半消耗在流通过程中。物品在流通中要经受各种环境的影响，如要经过多次的装卸、存取、运输，甚至拆卸和再包装，会受到各种各样的外力冲击、碰撞、摩擦，也有可能在恶劣的环境中受到有害物质的侵蚀。所以，保护功能是包装的首要功能。

具体来说，包装的保护功能包括以下几方面：防止物品的破损变形；防止物品发生化学变化；防止有害物对物品的影响；防止异物混入、污物污染、丢失、散失。

2. 方便功能

合理的包装可以为物流全过程的所有环节提供操作上的方便，从而提高物流的效率和降低物流成本。

① 方便物品的装卸、搬运。适当的物品包装能够为物品的装卸、搬运作业提供方便。包装的结构造型和辅助设施若能适合装卸、搬运机械的使用，就有利于提高装卸搬运机械的效率。包装的规格尺寸标准化为集合包装提供了条件，从而能极大地提高装卸、搬运的效率。

② 方便物品的运输。包装的规格、形状、重量等与货物运输的效率密切相关。如果包装的尺寸与车辆、飞机、船舶等运输工具的载货空间相吻合，就能极大地方便运输。

③ 方便物品的储存。因为包装能方便物品的装卸、搬运，所以可以提高物品出入仓库的作业速度。包装的尺寸有利于物品的堆码，提高物品的仓容利用率和储存效率。包装物的各种标识有利于物品的识别和盘点。

3. 促销功能

精美的包装能美化物品、宣传物品、刺激消费者的购买欲望，起到促进销售的作用。美国最大的化学工业公司杜邦公司的一项调查表明：63%的消费者是根据物品的包装来选购物品的，这一发现就是著名的“杜邦定律”。另据英国市场调查公司报告，在超级市场购物的妇女，一般由于受精美包装的吸引，所购物品通常超出进门时打算购物数的 45%。

从以上分析可以看出，除了包装的促销功能主要是为了商流目的外，包装的保护功能和方便功能都是与物流密切相关的。

四、包装的分类

1. 按包装的功能分类

① 商业包装。商业包装又称销售包装，是以促进物品销售为主要目的的包装。这种包装外形美观，有必要的装潢，包装单位能适应顾客购买批量和商

店设施的要求。

② 运输包装。运输包装又称工业包装，是以方便运输、储存和保护物品为主要目的的包装。运输包装管理的目标是：在满足物流要求的基础上，包装费用越低越好。

商业包装强调营销，是把物品分装成方便顾客购买和易于消费的物品单位，其目的是向消费者显示物品的内容，吸引消费者，但对于物流系统却并不适宜。运输包装强调物流，是作为把运输、装卸、保管等相关的物流过程有机、顺利地联系起来的一种手段，具有保护货物、便于运输和处置等作用。

2. 按包装的层次分类

① 个包装。个包装是指以一个物品为一个销售单位的包装形式。个包装直接与物品接触，随同物品一起销售给顾客。个包装上均有印贴商标，便于消费者识别、购买和使用，起到美化、宣传和促进销售的作用。

② 中包装。中包装又称内包装，是指由若干个单体物品或包装组成一个小的整体包装。中包装是个包装的组合形式，以便在销售过程中起到保护物品、简化计量和利于销售的作用。中包装在销售中，一部分随同物品销售，一部分则在销售中被消耗掉，因而属于销售包装。

③ 外包装。外包装又称运输包装或大包装，是指物品的最外层包装，其目的是在流通过程中保护物品，方便运输、储存、装卸搬运等。

3. 按包装的使用范围分类

① 专用包装。专用包装是指专供某种或某类物品使用的一种或一系列的包装。采用专用包装是根据物品某些特殊的性质来决定的，这类包装都有专门的设计制造，如各种压缩和液化气体需要耐压和密封的钢制气瓶装运。

② 通用包装。通用包装是指一种包装能盛装多种物品，被广泛使用的包装容器。通用包装一般不进行专门设计制造，是根据标准系列尺寸制造的，可包装各种无特殊要求的或标准规格的物品。例如，各种瓦楞纸箱、塑料箱、木箱、木桶等，既可装运各种日用百货，也可用来装运各种电器、食品、化妆品等。

4. 按包装容器的质地分类

① 硬包装。硬包装又称刚性包装，是指包装材料质地坚硬，充填或取出内装物之后，容器形状基本不发生变化的包装。

② 半硬包装。半硬包装又称半刚性包装，是介于硬包装和软包装之间的包装。

③ 软包装。软包装又称柔性包装，是指包装内的充填物或内装物取出之后、容器形状会发生变化且材质较软的包装。

5. 按包装使用的次数分类

① 一次用包装。一次用包装是指只能使用一次、不再回收利用的包装。这种包装往往随物品一起销售或在销售过程中被消耗掉。大多数销售包装都属于一次用包装。

② 多次用包装。多次用包装是指回收后经适当加工整理仍可重复使用的包装。大部分物品的运输包装和一部分中包装可多次使用。

③ 周转用包装。周转用包装是指工厂或物品固定用于物品的周转活动，不经任何加工整理就可多次重复使用的包装容器，如装运啤酒的塑料包装箱。

6. 包装的其他分类方法

① 按商业经营习惯分类，可分为内销包装、出口包装和特殊包装；

② 按防护技术分类，可分为防潮包装、防锈包装、防霉包装、真空包装等；

③ 按操作方法分类，可分为压缩包装、捆扎包装、收缩包装和拉伸包装等。

五、包装标记和包装标志

1. 包装标记

包装标记是根据物品本身的特征，按照特定的规则，用文字和阿拉伯数字等在包装上标明规定的记号。包装标记通常包括一般包装标记、运输标记和标牌标记。

① 一般包装标记。一般包装标记也称为包装的基本标记，说明物品实体的基本情况，如品名、规格、型号、单位、数量、重量、成分、保质期、质量等级等。

② 运输标记。运输标记即唛头，这是贸易合同、发货单据中有关标志事项的基本部分。它一般由一个简单的几何图形以及字母、数字等组成。唛头的内容包括目的地名称或代号，收货人或发货人的代用简字或代号、件号（即每件标明该批货物的总件数），体积（长×宽×高），重量（毛重、净重、皮重）以及生产国家或地区等。

③ 标牌标记。标牌标记是钉打在物品包装上，用金属或其他硬质材料制成的，用以说明物品性质、特征、规格、质量、物品批号、生产厂家等内容的标志形式。

2. 包装标志

包装标志是标明被包装物品的性质和物流作业安全提示、理货分运提示的文字和图像。包装标志主要包括指示性标志和警告性标志。

① 指示性标志。按物品的特点，对于易碎、需防湿、防颠倒等物品，在包装上用醒目图形或文字，标明“小心轻放”、“防潮湿”、“此端向上”、“堆码极限”等。

② 警告性标志。对于危险物品，例如易燃品、有毒品或易爆炸物品等，常在外包装上以特殊的色彩醒目标明，并指出物品的危险等级，以示警告。

第二节　包装材料与包装技术

一、包装材料

包装材料是指用于制造包装容器和构成物品包装的材料的总称。包装容器材料用于制作包装箱、包装罐、包装袋、包装盒、包装瓶，目前较常使用的包括纸、木材、塑料、金属、玻璃陶瓷、复合材料等。内包装材料用于隔断物品和防震，包括纸制品、泡沫塑料、防震用毛等。包装用辅助材料包括各类黏合剂、捆绑用细绳(带)等。由于包装材料的物理和化学性能千差万别，所以包装材料的选择对包装效果的好坏起着非常重要的作用。

1. 纸和纸板

纸和纸板是使用最为广泛的包装材料。据一些工业发达国家统计，纸质包装在包装材料中占40%～50%，我国的纸质包装约占40%。纸和纸板可用于百货、纺织、五金、电信器材、家用电器等物品的包装，还适用于食品、医药、军工物品等的包装。

凡是定量在200 g/m^2 以下或厚度在0.1 mm以下的统称为纸；定量在200 g/m^2 以上或厚度在0.1 mm以上的纸称为纸板或板纸。纸属于软性薄片材料，无法形成固定形状的容器，常用于直接包装物品、制作各种包装纸袋和印刷装潢商标。纸板属于刚性材料，能形成固定形状的容器，主要用于生产纸箱、纸桶等包装容器。

常用的包装用纸有普通纸张(如牛皮纸)、特种纸张(如防油脂纸)、装潢用纸(如胶版纸)和二次加工用纸(如防锈纸)。常用的包装用纸板包括普通纸板(如箱纸板)和二次加工纸板。瓦楞纸板是目前世界上最常用的一种包装纸板，具有重量轻、抗震性和缓冲性好、生产成本低等特点，瓦楞纸箱在现代货物运输中是一种重要的包装容器。

纸和纸板用于包装的优点如下：① 成型性和折叠性优异，便于加工；② 本身重量轻，能降低运输费用；③ 耐摩擦，具有良好的缓冲防震功能，卫生、无毒、无污染；④ 具有良好的印刷性能，便于介绍和美化物品；⑤ 可以回收利用。

但是，纸和纸板也有一些缺点：易吸湿受潮，气密性、透明性差，机械强度差。

2. 塑料

塑料作为包装材料，近几十年来发展很快。特别是工业发达国家，塑料包装材料在包装材料总量中已上升为第二位、第三位。我国的塑料包装材料的比重已上升至20%以上。

1. 常用的塑料包装材料种类

① 聚乙烯塑料(PE)。聚乙烯是在包装中用量最大的一种塑料材料,被广泛地用于制造各种瓶、软管、壶、薄膜,因透气性好、透明结实,适用于蔬菜、水果的保鲜包装。若加入适当的发泡剂,聚乙烯还可以加工成为聚乙烯泡沫塑料(EPE,俗称珍珠棉),适用于包装任何形状的物品,特别是电子物品的抗静电缓冲包装。

② 聚氯乙烯(PVC)。聚氯乙烯是当前世界上产量最大的一种塑料,可塑性强,具有良好的装饰和印刷性能。聚氯乙烯可以制成各种软、硬的包装容器,如周转塑料箱,还可以加工成聚氯乙烯薄膜,用于各种薄膜包装制品的制作。

③ 聚丙烯(PP)。聚丙烯是通用塑料中最轻的一种,其耐热性是通用塑料中最高的。聚丙烯可通过吹塑和真空定型来制造各种瓶子、器皿和包装薄膜,也可以加工成各种打包带与编织袋。将聚丙烯薄膜双向拉伸还可以用来包装食品、药品、香烟、纺织品等。

④ 聚苯乙烯(PS)。聚苯乙烯质轻、强度较高、尺寸稳定、收缩性小、印刷性较好、无毒、无味、耐化学腐蚀性强,常用作盛装食品以及酸碱类的容器。聚苯乙烯泡沫塑料常用作仪器、仪表、家用电器等物品的缓冲包装材料,具有良好的防震缓冲、隔音和保温性能。

⑤ 聚酯(PET)。聚酯是一种无色透明又有光泽的塑料,有较好的韧性和弹性,机械强度高,有良好的防潮性、防水性、气密性,适宜做各种饮料的包装容器。缺点是不耐碱、热封和防止紫外线透过性较差。

2. 塑料用于包装的主要优缺点

塑料包装的优点如下:① 物理机械性能好,如有一定的强度、弹性、耐折叠、耐摩擦、抗震动、防潮等,还有较好的气体阻漏性;② 化学稳定性较好;③ 属于轻质材料;④ 良好的加工适应性。

塑料包装的缺点主要有:强度不如钢铁、耐热度不及金属和玻璃、部分塑料含有毒,而且很重要的一点是塑料的废弃物处理困难,易产生公害。

3. 木材及木制品

木材是一种优良的包装材料,长期用于制作大型的或较笨重的五金交电、机械以及怕压、怕摔的仪器、仪表等内装物的运输包装。但由于木材的过量使用已经对环境造成了一定的负面影响,所以木材包装正逐渐被其他包装材料所替代。虽然木材在包装材料中的比重正逐渐下降,但其适用范围仍然十分广泛。

木材用于包装的主要优点有以下几方面:① 具有优良的强度重量比,有一定的弹性,能承受冲击和震动作用;② 易加工,不生锈,不易被腐蚀,有一定的防潮、防湿性；③ 可回收利用。

但是，木材易受环境温度、湿度的影响而变形、开裂、翘曲和降低强度，易于腐朽、易燃、易被白蚁蛀蚀等。

4. 金属材料

金属是近代四种主要包装材料之一，目前在世界各国的包装材料、包装容器的产量和工业产值中，金属包装材料和包装容器仍占有相当的比重。据统计，美国的金属包装占到第二位，西欧和日本则占到第三位。

包装用金属材料主要有钢材和铝材，前者为刚性材料，后者为软性材料。金属一般制作成薄板、金属箔、捆扎带、捆扎丝（绳）等包装形式。

钢材中包括薄钢板（又称黑铁皮）、镀锌薄钢板（又称白铁皮）、镀锡薄钢板（又称马口铁）和镀铬薄钢板。薄钢板主要制作桶形运输包装容器。镀锌薄钢板耐腐蚀，主要用来制作桶形包装容器，可盛装粉状、糊状和液体装的各种货物。镀锡薄钢板表面光泽好、美观、印刷型好，且基本无毒、无害，经常用作罐装的食品包装。镀铬薄钢板广泛用于制作各种罐装容器，装运各种饮料、啤酒以及各种液体货物。

铝材中各种纯铝板、铝合金薄板和铝箔、纯铝板强度低，实际运用较少，一般用于制作桶，盛装酒类等。铝合金薄板耐腐蚀性强，抛光性好，广泛用于制作金属包装容器。铝箔多用于复合软包装、硬包装及包装衬里等，也常用作食品、卷烟、化学品与化妆品的包装，特别是广泛地用于现代方便食品的包装。

金属用于包装的优点如下：① 强度高，有良好的综合保护性能；② 有独特的光泽，便于印刷、装饰；③ 加工性能好；④ 易于再生利用。

金属包装的缺点是成本高、流通中易变形、生锈，并且金属用作食品包装时，金属及焊料中的铅、砷等易渗入食品中，污染食品。

5. 玻璃材料

玻璃是硅酸盐类材料，可用于制作运输包装和销售包装。用作运输包装时，玻璃材料主要盛装化工物品，如强酸类物质。其次是玻璃纤维复合袋，盛装化工物品和矿物粉料。用作销售包装时，主要是制成玻璃瓶和玻璃罐，盛装酒、饮料、药品、化学试剂、化妆品和文化用品等。

玻璃用于包装的优点如下：① 保护性能良好，不透气、不透湿，有紫外线屏蔽性，不变形，耐热、耐酸，无毒无味，有一定的强度，能有效地保护内装物；② 透明性和折光性好，能真实地显示物品的效果；② 易于加工，可制成各种样式；④ 易于回收、复用，不易造成公害；⑤ 资源丰富，成本较低、较稳定。

玻璃包装材料的缺点是耐冲击强度低、碰撞时易碎、自身重量大、运输成本高等。

6. 复合材料

复合材料是指将两种或两种以上具有不同性能的材料，通过某种方法复合在一起而形成的一种特殊材料。复合材料具有多种材料的优点，因此在包装领域的应用越来越广泛。目前使用较多的复合材料有玻璃复合材料、塑料与金属箔复合材料、塑料与塑料复合材料等。

7. 包装辅助材料

除了主要的包装材料外，各种辅助材料在包装过程中也发挥着重要作用。包装用的辅助材料主要有黏合剂、黏合带、捆扎材料等。

① 黏合剂。黏合剂用于材料的制造、制袋、制箱及封口作业。黏合剂有水型、溶液型、热融型和压敏型几种。近年来由于普遍采用高速制箱及封口的自动包装机，所以大量使用短时间能够黏结的热融结合剂。

② 黏合带。黏合带有橡胶带、热敏带、黏结带三种。橡胶带遇水可直接溶解，结合力强，黏结后完全固化，封口很结实。热敏带一经加热活化便产生黏结力，结合后不易揭开并且不易老化。黏结带是在带的一面涂上压敏性结合剂，如纸带、布带、玻璃纸带、聚乙烯树脂带等，也有两面涂胶的双面胶带，这种带子用手压便可结合，使用十分方便。

③ 捆扎材料。捆扎的作用是打捆、压缩、缠绕、保持形状、提高强度、封口防盗、便于处置和防止破损等。现在多用聚乙烯绳、聚丙烯绳、纸带、聚丙烯带、钢带、尼龙布等进行捆扎。

二、包装技术

包装技术是指对物品实施各种包装的技术方法，以发挥包装功能工作的总称。不同特性的物品、物流活动的不同环节对包装的要求各不相同，因而所采用的包装技术和方法也有差别。

1. 一般包装技术

(1) 对内装物进行合理的置放、固定和加固

物品形状各不相同，因此在装入容器时要进行合理的置放、固定和加固。置放、固定、加固得巧妙，就能缩小体积、节省材料、减少损失。例如，外形规则的物品可以套装；薄弱的部件要加固；包装内重量要均衡；物品与物品之间要隔离和固定；等等。

(2) 对松泡物品进行压缩

羽绒服、枕芯、棉被、毛线等松泡物品包装时占用包装容器的容积过大，会导致运输储存费用的增大。因此，对于松泡物品要进行体积压缩。其中有效

的方法是采用真空包装方法，这可以大大缩小松泡物品的体积，缩小率可达50%～85%，平均可节省费用15%～30%。

(3) 合理选择外包装的形状尺寸

有些物品运输包装件在运输时需装入集装箱，这就存在包装件与集装箱之间的尺寸配合问题。如果配合得好，就能在装箱时不留下空隙，有效地利用箱容，并能有效地保护物品。包装尺寸的配合主要指容器底面尺寸的配合，即都应采用包装模数系列。另外，外包装的形状尺寸要避免过高、过扁、过大、过重等，因为过高的包装重心不稳，不宜堆垛；过扁则不易印刷标志和辨认；过大则不易流通和销售；过重则包装容器易破损。

(4) 合理选择内包装(盒)的形状尺寸

内包装(盒)一般属于销售包装。在选择其形状尺寸时，要与外包装(盒)形状尺寸配合。内包装(盒)的底面尺寸必须与包装模数相协调，而且其高度也应与外包装高度相匹配。当然，内包装的形状尺寸还应考虑物品的置放和固定。但作为销售包装，内包装(盒)更重要的是应利于销售，包括利于展示、装潢、购买和携带等。

(5) 包装外的捆扎

包装外捆扎对运输包装功能至关重要，将单个物件或数个物件捆扎可以方便运输、储存和装卸，并且能防止失窃、压缩容积、降低保管费和运费、加固容器，合理捆扎可使容器的强度增加20%～40%。

对于体积不大的普通运输包装，捆扎一般在打包机上进行。而对于托盘这种集合包装，可以采用收缩薄膜包装技术和拉伸薄膜包装技术。收缩薄膜包装技术是用收缩薄膜裹包集装的物件，然后对薄膜进行适当的加热处理，使薄膜收缩从而紧贴于物件上。拉伸薄膜包装技术是依靠机械装置在常温下将弹性薄膜围绕被包装物拉伸、裹紧，最后在其末端进行封合而成。

2. 特殊包装技术

(1) 缓冲包装技法(防震包装技法)

缓冲包装技法又称防震包装技法，是使被包装物免受外界的冲击、震动，从而防止损伤的包装技术和方法。外界的冲击和震动使包装物品产生的损伤多数属于物理损伤。在实践中，常采用发泡聚苯乙烯、海绵、木丝、绵纸等缓冲材料包衬内装物，或将内装物用弹簧悬吊在包装容器内进行缓冲。具体来说，缓冲包装技法包括全面缓冲、部分缓冲和悬浮式缓冲三种。

① 全面缓冲。是指将物品或内包装的整个表面都用缓冲材料衬垫的包装方法，如压缩包装法、浮动包装法、裹包包装法、模盒包装法和就地发泡包装法等。

② 部分缓冲。是指仅在物品表面或内包装的拐角或局部地方使用缓冲材料衬垫的包装方法。这对于整体性好的物品或有内包装容器的物品特别适用,既能得到较好的效果,又能降低包装成本。部分缓冲包括天地盖、左右套、四棱衬垫、八角衬垫和侧衬垫几种。

③ 悬浮式缓冲。是指先将物品置于纸盒中,物品与纸盒间各面均用柔软的泡沫塑料衬垫妥当,盒外用帆布包装装入胶合板箱,然后用弹簧张吊在外包装箱内,使其悬浮吊起的包装方法。弹簧和泡沫塑料同时起缓冲作用,可以保护极易受损且要求确保安全的物品,如精密机电设备、仪器、仪表等。

(2) 防潮包装技法

物品在流通和使用中不可避免要受到大气中潮气及其变化的影响而变质或生锈。所谓防潮包装是采用防潮材料对物品进行包封,以隔绝外部空气相对湿度变化对物品的影响,使包装内的相对湿度符合物品要求,从而保护物品质量的包装方法。

防潮包装主要是用防潮性能较好的密闭容器或薄膜包装材料将已干燥的物品密封起来,将被包装物与外界潮湿空气隔绝。常用的防潮包装材料有陶瓷、金属、玻璃、塑料薄膜和加工纸制品。陶瓷、玻璃、金属和一定厚度的金属箔是水汽完全不能透过的材料,而塑料薄膜和加工纸制品是在一定的条件下能透湿的防潮材料。防潮材料的选用取决于物品的性质、储运地区的气候条件和储运期限。

(3) 防锈包装技法

金属被腐蚀是不可避免的,金属发生化学变化在其表面生成的有害化合物就是锈。据推测,由铁锈造成的直接损失,美国一年间大约超过 55 亿美元,日本一年可达 2 000 亿日元以上。防锈包装的目的是消除和减少致锈的各种因素,降低经济损失。

防锈包装是指在运输储存金属制品与零部件时,为防止其生锈而降低价值或性能所采取的包装方法。金属防锈可以在金属表面涂敷防锈材料,或采用气相蚀剂、塑料封存等方法。在采用容器包装时,还可在容器内或周围放入适量的吸潮剂,以吸收水汽达到防锈的目的。此外,还有冲氮和干燥空气等封存法。

(4) 防霉包装技法

包装物品的发霉变质是由真菌引起的,有些物品发霉后可使牢度降低,机械、电工、仪器、仪表等物品发霉可引起故障,金属物品发霉后能引起腐蚀加快。据有关部门统计,仅在欧洲和北美洲,工业器材因发霉导致生物老化所造成的经济损失每年达 10 亿美元。

防霉包装是为了防止因真菌侵袭致使内装物长霉而影响质量所采取的一

定防护措施的包装方法。防霉包装主要采用耐低温包装和防潮包装两类。耐低温包装一般用耐冷耐潮的包装材料制成，使包装件能较长时间存放在低温条件下，包装材料也不会变质，以抑制包装中微生物的生理活动，保护内装物不发霉。例如，鲜蛋、鲜鱼、鲜肉、水果、蔬菜等的包装。防潮包装可以防止包装内水分的增加，也可以起到防霉作用。

防霉包装根据具体物品可采用密封包装和非密封包装。密封包装又可分为抽真空置惰性气体密封包装、干燥空气封存包装、防氧封存、挥发性防霉剂防霉。非密封性包装可采用物品经有效处理和包装箱开通气窗两种方法。

3. 包装操作技术

(1) 充填技术

充填是将物品装入包装容器的操作过程，分为装放、填充、灌装三种形式。

① 装放。装放是按一定的排列顺序将物品置于包装容器内的操作，装放有一次装放(将成件物品直接放入容器中)和多次装放(将小包装的单位物品再放入大的容器中)。

② 填充。填充指将干燥的粉状、片状或颗粒状物品装入包装容器内的作业过程。在实践中，填充过程多与物品的计量工作同步进行。

③ 灌装。灌装是将液体或半液体物品灌入包装容器内的作业过程。灌装的计量方法主要有定量和定位两种。灌装物品的流动性很强，因而要求其容器不能有任何渗漏，灌装作业经常采用的包装容器有桶、罐、瓶、软管等。

(2) 封口和捆扎技术

① 封口。包装的封口直接关系到包装作业的质量和包装的密封性能。不同的包装容器对包装的密封性能要求不同，所采用的封口方法也不同。封口方法主要包括黏合封口、胶带封口、捆扎封口、交接封口、装订封口、热熔封口、盖塞封口、焊接封口、压接封口、缝合封口等。

② 捆扎。捆扎是指将物品或包装件用适当的材料进行扎紧、固定或增强的操作，主要有直接捆扎、夹板捆扎、成件捆扎和密缠捆扎等形式。

(3) 裹包

裹包是用一层或者多层柔性材料包裹物品或包装件的操作。裹包作业结束后，被包物与包装物呈现的外形通常称为包裹。用于裹包的材料主要有纸张、织品、塑料薄膜等。裹包的方法主要有直接裹包、多件裹包、压缩捆包等。

(4) 加标和检重

加标是将标签粘贴或者拴挂在物品或包装件上。

检重是检查包装内容物的重量，目前多采用电子检重机进行检测。

【案例 7-1】

塑料绿色包装行业的发展趋势

进入新世纪，世界经济大调整继续深化以及可持续发展战略的转变是世界产业变革的总背景，也是塑料包装业环境变化的背景。随着环境保护浪潮的冲击，消费者对物品包装提出越来越高的要求。绿色包装是国际环保发展趋势的需要，同时也代表了各国包装工业的发展潮流，是提高物品市场竞争力、避免新贸易壁垒的重要内容之一。与此相适应，塑料包装的绿色化也成了一个重要的发展趋势。

1. 开发可回收利用的绿色包装材料

包装废弃物法规因地而异，但有一个共同的原则：鼓励少用原材料。在包装设计上应尽量使用同一材料、可分离可共存的材料，并趋向于使用结构简单、容易循环再生的材料。在满足包装功能的前提下，尽量减少垃圾的产生量，从而呈现出包装薄膜轻量化发展趋势。

2. 塑料稳定化技术

塑料稳定技术发展的关键是进行新的抗氧剂、紫外线稳定剂和自由基捕获剂的制备及其应用的研究开发、日用化学品重灌装塑料容器、食品用的托盘或周转箱等，可利用塑料稳定化技术，制造高质量的塑料制品，以提高它的再使用或回收再利用的价值。

3. 塑料可降解技术

可降解塑料一般分为生物降解塑料、光降解塑料和生物/光降解塑料等。国内研发的品种已涵盖光降解、光生物降解、光氧生物降解、高淀粉含量型生物降解、高碳酸钙填充型光氧降解、全生物降解等大类。可降解塑料制品在包装方面的应用，已遍及于普通包装薄膜、收缩薄膜、购物袋、垃圾袋等，对于改善环境质量发挥了积极的作用。从保护生态平衡出发，研究完全生物降解塑料已迫在眉睫，特别是食用粉或无机矿物质填充的高质量、低成本全生物降解塑料是可降解塑料目前的重要研究课题。

4. 焚烧回收热能或采用炼钢炉再利用塑料废弃物的开发

焚烧回收热能是塑料废弃物再资源化的一个主要手段，也是治理塑料废弃物的最现实的选择。今后应研究开发塑料垃圾处理提供热能的有关设备，设计出使用更为简便、寿命更长、价格更低的设备，以加速我国焚烧回收热能和利用炼钢炉再利用塑料废弃物的研究开发。

5. 可食性薄膜

可食性包装膜是以天然可食性物质(如多糖、蛋白质等)为原料,通过不同分子间相互作用而形成的具有多孔网络结构的薄膜。如壳聚糖可食性包装膜、玉米蛋白质包装膜、改性纤维素可食性包装膜及复合型可食包装膜等。可食性薄膜可应用于各种即食性食品的内包装,在食品行业应具有巨大的市场。

6. 水溶性塑料包装薄膜

水溶性塑料包装薄膜作为一种新颖的绿色包装材料,在欧洲各国和美国、日本被广泛用于各种物品的包装,例如农药、化肥、颜料、染料、清洁剂、水处理剂、矿物添加剂、洗涤剂、混凝土添加剂、摄影用化学试剂及园艺护理的化学试剂等。

7. 制定循环经济型塑料发展的相应政策

目前,我国固体塑料废弃物分放的设施在上海市已经出现,但仍有很多人随意投放。相当多的地区、部门和企业表现出只顾眼前利益的短期行为。

8. 符合环保的食品包装塑料 CT

CT 不仅耐高温,还有一个最突出的优点,就是它的功能与俗称"泡沫塑料"的 PSP 塑料制品相仿,而其体积只相当于后者的 1/4。这样在回收时避免了因体积庞大而产生的诸多麻烦,并为消除对环境的负面影响创造了极有利的条件。

9. 新型高阻隔性塑料包装材料

使用高强度高阻隔性塑料不仅可以提高对食品的保护,而且在包装相同量食品时可以减少塑料的用量,甚至可以重复使用。现在国内常用的高阻隔性材料有铝箔、尼龙、聚酯、聚偏二氯乙烯等。随着食品对保护性要求的提高,阻隔性更好的乙烯、乙烯醇共聚物、聚乙烯醇等也开始应用。

第三节 集装包装和包装合理化

一、集装包装

1. 集装包装

集装包装也称为组合化包装和单元化包装，它是将成件包装物、散裸装物品组合而形成一个便于装卸、搬运、储存和运输的单元体的工作过程。我国物流术语标准对集装化的定义是：用集装器具或采用捆扎方法，把物品组成标准规格的单元货件，以加快装卸、搬运、储存、运输等物流活动。

实行集装化的有形手段是集装工具。利用集装工具可以将一定数量的包装件或物品组合成一个更大的、具有一定规格和强度的单元货件，即集合包装。集合包装既是一种包装形式，也是一种新型的运输单元形式。

集装箱和托盘是物流集装化包装最普遍、最重要的两种工具。除此之外，集装工具还包括集装袋、货捆、框架、滑板等。

2. 物流模数

在物流过程中，各种物品运输包装件的大小并不相同，各种物流设备的规格也多种多样，为了提高设备的利用率和物流的效率，就要求运输包装件的尺寸应与物流设备的尺寸之间相互配合。

模数是指在某种系统的设计、计算和布局中普遍重复应用的一种基准尺寸。模数确定了系统中各组成部分之间的尺寸数值增大或减小的变化关系，是协调系统内外尺寸组合关系的基础。模数概念在现代包装系统中得到了广泛的应用。包装模数是指在物品的销售包装、运输包装和集合包装系统的设计、计算和排列布局中普遍存在的重复应用的基准尺寸。包装模数是计算内外包装尺寸的共同基数。物流模数是指物流集装单元的基础尺寸。国际标准化组织已经制定了有关物流的许多设施、设备等方面的技术标准，并且制定了国际物流基础尺寸的标准方案：

物流基础模数尺寸为600×400 mm；物流集装箱基础模数尺寸以1 200×1 000 mm为主，也允许1 200×800 mm及1 100×1 100 mm。

包装系统与物流系统两者之间各有其特殊性。因此，以物流模数为基础的物流模数尺寸和以包装模数为基础的包装模数尺寸之间相互沟通、相互适应，就必须选择集装单元、集装容具的模数尺寸为媒介来过渡，以达到整体物流系统的相关性和协调性。这就是说,物流模数要以集装单元尺寸为中心,来协调和适应包装、运输、存储、保管以及与装卸搬运等环节的模数尺寸相衔接,这样才能使整个物流系统统一在集装运输的范围内进行正常的生产活动。

3. 集装箱

(1) 集装箱的定义

集装箱是集装工具的最主要形式,亦称“货箱”或“货柜”。根据国际标准化组织的规定,集装箱应具有以下特点和技术要求:① 具有足够的强度,能长期反复使用;② 适用于以一种或多种运输方式运送货物,途中无须倒装;③ 设有快速装卸和搬运装置,便于从一种运输方式转到另一种运输方式;④ 便于箱内货物装满和卸空;⑤ 内容积等于或大于1立方米。

(2) 集装箱的分类

① 按集装箱的用途分类:a. 通用集装箱。通用集装箱也称杂货集装箱或干货集装箱,适用于装载运输条件无特殊要求的各种不同规格的干杂货。这类集装箱一般具有全密封的防水功能,是使用最广、数量最多的一类集装箱。国际标准化组织建议的标准集装箱系列指的都是这种集装箱。b. 专用集装箱。专用集装箱是为了适应特定货物的要求而采用特殊结构或设置专门设备的各类集装箱的总称。常见的专用集装箱包括保温集装箱、通风集装箱、干散货集装箱、动物集装箱、汽车集装箱、挂式集装箱等。

② 按集装箱的结构分类:a. 整体式集装箱。整体式集装箱为整体的刚性结构,一般具有完整的箱壁、箱顶和箱底。b. 折叠式集装箱。折叠式集装箱是箱体的四个侧壁和顶板可以折叠的集装箱,再次使用时可以方便地组合起来。这类集装箱的优点是在回空和保管时能够缩小集装箱的体积。c. 框架式集装箱。框架式集装箱呈框架结构,只有部分或完全没有侧板,可以方便装卸货物。d. 罐式集装箱。罐式集装箱外部为刚性框架,内有罐体,适用于装运液体、气体和粉状固体货物。

③ 按集装箱制作的材质分类:a. 钢质集装箱。b. 铝合金集装箱。c. 玻璃钢质集装箱。

④ 按集装箱的规格尺寸分类:为了方便集装箱的流通,国际标准化组织和我国的有关部门制定了一系列有关集装箱的技术标准。根据国际标准化组织集装箱技术委员会制定的国际标准和我国原有《货物集装箱外部尺寸和额定重量》国家标准,我国于1998年重新修订了集装箱的外部尺寸和最大总重量国家标准,如表7-1所列。

表 7-1 集装箱的外部尺寸和最大总重量

分类	型号	高度(mm)	宽度(mm)	长度(mm)	最大总重量(kg)	备注
ISO 箱系列 1	1 AAA	2 896	2 438	12 192	30 480	GB1413—1998 ISO668—1995
	1 AA	2 591	2 438	12 192	30 480	
	1 A	2 438	2 438	12 192	30 480	
	1 AX	< 2 438	2 438	12 192	30 480	
	1 BBB	2 896	2 438	9 125	25 400	
	1 BB	2 591	2 438	9 125	25 400	
	1 B	2 438	2 438	9 125	25 400	
	1 BX	< 2 438	2 438	9 125	25 400	
	1 CC	2 591	2 438	6 058	24 000	
	1 C	2 438	2 438	6 058	24 000	
	1 CX	2 438	2 438	6 058	24 000	
	1 D	2 438	2 438	2 991	10 160	
	1 DX	2 438	2 438	2 991	10 160	
ISO 箱系列 2	2 AAA	2 896	2 595	14 935	30 480	
	2 AA	2 591	2 595	14 935	30 480	
	2 CCC	2 896	2 595	7 430	30 480	
	2 CC	2 591	2 595	7 430	30 480	
我国铁路行业标准集装箱	10 D	2 650	2 500	3 070	10 000	TB2114—1990 GB3218—1982
	5 D	2 438	2 438	1 800	5 000	
	1 D	900	1 300	1 300	1 000	

根据以上国家标准，通用集装箱的最小内部尺寸见表 7-2。

表 7-2 通用集装箱的最小内部尺寸

分类	型号	高度(mm)	宽度(mm)	长度(mm)	门口高度(mm)	门口宽度(mm)
ISO 箱系列 1	1 AAA	2 655	2 330	11 988	2 261	2 286
	1 AA	2 340	2 330	11 988	2 261	2 286
	1 A	2 197	2 330	11 988	2 134	2 286
	1 AX	< 2 197	2 330	11 988	—	2 286
	1 BBB	2 655	2 330	8 931	2 261	2 286
	1 BB	2 340	2 330	8 931	2 261	2 286
	1 B	2 197	2 330	8 931	2 134	2 286
	1 BX	< 2 197	2 330	8 931	—	2 286
	1 CC	2 430	2 330	5 867	2 261	2 286
	1 C	2 197	2 330	5 867	2 134	2 286
	1 CX	< 2 197	2 330	5 867	—	2 286
	1 D	2 197	2 330	2 802	2 134	2 286
	1 DX	< 2 197	2 330	2 802	—	2 286
ISO 箱系列 2	2 AAA	2 655	2 460	14 765	Ho−330	≥2 460
我国铁路行业标准集装箱	2 AA	2 350	2 460	14 765	Ho−330	≥2 460
	2 CCC	2 655	2 460	7 264	Ho−330	≥2 460
	2 CC	2 350	2 460	7 264	Ho−330	≥2 460
	10 D	2 396	2 400	2 920	2 266	2 348
	5 D	2 213	2 354	1 826	2 213	2 354
	1 D	830	1 246	1 144	1 144	1 246

(3)集装箱的换算单位和箱体标记

① 集装箱的换算单位。国际标准集装箱的换算单位是 TEU,表示一个 20 ft(英寸)的国际标准集装箱,即 1CC 型箱。一个 20 ft 的集装箱折合一个 TEU,两个 10 ft 的集装箱折合一个 TEU,有时也用 FTU 表示一个 40 ft 的国际标准集装箱。

② 集装箱的标记。为了方便集装箱的识别、流通和管理,简化各物流环节的交接手续,中华人民共和国国家标准(GB/T18354—2006)颁布了集装箱

的识别系统、尺寸和箱型代码、作业标记的相应标准。

a. 识别系统。识别系统由以下几个部分组成，它们必须同时使用。

箱主代码：集装箱的箱主代码由经国际集装局（BIC）注册的三个大写拉丁字母组成。

设备识别码：由一个大写拉丁字母表示，U 表示所有的集装箱，J 表示集装箱所配置的挂装设备，Z 表示集装拖挂车和底盘挂车。

箱号：由 6 位阿拉伯数字组成，如果不足 6 位时，应在前面置 0 以补足 6 位。

检验码：也称核对数字，是用于确定集装箱箱主代号和箱号在传输和记录时的准确性的手段，通过一定方法计算出来。检验码一般紧接于箱号之后，用加方框的阿拉伯数字表示。

b. 尺寸代码和箱型代码。集装箱的尺寸（外部尺寸）代码必须用两位数字表示：第一位用数字或拉丁字母表示箱长，第二位用数字或拉丁字母表示箱宽和箱高。

集装的箱型及其特征由两位字母表示：第一位由一个拉丁字母表示箱型，第二位由一个数字表示该箱型的特征。

c. 作业标记。标示最大总重量和空箱重量。集装箱的最大总重量和空箱重量应标示于箱门上，两者均以 kg 和 lb 同时标示。

可选择性标记：除包括最大总重量和空箱重量外，还有净货载、超高标记等。

标记的尺寸和颜色：箱主代码、设备识别码、箱号和检验码的字体高度不得小于 100 mm；最大总重量和空箱重量的字体高度不得小于 50 mm；所有字体的宽度和笔画粗细应均匀，其颜色应与箱体颜色有明显差别。

4. 托盘

(1) 托盘的概念

托盘是指在运输、搬运和存储过程中，将物品规整为货物单元时，作为承载面并包括承载面上辅助结构件的装置（GB/T18354—2006）。

托盘是一种用于机械化装卸、搬运和堆存的集装单元工具。托盘可以把零星的成件包装件组成一定重量和体积的集装件，并且具有载货平面和插孔，便于叉车操作。

托盘的适用范围较广，是最早使用的一种集装器具。如今，托盘的应用范围已拓展到物流的所有环节。托盘既可以看做装卸工具、储存工具、运输工具，又可以做一种特殊的包装形式。同集装箱相比，托盘具有自重小、返空容易、装卸简单和装载量适中的优点。

(2) 托盘的分类

① 按托盘的结构分类

a. 平托盘。平托盘是使用最广泛的一种托盘(见图 7 - 1)。

b. 箱式托盘。指在托盘上部有箱式容器的托盘(见图 7 - 2)。

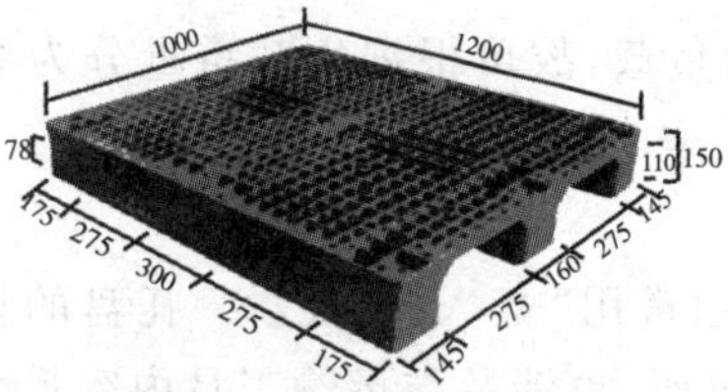

图 7 - 1　平托盘

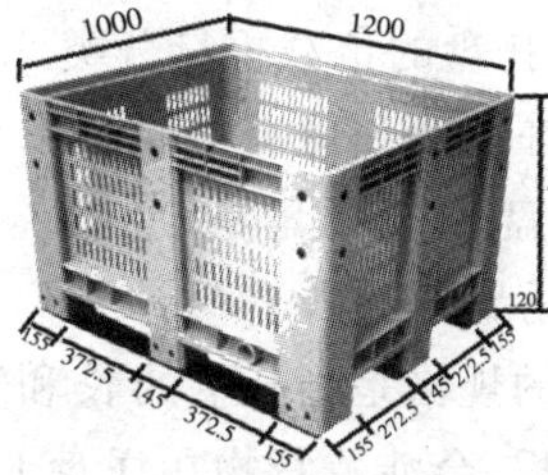

图 7 - 2　箱式托盘

c. 立柱式托盘。这种托盘没有侧板,但设有多根立柱,有的在柱与柱之间有连接的横梁(见图 7 - 3)。

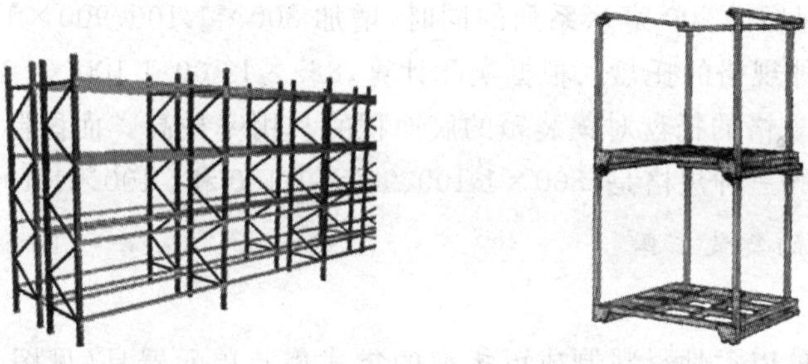

图 7 - 3　立柱式托盘

② 按托盘的实际操作和运用分类

a. 双向插入型托盘(两个方向通路的托盘)。指叉车的货叉可以从前面和后面两个方向进出的托盘(见图 7 - 4)。此类托盘又分为单面用托盘和双面用托盘。

b. 四向插入型托盘(四个方向通路的托盘)。指叉车的货叉可以从托盘的前后左右四个方向进出的托盘(见图 7 - 5)。

图 7 - 4　双向插入型托盘

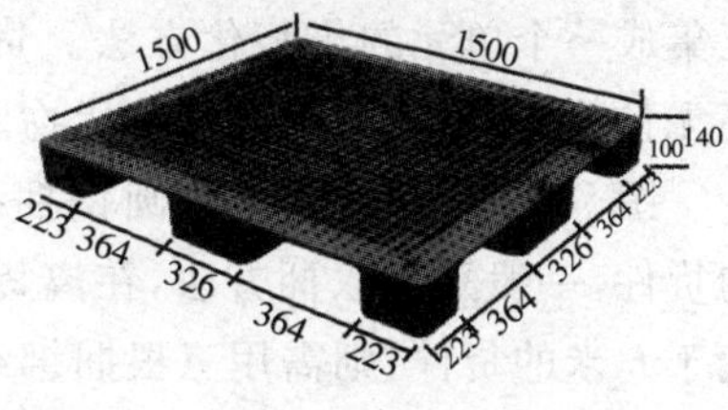

图 7 - 5　四向插入型托盘

③ 按托盘的材质分类

按材质分类，托盘可分为木托盘、钢托盘、铝托盘、胶合板托盘、塑料托盘和复合材料托盘等。

④ 按托盘的负载重量分类

托盘在设计和使用中要考虑它的负载，故可根据负载重量分为 0.5 吨托盘、1 吨托盘、2 吨托盘等。

(3) 托盘的规格

托盘的规格是指托盘的长和宽，通常用“宽×长”表示。托盘的长与宽及其乘积面积，会涉及货物在托盘上的堆码，也涉及与运输工具内容尺寸和内容面积的配合。

国际标准化组织对托盘的规格标准问题，先后三次提出建议规格：1961 年提出采用 800×1 200、800×1 000、1 000×1 200 三个尺寸（单位均为毫米，下同）；1963 年建议在上述基础上增加：1 200×1 600、1 200×1 800 两个规格尺寸；1971 年提出保留 1 200 毫米系列的同时，增加 800×1 100、900×1 100 和 1 100×1 100 三种规格的托盘。根据实际计算，825×1 100、1 100×1 100 和 1 000×1 200 三种规格的托盘对集装箱的底面积的利用率最高。而国际上主要国家使用率最高的三种规格是：800×1 100、900×1 100 和1 100×1 100。

5. 其他形式的集装工具

(1) 集装袋

集装袋是一种以柔性材料制成可折叠的袋式集装单元器具（见图 7－6），主要用于集装易于流动的粒状、粉状和块状货物，如粮食、盐、砂糖、水泥、化肥、石英砂、矿粉等。

集装袋一般在顶部有吊带、底部设有卸料口，卸料时打开卸料口绳索，货物借助重力很快便可卸出。按形状的不同，集装袋有圆形、方形和圆锥形等。按制作材料的不同，集装袋有合成纤维集装袋、塑料涂布集装袋和橡胶集装袋等。

(2) 货捆

货捆是采用各种材料的绳索，将货物进行多种形式的捆扎，使若干件货物汇集成一个单元的集装化方法。货捆主要用于装载木材、钢材、塑料管、毛竹等无包装、不捆扎的长型裸件货物。

图 7－7 所示的是长型圆钢捆扎成集装货件的情形。对于长度小于 6 米的货件，一般采用双捆方法，在离货件两端部 1.5 米处分别用绳索捆绑。长度大于 6 米的货件，则需用三根捆绑线，两端的捆绑线一般距离货件端部 0.3～0.5 米。

图 7-6　集装袋

图 7-7　货捆

(3) 框架

框架是一种可以根据货物的外形特征选择或特制各种形式的集装框和集装架，以适用于货物的集装方法。框架可以集装易变形的长件物品以及玻璃、陶瓷等易碎物品。

有些框架对货物的适应性较广，如"门"字形框架(见图 7-8)可以适用于所有的长型材。而有些框架则专用性较强，只适用于某种形状的货物。对于一些外观特殊的货物要进行框架集装，往往需要专门设计框架，以适应其要求。

(4) 滑板

滑板又称薄板托盘，是一种由载货平板和翼板组成的板式结构物，是托盘的一种简化形式(见图 7-9)。配置推拉系统和夹钳装置的叉车可以装卸滑板集装货件，作业时，操作推拉系统，使活动夹钳夹住翼板，然后把滑板集装件拉入或推出货叉，即可进行货物的装卸、搬运和堆码。

图 7-8　"门"字形框架

图 7-9　滑板

滑板具有托盘的优点，同时又具有用料省、成本低、占用空间少、便于回送和回收利用等优点。但与滑板匹配的带推拉器的叉车本身较笨重、机动性差、效率低，因而制约了滑板的应用。滑板主要适用于纸箱装食品、纺织品等包装一致且比重较小的货物。

二、包装合理化

1. 包装合理化的概念

包装作为物流的起点，与物流各环节都有密切联系。包装设计的合理与否，直接影响到物流的效率。

所谓包装合理化，是指在包装过程中使用适当的材料和适当的技术，制成与物品相适应的容器，既满足保护物品、方便储运、有利销售的要求，又要提高包装的经济效益的包装综合管理活动。包装的合理化包括商业包装的合理化和运输包装的合理化，我们主要考虑运输包装的合理化。

包装的合理化要从物品的设计阶段开始。传统的工业企业在物品设计时，往往主要考虑物品的重量、性能、款式、原材料选用、成本等，却不太重视包装的合理性。这样的后果往往造成物品不利于包装和运输销售，从而增加了企业的费用。因此，物品设计人员在设计阶段就要充分考虑包装的合理化，如包装模具标准化，包装模具与集装工具尺寸的一致性、包装物回收以及资源再生利用等问题。

运输包装设计需要运用专门的设计技术，将物流、加工制造、市场营销及物品设计等要求综合考虑。具体来说，运输包装的设计主要考虑以下几个方面。

① 保护性。物品从出厂到最终销售到目的地要涉及各种流通环境条件，如装卸条件、运输条件、储存条件、气候条件、机械条件、化学和生物条件等。要确保物品在流通过程中的安全，物品包装应具有一定的强度，坚实、牢固、耐用。对于不同的运输方式和运输工具，还应有选择地利用相应的包装容器和技术处理。总之，整个包装应适应流通领域中的储存运输条件和强度要求。

② 经济性。物品包装虽然从安全性方面来说是做得越完美越好，但是从物品整体的角度来说，包装设计不得不考虑其经济性，争取做到够用就好，尽量避免出现包装过度和包装不足。包装过度是指包装容器对物品的保护作用过分，以致包装容器过大、过重，最终造成包装成本过高。包装不足是指包装容器设计不够而不足以保护物品，致使物品在流通中损坏或丢失。

包装设计的经济性就是在包装的保护性能和包装费用之间找到一个平衡点，以较合理的费用起到较好的保护作用。

③ 便利性。物品包装设计的目的是要方便消费者更好地使用物品，因此包装要容易开启，而且包装物的处理要容易。物品包装还要求装卸、运输、储存的方便性。

2. 包装合理化的途径

① 包装的轻薄化。一般来说，包装只是起到附加作用，并不决定物品的使用价值。因此，包装在能起到保护作用的同时，在强度、寿命、成本相同的条件下，采用更轻、更薄、更短、更小的包装，可以提高装卸搬运的效率，而且轻、薄、短、小的包装一般价格比较便宜，如果是一次性包装处理也较容易。

② 符合集装单元化和标准化的要求。集装化可以提高物流系统的效率，包装要符合集装单元化，要求包装的规格尺寸相一致，要与托盘、集装箱、搬运机械相匹配。因为只有包装规格尺寸一致，才能实现集装化。有了集装化作业装卸搬运、保管和运输，才能提高物流效率，节约费用，物流才能实现机械化和自动化。

物品包装必须推行标准化，即对物品包装的包装容(重)量、包装材料、结构造型、规格尺寸、印刷标志、名词术语、封装方法等加以统一规定，逐步形成系列化和通用化，以便有利于包装容器的生产，提高包装生产效率，简化包装容器的规格，节约原材料，降低成本，易于识别和计量，有利于保证包装质量和物品安全。

③ 包装的机械化。为了提高作业效率和包装的现代化水平，各种包装机械的开发和应用是很必要的。由于被包装物品种繁多，包装材料和包装方法又各不相同，因而出现了各种各样的包装机械。包装机械化从逐个包装机械化开始，直到装箱、封口、捆扎等外包装作业完成。此外，还有使用托盘堆码机进行的自动单元化包装，以及用塑料薄膜加固托盘的包装等。

包装机械化对于节省劳力、货物单元化、提高销售效率以及采取无人售货方式等均是必要的、不可缺少的。

④ 包装大型化。随着交易单位的大型化和物流过程中搬运的机械化，单个包装亦趋于大型化。例如，作为工业原料的粉粒状货物，就使用以吨为单位的柔性容器进行包装。

大批量出售日用杂货或食品的商店因为销售量大，只要不是人力搬运，也无须用 20 千克的小单位包装。包装单位大型化可以节省劳力，降低包装成本。与包装大型化同步的是直接将工业包装的货物摆在柜台上，可见对这种大型化包装应给予足够的重视，由此也可以看出包装的趋势。

⑤ 包装要有利于环保。包装环节是产生大量废弃物的环节，因为包装的寿命很短，多数到达目的地后便废弃了，如果处理不好极易造成环境污染。随着对“资源有限”认识的加深，人们越来越重视包装的绿色和环保。物品包装的绿色、环保要求具有两方面的含义：首先，材料、容器、技术本身对物品、对消费者而言，应是安全的和卫生的；其次，包装的技法、材料容器

等对环境而言，是安全的和绿色的，在材料选择和制作上，遵循可持续发展原则，节能、低耗、高功能、防污染，可以持续性回收利用，或废弃之后能安全降解。

1987 年，联合国环境与发展委员会发表了《我们共同的未来》宣言。1992 年 6 月，联合国环境与发展大会又通过了《里约环境与发展宣言》和《21 世纪议程》，在全世界范围内掀起了一场以保护环境和节约资源为中心的绿色浪潮。绿色包装作为有效解决包装与环境的新理念，在 20 世纪 80 年代末 90 年代初涌现出来。

绿色包装是指可以回收利用的、不会对环境造成污染的包装，又称为环境友好包装(environmental friendly package)、生态包装(ecological package)。

绿色包装最重要的含义是保护环境，同时兼具资源再生的意义。具体而言，它应具备以下的含义：

① 实行包装减量化(Reduce)。包装在满足保护、方便、销售等功能的条件下，应该用量最少。

② 包装应易于重复利用(Reuse)，或易于回收再生(Recycle)。通过生产再生制品、焚烧利用热能等措施，达到再利用的目的。

③ 包装废弃物可以降解腐化(Degradable)，不形成永久垃圾，进而达到改善土壤的目的。Reduce、Reuse、Recycle 和 Degradable，即发展绿色包装的“3R1D”原则。

④ 包装材料对人体和生物应无毒无害。包装材料中不应含有有毒性的元素或含有量应控制在有关标准以下。

⑤ 包装制品从原材料采集、材料加工、制造物品、物品使用、废弃物回收再生，直到最终处理的物品整个生命全过程均不应对人体及环境造成公害。

前面四点应是绿色包装必须具备的要求，最后一点是对绿色包装提出的理想的最高要求。

【案例 7 - 2】

日本包装减量化

上海市包协接待了日本包协“包装与环保”代表团，中日包装专家就包装、包装废弃物、环境等问题展开了交流，特别就当今困扰社会经济生活发展的问题开展深层次的切磋研讨。会上，日本专家向上海同行介绍了他们在产品包装减量化方面的先进经验，有不少案例值得我们借鉴、学习。他山之石，可以攻玉，现特作介绍。

一、索尼公司电子产品的新包装

索尼公司以四原则来推进该公司的产品包装。公司不但遵循"减量化、再使用、再循环"循环经济的"3R"原则,而且还在替代使用(replace)上想办法,对产品包装进行改进。我们来看几个实例。1998年该公司对大型号的电视机的泡沫塑料(EPS)缓冲包装材料进行改进,采用八块小的EPS材料分割式包装来缓冲防震,减少了40%EPS的使用;有的产品前面使用EPS材料,后面使用瓦楞纸板材料,并在外包装采用特殊形状的瓦楞纸板箱,以节约资源;另外对小型号的电视机采用纸浆模塑材料替代原来的EPS材料。

二、大日本印刷株式会社的新型包装

该企业产品包装贯彻环境意识的四原则,即包装材料减量化、使用后包装体积减小、再循环使用、减轻环境污染的原则。

① 包装材料减量化原则:采用减少容器厚度、薄膜化、削减层数、变更包装材料等方法。

② 使用后包装体积减小原则:采用箱体凹槽、纸板箱表面压痕、变更包装材料等方法,例如饮料瓶使用完毕后,体积变得很小,方便回收。

③ 再循环使用原则:例如采用易分离的纸容器,纸盒里面放塑料薄膜,使用完毕后,纸、塑分离,减少废弃物,方便处理;还有一种可以分离的热塑成型的容器。

④ 减轻环境污染原则:该企业在包装产品的材料、工艺等方面进行改进,减少生产过程中二氧化碳(CO_2)的排放量,保护环境。

三、东洋制罐株式会社的包装产品

由东洋制罐株式会社开发的塑胶金属复合罐TULC(Toyo Ultimate Can),是以PET及铁皮合成的复合罐,主要使用对象是饮料罐。这种复合罐既节约材料又易于再循环,在制作过程中低能耗、低消耗,属于环境友好型产品。东洋制罐株式会社还研发生产一种超轻级的玻璃瓶,生产的187毫升的牛奶瓶的厚度只有1.63毫米、89克重,而普通牛奶瓶厚度为2.26毫米、重130克。这种牛奶瓶比普通瓶轻40%,可反复使用40次以上。该公司还生产不含木纤维的纸杯和可生物降解的纸塑杯子。东洋制罐为了使塑料包装桶、瓶在使用后方便处理,减少体积,

在塑料桶上设计几根环形折痕，废弃时可很方便折叠缩小体积，这类塑料桶（瓶）种类较多，有500毫升到10升容积等各种规格品种。

从以上几家日本公司包装产品的实际案例我们可以清楚地看到，日本同行在包装减量化方面做了大量富有成效的研究、开发。党的十六届五中全会提出，要把发展循环经济，建设资源节约型、环境友好型社会作为“十一五”经济社会发展的重大战略任务。国家发改委领导指出，在我国的包装工业高速发展过程中，同时也出现了一些问题。一是许多企业未摆脱高投入、高消耗、高污染和低产出的粗放型经营模式，部分商品存在包装过度的现象；二是包装物回收率低，除部分（如PET瓶和饮料罐）回收利用情况较好外，其他类型包装物的回收利用率相对较低；三是资源浪费严重，大量废弃包装物除增加了城市生活垃圾处理的负担外，还浪费了大量的资源；四是我国现有的包装物回收渠道比较混乱，原有的以单一的政府行为为依托的回收系统和渠道不畅通，以市场为依托的规范的回收网络尚未建立；五是包装物再生利用技术落后，资源的再生利用率低，而且存在较为严重的二次污染。这些问题的存在，不仅与中央提出的建设资源节约型、环境友好型社会的要求不符，而且制约着包装业的发展。

我们必须在整个包装行业大力推进可持续发展战略的绿色包装，要求产品包装的设计、制造、使用和处理均应符合低消耗、减量、少污染等生态环境保护的要求。在满足保护、方便、销售等功能的条件下，应采取用量最少的适度包装，包装材料须是无毒无害的，应易于重复利用，或其废弃物易于回收再生。材料的变化又要求加工工艺、加工机械、容器制造、包装设计、装潢印刷等各个环节实行相应的变化，从而引发整个包装行业的观念大变革和技术大革命。所以说遵循循环经济原则、实现包装减量化，是我国包装行业响应党中央和国务院号召，走建设资源节约型、环境友好型社会之路的义不容辞的历史任务。

第四节　装卸搬运概述

在物品由生产到消费的流动过程中，装卸搬运作业是不可缺少的。装卸搬运作业渗透到物流各环节、各领域，伴随着物流的始终。在第五届国际物流会议上，美国产业界人士明确指出，当前美国全部生产过程中只有5%的时间用于加工制造，95%的时间则用于装卸搬运，装卸搬运所占的时间为全部运输时间的 50%。由此可见，装卸搬运是提高物流效率、降低物流成本、改善物流条件、保证物流质量最重要的物流环节之一。

一、装卸搬运的概念

装卸搬运是物品装卸和物品搬运两项作业的统称。装卸(loading and unloading)是指物品在指定地点进行的以垂直移动为主的物流作业。搬运(handling/carrying)是指物品在同一场所内进行的以水平移动为主的物流作业。综上所述，装卸搬运是指在某一物流节点范围内进行的、以改变物品的存放状态和空间位置为主要内容和目的的活动。例如，对物料、物品、零部件或其他物品进行搬上、卸下、移动的活动，装卸、移动、分类、堆码、理货和取货等作业都属于物料搬运活动。

中华人民共和国国家标准《物流术语》(GB/T18354—2001)对装卸搬运的定义是："装卸是指物品在指定地点以人力或机械装入运输设备或卸下的活动；搬运是指在同一场所内，对物品进行的以水平移动为主的物流作业。"新修订的《物流术语》国家标准(GB/T18354—2006)对装卸搬运的定义也持这一观点。

在实际操作中，装卸与搬运是密不可分的，两者是伴随在一起发生的，且作业设备也难以区分，习惯上常以"装卸"或"搬运"代替"装卸搬运"的完整含义。因此，在物流作业中并不过分强调两者的差别，而是作为一种活动来对待。

在习惯使用中，物流领域(如铁路运输)常将装卸搬运这一整体活动称作"货物装卸"，生产领域常将这一整体活动称作"物料搬运"。实际上，活动内容都是一样的，只是领域不同而已。

搬运的"运"与运输的"运"的区别之处在于，搬运是在同一地域的小范围内发生的，而运输则是在较大的范围内发生的，两者是量变到质变的关系，中间并无一个绝对的界限。

二、装卸搬运的特点

一般来说，装卸搬运具有以下特点：

1. 附属性、伴生性

装卸搬运与物流其他环节是密不可分的，是物流中每一项活动开始及结束时必然发生的活动，因而有时常被人们忽视。例如，一般而言的"汽车运输"，实际就包含了相随的装卸搬运。仓库中泛指的保管活动，也含有装卸搬运活动。

2. 支持保障性

装卸搬运保证了生产与流通其他环节活动的顺利进行，具有保障的性质。但装卸搬运的保障性不能理解成是被动的。实际上，装卸搬运对其他物流活动有一定的决定性，表现在装卸搬运会影响其他物流活动的质量和速度。例如，装车不当，会引起运输过程中的损失；卸放不当，会引起物品转换成下一步的困难。许多物流活动在有效的装卸搬运支持下，才能实现高水平、高效率。

3. 衔接性

在任何其他物流活动相互过渡时，一般都以装卸搬运来衔接。因而，装卸搬运往往成为整个物流的瓶颈，是物流各环节之间能否形成有机联系的关键。建立一个有效的物流系统，关键看这一衔接是否有效。

4. 均衡与稳定性

在生产领域，生产活动的连续性、均衡性决定了生产领域的装卸搬运作业基本上是均衡、稳定、连续的。加之生产领域的装卸搬运作业对象是稳定的或略有变化，但也有一定的规律，所以生产领域的装卸搬运作业具有稳定性。

三、装卸搬运的意义

1. 装卸搬运是衔接其他物流主要环节的桥梁

装卸搬运作为物流系统的构成要素之一，是衔接其他物流主要环节的桥梁。例如，运输、保管、包装和流通加工等物流环节，都是靠货物的装上卸下、移送和分类等装卸搬运活动联结起来的。物流的各个活动之间或者同一活动的不同阶段之间，都必须有装卸搬运作业进行衔接。比如，货物进入配送中心之前，就必须进行装卸搬运。正是由于装卸搬运把物流的各个环节联结成为连续的流，才使物流过程真正浑然一体。

在我国的物流诸环节中，由于人为、自然、社会等因素的影响，每年运输装卸环节所造成的直接物资损失高达 470 亿元左右。因此，装卸搬运合理化是提高物流效率的重要手段之一。

2. 装卸搬运是生产或流通过程的重要组成部分

采掘行业的生产过程，实质上就是装卸搬运过程。在加工和流通行业，装卸搬运也成为生产过程中不可缺少的组成要素。据国外统计，在中等批量的生产车间里，零件在机床上的加工时间仅占生产时间的5%，而95%的时间消耗在原材料、工具、零件的搬运和等待上，物料搬运的费用占全部生产费用的30%～40%。据调查，我国机械加工行业用于装卸搬运的成本约为加工总成本的15.5%左右。因此，设计合理、高效、柔性的物料搬运系统，对压缩库存资金占用、缩短物流搬运所占用的时间是十分必要的。

3. 装卸搬运是影响物流效率的重要环节

装卸搬运是随运输和保管而产生的必要的物流活动，是对运输、保管、包装、流通加工等物流活动进行衔接的中间环节，以及在保管等活动中为进行检验、维护、保养所进行的装卸活动，例如货物的装上卸下、移送、拣选、分类等。在物流活动的全过程中，装卸搬运活动是频繁发生的，因而装卸搬运活动所占用的时间是影响物流效率的重要因素。当铁路运输距离少于500千米时，装卸搬运的时间则超过实际运输的时间。美国和日本之间的远洋船运，一个往返周期的25天中，在途时间为1～3天，而装卸搬运则需要12天。另外，从生产到消费的流通过程中，由于装卸搬运活动的频繁发生，装卸搬运的好坏对物流成本的影响很大，装卸搬运作业与物品被破坏、污损造成的损失密切相关，且对货物的包装费用也有一定的影响。对装卸搬运的管理，主要是对装卸搬运方式的选择运用、对装卸搬运机械设备的选择、合理配置与使用以及装卸搬运合理化，做到尽可能减少装卸搬运次数，避免造成物品损失，以提高物流的效率。

4. 装卸搬运是影响物流成本的主要因素

随着工业生产规模的扩大和自动化程度的提高，物料搬运费用在工业生产成本中所占的比例越来越大。据有关资料统计，每生产1吨的物品，往往需要252吨次的装卸搬运，其成本为加工成本的15.5%。美国工业物品生产过程中的装卸搬运费用占成本的20%～30%，德国企业物料搬运费用占营业额的1/3，日本物料搬运费用占国民生产总值的10.73%。我国铁路运输的始发和到达的装卸作业费大致占运费的20%左右，船运的装卸作业费用占运费的40%左右。在物流过程中，装卸与搬运活动是不断出现和反复进行的。它出现的频率高于其他各项物流活动，每次装卸搬运活动都要花费很长时间，往往成为决定物流速度的关键。装卸搬运活动所消耗的人力也很多，所以装卸搬运费用在物流成本中所占的比重也较高。为了提高物流效率，降低物流费用，必须改进装卸搬运这一重要环节的工作。因此，提高物料运输和存放过程的自动化程度，对改进物流管理、提高物品质量、降低生产成本、缩短生产周期、加速资金周转和提高整体效益具有重要的意义。

物流管理概论

四、装卸搬运的分类

1. 按装卸搬运施行的物流设施、设备对象分类

装卸搬运依此可分为仓库装卸、铁路装卸、港口装卸、汽车装卸、飞机装卸等。

① 仓库装卸。仓库装卸配合出库、入库、维护保养等活动进行，并且以堆垛、上架、取货等操作为主。

② 铁路装卸。铁路装卸是对火车车皮的装进及卸出，特点是一次作业就需实现一车皮货物的装进或卸出，很少有像仓库装卸时出现的整装零卸或零装整卸的情况。

③ 港口装卸。港口装卸包括码头前沿的装船，也包括后方的支持性装卸搬运。有的港口装卸还采用小船在码头与大船之间“过驳”的办法，因而其装卸的流程较为复杂，往往经过几次的装卸及搬运作业才能最后实现船与陆地之间货物过渡的目的。

(4) 汽车装卸。汽车装卸一般一次装卸批量不大。汽车具有灵活性，可以减少或彻底免去搬运活动，而直接、单纯利用装卸作业达到车与物流设施之间货物过渡的目的。

2. 按装卸搬运的机械及机械作业方式分类

装卸搬运依此可分成使用吊车的“吊上吊下”方式、使用叉车的“叉上叉下”方式、使用半挂车或叉车的“滚上滚下”方式、“移上移下”方式及散装散卸方式等。

① 吊上吊下方式。采用各种起重机械从货物上部起吊，依靠起吊装置的垂直移动实现装卸，并在吊车运行的范围内或回转的范围内实现搬运或依靠搬运车辆实现小搬运。由于吊起及放下属于垂直运动，所以这种装卸方式属于垂直装卸方式。

② 叉上叉下方式。采用叉车从货物底部托起货物，并依靠叉车的运动进行货物位移，搬运完全靠叉车本身，货物可不经中途落地直接放置到目的处。这种方式的垂直运动不大而主要是水平运动，属于水平装卸方式。

③ 滚上滚下方式。滚上滚下方式主要指在港口对船舶货物进行水平装卸搬运的一种作业方式。比如，在装货港，用拖车将半挂车或平车拖上船舶，完成装货作业；在卸货港，再用拖车将半挂车或平车拖下船舶，完成卸货作业。

④ 移上移下方式。移上移下方式是在两车之间（如火车及汽车）进行靠接，然后利用各种方式，不使货物垂直运动，而靠水平移动从一个车辆推移到

另一车辆上。移上移下方式需要使两种车辆水平靠接，对站台或车辆货台需进行改变，并配合移动工具实现这种装卸。

⑤ 散装散卸方式。散装散卸方式是指对散状货物不加包装而直接进行装卸搬运的作业方式。

3. 按装卸搬运的作业特点分类

根据作业特点的不同，装卸搬运可分为连续装卸搬运和间歇装卸搬运两大类。

① 连续装卸搬运。连续装卸搬运指采用皮带机、链斗装车机等连续作业机械，对大批量的同种散状货物或小型件杂货进行不间断输送（中间无停顿）的作业方式。连续装卸搬运适用于批量较大、作业对象无固定形状或难以形成大包装的情形。

② 间歇装卸搬运。间歇装卸搬运指作业过程包括重程和空程两个部分的作业方式。该方式有较强的机动性，广泛适用于批量不大的各类货物，尤其适合大件或包装货物。间歇装卸搬运主要使用起重机械、工业车辆、专用机械进行作业。

第五节　装卸搬运作业

一、装卸搬运作业的内容

装卸搬运作业有对输送设备的装入、装上和取出、卸下作业，也有对固定设备（如保管货架等）的入库、出库作业。

装卸搬运的基本作业可以分为以下六个方面。

① 装卸：将物品装上运输机具或由运输机具卸下。

② 搬运：使物品在较短的距离内移动。

③ 堆码：将物品或包装货物进行码放、堆垛等有关作业。

④ 取出：从保管场所将物品取出。

⑤ 分类：将物品按品种、发货方向、顾客需求等进行分类。

⑥ 理货：将物品备齐，以便随时装货。

二、装卸搬运作业应考虑的因素

装卸搬运作业要考虑许多因素。这些因素若没有加以分析研究，往往无法达到预期效果。因此，装卸搬运作业必须对这些因素加以整理、分析，再决定采用的设备及方法。通常，装卸搬运作业要考虑如下因素。

1. 搬运对象

① 种类：固体、液体还是气体；② 形态：单独件、包装件还是散装物料；③ 特性：软的、硬的、轻的、重的、容易污染的、容易破损的及高价的等；④ 量：数量的大小；⑤ 尺寸大小：长形物、大形物和小形物。

2. 移动

① 移动的起点、终点；② 路径：水平的路径、倾斜的路径、垂直的路径、分歧的路径、合流的路径、贴标的路径或扫描的路径；③ 距离：长距离还是短距离；④ 频度：连续的、间断的、规则的或者不规则的；⑤ 速度：速度高还是速度低。

3. 方法

① 货物形态：单品、整箱或托盘；② 人：一人、数人、很多人或是无人；③ 设备：手推车、油压拖板车、堆高机及输送机等。

4. 建筑物

① 地板荷重；② 地板的表面；③ 建筑物的高度；④ 周边条件：温度、湿度等。

5. 人体工学

搬运装卸作业依据自动化的水平可分为人工操作、半自动化和全自动化作业三种。而采用全自动化搬运作业必须是数量多、品类较少的物品，而且设备回收年限必须符合经济效益。实际上，使用人工操作及半自动化作业的比例不在少数。在欧洲国家和美国、日本等发达国家，针对这些搬运作业，大都考虑到人体工学因素，也就是依照人体构造可以负担的荷重制定标准及方法，作为搬运作业中的参考，这样就使人在作业中不至于容易疲劳及受到伤害。

三、装卸作业方法

1. 单件装卸

单件装卸指的是非集装按件计的货物逐个进行装卸操作的作业方法。单件作业对机械、装备、装卸条件要求不高，机动性较强，可在很广泛的地域内进行而不受固定设施、设备的地域局限。

单件作业可采取人力装卸、半机械化装卸及机械装卸。由于逐件处理装卸速度慢，且装卸要逐件接触货体，因而容易出现货损，反复作业次数较多，也容易出现货差。单件作业的装卸对象主要是包装杂货、多种类、少批量货物以及单件大型、笨重货物。

2. 集装作业

集装作业是对集装货载进行装卸搬运作业的方法。每装卸一次是一个经组合之后的集装货载，在装卸时对集装体逐个进行装卸操作的作业方法。集装作业和单件装卸的主要异同在于，都是按件处理，但集装作业“件”的单位大大高于单件作业每件的大小。

集装作业由于集装单元较大，不能进行人力手工装卸。虽然在不得已时，可用简单机械偶尔解决一次装卸，但对大量集装货载而言，只能采用机械进行装卸。集装作业必须在有条件的场所进行，不但受装卸机具的限制，也受集装货载存放条件的限制，因而机动性较差。

集装作业一次作业装卸量大，装卸速度快，且在装卸时并不逐个接触货体，而仅对集装体进行作业，因而货损较小，货差也小。

集装作业的对象范围较广，一般除特大、重、长的货物和粉、粒、液、气状货物外，都可进行集装。粉、粒、液、气状货物经一定的包装后，也可集合成大的集装货载。特大、重、长的货物，经适当分解处置后，也可采用集装方式进行装卸。集装作业有以下几种方法：

(1) 托盘装卸

利用叉车对托盘货载进行装卸，属于“叉上叉下”方式。由于叉车本身有行走机构，在装卸的同时可以完成搬运而无须落地过渡，因而有水平装卸的特点。托盘装卸常需叉车与其他设备、工具配合，以有效地完成全部装卸过程。例如，叉上之后，由于叉的前伸距离有限，有时需要利用托盘搬运车或托盘移动器来解决托盘水平短距离移动。由于叉车叉的升高有限，有的叉需与升降机、电梯、巷道起重机等设备配套，以解决托盘垂直位移的问题。

(2) 集装箱装卸

集装箱装卸主要用港口岸壁吊车、龙门吊车、行车等各种垂直起吊设备进行“吊上吊下”式的装卸，同时各种吊车都可以做短距离水平运动。因此，可以同时完成小范围的搬运。如需要一定距离的搬运，则还需与搬运车相配合。小型集装箱也可以和托盘一样采用叉车进行装卸。

(3) 货捆装卸

货捆装卸主要采用各种类型的起重机进行装卸，货捆的捆具可与吊具、索具有效地配套进行“吊上吊下”式装卸。短尺寸货捆可采用一般叉车装卸，长尺寸货捆还可采用侧式叉车进行装卸。货捆装卸适于长尺寸货物、块条状货物、强度较高无须保护的货物。

(4) 集装网袋装卸

集装网袋装卸主要采用各种类型吊车进行“吊上吊下”作业，也可与各种搬运车配合进行吊车所不能及的搬运。

货捆装卸与集装网袋装卸有一个共同的突出优点，即货捆的捆具及集装袋、集装网本身重量轻，又可折叠，因而无效装卸少，装卸作业效率高。相对于货物而言，货捆的捆具与集装网袋相比成本较低，装卸后又易返运，因而在装卸上有优势。

(5) 挂车装卸

挂车装卸是利用挂车的可行走机构，连同车上组合成的货物一起拖运到火车车皮上或船上的装卸方式，属于水平装卸，是所谓的"滚上滚下"的装卸方式。

其他集装装卸方式还有滑板装卸、无托盘集装装卸、集装罐装卸等。

3. 散装作业

散装作业是指对大批量粉状、粒状货物进行无包装散装、散卸的装卸方式。装卸可连续进行，也可采取间断的装卸方式，但是都需采用机械化设施、设备。在特定的情况下且批量不大时，也可采用人力装卸。散装作业的方法主要有以下几种。

(1) 气力输送装卸

气力输送装卸的主要设备是管道及气力输送设备，以气力运动裹挟粉状、粒状物沿管道运动而达到装、搬、卸的目的，也可采用负压抽取方法，使散货沿管道运动。管道装卸密封性好，装卸能力强，容易实现机械化、自动化。

(2) 重力装卸

重力装卸是利用散货本身的重量进行装卸的方法，必须与其他方法配合。只有将散货提升到一定的高度，具有一定的势能之后，才能利用本身的重力进行下一步装卸。

(3) 机械装卸

机械装卸是利用能承载粉粒货物的各种机械进行装卸的方法，有两种主要方式：

① 用吊车、叉车改换不同机具或用专用装载机，进行抓、铲、舀等形式作业，完成装卸及一定的搬运作业。

② 用皮带、刮板等各种输送设备，进行一定距离的搬运卸货作业，并与其他设备配合进行装货。

四、装卸搬运作业的组织工作

1. 装卸作业的基本要求

为了提高物流质量和效率，装卸作业还应当注意以下几项要求。

① 减少不必要的装卸环节。从物流过程分析，装卸作业环节不仅不增加货物的价值和使用价值，反而有可能增加货物破损的可能性和相应的物流成本。系统地分析研究物流过程各个装卸作业环节的必要性，取消、合并装卸作

业和次数，避免进行重复的或可进行也可不进行的装卸作业，是减少不必要装卸环节的重要保证。

② 提高装卸作业的连续性。必须进行的装卸作业应按流水作业原则运作，各工序间应密切衔接。必须进行的换装作业，也应尽可能采用直接换装方式。

③ 相对集中的装卸地点。装载、卸货地点的相对集中，可以提高装卸工作量，易于采用机械化作业方式。在货物堆场上，应将同类货物的作业集中在一起进行，以便于采用机械化、自动化作业。

④ 力求装卸设备、设施、工艺等标准化。为了促进物流各环节的协调，就要求装卸作业各工艺阶段间的工艺装备、设施、效率与组织管理工作相协调。装卸作业的工艺、装备、设施、货物单元或包装、运载工具、集装工具、信息处理等作业的标准化、系列化、通用化是装卸作业实现机械化、自动化的基本前提。

⑤ 提高货物集装化或散装化作业水平。成件货物集装化、粉粒状货物散装化是提高作业效率的重要方向。所以，成件货物尽可能集装成托盘系列、集装箱、货捆、网袋等货物单元再进行装卸作业。各种粉粒状货物尽可能采用散装化作业，直接装入专用车、船、库。不宜大量化的粉粒状货物也可装入专用托盘箱、集装箱内，以提高货物活性指数，便于采用机械设备进行装卸作业。

⑥ 做好装卸现场组织工作。做好装卸现场组织工作，使装卸现场的作业场地、进出口通道、作业线长度、人机配置等布局设计合理，能使现有的和潜在的装卸能力充分发挥或发掘出来。同时，避免由于组织管理工作不当造成装卸现场拥挤、阻塞、紊乱现象，确保装卸工作能够安全顺利进行。

2. 装卸组织工作

(1) 制定科学合理的装卸工艺方案

装卸作业是货物、设备设施、劳动力、作业方法和信息工作等因素组成的整体。装卸工艺方案应该从物流系统角度分析制定与装卸作业有关的装卸作业定额，按组织装卸工作的要求分析工艺方案的优缺点，并加以完善。

(2) 加强装卸作业调度指挥工作

装卸调度员应根据货物信息、装卸设备的性质和数量、车辆到达时间、装卸点的装卸能力、装卸工人的技术专长和体力情况等合理调配组织。在装卸量大、装卸劳动力足够、货物条件许可的情况下，可采用集中出车、一次接送装卸工人的方法。在作业点分散的地区，可以划分装卸作业区，通过加强装卸调度工作，减少装卸工人的运送调遣。

(3) 加强和改善装卸劳动管理

制定各种装卸作业时间定额是加强和改善装卸劳动管理、提高装卸效率的重要手段。装卸作业时间定额要建立在先进合理的水平上,并要根据相关条件的变化,定期加以修订完善。

① 装卸作业时间定额。所谓装卸作业时间定额,是指在一定装卸技术组织条件下,装卸不同品种单位重量的货物所需要的作业时间。

② 一定的装卸技术组织条件。一定的装卸技术组织条件是指装卸车辆、装卸设备、装卸方法、装卸工人及技术水平、作业环境等因素。

(4) 提高现代通信系统的应用水平

移动通信系统应用水平或固定通信系统应用水平对装卸作业组织工作有重要的影响。及时掌握车辆到达时间等有关信息,是减少车辆等待装卸作业时间的有效措施。应当根据有关技术条件的应用情况,建立车辆到达预报系统。根据车辆到达时间、车号、货物名称、收发单位等的报告,事先安排装卸机具和劳力,做好装卸前的准备工作,保证车到即可及时装卸。

(5) 提高装卸的机械化水平

提高装卸的机械化水平的同时,要提高现代通信水平,这是做好装卸工作组织和做好物流工作的重要技术组织基础。要从物流系统的组织设计做起,使车辆、装卸机具、仓库等移动设备、固定设备的设计合理,从而提高装卸质量、装卸效率,降低装卸成本。

(6) 应用数学方法改善装卸劳动力的组织工作也是一种有效的途径。

五、装卸搬运作业的设备选择

1. 以满足现场作业为前提

① 装卸机械首先要符合现场作业的性质和物资特点、特性要求。例如,在有铁路专用线的车站、仓库等,可选择门式起重机;在库房内可选择桥式起重机;在使用托盘和集装箱作业的生产条件下,可尽量选择叉车、跨载起重机。

② 机械的作业能力(吨位)与现场作业量之间要形成最佳的配合状态。装卸机械吨位的具体确定,应对现场要求进行周密的计算、分析。在能完成同样的作业效能的前提下,应选择性能好、节省能源、便于维修、利于配套、成本较低的装卸机械。

③ 其他影响条件。影响物流现场装卸作业量的最基本的因素是吞吐量。此外,还要考虑堆码和卸垛作业量、装卸作业的高峰期等因素的影响。

2. 控制作业费用

装卸机械作业发生的费用主要有设备投资额、运营费用和装卸作业成本等项。

① 设备投资额。设备投资额是平均每年机械设备投资的总和(包括购置费用、安装费用和直接相关的附属设备费用)与相应的每台机械在一年内完成装卸作业量的比值。

② 装卸机械的运营费用。装卸机械的运营费用是指某种机械一年运营的总支出(包括维修费用、劳动工资、动力消耗、照明等项)和机械完成装卸量的比值。

③ 装卸作业成本。装卸作业成本是指在某一物流作业现场,机械每装卸一吨货物所支出的费用,即每年的平均设备投资支出和运营支出的总和与每年装卸机械作业现场完成的装卸总吨数之比。

3. 装卸搬运机械的配套

① 装卸搬运机械的配套的含义。装卸搬运机械的配套是指根据现场作业性质、运送形式、速度、搬运距离等要求,合理地选择不同类型的相关设备。

② 装卸机械配套的方法。按装卸作业量和被装卸物资的种类进行机械配套,在确定各种机械生产能力的基础上,按每年装卸 1 万吨货物需要的机械台数和每台机械所承担的装卸物资的种类以及每年完成装卸货物的吨数进行配套。此外,还可以采用线性规划方法来设计装卸作业机械的配套方案,即根据装卸作业现场的要求,列出数个线性不等式,并确定目标函数,然后求出最优的各种设备台数。

第六节 集装箱装卸搬运与装搬合理化

【案例 7-3】

沃尔玛公司降低运输成本的学问

沃尔玛公司是世界上最大的商业零售企业,在物流运营过程中,尽可能地降低成本是其经营的哲学。

沃尔玛公司有时采用空运,有时采用船运,还有一些货物采用卡车公路运输。在中国,沃尔玛公司百分之百地采用公路运输,所以如何降低卡车运输成本,是沃尔玛公司物流管理面临的一个重要问题,为此,公司主要采取了以下措施:

(1) 沃尔玛公司使用一种尽可能大的卡车，大约有16米的加长货柜，比集装箱运输卡车更长或更高。沃尔玛公司把卡车装得非常满，产品从车厢的底部一直装到最高，这样非常有助于节约成本。

(2) 沃尔玛公司的车辆都是自有的，司机也是公司的员工。沃尔玛公司的车队大约有5 000名非司机员工，还有3 700多名司机，车队每周每一次运输可以达7 000～8 000千米。

沃尔玛公司的管理者知道，卡车运输是比较危险的，有可能会出交通事故，因此，保证运输安全是节约成本最重要的环节。沃尔玛的口号是"安全第一，礼貌第一"，而不是"速度第一"。在运输过程中，卡车司机们都非常遵守交通规则。沃尔玛公司定期在公路上对运输车队进行调查，卡车上都有公司的号码，如果司机违章驾驶，调查人员就及时记录在案，以便进行惩处。沃尔玛公司认为，卡车不出事故，就是节省公司的费用，就是最大限度地降低物流成本。由于狠抓了安全驾驶环节，运输车队已经创造了300万千米无事故的纪录。

(3) 沃尔玛公司采用全球定位系统对车辆进行定位，因此，调度中心随时可知车辆在何处，离商店有多远，货物何时才能运到商店。沃尔玛公司的管理者认为，提高整个物流系统的效率，将有助于降低成本。

(4) 沃尔玛公司的连锁商场的物流部门每天24小时不间断地进行工作，随时能为卡车卸货。另外，沃尔玛公司的运输车队一般是夜间出发，当日下午进行集货，夜间进行异地运输，翌日上午即可送货上门，从而保证在15～18个小时内完成运输任务。这是沃尔玛公司在速度上取得优势的重要措施。

(5) 沃尔玛公司的卡车把产品运到商场后，商场可以整体卸货，而不用逐个检查。这样就可以节省很多时间和精力，加快物流的循环过程，从而降低成本。能做到这一点，其先决条件是沃尔玛的物流系统能够确保商场所接收的产品与发货单的记载完全一致。

(6) 沃尔玛公司的运输成本比供货商自己的运输成本要低，所以供货商也使用沃尔玛的卡车来运输货物，从而做到把产品从工厂直接运送到商场，大大节省了产品流通过程中的仓储成本和转运成本。沃尔玛公司的集中配送中心把上述措施有机结合，做出经济合理的安排，从而使运输车队能以最低的成本高效率地运行。

一、集装箱装卸搬运

1. 集装箱的装卸搬运方式

(1) 吊装方式

在专用集装箱码头前沿一般都配备有岸边集装箱起重机，进行船舶的集装箱装卸作业。集装箱吊装方式按货场上使用机械类型的不同可以分为跨运车方式、轮胎式龙门起重机方式、有轨式龙门起重机方式和底盘车方式。

① 跨运车方式。跨运车方式的工艺流程为，卸船时，用码头上的集装箱装卸桥将船上的集装箱卸至码头前沿的场地上，然后由跨运车运至堆场进行堆垛或给拖挂车装车；装船时，用跨运车拆垛并将集装箱运至码头前沿，再由码头前沿的集装箱装卸桥装船。

采用跨运车装卸工艺方案，跨运车的搬运效率应与集装箱装卸桥的效率相适应。从理论上讲，跨运车的搬运效率约为普通型集装箱装卸桥效率的1/2。在采用全跨运车方式的集装箱专用码头，跨运车典型的搬运过程可分为单程操作和往复操作两种情况。

a. 单程操作循环：跨运车从码头前沿搬运集装箱至堆场，由堆场空车返回码头前沿。

b. 往复操作循环：跨运车从码头前沿搬运集装箱至后方堆场，由后方堆场空车行驶至前方堆场，并从前方堆场搬运重箱至码头前沿。

② 轮胎式龙门起重机方式。轮胎式龙门起重机方式的工艺流程为：卸船时，集装箱装卸桥将船上卸下的集装箱装在拖挂车上，运至堆场，再用轮胎式龙门起重机进行卸车和码垛作业；装船时，在堆场由轮胎式龙门起重机将集装箱装上拖挂车，运往码头前沿，等待装卸桥装船。

该方案的特点是集装箱拖挂车只做水平运输，轮胎式集装箱龙门起重机承担堆拆垛作业，从而将集装箱拖挂车快速输运和轮胎式集装箱龙门起重机堆码层数较多的特点结合起来，达到提高集装箱码头装卸效率的目的。

在轮胎式集装箱龙门起重机装卸工艺方案中，堆场作业机械是采用轮胎式集装箱龙门起重机。轮胎式集装箱龙门起重机装卸工艺方案的优点是，装卸效率高，可进行大面积连续堆码作业；机械利用率高；机械维修量少，维修费用低，可节省投资和定员；跨距大，堆层高，堆场空间利用率高，易于实现自动控制和堆场装卸作业自动化。

轮胎式集装箱龙门起重机的主要缺点是，由于搬运需要与集装箱拖挂车联合作业，因此使用的机械数量多，初次投资较大；由于轮胎式集装箱龙门起重机的轮压较大，对码头的承载能力需求较高，特别是行走车道需要进行加固，故码头的土建投资较大。

③ 轨道式龙门起重机方式。轨道式龙门重机方式的工艺流程包括两种类型。一种是卸船时用集装箱装卸桥将集装箱从船上卸到码头前沿的集装箱拖挂车上，然后拖到堆场，采用轨道式集装箱龙门起重机进行堆码。装船时则相反，在堆场上用轨道式集装箱龙门起重机将集装箱装到集装箱拖挂车上，然后，拖到码头前沿，用装卸桥把集装箱装船。另一种则是在船与堆场之间不使用水平搬运机械，而是由集装箱装卸桥与轨道式集装箱龙门起重机直接转运。轨道式集装箱龙门起重机将悬臂伸至集装箱装卸桥的内伸距的下方，接力式地将集装箱转送至堆场或进行铁路装卸。

轨道式集装箱龙门起重机具有跨度大、堆码层多(一般可堆放5～6层集装箱)、可以充分利用堆场面积、提高堆场的堆存能力等特点；并且由于结构简单、操作和维修都比较方便而更易实现单机自动化控制。

④ 底盘车方式。底盘车装卸工艺方案首先为美国海陆航运公司所采用，故又称为海陆方式。其工艺流程如下：卸船时，集装箱装卸桥将船上卸下的集装箱直接装在挂车上，然后由牵引车拉至堆场按顺序存放，存放期间，集装箱与挂车不脱离。装船的过程相反，用牵引车将堆场上装有集装箱的挂车拖至码头前沿，再由集装箱装卸桥将集装箱装到集装箱船上。

采用底盘车装卸工艺方案，可以提高集装箱装卸桥的装卸效率并解决集装箱装卸桥与挂车的快速对位，是提高整个工艺方案效率的关键。

⑤ 正面吊运机方式。与叉车相比较，集装箱正面吊运机具有机动性强、稳定性好、轮压低、堆码层数高、堆场利用率高等优点。集装箱正面吊运机的装卸作业特点主要有：吊具可以伸缩和旋转，能带载变幅和行走，能堆码多层集装箱，可以采用吊爪作业，有自动对位功能，可以进行其他货种的装卸作业等。集装箱正面吊运机工艺方案的工艺流程有以下几种：

a. 码头前沿至堆场堆箱作业。用集装箱正面吊运机从码头前沿吊起集装箱，运至堆场堆箱，空载返回码头前沿进行第二次循环作业。

b. 堆场至半挂车的装箱作业。用集装箱正面吊运机从堆场吊起集装箱，运至半挂车上放下，由半挂车运走，然后空载返回堆场准备第二次循环作业。

c. 操作循环作业。正面吊运机从码头前沿吊运集装箱至堆场堆箱，然后在堆场吊运空箱回码头前沿放下，再吊运集装箱做第二次循环。

(2) 滚装方式

集装箱滚装装卸工艺方案就是采用滚装船运输集装箱的港口装卸工艺方

案。滚装工艺所采用的船型为滚装船。

在集装箱滚装装卸工艺方案中,集装箱拖挂车或其他用于搬运集装箱的搬运机、装载了货物的卡车及其他车辆,通过滚装船船侧或船尾的舷门直接驶入滚装船舱内,停在舱内预定的位置。这种作业方式称为滚装方式,也称为滚上滚下方式或开上开下方式。由于其货物的装卸方式是在水平方向移动的,所以又称为水平作业方式。

滚装方式比吊装方式的装卸搬运速度快 30%左右,且港口不必装备昂贵的大型专用设备。但滚装船的造价比一般集装箱船的造价约高 10%,其载重量利用率仅为一般集装箱船的 50%左右,而且,采用滚装方式,码头堆场的面积利用率很低,所以这种方式目前使用并不广泛。

2. 集装箱装卸搬运机械

(1) 集装箱起重机

① 岸边集装箱起重机

岸边集装箱起重机(见图 7-10)是集装箱码头前沿装卸集装箱船舶的专用起重机,主要应用专用集装箱吊具完成集装箱的装卸船作业。为适应个别集装箱船舶上的重件装卸,一些岸边集装箱起重机备有重件吊钩,也有少数港口的岸边集装箱起重机具有集装箱和抓斗装卸两种功能。岸边集装箱起重机的形式依据其作业特性和操作功能而定。目前,世界上岸边集装箱起重机因需要不同而呈现不同的样式,但其基本形式差别不大。这类起重机一般是前大梁、主梁、后大梁由海侧、陆侧门框支撑,并通过梯形架连接的前后拉杆进行悬挂,海侧、陆侧门框由斜撑、门框横梁连接在一起,运行小车通过起升钢丝绳悬挂专用集装箱吊具,沿着安装在前大梁、主梁、后大梁上的轨道前后运行,驱动机构和电气设备一般放置在主梁或后大梁上。为了方便司机操作,司机室一般布置在运行小车后下部并随小车运行。

近年来,随着集装箱运输业的发展,为降低运输费用,集装箱船舶尺寸越来越大,目前装箱量已达到 6 000 TEU~8 000 TEU,10 000 TEU 以上装载量的船舶也即将投入运营。同时,有些集装箱码头,为便于船方的各种船务作业,以及港口维护人员作业,加宽海侧轨道至护舷之间的尺寸。这样,对岸边集装箱起重机的形式提出了新的要求,主要的技术参数也相应发生了变化。

目前,岸边集装箱起重机的前伸距已达到 70 m,后伸距达到 25 m,轨距一般取 26 m~30 m,起升高度已达到 35 m~40 m,即通常所说的超巴拿马机型。主要技术参数提高了,各集装箱港口用户在不断追求加大前后伸距、轨距和起升高度的岸边集装箱起重机的同时,同样要求这种超巴拿马机型的生产率不能降低甚至还要提高。为适应这一要求，岸边集装箱起重机的各主要技术参数特别是速度参数都相应地加以提高，满载/空载起升速度达到 90 m/180 m/min，小车运行速度达到 240 m/min，额定起重量达到 65 t～70 t。

② 多用途门座起重机

多用途门座起重机(见图 7－11)是通用门座起重机的变型机种。其构造和通用门座起重机基本相同。多用途门座起重机按其需要配装了不同的装卸属具，设置相应的附加装置，可进行集装箱、件杂货和散货装卸作业，也可以装置电磁吸盘，用来装卸废钢铁。这种起重机进行集装箱装卸作业时，可使集装箱重心在整个变幅过程中保持水平位移，以利于集装箱进出集装箱船格栅导轨和堆码作业。起重机回转时，吊具具有反向同步回转的能力，保证集装箱的纵向水平轴线始终与起重机轨道平行，便于集装箱对位，可以有效地提高装卸集装箱的效率。

图 7－10 岸边集装箱起重机

图 7－11　多用途门座起重机

③ 高架集装箱轮胎式起重机

高架集装箱轮胎式起重机(见图 7－12)是在轮胎式起重机的基础上发展起来的一种码头前沿集装箱起重机械。它既有轮胎式起重机的机动性强、对场地要求不高的特点，又具有门座起重机的货物能水平移动、驾驶室离地面较高、操作方便、臂架铰点高、方便卸船作业的特点。

④ 轮胎式集装箱门式起重机

轮胎式集装箱门式起重机(见图 7－13)是集装箱货物进行堆码作业的专用机械。它由门形支架、动力传动系统、起升机构、大车运行机构、小车运行机构及伸缩式吊具等组成。装有集装箱吊具的行走小车沿主梁轨道行走，进行集装箱装卸和堆码作业，轮胎式行走机构可使起重机在货场上行走，并可作 90°直角转向，从一个货场转移到另一货场，作业灵活。

图 7-12　高架集装箱轮胎式起重机

图 7-13　轮胎式集装箱门式起重机

⑤ 轨道式集装箱门式起重机

轨道式集装箱门式起重机(见图 7-14)主要用于集装箱铁路转运场和大型集装箱储运场的集装箱装卸、搬运和堆放。轨道式集装箱门式起重机由主梁、刚性和柔性门腿、运行小车、起升机构、大车运行机构、电气系统、操作驾驶室等组成。根据堆场作业工艺,在单门腿方向或双门腿方向外伸悬臂成为单悬臂或双悬臂机型,不外伸成为无悬臂机型。根据场地、集装箱储运工艺流程及装卸的车辆(集装箱卡车或铁路车辆)确定采用无悬臂、单悬臂和双悬臂的不同结构形式。

(2) 其他集装箱专用装卸机械

① 集装箱跨运车。集装箱跨运车(见图 7-15)是一种应用于集装箱码头和集装箱中转站堆场的集装箱专用装卸机械,其作用是实现集装箱的水平运输、堆码以及对集装箱半挂车进行装卸作业。

② 集装箱正面吊运机。集装箱正面吊运机(见图 7-16)是一种用以完成集装箱装卸、堆码和水平运输作业的集装箱装卸搬运机械。它具有机动性强、作业效率高、安全可靠、操作简便舒适等优点,是一种比较理想的货场装卸搬运机械。

图 7-14　轨道式集装箱门式起重机

图 7-15　集装箱跨式运输车

③ 集装箱叉车。集装箱叉车(见图 7-17)是一种由通用叉车发展起来的适用于集装箱装卸作业特殊需要的专用叉车,主要用于集装箱装卸、堆码及短

距离的搬运等作业，是集装箱码头和货场常用的装卸设备之一。它一般在门架前装有一个顶部起吊属具(吊具)，借助转锁件与集装箱连接，从顶部起吊，也可以采用货叉插入集装箱底部叉槽内举升搬运集装箱。

图 7-16　集装箱正面吊运机

图 7-17　集装箱叉车

集装箱叉车按照构造形式分为正面集装箱叉车和侧面集装箱叉车。正面集装箱叉车是目前常用的装卸搬运机械。侧面集装箱叉车和普通侧面叉车类似，在装卸集装箱时，将门架和货叉向侧面移出，叉取集装箱后收回，将集装箱放置在货台上进行搬运；也可装设顶部起吊属具，进行起吊。与正面集装箱叉车比较，侧面集装箱叉车载箱行走时的横向尺寸要小得多，所要求的通道宽度也较窄(约 4 m)。载箱行走时的载荷中心在前后车轮之间，行走稳定性较好，轮压分配均匀。但是，侧面集装箱叉车的结构和操纵较为复杂，司机视线差，装卸效率较低。

④ 集装箱自装自卸车组。集装箱自装自卸车组由集装箱牵引车、集装箱半挂车和装卸机构组成。集装箱自装自卸车组可以在没有其他装卸机械的条件下，自行完成集装箱的装卸和运输，适用于集装箱运量小、没有起重装卸设备的场所。由于集装箱自装自卸车组带有装卸机构，自重较大，比较适合于中短途"门到门"运输，或作为集装箱港口、场站与公路联运的衔接设备。

⑤ 集装箱滚装车组。集装箱滚装车组由滚装牵引车、连接装置和滚装半挂车组成。集装箱滚装车组只适用于专门的集装箱滚装船，整个车组也只在滚装船和港口货场之间行驶。一般情况下，当滚装船到港后，滚装牵引车通过与船首门、尾门或舷门铰接的跳板进入船舱，把装载集装箱的滚装半挂车拖带到码头货场；或者将滚装半挂车拖带进入滚装船舱。滚装半挂车一般堆码二层集装箱。

二、装卸搬运合理化

1. 装卸搬运的原则

国际物料管理协会下属的物料搬运研究所浓缩十年物料搬运专家的经验，总结出了物料搬运的 20 条原则。美国物料搬运教育大学与产业联系理事会将其进一步浓缩为以下 10 条原则：

① 规划原则。全面考虑需求、作业目标和功能要求来规划所有的物料搬运和物料存储工作。

② 标准化原则。物料搬运方法、设备、器具、控制和软件应该标准化，以达到系统总体作业目标，且不牺牲灵活性、模块化和吞吐量的要求。

③ 工作原则。物料搬运工作应当尽可能最少，且达到作业所需的生产率和服务水平。工作量可以用运量乘以运距来衡量，即 $W=F\times D$。

④ 人机工效原则。在设计物料搬运作业和选择设备时，要考虑人的作业能力和局限性，以保证安全和有效的作业。

⑤ 集装单元化原则。尽可能采用标准容器与装载工具集装物料，以利于搬运过程的标准化、集装化。

⑥ 成分利用空间原则。最大可能地充分利用建筑物的整个空间，包括高度方向，不要忘了往上看。

⑦ 系统化原则。尽可能广泛地把各种搬运活动当做一个整体，使之组成相互协调的搬运系统。其范围包括收货、检验、储存、生产、检验、包装、成品储存、发货、运输和反向物流等。

⑧ 自动化原则。应当采用合理的作业机械化或自动化，以提高作业效率、反应速度和一致性，降低成本并消除重复性和有潜在不安全性的人工作业。

⑨ 环境原则。在设计物料搬运系统和选择设备时，应当将对环境的影响和能量消耗作为一个重要依据。

⑩ 全生命周期成本原则。对所有的物料搬运设备和最终的物料搬运系统，应当做出它们在整个生命周期内的全面深入的经济分析。

2. 工业工程视角的装卸搬运作业合理化

工业工程(IE)是以提高作业系统效率、协调人和工作环境为目的，综合利用人员、物品、设备和信息等资源，设计、改善和管理生产物流作业系统的一种综合技术。日本物流界从工业工程的观点出发，总结出改善物流作业效率的"六不"改善法，具体内容如下：

① 不需等——闲置时间为零。即通过正确地安排作业流程和作业量，使作业人员和作业机械能连续工作，不发生闲置现象。

② 不需碰——与物品接触为零。即通过利用机械化、自动化物流设备进行物料装卸、搬运、分拣等作业，使作业人员在从事物料装卸、搬运、分拣等作业时尽量不直接接触物品，以减轻劳动强度。

③ 不需动——缩短移动距离和次数。即通过优化仓库内的物品放置位置和采用自动化搬运工具，减少物品和人员的移动距离和次数。

④ 不需想——操作简便。即按照专业化（specialization）、简单化（simplification）和标准化（standardization）原则进行分解作业活动和作业流程，并应用计算机等现代化手段，使物流作业的操作简便化。

⑤ 不需找——整理整顿。即通过作业现场管理，使作业现场的工具和物品放置在一目了然的地方。

⑥ 不需写——无纸化。即通过应用条形码技术、信息技术等，使作业记录自动化。

3. 装卸搬运作业合理化的具体措施

(1) 防止和消除无效作业

所谓无效作业是指在装卸作业活动中超出必要的装卸搬运量的作业。显然，防止和消除无效作业对装卸作业的经济效益有重要作用。为了有效地防止和消除无效作业，可从以下几个方面入手：尽量减少装卸次数；包装要适宜，消除多余包装；提高被装卸物料的纯度，去除无效物质。

① 减少装卸搬运次数。装卸搬运次数的减少意味着物流作业量的减少，也就意味着劳动消耗的节约和物流费用的节省。同时，在物流过程中，货损主要发生在装卸搬运环节。而在整个物流过程中，装卸搬运作业又是反复进行的。从发生的频数来讲，装卸搬运超过任何其他活动，所以过多的装卸搬运次数必然导致损失的增加。从发生的费用来看，一次装卸搬运的费用相当于几十千米的运输费用。因此，每增加一次装卸搬运，费用就会有较大比例的增加。此外，装卸搬运又会大大阻缓整个物流的速度，是降低物流速度的重要因素。

在工厂里，时常会有不太注意的搬运是不合理的。例如，操作小行车的步骤如下：

a. 去取挂钩起吊用的挂兜索；

b. 拿着挂兜索，直到列车的放置场所；

c. 操作按钮使行车开到想要的操作地点；

d. 挂好挂钩起吊；

e. 把物料移到下一个位置去；

f. 将物料卸下，解开挂兜索；

g. 将解开的挂兜索还回规定的地点；

h. 回到自己的工作岗位。

从以上操作可以看到，只有第 e 项行车搬运着物料，不是空载运。但 c 项明显是空载运。在 a、b、g、h 项中，虽然行车处于停止状态，但工作人员中断了其他作业。此外，d、f 项行车处于运动状态，但不是简单平移，而是上下运动。所以可以得出除 e 项外，其余全是不合理搬运，应当设法用取消、合并、重排和简化(ECRS)的原则来改善。

② 消除多余包装。包装本身的重量或体积都会消耗装卸搬运的劳动量。包装过大、过重,在装卸时实际上反复在包装上消耗较大的劳动,这一消耗不是必需的,因而形成无效劳动。因此,消除多余包装可以减少无效劳动的消耗,降低物流总成本。

③ 去除无效物质。进入物流过程的货物,有时混杂着没有使用价值或对用户来讲使用价值不符的各种掺杂物,如煤炭中的矸石、矿石中的表面水分、石灰中的未烧熟石灰及过烧石灰等。在反复装卸时,实际上对这些无效物质反复消耗劳动,从而形成无效的装卸搬运。因此,要尽量减少物流过程中的无效物质,减少无效的装卸搬运。

(2) 选择适宜的物料搬运路线

物料搬运路线分为直达型、渠道型和中心型。

① 直达型。在这种路线上,各种物料从起点到终点经过的路线最短。当物流量大、距离短或距离中等时,一般采用这种形式是最经济的,尤其是当物料有一定的特殊性而时间又较紧迫时更为有利。

② 渠道型。一些物料在预定路线上移动,同来自不同地点的其他物料一起运到同一个终点。当物流量为中等或少量而距离为中等或较长时,采用这种形式是经济的,尤其是不规则的分散布置时更为有利。

③中心型。各种物料从起点移动到一个中心分拣处或分拨地,然后再运往终点。当物流量小而距离中等或较远时,这种形式是非常经济的,尤其是当厂区外形基本上是方整地且管理水平较高时更为有利。

图 7－18 为距离与物流量指示图,图 7－18(a)为物料搬运三种形式的选择图。注意,若物流量大而距离又长,则说明这样的布置不合理。

物料搬运设备的选择要根据距离与物流量指示来确定设备的类别,见图 7－18(b)。

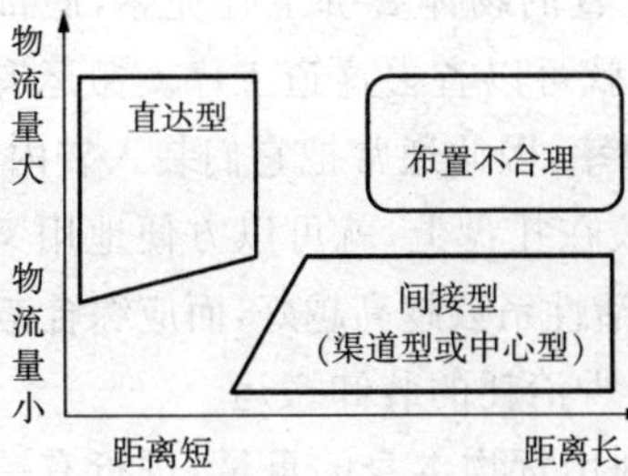

(a)物料搬运三种形式的选择图

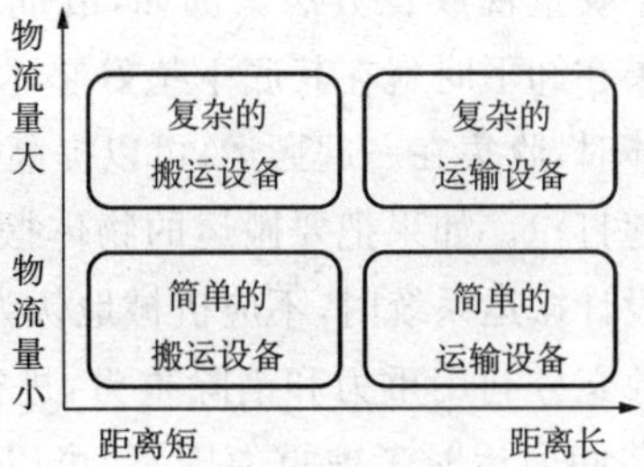

(b)物料搬运设备选

图 7－18 距离与物流量指示图

一般把设备分成四类,综合距离和物流量两个指标来选择。

(3) 提高物料装卸搬运的活性

所谓物料装卸搬运的活性是指物料搬运的难易程度,一般用活性系数来衡量。所费的人工越多,活性就越低;反之,所需的人工越少,活性越高,但相应的投资费用也越高。

从图 7-19 可以看出,散放在地上的物料要运走,需要经过集中、搬起、升起和运走四次作业,所需的人工作业最多,即活性水平最低,则活性系数定为 0。而放在容器中的物料活性系数为 1,放在传送带上的物料活性系数最高,为 4。为了说明物料搬运的灵活程度,通常采用平均活性系数的方法。平均活性系数是对某一物流过程物料所具有的活性情况,累加后计算其平均值,用数学式表示为:平均活性系数=活性系数总和/作业工序数。由平均活性系数的大小,可以采用以下不同的改进方法。

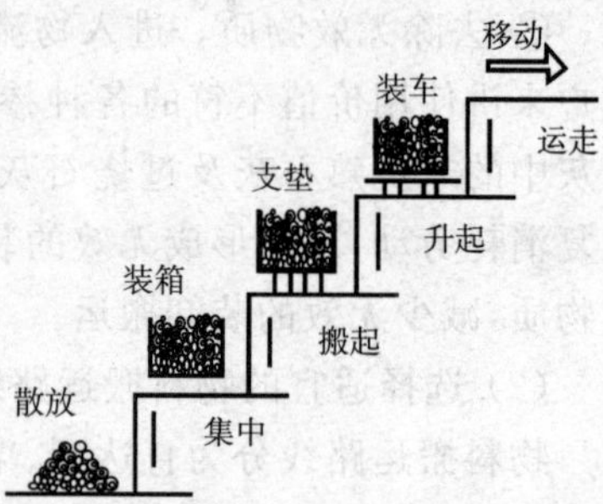

图 7-19 物料装卸搬运的活性图

活性系数低于 0.5:这时所分析的搬运系统大部分处于散装状态,改进方式可有效地利用集装器具、手推车。

活性系数为 0.5～1.3:这时大部分物料处于集装状态,改进方式可有效地利用动力搬运车、叉车、卡车。

活性系数为 1.3～2.3:这时搬运系统的活性系数大多为 2,改进方式可有效地利用传送带、自动导引车。

活性系数为 2.3 以上:这时物料的活性系数大多为 3,改进方式可从设备、方法方面进一步减少搬运的工序数。

总之,活性系数越高,所需人工越少,但设备投入越多。根据活性系数理论,在实践中要重视放置方法。例如,散乱放置的物体要绑上挂兜索,底部必须悬空。如果在卸下时就在其底下垫好垫木,就可以省去这道工序。搬运有一定数量的物体时,收集在一起搬运,可以提高效率,因此通常把它们装入袋内、箱子或捆在一起打包。如果把要搬运的物体摆放在托盘上,就可以方便地用叉车操作了。在设计搬运系统时,不应机械地认为活性系数越高越好,而应综合考虑。

(4) 充分利用重力和消除重力,进行少消耗的装卸搬运

在装卸搬运时考虑重力因素,可以利用货物本身的重量,进行有一定落差的装卸搬运以减少或根本不消耗装卸的动力,这是合理化装卸搬运的重要方式。例如,从卡车、铁路货车卸货时,利用卡车与地面或小搬运车之间的高度

差，使用溜槽、溜板之类的简单工具，以依靠货物本身的重量，从高处自动滑到低处，这就无须消耗动力。如果采用吊车、叉车将货物从高处卸到低处，其动力消耗虽比从低处装到高处小，但是仍需消耗动力。两者比较，利用重力进行无动力消耗的装卸显然是合理的。

在装卸搬运时尽量消除或削弱重力的影响，也会求得减轻体力劳动及其他劳动消耗的合理性。例如，在进行两种运输工具的换装时，可以采取落地装卸方式，即将货物从甲工具卸下并放到地上，一定时间之后或搬运一定距离之后，再从地上装到乙工具之上，这样起码在"装"时要将货物举高，这就必须消耗改变位能的动力。如果进行适当安排，将甲、乙两种工具进行靠接，从而使货物从甲工具转移到乙工具上，这就能有效地消除重力影响，实现合理化。

在人力装卸时，一装一卸需要爆发力。而搬运一段距离，这种负重行走又要持续抵抗重力的影响，同时还要行进，因而体力消耗很大，是出现疲劳的环节。所以，人力装卸时如果能配合简单机具，做到"持物不步行"，则可以大大减轻劳动量，实现合理化。

(5) 装卸搬运作业的机械化

在整个物流过程中，装卸搬运是实现机械化较为困难的环节。装卸搬运与其他物流环节相比机械化水平较低，在我国依靠人工的装卸搬运活动还占很大的比重。装卸搬运机械化可以把作业人员从繁重的体力劳动中解放出来，并提高劳动生产率。

(6) 利用单元货载

大力推行使用托盘和集装箱，推行将一定数量的货物汇集起来，成为一个大件货物，以便有利于机械搬运、运输、保管，形成单元货载系统。

(7) 重视搬运的连接点

物料搬运负责衔接各项不同的作业，即使是采用最高活性系数(如传送带)来搬运，两种不同搬运之间仍存在"连接点上的转移"，这才是问题所在。要尽量减少连接点，才能筹划在各输送场所的操作，使输送物料像流体一样不停地输送下去。因为在连接点上的操作是不会增值的，也对生产无益，而且还容易"使物品受损"、"呈不安全状态"，所以必须特别留意。

例如，金师傅所在的车间是重机加工车间，因为物料重，靠人力无法搬运，只有利用起重机和手推车来进行作业。金师傅通过学习工业工程，观察工艺的眼力逐渐敏锐起来。他分析了以往的加工工艺和作业时间，注意到可以进一步进行详细分析。在"准备→定位→固定→加工→拆卸"五道工序中，真正的加工只有第四项一项，其余的都属于物料搬运。为了减少物料搬运作业，金师傅研究设计出了一种工位器具，大大提高了效率。其实在实际生产中，常有物料搬运所用时间远远大于真正加工所用时间的现象，要解决这类问题，开发专用的工位器具不失为一个好方法。

第七节　流通加工及其类型

流通加工是物流过程中一个比较特殊的环节。它是为了弥补生产过程加工不足，更有效地满足用户或企业的需要，使产需双方更好地衔接，将这些加工活动放在物流过程中完成而成为物流的一个组成部分。它具有一定的生产性质，同时它还将生产与消费联系起来，起到桥梁和纽带作用，完成物品所有权和实物形态的转移。为适应消费的多样化和由激烈的市场竞争而引起的特色化战略的展开，流通加工的意义日益增大。流通加工受技术革新的影响，今后将越来越趋向多样化。

一、流通加工的概念

流通加工是物品流通过程中的一种特殊形式。流通加工是指在物品从生产领域向消费领域流动的过程中，为了促进销售、维护物品质量和提高物流效率，对物品进行加工，使物品发生物理、化学或形状变化的一种物流功能。

中华人民共和国国家标准《物流术语》(GB/T18354—2006)对流通加工的定义是：物品在从生产地到使用地的流通过程中，根据需要施加包装、分割、计量、分拣、刷标志、拴标签、组装等简单作业的总称。流通加工是物流的基本功能之一。

物品流通是以货币为媒介的物品交换，它的重要职能是将生产及消费(或再生产)联系起来，起桥梁和纽带的作用，完成物品所有权和实物形态的转移。因此，流通一般不是靠改变流通对象的形态来创造价值，而是保持流通对象的已有形态，完成物品所有权的转移以及物品实体的空间位移，实现其“时间效用”及“空间效用”。

流通加工则与此有较大的区别，总的来讲，流通加工在流通过程中仍然和流通总体一样起桥梁和纽带的作用。但是，它却不是通过保持流通对象的原有形态而实现这一作用的，它和生产一样，是通过改变或完善流通对象的形态来实现桥梁和纽带作用的。

流通加工和一般的生产型加工在加工方法、加工组织、生产管理方面并无显著区别，但在加工对象、加工目的、加工程度方面却差别较大，其差别主要有以下几点：

第一，加工对象的差别。流通加工的对象是进入流通过程的物品，具有物品的属性。流通加工的对象是物品，而生产加工对象不是最终物品，而是原材料、零配件、半成品。

第二，加工程度的差别。流通加工程度大多是简单加工，而不是复杂加工。一般来讲，如果必须进行复杂加工才能形成人们所需的物品，那么，这种复杂加工应专设生产加工过程，生产过程理应完成大部分加工活动，流通加工对生产加工则是一种辅助及补充。特别需要指出的是，流通加工绝不是对生产加工的取消或代替。

第三，价值的差别。从价值观点看，生产加工的目的在于创造价值及使用价值，而流通加工则在于完善其使用价值，并在不做太大改变的情况下提高其价值。

第四，加工责任人的差别。流通加工的组织者是从事流通工作的人，能密切结合流通的需要进行这种加工活动；从加工单位来看，流通加工由商业或物资流通企业完成，而生产加工则由生产企业完成。

第五，加工目的的差别。物品生产是以交换和消费为目的，流通加工的一个重要目的也是消费（或再生产），这一点与物品生产有共同之处。但是流通加工有时候也以流通为目的，纯粹是为流通创造条件，这种为流通所进行的加工与直接为消费进行的加工是有所区别的，这又是流通加工不同于一般生产加工的特殊之处。

二、流通加工的地位及作用

1. 流通加工的地位

(1) 流通加工能有效地完善流通

流通加工在实现时间、场所两个重要效用方面，确实不能与运输和储存相比，因而，不能认为流通加工是物流的主要功能要素。流通加工的普遍性也不能与运输、储存相比，流通加工不是所有物流系统中必然出现的环节。但这绝不是说流通加工不重要，实际上它也是不可轻视的，是起着补充、完善、提高等作用的功能要素，它能起到运输、储存等其他功能要素无法起到的作用。所以，流通加工也是物流系统中不可缺少的一个环节。例如，现代社会生产的相对集中和消费的相对分散、物品的标准化和消费的个性化，导致生产往往不能与消费需求密切衔接，而流通加工可以有效地解决这种供需矛盾。所以，流通加工的产生是现代生产发展的必然趋势，是提高物流水平、促进流通现代化发展的不可缺少的形态。

(2) 流通加工是物流中的重要利润源

流通加工是一种低收入、高产出的加工方式，往往以简单加工解决大问题。实践证明，有的流通加工通过改变装潢使物品档次跃升而充分实现其价值，有的流通加工将物品利用率一下子提高20%～50%，这是采取一般生产方法提高生产率所难以企及的。根据我国近些年的实践，流通加工仅在向流通企业提供利润这一点上，其成效也不亚于从运输和储存中挖掘的利润，是物流中的重要利润源。

(3) 流通加工在国民经济中也是重要的加工形式

在整个国民经济的组织和运行方面，流通加工是其中一种重要的加工形态，对推动国民经济的发展、完善国民经济的产业结构和生产分工有一定的意义。

2. 流通加工的作用

(1) 提高加工材料的利用率

利用集中进行的流通加工代替分散在各使用部门的分别加工，可以优材优用、小材大用、合理套裁，大大减少材料消耗，提高材料利用率，有很好的技术经济效果。例如，钢材的集中下料，可通过合理下料、搭配套裁、减少边角余料等方法，达到提高加工效率、降低加工费用的目的。

(2) 进行初级加工，方便用户

对于用量少或临时需要的使用单位，缺乏进行高效率初级加工的能力，依靠流通加工可使这些使用单位省去进行初级加工的投资、设备及人力，从而搞活供应、方便用户。目前发展较快的初级加工有：将水泥加工成生混凝土；将原木或板方材加工成门窗；冷拉钢筋及冲制异型零件、钢板预处理、整形、打孔等加工。

(3) 提高加工效率及设备利用率

由于建立集中的加工点，企业可以采用效率高、技术先进、加工量大的专门机具和设备。这样做的好处是可以提高加工质量、设备利用率和加工效率，其结果是降低了加工费用及原材料成本。

(4) 充分发挥各种输送手段的最高效率

流通加工将实物流通分成了两个阶段。一般来说，由于流通加工环节设置在消费地，故从生产厂到流通加工的第一阶段输送距离长，而从流通加工到消费环节的第二阶段输送距离短。第一阶段是在数量有限的生产厂与流通加工点之间进行定点、直达、大批量的远距离输送，可以采用船舶、火车等大量输送的手段；第二阶段是在流通加工点与消费者之间进行多规格、小批量、多用户的近距离输送，可以采用汽车和其他小型车辆等灵活的输送手段。这样，可以充分发挥各种输送手段的最高效率，加快输送速度，节省运力运费。

(5) 改变功能，提高收益

在流通过程中进行一些改变物品某些功能的简单加工，其目的除上述几点外还在于提高物品销售的经济效益。所以，在物流领域中，流通加工可以成为高附加值的活动。这种高附加值主要是为了满足用户需要、提高服务功能而取得的,是贯彻物流战略思想的表现,是一种低投入、高产出的加工形式。

3. 流通加工的类型

由于具有不同的目的和作用,流通加工的类型呈现多样化,主要有以下几方面:

(1) 为弥补生产领域加工不足进行的流通加工

由于现实生产存在许多限制因素,很多物品在生产领域的加工只能到一定程度,而不能完全实现终极的加工。例如:钢铁厂的大规模生产只能按标准规定的规格生产,以使物品有较强的通用性,使生产能有较高的效率和效益;木材如果在产地完成成材制成木制品的工序,就会造成运输的极大困难,所以原生产领域只能加工到原木、板方材这个程度,进一步的下料、切裁、处理等加工则由流通加工完成。这种流通加工实际上是生产的延续,是生产加工的深化,对弥补生产领域的加工不足有重要意义。

(2) 为满足需求多样化进行的流通加工

生产部门以大批量生产方式生产出来的标准化物品,往往难以满足消费者的多样化需求。在没有流通加工业务之前,经常是消费者自己设置加工环节解决这一问题。为了满足消费者的多样化需求,同时又保证高效率地大批量生产,将生产出来的标准物品进行多样化的改制加工就显得十分必要,成为流通加工中的一种重要加工形式。例如,将钢材卷板舒展(使用矫直机将薄板卷材展平)、剪切加工;平板玻璃按需要的规格开片加工;木材改制成枕木、方材、板材加工。对于生产型用户而言,这种加工可以缩短企业的生产流程,使生产技术的密集程度得到提高,生产周期得以缩短。对一般消费者而言,则可省去烦琐的预处置工作,而集中精力从事较高级、能直接满足需求的劳动。

(3) 为保护物品进行的流通加工

这种流通加工主要是防止物品在运输、储存、装卸搬运等过程中遭受损失,使物品的使用价值不能顺利实现。一般来说,这种流通加工并不改变物品的外形和性质,加工的深度和水平与被加工对象的性质密切相关,主要通过稳固、改装、冷冻、保鲜、涂油等方式完成。例如,为防止金属材料的锈蚀而进行的喷漆、涂防锈油等措施,运用手工、机械或化学方法除锈;木材的防腐朽、防开裂加工;水泥的防潮、防湿加工;煤炭的防高温自燃加工等。

(4) 为提高物流效率、方便物流进行的流通加工

有些物品本身的形状使之难以进行物流操作,物流作业效率较低。例如,超大型设备的装卸搬运,气体货物的装卸运输等。通过适当的流通加工,可以弥补这些物品的物流缺陷,使物流作业易于进行,如超大型设备的解体、气体

货物的液化等。这种流通加工往往是暂时改变物品的物理形态以方便作业，但并不改变物品的化学特性，而且最终仍能恢复物品原来的物理状态。例如，自行车在消费地区的装配加工，可防止整车运输的低效率和高损失。

(5) 为促进销售进行的流通加工

在促进物品的市场销售方面，流通加工也起着不可替代的作用。例如：将过大包装或散装物(这是提高物流效率所要求的)分装成适合一次销售的小包装的分装加工；将原以保护物品为主的运输包装改换成以促进销售为主的装潢性包装，以起到吸引消费者、指导消费的作用；将零配件组装成用具、车辆以便于直接销售；将蔬菜、肉类分选、洗净、切块、分装、加工成半成品等形式的流通加工，都可以起到吸引消费者、刺激消费的作用。这种类型的流通加工一般不改变物品本身的性质，只进行简单的改装加工，部分属于组装、分块等深加工内容。

(6) 为衔接不同运输方式、使物流更加合理的流通加工

在干线运输和支线运输的节点设置流通加工环节，可以有效解决大批量、低成本、长距离的干线运输与多品种、小批量、多批次的末端运输的衔接问题。以流通加工为分界点，在流通加工点与大生产企业间形成大批量、高效率的定点运输。而在流通加工点与用户之间，则通过在流通加工点将运输包装转换为销售包装及组织对多个用户的配送，形成多品种、小批量、多批次的灵活运输，从而有效衔接不同目的的运输方式，实现物流合理化。例如，散装水泥中转仓库把散装水泥装袋、将大规模散装水泥转化为小规模散装水泥的流通加工，就衔接了水泥厂大批量运输和工地小批量装运的需要。

(7) 生产—流通一体化的流通加工

依靠生产企业与流通企业的联合，或者生产企业向流通领域延伸，或者流通企业向生产领域延伸，形成合理分工、合理规划、合理组织，统筹生产与流通加工的安排，这就是生产—流通一体化的流通加工形式。这种形式可以促成物品结构及产业结构的调整，充分发挥企业集团的经济技术优势，是目前流通加工领域的新形式。

(8) 为实施配送进行的流通加工

这种流通加工形式是配送中心为了实现配送目的、满足客户的需要而对物资进行的加工。例如，混凝土搅拌车可以根据客户的要求，把沙子、水泥、石子、水等各种不同材料按比例要求装入可旋转的罐中。在配送路途中，汽车边行驶边搅拌，到达施工现场后，混凝土已经均匀地搅拌好，可以直接投入使用。

(9) 其他形式的流通加工

例如，为了提高加工效率的流通加工、为了提高原材料利用率的流通加工等。

四、流通加工方式

不同的物流作业对象和作业方式所需要的流通加工方式各不相同，流通加工的个性化特征十分明显。按照加工对象划分，常见的流通加工方式主要有以下几种：

1. 水泥熟料的流通加工

在需要长途调入水泥的地区，变运入成品水泥为运进熟料半成品。在该地区的流通加工点（磨细工厂）磨细，并根据客户的使用要求和当地的资源状况掺入混合材料和外加剂，制成不同品种及标号的水泥供应给客户。这是水泥流通加工的重要形式之一，在国外已经相当普及。

2. 物品混凝土的流通加工

改变将粉状水泥供应给用户、由用户在建筑工地现场搅拌成混凝土后使用的习惯，而将粉状水泥输送到使用地的流通加工点（集中搅拌混凝土工厂或物品混凝土工厂），在那里搅拌成物品混凝土后供给各个工地或小型构件厂使用。这种方式优于直接供应或购买水泥在工地现制混凝土的技术经济效果，受到发达国家的普遍重视。

这种流通加工形式的主要优点是：将水泥的加工从小规模的分散状态改变为大规模的集中形态，可以充分利用现代科学技术组织社会化的大生产，发挥现代技术和管理的优势；可以采取准确的计量手段和选择最佳的工艺，提高混凝土质量，减少水泥消耗量；有利于提高搅拌设备的利用率；可以减少加工地点，促使集中搅拌站与水泥厂之间形成固定的供应渠道，采用高效率大批量的输送形式，提高混凝土物流的合理化程度；有利于新技术的推广应用，简化工地的材料管理工作，节省施工用地。例如，制造每立方米混凝土的水泥使用量，采用集中搅拌一般能比分散搅拌减少 20～30 千克。

3. 钢板的流通加工

在钢材的流通实践中，热连轧钢板或钢带、热轧厚钢板等板材最大交货长度常可达 7～12 米，有的甚至是成卷交货。对于钢板使用量较大的用户来说，可能设置专门的剪板及下料加工设备，按生产所需适时进行剪板或下料作业。但对于钢材消耗量较小的中小型用户而言，如果单独设置剪板及下料加工设备，则存在着设备闲置时间长、人力资源浪费大、难以推行先进加工工艺、生产效率低的缺点。在流通领域设置钢板的剪板及下料加工点，可以有效地克服上述矛盾，为客户提供更满意的服务。

剪板加工是指在固定地点设置剪板机，提供剪板服务。下料加工是指设置各种切割设备，将大规模钢板裁小，或切裁成毛坯，降低销售起点，方便用户。我国原在北京大兴县设置的剪板厂，就是专门对进口卷板进行剪板加工，然后将小规格钢板进行销售的流通加工形式。

事实上，流通实践中的各种圆钢、型钢、线材的集中下料和线材的冷拉加工等都与钢板的流通加工相类似。

4. 木材的流通加工

(1) 磨制木屑压缩输送

这是一种为了提高木材流通效率而进行的流通加工。由于木材的比重低，在运输时占有相当大的容积，往往使车船满装而不能满载，且装车、捆扎也比较困难。由于从林区外送的原木中，有相当一部分是造纸材料，因此可以采取在林木生产地将原木磨制成木屑，然后采取压缩方法，使之成为比重较大、容易装运的形状，然后运至靠近消费地的造纸厂。据测算，采取这种方法比直接运送原木大约节省一半的运费。

(2) 木材的集中下料

这种流通加工形式是指在流通加工点将原木锯裁成各种规格的锯材，同时将碎木、碎屑集中加工成各种规格的板材，甚至还可以进行打眼、凿孔等初级加工。用户直接使用原木，不但加工复杂、加工场地大、设备多，更严重的是资源浪费大，木材平均利用率不到50%，平均出材率不到40%。如果按用户要求进行集中下料加工，则可以使原木的利用率提高到95%，出材率提高到72%左右，具有相当明显的经济效果。

5. 平板玻璃的流通加工

平板玻璃的流通加工方式是“集中套裁，开片供应”。这种方式是流通企业设立玻璃套裁加工中心，直接面对用户并按用户提供的图纸或规格尺寸进行统一的套裁开片，向用户供应成品，用户则可以直接安装使用。在此基础上可以逐渐形成从工厂到套裁加工中心的稳定的、高效率的、大规模的平板玻璃“干线输送”，以及从套裁中心到用户的小批量、多批次的“二次输送”。

这种流通加工方式的好处如下：

一是提高平板玻璃的利用率。据统计，平板玻璃的利用率可以由不实行套裁时的62%～65%提高到90%以上。

二是促进平板玻璃包装方式的改革。从工厂到套裁中心运送平板玻璃，如果形成固定渠道，可以采用大规模集装工具。这样不仅节约大量包装用木材，也可防止玻璃在流通过程中的大量破损。

三是套裁中心按用户裁制，有利于玻璃生产厂简化物品规格，实行大批量生产。这不但能提高工厂的生产效率，而且可以简化工厂切裁、包装等工序，使工厂能集中精力解决生产问题。

四是现场切裁玻璃劳动强度大，废料也难于处理。集中套裁玻璃可以广泛使用专用设备进行裁制，废弃玻璃相对数量少，并且易于集中处理。

6. 煤炭及其他燃料的流通加工

（1）除矸加工

除矸加工是以提高煤炭纯度为目的的流通加工形式。一般煤炭中混入的矸石有一定的发热量，混入一些矸石是允许的，也是较经济的。然而，有时则不允许煤炭中混入矸石。例如，在运力十分紧张的地区，要求充分利用运力，多运"纯物质"，少运矸石。在这种情况下，可以采用除矸的流通加工方式排除矸石。

（2）为管道输送煤浆进行的煤浆加工

煤炭的运输主要采用运输工具载运方法，运输中损失浪费大，又容易发生火灾。采用管道运输是近代兴起的一种先进的物流技术。在运输的起始环节将煤炭磨成细粉，再用水调和成浆状，使之具备流动性，煤炭就可以像其他液体一样利用管道进行输送。这种煤炭输送方式连续稳定，速度也较快，是一种比较经济的输送方式。

（3）动力配煤加工

在使用地区设置集中加工设施，将各种煤及其他一些发热物质按照不同的配方进行科学的掺配，加工出各种不同发热量的燃料，这一过程称为动力配煤加工。这种加工方式可以按照用户需要的发热量生产和供应燃料，防止热能的浪费或发热量的不足。工业用煤经过配煤加工后，还可以起到便于计量控制、稳定生产过程的作用，在经济和技术上都有价值。

（4）天然气和石油气的液化加工

由于气体的输送和保存都比较困难，过去的天然气和石油气一般都是就地使用。如果当地资源充足而使用不完也只能就地燃烧，既造成资源浪费又导致污染环境。虽然天然气和石油气的输送可以采用管道，但因管道的投资大、输送距离有限而受到制约。在产出地将天然气和石油气压缩到临界压力之上，使之由气体变成液体，就可以采用容器进行装运，使用时机动性也较强。这是目前采用较多的一种气体货物流通方式。

7. 机械物品及零配件的流通加工

（1）组装加工

自行车及机电设备储运困难较大，主要原因是不易包装。如进行防护包装，包装成本过大，并且运输装载困难，装载效率较低，流通损失严重。但是，这类货物有一个共同的特点，即装配较简单，装配技术要求不高，主要功能已在生产中形成，装配后不需进行复杂检测及调试。所以，为了解决储运问题，降低储运费用，采用半品（配件）主容量包装出厂，在消费地拆箱组装的方式。组装一般由流通部门在所设置的流通加工点进行，组装之后随即进行销售。这种流通加工方式在我国已被广泛使用。

(2) 石棉橡胶板的开张成型加工

石棉橡胶板是机械、热力、化工装备中经常使用的一种密封材料，单张厚度一般为 3 毫米左右，单张尺寸有的长达 4 米，在储运过程中极易发生折角损失。此外，许多用户所需的垫塞圈规格比较单一，不可能安排不同尺寸垫圈的套裁，利用率也很低。

石棉橡胶板的开张成型加工，是按用户所需垫塞物体尺寸裁制好进行供应，不但方便用户使用及方便储运，而且可以安排套裁，提高材料利用率，减少边角余料损失。这种流通加工套裁的地点一般设在使用地区，由供应部门组织加工作业。

8. 生鲜食品的流通加工

(1) 冷冻加工

为了解决鲜鱼、鲜肉在流通过程中的保鲜及装卸搬运问题，经常采用低温冻结的方式对其进行加工。这种方式也适用于某些液体物品的流通。

(2) 分选加工

农副物品规格、质量离散情况较大。为了获得一定规格的物品，采取人工或机械分选的方式对其进行加工，称为分选加工。这种流通加工广泛应用于瓜果、蔬菜、粮食及棉毛原料等的流通过程。

(3) 精制加工

精制加工指在农牧副渔等物品的产地或销地设置加工点，去除其无用部分，进行切分、洗净、分装等加工作业。这种加工不但方便消费者，而且可以对加工的淘汰物进行综合利用。例如，对鲜鱼的精制加工所剔除的内脏可以制成药物或饲料，鱼鳞可以制成高级黏合剂，头尾可以制成鱼粉等；蔬菜加工的剩余物可以制成饲料或肥料等。

(4) 分装加工

大多数生鲜食品的零售批量都较小，而为了保证高效输送，出厂包装一般都较大，也有一些是采用集装运输方式运达销售地区。为了便于销售，在销售地区按零售要求重新进行包装，即大包装改小、散装改小包装、运输包装改销售包装等，以满足消费者对不同包装规格的要求。

【案例 1－5】

阿迪达斯的流通加工

阿迪达斯公司在美国一家超级市场设立了组合式鞋店，放在鞋店里的不是做好了的鞋，而是做鞋用的半成品。鞋的款式花色多样，有 6 种鞋跟，8 种鞋底，均为塑料制造的；鞋面的颜色以黑、白为主，鞋带的颜色有 80 种，款式有百余种。顾客进来可任意挑选自己所喜欢的各个部位，交给职员当场进行组合。只要 10 分钟，一双崭新的鞋便唾手可得。

这家鞋店昼夜营业，职员技术熟练，鞋子的售价与成批制造的价格差不多，有的还稍便宜些。所以顾客络绎不绝，销售金额比邻近的鞋店多 10 倍。

第八节　流通加工合理化

流通加工是在流通领域中对物品的辅助性加工。从某种意义上讲，它不仅是生产过程的延续，而且也是生产本身或生产工艺在流通领域的延续。这个延续可能有正反两方面的作用，即一方面可能有效地起到弥补未加工物品与消费衔接不足的作用；另一方面也可能对整个物流作业过程产生负面效应。各种不合理的流通加工都会产生抵消效益的负效应。所以，企业对是否开展流通加工点、在什么地点设置流通加工、选择何种流通加工形式、采用什么样的技术装备等，必须进行可行性分析，对流通加工的正负效应进行充分权衡和比较，并以此为依据进行选择和取舍，尽量避免不合理的流通加工。

一、不合理的流通加工的主要表现

1. 流通加工地点设置得不合理

流通加工地点设置即布局状况是影响整个流通加工是否有效的重要因素。

一般而言，为衔接单品种、大批量生产与多样化需求的流通加工，加工地点只有设置在需求地区，才能实现大批量的干线运输与多品种末端配送的物流优势。如果将流通加工地点设置在生产地区，其不合理性表现为：一是多样化的需求要求物品多品种、小批量由产地向需求地的长距离运输会出现不合理；二是在生产地增加了一个加工环节，同时增加了近距离运输、装卸、储存等一系列物流活动。所以，在这种情况下，不如由原生产单位完成这种加工而无须设置专门的流通加工环节。另外，为了方便物流，流通加工环节应设置在产出地，设置在物品进入社会物流之前。如果将其设置在社会物流之后，即设置在消费地，则不但不能解决物流问题，反而又在流通中增加了一个中转环节，因而也是不合理的。

流通加工在产地或需求地选址还涉及更具体位置的选择问题，如果处理不善，仍然会出现不合理。这种不合理主要表现在交通不便，流通加工与生产企业或用户之间距离较远，流通加工点的投资过高（如受选址的地价影响），加工点周围社会、环境条件不良等。

2. 流通加工方式选择不当

流通加工方式包括流通加工对象、流通加工工艺、流通加工技术、流通加工程度等内容。流通加工方式的确定，实际上是与生产加工的合理分工分不开的。分工不合理，本来应由生产加工完成的，却错误地由流通加工完成，本来应由流通加工完成的，却错误地由生产加工去完成，都会造成不合理。

流通加工不是对生产加工的代替，而是一种补充和完善。所以，一般而言，如果工艺复杂，技术装备要求较高，或者加工可以由生产过程延续或可轻易解决的，都应由生产加工完成，不宜再设置流通加工点。流通加工尤其不宜与生产过程争夺技术要求较高、经济效益较好的最终生产环节，更不宜利用一个时期市场的压力使生产者只从事初级加工或前期加工，而由流通企业完成装配或最终形成物品的加工。如果流通加工方式选择不当，就会出现流通加工与生产环节争夺利益的不合理局面。

3. 流通加工作用不大，形成多余环节

有的流通加工过于简单，或对生产及消费者作用都不大，有时甚至存在流通加工的盲目性，即未能解决品种、规格、质量、包装等问题，反而增加了环节，这也是流通加工不合理的重要表现。

4. 流通加工成本过高，效益不好

流通加工之所以有生命力，且目前发展较快，其重要优势之一就是有较大的产出投入比，因而能对生产加工起到拾遗补阙的作用。如果流通加工成本过高，则不能实现以较低投入实现更高使用价值的目的。除了一些必需的、政策要求即使亏损也应进行的流通加工外，凡是成本过高、效益不好的流通加工都应看成是不合理的。

二、流通加工合理化的措施

流通加工合理化是指实现流通加工的最优配置，不仅做到避免各种不合理流通加工,使流通加工有存在的价值,而且综合考虑流通加工与配送、运输、商流等的有机结合,做到最优的选择,以达到最佳的流通加工效益。

实现流通加工合理化,主要应考虑以下几个方面:

1. 加工和配送相结合

加工和配送相结合就是将流通加工设置在配送点中,一方面按配送的需要进行加工;另一方面,加工又是配送业务流程中分货、拣货或配货作业的一环,加工后的物品直接投入配货作业。这就无须在配送点之外设置一个加工的中间环节,使流通加工有别于独立的生产加工,而使流通加工与中转流通巧妙结合在一起。同时,由于配送之前有加工,可使配送服务水平大大提高,这是当前对流通加工作合理选择的重要形式,在煤炭、水泥等物品的流通中被广泛使用并已表现出较大的优势。

2. 加工和配套相结合

在对配套要求较高的流通中,配套的主体来自各个生产单位,但完全配套有时无法全部依靠现有的生产单位,进行适当的流通加工,可以有效地促成更广泛领域内社会资源的配套,更有效地发挥流通的桥梁与纽带的作用。

3. 加工和合理运输相结合

流通加工能有效衔接干线运输与支线运输,促进两种运输形式的合理化。利用流通加工,在支线运输转干线运输或干线运输转支线运输这本来就必须停顿的物流环节,不进行一般的干线转支线或支线转干线,而是按照干线或支线运输的合理要求进行适当加工,加工完成后再进行中转作业,可以大大提高运输效率及运输转载水平。

4. 加工和商流相结合

通过流通加工有效地促进销售,提高商流的合理化程度,也是流通加工合理化的努力方向之一。流通加工与配送的结合,提高了配送水平,强化了销售,也是流通加工与合理商流相结合的一个成功的例证。此外,通过简单地改变包装加工,形成方便的购买量;通过组装加工,解除用户使用前进行组装、调试的难处,都可有效促进商流。

5. 加工和节约相结合

节约能源、节约设备、节约人力和节约耗费是流通加工合理化的重要考虑因素,也是目前我国设置流通加工点的重要目标。对于流通加工合理化的最终判断,应看其能否实现社会和企业两方面效益,而且是否取得了最优效益。对流通加工企业而言,与一般生产企业一个重要的不同之处是流通加工企业更应把社会效益放在首位。如果片面追求企业的自身效益,不适当地进行加工,甚至与生产企业争利,这就有违于流通加工的初衷,而且这种加工已不属于流通加工范畴了。

复习思考题

1. 结合实例说明包装的功能。

2. 包装的分类有哪些？各是如何分类的？

3. 举例说明各种包装材料的优缺点。

4. 物品包装的一般技法和特殊技法有哪些？

5. 集装箱应具有哪些条件和技术要求？简述集装箱的分类。

6. 简述托盘的分类。

7. 包装合理化的途径包括哪些？

8. 简述装卸搬运的特点。装卸搬运作业应考虑哪些因素？

9. 简述选择装卸搬运设备应考虑的因素。

10. 装卸搬运的类型有哪些？简述集装箱的装卸搬运形式。

11. 简述装卸搬运的原则。如何实现装卸搬运合理化？如何提高物料装卸搬运的活性？

12. 流通加工与生产加工有哪些区别？简述流通加工在物流系统中的地位。

13. 简述流通加工产生的原因。流通加工的类型有哪些？

14. 谈谈不合理的流通加工的主要表现。如何实现流通加工合理化？

【结尾案例】

日本花卉物流介绍

日本是世界上花卉物流最先进的国家之一，1970年就成立了日本植物运输公司，目前日本花卉已部分实现了带水流通，极大地提高了花卉品质。

一、日本植物运输公司

日本植物运输公司成立于1970年，位于爱知县丰明市，有营业所10个，职工200人，花卉运输车辆190台。公司年运输额约30亿日元（约2亿元人民币），其中盆花80%，切花10%，其他花卉占10%。另外，日本植物运输公司还拥有丰明花卉物流、新潟日本植物运输两家子公司。

作为日本首家花卉专业运输公司，日本植物运输公司自成立以来在全国范围内担负着从花卉产地到花卉市场，再到批发商、零售花店的运输工作。1987年，在调研了荷兰花卉流通体系后，该公司业务范围从单纯的花卉运输，扩展到专用车辆的开发及整个市场流通体系的构建。1996年，公司作为爱知县丰明花卉批发市场筹备方成员参与了批发市场的建设，这在日本是独一无二的。现在，公司的子公司丰明花卉物流主要从事增加附加价值的业务，如花店配送、二次加工、花束加工等。

二、日本切花流通

日本花卉消费的70%以上是业务用花，远远超过个人家庭用花。在经济长期不景气的背景下，要扩大花卉消费必须促进家庭花卉消费，抓好延长花期的流通。

日本参考了从荷兰运到英国商场的高新鲜度花卉物流事例，由于花卉的新鲜度得到保证，提高了销售额。从对日本消费者的问卷调查看，消费者希望自己买的花能观赏10天以上，一些有远见的企业或花店已开始想办法延长花期，扩大销售。

荷兰花卉市场的进口部门从国外进口纸箱包装的切花后，一般都换成带水水桶，然后通过订购或拍卖销售。

最近，荷兰花卉界的一些科研人员也对船运的带水运输进行研究，但大多数仍然是用飞机从非洲、以色列等国以纸箱包装打成捆包的形式进口。纸箱包装的切花到达荷兰后，马上开箱取出切花，切去花茎基部后用透明塑料薄膜稍加包扎装入水桶。开箱后即使花稍有萎蔫，只要装入水桶就能恢复生命力。

荷兰花卉运输彻底实施了冷链及带水流通，有效地提高了商品品质，促进了高新鲜度花卉的销售。当然，生产者出货前、消费者购买后的保鲜处理也不容忽视。

与此相反，日本花卉运输横箱干式流通占了大半，湿式流通只占少数。但是，近几年来纸箱湿式流通正在快速普及。

日本从韩国、中国台湾进口的切花，也有用纸箱里加入特殊带水容器包装的，即使横着放，水也不会流出来。许多进口商如果从国外进口了横箱干式包装的切花，也都要换成立箱带水容器包装。但由于容器难以再利用，垃圾处理成为大问题，不少环境意识较强的从业者正积极推进可循环利用水桶的普及。

与荷兰相比，日本高新鲜度花卉流通的冷链湿式运输体系才刚起步，普及率仅几个百分点，但是有着美好的发展前景。日本植物运输公司首开了日本开放式水桶带水运输的先河，其运输量也最多。该公司原来是盆花专业运输企业，在水桶带水运输上有着得天独厚的优势，把装入切花的水桶放在台车上，然后将台车推入运花卡车即可。

三、花卉运输工具

近几年，日本植物运输公司还对花卉运输车辆进行了开发。理想的植物运输车应具备四项主要功能：一是装货时高效利用有限的空间；二是装卸工作效率高；三是运输中保持花卉的新鲜度；四是汽车运行中的震动不会对花卉造成物理损伤。

现行的货车装载方法主要有人工搬入式和台车搬入式两种。人工搬入式是在车厢里搭起能调整不同高度的木板架，把花整齐地放在架子上。台车搬入式是把装满盆花的台车直接推进车厢。

人工搬入式要两人装载，约需两至三小时，而台车搬入式只要一人且几分钟就可装载完毕。但在装载数量方面，台车搬入式比人工搬入式少20％～30％。

日本植物运输公司近距离运送，为了提高卡车的周转率一般采用台车方式装卸；远距离运输采用人工方式装卸，以便降低运输成本。

搬运台车由台车厂的关联公司所有，台车的利用者可作为会员加入台车运用组织，交换使用台车。这种交换体系是花卉市场、运输公司、生产者、花店等利用者按照各自所需台车的数量交叉签订使用合同，从而使装载商品的台车与空台车交叉使用。

一般的冷藏车冷气是从安置在驾驶室上端的冷藏机吹出，放在冷藏机附近的花易受到低温伤害，而车厢后部的花却很难感受到降温效果，常出现高温伤害。

为解决上述问题，日本植物运输公司开发出在冷藏机冷气出口安装网孔状通风垫、使冷气均匀缓慢下降的技术。这种通风垫有许多网眼状通风孔，冷气从通风口吹出，既不会对花造成伤害，又使车厢整体保持均匀的低温状态。而且冷藏机的吹气装置放到车辆底部的前端，既降低了冷藏机的重心、保证其安全，又增加了车厢的容量。

为维持流通过程中切花的新鲜度，在流通领域构筑冷链系统非常重要，日本植物运输公司从植物运输专业的角度抓好冷链建设。

另外，为降低运输成本，运输公司也注重抓好其他农产品的运输，引进了在国际上也非常少见的连接挂车。这种挂车与牵引卡车连接部分的缝隙非常短，使车厢容积在日本法律允许的范围内实现了最大化。而且，打开前后车厢门，牵引卡车与挂车相通，可从挂车后面直接往前装载花卉。另外，挂车车厢侧门也可以打开，以便全方位装卸货物，显著提高了效率。

第八章　物流信息管理

【学习目标】

通过本章的学习，理解物流信息及物流管理信息系统的特点、作用；掌握物流管理信息系统的构成、功能及设计原则；了解现代信息技术在物流信息管理系统的应用情况。

【导入案例】

东风汽车公司的物流信息管理系统

在信息化管理之前，东风汽车公司原有的整车业务流程中存在着一些明显的管理问题，如库存信息不准、盈亏不平衡，品种资料无法有效保管、损失严重，成品和零件的状态不能有效跟踪监控、数据不能高效共享等，对东风汽车公司的成本影响很大。该企业的问题可以归结为整车数据管理和仓储管理两个方面。针对这些问题，该公司请专业软件商根据汽车行业仓储和物流管理的特点，开发了整车仓储信息管理系统。所有车辆采用条码管理，车辆入库和出库管理全部通过条码扫描来进行；入库扫描后依据设定系统自动产生和打印入库建议单，司机依据入库建议单指定的库位即可入库；根据车长和库位计算库位的存放数量，使仓库空间利用率达到最大；系统自动根据车辆入库时间先后顺序，给出所要出库车型的出库建议，司机根据出库建议，按顺序领取车钥匙并提车；运单管理可以跟踪每辆车的在途情况，并检查车辆实际到达目的地和返回公司的日期是否符合系统的日期要求。实践证明，该套物流信息管理系统为东风汽车的节流和管理起到良好的作用。

第一节　物流信息概述

一、物流信息的概念

当今社会已进入日新月异的信息时代，信息已成为我们经常使用的词汇和术语。在竞争激烈的市场经济中，信息发挥着越来越重要的作用。信息作为科学的概念,首先在信息论中得到专门研究。信息论的创始人申农对信息的定义是:信息是一种对不确定性的消除。事物的不确定性被消除得越大,信息量就越大。

物流信息是指与物流活动(如运输、仓储、装卸搬运、包装、流通加工和配送)有关的信息。物流信息的产生与物流活动的开展密不可分。由于物流系统是涉及社会经济生活各个方面的错综复杂的大系统,关系到原材料供应商、生产制造商、批发商、零售商、最终消费者及市场流通的全过程,因此,物流信息数量巨大,类型繁多。

物流信息包含的内容可以从狭义和广义两方面来考察。

1. 狭义的物流信息

从狭义范围来看,物流信息是指与物流活动(如运输、保管、包装、装卸、流通加工等)有关的信息。在物流活动的管理与决策中,诸如运输工具的选择、运输路线的确定、每次运送批量的确定、在途货物的跟踪、仓库库存的有效利用、最佳库存数量的确定、订单管理和如何提高顾客服务水平等,都需要详细和准确的物流信息,因为物流信息对运输管理、库存管理、订单管理、仓库作业管理等物流活动具有支持保证的功能。

2. 广义的物流信息

从广义的范围来看,物流信息不仅指与物流活动有关的信息,而且包括与其他流通活动有关的信息,例如商品交易信息和市场信息等。商品交易信息是指与买卖双方的交易过程有关的信息,例如销售和购买信息、订货和接受订货信息、发出货款和收到货款信息等。市场信息是指与市场活动有关的信息,例如消费者的需求信息、竞争者或竞争性商品的信息、销售促进活动有关的信息、交通通信等基础设施信息等。在现代经营管理活动中,物流信息与商品交易信息和市场信息相互交叉、融合,有着密切的联系。如零售商根据对消费者需求的预测及库存状况制订订货计划,向批发商或直接向生产商发出订货信息。批发商或生产商在接到零售商的订货信息后,在确认现有库存水平能满足订单要求的基础上,向物流部门发出发货配货信息;如果发现现有库存不能满足订单要求则马上组织生产,再按订单上的数量和时间要求向物流部门发出发货配送信息。由于物流信息与商品交易信息和市场信息相互交融,密切联系,所以广义的物流信息还包括与其他流通活动有关的信息。广义的物流信息不仅能起到连接整合生产厂家、经过批发商和零售商最后到消费者的整个供应链作用,而且在应用现代信息技术(如 EDI、EOS、POS、互联网、电子商务等)的基础上能实现整个供应链活动的高效运转,具体地说就是利用物流信息对供应链各个企业的计划、协调、顾客服务和控制活动进行有效管理。

二、物流信息的特点

1. 信息量大

物流信息随着物流活动以及商品交易活动的展开而大量发生。多品种、少批量生产和多频度、小数量配送使得库存、运输等物流活动的信息大量增加。零售商广泛使用销售时点系统(POS)读取销售时点的商品品种、价格、数量等即时销售信息,并对这些销售信息加工整理,通过电子数据交换(EDI)向相关企业传递。同时,为了使库存补充作业合理化,许多企业采用电子订货系统(EOS)。随着企业间合作倾向的增强和信息技术的发展,物流信息的信息量在今后将越来越大。

2. 更新快

物流信息的更新速度快、多品种少量生产、多频度小数量配送与利用 POS 系统的即时销售,使得各种作业活动频繁发生,从而要求物流信息不断更新,而且更新的速度越来越快。

3. 来源多样化

物流信息不仅包括企业内部的物流信息(如生产信息与库存信息等),而且包括企业间的物流信息以及与物流活动有关的基础设施的信息。企业竞争优势的获得需要供应链各参与企业之间相互协调合作。协调合作的手段之一是信息即时交换和共享。许多企业把物流信息标准化和格式化,利用 EDI 在相关企业间进行传递,实现信息共享。另外,物流活动往往利用道路、港湾、机场等基础设施。因此,为了高效率地完成物流活动,必须掌握与基础设施有关的信息,例如在国际物流过程中必须掌握报关所需信息、港湾作业信息。

此外,不同类别的物流信息还有一些不同的特点。例如,物流系统自身的信息,要求全面、完整地收集;而对其他系统信息的收集,则需根据物流要求予以选择。

三、物流信息的分类

1. 按信息来源分类

物流信息按其来源可分为物流系统内部信息和物流系统外部信息两个方面。

(1) 物流系统内部信息

物流系统内部信息是指伴随着物流活动而产生的信息,它包括装卸搬运信息、交通运输信息、仓储管理信息、包装信息、流通加工信息及配送信息等。

例如，交通运输管理信息就包括铁路、公路、水运、航空、管道等各种运输基础设施的建设进度、网络密度、利用状况、畅通程度、收费标准、质量等级、运营能力、管理水平，以及火车、卡车、轮船、飞机等各种运输工具相互转换的难易程度、物流节点的作业效率等。物流是一个系统工程，强调的是系统的整合性和协调性，所以，搬运、装卸、运输、储存保管、包装等各个环节的协调运转，除了管理因素外，信息传递的及时性和畅通程度对其也有着非常重要的影响。各个物流环节信息的整合和系统化筛选是十分重要的，每个环节的信息是不能间断的，否则物流信息的整体优势就会受到影响，甚至失去物流本身存在的意义。

总之，物流系统内部信息是发布物流信息的主要信息源，既可以指导下一个物流循环，也可以供社会其他领域使用。

(2) 物流系统外部信息

物流系统外部信息是指在物流活动外部发生的，但提供给物流活动使用的信息，包括商流信息、资金信息、生产信息、消费信息，以及国内外政治、经济、文化等信息。例如，零售商根据对消费者需求的预测以及库存状况制订的采购计划，向批发商或直接向生产厂家发出的订货信息；批发商在接到零售商的订货信息后，在确认现有库存水平能满足订单要求的基础上，向物流部门发出发货配货信息；如果发现现有的库存水平不能满足订单要求，则马上向生产厂家发出订货需求；生产厂家在接到该信息后，如果发现现有库存不能满足需求，则马上组织生产，按需求的数量和时间向物流部门发出配送信息。

总之，供物流活动使用的其他信息源产生的信息，是物流信息工作的收集对象，是其他领域产生的对物流活动有用的信息，主要用于指导物流。

2. 按信息的作用分类

按照信息在物流活动中所起的作用不同，物流信息可以分成以下几类，即订货信息、库存信息、采购指示信息(生产指示信息)、发货信息和物流管理信息。

在企业的物流活动中，按照顾客的订货要求，接受订货处理是物流活动的第一步，因此，接受订货的信息是全部物流活动的基本信息。接着，根据发货信息货物移到指定的地方准备发货。在商品库存不足时，制造厂将接收订货的信息与现有商品库存信息进行对照，根据生产指示信息安排生产，在销售业务中按照采购信息安排采购。物流管理部门进行管理和控制物流活动，必须收集交货完毕的通知、物流成本费用、车辆等设施的工作率等信息作为物流管理信息。

3. 按信息加工程度分类

① 原始信息。原始信息是指未加工的信息，是信息工作的基础，也是最权威的凭证性的信息。一旦需要，人们可从原始信息中找到依据。原始信息是加工信息可靠性的重要保证。

② 加工信息。加工信息是指对原始信息进行各种方式和各个层次处理后的信息。这类信息是原始信息的提炼、简化和综合，它可以大大减少信息存量，并将信息整理成有使用价值的数据和资料。加工信息需要各种手段，如分类、汇编、汇总、精选、归档、制表、制音像资料、制文献资料、制数据库等，同时还要制成各种指导资料。

4. 按活动领域分类

物流活动由一系列的、不同领域的活动所构成。不同领域的物流活动其活动的性质也不同，信息的内涵和特征也有差异。按活动领域分类，可分为运输信息、仓储信息、装卸信息、搬运信息、包装加工信息等，甚至可更进一步细化成集装箱信息、托盘交换信息、库存量信息、汽车运输信息等。

5. 按管理层次分类

① 操作型管理信息。操作型管理信息是产生于物流作业层，反映和控制企业的日常生产和经营工作的信息。它是管理信息中的最底层，是信息源。例如，订货处理、计划管理、运输管理、库存管理、设备管理等信息。这类信息通常具有量大、发生频率高等特点。

② 知识型管理信息。知识型管理信息是知识管理部门相关人员对企业自己的知识进行搜集、分类、存储和查询，并进行知识分析所得到的信息。例如，专家决策知识、物流企业相关业务、工人的技术和经验形成的知识信息等。这类信息一般隐藏在企业内部，需要挖掘和提炼。知识型管理信息贯穿于企业的各个部门、各个层次。

③ 战术型管理信息。战术型管理信息是部门负责人作关系到局部和中期决策时所涉及的信息。它一般包括合同管理、客户关系管理、质量管理、计划管理、市场商情等管理信息。这类信息一般来自于本单位所属各部门。

④ 战略型管理信息。战略型管理信息是企业高层决策者制定企业年经营目标、企业战略决策所需要的信息。它通常包括综合报表管理、供应链管理、企业战略管理、市场动态、国家有关政策法规等信息。这类信息一部分来自企业内部，多为报表类型；另一部分来自企业外部，且数据比较少、不确定性程度较高、内容较抽象。

第二节 物流信息技术

信息技术的飞速发展为实施新的物流管理模式提供了更有效的手段，人们正把信息技术视为提高生产率和竞争能力的主要来源。与其他资源不同，信息技术正在不断提高速度和能力，同时又在降低成本。这些信息技术广泛应用在物流方面，对物流作业已经并将继续产生全面而深刻的影响。这些技术包括条码技术、无线射频识别技术、电子数据交换以及 GPS、GIS 等。

一、条码技术

计算机、网络技术的发展，彻底改变了人们传统的工作方式。但是如何解决计算机的快速录入问题，一直是影响计算机应用的“瓶颈”。手工键盘输入速度慢、容易出错，而且工作强度大。到目前为止，先后涌现出多种自动识别技术，如手写识别技术、语音识别技术、条码识别技术和磁识别技术等，其中条码技术的输入速度快、准确率高、成本低、可靠性强而成为首选的自动识别技术，现已广泛应用于物流领域。

条码技术的出现，不仅在国际范围内为商品提供了一套可靠的代码识别体系，而且为产、供、销等生产及贸易的各个环节提供了一套通用的、可靠的代码识别技术，为实现商业数据的自动采集和电子数据交换奠定了基础。企业无论大小，要想实现对物品的实时跟踪，就必须使用条码技术。

条码技术是在计算机技术与信息技术基础上发展起来的一门集编码、印刷、识别、数据采集及处理于一身的新兴技术。条码技术的核心内容是利用光电扫描设备识读条码符号，从而实现机器的自动识别，并快速准确地将信息输入到计算机进行数据处理，以达到自动化管理的目的。

1. 条码的定义

条码是由一组按一定编码规则排列的条、空及其对应的符号组成的用以表示一定信息的符号。条码中的条、空分别由深浅不同且满足一定光学对比度要求的两种颜色(通常为黑色、白色)表示。条为深色，空为浅色。一组条、空和相应的字符代表相同的信息。前者用于机器识读，后者供人直接识读或通过键盘向计算机输入数据使用。这种用条、空组成的数据编码很容易译成二进制和十进制。这些条和空可以有各种不同的组合方法，从而构成不同的图形符号，即各种符号体系，也称码制，适用于不同的场合。

2. 条码种类

条码符号的不同组合形成了不同的条码种类，每一种条码都有自己特定的标准码制。条码种类很多，常见的大概有二十多种码制，其中包括：Code39码（标准39码）、Codebar（库德巴码）、Code25码（标准25码）。ITF25码（交叉25码）、Matrix25码（矩阵25码）、UPC-A码、UPC-E码、EAN－13码（EAN－13国际商品条码）、EAN－8码（EAN－8国际商品条码）、中国邮政编码（矩阵25码的一种变体）、Code-B码、MSI码、Code11码、Code93码、ISBN码、ISSN码、Code128码（Code128码包括EAN128码）、Code39EMS（EMS专用的39码）等一维条码和PDF等二维条码。

目前，国际广泛使用的条形码种类有EAN、UPC码（商品条码，用于在世界范围内唯一标示一种商品，我们在超市中最常见的就是这种条码）、Code39码、ITF25码（在物流管理中应用较多）、Codebar码（多用于医疗、图书领域）、Code93码、Codel28码等。其中，EAN码是当今世界上广泛使用的商品条码，已成为电子数据交换（EDl）的基础；UPC码主要为美国和加拿大使用；在各类条码应用系统中，Code39码因其可采用数字与字母共同组成的方式而在各行业内部管理上被广泛使用；在血库、图书馆和照相馆的业务中，Codebar码也被广泛使用。除了一维条码外，二维条码也已经在迅速发展，并在许多领域得到了应用。比较常用且已相当规范的条码有下列几种。

(1) 25码

25码主要是工业用码，以两个字符为单位进行编码，其中一个字符以条编码，另一个字符以空编码，每个字符由三个窄单元和两个宽单元组成，两个字符的条空相互交叉组合在一起，如图8－1所示。

1 2 3 4 5 6 7 8 9 0

图8－1　25码

(2) 39码

39码除了0～9十个数字外，还包含A～Z 26个英文字母及七个特殊字元与符号，以及一个特殊的起始与终止符号，所以也称字符码，如图8－2所示。

* 1 2 3 A B C *

图8－2　39码

(3) 统一产品(UPC)码

统一产品码为美国和加拿大常用条码，含有 0～9 十个数字，基本组合为十位数，前五位是用以辨别制造商或机构的代码，后五位是个别产品项，由厂商自行编订。若商品过多也可用较多位来表达，甚至多达 30 个字元的。

统一产品码又有 A 型和 E 型两种。A 型又称基本型，用作编成十个字元的美国国家药品码及美国国家健康相关码。E 型为零缩型，利用特殊方法编码而成，即将原来统一产品码中除去一些零字元，将有效字元连串而成。

(4) 商品条码(EAN 码)

EAN 码是目前通行于美国以外的各个国家的商品条码。EAN 的建立，不仅为建立全球统一的物品标识体系提供了组织保障，同时，也促进了条码技术在各个领域的应用，尤其是物流领域的现代化更是越来越依靠条码技术。

该码有两种形式，一种为标准型 EAN－13，有 13 个数字元，通用于一般尺寸商品的标示；另一种为缩短型 EAN－8，有 8 个数字元，适用于体积较小的商品。

① 标准型消费单元代码。标准型消费单元代码由 13 位数字构成，也可称 EAN－13 代码，其结构见表 8－1。

表 8－1　EAN－13 中国大陆商品代码结构

前缀码	厂商代码	商品项目代码	校验字符
690～691	$M_1 M_2 M_3 M_4$	$I_1 I_2 I_3 I_4 I_5$	C
692	$M_1 M_2 M_3 M_4 M_5$	$I_1 I_2 I_3 I_4$	C

690～692 为国际物品编码协会分配给中国物品编码中心的前缀码，即我国的国家代码。

M_1～M_4(M_5)为厂商代码。每个被批准使用商品条码的企业均获得一个由中国物品编码中心分配的 4 位或 5 位数字的厂商代码，并成为中国商品条码系统成员。

I_1～I_4(I_5)为商品项目代码。商品条码系统成员对每个商品项目分配一个 4 位或 5 位数字的代码，编码的商品项目最多可达 10 万个。

C 为校验字符。校验字符按以下方法计算：

第一步：将 13 位数字(包括校验字符)自右向左顺序编号；

第二步：将所有序号为偶数的位置上的数值相加；

第三步：用数值 3 乘第二步的结果；

第四步：从序号 3 开始，将所有序号为奇数的位置上的数值相加；

第五步：将第三步的结果与第四步的结果相加；

第六步：用一个大于第五步的结果且为10的最小整数倍的数减去第五步的结果，其差即为所求的校验字符的值。

例如，某条码977167121601X（X为校验码）。

第一步：将13位数字（包括校验字符）自右向左顺序编号

第二步：1＋6＋2＋7＋1＋7＝24

第三步：24×3＝72

第四步：0＋1＋1＋6＋7＋9＝24

第五步：72＋24＝96

第六步：100－96＝4

所以最后校验码X＝4。此条形码为9771671216014。

这里只是介绍校验字符的计算方法，实际上，商品条码系统成员在对商品项目编码时，可不必计算校验字符的值。该值由制作条码原版胶片或直接打印条码符号的设备自动生成。

② 缩短型消费单元代码。缩短型消费单元代码由8位数字构成，也可称EAN-8代码，其结构见表8-2。

表8-2　EAN-8中国大陆商品代码结构

前缀码	商品项目代码	校验字符
690～692	$I_1 I_2 I_3 I_4$	C

$I_1 \sim I_4$ 代表4位阿拉伯数字，是用缩短码表示的商品项目代码。统一由中国物品编码中心逐一分配给每个适于采用缩短码的商品项目。

C为校验字符。计算缩短代码的校验字符时，需在代码前添加5个“0”，然后按标准型代码计算校验字符的值。商品条码系统成员在实际编码时，也不必计算此值。

(5) EAN-128条码

此码由国际商品编码协会（EAN）、美国统一代码委员会（UCC）和自动识别制造商协会（AIM）共同设计而成。它是一种连续型、非定长、有含义的高密度代码。EAN-128条码是唯一能够表示应用标识的条码符号。每个字符由3个条和3个空共11个模块组成。

3. 条码结构

一个完整的条形码符号是由两侧静区、起始字符、数据字符、校验字符（可选）和终止字符组成。图8-3给出了一个条形码符号的完整结构。

图 8-3　EAN 码的符号结构

① 空白区。没有任何印刷符或条形码信息，它通常是白的，位于条形码符号的两侧。空白区又称静区，其作用是提示阅读器即扫描器准备扫描条形码符号。

② 起始字符。条形码符号的第一位字符是起始字符，它的特殊条、空结构用于识别一个条形码符号的开始。阅读器首先确认此字符的存在，然后处理由扫描器获得的一系列脉冲。

③ 数据字符。由条形码字符组成，用于代表一定的原始数据信息。

④ 分隔字符。用来间隔左右两侧数据字符。

⑤ 终止字符。条形码符号的最后一位字符是终止字符，它的特殊条、空结构用于识别一个条形码符号的结束。阅读器识别终止字符，便可知道条形码符号已扫描完毕。若条形码符号有效，阅读器就向计算机传送数据并向操作者提供"有效读入"的反馈。终止字符的使用，避免了不完整信息的输入。当采用校验字符时，终止字符还指示阅读器对数据字符实施校验计算。

起始字符、终止字符的条、空结构通常是不对称的二进制序列，这一不对称允许扫描器进行双向扫描。当条形码符号被反向扫描时，阅读器会在进行校验计算和传送信息前把条形码各字符重新排列成正确的顺序。

⑥ 校验字符。有些码制的校验字符是必需的，有些码制的校验字符则是可选的。校验字符是通过对数据字符进行一种算术运算而确定的。当符号中的各字符被解码时，译码器将对其进行同一种算术运算，并将结果与校验字符比较。若两者一致时，说明读入的信息有效。

4. 条码的特点

在信息输入技术中，采用的自动识别技术种类很多。条码作为一种图形识别技术，与其他识别技术相比有如下特点：

① 简单。条码易于制作，可印刷，被称为"可印刷的计算机语言"。条码标签易于制作，对印刷技术设备和材料无特殊要求。

② 信息采集速度快。普通计算机的键盘录入速度是每分钟200字符，而利用条码扫描录入信息的速度是键盘录入的20倍。

③ 采集信息量大。利用条码扫描一次可以采集十几位字符的信息，而且可以通过选择不同码制的条码增加字符密度，使录入的信息量成倍增加。

④ 可靠性强。键盘录入数据，误码率为三百分之一；利用光学字符识别(Optical Character Recognition，简称OCR)技术，误码率约为万分之一；而采用条码扫描录入方式，误码率仅有百万分之一，首读率可达98%以上。据统计键盘输入平均每300个字符有一个错误，而条码输入平均每1 500个字符有一个错误；如果加上校验位，误码率则是千万分之一。

⑤ 设备结构简单、成本低。与其他自动化识别技术相比较，条形码技术仅仅需要一小张贴纸和相对构造简单的光学扫描仪，成本相当低廉，推广应用条码技术，所需费用较低。

⑥ 灵活实用。条形码符号作为一种识别手段可以单独使用，也可以和有关设备组成识别系统实现自动化识别，还可和其他控制设备联系起来实现整个系统的自动化管理。同时，在没有自动识别设备时，也可实现手工键盘输入。

⑦ 自由度大。识别装置与条码标签相对位置的自由度要比OCR大得多。条码通常只在一维方向上表达信息，而同一条码上所表示的信息完全相同并且连续，这样即使标签有部分欠缺，仍可以从正常部分输入正确的信息。

5. 条码的编码规则

① 唯一性。同种规格同种产品对应同一个产品代码，同种产品不同规格对应不同的产品代码。根据产品的不同性质，例如重量、包装、规格、气味、颜色、形状等等，赋予不同的商品代码。

② 永久性。产品代码一经分配，就不再更改，并且是终身的。当此种产品不再生产时，其对应的产品代码只能搁置起来，不得重复启用再分配给其他的商品。

③ 无含义。为了保证代码有足够的容量以适应产品频繁地更新换代的需要，最好采用无含义的顺序码。

一般来说，从国外进口的商品的条码都比较符合规范(UPC或EAN)，可以直接使用。但国内商品上的条码由于种种原因，不规范条形码、重码等现象时有发生，由于印刷的原因或由于条码颜色搭配不当使条码阅读器无法阅读的现象经常出现。大型物流配送中心及连锁型超市由于管理要求等原因，对商品管理使用“店内码”。在国内外使用条码管理的商场中，有两种做法：一种是无论商品上原来有无条码，一律使用用户自己制作的“店内码”；另一种是充分利用商品上原有的条码，对没有条码或条码无法阅读的商品才标上用户自己制作的店内码。

6. 条码的主要应用领域

目前条码技术已在多个领域中得到了广泛的应用，比较典型的应用有以下几种：

（1）商业零售领域

零售业是条码应用最为成熟的领域。EAN 商品条码为零售业应用条码进行销售奠定了基础。目前大多数在超市中出售的商品都申请使用了 EAN 条码。在销售时，用扫描器扫描 EAN 条码，POS 系统从数据库中查找到相应的名称、价格等信息，并对客户所购买的商品进行统计，大大加快了收银的速度和准确性，同时各种销售数据还可作为商场和供应商进货、供货的参考依据。由于销售信息能够及时准确地被统计出来，所以商家在经营过程中可以准确地掌握各种商品的流通信息，大大地减少库存，最大限度地利用资金，从而提高商家的效益和竞争能力。

（2）图书馆

条码也被广泛应用于图书馆中的图书流通环节中，图书和借书证上都贴上了条码。借书时只要扫描一下借书证上的条码，再扫一下借出的图书上的条码，相关的信息就被自动录入数据库中；而还书时只要一扫图书上的条码，系统就会根据原先记录的信息进行核对，如果正确就将该书还入库中。与传统的方式相比，条码方式大大地提高了工作效率。

（3）物流管理

对于大量物品流动的场合，用传统的手工记录方式记录物品的流动状况，既费时费力，准确度又低，在一些特殊场合，手工记录是不现实的。况且这些手工记录的数据在统计、查询过程中的应用效率也相当低。应用条码技术，可以实现快速、准确地记录每一件物品，采集到的各种数据可由计算机系统处理，使得各种统计数据能够准确、及时地反映物品的状态。作为物流管理的工具，条码的应用主要集中在以下环节：

① 物料管理。通过将物料编码，并且打印条码标签，不仅便于物料跟踪管理，而且也有助于做到合理的物料库存准备，提高生产效率，便于企业资金的合理运用。对采购的生产物料按照行业及企业规则建立统一的物料编码，从而杜绝因物料无序而导致的损失和混乱。对需要进行标示的物料打印其条码标，以便于在生产管理中对物料的单件跟踪，从而建立完整的产品档案。利用条码技术对仓库进行基本的进、销、存管理，能有效地降低库存成本。通过产品编码，建立物料质量检验档案，产生质量检验报告，与采购订单挂钩，便于对供应商的评价。

② 生产线物流管理。条码生产线物流管理是产品条码应用的基础，它建

立产品识别码。在生产中应用产品识别码监控生产，采集生产测试数据和质量检查数据，进行产品完工检查，建立产品识别码和产品档案，有序地安排生产计划，监控生产及流向，提高产品下线合格率。

③ 分拣运输。铁路运输、航空运输、邮政通讯等许多行业都存在货物的分拣、搬运问题，大批量的货物需要在很短的时间内准确无误地装到指定的车厢或航班；一个生产厂家如果生产上百个品种的产品，并需要将其分门别类，以送到不同的目的地，那么就必须扩大场地，增加人员，还常常会出现人工错误。解决这些问题的办法就是应用物流标识技术，使包裹或产品自动分拣到不同的运输机上。我们所要做的只是将预先打印好的条码标签贴在发送的物品上，并在每个分拣点装一台条码扫描器。

④ 仓储保管。在仓储系统，采用条码可以通过应用标识符分辨不同的信息，经过计算机对信息进行处理后，更有利于对商品的采购、保管和销售。

⑤ 机场通道。当机场的规模达到一个终端要在 2 小时内处理品 10 个以上的航班时，就必须实现自动化，否则会因为来不及处理行李导致误机。在自动化系统中，物流标识技术的优势充分体现出来，人们将条码标签按需要打印出来，系在每件行李上。条码标签是一个纸牌，系在行李的手把上。根据国际航空运输协会(IAIA)标准的要求，条码应包含航班号和目的地等信息。当运输系统把行李从登记处运到分拣系统时，一组通道式扫描器(通常由 8 个扫描器组成)包围了运输机的上、下、前、后、左、右各个侧面，扫描器对准每一个可能放标签的位置，甚至是行李的底部。当扫描器读到条码时，会将数据传输到分拣控制器中，然后根据对照表，行李被自动分拣到目的航班的传送带上。

⑥ 货物通道。和机场的通道一样，货物通道也是由一组扫描器组成。全方位扫描器能够从所有的方向上识读条码。这些扫描器可以识读任意方向、任意面上的条码，无论包裹有多大，无论运输机的速度有多快，无论包裹间的距离有多小，所有制式的扫描器一起扫描，决定当前哪些条码需要识读，然后把一个个信息传送给主计算机或控制系统。

货物扫描通道为进一步采集包裹数据提供了极好的机会。新一代的货物通道可以以很高的速度同时采集包裹上的条码标识符、实际的包裹尺寸和包裹的重量信息，且这个过程不需要人工干预。因为包裹投递服务是按尺寸和重量收费的，这些信息对计算营业额十分重要。现在可以准确、高效地获取这些信息，以满足用户的需要。

⑦ 运动中称量。运动中称量与条码自动识别相结合，把电子秤放在输送机上可以得到包裹的重量而不需中断运输作业或人工处理，使系统能保持很高的通过能力；同时实时提供重量信息，计算净重，检验重量误差，验证重量范

围。在高效的物料搬运系统中，运动中称量可以与其他自动化过程（如条码扫描、标签打印及粘贴、包裹分拣、码托盘、库存管理、发运和其他功能）集成在一起。

(4) 质量跟踪管理

ISO9000 质量保证体系强调质量管理的可追溯性，也就是说对于出现质量问题的产品，可以追溯出它的生产时间、操作者等信息。在过去，这些信息很难记录下来，即使有一些工厂（如一些家用电器生产厂）采用加工单的形式进行记录，但随着时间的积累，加工单也越来越多，有的工厂甚至要用几间房子来存放这些数据。从这么多的单据中查找一张单据的难度可想而知！如采用条码技术，在生产过程的主要环节中，对生产者及产品的数据可以通过扫描条码进行记录，并利用计算机系统进行处理和存储。如果产品质量出现问题，可以利用计算机系统很快地查到该产品生产时的数据，为工厂查找事故原因、改进工作提供依据。

(5) 数据自动录入（二维条码）

大量格式化单据的录入问题是一件很烦琐的事，浪费大量的人力不说，正确率也难以保证。现在有了二维条码技术，可以把上千个字母或几百个汉字放入名片大小的一个条码中，并可用专用的扫描器在几秒钟内正确地输入这些内容。目前计算机和打印机作为一种必备的办公用品已相当普及，可以开发一些软件，将格式化报表的内容同时打印在一个二维条码中，在需要输入这些报表内容的地方扫描二维条码，报表的内容就自动录入完成了。同时还可对数据进行加密，确保报表数据的真实性。国外有的彩票就用 PDF417 二维条码来鉴别彩票的真伪。如果证件上使用了二维条码，并且对证件上的全部信息进行加密处理，那么在需要记录人身份的地方，只要扫描证件上的条码，个人信息就被正确录入了。

二、射频技术

1. 射频识别的定义

射频识别技术（Radio Frequency Identification，RFID）是 20 世纪 90 年代开始兴起的一种自动识别技术，俗称电子标签，是一项利用射频信号通过空间耦合（交变磁场或电磁场）实现无接触信息传递并通过所传递的信息达到识别目的的技术。中华人民共和国国家标准《物流术语》(GB/T18354—2006)中对射频识别技术的定义是："通过射频信号识别目标对象并获取相关数据信息的一种非接触式的自动识别技术。"射频技术的基本原理是电磁理论，利用无线电波对记录媒体进行读写。射频系统的优点是不局限于视线，识别距离比光学系统远，射频识别卡具有读写能力，可携带大量数据，难以伪造，有智能。

射频识别信息的载体是射频标签（在部分识别系统中也称作应答器、射频卡等），获取信息的装置称为射频读写器（在部分系统中也称作问询器、收发器等）。射频标签与射频读写器之间利用感应、无线电波或微波能量进行非接触双向通信，实现数据交换，从而达到识别的目的。

射频识别系统的传送距离由许多因素决定，如传送频率、天线设计等。射频识别的距离可达几十厘米至几米，且根据读写的方式，可以输入数千字节的信息，同时，还具有极高的保密性。

射频识别技术是以无线通信技术和存储器技术为核心，伴随着半导体、大规模集成电路技术的发展而逐步形成的，其应用过程涉及无线通信协议、发射功率、占用频率等多方因素，目前尚未形成在开放系统中应用的统一标准，因此射频识别技术的应用主要是在一些闭环应用系统中。

2. 射频识别系统的特点

射频标签把几个主要模块集成到一块芯片中，完成与读写器的通信，芯片上有内存部分用来储存识别号码或其他数据，内存容量从几个比特到几十千比特。芯片周围仅需连接天线。标签封装可以有不同形式，如常见的信用卡的形式及小圆片的形式等。同条码、磁卡、IC 卡等同期或早期的识别技术相比，射频卡具有非接触，工作距离长，适用于恶劣环境，可识别运动目标等优点。因此完成识别工作时无须人工干预，适应于实现自动化且不易损坏，可识别高速运动物体并可同时识别多个射频卡，操作快捷方便。射频卡不怕油渍、灰尘污染等恶劣的环境，短距离的射频卡可以在这种恶劣的环境中替代条码，长距离的产品多用于交通上，可达几十米。

3. RFID 系统的应用类型

根据 RFID 系统具有的功能不同，可以粗略地把 RFID 系统分成四种类型：EAS 系统、便携式数据采集系统、网络系统、定位系统。

(1) EAS 技术

Electronic Article Surveillance（EAS）是一种设置在需要控制物品出入的门口的 RFID 技术。这种技术的典型应用场合是商店、图书馆、数据中心等地方，当未被授权的人从这些地方非法取走物品时，EAS 系统会发出警告。

在应用 EAS 技术时，首先在物品上粘附 EAS 标签，当物品被正常购买或者合法移出时，在结算处通过一定的装置使 EAS 标签灭活，物品就可以被取走。物品经过装有 EAS 系统的门口时，EAS 装置能自动检测标签的活动性，发现活动性标签 EAS 系统会发出警告。EAS 技术的应用可以有效防止物品的被盗，不管是大件的商品，还是很小的物品。

应用EAS技术，物品不用再锁在玻璃橱柜里，可以让顾客自由地观看、检查商品，这在自选日益流行的今天有着非常重要的现实意义。

典型的EAS系统一般由三部分组成：① 附着在商品上的电子标签、电子传感器；② 电子标签灭活装置，以便授权商品能正常出入；③ 监视器，在出口造成一定区域的监视空间。

EAS系统的工作原理是：在监视区，发射器以一定的频率向接收器发射信号。发射器与接收器一般安装在零售店、图书馆的出入口，形成一定的监视空间。当具有特殊特征的标签进入该区域时，会对发射器发出的信号产生干扰，这种干扰信号也会被接收器接收，再经过微处理器的分析判断，就会控制警报器的鸣响。根据发射器所发出的信号不同以及标签对信号干扰原理不同，EAS可以分成许多种类型。关于EAS技术最新的研究方向是标签的制作，人们正在讨论EAS标签能不能像条码一样，在产品的制作或包装过程中加进产品，成为产品的一部分。

(2) 便携式数据采集系统

便携式数据采集系统是使用带有RFID阅读器的手持式数据采集器采集RFID标签上的数据。这种系统具有比较大的灵活性，适用于不宜安装固定式RFID系统的应用环境。手持式阅读器（数据输入终端）可以在读取数据的同时，通过无线电波数据传输方式（RFDC）实时地向主计算机系统传输数据，也可以暂时将数据存储在阅读器中，再一批一批地向主计算机系统传输数据。

(3) 物流控制系统

在物流控制系统中，固定布置的RFID阅读器分散布置在给定的区域，并且阅读器直接与数据管理信息系统相连，信号发射机是移动的，一般安装在移动的物体上面。当物体、人流经阅读器时，阅读器会自动扫描标签上的信息并把数据信息输入数据管理信息系统存储、分析、处理，达到控制物流的目的。

(4) 定位系统

定位系统用于自动化加工系统中的定位以及对车辆、轮船等进行运行定位。阅读器放置在移动的车辆、轮船上或者自动化流水线中移动的物料、半成品、成品上，信号发射机嵌入操作环境的地表下面。信号发射机上存储有位置识别信息，阅读器一般通过无线的方式或者有线的方式连接到主信息管理系统。

我国已经在一些领域应用射频技术，例如，一些高速公路的收费站口，使用射频技术可以不停车收费；我国铁路系统使用射频技术记录货车车厢编号的试点已运行了一段时间；一些物流企业也正在准备将射频技术用于物流管理中。

4. RFID 系统的组成

RFID 系统在具体的应用过程中，根据不同的应用目的和应用环境，系统的组成会有所不同，但从 RFID 系统的工作原理来看，系统一般都由信号发射机、信号接收机、发射接收天线几部分组成。下面分别加以说明。

(1) 信号发射机(射频标签)

在 RFID 系统中，信号发射机用于不同的应用环境，会以不同的形式存在，典型的形式是标签(TAG)。标签相当于条码技术中的条码符号，用来存储需要识别传输的信息，另外，与条码不同的是，标签必须能够自动或在外力的作用下，把存储的信息主动发射出去。标签一般是带有线圈、天线、存储器与控制系统的低电集成电路。

(2) 信号接收机(射频读写器)

在 RFID 系统中，信号接收机一般叫做阅读器。根据支持的标签类型不同与完成的功能不同，阅读器的复杂程度是显著不同的。阅读器基本的功能就是提供与标示进行数据传输的途径。另外，阅读器还提供相当复杂的信号状态控制、奇偶错误校验与更正功能等。标签中除了存储需要传输的信息外，还必须含有一定的附加信息，如错误校验信息等。识别数据信息和附加信息按照一定的结构编制在一起，并按照特定的顺序向外发送。阅读器通过接收到的附加信息来控制数据流的发送。一旦到达阅读器的信息被正确地接收和译解后，阅读器通过特定的算法决定是否需要发射机对发送的信号重发一次，或者直到发射器停止发信号，这就是“命令响应协议”。使用这种协议，即便在很短的时间、很小的空间阅读多个标签，也可以有效地防止“欺骗问题”的产生。

(3) 天线

天线是标签与阅读器之间传输数据的发射、接收装置。在实际应用中，除了系统功率，天线的形状和相对位置也会影响数据的发射和接收，需要专业人员对系统的天线进行设计、安装。

三、EDI 技术

EDI 是英文 Electronic Data Interchange 的缩写，中文可译为“电子数据交换”，中国港、澳地区及海外华人地区称作“电子资料联通”。它是一种在公司之间传输订单、发票等作业文件的电子化手段。它通过计算机通信网络将贸易、运输、保险、银行和海关等行业信息，用一种国际公认的标准格式，实现各有关部门或公司与企业之间的数据交换与处理，并完成以贸易为中心的全部过程。它是20世纪80年代发展起来的一种新颖的电子化贸易工具,是计算机、通信和现代管理技术相结合的产物。

1. 定义

国际标准化组织(ISO)将EDI描述成"将贸易(商业)或行政事务处理按照一个公认的标准变成结构化的事务处理或信息数据格式,从计算机到计算机的电子传输"。由于使用EDI可以减少甚至消除贸易过程中的纸面文件,因此EDI又被人们通俗地称为"无纸贸易"。

总之,EDI指的是:按照协议,对具有一定结构特征的标准经济信息,经过电子数据通信网,在商业贸易伙伴的计算机系统之间进行交换和自动处理的全过程。

2. 内涵

对上述定义可以从以下几方面理解:

① 定义的主体是"经济信息",即EDI是面向经济信息的应用系统,如订单、运单、发票、报关单等。

② 这些信息是"按照协议"形成的,"具有一定结构特征",这一点对EDI很重要。EDI报文能被不同的贸易伙伴的计算机系统识别和处理,其关键就在于数据格式的标准化,即EDI标准。

③ 信息传递的路径是计算机到"电子数据通信网络",再到对方的计算机,中间不需要人工干预。

3. EDI系统模型

从上述EDI定义不难看出,EDI包含了三个方面的内容,即计算机应用、通信网络和数据标准化。其中计算机应用是EDI的条件,通信环境是EDI应用的基础,标准化是EDI的特征。这三方面相互衔接、相互依存,构成EDI的基础框架。EDI系统模型如图8-4所示。

图8-4 EDI系统模型

EDI信息的最终用户是计算机应用软件系统,它自动地处理传递来的信息,因而这种传输是机—机、应用—应用的传输,为EDI与其他计算机应用系统(如MIS)的互联提供了方便。

4. EDI 的特点

通过二十多年的发展与完善，EDI 作为一种全球性的具有巨大商业价值的电子化贸易手段和工具，具有以下几个显著的特点：

① 单证格式化。EDI 传输的是企业间格式化的数据，如订购单、报价单、发票、货运单、装箱单、报关单等等，这些信息都具有固定的格式与行业通用性。而信件、公函等非格式化的文件不属于 EDI 处理的范畴。

② 报文标准化。EDI 传输的报文符合国际标准或行业标准，这是计算机能自动处理的前提条件。目前最广泛使用的 EDI 标准是：UN/EDI FACT (United Nations Rulers For Electronic Data Interchange For Administration, Commerce and Transport，联合国标准 EDI 规则适用于行政管理、商贸、交通运输）和 ANSIX. 12（美国国家标准局特命标准化委员会第 12 工作组制定）。

③ 处理自动化。EDI 信息传递的路径是计算机到数据通信网络，再到商业伙伴的计算机，信息的最终用户是计算机应用系统，它自动处理传递来的信息。因此这种数据交换是机—机，应用—应用，不需人工干预。

④ 软件结构化。EDI 功能软件由五个模块组成，即用户界面模块、内部 EDP(Electronic data processing)接口模块、报文生成与处理模块、标准报文格式转换模块、通信模块。这五个模块功能分明，结构清晰，形成了 EDI 较为成熟的商业化软件。

⑤ 运作规范化。EDI 以报文的方式交换信息有其深刻的商贸背景，EDI 报文是目前商业化应用中最成熟、最有效、最规范的电子凭证之一，EDI 单证报文具有法律效力已被普遍接受。任何一个成熟的、成功的 EDI 系统，均有相应的规范化环境作基础，例如 EDI 存证系统、商贸伙伴（parter）的协议、管理法规与相应的配套措施、联合国贸法会制定的《电子贸易示范法草案》、国际海事委员会制定的《电子提单规则》、上海市制定的《上海市国际贸易电子数据交换管理规定》等。

四、GPS 技术

GPS 是英文 Global Positioning System（全球定位系统）的简称，中文简称为“球位系”。GPS 是 20 世纪 70 年代由美国陆海空三军联合研制的新一代空间卫星导航定位系统。GPS 原本是作为军事用途而研制的，例如飞机导航、导弹遥控等，但也可以用于商业方面，比如用于车辆、轮船的导航和野外定位等。经过二十余年的研究实验，耗资 300 亿美元，到 1994 年 3 月，全球覆盖率高达 98%的 24 颗 GPS 卫星星座已布设完成。GPS 利用导航卫星进行测时和测距，使在地球上任何地方的用户，都能计算出自己处的方位，是一个具有在海、陆、空进行全方位实时三维导航与定位能力的卫星导航与全球性空间定位系统。

1. GPS 系统组成

GPS由三大子系统构成，即空间卫星系统、地面监控系统和用户接收系统。

① 空间卫星系统。GPS 的空间部分是由 21 颗工作卫星组成，它位于距地表 20 200 千米的上空，均匀分布在 6 个轨道面上（每个轨道面 4 颗），轨道倾角为 55°。此外，还有 3 颗有源备份卫星在轨运行。卫星的分布使得在全球任何地方、任何时间都可观测到 4 颗以上的卫星，并能在卫星中预存导航信息。GPS的卫星因为大气摩擦等问题，随着时间的推移，导航精度会逐渐降低。

② 地面监控系统。地面监控系统由监测站（Monitor Station）、主控制站（Master Monitor Station）、地面天线（Ground Antenna）所组成，主控制站位于美国科罗拉多州春田市。地面控制站负责收集由卫星传回的信息，并计算卫星星历、相对距离，大气校正等数据。

③ 用户接收系统。用户接收系统主要是由无线电传感和计算机技术支撑的 GPS 卫星接收机和 GPS 数据处理软件。GPS 卫星接收机其主要功能是能够捕获到按一定卫星截止角所选择的待测卫星，并跟踪这些卫星的运行。当接收机捕获到跟踪的卫星信号后，就可测量出接收天线至卫星的伪距离和距离的变化率，解调出卫星轨道参数等数据。根据这些数据，接收机中的微处理计算机就可按定位解算方法进行定位计算，计算出用户所在地理位置的经纬度、高度、速度、时间等信息。接收机硬件和机内软件以及 GPS 数据的后处理软件包构成完整的 GPS 用户接收系统。

2. GPS 系统的特点

GPS系统与其他导航系统相比，主要特点是：

① 全球地面连续覆盖。由于 GPS 卫星数目较多且分布合理，所以在地球上任何地点均可连续、同步地观测到至少 4 颗卫星，从而保证了全球、全天候连续实时导航与定位的需要。

② 功能多、精度高。GPS 可为各类用户连续地提供高精度的三维位置、三维速度和时间信息。

③ 实时定位速度快。目前 GPS 接收机的一次定位和测速工作在一秒甚至更少的时间内完成，这对高动态用户来讲尤其重要。

④ 抗干扰性能好、保密性强。由于 GPS 系统采用了伪码扩频技术，因而 GPS 卫星所发送的信号具有良好的抗干扰性和保密性。

⑤ GPS 接收机是被动式全天候系统，只收不发信号，故不受卫星系统和地面控制系统的控制，用户数量也不受限制。

五、GIS 技术

GIS 即地理信息系统(Geographic Information System),经过了 40 年的发展,到今天已经逐渐成为一种相当成熟的技术,并且得到了极广泛的应用。尤其是近些年,GIS 更以其强大的地理信息空间分析功能,在 GPS 及路径优化中发挥着越来越重要的作用。GIS 地理信息系统是以地理空间数据库为基础,在计算机软硬件的支持下,运用系统工程和信息科学的理论,科学管理和综合分析具有空间内涵的地理数据,以提供管理、决策等所需信息的技术系统。简单地说,地理信息系统就是综合处理和分析地理空间数据的一种技术系统。中华人民共和国国家标准《物流术语》(GB/T18354—2006)中对 GIS 的表述是:"由计算机软硬件环境、地理空间数据、系统维护和使用人员四部分组成的空间信息系统,可对整个或部分地球表层(包括大气层)空间中有关地理分布数据进行采集、储存、管理、运算、分析显示和描述。"

1. 地理信息的特征

地理信息是指与空间地理分布有关的信息,它表示地表物体和环境固有的数据、质量、分布特征、联系和规律的数字、文字、图形、图像等内容的总称。

地理信息除了具备信息的一般特性外,还具备以下独特特性:

① 区域性。地理信息属于空间信息,是通过数据进行标示的,这是地理信息系统区别于其他类型信息最显著的标志,是地理信息的定位特征。区域性是指按照特定的经纬网或公里网建立的地理坐标来实现空间位置的识别,并可以按照指定的区域进行信息的并或分。

② 多维性。多维性具体是指在二维空间的基础上,实现多个专题的地三维结构。即在一个坐标位置上具有多个专题和属性信息。例如,在一个地面点上,可取得高程、污染、交通等多种信息。

③ 动态性。动态性主要是指地理信息的动态变化特征,即时序特征。可以按照时间尺度将地球信息划分为超短期的(如台风、地震)、短期的(如江河洪水、秋季低温)、中期的(如土地利用、作物估产)、长期的(如城市化、水土流失)、超长期的(如地壳变动、气候变化)等,从而使地理信息常以时间尺度划分成不同时间段信息。这就要求及时采集和更新地理信息,并根据多时相区域性指定特定的区域得到的数据和信息来寻找时间分布规律,进而对未来作出预测和预报。

2. GIS 的组成部分

从应用的角度划分,地理信息系统由硬件、软件、数据、人员和方法五部分组成。硬件和软件为地理信息系统建设提供环境；数据是 GIS 的重要内容；方法为 GIS 建设提供解决方案；人员是系统建设中的关键和能动性因素，直接影响和协调其他几个组成部分。

地理信息系统的硬件主要包括计算机和网络设备、存储设备、数据输入、显示和输出的外围设备等。

软件主要包括以下几类：操作系统软件、数据库管理软件、系统开发软件、GIS 软件等。GIS 软件的选型，直接影响其他软件的选择，影响系统解决方案，也影响系统建设周期和效益。

数据是 GIS 的重要内容，也是 GIS 系统的灵魂和生命。数据组织和处理是 GIS 应用系统建设中的关键环节，涉及许多问题：应该选择何种（或哪些）比例尺的数据；已有数据现实性如何；数据精度是否能满足要求；数据格式是否能被已有的 GIS 软件集成；应采用何种方法进行处理和集成；采用何种方法进行数据的更新和维护；等等。

方法指系统需要采用何种技术路线，采用何种解决方案来实现系统目标。方法的采用会直接影响系统性能，影响系统的可用性和可维护性。

人是 GIS 系统的能动部分。人员的技术水平和组织管理能力是决定系统建设成败的重要因素。系统人员按不同分工有项目经理、项目开发人员、项目数据人员、系统文档撰写和系统测试人员等。

各个部分齐心协力、分工协作是 GIS 系统成功建设的重要保证。GIS 应用系统建设需要从以上五个方面着手。

第三节　物流管理信息系统

一、物流管理信息系统的概念

物流企业的每一项管理工作都是借助信息处理的方式完成的，工作人员每天花费大量的时间用于记录、查找、汇总和使用信息。计算机目前已经成为信息处理的重要工具。一方面，计算机网络及互联网的出现和相关技术的发展，扩大了计算机信息管理工作的范围，增强了其系统性；另一方面，信息管理进一步的应用需求也导致了物流管理信息系统的产生和发展。为了实现现代物流的目标，物流企业必须利用信息技术，建立一套完善的物流管理信息系统。

物流管理信息系统是一个组织进行系统化管理的人机结合系统，它综合运用计算机及网络通信技术、管理和决策方法，通过对与物流相关信息的加工处理来达到对物流、资金流的有效控制与管理，辅助管理人员进行物流信息的管理、分析和决策。物流管理信息系统以物流信息传递的标准化和实时化、存储的数字化、物流信息处理的计算机化等为基本内容。物流管理信息系统的主要功能是进行物流信息的收集、存储、传输、加工整理、维护和输出，具有实时化、网络化、系统化、规模化、专业化、集成化、智能化等特点。

二、物流管理信息系统的功能层次

物流管理信息系统是把各种物流活动与某个一体化过程连接在一起的通道。一体化过程建立在以下四个层次上：交易、管理控制、决策分析，以及制定战略计划。物流信息功能各层次上的物流活动和决策如图 8-5 所示。

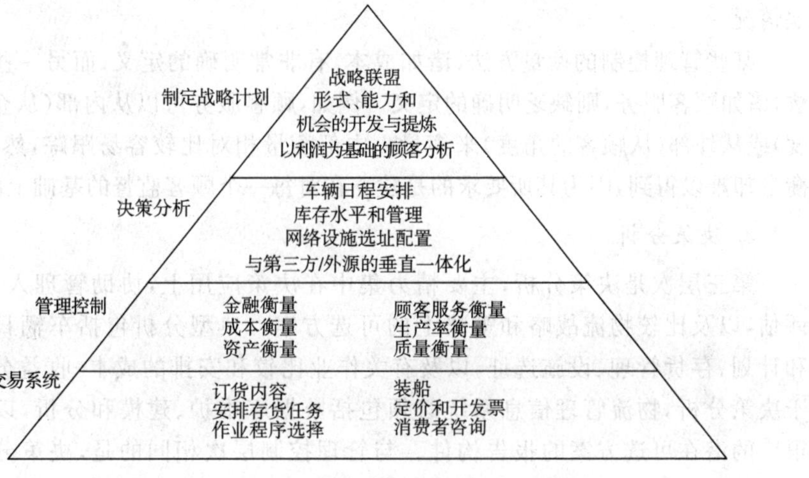

图 8-5　物流管理信息系统的功能层次图

1. 交易

交易系统是用于启动和记录个别物流活动的最基本的层次。交易活动包括记录订货内容、安排存货任务、作业程序选择、装船、定价、开发票以及消费者咨询等。例如，当收到消费者订单进入信息系统时，就开始了第一笔交易。按订单安排存货，记录订货内容意味着开始了第二笔交易。随后产生的一笔交易是打印和传递付款发票。在整个过程中，当消费者需要而且必须获得订货状况信息时，通过一系列信息交易，就完成了消费者订货功能的循环。交易系统的特征是：格式规则化、通信交互化、交易批量化以及作业逐日化。结构上的各种过程和大批量交易相结合主要强调了信息系统的效率。

2. 管理控制

第二层次是管理控制，要求把主要精力集中在功能衡量和报告上。功能衡量对于提供有关服务水平和资源利用等的管理反馈来说是必要的。因此，管理控制以可估价的、策略上的、中期的焦点问题为特征，它涉及评价过去的功能和鉴别各种可选方案。普通功能的衡量包括金融、顾客服务、生产率以及质量指标等。作为一个例子,特殊功能的衡量包括每磅的运输和仓储成本(成本衡量)、存货周转(资产衡量)、供应比率(顾客服务衡量)、每工时生产量(生产率衡量),以及顾客的感觉(质量衡量)等。

当物流管理信息系统有必要报告过去的物流系统功能时,物流系统是否能够在其被处理的过程中鉴别出异常情况也是很重要的。管理控制的例外信息对于鉴别潜在的顾客或订货问题是很有用的。例如,有超前活力的物流管理信息系统应该有能力根据预测的需求和预期的入库数来预测未来的存货短缺情况。

某些管理控制的衡量方法,诸如成本,有非常明确的定义;而另一些衡量方法,诸如顾客服务,则缺乏明确的定义。例如,顾客服务可以从内部(从企业的角度)或从外部(从顾客的角度)来衡量。内部衡量相对比较容易跟踪,然而,外部衡量却难以得到,因为其所要求的是建立在对每一个顾客监督的基础上的。

3. 决策分析

第三层次是决策分析,主要精力集中在决策应用上,协助管理人员鉴别、评估,以及比较物流战略和策略上的可选方案。典型分析包括车辆日常工作和计划、存货管理、设施选址,以及有关作业比较和安排的成本-收益分析。对于决策分析,物流管理信息系统必须包括数据库维护、建模和分析,以及范围很广的潜在可选方案的报告构件。与管理控制层次相同的是,决策分析也以策略上的和可估计的焦点问题为特征。与管理控制不同的是,决策分析的主要精力集中在评估未来策略上的可选方案,并且它需要相对松散的结构和灵活性,以便作范围很广的选择。因此,用户需要有更多的专业知识,增强应用能力。既然决策分析的应用要比交易应用少,那么物流管理信息系统的决策分析趋向于更多地强调有效(effectiveness)(针对无利可图的账户,鉴别出有利可图的品目),而不是强调效率(efficiency)(利用更少的人力资源实现更快的处理或增加交易量)。

4. 制订战略计划

最后一个层次是制订战略计划,主要精力集中在信息支持上,以期开发和提炼物流战略。这类决策往往是决策分析层次的延伸,但是通常更加抽象、松散,并且注重于长期。作为战略计划的例子,决策中包括通过战略联盟使协作成为可能、厂商的能力和市场机会的开发和提炼,以及顾客对改进的鼓舞所作的反应。物流管理信息系统的制定战略层次,必须把较低层次的数据结合进范围很广的交易计划中去,以及结合进有助于评估各种战略的概率和损益的决策模型中去。

四、物流管理信息系统的开发

1. 物流管理信息系统开发的原则

① 领导参与的原则。物流管理信息系统的开发是一项庞大的系统工程，它涉及组织日常管理工作的各方面，所以领导出面组织力量、协调各方面的关系是开发成功的首要条件。

② 优化与创新的原则。系统的开发不能模拟旧的模式和处理过程，它必须根据实际情况和科学管理的要求加以优化与创新。

③ 充分利用信息资源的原则。即数据尽可能共享，减少系统的输入输出，对已有的数据、信息作进一步的分析处理，以便充分发挥深层次加工信息的作用。

④ 实用和实效的原则。即要求从制定系统开发方案到最终的信息系统都必须是实用的、及时的和有效的。

⑤ 规范化原则。即要求按照标准化、工程化的方法和技术来开发系统。

⑥ 发展变化的原则。即充分考虑到组织和管理模式可能发生的变化，使系统具有一定的适应环境变化的能力。

2. 物流管理信息系统的层次结构

根据系统中不同管理层次上的部门或人员所需物流信息的不同，一般将系统设置为数据处理层、业务层、运用层、控制层和计划层五个层次结构。

① 数据处理层：将搜集、加工的物流信息以数据库的形式加以存储；

② 业务层：对合同、票据、报表等进行日常处理；

③ 运用层：包括车辆运输路径选择、仓库作业计划、库存管理所涉及的当前运行的短期决策；

④ 控制层：建立物流系统的特征体系，制定评价标准，建立控制评价模型，根据运行信息监测物流系统的状况；

⑤ 计划层：建立各种物品系统分析模型，辅助高层管理人员制订物品战略计划。

3. 物流管理信息系统的功能结构

为达到系统的目标，物流管理信息系统包括物品管理子系统、配送管理子系统、运输与调度子系统、客户服务子系统、财务管理子系统、人力资源管理子系统、质量管理子系统等。

物流管理信息系统的功能结构如图 8-6 所示。

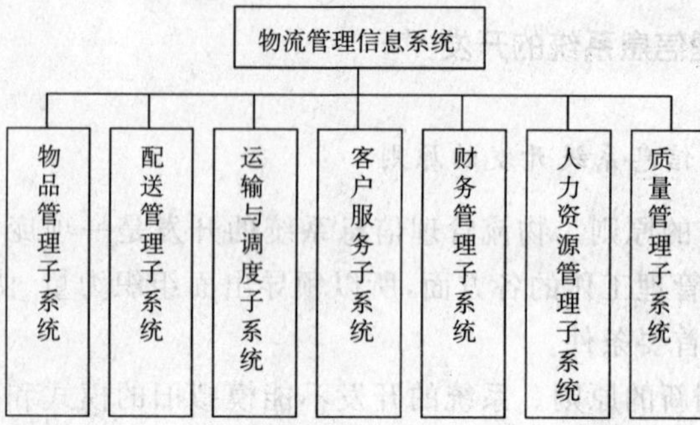

图 8-6　物流管理信息系统的功能结构图

4. 物流管理信息系统的开发方法

(1) 生命周期法

生命周期法是20世纪70年代初发展起来的，它已在国内外被广泛采用，并为许多组织确定为标准的系统开发方法。

生命周期是指软件产品从形成概念开始，经过开发、使用和不断增补修订，直到最后被淘汰的整个过程。生命周期法将系统的开发过程划分为系统分析、系统设计、系统实施三个阶段，每个阶段又分成若干步骤，见表8-3所列。

表 8-3　生命周期法的各阶段及其步骤

阶　段	步　骤
系统分析	可行性研究 系统调查 需求分析 确定逻辑模型
系统设计	建立物理模型 详细设计 编写程序 程序调试
系统实施	编写技术文件 系统运行 系统评价 系统维护

各阶段的主要任务如下：

① 系统分析阶段。新系统是在原系统的基础上发展起来的。原系统的基本功能以及它与外界的信息联系，都应该在新系统中得到体现，同时，必须

对原系统的状况和存在的问题进行详细的了解和分析。在系统分析阶段，先根据用户对新系统提出的要求，进行初步调查和可行性分析，提出系统总体规划。经领导批准系统可行并可以开展开发工作以后，再对原系统进行深入的调查，切实掌握原系统的模型，并在此基础上提出新系统的逻辑模型。系统分析是系统开发达到合理、优化的重要阶段，这个阶段的工作深入与否直接影响到新系统的质量和经济性，是开发成败的关键。

② 系统设计阶段。根据系统分析确定的逻辑模型，确定新系统的物理模型，即物流管理信息系统的总体结构和数据库设计，并提出系统配置方案，继而对物理模型进行详细的设计。主要内容有代码设计、用户界面设计、处理过程设计、编写系统设计说明书等。

③ 系统实施阶段。按照物理模型实现系统的编写和测试、系统试运行、编写技术文件、系统转换、系统交付使用运行后的系统维护和评价等工作。

生命周期法的主要优点是：整个开发过程阶段和步骤清楚，每一阶段和步骤均有明确的成果，这些成果以可行性分析报告、系统分析报告、系统设计报告等形式确定下来，并作为下一步工作的依据。在每阶段的步骤中，整个项目可以划分为许多组成部分，各部分可各自独立地开展工作，但各部分的工作必须按时到达阶段或步骤的终点，这样才有利于整个项目的管理与控制。

但是，在实践过程中也暴露出这种方法的一些缺陷：

① 难以准确定义用户需求。系统的开发过程是一个线性发展的"瀑布模型"，各阶段须严格按顺序进行，并以各阶段提供的文档的正确性和完整性来保证最终系统的质量，这在许多情况下是难以做到的。用户在初始阶段提出的要求往往既不全面也不明确，尤其是我国多数管理人员缺乏应用计算机的基本知识和应用实践，更难以提出完整、具体的要求；而当系统投入运行后，又感到不满意，要求修改。

② 开发周期长，难以适应环境变化。系统分析和设计的时间较长，对于一个比较大的系统，一般要用多年。当系统实施时，原来提出的要求可能已经有了变化，又要进行修改设计。同时，由于第一、第二阶段时间较长，而这两个阶段能提供给用户的只是文字上的成果，用户长期看不到运行的系统，不便于用户与设计者交流。

③ 整个系统开发工作是劳动密集型的。各阶段的工作从系统分析、系统设计到系统实施，绝大部分工作靠人工完成，使系统开发成本高、效率低

(2) 结构化系统开发方法

结构化系统开发方法是自顶向下的结构化、工程化的系统开发方法和生命周期法的结合。结构化概念最早是用来描述结构化程序设计方法的，它用三种基本逻辑结构(即顺序结构、选择结构、循环结构)来编写程序，使之趋于

标准化、线性化。结构化方法不仅提高了编程效率和编程质量，而且大大提高了程序的可读性、可测试性、可修改性和可维护性。后来，结构化程序设计思想被引入系统开发领域，逐步形成结构化系统分析与设计方法。

结构化系统开发方法的基本思想是：用系统工程的思想和工程化的方法，按用户至上的原则，结构化、模块化、自顶向下地对系统进行分析与设计。也就是说，先将整个系统的开发划分成若干个不同阶段，如系统规划、系统分析、系统设计、系统实施等，然后在系统规划、分析和设计阶段采用自顶向下的方法对系统进行结构化划分，最后在系统实施阶段采用自底向上的方法逐步实施。

结构化系统开发方法有以下几个特点：

① 面向用户的观点。用户的参与程度和评价是衡量系统开发是否成功的关键。因此，在系统开发过程中要面向用户，激发用户的热情，使他们与系统开发人员打成一片；同时使系统开发人员更多地了解用户的需求，更深入地理解用户的需求，使新系统更加科学、合理。

② 自顶向下的分析与设计和自底向上的系统实施。按照系统论的观点，任何事情都是互相联系的整体。因此，在系统分析与设计时要站在整体的角度，自顶向下地工作。但在系统实施时，先对最底层的模块编程，然后进行一个模块、几个模块的调试，最后自底向上逐步构成整个系统。

③ 严格区分工作阶段。根据系统工程的思想，必须把整个系统开发过程划分为若干个工作阶段，明确每个阶段的任务和目标，并在开发领导小组的检查和督促下严格按照划分的工作阶段，逐一完成任务，从而实现预期目标。

④ 深入现场调研。在系统规划和分析阶段，要深入现场，详细地调查研究，尽可能弄清现行系统业务处理的每一个细节，做好总体规划和系统分析，从而描述出符合用户实际需求的新系统逻辑模型。

⑤ 充分考虑变化的情况。在现实世界中任何一个系统都不是孤立的，而是与其他系统密切相关的。一旦系统开发的周边环境（如组织的内外部环境、用户的需求、信息技术等）发生变化，都会直接影响到系统的开发。因此，必须在系统调查和分析时对将来可能发生的情况给予充分的重视，使新系统具有应付各种变化的适应能力。

⑥ 工作成果文档化，文档资料规范化、标准化。根据系统工程的思想，系统的各个阶段的成果必须文档化。只有这样，才能更好地实现用户与系统开发人员的交流，才能确保各个阶段的无缝连接。因此必须充分重视文档资料的规范化、标准化工作，充分发挥文档资料的作用，为提高系统的适应性提供可靠的保证。

用结构化系统开发方法开发一个系统，一般将整个系统开发过程划分成五个首尾相连的阶段，称之为结构化系统开发的生命周期。五个阶段分别为：

① 系统规划阶段。根据用户的系统开发请求，进行初步调查，明确问题，确定系统目标和总体结构，确定分析阶段实施进度，最后进行可行性研究。

② 系统分析阶段。通过对组织的现行系统进行详细分析，作出详尽描述，如分析业务流程，分析数据与数据流程、功能与数据之间的关系，从而提出若干个解决方案，分别进行成本效益分析，最后得出新系统逻辑模型。

③ 系统设计阶段。根据新系统的逻辑模型，提出新系统的物理模型，进行总体结构设计、代码设计、数据库/文件设计、输入/输出设计和模块结构与功能设计。

④ 系统实施阶段。根据系统设计阶段的文档资料，进行软件编程、调试和检错，硬件设备的购入和安装，以及对用户的培训和系统试运行。

⑤ 系统运行维护阶段。进行系统的日常运行管理、维护和评价三部分工作。若运行结果良好，则送利益相关者；若存在一些问题，则对系统进行修改、升级等；若存在重大问题，则用户只有提出开发新系统的要求，这标志着旧系统生命的结束，新系统的诞生。

结构化系统开发方法是在传统生命周期法基础上发展起来的。它的优点是更强调开发人员与用户的紧密结合、自顶向下的观点、开发过程的整体性和全局性，即在整体优化的前提下考虑具体的分析设计问题。缺点是开发过程过于烦琐，周期过长，工作量太大，同时要求系统开发人员在调查中充分掌握用户需求、管理状况以及可预见未来可能发生的变化，这在实际工作中难以实施，导致系统开发的风险较大。

(3) 原型法

原型法是 1977 年开始提出的，它试图改进生命周期法的缺点，由用户与系统分析设计人员合作，在短期内定义用户的基本需求，开发出一个功能不十分完善、实验性的、简易的系统基本框架(称为原型)。首先运行这个原型，然后用户和开发人员共同探讨、改进和完善，直至用户完全满意为止。

原型法开发的六个阶段分别为：

① 识别基本需求。它是开发初始原型的基础，因此需要对组织进行初步调查，与用户进行交流，收集各种信息，进行可行性分析，从而发现和确定用户的基本需求。用户的基本需求包括系统的结构、输入和输出要求、数据库基本结构、保密要求、系统接口等。

② 开发初始原型。根据用户的基本需求开发一个初步原型，以便进行讨论，并从它开始进行迭代。初始原型的质量是生成新系统的关键，如果初始原

型存在明显缺陷，就需要重新构建一个新原型。

③ 原型评价。系统开发人员和用户通过对原型的操作、检查、测试和运行，不断发现原型中存在的问题，并对功能、界面以及原型的各个方面进行评价，提出修改意见。

④ 修改和改进原型。根据原型评价阶段所发现的问题，系统开发人员和用户共同修正、改进原型，得到最终原型。当然，第三阶段和第四阶段需要多次重复，直至用户满意。

⑤ 判定原型完成。即判断用户的各项需求是否最终完成。如完成则进入整理阶段，否则继续改正和改进。

⑥ 整理原型、提供文档。即把原型进行整理和编号，并将其写入系统开发文档资料中，以便为下一步的运行、开发服务。文档资料包括用户的需求说明、新系统的逻辑方案、系统设计说明、数据字典、系统使用说明书等。所开发出的系统和相应的文档资料必须得到用户的检验和认可。

原型法开发程序见图 8－6。原型法必须在快速开发工具的支持下，才能实现快速模型化并及时改进。其工具主要有：

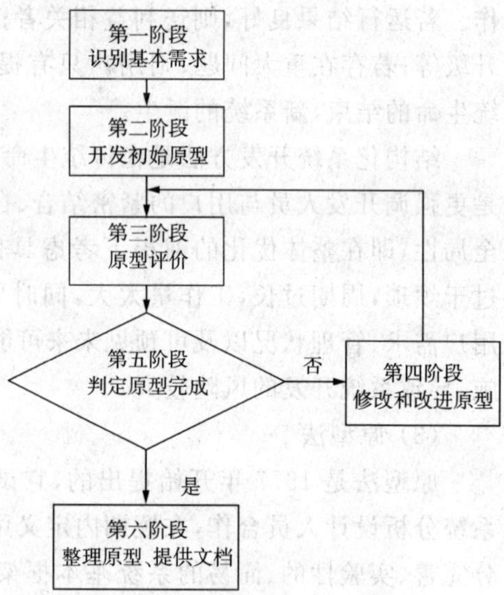

图 8－6　原型法开发程序图

① 字典编辑器。完成数据流图、数据字典、数据处理过程的编辑。

② 概要设计编辑器。根据新系统的数据流图和数据字典，将数据流图转换成功能结构图。

③ 详细设计编辑器。完成处理功能的算法描述、解释，输入和输出界面转换及文件管理等功能。

④ 程序自动生成器。根据模块的设计说明，生成源程序清单。

⑤ 图形编辑器。完成数据流图的编辑。编辑原系统的业务流程图和新系统的数据流图，并自动对数据流图进行平衡性、一致性和完善性的检验，保证数据流图与数据字典的说明完全一致。

⑥ 文档编辑器。自动给用户提供各阶段的主要文档资料。

原型法的优点是以用户为中心来开发系统，加强了用户的参与和决策，实现了早期的人机结合测试，提供了良好的文档、项目说明和示范，增强了用户和开发人员的兴趣。缺点是不适合开发大型系统，易导致开发人员因为最终系统过快产生，而忽略彻底的测试，文档不够健全。

(4) 面向对象法

20世纪70年代由A. kay在Small talk计算机语言中首次提出面向对象的概念。20世纪80年代Small talk-80和C++语言的出现标志着面向对象的程序设计语言开始走向实用化。尤其是近几年，其研究已经遍及软件系统的各个领域，逐渐发展了面向对象的分析、设计等系统开发的方法和技术。它将成为21世纪的重要开发方法之一。

面向对象法是系统开发人员根据用户的需求，找出和确定问题领域对象和类，对其进行静态的结构描述和动态的行为描述，建立解决问题领域的模型，用问题领域对象和类、接口对象和类、运行对象和类以及基础与实用对象和类去构成一个体系结构，通过不断地反复与累增，尽可能直接描述现实世界，实现模块化、可重用，完全而准确地满足用户的所有需求。

问题领域是指所要解决问题的整个内容和范围。解决领域是指解决问题时所涉及的内容及范围。对象和类的静态结构是指对用其属性、行为以及与其他对象的关系来规定的结构描述。具体地说，描述的是对象和类的名称、属性、行为以及它们之间的关系。对象和类的动态描述是指从消息传送、控制、因时而变的行为三个方面所进行的描述。

面向对象是指把现实世界看成一系列离散的对象集合。这些对象既包括属性，又包括行为。它不仅是一种程序设计方法，更是一种直接针对现实世界的抽象思维方式。对象是现实世界中具有相同属性、服从相同规则的一系列事物的抽象，也就是将相似事物抽象化，其中的具体事物称为对象的实例。对象的属性是实体所具有的某个特性的抽象，而实例本身被抽象成对象。类是具有相同属性和相同行为描述的一组对象。行为是指一个对象对于属性改变或消息收到后所进行的行动的反映。一个对象的行为完全取决于它的活动。关系是指现实世界中两个对象或多个对象之间的相互作用和影响。

面向对象法有以下几个特点：

① 抽象化。抽象是指对事物或现象的归纳、概述，突出事物或现象之间的共同属性，而忽略一些无关紧要的属性。通过抽象可以尽可能避免过早陷入细节。

② 封装性。封装是指把复杂的概念(或抽象、或属性、或模块)包装成简单的并能直接理解的形式，由明确规定的唯一接口与外界联系，以保护其内容不受外界任何未经允许的接触。实质上就是信息隐藏。在许多文献中，封装

与信息隐藏可以互换使用。封装的优点：一是修改一部分，不影响其他部分；二是使各个类(对象)彼此相互独立。

③ 继承性。类(对象)间的继承性是在类(对象)之间的层次性基础上产生的，也是最有力的机制。通过类继承可以弥补由封装对象带来的诸如数据或操作冗余的问题，通过继承支持重用，实现软件资源共享、演化以及增强扩充。

④ 多形化。多形是指同一行为(过程或函数)可应用于许多不同的类，而每一类则以其独有的方式来执行此行为。

⑤ 模块化。模块具有明确的界限、规定好的固定接口和可分开单独编译等三大特点。对象作为程序模块，是一个独立存在的实体，从外部可以了解它的功能，但其内部细节“隐蔽”，不受外界干扰。因此对象间的相互依赖性很小，可以独立地被其他各个系统所调用。

⑥ 动态链接性。是指各个对象间统一、方便、动态的消息传递机制。

面向对象的开发阶段如下：

① 系统分析阶段。根据用户对系统开发的需求进行调查研究，在繁杂的问题领域中抽象地识别出对象及其行为、结构、属性等。

② 系统设计阶段。根据系统分析阶段的文档资料，作进一步的抽象、归类、整理，运用雏形法构造出系统的雏形。

③ 系统实施阶段。根据系统设计阶段的文档资料，运用面向对象的程序设计语言加以实现。

④ 系统运行维护阶段。进行系统的日常运行管理、维护与评价工作。

面向对象法的优点是以对象为中心，利用特定的软件工具直接完成从对象客体的描述到软件结构间的转换，缩短了开发的周期，是一种很有发展潜力的系统开发方法。面向对象法的缺点是需要一定的软件支撑，并且在大型开发中不进行自顶向下的整体划分，而直接采用自底向上的开发，因而会造成系统结构不合理，各部分关系失调等问题。

复习思考题

1. 什么是物流信息，它有哪些特点？
2. 什么是条码？简述条码的应用领域。
3. 请简述 EAN－13 的商品条码的结构和模块构成。
4. 简述 RFID 的工作原理。
5. 试述结构化系统开发方法、原型法和面向对象法的基本思想和优缺点。

【结尾案例】

现代物流信息技术构筑 UPS 核心竞争力

成立于 1907 年的美国联邦快递公司(Federal Express,FedEx)是世界上最大的配送公司。现在,联邦快递公司年收入超过 300 亿美元,其中包裹和单证流量大约 35 亿件,平均每天向遍布全球的顾客递送 1 320 万件包裹。公司向制造商、批发商、零售商、服务公司以及个人提供各种范围的陆路和空运的包裹和单证的递送服务,以及大量的增值服务。表面上联邦快递公司的核心竞争优势来源于其由 4.4 万辆专用货车和 677 架飞机组成的运输队伍,而实际上联邦快递公司今天的成功并非仅仅如此。

20 世纪 80 年代初,联邦快递公司以其大型的棕色卡车车队和及时的递送服务,控制了美国陆路的包裹速递市场。然而,到了 20 世纪 80 年代后期,随着竞争对手利用不同的定价策略以及跟踪和开单的创新技术对联邦快递公司的市场进行蚕食,联邦快递的收入开始下滑。许多大型托运人希望通过单一服务来源提供全程的配送服务,顾客们还希望通过掌握更多的物流信息,以利于自身控制成本和提高效率。随着竞争的白热化,这种服务需求,变得越来越迫切。正是基于这种服务需求,联邦快递公司从 90 年代初开始致力于物流信息技术的广泛利用和不断升级。

今天,提供全面物流信息服务已经成为包裹速递业务中的一个至关重要的核心竞争要素。联邦快递公司通过应用三项以物流信息技术为基础的服务提高了竞争能力:

第一,条形码和扫描仪使联邦快递公司能够有选择地每周七天、每天 24 小时地跟踪和报告装运状况,顾客只需拨个免费电话,即可获得"地面跟踪"和航空递送这样的增值服务。

第二,联邦快递公司的递送驾驶员现在携带着以数控技术为基础的笔记本电脑到排好顺序的线路上收集递送信息。这种笔记本电脑使驾驶员能够用数字记录装运接受者的签字,以提供收货核实。通过电脑协调驾驶员信息,减少了差错,加快了递送速度。

第三,联邦快递公司最先进的信息技术应用,是创建于 1993 年的一个全美无线通信网络,该网络使用了 55 个蜂窝状载波电话。蜂窝状载波电话技术使驾驶员能够把实时跟踪的信息从卡车上传送到联邦快递公司的中央电脑。无线移动技术和系统能够提供电子数据储存,并能恢复跟踪公司在全球范围内的数百万笔递送业务。通过安装卫星地面站和扩大系统,到 1997 年实时包裹跟踪成为现实。

以联邦快递公司为代表的企业应用和推广的物流信息技术是现代物流的核心，是物流现代化的标志。尤其是飞速发展的计算机网络技术的应用使得物流信息技术达到新的水平。物流信息技术也是物流技术中发展最快的领域，从数据采集的条形码系统，到办公自动化系统中的微机、互联网，各种终端设备等硬件以及计算机软件等都在日新月异地发展。同时，随着物流信息技术的不断发展，产生了一系列新的物流理念和新的物流经营方式，推进了物流的变革。

今天来看，物流信息技术主要由通信、软件、面向行业的业务管理系统三大部分组成。包括基于各种通信方式基础上的移动通信手段、全球卫星定位(GPS)技术、地理信息(GIS)技术、计算机网络技术、自动化仓库管理技术、智能标签技术、条形码及射频技术、信息交换技术等现代尖端科技。在这些尖端技术的支撑下，形成以移动通信、资源管理、监控调度管理、自动化仓储管理、业务管理、客户服务管理、财务处理等多种信息技术集成的一体化现代物流管理体系。譬如，运用卫星定位技术，用户可以随时"看到"自己的货物状态，包括运输货物车辆所在的位置(某座城市的某条道路上)、货物名称、数量、重量等。这不仅大大提高了监控的"透明度"，降低了货物的空载率，做到资源的最佳配置，而且有利于顾客通过掌握更多的物流信息，以控制成本和提高效率。

联邦快递公司通过在三方面推广物流信息技术，发挥了核心竞争优势。

在信息技术上，联邦快递公司已经配备了第三代速递资料收集器Ⅲ型DIAD，这是业界最先进的手提式计算机，几乎可同时收集和传输实时包裹传递信息，也可让客户及时了解包裹的传送现状。这台DIAD配置了一个内部无线装置，可在所有传递信息输入后立即向联邦快递数据中心发送信息。司机只需扫描包裹上的条形码，获得收件人的签字，输入收件人的姓名，并按动一个键，就可同时完成交易并送出数据。Ⅲ型DIAD的内部无线装置还在送货车司机和发货人之间建立了双向文本通信。专门负责某个办公大楼或商业中心的司机可缩短约30分钟的上门收货时间。每当接收到一个信息，DIAD角上的指示灯就会闪动，提醒司机注意。这对消费者来说，不仅意味着所寄送的物品能很快发送，还可随时"跟踪"到包裹的行踪。通过这一过程，速递业真正实现了从点到点、户对户的单一速递模式，向除了为客户提供传统速递服务外，还包括库房、运输及售后服务等全方位物流服务的方向发展，从而大大地拓展了传统物流概念。

在信息系统上，联邦快递公司将应用在美国国内运输货物的物流信息系统，扩展到了所有国际运输货物上。这些物流信息系统包括署名追踪系统及比率运算系统等，其解决方案包括自动仓库、指纹扫描、光拣技术、产品跟踪和决策软件工具等。这些解决方案从商品原起点流向市场或者最终消费者的供应链上，帮助客户改进了业绩，真正实现了双赢。

在信息管理上，最典型的应用是联邦快递在美国国家半导体公司(National Semiconductor)位于新加坡仓库的物流信息管理系统，该系统有效地减少了仓储量，并节省了货品运送时间。今天我们可以看到，在联邦快递公司物流管理体系中的美国国家半导体公司新加坡仓库，一位管理员像挥动树枝一样将一台扫描仪扫过一箱新制造的电脑芯片。随着这个简单的举动，他启动了高效和自动化、几乎像魔术般的送货程序。这座巨大仓库是由联邦快递公司的运输奇才们设计建造的。联邦快递公司的物流信息管理系统将这箱芯片发往码头，而后送上卡车和飞机，接着又是卡车运送，在短短的12小时内，这些芯片就会送到国家半导体公司的客户——远在万里之外的硅谷的个人电脑制造商手中。在整个途中，芯片中嵌入的电子标签将让客户以高达三英尺的精确度跟踪订货。

由此可见，物流信息技术通过切入物流企业的业务流程来实现对物流企业各生产要素(车、仓、驾等)进行合理组合与高效利用，从而降低了经营成本，直接产生了明显的经营效益。它有效地把各种零散数据变为商业智慧，赋予了物流企业新型的生产要素——信息，大大提高了物流企业的业务预测和管理能力，通过"点、线、面"的立体式综合管理，实现了物流企业内部一体化和外部供应链的统一管理，有效地帮助物流企业提高了服务质量，提升了物流企业的整体效益。具体地说，它有效地为物流企业解决了单点管理和网络化业务之间的矛盾、成本和客户服务质量之间的矛盾、有限的静态资源和动态市场之间的矛盾、现在和未来预测之间的矛盾等等。以现代物流信息技术为核心竞争力基础的联邦快递公司已经在我国北京、上海、广州等城市开办了代表处。

第九章　物流成本管理

【学习目标】

通过本章的学习，了解物流成本的概念、物流成本管理的内容，掌握物流成本的构成与分类、物流成本管理的要点以及降低物流成本的途径。

【导入案例】

高物流成本拖累中国的经济发展

有数据显示，欧洲的物流成本占GDP总量的10%，美国、日本的物流成本占GDP的比例分别为9.9%、10%，而中国的物流成本2006年占GDP的比例为18.4%，2008年占GDP的比例为18.1%（数据来源：国家发改委）。与发达国家物流业相比较，中国的物流成本要高得多。从库存情况来看，中国企业产品的周转周期为35～45天，而国外一些企业的产品库存时间不超过10天。另外，中国企业更愿意使用自己的车队，但货物空载率达37%以上，同时因包装问题而造成的货物损失每年达150亿元，货物运输每年损失500亿元人民币。据统计，目前我国一般工业品从出厂·经装卸、储存、运输等各个物流环节，最终到消费者手中的流通费用，约占商品价格的50%，而水果、蔬菜、某些化工产品的流通费用，有时高达70%。我国汽车零配件的生产中90%以上的时间是储存、装卸和搬运。这些费用和时间上的消耗及大量存在的库存为物流的发展留下了巨大的空间。

一、现代物流业已成为推动我国经贸持续发展的重要因素

我国正在成为世界的“制造基地”。如何优化供应链管理，提高物流综合效益，夺取未来竞争的制高点，成了全球经济最为关注的问题之一。国民经济和对外贸易的深层次发展越来越依赖于现代物流的发展，它使社会分工日益细化和经济结构日趋复杂的国民经济连成一个有机整体。中国经济的增长是以资源的高消耗为代价的，物流企业承担着节约资源、降低社会物流成本、提高经济运行效率等责任。

二、与其说是企业与企业之间的竞争,不如说是供应链与供应链的竞争

据了解,目前美国真正赚钱的是供应链设计,因为现代企业竞争激烈,与其说是企业与企业之间的竞争,不如说是供应链与供应链的竞争。我国加工贸易经过25年的长足发展,"第一桶金"已被挖掘,劳动力成本、土地成本、原材料成本等生产要素的利润空间狭小,劳动生产率的潜力空间也有限,加工制造领域的利润趋薄,靠降低原材料消耗、劳动力成本或大力提高制造环节的劳动生产率来获取更大的利润已较为困难。因此,现代物流的作用日益突出。企业从产品的设计、生产到流通的全过程都不能缺乏物流的支持。目前的IT产业从概念产生到真正生产成品的速度,已快到只需几周甚至几天的时间,没有顺畅、及时、低成本物流的支持,这些根本都不可能实现。

依据国际经验,就单个厂商而言,物流支出往往占企业销售额的5%~35%,因而物流成本通常被视为企业营业成本中的最高成本,而今更由于供应链整合的发展,促使物流管理成为企业主要的管理中心之一。

三、中国外包物流市场规模达600多亿元

对于中国物流企业来说,正确认识中国这个具有600多亿元外包物流市场规模的大本营、这片物流需求每年递增20%的热土,提高国际竞争力显得尤为重要。

13年来,我国贸易总额从1 154亿美元增长到4 128亿美元,出口从621亿美元增长到4 384亿美元。这么大的贸易量与这么高的增长速度,孕育着双向物流服务的巨大商机。世界500强中的400多家企业在华进行了投资,其中90%左右的外资企业都选择了物流外包,占中国全部物流外包企业总数的70%。麦当劳进入中国时带来了自己的合作物流企业。与此同时,越来越多的国内企业对物流外包的认知和需求,在降低成本的压力下不断提高。这些都促使中国第三方物流市场呈现不断增长的趋势。目前,中国与物流相关的年总支出为19 000亿元人民币,物流成本占GDP的比重比发达国家的平均水平高出近1倍。居高不下的物流成本严重拖累了中国经济的发展。

第一节 物流成本概述

成本是指在企业进行某项活动时所发生的各种相关耗费。在企业管理中,成本管理一直受到人们的普遍重视,成本管理是企业内部管理的核心内容。同样,凡是从事物流工作、与物流相关的人或是企业,没有不关心物流成

本的。据估算,现阶段的物流成本可以占到商品总价值的10%～50%,企业的市场竞争力就包含了对物流成本的重新确认和有效控制,降低物流成本也就成了物流管理最重要的目标之一。

一、物流成本概念

在物流过程中,为了提供有关的物流服务,要占用和耗费一定的活劳动和物化劳动。这些活劳动和物化劳动的货币表现,即为物流成本,也称物流费用。

物流成本有广义和狭义之分。狭义的物流成本仅指由于物品移动而产生的运输、包装、装卸等费用。广义的物流成本是指生产、流通、消费全过程中,由于物品实体与价值变化而发生的全部费用。它具体包括从生产企业内部原材料的采购、供应开始,经过生产制造中的半成品、产成品的仓储、搬运、装卸、包装、运输以及在消费领域发生的验收、分类、仓储、保管、配送、废品回收等发生的所有成本。

随着生产的日益社会化,物流作为一种广泛存在的经济活动,普遍存在于企业内部。从原材料采购开始,到顺利加工成零部件,把零部件组装成产成品,最后产成品出厂投入消费领域,自始至终都离不开物流活动。企业物流过程,是创造时间价值、空间价值的过程。保证企业物流活动有秩序、高效率、低消耗地进行,需要耗费一定的人力和物力,投入一定的劳动。在商品经济中,一方面,物流劳动同其他生产劳动一样,也创造价值,物流成本在一定程度上,即在社会需要的限度内会增加商品价值,扩大生产耗费数量,成为生产一定种类及数量产品的社会必要劳动时间的一项内容,其总额必须在产品销售收入中得到补偿;另一方面,它又不完全等同于其他生产劳动,它并不增加产品使用价值总量,相反,产品总量往往在物流过程中因损坏、丢失而减少。同时,为进行物流活动,还要投入大量的人力、物力和财力。因此,企业物流成本是"使商品变贵而不追加商品使用价值的费用"。科学地管理物流成本,成为现代企业提高经济效益的重要途径。

二、物流成本的重要特征

物流被称作"第三利润源",在物流领域降低成本有很大的潜力,特别是在物流水平不高的国家,物流成本在企业销售成本中占了很大的比例,因此,加强对物流活动的管理,控制和降低企业各种物流费用有着非常重要的意义。要加强物流成本管理,应该首先认识物流成本的一般特征及在当今企业活动中的影响因素。

物流成本作为企业成本的组成部分，除了具备一般成本所有的特征（如可消耗性、可量化、可比较等），更具有隐含性、效益背反性和成本削减的乘法效应等特点。

1. 物流成本的隐含性

首先，物流成本隐含性的主要现象之一是指物流成本大多数混入其他费用之中，很难看出其全貌。在通常的企业财务决算表中，物流成本核算的只是企业对外部运输业者所支付的运输费用或向仓库支付的商品保管费等传统的物流成本，而对于企业内与物流中心（物流部门）相关的人工费、设备折旧费、固定资产税等各种费用则与企业其他经营费用统一计算，因而，从现代物流管理的角度来看，企业难以完整、正确地把握实际的物流总成本。事实上，发达国家的经验表明，企业实际发生的物流成本往往要超过外部支付额的 5 倍以上。

其次，企业物流过程的复杂性也导致了物流成本计算的不完全性。企业物流过程包括原材料采购物流、工厂内部零部件物流、从工厂到仓库和配送中心的成品物流、从配送中心到商店的商品物流等，这导致物流成本的计算范围很广泛，极易忽略其中的某一部分。

再次，物流成本中有不少是不可预测而难以控制的，这也造成了物流成本的"隐含"。例如，额外存货费用，额外包装费用和包装不良引起的货损，仓储不当引起的货损风险费用，货物不合格返退供应商而引起的额外时间和支出，日益增加的信息、交通和人员费用支出，通货膨胀和汇率风险费用等。这些物流费用虽然发生了，却未能完整而清晰地"浮出水面"，从而增加了物流成本管理的难度。

正因为物流成本具有"隐含性"，物流成本的管理才显得如此重要。可以说，物流成本的管理工作，一个非常重大的任务是要把隐藏着的物流成本充分挖掘出来，尽可能地了解成本的全貌，然后再根据成本发生的实际情况采取相应的管理措施。

2. 物流成本的效益背反性

"效益背反"说是物流领域中经常出现的普遍现象，是这一领域中内部矛盾的反映和表现。效益背反指的是物流的若干功能要素之间存在着损益的矛盾，即某一个功能要素的优化和利益发生的同时，必然会存在另一个或另几个功能要素的利益损失，反之也如此。这是一种此涨彼消、此盈彼亏的现象，虽然在许多领域中这种现象都是存在着的，但在物流领域中，这个问题似乎尤其严重。例如，包装方面每少花一分钱，从表面上看这一分钱就必然转到收益上来，包装越省，利润则越高。但是，一旦商品进入流通之后，如果节省包装费用降低了产品的防护效果，造成了大量损失，就会造成储存、装卸、运输等功能要素的工作劣化和效益大减。

3. 物流成本削减的乘法效应

物流成本的控制，对企业利润的增加具有显著作用，这可以从物流成本削减的乘法效应看出。假定销售额为100亿元，物流成本为10亿元，物流成本占销售金额的10%，那么，如果物流成本下降1亿元，销售金额就将增加10亿元，这样，物流成本的下降对企业无疑会产生极大的经济效益。

综合上述特点可以看出，对企业而言，要实施现代化的物流管理，首要的是全面、正确地把握包括企业内外发生的所有物流成本在内的企业整体物流成本，也就是说，要削减物流成本必须以企业整体成本为对象。另外，物流成本管理还必须注意不能因为降低物流成本而影响对用户的物流服务质量。例如，为了符合顾客的要求，及时、迅速地配送发货，企业需要进行配送设施的投资，如果仅仅为了减少物流成本而放弃这种投资，就会影响企业对顾客的物流服务水平。

第二节　物流成本的分类与构成

一、物流成本的分类

流通型和生产型企业在物流活动中发生的上述物流成本还可按一定的标准进行分类，以便为了正确认识和分析物流成本的构成，加强企业物流成本的管理，落实企业降低物流成本的方法措施。

1. 按物品流通的环节分类

物流成本按流通环节可分为运输成本、流通加工成本、配送成本、包装成本、装卸搬运成本和仓储成本。

(1) 运输成本

在现代企业物流中，运输在其经营业务中占有主导地位，物流运输费用在整个物流业务中占有较大比例。因此，物流合理化在很大程度上依赖于运输合理化，而运输合理与否直接影响着物流运输费用的高低，进而影响物流成本的高低。物流运输成本主要包括：人工费用，如工资、福利费、奖金、津贴和补贴等；营运费用，如营运车辆的燃料费、轮胎费、折旧费、维修费、租赁费、车辆牌照检查费、车辆清理费、养路费、过路费、保险费、公路运输管理费等；其他费用，如差旅费、事故损失、相关税金等。

(2) 流通加工成本

流通加工是物流中具有特殊意义的活动,即在商品从生产者向消费者流动的服务中,为了促进销售,维护商品质量,实现物流的高效率而使商品发生形状和性质的变化,这就是流通加工,比如剪板加工、冷冻加工、分装加工、组装加工、精致加工等。流通加工成本主要有以下几种:

① 流通加工设备费用。在流通加工过程中,由于流通加工设备的使用而发生的实体损耗和价值转移。流通加工设备因流通加工形式不同而不同。如木材加工需要电锯,剪板加工需要剪板机等,购置这些设备所支出的费用,以流通加工费用的形式转移到被加工的产品中去。

② 流通加工材料费用。

③ 流通加工劳务费用。在流通加工过程中从事加工活动的工人及有关人员的工资、奖金等费用。

④ 流通加工其他费用。除上述费用外,在流通加工中耗用的电力、燃料、油料以及管理费用等。

(3) 配送成本

配送是与市场经济相适应的一种先进的物流方式,是指企业物流按用户订单或配送协议进行配货,选择经济合理的配送路线与运输方式,在用户指定的时间内,将符合要求的货物送达指定地点的一种商品供应方式。配送是一种小范围内的物流活动。一般的配送集装卸、包装、保管、运输于一身,特殊的配送还包括加工在内。根据配送流程及配送环节,配送成本应由以下费用构成:

① 配送运输费用。主要包括配送运输过程中发生的车辆费用和营运间接费用。

② 分拣费用。主要包括配送分拣过程中发生的分拣人工费用及分拣设备费用。

③ 配装费用。主要包括配装环节发生的材料费用、人工费用。

(4) 包装成本

包装是生产的终点和物流的起点,其所发生的耗费占流通费用的10%,有的商品包装费用甚至高达50%。因此,加强包装费用的管理与核算,可以降低物流成本,提高企业的经济效益。包装成本构成一般包括以下几个方面:

① 包装材料费用。常见的包装材料有多种,由于包装材料功能不同,成本差异也较大。

② 包装机械费用。包装机械不仅可以极大地提高包装的劳动效率,也可以大幅度提高包装水平。包装机械费用主要包括设备折旧费、低值易耗品摊销费、维修费等。

③ 包装技术费用。为了使包装的功能能够充分发挥作用，达到最佳的包装效果，需要采用一定的包装技术，如实施缓冲包装、防潮包装和防伪包装等。这些技术的设计、实施所支出的费用就是包装技术费用。

④ 包装辅助费用。这些费用包括包装标记、标志的设计费用、印刷费用、辅助材料费用以及相关的能源消耗费用等。

⑤ 包装的人工费用。指从事包装工作的工人与其他有关人员的工资、奖金、福利费等。

(5) 装卸与搬运成本

装卸搬运是指在指定的地点以人力或机械设备装入或卸下物品。一般发生在同一地域范围内(如车站、工厂、仓库等)，以改变物的存放、支承状态的活动称为装卸；以改变"物"的空间位置的活动称为搬运。装卸搬运成本的主要内容包括：

① 人工费用。如工人工资、福利费、奖金、津贴、补贴等。

② 营运费用。如固定资产折旧费、维修费、能源消耗费、材料费等。

③ 装卸搬运合理损耗费用。如装卸搬运中发生的货物破损、散失、耗费等费用。

④ 其他费用。如办公费、差旅费、保险费、相关税金等。

(6) 仓储成本

仓储管理的主要任务是用最低的费用在适当的时间和适当的地点取得适当数量的存货。在许多企业中，仓储成本是物流总成本的一个重要组成部分，物流成本的高低常常取决于仓储管理成本的大小。而且，企业物流系统所保持的库存水平对于企业为客户提供的物流服务水平起着重要作用。仓储成本主要包括以下几个方面：

① 存货持有成本。是指企业为保持适当的库存而发生的成本，如仓储设备的折旧费、维修费、仓库职工工资、仓库的挑选整理费、仓储商品的毁损和变质损失等等。

② 缺货成本。是指由于库存供应中断而造成的损失，包括原材料供应中断造成的停工损失、产成品库存缺货造成的延迟发货损失和销售机会损失等等。

③ 在途库存持有成本。如果企业以目的地交货价销售商品，就意味着企业要负责将商品运达客户，当客户收到订购的商品时，商品的所有权才转移。从理财的角度来看，商品仍是销售方的库存。因为这种在途商品在交给客户之前仍然属于企业所有，运货方式及所需的时间是储存成本的一部分，企业应该对运输成本与在途存货持有成本进行分析。在途库存持有成本一般包括库存的资金占用成本、保险费用、仓储风险成本等。

2. 按成本与业务量的关系分类

按成本与业务量的关系可将成本分为固定成本和变动成本。

① 固定成本：是指总额在一定时期、一定业务量范围内，不受业务量增减变动影响而保持不变的成本。

② 变动成本：是指其总额随着业务量的变动而成正比例变动的成本。

3. 按物流成本是否具有可控性分类

按物流成本是否具有可控性，可将物流成本分为可控成本与不可控成本。

① 可控成本：是指考核对象对成本的发生能够控制的成本。例如，包装部门的经营管理水平与包装材料的耗用量相关，而与包装设备的折旧费无关。所以，包装材料费是包装部门的可控成本，而包装设备折旧费则是不可控成本。由于可控成本对包装部门来说是可以控制的，因而包装部门必须对其负责。

② 不可控成本：是指考核对象对成本的发生不能予以控制，因而也不予负责的成本。例如上述的包装设备的折旧费。

可控成本与不可控成本都是相对的，而不是绝对的，对于一个部门来说是可控的，对另一部门来说是不可控的。但从整个企业来考察，一切费用都是可控的，只是这种可控性需分解落实到相应的责任部门。

4. 按物流范围分类

按物流范围可将物流成本分为以下五类：

① 供应物流成本：指从采购到批发、零售的整个物流过程中所产生的费用。

② 生产物流成本：指生产过程中原材料、在制品、半成品、产成品等在企业内部的实体流动过程中所产生的费用。

③ 销售物流成本：指产品从企业到客户的物流过程中所需要的费用，包括包装费用、出库费用、运输费用、配送费用等。

④ 回收物流成本：指不合格物品的返修、退货以及周转使用的包装容器回收到本企业的物流过程中所需要的费用。

⑤ 废弃物物流成本：指在商品、包装材料、运输容器等的废弃过程中而产生的物流费用。

5. 按费用支付形态分类

按费用支付形态可将物流成本分为企业支付的物流成本、委托物流成本和其他企业支付的物流成本。

（1）企业支付的物流成本

企业支付的物流成本亦称为直接物流成本，包括材料费、人工费、公益费、维护费、一般经费和特别经费。

① 材料费。是指核算期间内各种材料的实际消耗量的金额。由物料材料费、燃料费、消耗性工具、低值易耗品摊销以及其他物料消耗等费用组成。

② 人工费。是指因人力劳务的消耗而发生的费用。包括工资、奖金、福利费、医药费、培训费等一切用于劳动人的费用。

③ 公益费。是指为公益事业所提供的公益服务而支付的费用。包括水电费、燃气费、绿化费等。这些费用可直接根据物流设施发生的相关费用进行汇总，也可以从整个企业支出的公益总费用中按物流设施的面积与企业设施的总面积比例分摊。

④ 维护费。是指由于土地、建筑物、机械设备、车辆等固定资产的使用、运行、维护保养而产生的费用。包括维修费、大修理费、保险费、租赁费、土地使用税等，可以按面积比例指数进行分摊。

⑤ 一般经费。是指差旅费、交通费、会议费、书报资料费、文具费、城市维护建设税、能源建设税及其他税款等。如果使用人员和目的明确，是由物流管理活动引起的，可直接计入物流成本，不能直接计入的，可根据员工人数比例分摊。

⑥ 特别经费。包括按实际使用年限计算的折旧费和企业内利息等。企业内利息是指考虑到资金的时间价值引起资金成本，一般以企业内部利率来核算。企业内部利息的核算，对物流活动中使用的固定资产以征收固定资产占用税时的评估价额乘以企业内部利率，对存货以账面份额乘以企业内利息来计算。

（2）委托物流成本

委托物流成本是指将物流业务委托给第三方物流企业时向其支付的费用，包括运费、装卸费、保管费、委托物流加工费等。

（3）其他企业支付的物流成本

其他企业支付的物流成本是指在物流成本中，还应当包括向其他企业支付的物流费，如商品购进采用送货制时包含在购买价格中的运费和商品销售采用提货制时从销售价格中扣除的运费等。

6. 按物流的功能分类

① 物资流通成本：是指为完成商品、物资的流通而发生的费用，包括包装费、运输费、保管费、流通加工费等。

② 信息流通成本：是指因处理、传输有关的物流信息而产生的费用，包括订货处理、储存管理、客户服务等相关费用。

③ 物流管理成本:是指进行物流的计划、组织、指挥、协调、控制考核等活动所需要的费用,包括企业物流管理费和作业现场管理费。

7. 按物流成本的表现形式分类

按照物流成本的表现形式,可将物流成本分为显性成本和隐性成本。

① 显性成本:是指能够通过定量分析进行估算的成本与费用。按传统核算方式,物流的成本主要包括运输成本和库存成本。在这里,将运输成本和库存成本作为物流显性成本的主要组成部分。之所以称其为显性,一是因为这两种成本容易为人们熟知并接受;二是因为它们可以用定量的分析方法近似估算。

物流的显性成本除了上述的运输与库存成本外,其他的如客户服务成本和存货持有成本等虽然所占的比重不大,但也不容忽视。

② 隐性成本:是指不能够通过定量分析进行估算的成本费用,或者目前还无法计量的成本费用。主要是物流管理成本和逆向物流成本。

隐性成本除了上述的管理与逆向成本外,还有许多方面,比如与物流活动相关的各种通信费用及订单成本等。

二、物流成本的构成

物流成本是企业的物流系统为实现商品在空间、时间上的转移而发生的各种耗费的货币表现。物流成本从其所处的领域看,可分为流通企业物流成本和生产企业物流成本,领域不同,其物流成本的构成也不同。

1. 流通企业物流成本构成

在我国,物质资料的经营主要是由物资企业和商业企业共同承担的。流通企业物流成本是指在组织物品的购进、运输、仓储、销售等一系列活动中所消耗的人力、物力、财力的货币表现。其具体构成包括:① 企业职工工资及福利费;② 支付给有关部门的服务费,如运杂费、邮电费等;③ 经营过程中的合理损耗,如商品损耗、固定资产折旧等;④ 支付的贷款利息;⑤ 经营过程中的各种管理成本,如办公费、差旅费等。

2. 生产企业物流成本构成

生产企业的主要目的是生产能够满足用户需要的产品,以此换取企业的利润。为了进行生产经营活动,企业必须同时进行有关生产要素的购进、仓储、搬运以及产成品销售等。因此,生产型的企业的物流成本是指企业在进行供应、生产、销售、回收等过程中所发生的运输、包装、仓储、配送、回收等方面发生的费用。与流通企业相比,生产企业的物流成本大多体现在所生产的产品成本中,具有与产品成本的不可分割性。生产企业的物流成本一般包括以下内容:① 供应、仓储、搬运和销售环节人员的工资及福利费;② 生产材料的采购费用,如运杂费、保险费、采购人员的差旅费、合理损耗成本等;③ 产品的推销费,如广告宣传费;④ 仓库保管费,如仓库维护费、搬运费等;⑤ 有关设备、仓库的折旧费等;⑥ 物流信息费;⑦ 贷款利息;⑧ 回收废弃物发生的物流费。

第三节 物流成本管理

一、物流成本管理的含义

所谓物流成本管理,就是通过成本去管理物流,即管理的对象是物流而不是成本,物流成本管理可以说是以成本为手段的管理方法。成本作为物流管理的手段是因为:其一,成本能真实反映物流活动的实态;其二,成本可以成为评价所有活动的共同标尺。就第一点而言,一旦用成本去掌握物流活动,物流活动方法上的差别就会以成本差别的形式明显地表现出来;就第二点而言,用成本这个统一的尺度来评价各种活动,可以把性质不同的活动放到同一场合进行比较,是有效管理物流的一种新思路。物流成本管理的目的是物流成本的控制和降低。作为一种先进的管理理念,物流成本的着眼点不仅要考虑物流本身的效率,而且还应综合考虑提高服务水平、削减商品在库以及与其他企业相比缺乏竞争优势等各种因素,甚至从物品流通的整个过程来考虑物流成本的效率化。只有从企业的整个系统和战略高度来看待物流成本管理,才可能在真正意义上降低整体物流成本。

二、物流成本管理的内容

物流成本管理的具体内容包括物流成本预测、物流成本决策、物流成本计划、物流成本控制、物流成本核算、物流成本分析和物流成本检查等。

1. 物流成本预测

物流成本预测是根据有关成本数据和企业具体的发展情况,运用一定的技术方法,对未来的成本水平及其变动趋势做出科学的估计。成本预测是成本决策、成本计划和成本控制的基础工作,可以提高物流成本管理的科学性和预见性。在物流成本管理的许多环节都存在成本预测问题。如仓储环节的库存预测、流通环节的加工预测和运输环节的货物周转量预测等。

2. 物流成本决策

成本决策是在成本预测的基础上，结合其他有关资料，运用一定的科学方法，从若干个方案中选择一个满意的方案的过程。从物流整个流程来说，有配送中心新建、改建、扩建的决策，装卸搬运设备、设施的决策，流通加工合理下料的决策等。进行成本决策、确定目标成本是编制成本计划的前提，也是实现成本的事前控制，提高经济效益的重要途径。

3. 物流成本计划

物流成本计划是根据成本决策所确定的方案、计划期的生产任务、降低成本的要求以及有关资料，通过一定的程序，运用一定的方法，以货币形式规定计划期物流各环节耗费水平和成本水平，并提出保证成本计划顺利实现所采取的措施。通过成本计划管理，可以在降低物流各环节方面给企业提出明确的目标，推动企业加强成本管理责任制，增强企业的成本意识，控制物流环节的费用，挖掘降低成本的潜力，保证企业降低物流成本目标的实现。

4. 物流成本控制

成本控制是根据计划目标，对成本发生和形成过程以及影响成本的各种因素和条件施加主动的影响，以保证实现物流成本计划的一种行为。

5. 物流成本核算

成本核算是根据企业确定的成本计算对象，采用相适应的成本计算方法，按规定的成本项目，通过一系列的物流费用汇集与分配，从而计算出各物流活动成本计算对象的实际总成本和单位成本。通过物流成本计算，可以如实地反映生产经营过程中的实际耗费，同时，也是对各种活动费用实际支出的控制过程。

6. 物流成本分析

物流成本分析是在成本核算及其他有关资料的基础上，运用一定的方法，揭示物流成本水平的变动，进一步查明影响物流成本变动的各种因素。通过物流成本分析，可以提出积极的建议，采取有效的措施，合理地控制物流成本。上述各项成本管理活动的内容是相互配合、相互依存的一个有机整体。成本预测是成本决策的前提。成本计划是成本决策所确定目标的具体化。成本控制是对成本计划的实施进行监督，以保证目标的实现。成本核算与分析是对目标是否实现的检验。

三、物流成本管理的要点

要加强物流成本管理，降低物流成本总水平，就必须把以下几个方面的工作落到实处，以发挥实效。

1. 确定成本管理对象

物流成本与生产成本相比较具有连续性、不确定性和难以分解等特点，这就为物流成本管理与核算增加了一定的难度。因此，物流成本管理的前提是确定成本管理对象，使得成本管理与核算有据可依。每一企业可以根据本企业的性质和管理的需要来确定物流成本管理对象。但企业一旦选用一种物流成本作为管理对象，就不要轻易改变，以保持前后各期的一致性和可比性。具体对象如下：

① 以物流过程作为对象。以物流过程作为对象，可以计算供应物流成本、生产物流成本、回收物流成本和废品物流成本。

② 以物品实体作为对象。以物品实体作为对象，可以计算每一种物品在流通过程中(包括运输、验收、保管、维护和修理等)所发生的成本。

③ 以物流功能作为对象。以物流功能作为对象，可以计算运输、保管、包装和流通加工等诸种物流功能所发生的成本。

④ 以物流成本项目作为对象。以物流成本项目作为对象，可以计算各物流项目的成本，例如运输费、保管费、折旧费、修理费、材料费和管理费等。

2. 制定成本标准

确定物流成本管理对象，亦即人为地把项目繁多、难以分离的物流成本作一划分，在此基础上便可进行物流成本预算管理。其标准的制定有以下几种：

① 按成本项目制定成本标准。企业内部每一物流成本项目，按其与物品流转额的关系，可以分为相对固定成本和变动成本。对于固定成本项目(例如折旧费、办公费等)，可以以本企业历年来的成本水平或其他企业(能力及规模与本企业相当)的成本水平为依据，再结合本企业的现状和条件，确定合理的成本标准。而对于可变项目应着重考虑近期及长远条件和环境的变化(例如运输能力、仓储能力、运输条件及国家的政策法令等)，制定成本标准。

② 按物流功能制定成本标准。不论是运输、保管还是包装、装卸成本，其水平的高低均取决于物流技术条件、基础设施水平。因此，在制定物流成本标准时，应结合企业的生产任务、流转流通数量及其他相关因素进行考虑。

③ 按物流过程制定成本标准。按物流过程制定成本标准，是一种综合性的技术，要求全面考虑物流的每个过程。既要以历史成本水平为依据，同时又要充分考虑企业内外部因素的变化。制定这种成本标准需要多种技能相结合。

3. 实行预算管理

成本标准确定后，企业应充分考虑其财力状况，制定出每一种成本的资金预算，以确保物流活动的正常进行。同时，按照成本标准，进行定期与不定期检查、评价与对比，以求控制物流活动和成本水平。

4. 实行责任成本管理制度

物流成本遍布社会再生产的每一环节和过程，同样，企业的每一环节和过程也都要发生物流成本。要想管好物流成本，除了制定成本标准外，还需在物流部门、生产部门和销售、管理部门实行责任制，实行全过程、全体人员成本管理，明确各自的权力和责任。具体方法及步骤如下：

① 分解落实物流成本指标。不同的物流部门负担着不同的物流成本。按成本发生的地点将成本分解到一定部门，落实其降低物流成本的责任，并按成本的可控性检查该部门物流成本的降低情况，以作为其评价成绩的依据。

② 编制记录、计算和积累有关成本执行情况的报告。每一物流部门都应将其负担的物流成本进行记录、计算和积累，并定期编制业绩报告，以形成企业内部完整的物流成本系统。对一些共同性的物流成本，则另行计算，最终由企业最高管理机构计入成本总额。

③ 建立成本反馈与评价系统。一定期间结束后，将每一部门发生的物流成本实际支付结果与预算（标准）进行对比，评价该部门在成本控制方面的成绩与不足，以确定对其实施奖励还是惩罚。

5. 合理进行技术改造

合理进行技术改造是指在进行技术和设备引进时，还要考虑其经济性。尽管先进的运输、包装和装卸技术必然能降低物流成本，但先进技术方法的运用也必然具有较高的成本。因此，以经济技术相结合的方式来选择运输工具、包装材料及装卸工具，也是降低物流成本总水平的一个重要方面。

6. 推行物流管理的现代化

推行物流管理的现代化包括系统化、机械化、合理化。物流所要解决的主要问题是物资实体的位移，并且着眼于成本的降低。建立物流活动的系统化、机械化，从而使其流向合理化和包装运输科学化，能够大大降低物流成本是不言而喻的。

四、物流成本管理的原则和方法

1. 物流成本管理的原则

① 认真执行财务制度。由于物流成本是特殊的成本体系，因此，物流管理开支必须按照财务制度的规定，不得随意扩大开支范围和提高开支标准。财务部门要严格审查一切费用开支，正确划分物流费用支出的界限，保证费用开支的真实性和合理性。

② 厉行节约。在保证物流正常进行和提高物流服务水平的前提下，尽量

节约一切不必要的开支,努力降低费用水平。

③ 实现计划管理。正确编制流通费用计划,对企业的费用开支实行计划管理,而且应当坚持按照计划开支,保证完成计划规定的降低物流费用的任务。

2. 物流成本管理方法

物流成本管理的方法有以下三种:

① 物流成本横向管理法。物流成本横向管理即对物流成本进行预测和编制计划。物流成本预测是在编制物流计划之前进行的。它是在对本年度物流成本进行分析,充分挖掘降低物流成本的潜力的基础上,寻求降低物流成本的有关技术经济措施,以保证物流成本计划的先进性和可靠性。物流成本计划按时间标准进行划分,有短期计划、中期计划和长期计划。

③ 物流成本纵向管理法。物流成本纵向管理即对物流过程的优化管理。物流过程是一个创造时间性和空间性价值的经济活动过程。为使其能提供最佳的价值效能,就必须保证物流各个环节的合理化和物流过程的迅速、通畅。物流系统是一个庞大而复杂的系统,要对它进行优化,需要借助于先进的管理方法和管理手段。

④ 计算机管理系统。计算机管理系统将物流成本的横向与纵向连接起来,形成一个不断优化的物流系统的循环。通过每次循环、计算和评价,使整个物流系统不断地优化,最终找出总成本最低的最佳方案。

五、物流成本管理的作用

物流成本虽然是一种必要的耗费,但此种耗费不创造任何新的使用价值。因此,物流成本是社会财富的一种扣除。国外学者认为,物流成本是降低成本的最后边界,并称其为"第三利润源"。为此,所有企业都在谋求降低物流成本的途径。同样,我国也开始致力于这方面的研究。实行物流成本管理,降低物流成本,提高效益,对国家和企业都具有现实与长远的作用。其主要作用如下:

① 改进企业的物流管理。企业物流管理水平的高低,直接影响着物流耗费的大小。因此,企业要降低物流成本水平,就必须不断提高服务质量,不断改进物流管理的方法及技能。从某种程度上说,加强物流成本管理、降低物流成本是企业提高物流管理水平、提高服务质量的一个激励因素。

② 降低产品价格。因为物流成本是产品价格的组成部分之一,所以物流成本的大小对产品价格的高低具有重大影响。对物流成本进行管理,使得物流成本降至最低,企业便可在一个较大的幅度内降低其产品价格,从而增强企业的竞争能力;同时,也可减轻消费者的负担。

③ 为社会节约大量财富。物流成本是社会财富的一个减项。实行物流成本管理可以减少财产损失和商品损耗，减少社会财富的浪费；同时，也可增加生产领域的投入，以创造更多的物质财富。

六、物流成本管理新模式

随着对成本及成本体系认识的不断深入，例如对信息成本及机会成本的重视，物流成本管理也将更加深入化。同时，物流成本管理又是经营环境变化的产物，管理方法和管理观念与传统的成本管理有较大的不同。物流成本管理在新的成本理念、新的管理方式与管理观念的推动下，产生了许多物流成本管理新模式，例如目标成本管理、作业成本管理等。

1. 成本意识与效益模式

(1) 成本意识模式

现代成本意识模式就是企业管理人员对成本管理和控制有足够的重视，不受"成本无法再降低"的传统思维定式的束缚，充分认识到企业成本降低的潜力是无穷无尽的。与其设定合理的目标，不如设计理想的目标。成本意识具有追求极限的"理想性"特征。例如，库存管理中的零库存就是这种"理想性"的体现。

这种持续地降低成本的思想必须依靠战略构筑、组织措施的配合才能形成现代完整意义上的成本意识。这表现在物流成本管理中则为：把降低成本的工作从物流管理部门扩展到供应、生产和设计等各个部门，形成全员式降低成本的格局，形成贯穿于企业各部门的"组织化成本意识"；将降低物流成本从战略布局的高度加以定位，即从选择开发项目种类和规模起就注入物流成本思考，具有长期发展观的"战略性成本意识"。

(2) 成本效益模式

成本效益模式可以通俗地表述为"为了省钱而花钱"的思想，即为了长期地、大量地削减开支而应该支出某些短期看来似乎是高昂的费用。例如，引进新型自动分拣设备、建设智能化仓库等。这可能会导致一笔较大的支出，但在今后的设备使用期间，因设备利用效率提高而增加的产出，加上设备维修费用降低的综合效益，在弥补支出之外仍有剩余，总体效益由此得到了增加。

为未来"增效"而树立物流成本效益模式是极为重要的，它不仅是价值工程思想的一种体现，而且在为确立竞争优势而运用"差别化战略"时更为必要。这种战略是一种"人无我有"的战略。在物流成本管理中表现为分析物流市场中顾客的种种需求特性，选出一种或几种具有代表性的物流需求，为满足需求而开发同业所没有的新型物流服务产品投放市场，作为物流服务产品具有特殊功能的回报，物流企业能以高出同业、足以补偿特殊功用成本的售价去占据市场。因为企业在投产具有强烈差别化色彩的服务产品时，往往花费甚巨，成本效益模式给予了推出这类差别化决策方案的可能性。

2. 成本节省与避免模式

(1) 成本节省模式

成本节省模式是成本降低的一种初级形态，即力求在工作现场不消耗无谓的成本和改进工作方式，以节约将要发生的成本支出。它是一种有组织、有计划地运用各种方法以降低企业内各项成本的措施。

要达到成本节省的目的，需要对整个企业而不仅仅是一个生产过程进行综合评价。成本节省不是一项临时措施，而是一个提高企业生产力的持续过程。成本节省一般表现为“成本维持”和“成本改善”两种执行形式。

在物流成本管理中的成本维持形式体现为节约能耗、防止事故、以招标方式采购原材料或设备等。现代JIT系统则将成本维持提到了新的高度。它以“零库存”的形式节约了几乎全额的库存成本。

以扩大企业生产规模和提高劳动生产率来降低单位产品成本则不同于成本维持，它有着更为积极的改善态势，当然它也只是基于传统规模经济学的质朴且粗略的改善方式。现代的作业成本管理及其相配合的业绩计量与评价方式，则是一种更为精密、更为深入的成本改善技术，其成效在欧美物流企业中已是有目共睹。

(2) 成本避免模式

从管理的源流来控制成本，就形成了成本避免模式(或称为成本免除模式)，这可视为成本降低的高级模式。其基本思想是立足于预防，即在早期就避免成本的发生。例如，从物流据点的选址、物流功能的规划等来避免一些成本的发生。

在传统管理会计中的“零基预算”可认为是成本避免的先驱。零基预算法在对任何一项支出做预算时，不考虑历史的或现实的费用水平，而是一切以零为起点，重新独立地分析支出项目的必要性和数额大小，借此避免不合理费用的继续存在。但“零基预算”的成本避免只是局限于单一价值管理的思路，美国的“成本设计”与日本的“成本企划”模式则在成本避免上走出了独特的步骤。

由美国国防部首创的“成本设计”活动是在军工企业激烈的国际竞争及美国相对有限的国防经费条件下产生的，它是对开发设计阶段、产品制造阶段和使用阶段发生的成本设定目标价值进行先期控制，或者说是在限定的成本条件下进行设计，凭借在军用产品的图纸上注入成本思考，以解决国防经费的不足问题。在日本独特的经济文化环境下，美国的“成本设计”则发展成了主宰日本成本管理思潮的主流模式，由丰田、日产等汽车公司在实践中摸索出了更系统、更具成效的成本企划模式。成本企划将成本管理的视野全面转换到了产品开发设计阶段，针对目标成本将价值工程分析方法与成本估算方法结合为一体运用，以达成先导式的更具实效的成本避免。这种高层次的成本避免必须与工艺、工序在源流阶段的革新结合在一起加以实施。

3. 广义成本控制与计算模式

(1) 广义成本控制模式

传统的成本控制模式有存货成本控制、生产过程成本控制等，这类手段固然服务于降低成本的目标，但充其量只是较早期的成本维持。随着成本管理实践的发展，上述成本节省与成本避免两种形态的成本降低方式均被纳入更广泛范围的成本控制模式范畴。

以产品全生命周期目标成本为起点的控制更具现代特色：它的成本控制对象既包括业务过程中游的制造目标成本、物流目标成本和营销目标成本，也包括业务过程的开发设计目标成本，还包括业务过程下游的使用目标成本、维护保养目标成本和废弃目标成本。完整意义的目标成本应是从业务过程上游至下游的全生命周期过程中为实现目标利润的最大宽容值。

所谓"广义成本控制"，简单地说，是指针对服务产品全生命周期业务过程，以成本节省和成本避免这两种基本思想，综合工程方法、组织措施和会计计量的多样化手段实施成本控制。也可从更为具体的基础控制形态来说明广义成本控制构造，即由业务对象过程与控制视野两种要素交汇而成的多样化的传统或新型成本控制手段，它们所汇集成的控制构造，可依据其不同层次的效果目标分别展开为维持控制、改善控制和革新控制三种方式。这是广义成本控制构造更为具体的形态展现。

(2) 成本计算模式

成本计算既是成本会计的中心，也是成本管理的基础，其重要地位毋庸置疑。传统的物流成本计算包括以汇总、分配、再汇总的形式计算物流成本，也包括以标准成本为核心手段进行成本精算。然而，在作业成本管理(Activity Based Management)和作业成本企划模式确立以后，物流成本计算从形式到内容都有了飞速的发展。

首先，作为 ABM 基础的作业成本法(Activity Based Costing，ABC)在欧美企业已得到了广泛应用。ABC 法在提供更为精密的、真实的成本信息方面作用显著。其次，目标成本计算已经崛起，成为成本计算的生力军，正在发挥着日益重要的作用。

所谓"目标成本计算"，并不仅仅局限于为产品设定成本目标。从其利用目的来看，它在开发准备、确定设计制造方针、投产准备、物流和定价各个领域均可实施；其计算对象已从产品或部件这类实物对象扩展到了抽象的功能对象；其计算基础则从财务会计基础转向管理会计基础；其计算内容也并非全部成本或平均成本，亦可采用部分成本或增量成本；在计算方式上，既可以采用各成本要素逐项加计形式，也可以将成本要素加以划分后，逐个以物理特性为基础，进行理论的或统计学的分析计算，同时根据需要既可以概算，也可以估算。ABC 法和目标成本计算这类成本计算方法贯穿了从开发源流到销售服务的各个阶段，是现代成本管理不可或缺的要素，这也是必须重新认识成本计算范畴的理由。

(3) 成本元模式

成本元也称为成本动因，源自于 ABC 法范畴，但又不专属于 ABC 模式。建立成本元模式，旨在从现代成本管理内在的深层构造上解决管理的着力点问题。成本元最为基础的构造是直接围绕着作业概念展开的，是微观执行层次上的范畴，可归结为“经营战术意义上的成本元”，具体可展开为“结构性成本动因”和“执行性成本动因”。

结构性成本动因分析应基于工业组织的视点来确定成本定位，其属性是企业在其基础经济结构层面的战略性选择。执行性成本动因分析的属性应定位为“针对业绩目标”，对成本定位的战略性强化。结构性动因分析解决配置的优化问题，而执行性动因分析解决绩效提高问题，两者互相连贯、互相配合。

“经营战略意义上的成本元”的认识，为现代成本管理提供了一个全新的视野。应该注意到现代产业社会的主要结构性动因表现在技术与多样性上。作业成本管理侧重于多样性的管理模式，有其广泛的影响；但侧重于技术的成本企划，则推动了更具实效的革新控制，它对未来成本管理的持久性影响更是难以估量。可以断言，如果在技术和多样性这两个结构性动因上加大实施力度，进而实质性地推进执行性成本动因分析，那么，这样的成本管理模式将在确立企业竞争优势上更具有针对性。

第四节 物流成本控制

一、物流成本控制概述

1. 物流成本控制的含义

物流成本控制在现代物流中占据了重要的位置，它是企业中全体人员参加的控制、全部过程的控制和全方位的控制，是经济和技术相结合的产物。所谓物流成本控制是指企业在物流活动中依据物流成本标准，对实际发生的物流成本进行严格审核，进而采取降低物流成本的措施，实现预定的物流成本目标。

在控制物流成本的时候应该抛弃那种认为"企业的物流成本降低到一定程度的时候就无法继续降低"的传统观念，而应该树立"企业降低物流成本的潜力是无穷无尽的"的观念。与此同时，还应该知道物流成本的控制绝对不是简单的物流成本降低，最根本的目的应该是从成本与效益的对比中去寻找物流成本的最合理化，树立现代物流成本控制意识，要把降低物流成本的工作拓展到企业的各个部门，从战略的角度确立一个长远的发展意识，将物流费用管理的战略向物流利润管理的战略迈进。

要想有效地进行物流成本控制，更好地进行企业物流活动的管理，必须遵循以下原则：

(1) 经济的原则

经济的原则是进行物流成本控制最基础的原则，进行物流成本控制主要的目的就是为企业节约资源、提高生产效益，因此，物流成本控制首先要坚持的是经济的原则，要以最低的成本来组合人力、财力和物力。

(2) 全面的原则

物流成本控制应该是全体人员参加的控制，是全部过程的控制，是全方位的控制，而不应该是局限在一部分人和一部分的过程。如果控制存在局限性，非但不能从总体上做到控制物流成本，实现效益的最大化，反而会适得其反，不利于企业的经营管理。

(3) 目标控制的原则

目标控制的原则指的是企业管理者应以一定的目标作为管理人力、财力和物力的基础，将实际发生的有关情况与制定的目标相比较，并建立相应的奖惩机制，以此来对企业的经济和物流活动进行约束和指导。

(4) 重点控制的原则

重点控制的原则是指当实际发生的情况与制定的目标存在很多差异的时候，管理人员应将主要精力重点放在重要的指标上，即对发生的关键差异进行重点的控制。企业在实际工作中可能发生的差异有很多，实行重点控制的原则可以使企业更加容易提高物流工作效率，是各个企业经常采取的一种控制成本的方法和原则。

2. 物流成本控制的程序

(1) 按物流成本控制的时间分类

物流成本控制是一个完整的、连续的过程，按照物流成本控制的时间进行分类，可以将其分为物流成本事前控制、物流成本事中控制和物流成本事后控制三类。

① 物流成本事前控制是指对物流成本进行控制的时间是在物流活动发生之前。即在物流活动发生之前，就依据企业的发展战略和客观的实际情况，对有关物流成本的问题进行规划和审核，以确定物流的目标成本。

② 物流成本事中控制是在物流成本控制的过程中，随时对实际发生的物流成本与目标物流成本进行对比，及时发现差异并采取相应措施予以纠正，以保证物流成本目标的实现。它是物流成本的过程控制。

物流成本事中控制应在物流成本目标的归口分级管理的基础上进行，严格按照物流成本目标对一切生产经营耗费进行随时随地地检查审核，把可能产生损失浪费的苗头消灭在萌芽状态，并且把各种成本偏差的信息及时反馈给有关的责任单位，以利于及时采取纠正措施。

③ 物流成本的事后控制是指在物流成本形成之后，还要对实际发生的物流成本进行考核。通过将目标成本和实际发生的成本进行比较，如果成本节约(即实际发生的成本小于目标成本)则对有关的部门和人员实行奖励；如果成本超支(即实际发生的成本大于目标成本)则对有关的部门和人员实施惩罚。

物流成本的事前控制、事中控制和事后控制是一个紧密的联系过程。事前控制主要的任务是负责制订计划，事中控制主要的任务是负责具体实施，事后控制的主要任务是负责有关检查和总结。三者密不可分，是一个连续的过程。

(2) 物流成本控制步骤

按照物流成本的事前、事中和事后控制的逻辑，可以将物流成本控制分为以下三个步骤：

① 制定成本标准。制定成本标准属于物流成本的事前控制阶段。成本标准是物流成本控制的准绳，是对各项物流费用开支和资源消耗所规定的数量上的限度，是检查、评价物流成本的依据。在成本控制中制定的物流标准应该尽量做到具体、详细，以便于进行详细的比较和分析。

② 监督物流成本的形成。监督物流成本的形成属于物流成本的事中控制阶段。具体的做法就是根据前面制定的成本标准进行有关的检查和监督。不仅要检查有关活动本身的执行情况，也要检查各种对物流成本有影响的其他条件，而且要注意外部监管和内部控制的结合，即将专门的检查人员不定期地实行外部监管与部门负责人经常性的内部控制相结合。同时，也要对实际发生的物流成本差异进行讨论，寻求最优的方法进行调整和改进，以便更好地执行确定的方案，对物流成本进行有效的控制。

③ 考核物流成本情况并实施奖惩。考核物流成本的情况并实施奖惩属于物流成本的事后控制阶段。具体的做法是将最后实际发生的成本与制定的

目标成本进行比较，根据比较的结果，针对物流成本的实施情况对有关部门的责任人实施奖惩。

二、物流成本控制方法

物流成本控制方法，包括绝对成本控制法和相对成本控制法。绝对成本控制法是把成本支出控制在一个绝对金额以内的成本控制方法；绝对成本控制从节约各种费用支出、杜绝浪费的途径进行物流成本控制，要求把生产过程发生的一切费用支出都列入成本控制范围，标准成本和预算控制是绝对成本控制的主要方法。相对成本控制是通过成本与产值、利润、质量和功能等因素的对比分析，寻求在一定制约因素下取得最优经济效益的一种控制方法；相对成本控制扩大了物流成本控制领域，要求人们在努力降低物流成本的同时，充分注意与物流成本关系密切的因素，诸如产品结构、项目结构、服务质量和服务水平、质量管理等方面的工作。目的在于控制成本支出的效益，即减少单位产品成本投入，提高整体经济效益。

1. 标准成本控制法

标准成本控制法是生产企业应用得较为普遍的成本控制法，物流企业可在其基础上，结合活动成本法进行物流成本控制的实践。

(1) 标准成本的概念

标准是比较各数量值或各质量值的指标或基准。标准成本是指在一定假设条件下应该发生的成本。由于对标准宽严程度的看法不同，理论上有多种不同的标准成本概念。

① 理想标准。理想标准是指在现有情况下最理想、最有利的作业情况下的成本指标。

② 过去业绩标准。依据以前各期成本实际水平制定的标准。

③ 良好业绩标准（正常标准）。它是在目前的生产经营条件下尽力提高生产效率，避免损失、耗费的情况下所应达到的水平。良好业绩标准广泛应用于企业的标准成本控制之中。

(2) 标准成本的制定

产品的标准成本是由产品的直接材料费、直接人工费和制造费用组成的，其基本形式是以各自“数量”标准乘以相应的“价格”标准。确定物流作业的标准成本，业务数量标准通常由技术部门研究确定；费用（价格）标准由会计部门和有关责任部门研究确定，同时尽可能吸收负责执行标准的职工参加各项标准的制定，从而使所制定的标准符合实际物流活动的要求。

2. 定额成本控制法

定额成本控制法是在成本计算基本方法的基础上控制生产费用的一种特殊方法。为了及时指示实际费用脱离定额的差异，定额成本在实际费用发生时，将其划分为定额成本和定额差异两部分来汇集，从而能揭示成本差异并分析差异产生的原因，反馈到管理部门予以纠正。最终以产品定额成本为基础，加减所汇集和分配的成本定额差异，就得到了产品、业务的实际成本，实际成本等于定额成本加上定额成本差异。

3. 标准成本法与定额成本法的比较

两者的相同之处是都需要制定目标成本，将实际耗用水平与定额成本或标准成本相比较。两者的不同之处主要表现在以下几方面：

① 定额成本法差异中的差异是通过每一笔领用材料或加工零件来指示的，并通过差异凭证来反映。标准成本制度往往根据一定时期的实际业务量、实际消耗量与标准业务量、标准消耗量的计算比较来指示差异，没有专用的差异凭证，工作量相对小一些，但查明的原因较粗一些。

② 标准成本法强调将标准成本划分为变动成本和固定成本，分别进行成本控制。定额成本法的定额成本是按成本报表的要求划分各成本项目，这种控制方法比较粗略，难以分清职责。

③ 标准成本制度下，人们认为真实的成本是标准成本，实际成本与标准成本之间的差异，只是对改进管理有作用。定额成本法要把定额差异摊到产品成本中，将定额成本调整成实际成本。

企业要结合具体情况选择和应用成本控制方法，以达到有效控制物流成本的目的。

三、降低物流成本的途径

1. 加快物流速度，扩大物流量

物流成本一般可以分为可变成本和固定成本两部分。前者如运输费、包装费、保管费等，它们随着物流量的变化而变化，即物流量增加时，物流成本的绝对值也随之增加，反之，则减少。但它们的物流成本水平，即占物流成本数量的百分比相对比较固定。后者如工资、固定资产折旧费、管理费等，它们在物流量变动时，其绝对值通常保持不变或变化较小，即相对比较固定。但其费用水平随物流量的变化呈反比例关系，即物流量增加时，费用水平下降。

根据这两种成本的特点，可以采取加快物流速度、扩大物流量的原理和方法，降低物流成本。当物流速度加快时，虽然可变成本也增加，但其幅度小于物流量增加幅度，而固定成本部分与物流量呈反比，即物流速度越快，物流量越大，其成本越小。从物流速度与流动资金需要量的关系来看，其他条件不变的情况下，物流速度越快，则所需要的流动资金越少，从而减少资金占用，减少利息支出，使物流成本得到降低。

2. 减少物品周转环节

物品在从生产领域进入消费领域、到达消费者手中之前，需要经过许多相互区别而又相互衔接的周转环节。这些环节越多，物品的流通时间就越长，物流成本也就相应增加。因此，应尽可能地减少流通环节和减少物流时间，尽可能地减少装卸搬运次数，做到直达供货。尽可能地减少物品的集中和分散，就会使物流速度加快，从而减少物流成本。

3. 采用先进、合理的物流技术

采用先进、合理的物流技术是减少物流成本的根本性措施。它不仅可以不断提高物流速度，增加物流量，而且可以大大减少物流损失。例如，先进、合理的装卸，运输机械、集装箱和托盘技术的推广（硬技术），科学、合理的运输路线，减少库存点，维持合理的库存量（软技术）等，都对减少物流成本具有十分重要的影响。

4. 改善物流管理，加强经济核算

物流管理水平的高低是影响物流成本的最直接因素。虽然管理本身不直接产生效益，但它却能通过其他具体的物流执行部门对物流成本产生影响。因此，加强物流管理，实现物流管理的现代化，是降低物流成本的最直接有效的方法。在具体实施过程中，建立健全岗位责任制，加强经济核算，对原材料消耗、资金、人员、物流各个环节的支出等层层分解，实行目标管理，是行之有效的好办法。值得说明的是，降低成本并不意味着同时降低服务水平。

复习思考题

1. 什么是物流成本？从不同角度说明物流成本的构成情况。
2. 简述物流成本的特征。
3. 简述降低物流成本的途径。
4. 简述物流成本控制的原则。
5. 简述物流成本管理的内容。

【结尾案例】

安利公司降低物流成本的秘诀

同样面临物流资讯奇缺、物流基础设施落后、第三方物流公司资质参差不齐的实际情况，国内同行物流成本居高不下，而安利（中国）日用品有限公司的储运成本仅占全部经营成本的4.6%。在新物流中心正式启用之日，安利（中国）公司大中华区储运店营运总监许绍明透露了安利降低物流成本的秘诀：全方位物流战略的成功运用。

1. 非核心环节通过外包完成

据介绍，安利公司的“店铺＋推销员”的销售方式，对物流系统有非常高的要求。安利公司的物流系统，其主要功能是将安利公司下属工厂生产的产品以及向其他供应商采购的印刷品、辅销产品等先转运到位于广州的储运中心，然后通过不同的运输方式运抵各地的区域仓库（主要包括沈阳、北京及上海外仓）暂时储存，再根据需求转运至设在各省市的店铺，并通过家居送货或店铺等销售渠道推向市场。与其他公司有所不同的是，安利公司储运部同时还兼管着全国近百家店铺的营运、家居送货及电话订货等服务。所以，物流系统的完善，在很大程度上影响着整个市场的有效运作。

但是，由于目前国内的物流信息极为短缺，安利公司很难获得物流企业的详细信息，如从业公司的数量、资质和信用等，而国内的第三方物流供应商在专业方面也有所欠缺，很难达到企业的要求。在这样的状况下，安利公司采用了适应中国国情的“安利团队＋第三方物流供应商”的全方位运作模式。核心业务如库存控制等由安利公司统筹管理，实施信息资源最大范围的共享，使企业价值链发挥最大的效益。而非核心环节，则通过外包形式完成。例如，以广州为中心的珠三角地区主要由安利公司的车队运输，其他绝大部分货物运输都是由第三方物流公司来承担。另外，全国几乎所有的仓库均为外租第三方物流公司的仓库，而核心业务，如库存设计、调配指令及储运中心的主体设施与运作则主要由安利公司本身的团队统筹管理。目前已有多家大型第三方物流公司承担安利公司大部分的配送业务。安利公司会派员定期监督和进行市场调查，以评估服务供货商是否提供具有竞争力的价格，并符合公司要求的服务标准，这样，既能整合第三方物流的资源优势，与其建立牢固的合作伙伴关系，同时又通过对企业供应链的核心环节——管理系统、设施和团队的掌控，保持安利公司的自身优势。

2. 仓库半租半建

从安利公司的物流运作模式来看，至少有两个方面是值得国内企业借鉴的。

首先，是投资决策的实用主义。在美国，安利公司仓库的自动化程度相当高，而在中国，很多现代化的物流设备并没有被采用，因为美国的土地和人工成本非常高，而中国这方面的成本比较低。两相权衡，安利公司弃高就低。刚刚启用的安利公司新的物流中心也很好地反映出公司的“实用”哲学。新物流中心占地面积达40 000平方米，是原来仓库的4倍，而建筑面积达16 000平方米。这样大的物流中心如果全部自建的话，仅土地和库房等基础设施方面的投资就需要数千万元。安利公司采取和另一物业发展商合作的模式，合作方提供土地和库房，安利公司租用仓库并负责内部的设施投入。只用了一年时间，投入1 500万元，安利公司就拥有了一个面积充足、设备先进的新物流中心。而国内不少企业，在建自己的物流中心时将主要精力都放在基建上，不仅占用了企业大量的周转资金，而且费时费力，效果并不见得很好。

其次，是在核心环节上的大手笔投入。安利公司单在信息管理系统上就投资了很多钱，其中主要的部分就是用于物流、库存管理的AS400系统。它使公司的物流配送运作效率得到很大的提升，同时大大地降低了各种成本。安利公司先进的计算机系统将全球各个分公司的存货数据联系在一起，各分公司与美国总部直接联机，详细储存每项产品的生产日期、销售数量、库存状态、有效日期、存放位置、销售价值和成本等数据。有关数据通过数据专线与各批发中心直接联机，使总部及仓库能及时了解各地区、各地店铺的销售和存货状况，并按各店铺的实际情况及时安排补货。在仓库库存不足时，公司的库存及生产系统也会实时安排生产，并预定补给计划，以避免个别产品出现断货情况。

第十章　国际物流管理

【学习目标】

通过本章的学习，熟悉国际物流的基本概念；了解国际物流的发展概况；掌握国际物流的特点；了解国际物流的发展趋势及我国的国际物流发展现状。

【导入案例】

马士基航运公司的全球物流服务

当今社会，商业物流和客户联盟常与其他的远洋运输物流业者进行激烈的竞争。物流业的佼佼者丹麦马士基航运公司物流——商业和客户联盟，也发现自己的竞争对手不仅有业内企业，还有包括远洋运输物流业以外的企业，如美国的联邦快递公司、联合包裹服务公司和德国邮政公司。

马士基公司相信，远洋运输业的改革势必会改变运输物流业的现状。在这种形势下，客户也提出了希望得到综合物流服务的要求，这对公司是一个挑战。

2003 年 4 月，马士基公司的物流公司合并后，成为最大的货运物流企业之一。它在世界各地有 160 多个办事处，3 000 多个雇员。马士基公司的国际物流分为美洲分公司、欧洲分公司和亚太分公司。为更好地为客户服务，马士基公司还与一家中间转运公司达成了合作协议，此中转公司专门有 6 个办事处为马士基公司的客户服务，提供中转及 NVO 服务。在过去的 5 年中，公司实现物流服务的计算机系统化，投入了上百万美元，建立了适合公司业务发展的系统——M. Power。M. Power 可以在多种操作平台上工作。此系统可以在电子数据交换机和互联网上工作。M. Power 使各级别的客户都可以跟踪其业务过程。

马士基公司生产了不少终端系统，给供货商使用，这些计算机设备都是免费为客户安装的。这样，客户工作起来就会更方便，这是马士基公司的主要目的。马士基公司一直关注新技术的发展，希望公司与客户一起发展，跟上时代前进的步伐。

客户和商家都对马士基公司提供的更广泛的业务范围很感兴趣。与客户良好的合作关系，使得公司有更好的商业发展前景，这种稳定的关系受到客户的称赞。为了更好地为客户服务，马士基物流公司从不画地为牢，只要需要，宁愿与APL的ACS物流公司合作，来提高自己为客户服务的质量；客户对马士基包括海运、仓储及转运的物流服务越来越感兴趣。马士基物流公司的综合服务吸引了很多新客户。只要客户需要，公司就提供相应的服务，这正是他们成功的关键。

第一节　国际物流概述

一、国际物流兴起的背景

国际物流是时代的产物，经济全球化、跨国公司及国际展品经济的蓬勃发展等都是促进国际物流兴起的主要原因。

1. 经济全球化

所谓经济全球化是指高科技特别是交通、信息技术的广泛采用，导致国际贸易、跨国投资和国际金融的迅猛发展，从而使整个世界经济空前紧密地联系在一起。它是生产国际化发展的必然结果。从市场发展的角度看，经济全球化意味着世界进入单一经济体系，企业可以在世界任何地方采用直接投资或间接投资方式筹集资金，凭借这些资金，利用世界各地的原材料、半成品、科技、通信、管理、劳动力和自然资源，在最具有经济效益的地方制造产品，然后销售给世界各地市场的顾客。因此，如何有效整合全球流动的生产要素，就成为各国政府与企业最关注的课题。各国政府为提高国家竞争力，逐渐抛弃以往扮演的设立贸易障碍、保护国内产业的角色，转而致力于区域整合，以改善国际物流的运营环境。它们期望通过国际货物运输业、货运代理业、报关行、第三方物流服务业等机构的协助，整合商流、物流、资金流与信息流，使货物流动更为顺畅，从而发挥整体效益。

2. 跨国公司

企业从最初的商品进出口、劳务进出口转到向境外开展投资活动，并且在全球范围内最高效率地配置生产要素，这样的企业称为跨国公司。跨国公司出于降低成本、提高产品质量和向增长中的市场渗透等策略的考虑，必然要进行全球采购，要与能更高效地提供投入的供应商结成联盟，以降低风险；同样，国际分销渠道的重构，也要求跨国公司与进出口代理商、消费者就商品的售前宣传、售中安装、售后维护等事宜结成联盟,首尾相接,构成了一条典型的全球供应链。

2002年,中国首次超过美国成为世界上吸引外资最多的国家,《财富》杂志公布的世界500家最大跨国公司,除了少数我国限制外资进入的行业,几乎都在中国进行了战略布局。我国积极履行WTO的有关规则,使它们对竞争激烈的制造业投资从谨慎到乐观。如日本索尼公司正着手关闭国内工厂,将生产线转移到中国。同时,大批跨国公司积极准备进入中国的服务贸易领域,试图真正"当地化"地融入中国经济。

为了适应跨国公司对物流需求的变化趋势,我们必须加快传统物流业向第三方物流的转变,大力推行社会化物流,结合中国的具体情况,积极拓展服务功能,提高管理水平,降低物流成本,树立自身的特色和品牌。只有这样,才能适应我国加入世贸组织后跨国公司在华进出口货物贸易对物流服务的要求。

3. 展品经济

会展在树立和保持良好的品牌形象、加强与现有客户的联系、结识新客户、推荐新产品、巩固产品市场份额和收集信息等方面具有独特的作用。例如德国纽伦堡的玩具展,慕尼黑的建材展、激光展和高科技展均享誉全球。

中国的会展业正在蓬勃发展。上海在产业结构调整中,把会展业作为服务贸易领域的一个重要方面,确定了将上海建成国际性会议展览中心的战略目标,大力完善基础设施建设,吸引外资。自1990年以来,上海会展数量以每年20%的速度递增。2001年上海共举办297个展览会,直接收入高达550亿元,占全国会展业总收入额的45%。2010年5月的上海世界博览会,更是一次展现人类在社会、经济、文化、科技领域取得成就的国际性大型展览,使整个长江三角洲的会展经济获得千载难逢的腾飞机会。北京市政府把展览业列为重点发展的产业,特别是把国际性展览会作为重点发展的支柱产业。广州、深圳等地利用自身的区位优势,也建成了具有国际影响力的展览场馆。

中国开始进入"展品经济"时代,国外的大型展览公司开始挺进中国的展览市场。海关总署对越来越多的"暂进口"国际展品也制定了"保税展厅"条例。这无疑成为促进中国国际物流发展的又一契机。

二、国际物流的概念

国际物流(International Logistics,简称IL),是组织原材料、在制品、半成品和制成品在国与国之间进行流动和转移的活动。它是相对于国内物流而言的,发生在不同国家间的物流,是国内物流的延伸和进一步扩展,是跨国界的、流通范围扩大了的物的流通,有时也称其为国际大流通或大物流。

对国际物流的理解分为广义和狭义两个方面。广义的国际物流是指各种形式的物资在国与国之间的流入和流出,包括进出口商品、暂时进出口商品、转运物资、过境物资、捐赠物资、援助物资、加工装配所需物料和部件以及退货等在国与国之间的流动。而狭义的国际物流是指与一国进出口贸易相关的物流活动,包括货物集运、分拨配送、货物包装、货物运输、申领许可文件、仓储、装卸、流通加工、报关、保险、单据等。换句话说,即当某国一企业出口其生产或制造的产品给在另一国的客户或消费者时,或当该企业作为进口商从另一国进口生产所需要的各种原材料、零部件或消耗品时,为了消除生产者与消费者之间的时空差异,使货物从卖方的处所物理性地移动到买方处所,并最终实现货物所有权的跨国转移,国际物流的一系列活动就产生了。

国际物流的实质是按照国际分工协作的原则,依照国际惯例,利用国际化的物流网络、物流设施和物流技术,实现货物在国与国之间的流动和交换,以促进区域经济的发展和世界资源的优化配置。国际物流是国际贸易的一个必然组成部分,各国之间的相互贸易最终都将通过国际物流来实现。

国际物流的总目标是为国际贸易和跨国经营服务,使各国物流系统相互“接轨”。即选择最佳的方式和路径,以最低的费用和最小的风险,保质、保量、适时地将货物从某国的供方运到另一国的需方,使国际物流系统整体效益最大。

在国际物流活动中,为实现物流合理化,必须按照国际商务交易活动的要求来开展国际物流活动。并且,不仅要求降低物流费用,而且要考虑提高顾客服务水平(Service Level,简称 SL),提高销售竞争能力和扩大销售效益,即提高国际物流系统的整体效益,而不仅仅是提高局部效益。

国际物流过程离不开贸易中间人,即由专门从事商品使用价值转移活动的业务机构或代理人来完成。如国际货物的运输是通过国际货物运输服务公司(代理货物的出口运输)。另外如报关行、出口商品贸易公司、出口打包公司和进口经纪人等,它们主要是接受企业的委托,代理与货物有关的各项业务。这主要是因为在国际物流系统中,很少有企业能依靠自身力量办理和完成这些复杂的进出口货物的各项业务工作。

三、国际物流系统的构成

国际物流系统由商品的包装、储存、运输、检验、外贸加工及其前后的整理、再包装以及国际配送等子系统构成。其中,储存和运输子系统是物流的两大支柱。国际物流通过商品的储存和运输实现其自身的时空效益,满足国际贸易的基本需要。

1. 国际货物运输子系统

运输的作用是将商品使用价值进行空间移动，物流系统依靠运输作业克服商品生产地和需要地之间的空间距离的障碍，创造商品的时空效益。国际货物运输是国际物流系统的核心，有时就用运输代表物流全体，通过国际货物运输作业使商品在交易的前提下，由一国的卖方转移给另一国的买方。在非贸易物流过程中，通过运输作业将物品由发货人转移到收货人。这种国际货物运输具有路线长、环节多、涉及面广、手续繁杂、风险性大、时间性强、内外运两段性和联合运输等特点。

所谓外贸运输的两段性，是指外贸运输分为国内运输段（包括进口国、出口国）和国际运输段两段。

(1) 出口货物的国内运输段

出口货物的国内运输，是指出口商品由生产地或供货地运送到出运港（站、机场）的国内运输，是国际物流中不可缺少的重要环节。离开国内运输，出口货源就无法从产地或供货地集运到港口、车站或机场，也就不会有国际运输段。出口货物的国内运输工作涉及面广，环节多，要求各方面协同努力，组织好运输工作。企业对货源、产品包装、加工、短途集运、国外到证、船期安排和铁路运输配车等各个环节的情况，要做到心中有数，力求搞好车、船、货、港的有机衔接，确保出口货物运输任务的顺利完成，减少压港、压站等物流不畅的局面。国内运输段的主要工作包括发运前的准备工作、清车发运、装车和装车后的善后工作。

(2) 国际货物运输段

国际（国外）货物运输段是国内运输的延伸和扩展，同时又是衔接出口国运输和进口国货物运输的桥梁与纽带，是国际物流畅通的重要环节。出口货物被集运到港（站、机场），办完出关手续后直接装船发运，便开始国际段运输。有的则需将货物暂进港口仓库储存一段时间，等待有效泊位，或有船后再出仓装船外运。国际段运输可以采用由出口国装运港直接到进口国目的港卸货，也可以采用中转经过国际转运点，再运给用户。

2. 外贸商品储存系统

外贸商品的储存、保管使商品在其流通过程中处于一种或长或短的相对等待状态，这种等待是完全必要的。因为，外贸商品流通是一个由分散到集中、再由集中到分散的源源不断的流通过程。如外贸商品从生产厂或供应部门被集中运送到装运出口港（站、机场），以备出口，有时需临时存放一段时间，再从装运港装运出口，是一个集和散的过程。为了保持不间断的商品往来，满足出口需要，必然有一定量的周转储存。有些出口商品需要在流通领域内进行出口商品贸易前的整理、组装、再加工、再包装或换装等，形成一定的贸易前的准备储存。有时，由于某些出口商品在产销时间上的背离，例如季节性生产常年消费的商品和常年生产季节性消费的商品，则必须留有一定数量的季节储备。当然，有时也会出现一些临时到货、货主一时又运不走的情况，更严重的是进口商品到了港口或边境车站，但通知不到货主或无人认领，这种特殊的临时存放保管也是有的，即所谓的压港、压站现象。这种情况下，国际物流就被堵塞了，物流不畅给贸易双方或港方、船方等都带来损失。因此，国际货物的库存量往往高于内贸企业的货物库存量。

由此可见，国际货物运输克服了外贸商品使用价值在空间距离上的矛盾，创造物流空间效益，使商品实体位置由卖方转移到买方；而储存保管是克服外贸商品使用价值在时间上的矛盾，物流部门依靠储存、保管创造商品的时间价值。

外贸商品一般在生产厂家的仓库存放，或者在收购供应单位的仓库存放，必要时再运达港口仓库存放，在港口仓库存放的时间取决于港口装运与国际运输作业的有机衔接。也有在国际转运站点存放的。

从物流角度讲，希望外贸商品不要太长时间停留在仓库内，要尽量减少储存时间、储存数量，加速物资和资金周转，实现国际贸易系统的良性循环。

3. 进出口商品装卸与搬运子系统

国际物流装卸与搬运作业，相对于国际运输来讲，是商品短距离的搬移，是仓库作业和运输作业的纽带和桥梁，实现的也是物流的空间效益。它是保证商品运输和保管连续性的一种物流活动。搞好国际物流中商品的装船、卸船、商品进库、出库以及在库内的搬运清点、查库、转运转装等，对加速国际物流十分重要，而且节省装卸、搬运费用也是物流成本降低的重要环节。有效地搞好装卸、搬运作业，可以减少运输和保管之间的摩擦，提高商品的储运效率。

4. 进出口商品的流通加工与检验子系统

流通加工与检验是随着科技进步特别是物流业的发展而不断发展的。它是具有一定特殊意义的物流形式。流通加工与检验是为了促进销售，提高物流效率和物资利用率，使物资或商品发生一定的物理和化学变化以及形状变化，从而保证进出口商品质量达到要求。出口商品的加工业，其重要作用是使商品更好地满足消费者的需要，不断地扩大出口；同时也是充分利用本国劳动力和部分加工能力，扩大就业机会的重要途径。

流通加工的具体内容包括袋装、定量小包装（多用于超级市场）、贴标签、配装、挑选、混装、刷标记（刷唛头）等出口贸易商品服务，此外还有生产性外延加工，如剪断、平整、套裁、打孔、折弯、拉拔、组装、改装和服装的检验、烫熨等。

这种出口加工或流通加工，不仅能最大限度地满足客户的多元化需求，同时，由于是比较集中的加工，它比未经过加工的原料直接出口能赚取更多的外汇。

国际贸易和跨国经营具有投资大、风险高、周期长等特点，使得商品检验成为国际物流系统中重要的子系统。通过商品检验，确定交货品质、数量和包装条件是否符合合同规定，如发现问题，可分清责任，向有关方面索赔。在买卖合同中，一般都有商品检验条款，其主要内容有检验的时间与地点、检验机构与检验证明、检验标准与检验方法等。

5. 商品包装子系统

包装是保护商品在流通过程中品质完好和数量完整的重要条件，也是实现商品价值和使用价值的必要手段，是商品生产与消费之间的桥梁。在生产过程中，包装是最后一道重要的工序；在流通过程中，包装对保护商品、美化商品、宣传商品以及对商品的储藏、运输、销售、使用都起着重要作用。包装反映一个国家经济、科技、文化等方面的发达程度。在国际市场上，包装好坏关系到货物售价的高低、销路的畅滞，也关系到一个国家及其产品的声誉。在国际货物买卖中，包装还是货物说明的组成部分，因此，包装也是主要交易条件之一。为了在运输过程中便于识别货物和计数，在商品外包装上要刷制一定的包装标志。包装标志主要有运输标志和指示性、警告性标志两种。

(1) 运输标志

运输标志习惯上称为“唛头”或“唛”。它通常由三部分组成，即收货人及发货人名称的代用简字或代号和简单几何图形(有时不用几何图)、目的港(地)名称、件号。一般每件货物上应刷顺序件号，而通常是既刷顺序件号又刷总件号。在国际贸易业务中，有的仅刷统号(例如刷 No. 1～100，每件包装上均刷此统号)。有的运输标志还按照买方的要求列入合同号码、信用证号码或进口许可证号码等。

(2) 指示性、警告性标志

在外包装上，除唛头外往往还根据商品的性质刷上一些指示性和警告性标志，目的是促使搬运人员及开箱拆包人员注意，以保证货物和操作人员的安全。这种标志有时使用文字，例如，关于货物性质方面的标志，注明有毒品、爆炸物、易燃物品等；关于操作方面的标志有：小心轻放、请勿用钩、此端向上、保持干燥等。为了避免由于各国文字不同而造成的识别文字标志的困难，在国际贸易的长期实践过程中，形成了一套各国普遍采用的指示、警告符号，即用简单、醒目、易懂的图样以补充文字标志的不足。除上述包装标志外，外包装上一般还刷上包装商品的重量(毛重和净重)及其尺码(长、宽、高)。

6. 国际物流信息子系统

它的主要功能是采集、处理和传递国际物流和商流的信息情报。主要内容包括进出口单证的作业过程、支付方式信息、客户资料信息、市场行情信息和供求信息等。国际物流信息子系统的特点是信息量大、交换频繁，传递量大、时间性强，环节多、点多、线长。

四、国际物流的特点

1. 经营环境存在着较大差异

国际物流的一个显著特点就是各国的物流环境存在着较大的差异。除了由于生产力及科学技术发展水平、既有的物流基础设施各不相同以外，各国文化历史、风俗人文以及政府管理物流的适用法律等物流软环境的差异尤其突出，使得国际物流的复杂性远远高于一国的国内物流。例如，语言的差异会增加物流的复杂性。就地理面积而言，欧洲国家的面积大都比较小，由于使用多种语言，物流企业需要更多的存货来支持其市场营销活动，因为每一种语言都需要相应的存货。

2. 高风险性

物流本身就是个复杂的系统工程，而国际物流在此基础上增加了不同国家的要素，这不仅仅是地域和空间的简单扩大，而是涉及更多的内外因素，增加了国际物流的风险。例如，运输距离的扩大延长了运输时间并增加了货物中途运转装卸的次数，使得国际物流中货物灭失及短缺的风险增大；企业资信、汇率的变化使得国际物流经营者面临更多的信用及金融风险；而不同国家之间政治经济环境的差异可能使企业跨国开展国际物流遭遇国家风险。

3. 物流信息化具有先进性

国际物流所面对的市场变化多、不稳定，对信息的提供、收集与管理具有更高的要求，因此必须有国际化信息系统的支持，建立技术先进的国际化信息系统成为发展现代国际物流的关键所在。同时它需要克服一系列困难，例如管理技术难度高、投资数额巨大、世界各国各地区信息技术水平参差不齐等，只有逐一解决这些困难，才能建立起符合现代国际物流需求的物流信息支持系统。

4. 主要运输方式具有复杂性

在国内物流中，由于运输线路相对比较短，而运输频率较高，主要的运输方式是铁路运输和公路运输。而在国际物流中，由于货物运送线路长、环节多、气候条件复杂，对货物运输途中的保管、存放要求高，因此海洋运输、航空运输尤其是国际多式联运是其主要运输方式，具有一定的复杂性。其中国际多式联运是由一个联运经营人使用一份多式联运的合同且至少两种不同的运输方式进行货物的国与国之间转移。

5. 国际物流的标准化要求较高

在国际物流中，除了国际化信息系统的支持外，标准的统一也是一个非常重要的手段，这有助于国际物流的畅通运行。国际物流是国际贸易的衍生物，它是伴随着国际贸易的发展而产生和发展起来的，是国际贸易得以顺利实现的必要条件。如果贸易关系密切的国家在物流基础设施、信息处理系统乃至物流技术方面不能形成相对统一的标准，那么就会造成国际物流资源的浪费和成本的增加，最终影响产品在国际市场上的竞争能力，而且国际物流水平也难以提高。目前，美国、欧洲基本实现了物流 工具、设施的标准化，如托盘采用1 000毫米×1 200毫米，集装箱采用统一规格及条码技术等。

五、国际物流的分类

根据不同的标准，国际物流可进行以下分类：

1. 进口物流和出口物流

根据货物在不同的国家之间的流动可以把国际物流分为进口物流和出口物流。一国货物进口时所发生的国际物流活动属进口物流；反之，当国际物流服务于一国货物出口时则称之为出口物流。鉴于各国的经济政策、管理制度、外贸体制的不同，反映在国际物流中的具体表现均不同，所以各国海关对进出口物流活动在监管上存在着较大的差异。

2. 商品、展品、军火、邮政的国际物流和国际逆向物流

根据货物跨国运送的特性，可以将国际物流活动划分为国际商品物流、国际展品物流、国际军火物流、国际邮政物流和国际逆向物流。国际商品物流主要是指通过国际贸易实现的交易活动的商品在国与国之间的移动。国际展品物流是指以展览、展示为目的，暂时将商品运入一国境内，待展览结束后再复运出境的物流活动。国际军火物流是指军用品作为商品和物资在不同国家或地区之间的买卖和流通，是广义物流的一个重要组成部分。国际邮政物流是指通过国际邮政运送系统办理的包裹、函件等递送活动。国际逆向物流是指对国际贸易中回流的商品进行改造和整修的活动，包括循环利用容器和包装材料。

六、国际物流的作用

1. 国际物流是国际贸易的重要组成部分

随着经济的全球化，国际贸易活动日趋频繁，越来越多的大型企业经营和交易活动的范围早已不再仅仅局限于其所在国界内，它们要么将自己生产的产品销往国外，要么需要从国外进口质高价廉的原材料。当某国一企业出口其生产的产品给在另一国的客户或消费者时，或当该企业作为进口商从另一国进口生产所需要的各种原材料、零部件或消耗品时，为了消除生产者与消费者之间的时空差异，就需要国际物流使货物从卖方的处所物理性地移动到买方的处所，实现货物所有权的跨国转移，并最终完成国际交易。可见，国际物流是国际贸易的重要组成部分，如果没有国际物流，国际贸易就无法实现。

2. 国际物流实现了资源跨国界的有效配置

国际物流的不断发展，实现了世界资源在全球范围的流通和使用。它扩大了国际贸易，提高了跨国公司的竞争能力和成本优势，使企业得以广泛地与世界各国加强贸易联系，尽早、尽快地打入国际市场；对于需求方或消费者而言，可以在本国内就享受和消费到来自国外的优质产品。所以说，国际物流实现了资源跨国界的有效配置。离开了国际物流，国际贸易活动与国际物资交流将寸步难行。

3. 国际物流提高了经济运行的效率

现代物流采用先进的物流技术，极大地提高了物流服务效率，加速了商品周转和资金流动，减少了库存和资金占压，加速了国际流通，提升了企业竞争力。因此，良好的物流管理是提高微观经济效益的“第三利润源”。如果微观经济效益都提高了，那么，就必然会带来宏观经济效益的提高。

4. 国际物流有利于维护国际经济秩序，为国际经济合作提供了方便

国际物流的发展为国际贸易的顺利实现提供了基础，并不断促进国际贸易的发展，实现了国际的物资交流。尽管国际物流有更多的好处，但国际物流活动必须按照国际商务贸易活动的要求来开展。国际组织也出台了各种关于物流合理化的规定，各国政府也都可以为了国际物流的顺利流转进行交流和探讨。因为国际物流的合理发展必将有利于维护健康的国际经济新秩序。

第二节　国际物流的基本流程和业务

进出口业务与国际物流之间存在着非常紧密的关系:国际贸易促进了物流的国际化;而国际物流是国际贸易顺利完成的必要条件,构成了进出口贸易的主要组成部分。因此,国际物流活动主要还是依照有关的国际贸易公约及国际贸易惯例展开的。国际物流的流程与进出口程序类似,其基本业务主要有订单处理、运输和保险、理货、报关检验、支付、储存、销售等。

一、订单处理

如果进口商与出口商经过交易磋商签订了正式合同,订单处理就是对履行合同的相关事项所做的安排。它主要包括以下两方面内容:

1. 履约准备工作

进口商申请进口许可证、进口配额等,在信用证支付条件下,还应按照合同的有关规定填写开立信用证申请书,向银行办理开证手续;出口商在按时、按质、按量准备应交货物的同时,应催促买方按合同规定及时办理开立信用证或付款手续,信用证开立后还要对信用证内容逐项认真审核,信用证条款必须与合同内容相一致,品质、规格、数量、价格、交货期、装运等应以合同为依据,不得随意改变,以保证及时装运、安全结汇。

2. 进出口商之间的联络

贸易双方要根据不同的贸易术语对买卖双方的责任所作的不同规定,履行一定的通知义务。例如在 FOB 合同中,买方应按规定期限将船名、装货泊位及装船日期通知卖方,以便卖方及时备货装船;在 CIF 合同中,则由卖方给予买方货物已经装船的充分通知,以便买方及时受领货物。

如果进口商与出口商之间没有签订专门的正式合同,那么订单的处理就尤为重要。按照国际惯例,对订单不加修改地接受,就在进口商与出口商之间形成了一个受法律保护的合约。订单往往没有标准的形式,一般应包括以下的信息:购买意向、订购数量、购买价格、信用条件和运输方式等。收到订单的一方如果觉得所有的条件是可以接受的,会发出收到证实书;如果认为有些条件必须修改,双方应进一步商讨,之后,出口商开具一张形式发票,注明双方都同意的条件。形式发票应注明商品的类型、数量、单价、估计重量、尺寸、有关的支付信用条件,如果进口商接受,那么形式发票就成为双方成交的法律依据。

二、运输与保险

为了确保国际物流的经济安全,进出口双方应合理选择货物运输的路线、运输方式、运输工具,并对货物在运输中的风险进行投保。

不同的贸易术语对运输和保险责任的划分有所不同,例如,在FOB交货条件下,由买方负责派船到对方岸口接运货物;在CIF交货条件下,由卖方负责租船订舱。所以双方应按照合同要求来履行各自的义务。承担运输责任的一方应根据合同与运输公司(承运人)签订运输合同,委托运输公司完成货物的转移。其基本程序是:首先,托运人根据船期表填写货物托运单;其次,承运人根据托运单的内容,结合运输工具的航线、航期和仓储条件签发装货单,通知托运人装货的日期和航次,船长根据装货单接受该批货物装船;再次,船方在收货后,由船长或大副签发收货单,托运人凭收货单向承运人或其代理人缴纳运费并获取正式提单;最后,运输过程结束后,收获人凭提单向承运人领取货物。

承担投保责任的一方应根据合同要求的投保金额和险别,及时向保险公司办理投保手续。保险金额一般应由买卖双方经过协商确定,通常按CIF或CIP总值乘10%计算。投保险别则根据商品的特点及运输过程中的风险程度由双方约定,合同中没有约定的,投保方按最低险别投保。出口货物的保险由出口企业按合同或信用证要求填制投保单,列明被投保人的名称,保险货物项目、数量,包装及标志,保险金额,运输工具名称,投保险别等,并缴纳保险费,保险公司接受投保后即签发保险单或保险凭证。

三、理货

理货是指船方或货主根据运输合同在装运港和卸货港收受和交付货物时,委托港口的理货机构代理完成的在港口对货物进行计数、检查货物残损、指导装舱积载、制作有关单证等工作。理货对于买卖双方履行贸易合同,按质按量交易货物,保障航行安全和货物在运输途中的安全具有重要意义。

理货工作有以下内容:

1. 理货单证

理货单证是指理货机构在理货业务中使用和出具的单证。它是反映船载运货物在港口交接当时的数量和状态的实际情况的原始记录,因此具有凭证和证据的性质。理货单证的种类有:理货委托书、计数单、现场记录、日报单、待时记录、货物溢短单、货物残损单、货物积载图、分港卸货单、货物分舱单、复查单、更正单、分标志单、查询单、货物丈量证明书等。

2. 分票、理数和确定溢短货物

(1) 分票

分票就是依据出口装货单或进口舱单分清货物的主要标志或归属，分清混票和隔票不清货物的归属。分票是理货工作的起点，理货员在理数之前，首先要按出口装货单或进口舱单分清货物的主要标志，以明确货物的归属，然后才能根据理货数量，确定货物是否有溢短、残损，进行处理。分票也是提高货物运输质量的重要保障。

(2) 理数

理数是理货员的一项最基本的工作，是理货工作的核心内容，也是鉴定理货质量的主要尺度。理数就是在船舶装卸货物过程中，记录起吊货物的钩数、点清钩内货物细数，计算装卸货物的数字，称为理数，亦称计数。

理数的方法有发筹理数、画钩理数、挂牌理数、点垛理数、抄号理数、自动理数等。其中自动理数是一种用科学仪器作为工具的理数方法。目前世界上最普遍使用的工具，就是在运输带上安装一个自动计数器。最近，在美国已经开始在起重机上安装自动计数器，这将给理货工作带来方便，是理货工作朝着科学化、现代化方向迈出的一大步。

(3) 溢短货物

溢短货物是指船舶承运的货物，在装运港以装运单数字为准，在卸货港以进口舱单数字为准，当理货数字比装货数字或进口舱单数字溢出时，成为溢货，短少时，称为短货。

在船舶装卸货物时，装货单和进口舱单是理货的唯一凭证和依据，也是船舶承运货物的凭证和依据。理货结果就是同装货单和进口舱单进行对照，来确定货物是否溢出或短少。货物装卸上船后，由理货长根据计数单核对装货单或进口舱单，确定实际装卸货物是否有溢短。

3. 理残

凡货物包装或外表出现破损、污损、水湿、锈蚀、异常变化等现象，可能危及货物的质量和数量，称为残损。理残是理货人员的一项主要工作，其工作内容主要是对船舶承运货物在装卸时，检查货物包装或外表是否有异常情况。理货人员在船舶装卸过程中，必须剔除残损货物，记录原残货物的积载部位和残损情况，以便判断残损责任。

4. 绘制实际货物运载图

装船前，理货机构从船方或其他代理人处取得配载图，理货人员根据配载图来指导和监督工人装舱积载。但是由于各种原因，在装船过程中经常会调整和变更配载。理货长必须参与处理配载图的调整和变更等事宜，在装船结束时，理货长还要绘制实际装船位置的示意图，即实际货物积载截图。

5. 签证和批注

理货机构为船方办理货物交接手续，一般要取得船方签证，同时，承运人也有义务对托运人和收货人履行货物收受和交付的签证责任。当然，如果理货机构是一个公证机构，那么它的理货结果就可不经船方签证而生效，但目前还没有这样做。因此，船方为办理货物交付和收受手续，在理货单证上签字，主要是在理货物残损单、货物短溢单、大副收据和理货证明书上签字，称为签证。签证工作一般在船舶装卸货物结束后、开船之前完成。我国港口规定，签证一般在不超过船舶装卸货物结束后两个小时内完成。

在理货或货运单证上书写对货物数字或状态的意见，称为批注。按照加批注的对象不同，批注可分为船方批注和理货批注两类。船方批注是船方加的批注，一般加在理货单证和大副收据上；理货批注是理货人员加的批注。在装货时，理货人员发现货物外表状况有问题，发货人又不能进行处理，而又要坚持装船，这时理货人员就得如实批注在大副收据上。如果发现货物数字不符，而发货人坚持要按照货单上记载数字装船，理货人员也应在装货单上按理货数字批注，有时还要如实批注货物的装船日期等内容。在卸货时，理货长对船方加在理货单证上的批注内容有不同意见，经摆事实、讲道理后，船方仍坚持不改变批注内容时，理货长可在理货单证上加上不同意船方批注内容的反批注意见。

6. 复查和查询

(1) 复查

处理卸港理货数字与舱单记载的货物数字不一致，国际航运的习惯做法是船方在理货单上批注“复查”方面的内容，即要求理货机构对理货数字进行重新核查。复查的另一个含义还包括理货机构主动进行的复查，即当理货数字与舱单记载的货物数字差异比较大时，为确保理货数字的准确性，在提请船方签证之前，往往要对所理货进行复核。复查的方式有重理、复查、查单、查账、调查、询问。

(2) 查询

船舶卸货发生溢出或短少，理货机构为查清货物溢短情况，向装港理货机构发出查询文件或电报，请求进行调查，且予以答复；或在船舶装货后，发现理货、装舱、制单有误，或有疑问，理货机构向卸港理货机构发出查询文件或电报，请求卸货时予以注意、澄清，且予以答复；或船公司向理货机构发出查询文件或电报，请求予以澄清货物有关情况，且予以答复。这些统称为查询。

四、报关检验

进出口货物必须经设有海关的地点进境或者出境，出口货物的发货人或其代理人应当在装货的24小时前向海关申报，进口货物的收货人或其代理人应当自运输工具申报进境之日起14天内向海关申报，接受海关监督，逾期则征收滞报金。如自运输工具申报进境之日起超过三个月未向海关申报，其货物可由海关提取变卖。

对一般进出口货物，海关的监管程序是：接受申报、查验货物、征收税费、结关放行。而相对应的收货人、发货人或其代理人的报关程序是：申请报关、交验货物、缴纳税费、凭单取货。

报关单位应在规定时间内填写“进出口货物报关单”向海关申报，并随附发票、提单、保单等有关单据，如属法定检验的进出口商品，还须随附商品检验证书。海关审核单证是否齐全、填写是否正确，报关单内容与所附各项单证的内容是否相符，然后查验进出口货物与单证内容是否一致，必要时海关将开箱检验或提取样品。报关单位要协助海关查验货物，负责搬移货物，开拆和重封货物的包装。货物经海关查验通过后，由海关计算税费，填发税款缴纳证，待报关单位交清税款或担保付税后，海关在报关单、提单、装货单或运单上加盖放行章后结关放行。

进出口货物检验主要对货物（尤其是进口货物）的品质、数量及规格等实施检验，确定进出口商品是否残损，是否符合安全、卫生的要求。国际通行的检验方法是“两次检验、两个证明、两份依据”，即以装运港的检验证书作为交付货款的依据，在货物到达目的地后，允许买方公证机构对货物进行复验，并出具检验证书作为货物交接的最后依据。进口货物运达港口后，港务局要进行卸货核对，如发现短缺，应及时填制“短缺报告”并交由船方签认，同时，根据货物短缺情况向船方提出保留索赔权的书面声明。卸货时如发现残损，货物应放在海关指定仓库，待保险公司同商检局检验后作出处理。对于法定检验的进口货物，必须向有关商检机构报验，未检验的货物不准投产、销售和使用。如进口货物经过商检局发现有残损短缺，应凭商检局出具的证书对外索赔。

五、支付货款

进口商对出口商支付货款的程序因所采用的支付方式不同而有差异，在中国出口业务中，使用议付信用证方式较为普遍。货物装运后，受益人（卖方）应及时制单，在信用证规定的有效期和交单期内向银行交单并开出汇票。议付行收到交易单证等各种票据后，在信用证的有效期和交单期内，向银行交单并开出汇票。议付行收到交易单证等各种票据后，按照信用证的要求审单，并在收到单据后七个银行工作日内将审单结果通知受益人。如果确认“单证一致，单单一致”，议付行将向开证行或其指定的银行寄单索偿，同时按与受益人约定的方法进行结汇。开证行收到国外寄来的汇票及单据后，应对照信用证的规定核对单据的份数和内容，如果内容无误，即由银行向国外付款，同时进口商向银行承兑或付款赎单。进口商在取得相关单据后可以凭单提取进口货物。如果银行在审单时发现单、证不符，应作出适当处理，例如停止对外付款、对于相应部分付款而对于不符合部分则拒付、货到检验合格后再付款、在付款的同时提出保留索赔权等。

六、储存和销售

出口商在货物备运期间，应妥善保管所交货物，防止发生变质，如串味、腐烂等。进口商收到货物后也需要对货物进行储存，有时还需要对货物进行分装、转运等处理。在此期间，进口商应对储存地点、保险、费用等问题加以综合考虑，特别是当进口商向出口商索赔时，在储存期间采取必要手段保全尤为重要，否则一旦货物在储存期间由于保管不当而损坏，进口商会因此丧失索赔权。

进口货物的销售应按照进口商事先制订的商业计划进行，即选择恰当的营销组合将进口商品推向目标市场。

综上所述，国际物流的完成，要求进口商和出口商必须具备处理相关单据的能力和经验，以及和方方面面的机构协调关系的能力。当进口商和出口商缺乏这方面的经验和能力时，可以考虑请进口经纪人、货运代理人等专业人员来完成国际物流环节的事务。这些中介在国际贸易竞争激烈、社会分工越来越细的情况下，发挥着日趋重要的作用。

第三节　国际物流的发展趋势

一、物流企业向集约化与协同化方向发展

物流产业形成初期，物流企业经营模式相差不大。随着物流市场的全面启动，物流产业将由起步期逐渐过渡到发展期乃至成熟期。物流行业服务标准逐渐形成，规模进一步扩大，市场竞争激烈。首先是世界范围内各行业企业间的联合与并购，将会推动国际物流业向全球化方向发展，而物流全球化发展又必然推动和促进各国物流企业的联合和并购活动。随着国际贸易的发展，

美国和欧洲的一些大型物流企业跨越国境，展开纵横式的并购，大力拓展国际物流市场，以争取更大的市场份额。据不完全统计，1999 年美国物流运输企业间的并购数达 23 家，并购总金额达 6.25 亿美元。德国邮政公司在最近两年间并购欧洲地区的物流企业达 11 家，现已发展成为年营业额达 290 亿美元的欧洲巨型物流企业。其次是物流企业间战略联盟的形成。由于国际物流的复杂性，物流企业单靠自身实力很难实现低成本、高质量的服务，只有通过结盟，才能解决资金短缺问题，应付市场波动压力，进而增加服务品种和扩大企业的地理覆盖面，为客户提供"一站式"服务。对物流企业而言，合作者可以选择其他物流企业、货代公司、国际分销公司等。中国加入 WTO 后，中国的物流企业所面临的国内外竞争已经加剧，企业必须迎接物流全球化的挑战。

二、物流服务的优质化与全球化趋势日益明显

构建合同导向的个性化服务体系将成为企业获取竞争优势的关键。当前社会和客户对物流服务的要求越来越高，客户选择物流不仅注重成本，更注重物流服务的质量，物流服务的优质化和全球化是物流今后发展的重要趋势。市场竞争日趋激烈，为客户提供日益完善的增值服务，满足客户日趋复杂的个性化需求，将成为物流企业生存和发展的关键。供应链的管理与不断优化将成为物流企业的核心服务内容。物流企业与客户的关系将体现为一种共享收益、共担风险的战略联盟关系。

三、第三方物流快速发展并且在物流产业中逐渐占据主导地位

第三方物流是指在物流渠道中由中间商提供的服务，第三方物流提供者就是一个为外部客户管理、控制和提供物流服务作业的公司，它们并未在供应链中占有一席之地，但通过提供一整套物流活动来服务于供应链。国际上大多数第三方物流服务公司是以传统的"类物流"业为起点而发展起来的，如仓储业、运输业、空运、海运、货运代理和企业内部的物流等。它们根据客户的不同需要，通过提供各具特色的物流服务取得成功。全世界的第三方物流市场具有潜力大、渐进性和高增长率的特征，这种状况将使第三方物流企业拥有大量的客户。

四、绿色物流是国际物流发展的又一趋势

物流产业虽然促进了经济的发展，但是在发展的同时也会给城市环境带来不利的影响，如运输工具的噪声、污染排放、交通阻塞等，以及生产和生活中废弃物的不当处理造成的对环境的影响。因此，当今时代，世界各国对物流提出了新的要求，即绿色物流。绿色物流是对物流系统污染进行控制，即在物流

系统和物流活动的规划与决策中尽量采用对环境污染小的方案，如采用排污量小的货车车型、近距离配送、夜间运货（减少交通阻塞、节省燃料和减少尾气排放）等。发达国家政府倡导绿色物流，一是在污染发生源、交通量、交通流等三个方面制定了相关政策；二是建立处理工业和生活废料的物流系统。

五、物流产业将向多元化方向发展

在经济发达国家，随着电子商务、网络技术以及物流全球化的迅速发展，广义的区域物流与企业物流通过向上游和下游的延伸、拓展，呈现出相互融合的趋势。这一趋势促使物流企业模式即物流产业经营类型向着多样化和细分化方向发展。根据对全球前20名专业物流公司经营模式的分析，可以将国外物流产业经营类型粗略归结为以下三类：由交通运输、邮电业发展起来的物流企业；由零售业、批发商发展起来的物流企业；由大型制造企业物流部门发展起来的物流企业。

现代物流是现代生产、流通、消费新理念的产物，涉及的领域空前广阔，物流的各个环节都可能出现竞争者和替代者，这就决定了物流业多元化发展的客观必然性。目前我国物流业的发展逐步趋于成熟，市场份额的控制壁垒将随之产生并不断强化，在优胜劣汰中生存下来的物流企业将控制行业的部分市场份额，并形成稳定的业务渠道，新加入的企业则必须开辟新的市场空间，这也会在一定程度上加速物流业向多元化方向发展。

六、信息化、自动化和网络化

现代社会已经步入了信息时代，物流的信息化是整个社会信息化的必然要求。物流信息化表现为物流信息的商品化、物流信息搜集的数据库化和代码化、物流信息处理的电子化和计算机化、物流信息传递的标准化和实时化、物流信息存储的数字化等。因此，条形码技术、数据库技术、电子订货系统、电子数据交换及快速反应、有效的顾客反应等技术与观念在未来的物流中将会得到普遍应用。信息化是一切的基础，没有物流的信息化，任何先进的技术装备都不可能用于物流领域，信息技术及计算机技术在物流中的应用将会彻底改变世界物流的面貌。

自动化的基础是信息化，自动化的核心是机电一体化，自动化的外在表现是无人化，其效果是省力化。物流自动化的效果还表现在扩大物流作业能力、提高劳动生产率、减少物流作业的差错等方面。物流自动化的设施非常多，如自动识别系统、自动分拣系统、自动存取系统、自动导向车、货物自动跟踪系统等。这些设施在发达国家的物流配送中心已经普遍使用。在我国，这些自动化技术的普遍应用还需要相当长的时间。

物流领域网络化的基础也是信息化。这里指的网络化趋势有两层含义：一是物流配送系统的计算机通信网络，包括物流配送中心与供应商或制造商的联系要通过计算机网络。另外，物流配送中心与下游顾客之间的联系也要靠计算机网络，比如物流配送中心向供应商提出订单这个过程，在未来就会使用计算机通信方式，借助于电子订货系统和电子数据交换来自动实现。物流配送中心通过计算机网络收集下游客户的订单的过程也可自动进行。二是组织的网络化。比如中国台湾的计算机业在20世纪90年代创造出了“全球运筹式产销模式”。这种模式的基本构架是按客户订单组织生产，生产采取分散形式，即将全世界的计算机制造资源都利用起来，采取外包的形式将一台计算机的所有零部件、元器件、芯片外包给世界各地的制造商去生产，然后通过全球的物流网络将这些零部件、元器件、芯片发往同一个物流配送中心进行组装，由该物流配送中心将组装好的计算机迅速发送给订户。这一过程需要有高效的物流网络支持，当然物流网络的基础是信息和计算机网络。

物流的网络化是物流信息化的必然，互联网等全球网络资源的可用性及网络技术的普及为物流的网络化提供了良好的外部环境。物流的网络化呈现不可阻挡的趋势。

七、智能化

智能化是自动化、信息化的一种高层次应用。物流作业过程涉及大量的运筹和决策，如库存水平的确定、运输（搬运）路径的选择、自动导向车的运行轨迹和作业控制、自动分拣机的运行、物流配送中心经营管理的决策支持等问题，都需要借助于大量的知识才能解决。在物流的自动化进程中，物流的智能化是不可回避的技术难题。像专家系统、机器人等相关技术在国际上已经有比较成熟的研究成果，为了提高物流自动化的质量，物流的智能化已经成为物流发展的一个新趋势。

八、柔性化

柔性化本来是生产领域提出来的，但要真正做到柔性化，即真正能根据消费需求的变化来灵活调整生产工艺，没有配套的柔性化的物流系统是不可能的。20世纪90年代，国际生产领域纷纷推出弹性制造系统、计算机集成制造系统、制造资源系统以及供应链管理的概念和技术，这些概念和技术的实质是要将生产、流通进行集成，根据需求端的需求组织生产、安排物流活动。因此，物流的柔性化正是适应生产、流通与消费的需求而表现出来的一种发展趋势。这就要求物流配送中心要根据消费需求呈现出的“多品种、小批量、多批次、短周期”的特点，灵活组织和实施物流作业。

第四节 中国国际物流存在的问题及发展举措

一、存在的问题

中国物流从无到有,得到了迅速的发展,特别是近两年,一股"物流热"更是席卷全国。但是,我们冷静思考一下经济转型时期的中国物流业,不难发现,中国物流业还存在以下几个问题:

1. 宏观层面

① 多部门管理,人为制造条块分割,破坏了物流的有机系统性;

② 物流基础设施缺乏全国统筹规划,重复建设严重,各种运输方式不能有效衔接;

③ 东西部地区的差距没有因"西部大开发"而缩小,反而在物流这个新兴产业上的差距越拉越大;

④ 中国加入世贸组织后,随着物流服务贸易重点领域市场准入时间的相继到期,外资企业会在国际商务合同、信用证中提前指定由国外公司提供物流服务。

2. 中观层面

① 有关物流的法律体系尚未建立或健全;

② 没有制定适合我国现状的物流硬件、软件标准化体系;

③ 中国物流与采购联合会、中国交通运输协会、中国仓储协会等行业性组织没能起到政府与企业之间沟通的桥梁作用,内引外联工作力度还不够;

④ 物流人才匮乏,理论研究薄弱,产、学、研严重脱节;

⑤ 物流技术装备落后;

⑥ 中国物流业缺乏整体国际竞争力。

3. 微观层面

① 大型物流公司基本上是无偿使用国家多年持续投入的固定资产,决策层往往对市场及物流企业的全面发展判断不准,缺乏全球化眼光,因此这部分企业就很难取得好的业绩;

② 中型物流公司因"资金瓶颈",包括银行贷款和上市融资问题,很难更上一层楼;

③ 小型物流公司虽能靠提供差别化服务生存,但它们大多只能提供支线运输、仓储等基本业务,不能有效开拓增值服务项目,利润空间越来越小;

④ 国内各类型物流公司提供的物流服务重复、水平低下,第三方物流服

务、第四方物流服务的发展还处于摸索阶段，不能满足在华跨国公司的物流需求。

二、发展举措

针对中国物流业的发展现状和存在的实际问题，专家学者提出了许多真知灼见，例如，将物流归口商务部统一管理；出台与物流业有关的制度规范、法律框架和政策体系；构筑全国性的物流基础设施网络；推动物流运作的标准化、信息化、电子化；在用地、税收等方面给予政策支持；开发具有自主知识产权的物流硬件技术和软件技术等等。这里主要围绕我国国际物流业的现状和问题提出以下几种发展举措。

1. 突破以集装箱为媒介的国际多式联运瓶颈

集装箱是高效、安全、便捷、经济的综合运输方式。近十年来，我国集装箱运输对外资开放的力度较大，市场化程度较高，特别是沿海枢纽港集装箱码头基础设施建设有明显的改观。“九五”期间，我国港口的集装箱吞吐量年增幅达30%，集装箱率和“门到门”运输比重明显提高。

我国的集装箱运输虽然有了长足发展，但还不能完全满足国民经济快速发展的要求，与发达国家相比，我们还存在较大差距。例如，运输方式之间缺乏有机衔接、多式联运发展缓慢、沿海与内陆发展不平衡、口岸环境有待进一步改善、内贸集装箱运输发展水平低、竞争机制亟待规范、支持保障系统水平不高等；特别是不能形成公路、铁路和水路高度协调下的以集装箱为媒介的多式联运系统，成了影响当前物流业发展的最大的不利因素。

我们要充分发挥沿海港口在集装箱多式联运中的枢纽作用，结合港口设施加快铁路专用线建设，完善港口集疏运系统；加强铁路与其他运输方式的协调与合作，充分发挥铁路长距离干线运输的优势，强化中西部地区与沿海主要港口之间的铁路集装箱货运通道的功能；完善水路集装箱运输干支线网络，重视发展支线，早日保质保量完成长江口深水航道的整治工程，利用三峡“出平湖”后形成的黄金水道，充分挖掘长江集装箱运输的潜力和优势，完善配套基础设施，加强其与沿海港口、铁路和公路的联运衔接。

加入世贸组织后，我国经济面临着良好的发展机遇，加快以集装箱为媒介的国际多式联运步伐，对促进内外贸平衡发展、完善运输结构和调整我国产业结构都具有重要的意义。为此，我们要强化由多个主管部委组成的协调机制，修改或废止不利于国际多式联运发展的法规，合理布局有利于各种运输方式协调发展的基础设施，完善联运的支持保障系统，形成以东部沿海枢纽港为龙头、向内陆和内水延伸的集装箱运输“绿色通道”。

随着经济全球化进程的加快及周边俄罗斯、印度等国整体经济实力的增强，我国与这些国家的经贸往来日益频繁，从而对我国综合运输的要求也就越来越高。目前，我国已与俄罗斯、蒙古国、哈萨克斯坦、乌兹别克斯坦、吉尔吉斯斯坦、塔吉克斯坦、巴基斯坦、尼泊尔、越南、老挝、缅甸、泰国等12个周边国家签订了双边或多边公路、水路和铁路运输政府间协定，基本形成了双边运输、过境运输和外贸货物、转运货物齐头并进的运输格局。

发展以集装箱为媒介的国际多式联运要坚持易水则水、易路则路、易远则远、易近则近、灵活高效的国内外合作机制，为中国的西部大开发战略和全面建设小康社会奋斗目标的实现做出更大的贡献。遗憾的是，国际上至今尚未实现空铁联运。2002年，英国计划将铁路延伸至伦敦机场，以实现空铁联运，但后来遭到各方人士的反对而放弃，原因是：第一，缺少换装设备；第二，参与各方均不习惯；第三，流线型飞机腹舱适宜大小不等的轻型铝合金集装箱配载，而这就会造成火车装载率低下。

2. 打造国际物流航母

跨国国际物流企业纷纷登陆中国物流市场，并展开了激烈的竞争。面对严峻的挑战，我们国内还没有一家真正意义上的国际物流企业，中国远洋运输(集团)总公司、中国对外贸易运输集团总公司、中国储运物资总公司、中国海洋集团、中国航空集团公司、中国邮政集团公司、中国中铁股份有限公司虽然各有自己的特色与优势，但大多只能提供国际物流供应链中某个环节的服务，要想把遍布全球的物流业务集成起来，目前恐怕其中的任何一家也做不到。因此，我们要运用市场机制，加快培养一批具有国际竞争力的国家现代物流企业，通过改制、上市、兼并、联合、重组、中外合资、中外合作等多种形式，尽快形成一批主营业务突出、核心竞争力强的物流公司。在此基础上，以企业为主体，以资本为纽带，使培养的具有国际竞争力的现代国际物流企业或企业集团，充分发挥其示范、传递、整合作用。

另外，我们也要正确认识提供给跨国公司的配套物流服务，因为跨国企业的物流需求代表了当今物流需求的较高层次(如3PL、4PL的物流需求)，在它们的严格要求下，也会促使我们的国际物流企业快速成长。

3. 建立全国性商品采购目录和企业资信档案

物流即物畅其流。发展国际物流，必须保证其源头——物的安全、及时、可获得性。以沃尔玛、家乐福为代表的跨国企业将全球或亚洲的采购中心迁往深圳、上海、北京等经济最发达的地区后，他们最渴望的不是要自建一座自动立体化物流配送中心，而是要建立一个全国性的商品采购目录和企业资信档案。原因很简单，如果仅凭名片和供应商的单方商业宣传来随机挑选，其中常有资信欠佳者提供的样品与日后送货的品质不一致，这既破坏采购计划，又损害商业信誉。

4. 实行弹性检验检疫制度

中国原有的检验检疫制度随着近出口货物贸易量的大幅增长，已不适应现代国际物流的发展要求，今后，我国应在口岸查验的基础上构筑新的检验检疫链。这些新措施包括：

(1) 出口货物检验检疫制度

对出口货物应逐步实行报检签证电子化(包括生产过程中施检、报检等)、检验检疫科学化、出入放行便捷化等多项措施，加快验收速度，提高服务水平。也可在有条件地区探索实施旨在帮助企业以扩大出口为目的的"绿色通道制度"。"绿色通道"制度是指具有较大出口规模的生产企业、高新技术企业、加工贸易企业以及部分出口规模较大的经营性企业，在出口产品质量保证体系健全、出口产品质量稳定、诚信度高的前提下，出口产品实行在产地检验合格后，在口岸免予查验，口岸检验检疫部门直接出具《出境货物通知单》而放行的优惠通关制度。

(2) 进口货物检验检疫制度

对进口货物应突出重点，对来自卫生和动植物检疫疫区的、装载废旧物品的有木质包装材料和铺垫材料的装载工具的现场，应加大查验力度，防止病菌及有害生物侵入中国境内，同时，加强入境货物运载工具的考核登记和后续监管工作。

此外，我们还要密切关注有关的国际新动向。如美国政府于2001年9月向全球20个主要港口发起的'集装箱安全倡议"，意在及时发现和防止用于恐怖袭击的物品进入美国，现已有18个港口允许派驻美国海关官员监督查验。2003年2月2日，美国又提出"24小时条款"，对发往美国的集装箱中途需在第三国港口装卸的，货代公司必须提前24小时向美国海关提出书面通知。欧盟各国虽批评上述单边规定会扰乱正常国际运输秩序，但谁又能放弃这个世界头号进出口市场呢？

5. 重建廉洁高效的海关秩序

口岸海关是影响进出口货物流转速度的最重要的国家管理机构。面对加入世贸组织后的新形势，中国海关也应大力推行从以"货物"监管为主的监管模式转变到以"人"(客户)为主的监管模式。因为货物是由人支配的，在进出境货物与日俱增的情况下，如果以百分之百的力量去监管货物，远不如以百分之五十的力量去监管支配货物的"人"(客户)更有效；同时，要聘用精干的人员，采取实用的程序，与外界保持良好的合作。在实践中，我们可以大胆借用现代物流管理理念，以简化流程设置，提高通关效率，促进国际物流的畅通。

(1) 纵向一体化(SCM 理念)

对加工贸易和保税集团上下游的配套企业,实行计算机联网管理,推行"电子底账+网上样品库+库存限量+电子预审归类+电子预审价+定期报核",使海关与企业共享物流资源,减少结转环节。并启动"一次申报、一次查验、一次放行"的海、陆、空转关模式。将"提前申报、实货验收"的试点向口岸以外的内陆地区延伸,着手规划遍布全国的临时仓、保税仓、免税仓分布服务系统。

(2) 横向一体化(3PL 理念)

推行"口岸电子执法系统",完善包含银行、工商、税务、检验检疫、外汇、边检、海事、海关、进出口贸易商及运输、仓储等相关物流企业信息的数据库,做到数据互沟通、单证相对照,主动为客户提供满意的服务。这样可从源头防止利用假单证、假批文、假印章犯罪及走私、骗汇、骗税等违法犯罪行为的发生。

(3) 系统集成化(4PL 理念)

除在独立关区推行"无纸化"大通关模式外,还应着手将全国各关区联网,实现资源共享。我国的海关管理部门应以积极开放的姿态,争取早日加入诸如由美国、加拿大、日本、欧盟的航空运输协会组织的"电子空运货单"系统。这样,每一票国际空运货物无须纸张和中间过程的代理人重复录入数据信息,就可走完国际运输的全过程,包括通关在内的货物空运所有手续将更加简洁,货物在空港库存时间将大幅缩短,空运效率和准确率将显著提高。

6. 构筑以上海为枢纽的中国国际物流中心

国际物流涉及多方面,也受到众多因素的影响和制约。而国际物流中心是其中最重要的枢纽点,它能提供基础设施、进出口货物储运分拨、国际集装箱多式联运、保税仓库、物流业务咨询、采购、展示、加工、组装等服务,能使海关、海事、边检、税务、工商、检验检疫、港务、船公司、物流企业在一起办公。我国应以建设上海洋山深水港为契机,形成以上海港为枢纽,深圳港、广州港、宁波港、青岛港、天津港、大连港等主要港口为支线港或喂给港,辐射亚太地区,具有特定地理位置和产业集群优势的综合性国际物流中心。

上海港是我国最大的港口,地处我国南北海岸线的中心,2004 年货物吞吐虽为 3.8 亿吨,集装箱吞吐量达 1 455 万标准箱,跃居世界第三位。上海港被誉为中国通往世界的门户,北有长江三大港——南京港、苏州港、南通港相映,南有宁波港(我国第二大国际深水中转港)、舟山港相辅。上海也是全国的贸易中心、金融中心,是全国铁路三大枢纽之一和中国第二大航空中心,处于沪宁高速公路和沪杭甬高速公路的黄金分割点,陆路地理位置十分优越。随着东海跨海大桥、洋山深水港、杭州湾大桥、舟山连岛等宏伟工程相继上马,上海港将与江苏的跨国制造中心和浙江的民营生产企业紧密连为一体。上海内河航道共有225条,其中通往外省的干线航道有8条,海上客货运航线遍及沿海各主要港口。目前,上海港与世界上200多个国家和地区的500多个主要港口都有贸易往来,其中集装箱定期航班航线有十几条,先后与美国的西雅图、新奥尔良,日本的大阪、横滨,比利时的安特卫普等港口结成了友好港。2008年北京国奥运会的成功举办又为上海港的发展带来新的契机。据测算,到2010年上海世界博览会举办之时(世博会共在上海举办184天)),上海的航空旅客将超过5 000万人次,世博会还会带来8 000万人次的旅客流量和随身大量行李物品货流量。上海浦东的外高桥保税区国际物流园区(包括北区1.01平方千米和南区1.6平方千米两处)、以浦东国际机场航空速递为特色的航空国际物流园区及洋山港集装箱物流园区,将为参展货物提供周到的物流服务。

深圳港地处我国内陆运往香港的咽喉要道。2005年,货物吞吐量达1.35亿吨,集装箱装卸量达1 365.54万TEU,在世界十大集装箱港口中的排名从以前的第8名升至第4名。由于较早地借鉴新加坡和我国香港地区模式,因此该地的物流市场化程度比较高。广州市将黄埔、南沙、空港定为三大国际物流园区,2002年,广州港年吞吐量达1.5亿吨,其中黄埔港占了30%;南沙紧临中国电子工业制造基地东莞市;白云机场是我国第三大航空中心。此外,广州是全国第三大铁路枢纽,地处珠三角中心地带。随着香港、珠海、澳门"Y"字形大桥、广州、佛山城际铁路的成功修建、中国内陆与香港更紧密的经贸联系方案的确立,广州和澳门、香港的联系将日趋密切。因此广州、深圳成为华南地区国际物流中心的条件日趋成熟。

天津港是我国国际集装箱中转枢纽港,也是我国最大的焦炭出口港、最大的稀土金属出口港、最大的人工港和最大的化肥进口港。它是我国北方重要的国际贸易港口,是首都北京的海上门户。该港是我国北方海陆交通的枢纽,有京哈、京沪两大干线铁路在天津市内相交,京秦铁路在市北部通过,京津塘高速公路直达港区。该港还可承办经满洲里、二连浩特及阿拉山口三条亚欧大陆桥的过境联运业务。天津市决定投资273亿元用于港口建设,力争到2010年港口吞吐能力达到2.3亿吨,使天津港成为现代化深水港和东北亚地区的国际集装箱枢纽港、中国北方最大的散货主干港、国际物流和资源配置的枢纽,并跻身于世界大港的前10名。天津保税区位于新港港区,是中国于1991年5月最早设立的国家级保税区。目前,天津市一方面建设新港的滨海新城;另一方面投资100亿元用于国际物流园区的建设,力争使天津港成为名副其实的北方国际物流中心。

青岛市正着手将经济中心西移,形成青岛、红岛、黄岛三点和滨海高速公路一线，类似于美国西海岸的战略布局。青岛港有广阔的经济腹地，纵横连接华东、华北、中南等地区。青岛号称“东方瑞士”，机场具备起降大型飞机的能力，有多条定期航班与世界各大城市相连。位于黄岛前湾的新港区已成为重要的外贸物资、石油、矿石和集装箱进出良港。2002 年，青岛港的集装箱吞吐量相当于天津港和大连港的总和，青岛已成为当年真正的中国北方航运中心。2003 年 7 月 21 日，青岛港务局与英国铁行轮船集团、中国远洋运输（集团）总公司、丹麦马士基集团等三大航运巨头签署合资协议，共同出资 8.87 亿美元把青岛港前湾码头建设成为年吞吐能力超过 650 万标准箱的中国最大集装箱码头。根据协议，重新建立后的青岛前湾集装箱码头拥有 10 个深水集装箱船舶专用泊位，码头岸线长达 3 400 米，堆场总面积为 225 万平方米，泊位水深达 17.5 米，可以接纳载箱量达 1 万标准箱的超大型集装箱船舶，年集装箱吞吐能力在 650 万标准箱以上。这次“三国四方”联姻，给青岛港带来的不仅仅是庞大的市场、货源和航线，而且可以早日促使青岛港成为世界上著名的自由贸易区。青岛前湾国际物流工业园是专门为青岛港口国际航运提供配套服务的、唯一的开放型现代国际物流园区，它北接保税区，西临青岛经济技术开发区，南靠前湾港，目前已吸引丹麦的马士基集团、日本的伊藤忠（中国）集团有限公司、韩国的韩进海运株式会社、以色列的以星综合航运（中国）有限公司等众多国际物流企业入驻园区。

国际物流中心的选址，要具有特殊的区位优势，特别是要依托现代港口在国际贸易和综合物流中的战略地位，因为港口往往是生产要素的最佳结合点、最重要的信息中心和海洋经济的聚集地。现在中国的国际物流中心模式应以港口特别是国际中转深水港为依托，以集装箱多式联运为载体，发挥水路、公路、铁路便捷转换优势，集储藏、中转、分拨、配送、增值服务等物流运作及临港加工于一体的综合性国际物流工业园。所以，在物流园区的规划层次上要解决好它的全国布局问题，中部地区可被上述几个沿海国际物流中心很好地辐射，而西部的重庆、成都、西安、兰州等地则主要充当区域性物流配送中心和喂给港站，因为这些地方不具备开发建设国际物流中心的先天条件。

7. 加快保税区向自由贸易区转型

我国目前国际物流的理想栖身地是保税区。加入世贸组织以来，如何抓住机遇，使保税区向国际自由贸易区转型，加快国际货物的流转速度，是摆在我们面前的一个深层次课题。

毫无疑问，保税区是我国内地开放层次最高的特殊经济区（SEA）。按照世贸组织的界定，中国的 5 个经济特区、14 个沿海开放城市、6 个沿江开放城市、21 个省会城市、13 个内边境开放城市，也应属于特殊经济区。但是，我们必须按WTO的运行规则，不能困于优惠政策，而要逐步取消对外商投资企业的超国民待遇。从短期看，取消超国民待遇将可能使这些地区丧失某些引资机会，但从长远看，我们在稳定政策的基础上，建立公平、公正、有序的市场，保持法规、政策的稳定性、连续性和可预见性，可以为各类企业的发展创造更多的机会。

真正意义上的自由贸易区就是要达到"国家行为、境内关外、功能突出、管理宽松"的目的，我们可以通过签订双边或多边协议，建立自由贸易区（美国与新加坡模式），也可将港口或设区的所在城市划为（香港模式）或部分划为（香港模式或德国汉堡模式）自由贸易区。只有这样，特殊经济区的开放和繁荣才会充分显现。

转型时期，我们要重点抓好贸易促进和金融创新两项工作，努力营造"一线放开、两线管住、区内自由、促进繁荣"的发展环境。

(1) 贸易促进

要率先在保税区内实行市场准入和贸易自由化，取消外贸特许制，放开外贸经营权，区内的所有工商企业均可自营进出口。进一步放宽合资合作外贸公司的审批条件，由审批制改为外贸登记制，允许区内外资企业在保税区以外的地方设立非经营性办事机构，允许其行使类似跨国公司"再开票中心"的功能，可以公开合法地进行内部关联交易和跨国避税。要下放区内开展服务贸易的审批权限，吸引社会资本参与园区建设，介绍跨国公司和综合商社进驻保税区，推动区内国际租赁、国际法律服务、国际商品展示等服务贸易的良性发展。

(2) 金融创新

允许区内所有外资银行经营本币业务，开展离岸金融试点，适度放宽区内的外汇管制，允许人民币在资本项目上自由兑换。充分发挥区内国际物流中心的"融通仓"功能，为中小企业提供捆绑信用担保，试行将国际保理、跨国应收账款等业务交由国际物流企业一并运作。信用证是商业信用和银行信用的双保险，在国际商务过程中举足轻重，但它也存在发货与收款产生时滞及中间手续繁杂等缺陷，如将出口企业的货物交给大型物流公司时收到现款，物流公司再保留向进口企业的索偿权。在这中间物流公司收取少量的手续费，这样既可加快生产企业的现金流通，又可扩大物流公司的营业范围。期货、期权、互换、上限与下限等金融衍生工具源于实物贸易，现在可重新研究使其部分功能回归到国际物流行业的可行性，实行价格放开，试行部分商品由国际物流公司定价。

8. 取得国际标准通行证

1995年，《产品责任法》(PL法)在美国正式颁布实施。依据这个法律，由于商品的缺陷造成消费者损害时，制造者即使无过失责任，也必须进行损害赔偿。这样，厂商不仅要注意商品本身的质量，还要关心商品的形状、使用方法、包装材料、物流配送方式等因素。

1997 年,《废弃物再生利用法》(有关促进资源再生利用的法律)、《包装物循环利用法》(有关促进包装物回收和再利用的法律)、《家电循环利用法》(规定对电视机、空调、冰箱、洗衣机等四种废旧家电产品进行回收再利用的法律)开始在欧洲和美国颁布实施。单向的物流发生了变化,回收物流和废弃物物流粉墨登场。

1998 年,美国引入了食品卫生管理的新方法(HACCP),主要用来对食品危害进行分析和对重要管理点进行监控。监控对象有作为食品加工原材料的蔬菜、水果、肉等;对水产品生产的监控从捕鱼阶段开始,包括保存、后续处理、制造、加工、保管、运输等环节,还包括从零售店到消费者手中的各个阶段,分析在各个阶段中可能产生微生物危害(食物中毒)的因素并进行安全防护。这样,物流企业就要考虑食品运输的温度管理、从业人员的健康管理等。

当前,交通阻塞、大气污染、噪声、地球温室效应等环境问题已成为严重的社会问题。英国对有关物流车辆的排气标准和对周围古建筑的震动及对司机连续驾驶四小时必须休息等都做出严格限制。对于从事国际业务的物流企业来讲,无视国际标准已变得不可能。只有在环保、品质、服务、信息及数据管理等方面符合国际标准,才有利于提高企业在国际上的信度,树立企业的良好形象。

因此,如何应对企业可能造成的环境问题,营造绿色物流,增强物流的社会适应性则成为物流企业急需解决的重大课题。

ISO(国际标准化组织)制定的标准,是被全世界承认的。很多企业取得了 ISO 认证资格,特别是品质保证体系的 ISO9000 系列,环境保护体系的 ISO14000 系列等的认证取得了很大的进展。职业安全健康管理体系(OSHMS)被誉为继质量、环保之后,中国企业通向国际市场的“第三张通行证”。拿到此证,意味着企业对外提供的产品、服务,可以取得国外对我国产品安全健康的高度信任。物流业界也不例外。货主企业为拓展国际市场,要求物流业者也要取得 ISO 的系列认证资格。如 ISO9002 国际物流认证质量体系就是一张物流业者的国际通行证。

9. 完善复合型人才培养方案

据有关专家预测,中国的高级物流管理人才到 2010 年的需求为 3.4 万人,根据中国加入 WTO 的承诺,物流市场届时将完全对国外资本开放,人才问题将会成为中外物流企业特别是国际物流企业发展的又一“瓶颈”。

20 世纪 60 年代初期,美国密歇根州立大学以及俄亥俄州立大学在大学部和研究生部开设了物流课程,成为世界上最早把物流管理教育纳入到大学学科体系中的高校。随后，英国、德国、日本、加拿大、澳大利亚、新加坡、印度、泰国、巴西、智利、南非等一些国家也在大学中先后开展了物流教育。国外物流学科的课程设置，充分体现了物流跨学科、多学科交叉的特点，已经构建了相关学科的支撑框架。概括起来，相关学科领域主要有经济学、数学、管理学、信息学科、系统学科、工程学科、运输学科、机械学科、人文学科以及涉及这些学科领域的交叉学科等。

我国物流教育刚刚起步，师资力量薄弱，物流教材落后，专业方向不明确，产、学、研严重脱节。如何有效地利用现有资源，培养具有中国特色的国际物流人才，是我国发展物流教育的当务之急。

开设跨学科的国际物流专业，必须有跨学科知识的师资人才，才能制定切实可行的教学方案。我国应在国际商学院内设置国际物流学科，因为国际物流必须具有雄厚的国际商务知识和外语技能，这是其他学院例如管理学院、交通运输学院、工程学院等学生在短期内不能学到的。因此，可在商学院现有的课程上做适当的调整，开设国际物流管理、商务英语、国际货运代理理论与实务、海关报关员报关实务、报检员实务、交通运输学、集装箱运输实务、供应链管理、仓储与配送中心管理等课程，添设一些物流信息系统演示软件和教学软件，教师可定期带学生去大型国际物流公司观摩与实践。

物流学科与工程学科一样，从业者业务水平真正的提升还在于以后专门从事国际物流工作的实践。现在，有许多物流从业者正在接受在职培训和参加资格认证考试。以美国的物流继续教育为例，美国现有包括美国运输与物流协会(AST&L)主办的资格认证、美国生产与库存控制管理认证(PLM)、美国资源集成管理认证(CIRM)、美国物料搬运注册副手(CAMH)、美国物料搬运注册职业人(PCMH)、国际物流协会注册职业物流专家(CPL)、物流管理学院注册物流从业者(CLP)等的资格认证体系，这些途径可为物流从业者源源不断地提供智力支持，其国际物流教育也会在前后延伸的链条中不断壮大。

复习思考题

1. 怎样理解国际物流的概念？其特点、作用分别是什么？
2. 国际物流系统的功能构成包括哪些要素？
3. 国际物流的基本流程和基本业务是什么？
4. 如何理解国际物流的形成和发展趋势？

【结尾案例】

日本索尼公司的全球物流的三大要求

索尼公司是日本的一家跨国公司，经营和生产电子产品，在全球拥有75家工厂和200多个销售网点。据国际物流专家估计，仅仅在电子产品方面，索尼公司每年的全球集装箱货运量已经超过16万标准箱，是世界上规模较大的发货人之一。为了充分发挥跨国经营的杠杆作用，扩大其在国际市场上的竞争力，目前该公司正与承运人及其代理人展开全球性商谈，以便进一步改善国际物流系统，提高索尼公司的经济效益。

分布在世界各地特别是一些主要国家的物流分支机构是索尼公司物流管理网络中的重要环节。过去，这些物流分支机构功能是各自只为一个索尼公司服务，现在，索尼公司将这些物流分支机构的服务联合起来，发挥全球性索尼物流网络功能，结果使这些物流分支机构的功能更强大、服务范围更加广泛，同时进一步降低了索尼公司的物流成本，很好地达到提高经济效益的目的。例如，新加坡或者马来西亚的一家索尼物流分支公司，把来自当地的零部件拼装箱运到位于日本的另一家索尼公司物流分支机构，后者收到集装箱后，立即拆箱，把货物分别迅速配送到日本各地的索尼公司下属工厂的车间。

为了进一步实现物流系统内的各分支机构全球化联合，索尼公司向系统内的各家索尼物流公司提出以下三点要求：

(1) 竭尽全力缩短从产品出厂到客户手中的过程和时间，特别是缩短跨国运转、多式联运和不同类型运输方式之间货物逗留时间，必须做到“零逗留时间、零距离、零附加费用、零风险”的物流服务。

(2) 大力加强索尼公司和物流服务商之间的合作关系，始终保持电子数字信息交换联系的畅通，构建全球化的物流信息服务中心和交换平台。

(3) 索尼公司将把国际物流的基础设施的建设，尤其是在东欧和中国大陆地区的现代化的物流设施建设作为最紧迫的任务。

第十一章　物流系统管理

【学习目标】

通过本章的学习，了解物流系统管理的思想、目标，物流系统分析的内容、方法和工具；掌握物流系统的基本概念、特征及其构成要素，物流系统分析的目的；理解物流系统仿真方法和仿真软件的应用。

【导入案例】

系统观念在神龙汽车公司物流领域的应用

一、公司对物流系统的重视

神龙汽车有限公司是中国东风汽车公司和法国PSA集团雪铁龙汽车公司合资、投资百亿元人民币建设的现代化轿车生产企业，生产欧洲20世纪90年代ZX型富康轿车系列。在公司的生产经营大系统中，物流系统占有重要地位。公司在1992年成立之初，就在制造部下建立了物流系统规划设计部门，在组织和功能上保证了工厂建设过程中物流系统与主体工艺项目"同步设计"、"同步施工"、"同步运行"，从而保证了物流与生产工艺、物流与总体布局的最佳结合。

公司设立了内部生产物流系统管理部门，负责物料在仓库与车间之间、车间与车间之间、工序与工序之间的各个环节的运行，确定物流运行组织控制方式。公司的外部物流涉及供应和销售两个子系统。由采购部储运分部负责管理供应物流，将原材料、机械设备、工具、外协零部件等通过国内及国际采购和运输，输入神龙公司；由市场部储运分部负责管理销售物流，将神龙公司产成品（整车、发动机、变速箱、备件等）输出，经运输商发往全国各销售网点和国外代销商，最终送到用户手中。

在物流管理现代化上，运输、装卸、仓储、包装、废弃物处理、标准化、信息管理等方面都采用了各种先进工具和方法。

神龙公司物流管理者认识到，整个物流系统是一个有机的整体，各组成要素之间存在有机的联系，必须运用系统观点和最优化方法对物流系统进行分析、设计和运行管理，合理地建立起系统模型并对其进行全面分析和评价，最终完成物流系统的优化。

二、卸货站台过渡平台的选择

货物装卸口即站台是物流大系统的一个"瓶颈"部位，此处的物流能否通畅直接影响到物流大系统的正常运转。站台过渡平台是集装箱平板车与零部件仓库之间的一个物流环节。这个设备的正确选择关系到物流大系统的"瓶颈"消除，从而保证物流大系统的通畅。

为了保证集装箱平板车的掏箱作业，需要配置4台站台过渡平台，安装在后卸货站台处，以调节站台和集装箱平板车的高度差，使叉车平稳安全地掏箱卸货。

通过对国内、国外站台过渡平台设备的了解和分析，有三种可供选择，这三种站台过渡平台的性能价格比较见表11－1。

表11－1　三种站台过渡平台的性能价格比较

性能比较	法国机械式	德国液压式	国产机械式
设备交货状态	需重新改造，增加附加装置	即可投入使用	仍需不断测试
工作条件	在室外，环境差	在室内，良好	室外艰苦
设备单价	9.5万元	13万元	
雨棚单机价	3万元	0	
安全台单机价	0.15万元	0	
人力资源单机价	0.875万元	0	
单台设备总投入	13.52万元	13万元	
4台设备总价	54.08万元	52.0万元	

三、结论

由表11－1可知，从系统的观念来分析，配置4台站台过渡平台，选择液压式站台过渡平台，总投入会减少约2.1万元人民币，且设备整体性好，工作安全可靠。而选择机械式，尽管设备首次采购价格低于液压式，但后期的设备改造费和人力投入费较高；而且机械式的使用效果差、安全可靠性差、设备的整体性被破坏、厂房外观受损害。

如果把使用工况、厂房环境、安全条件、设备功能和设备价格综合起来考虑，把站台过渡平台看成从货源到零部件仓库这个系统中的环节来考虑，选择液压式平台才是合理的。

第一节　物流系统概述

一、物流系统的概念

“系统”这个词来源于古希腊的“System”，有“共同”和“给予位置”的含义。现代关于系统的定义很不统一，一般可以理解为“系统是由两个以上相互区别或相互作用的单元之间有机结合起来，完成某一功能的综合体”。系统中每一个单元也可以称为一个子系统。系统与系统的关系是相对的，一个系统可能是另一个更大系统的子系统，而一个系统也可以继续分成更小的系统。在现实中，一个机组、一个工厂、一个部门、一项计划、一个研究项目、一套制度等都可以看成是一个系统。由定义可知，系统的形成应具备以下条件，即：系统是由两个或两个以上要素组成；各个要素都具有一定的目的；各要素间相互联系，使系统保持相对稳定；系统具有一定结构，保持系统的有序性，从而使系统具有特定的功能。

物流系统虽然本身是一个复杂的社会系统，但同时它又是处在国民经济这个更大、更复杂的大系统之中。物流系统是相对于环境而言的，是从国民经济整体范围来研究社会物资流转的问题，而不单是研究某一部门、某一行业的物流过程。物流系统是一个跨部门、跨行业的综合性社会经济系统，它既要从宏观方面去研究物流系统运行的全过程，也要从微观方面对物流系统的某一环节（或称之为子系统）加以分析研究。

关于物流系统，很多学者给出了这样一些定义。

物流系统是指为了实现系统的高效化而使多种相关要素（运输、保管、装卸搬运、包装以及信息等）相结合的复合体。

物流系统是指经济活动中包装、运输、储存、装卸搬运、流通加工、配送等诸多要素相互联系、相互制约、相互结合共同组成的一个有机整体。

物流系统是指按准确的物料，以准确的质量要求，运送到准确的地点所组成的统一整体。

物流系统就是“为了有效达到物流目的的一种机制”，而物流的目的是“追求以最低的物流成本向客户提供优质的物流服务”。

中华人民共和国国家标准《物流术语》（GB/T18354—2006）对物流系统的定义是：“由两个或两个以上的物流功能单元构成的，以完成物流服务为目的的有机集合体。”

综上所述，所谓物流系统是指在一定的时间和空间里，由能够完成运输、存储、装卸搬运、包装、流通加工、配送、信息处理活动或功能的若干要素构成的具有特定物流服务功能的有机整体。其主要目的是实现物资的空间效益和时间效益，在保证社会再生产的前提条件下，实现各种物流环节的合理衔接，并取得最佳的经济效益。

二、物流系统的特征

作为社会经济大系统的一个子系统，物流系统是由有机联系物流各要素组成的并能使物流总体趋于合理化的综合体。它将一定时间、空间里所从事的物流事务和过程作为一个整体来处理，用系统的观点进行分析研究。因此，物流系统具有一般系统所共有的整体性、相关性、目的性、环境适应性等特征，同时还具有规模庞大、结构复杂、目标众多等大系统所具有的特征。

1. 物流系统是一个“人机系统”

物流系统由人和形成劳动手段的设备、工具所组成。它具体表现为物流劳动者运用运输设备、装卸搬运机械、仓库、港口、车站等设施，作用于物资的一系列生产活动。在这一系列的物流活动中，人是系统的主体。因此，在研究物流系统各个方面的问题时，必须把人和物有机地结合起来，加以考察和分析。

2. 物流系统是一个大跨度系统

在现代经济社会中，企业间物流经常会跨越不同的地域，国际物流的地域跨度更大。物流系统通常采用存储的方式解决产需之间的时间矛盾，这一过程的时间跨度往往也很大。物流系统的跨度越大，其管理方面的难度越大，对信息的依赖程度也就越高。

3. 物流系统是一个可分系统

无论规模多大的物流系统，都可以分解成若干个相互联系的子系统。这些子系统的多少和层次的阶数，是随着人们对物流系统的认识和研究的深入而不断深入、不断扩充的。系统与子系统之间、子系统与子系统之间，存在着时间和空间上及资源利用方面的联系，也存在总目标、总费用及总运行结果等方面的相互联系，同时，子系统又可以在物流管理目标与管理分工上自成体系，具有独立性。因此，物流系统是一个可分系统。

4. 物流系统是一个动态系统

物流系统和生产系统的一个重大区别在于：生产系统是按照固定的产品、固定的生产方式，连续或不连续地生产，变化较少，系统稳定的时间较长；而物流活动是受到社会生产和社会需求的广泛制约的，一般联系多个企业与用户，随着需求、供应、渠道、价格的变化，系统内部的要素及系统的运行也经常发生变化，所以物流系统必须是具有适应环境能力的、随环境变化而变化的动态系统。

5. 物流系统是一个复杂系统

物流系统的运行对象——"物",包括社会上各种各样的物质资源,资源的多样性带来了物流系统的复杂化。物质资源品种成千上万,从事物流活动的人员队伍庞大,物流系统内的物资占用大量的流动资金,物流网点遍及城乡各地。这些人、财、物的组织和合理利用,是一个非常复杂的问题。在物流活动的全过程中,伴随着大量的物流信息,物流系统要通过这些信息把各个子系统有机地联系起来,收集、处理物流信息,并使之指导物流活动,也是一项复杂的工作。

6. 物流系统是一个"效益背反"系统

物流系统的总目标是实现其整体经济效益极大化。但物流系统各要素存在非常强烈的"背反"现象,这常被称为"二律背反"或"效益背反"现象。因此,实际工作中要同时实现物流时间最短、服务质量最佳、物流成本最低这几个目标几乎是不可能的。例如,在储存子系统中,为保证供应、方便生产,人们会提出存储的物资高库存、多品种的办法,而为了加速资金周转、减少资金占用,人们又会提出降低库存的要求。这些相互矛盾的问题在物流系统中广泛存在,而物流系统又恰恰要在这些矛盾中运行,并尽可能满足人们的要求。显然,在物流系统分析与设计中,应该建立多目标函数,并在多目标中求得系统的整体最佳效果。

综上所述,物流系统具有系统的所有特征。由于物流系统的层次性及各子系统的相互联系和相互作用,物流系统是一个动态的、开放的复合系统。

三、物流系统的模式

系统是相对外部环境而言的,且和外部环境的界限是模糊过渡的,所以严格地说,系统是一个模糊集合。系统的三要素是输入、处理和输出。外部环境向系统提供劳力、手段、资源、能量、信息,称为系统的"输入";将系统的输入进行必要的转换处理活动,使之成为有用的产成品,供外部环境使用,称之为系统的"输出"。例如一个工厂输入原材料,经过加工处理,得到一定产品作为输出,这就成为生产系统。外部环境因资源有限、需求波动、技术进步以及其他各种变化因素的影响,对系统加以约束或影响,这些因素称为系统的"干扰"因素。此外,输出的结果不一定是理想的,可能偏离预期目标,因此要将输出的信息返回给输入,以便调整和修正系统的活动,这称为系统的"反馈"。系统的一般模式如图 11－1 所示。

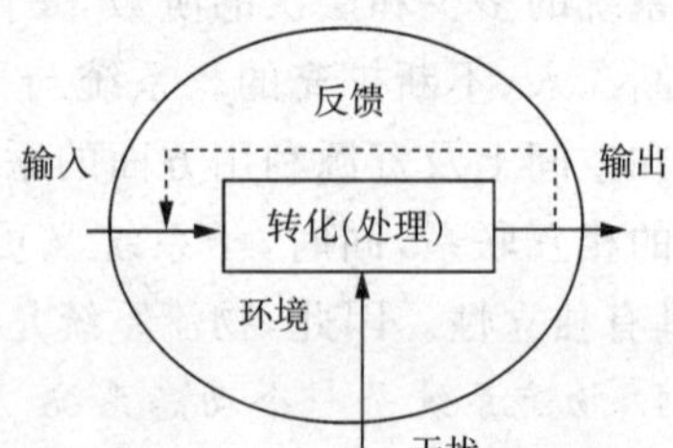

图 11－1　系统的一般模式

物流系统根据功能性质可以分成各种各样的物流子系统。但无论什么样的物流系统，都有共同的模式。仿照系统的输入—转换—输出模式描述物流系统模式，如图 11 - 2 所示。

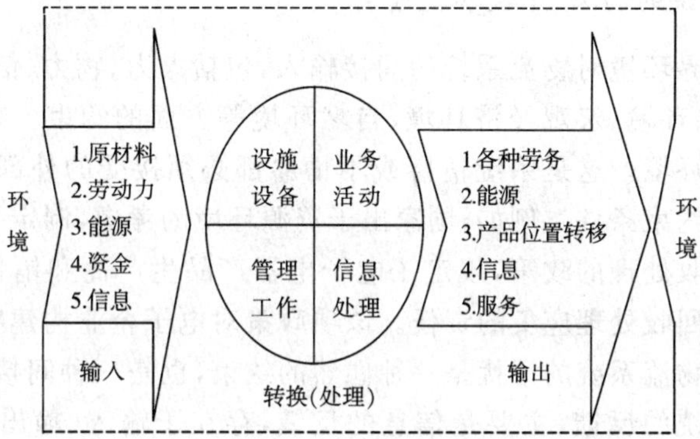

11 - 2　物流系统模式

按上述物流系统模式，物流系统可看作是由物流系统所处的环境，以及系统的输入、输出、约束、处理等几方面构成的。

1. 物流系统的环境

物流系统的环境是指物流系统所处的更大的系统。它是物流系统不可缺少的组成部分，是物流系统转换处理面对的外部条件。物流系统与其环境之间的相互作用具体表现为物流系统的输入、输出、约束和干扰。它反映了物流系统不断地与外界环境进行物质交换、能量交换与信息交换的本质特征。外界环境向物流系统提供各种输入和干扰，物流系统通过自身的功能转换后，又向外界环境输出信息和服务，而且物流系统功能的实现还受到外界环境的约束或推动。目前，现代物流系统所处的环境发生了很大变化，例如，经济全球化导致的物流国际化发展趋势，消费行为的个性化、多样化，企业准时制经营模式的出现，物流管理的信息化，等等。这些变化导致现代物流向供应链管理方向发展，并呈现出多品种化、小批量、高频率化、快速反应等趋势。

2. 物流系统的输入和输出

物流系统的输入是外部环境对物流系统的直接输入，包括物品、设备、技术、信息等，它是物流系统运行的前提。物流系统的输出，是物流系统对外部环境的作用和功能的体现，表现为物品的送达、储存及相应的信息，是通过物流系统的转换处理实现的，包含了物流的空间效用和时间效用，其最终表现是物流的服务水平和成本效益。另外，在提供物流服务输出的同时，也会产生一些副产品或外部性输出，例如环境污染、能源消耗、资源消耗等。

3. 物流系统的约束、干扰和反馈

约束是外界环境对物流系统的间接输入，包括人力、物力、信息、能源以及政策法规、政治环境、宏观经济环境、自然环境等方面的约束。物流系统的运行离不开外界环境。这是系统情愿或不情愿都必须接受的外部条件，也是物流系统运行的约束条件。例如，国家出于资源环境的考虑，制定了关于废旧电子电器产品回收处理的政策，规定了电子电器产品生产商和销售商对电子产品报废处理和回收处理应负的责任。该项政策对电子企业构建物流系统就形成一个约束。物流系统的干扰是一种偶然的约束，也是一种间接的、强迫性的输入。物流系统的反馈，主要是信息的反馈，存在于输入、输出、约束或干扰中，信息反馈一般都是系统和环境之间的信息反馈。

4. 物流系统的转换处理

物流系统的转换处理是指物流系统本身的转化处理过程，即把输入的物品、信息转化成输出的物品和信息的过程。其基本原理就是通过运输、储存、包装、装卸、搬运、加工、信息处理等作业环节，并借助先进的技术与方法，对输入的物品或信息赋予空间效用、时间效用或形质效用，使之变成顾客所需的物品或信息，并且向环境进行输出。

需要注意的是，还有一种更为简单的物流系统模式将约束、干扰均认为是对系统的输入。因此，该模式中物流系统的输入包括人力、物力、资金、固定设施、信息、市场环境、法规政策等；输出是指经过各环节物流活动处理后对外界环境的输入，包括取得的效益、提供的服务、顾客满意度等，还包括物流活动对自然环境造成的污染。

四、物流系统的基本要素

与一般的管理系统一样，物流系统是由人、财、物、设备、信息和任务目标等要素组成的有机整体。物流系统要素是组成物流系统的部分，根据研究目的的不同可以将物流系统要素划分为不同的类型。本章主要从功能要素、支撑要素、物质基础要素、组织要素、流动要素、网络要素等方面进行分析。具体如图 11 - 3 所示。

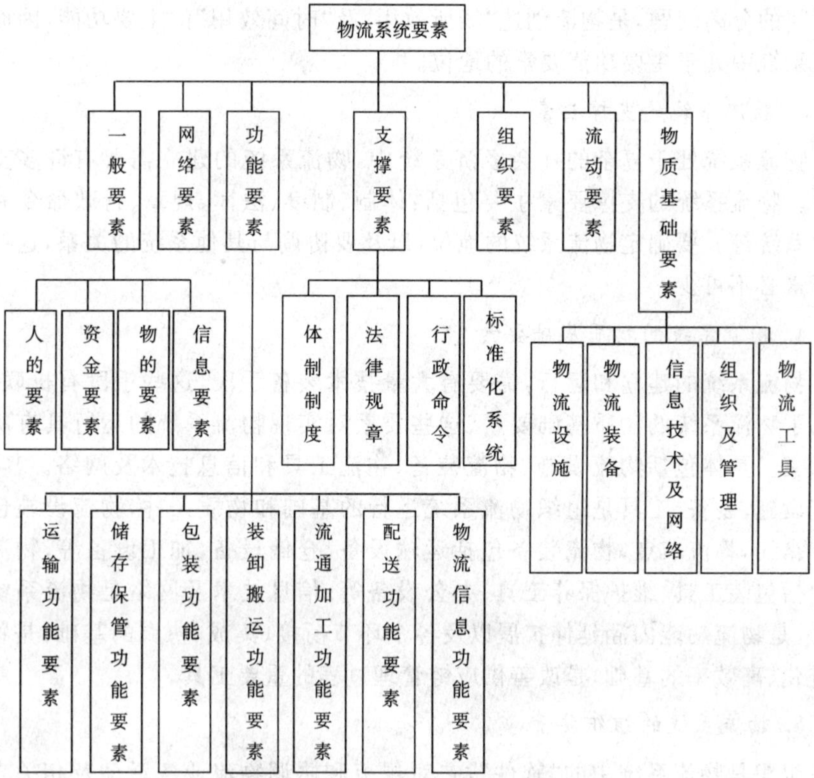

图 11-3　物流系统要素分类

1. *物流系统的一般要素*

① 人的要素:人是所有系统的核心要素,也是系统的第一要素。

② 资金要素:资金是所有企业系统的动力。

③ 物的要素:包括物流系统的劳动对象,即各种实物。

④ 信息要素:包括物流系统所需要处理的信息,即物流信息。

2. *物流系统的功能要素*

物流系统的功能要素指的是物流系统所具有的基本能力,这些基本功能有效组合、联合在一起,形成了物流系统应具有的总功能,便能有效、合理地实现物流系统的总目标。通常,物流系统的功能要素包括运输、储存保管、包装、装卸搬运、流通加工、配送及物流信息。如果从物流活动的实际工作环节来看,物流工作就是由上述七个具体功能要素组成。也就是说,物流活动能实现以上七项功能。

上述功能要素中，运输及储存保管分别解决了供给者及需要者之间场所和时间的分离问题，是物流创造“场所效用”及“时间效用”的主要功能，因而在物流系统中处于主要功能要素的地位。

3. 物流系统的支撑要素

物流系统处于复杂的社会经济系统中，物流系统的建立需要有许多支撑手段。物流系统的支撑要素主要包括：体制、制度、法律、规章、行政命令和标准化系统等。要确定物流系统的地位，以及要协调与其他系统的关系，这些支撑要素必不可少。

4. 物流系统的物质基础要素

物流系统的建立和运行，需要有大量技术装备手段，这些手段有机联系，构成了物流系统的物质基础要素，这些要素对实现物流系统的运行具有决定性意义。具体包括物流设施、物流装备、物流工具和信息技术及网络。其中，物流设施、装备、工具是组织物流系统运行的基础和物质条件，物流设施包括物流路线，物流节点，物流装备包括运输设备、仓储设备、加工设备等，物流工具包括包装工具、维护保养工具、办公设备等；信息技术及网络是物流系统的核心，是物流功能内涵延伸扩展以及各个环节衔接、集成、协调的基础，是物流系统化、高效率的基础，是改善供应链管理过程的重要工具。

5. 物流系统的组织要素

组织是物流系统中的“软件”，它对规范和协调物流业务活动及相关参与主体利益冲突的规制安排，在物流网络中起着连接、调运、运筹、协调、指挥各个要素的作用，以保证物流目标的实现，起着连接、协调、指挥物流系统各要素的作用。一个有效的和有效率的物流组织是物流系统至关重要的组成部分。

6. 物流系统的流动要素

如果从“流”的角度来分析物流系统的要素，那么，一个具体的物流业务可以分解为六个要素的结合，即流体、载体、流向、流量、流程和流速（关于这六个要素的解释请参考第一章）。也就是一个具体的物流业务主要指是何流体、用什么作为载体、由何机构组织这一物流活动等。以上六要素中的每一个要素都需要以物流系统作为一个整体进行总体集成和优化。任何一个要素的目标都由物流系统的整体目标来确定。只有要素目标互相协调，才能使整体目标最优化，因此，需要进行系统的整体集成和优化。

7. 物流系统的网络要素

从本质上讲，任何物流系统都是一个开放的网络，而网络要素是由节点和节点间的连线组成。物流网络中的节点是指物流过程中供流动的商品储存、停留以便进行相关后续作业的场所，如工厂、商店、仓库、配送中心、车站和码头等。这些节点有的功能较单一，其物流业务也比较单一。从系统的角度来说，同样的节点和连线，因其连接方式不同，物流系统的功能也将有很大的差异。用系统的方法将节点、连线有机结合起来，就能形成一个联系的、动态的物流网络。

五、物流系统管理思想及目标

任何物流活动、物流过程、物流管理都必须按照系统的思想、系统的要求来进行，现代物流管理实质是系统管理理论与物流实践相结合的产物。

1. 物流系统管理的思想

物流系统管理的思想是指在物流管理活动中，必须树立系统的思想和观念。现代物流的一个重要特征在于它的系统性，其各要素之间存在有机联系并使物流总体功能合理化。物流系统管理的思想主要有：

(1) 整体优化的思想

对于各个子系统构成的大系统来说，局部优化不等于整体优化。必须从全局出发，综合协调各个局部的矛盾，统筹规划，才能实现整体最优，获得1加1大于2的效果。

(2) 相互联系、相互依存的思想

物流系统是一个复杂的系统，系统中的一个变量发生变化将会影响许多其他变量。“头疼医头、脚疼医脚”是不能解决根本问题的。

① 动态观念。系统存在的环境无时无刻不处在发展变化之中，环境发生了变化，系统只有适应变化了的环境才能存在。物流系统也是如此，所以，物流系统必须根据环境变化动态地调整系统的结构和目标，才能适应环境，服务社会。

② 开放的观念。系统必须是开放的，即要与外部环境不断地进行信息、能量、人员等的交换，系统才能发展。物流系统是一个由顾客、供应商、企业等许多成员组成的供应链系统，各成员为了满足顾客的需求，必须树立共赢的观念而不是过去竞争的观念，相互合作、信息共享，才能快速高效地实现物流系统的目标。

总之，用系统思想来研究物流活动是现代物流科学的核心问题。现代物流管理的精髓在于运用系统的观点和方法组织、管理、设计物流活动的各个环节，将组成物流活动的各要素整合形成有机整体。

2. 物流系统管理的目标

从不同的角度，关于物流系统管理的目标有不同的总结，部分物流学者总结为7R目标，另一些学者总结为7S目标。

(1) 7R 目标

物流系统管理的目标概括地说，是以较低的成本和优良的顾客服务实现商品实体从发送地到接收地的运动，具体可表现为 7R，即适合的质量（Right Quality）、适合的数量（Right Quatity）、适合的时间（Right Time）、适合的地点（Right Place）、适合的成本（Right Cost）、适合的顾客（Right Customer）、适当的产品或服务（Right Product or Service）。

不同类型的物流系统对目标的重视程度是不同的，典型情况有两种：一种是以成本为核心，兼顾其他目标，这样的目标体系适合于对于价格、费用比较敏感的顾客；另一种是以服务、速度为核心，兼顾其他目标，这种物流系统则适合于对服务水平、准时性等要求敏感的顾客。

(2) 7S 目标

物流系统管理的目标也可以从服务优质、迅速快捷、节约空间、规模适当、合理库存、安全可靠、总成本最低七个方面来衡量，简称为物流系统管理的 7S 目标。

① 服务优质（Service）。物流系统要以客户为中心，树立客户满意的观念。在为客户服务方面要求对客户的订货能按照预定的时间进行配送和送达，做到无缺货、无损伤和无丢失，且费用便宜。

② 迅速快捷（Speed）。及时性是服务性的延伸，既是用户的要求，也是社会发展进步的要求。随着社会大生产的发展，人们对物流快速、及时性的要求更加强烈。在现代物流管理中，采用直达运输、多式联运等管理技术来对市场做出快速反应，按用户指定的时间和地点迅速送达。

③ 节约空间（Space）。土地是经济发展的稀缺资源。为了节约土地资源成本，必须有效利用空间，发展立体设施和有关的物流机械，以充分利用空间和面积，缓解城市土地紧缺的问题。

④ 规模适当（Scale Optimization）。物流系统在考虑必要的发展余地的情况下，其规模大小应该适度。物流系统的水平应根据需求合理确定，如物流网点的优化布局，合理的物流设施规模、自动化和机械化程度等。

⑤ 合理库存（Stock Control）。必要的库存是为了调节供应与需求的时间矛盾，减少缺货风险。但库存过多又占用保管场所，而且占压多余的资金，造成存储成本上升。因此，必须制定合理的库存策略，合理控制库存量。

⑥ 安全可靠（Safe）。物流系统要满足顾客的需求，最终实现价值，就必须在运行过程中通过自身的安全运行，来保证物品在运输、保管、装卸搬运、配送等环节的安全性，做到货品不损坏、不丢失，到货时间准确可靠，付款及时有保证，服务信誉良好。

⑦ 总成本最低（Sum Cost Minimum）。物流系统是一个多环节、多因素的复

杂系统。物流系统管理的目标是通过各个环节的配合与协调，使各个物流环节价值增值最大化，实现总成本最低。通过在物流领域里推行集约化经营方式，提高物流作业能力，采取各种节约、省力、降耗措施，实现降低物流成本的目标。

3. 物流系统管理目标的冲突

由于物流系统是一个多目标系统，物流系统的各个子系统目标之间、子系统内部目标之间、物流系统与外部其他系统目标之间，都存在着目标冲突，即存在着效益背反现象。因此，物流系统管理的目标实质是在各个分目标之间进行平衡，获得物流系统管理的整体效益。

(1) 物流子系统之间的目标冲突

物流系统是由运输、存储、包装、装卸搬运、配送、流通加工、信息等子系统组成，这些子系统之间的管理目标存在着冲突的地方。

例如，运输子系统的目标一般是追求及时、准确、安全、经济。为达到这样的目标，企业通常会采用最优的运输方案，但是在降低运输成本、提高运输效率的同时，却可能会导致存储成本的增加；从存储子系统的角度来看，为了达到降低库存水平的目的，企业可能会降低每次收货的数量，增加收货次数，缩短收货周期，但这样就无法达到运输的经济规模，导致运输成本增加。由此可以看出，物流系统的运输子系统与存储子系统的目标是冲突的。所以，必须将存储子系统的目标与运输子系统的目标进行协调，实现其不同目标的协同。

(2) 物流各子系统内部的目标冲突

组成物流各子系统的目标有多个，这些目标包括服务质量好、速度快、成本低。这些子系统的内部目标本身是冲突的。因为要提高服务水平，物流的成本往往也要增加。物流成本与物流服务水平之间的关系如图 11－4 所示。

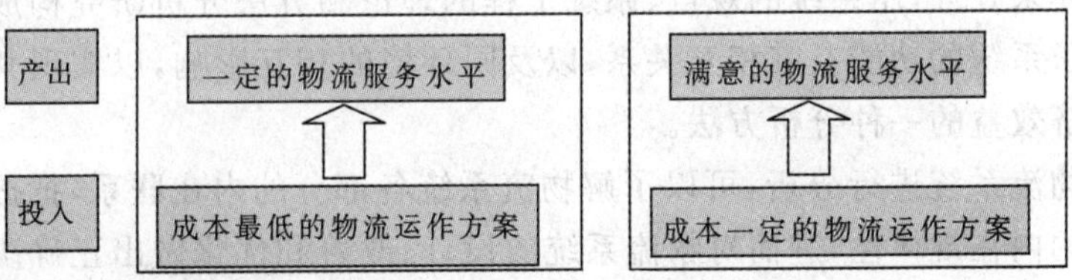

图 11－4　物流成本与物流服务水平之间的关系

物流的各个子系统又是由更小的子系统组成的，而更小的子系统由于本身具有不同的功能特性，故具有不同的优劣势。以运输为例，采用公路运输灵活性强，能提供门到门服务，但长距离运输费用相对昂贵，且易污染和发生事故；采用铁路运输长距离成本较低，但灵活性差；采用航空运输速度快，但成本昂贵。因此，如果追求速度快、灵活性强，就要付出成本高的代价，各目标不可兼得，需要依实际情况进行综合权衡。

（3）物流系统与外部其他系统的目标冲突

物流系统本身是一个更大系统的低一层次的子系统，同时物流系统要与外部环境系统中的其他系统发生联系。与物流系统一样，环境中其他系统都有着特定的目标，这些目标之间的冲突是普遍存在的。

例如，对于一个生产制造企业来说，物流系统是与生产系统、销售系统等系统并列的系统，它们都是公司经营系统中的子系统。生产系统和销售系统的目标包括通过规模生产降低成本、囤积库存降低销售缺货、提高客户满意度，而这些目标与物流系统的少批量、多批次采购和低数量、高周转率的存储物品的目标是冲突的。现代物流管理主张制造企业将分散在生产、销售、财务等部门的物流管理职能集中起来，成立一个物流管理部，与生产、销售和财务部门并列，将各部门之间的物流矛盾进行统一解决，由物流管理部门去与生产、销售和财务部门进行目标的协调和权衡。

第二节　物流系统分析

一、物流系统分析概述

物流系统作为一个多因素、多目标的复杂系统，追求其整体的优化是一个复杂的系统分析问题。正是由于现代物流系统的这一特点，尤其需要运用系统分析的方法对其进行分析研究。

1. 物流系统分析的概念

物流系统分析是指在一定时间、空间中，以所从事的物流活动和过程作为一个整体来处理，用系统的观点、系统工程的理论和方法分析研究构成物流系统各级子系统的功能及其相互关系，以及同环境的相互影响，以实现其空间和时间经济效益的一种分析方法。

对物流系统进行分析，可以了解物流系统各部分的内在联系，把握物流系统行为的内在规律性，进而对物流系统的设计、改善和优化做出正确决策。所以说，无论从系统外部或内部，设计新系统或是改造现有系统，系统分析都是非常重要的。

需要注意的是，不能将物流系统分析等同于物流系统设计。进行物流系统分析是为了给物流系统设计提供必要的信息，物流系统设计是另外一项工作。但是物流系统分析与物流系统设计是紧密相连的。比如，为了设计一个优化的物流系统，往往需要先对现有系统进行调查、分析，再确定优化的系统目标，并据此目标设计多个系统方案，最后从中选择最优方案。

2. 物流系统分析的特点

物流系统分析以整体利益为目标，以寻求解决特定问题的最优策略为重点，运用定性和定量分析相结合的方法，为决策者提供价值判断依据，以寻求最有利的决策。因此，物流系统分析具有以下几个特点：

(1) 以整体为目标

物流系统分析是把物流系统作为一个整体，根据分析的目的，将系统分解成不同层次和不同部分，以认识物流系统的组成要素、组成方式、系统要素之间的关系、系统与外界的关系的过程。在一个系统中，处于各个层次的分系统都具有特定的功能及目标，彼此分工协作，才能实现系统整体的共同目标。例如，在物流系统布置设计中，既要考虑需求，又要考虑满足需求的运输、存储、设备选型等问题；在选址时，既要考虑造价，又要考虑运输条件、能源消耗、环境污染、资源供给等因素。因此，如果只研究改善某些局部问题，而其他子系统被忽略或不够重视，则系统整体效益将受到不利影响。所以，从事任何系统分析都必须以发挥系统总体的最大效益为前提，不能局限于局部，以免顾此失彼。

(2) 以特定问题为对象

系统分析是一种处理问题的方法，具有很强的针对性，其目的在于寻求解决特定问题的最佳策略。物流系统中的许多问题都含有不确定因素，而系统分析就是针对这种不确定的情况，研究解决问题的各种方案及其可能产生的结果。不同的系统所要分析解决的问题不会相同，即使对相同的系统所要解决的问题也要进行不同的分析，寻求不同的解决办法。所以，物流系统分析必须以能求得解决特定问题的最佳方案为重点。

(3) 运用定量方法

解决问题不能仅凭想象、经验和直觉。物流系统分析要特别注重实践性，深入现场调查研究取得第一手数据。在许多复杂的情况下，需要有精确可靠的数字、资料以作为科学判断的依据。如果利用数学模型有困难，还可以借助结构模型分析或计算机仿真技术。

(4) 凭借价值判断

进行系统分析时，必须对某些事物作某种程度的预测，或者用过去发生的事实作样本，以推断未来可能出现的趋势或倾向。由于所提供的资料中许多是不确定的，而客观环境又是不断变化的。因此，进行物流系统分析时，还要凭借各种价值观念进行判断和选优。

3. 物流系统分析的步骤

根据霍尔的系统工程的三维结构图，并将其进一步明确化，可以建立物流系统分析的基本步骤，如图 11 - 5 所示。

① 确定目标与明确问题。进行系统分析，首先要明确问题的性质，划定问题的范围，同时要确定系统目标，为制定物流方案提供依据。

② 收集相关资料。在确定系统目标的基础上，结合所要解决问题的性质、重点和关键所在，展开调研，收集相关数据。

③ 建立物流系统模型。通过物流目标及相关功能要素间关系的描述，选择不同的表达方式、方法，建立不同的模型。通过模型分析，寻求系统总目标和分目标的约束条件及其实现途径。

④ 提出方案。根据确定的目标，对提出的问题，根据收集的各种资料、信息进行分析研究，探讨解决问题的方法和措施。

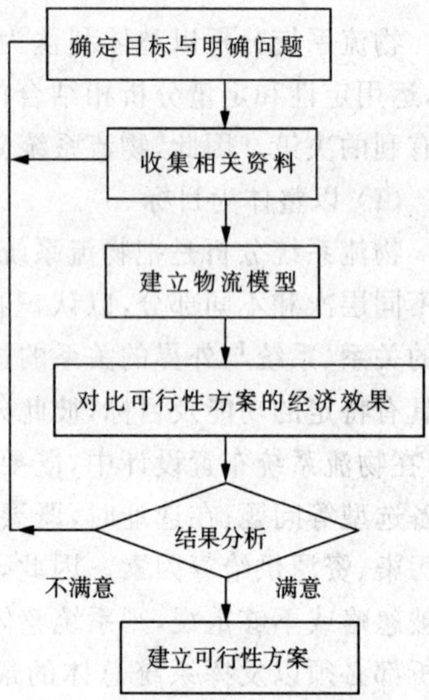

11 - 5　物流系统分析的步骤

⑤ 对比可行性方案的经济效果。在系统模型基础上，运用系统工程、运筹学等原理与方法，对各方案进行比较，为确定可行性方案提供依据。

⑥ 建立可行性方案。根据各方案比较结果，权衡利弊，选择最优方案。

物流系统是一个复杂的系统，对系统的分析并非按上述过程分析一次即可完成。实际上，要在分析中不断重复、反复比较这个过程，最终才能确立最佳方案。

二、物流系统分析的目的

物流系统分析是一项目标导向的活动。对物流系统的分析往往都是为了实现一个特定的目标，不会存在漫无目的的物流系统分析。比如为了进行物流系统设计和优化而进行物流系统分析等。物流系统分析的目的一般包括但不仅仅限于以下七种目的：物流系统优化、物流项目建设、企业物流合作、物流技术更新、物流软件开发、物流市场研究、政府物流规划。

1. 物流系统优化

制造商、分销商、物流公司等为了明确制定公司物流发展战略、重组物流流程、优化物流网络等，或者为了对本公司物流系统、供应链物流系统进行诊断，需要对物流系统进行调查和分析。

2. 物流项目建设

企业要申请政府提供的物流项目建设专项资金，如国家发改委提供的物流基础设施建设与改造资金，物流中心建设与改造、物流信息系统建设等专项资金或者申请银行贷款等等，都需要提供项目《可行性研究报告》和《项目建议书》，而这两份文件的编制基础都是对目标物流系统进行详细的系统分析，通过分析，证明项目和系统的建设具有可行性，供专家和管理部门审批。

3. 企业物流合作

从 2005 年 1 月 1 日开始，中国的物流市场向外国企业全方位开放，物流外包、物流企业之间的兼并、整合和合作等是中国物流市场发展的趋势之一。为了达成合作协议，双方都要对对方的物流系统进行充分的调查和分析，以评估合作的领域、方式和前景。

4. 物流技术更新

发达国家的物流是高科技工具和设备大量应用的领域，在中国，这些技术和设施设备迟早也会普遍应用。比如，快速反应的物流系统、自动化的物流中心或配送中心、自动化立体仓库、自动分拣系统、GPS 物流跟踪系统、条形码系统等设施设备和技术，现在已经开始在中国应用。在本土化的过程中，需要对中国的物流系统进行深入分析，并结合国情开发出相应的技术、设施设备和应用系统，而不是一味照搬。

5. 物流软件开发

计算机软件开发商为了开发物流管理信息系统，必须首先进行物流系统需求分析，据此确定用户的需求，并将其提交给软件工程师去编程。可见，需求分析是软件开发的基础，这项工作通常由物流系统分析师完成。

6. 物流市场研究

从 2000 年开始，国内外许多著名咨询公司、中介机构和著名专家每年都提供中国物流市场研究报告，比如摩根·斯坦利、JP·摩根、普华永道等公司纷纷发表的针对中国第三方物流市场的调研报告就是典型的例子。研究报告必须对中国的物流市场、物流系统进行分析，以便为国内外的投资者提供决策参考。

7. 政府物流规划

中国各省市由政府主导编制物流发展规划已经成为一种潮流。政府的物流规划往往外包给咨询公司、科研机构、大学等。项目进行时，一般要成立由专家、政府相关部门人员组成的项目组，政府出面组织各部门汇报物流情况。项目组一般也要采取其他方式进行调研，最后项目组必须对该地的物流系统进行深入分析，并进行评价，提出规划方案和实施建议。物流系统分析是规划项目的重要研究内容。

8. 其他目的不胜枚举

当你想委托联邦快递公司为你寄送一份重要快件到美国的时候，你就要对该公司的物流系统进行分析；当你有一个物流合同需要外包的时候，你希望对目标供应商的物流系统进行详细分析；当你对海尔集团的物流系统整合感兴趣的时候，你很想更多地了解海尔集团物流整合的具体做法……物流系统分析的目的多种多样，不胜枚举。

三、物流系统分析的内容

物流系统分析就是根据物流系统的功能要求，以提高系统服务水平、运作效率和经济效益为目的，制定各要素的配置方案。其内容包括以下几方面：

1. 物流系统组织结构分析

组织是一切经营活动的载体，也是为规范和协调物流业务活动及相关参与主体利益冲突进行安排的一种形式，有效的和有效率的物流组织是物流系统管理中至关重要的因素。

随着供应链竞争时代的到来，在物流业务活动中已经越来越多地突破了传统的企业边界，参与主体日趋多元化和复杂化。而许多企业或供应链物流系统却常常因缺乏统一、合理、跨企业的物流组织安排，导致了有关物流业务参与主体及相关活动陷于职能混乱与利益冲突之中。因此，必须围绕企业或供应链竞争力的改善，进行有效的物流组织战略重构，合理划分物流业务职能，从而实现物流资源的有效整合。

2. 物流系统网络结构分析

物流网络的分析是以顾客服务水平、选址决策、库存规划、运输管理这四个主要规划项目为基础的。物流中顾客服务水平包括产品的可得性、产品的交货周期以及收到产品的状况等；选址决策与供应和需求的分配有关；库存规划包括确定适当的库存水准，制订库存补充计划；运输管理涉及运输方式选择、运输路线选择、车辆时间安排、货物拼装等。这四个方面相互联系，为了获得最大效益，必须对它们进行综合考虑。

3. 物流系统控制机制分析

物流系统存在的目的就是实现特定的目标，但物流系统目标的实现并不容易。因为物流系统在实际运营中所面临的内外部环境是不断变化的，这会导致物流系统实际产出偏离物流系统目标的情况。这时，我们就需要对物流系统的运行进行一定程度的控制。设计一个运作良好的物流系统协调控制机制，将会大大增强企业的竞争能力及适应能力。

4. 物流信息系统分析

物流系统是由多个子系统组成的复杂系统，物流信息系统成为各个子系统之间沟通的关键，在物流活动中起着中枢神经系统的作用。多个子系统是通过物质实体的运动联系在一起，一个子系统的输出就是另一个子系统的输入，有效的物流信息管理使这些物流子系统成为一个有机的整体，而不是各个孤立的部分。

5. 物流系统的绩效评估分析

物流绩效管理就是以物流能力为核心，以供应链成本和最终客户满意度的灵敏性分析为基础对物流部门进行考核的一系列工作。有效的物流绩效评估与控制对于企业资源的监控与分配是非常必要的。物流绩效评估与控制的主要目的是：追踪物流作业目标达成的程度，从而确认改善效率与效果的各项机会。

四、物流系统分析方法

科学的物流系统研究方法对正确进行物流系统分析具有重要意义，物流系统分析可以采用的方法很多。所有分析方法均可归结为某一个类别，即调查类、实验类、假设类等分析方法。

1. 调查类分析方法

这是采用调查、统计的方法获得现有物流系统部分样本的状况，再利用分析、综合、推理等方法推断出物流系统总体，以获得对物流系统的深入认识的方法。而调查类分析方法很多，可将所有调查分析方法分为以下四类：问卷调查分析类、现场调查分析类、访谈调查分析类和文献调查分析类。

(1) 问卷调查分析类

此类方法以问卷为基础，将所要收集的信息和数据以问卷和表格的形式发放给被调查者，按照统一的方式回收。问卷设计是物流系统问卷调查的第一步，通过问卷调查可以得到第一手资料。

(2) 现场调查分析类

这是由调查人员深入现场实地调查取样、采集数据，并对数据进行分析的方法。百闻不如一见，为了获得对物流系统的直观认识，调查人员应该到现场进行调查。现场调查类分析方法主要包括强制性检查、街头拦截式调查、入户调查、跟踪式调查、现场定点计量、盘点、考察、观测、观察等。

(3) 访谈调查分析类

访谈调查分析是指通过与被访问对象面对面（根据参与访谈双方的人员构成，可分为一对一、一对多、多对一及多对多四种方式）进行深度问答的方式进行调查，并根据访谈结果对所调查的问题进行分析的方法。访谈调查分析类方法很多，如专家意见法（也称德尔菲法，即专家之间背靠背独立发表观点）、头脑风暴法（被访问者之间面对面地互相启发）等。

(4) 文献调查分析类

文献研究作为一种调查分析方法在经典的学术研究中占有重要地位。文献是前人研究成果的总结，通过研究文献，可以确知在本领域人类已经明确和不明确的认知范围，可以继续前人的研究，提高研究效率，减少重复研究。国内物流理论与实践均落后于发达国家，这是不争的事实。因此，在物流系统的调查和分析中，充分研究国外文献可以尽快缩短我国在物流理论与实践上与发达国家的差距。可以采取的文献研究类方法包括经典著作研究、学术流派研究、专题文献比较研究（按国别、时代、学派、作者、观点、方法等进行比较研究）、专题文献综述研究等。

2. 假设类分析方法

假设是在观测基础上根据事实或经验而得出的猜测。它是对单个事件或者现象所作出的基于观测而未经证实的理性解释。假设类分析方法是基于假设对事物进行分析的方法。该方法经常应用于物流系统分析中，其应用是以观测为基础的，而观测是调查分析方法中的重要方法。所以，调查类分析方法是假设类分析方法的应用基础，而假设多以判断的方式表现出来。在物流系统活动中，假设普遍存在，最基本的假设有两个，即系统边界假设和系统优化假设。

(1) 系统边界假设

当讨论物流时，事先一定要约定到底指的是哪个物流系统，这一点往往不被人注意，结果造成大家都在谈物流，但是口径不同，因为有的谈的是制造物流，有的谈的是销售物流，有的谈的是供应链物流，有的谈的是物流需求，有的则在谈物流供给。如果事先确定了边界，就可以避免出现这样的问题。

(2) 系统优化假设

该假设要说明的是，物流系统的优化是动态的。由于系统边界不同，纳入到目标函数中的变量也不同，当然其结果就不同，所以，物流系统优化要随着系统边界的调整而动态进行。同时，由于物流系统内外客观条件的变化，系统优化的结果可能是无法实现的。这时，追求的不是最优化（optimization），而是次优化（sub-optimization），但是应该积极争取实现最优化。因此，人们提出的假设就叫“系统优化假设”或“积极次优化假设”。

除此之外，还可设计和构造很多假设。构造假设是物流系统分析和设计的重要内容，构造科学、有意义的物流系统假设对物流系统优化十分必要。

3. 实验类分析方法

这是通过设计一定的实验环境和条件，采用简化的要素、构造简化的关系来再现系统，在系统再现过程中观测系统的组成要素、结构及系统要素相互关系的变化，并据此来分析系统的方法。简而言之，这类方法就是对假设、观测结果等进行实际验证的方法。

物流系统分析需要实验。比如，为了建立供应链物流系统，人们能够在理论上计算出建立供应链前后相关企业物流成本的承担比例的变化，以及供应链物流总成本的变化。毫无疑问，从理论上说，建立供应链后物流总成本可能会降低，但是，这个结论只是一个假设。进行物流系统分析时需要更多这样的假设，不过人们需要对这些假设进行实际验证。物流系统分析与优化实验过程如图 11－6 所示。

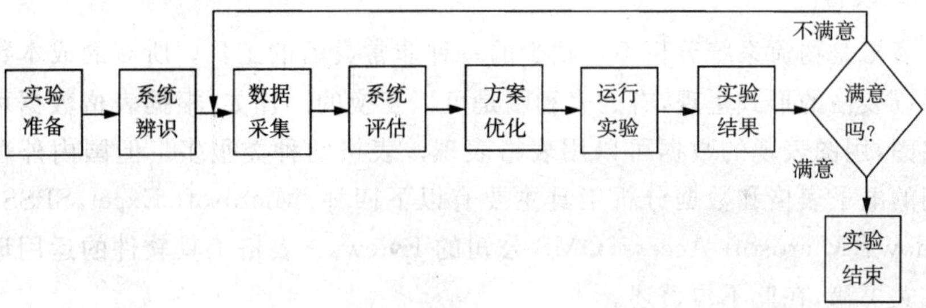

图 11－6 物流系统分析与优化实验

五、物流系统分析工具

物流系统分析方法的正确应用需要一些分析工具支持。物流分析工具对提高物流系统分析的效率、消化文字表达的篇幅、启发读者思路、增强物流系统分析结果的表现力大有好处。物流系统分析工具与分析方法不同。分析方法除了包含方法本身外，还包括分析思路、分析过程、分析模型、分析工具等，分析方法更加概括、宏观；而分析工具则较为具体、微观，分析工具包括在分析方法中。这里将分析工具提出来加以单独分析，就是为了强调分析方法与分析工具的差别，从而强调分析工具对于物流系统分析的重要性。物流系统分析工具繁多，可以将分析工具归纳为四大类，即图形、表格、模型、软件。

1. 图形

物流系统分析可以通过图形来进行，excel 提供了丰富的图形库，可以综合利用这些图形来反映物流系统分析数据，利用这些图进行物流系统分析可以提高分析水平。另外，统计学、运筹学等提供的图形工具也是数据分析的好工具，将其归纳总结成表 11－2，其中图例部分只是选择某类图形中的一种作为例子。

表 11－2　图形的分类表

面积图	结果显示
（三维）普通面积图	显示一种数据随时间或类别而变化的趋势线。
（三维）堆积面积图	显示每一数值所占大小随时间或类别而变化的趋势线。
（三维）百分比堆积面积图	显示每一数值所占百分比随时间或类别而变化的趋势线。

2．表格

表格是物流系统分析不可缺少的一种非常灵活的工具。所有的成本数据都要以表格的形式呈现，有的表和图是可以互换的。比如，根据表格数据可以做出图，用图表现的数据可以用表格表现。表格的种类很多。但国内外普遍使用的电子表格和数据分析工具主要有以下四种：Microsoft Excel，SPSS for windows，Microsoft Access，QMS 公司的 Eviews。表格工具软件的运用请参考相关书籍，在此不再赘述。

3．模型

模型是进行物流系统分析的另一种有效工具，几乎成为国际学术交流的“统一口径”。根据前面的介绍，系统分析一般需要经过的七个过程中就包括建立模型。建立模型需要深厚的定量分析功底，而许多研究人员并不具备这种功底；虽然不少人能够建立模型，但是，由于过多地抽象掉了一些变量，或者说，模型太过理想化，使得人们对建立模型的实际意义产生怀疑。因此，建模技术的普及、模型从理论到实用的转化，都是目前中国迫切需要解决的问题。关于具体的建模技术，建议读者参看其他相关资料，这里不做介绍。

4．软件

软件是进行物流系统分析的平台。好的物流系统分析软件功能十分强大，可以解决上面提到的物流系统分析的七个方面的问题。

国内外物流系统分析软件比较多。有专门的物流系统分析软件，也有带有物流系统分析功能的软件，现仅以列表的形式提供几种主要的可以用于物流系统分析的软件，见表 11－3 所列。

表 11-3 物流系统分析软件

软件名称	开发公司	公司网址	产地
MS Excel 2007	Microsoft	http://www.microsoft.com	美国
Eviews5forWindows	QMS	http://www.eviews.com	美国
SPSS11forWindows(Studentversion)	SPSS	http://www.spss.com	美国
@RISKDecisionTools Suite4.5	Palisade	http://www.palisade.com	美国
MATLAB 7 and Simulink 6	MathWorks	http://www.mathworks.com	美国
Flexsim	Flexsim	http://www.flexsim.com	美国
ProModel	ProModel	http://www.promodel.com	美国
SDI simulators	SDI	http://www.simulationdynamics.com	美国
Logistics Simulation	LogisticsSimulation	http://www.logsim.co.uk	英国
Show Flow	ShowFlowSimulation	http://www.showflow.com	英国
SAILS	INSIGHT	http://www.insight-mss.com	美国
Truck Stopsand OptiSite	MicroAnalytics	http://www.bestroutes.com	美国
MIMI Supply Chain Planner	ChesapeakeDecisionSciences	http://www.chesapeake.ca	加拿大

第三节 物流系统仿真

一、物流系统仿真概述

当前，仿真技术已经成为分析、研究各种复杂系统的重要工具，它广泛用于工程领域和非工程领域。由于物流系统变得越来越复杂并且内部关联性越来越强，仿真是公司检验其物流系统及决策是否高效的唯一可用技术。在设计一个新的物流系统，对已有系统添置新设备或重新优化，仿真都是非常必要的。

1. 物流系统仿真的概念

仿真也称为模拟，通俗地讲，它就是按照实际情况，把所要研究的问题或对象构造成模型，然后在模型上进行实验或试验，以观察某项设计或计划方案，在接近实际的条件下，其工作（或运行）情况是否合乎主观的意图或要求，以选择更好的的设计或计划方案。系统仿真也就是利用系统模型在仿真的环境和条件下，对系统进行研究、分析和实验的方法。

物流系统仿真就是针对物流系统进行建模仿真。中华人民共和国国家标准《物流术语》（GB/T18354—2006）对物流系统仿真（logistics system simulation）的定义是："借助计算机仿真技术，对物流系统建模并进行实验，得到各种动态活动及其过程的瞬间仿效记录，进而研究物流系统性能的方法。"

通过上述定义可知，系统仿真的目的就是利用人为控制的环境条件，改变某些特定的参数，观察模型的反应，研究真实系统的现象或过程。

2. 物流系统仿真的特点

进行计算机物流系统仿真，其关键问题就是如何针对所仿真的物流系统构造出仿真模型。由于客观物流系统的结构和活动多样性，系统效果的定量指标衡量也各不相同。因此，物流系统分析就是要结合物流系统的特点，选择物流系统的仿真方法，建立起反映客观相同的结构和运行机制的物流系统的仿真模型。物流系统仿真有以下三个特点：

① 物流系统中的流的仿真。物流系统中有多种流，即货流、车流、船流、商流和信息流等。由于流的流动，应采用动态仿真方法描述流的产生、流动、消失、积累和转换等。

② 物流系统中的排队仿真。由一个或多个服务台和一些等待服务的顾客组成的离散系统称为排队理论。在物流系统中，船由锚地靠泊码头泊位以及车辆运营的仿真等都属于这类仿真。这种仿真大多采用离散型仿真方法来进行。

③ 物流组织中人的因素仿真。物流组织是通过人的参与实现的。即使在同样的规划下，不同的人和组织，物流服务质量和运行效率仍有较大差异。通过计算机仿真描述人的思维过程，从而给出较优的物流组织方案。

3. 物流系统仿真的步骤

系统仿真是一项应用技术，根据物流系统的基本概念和求解问题的出发点及思路，在实施物流系统仿真时，应该遵循一定的步骤。物流系统仿真的一般步骤如图 11－7 所示。对于某些特殊的或复杂的物流系统仿真，可根据具体情况，减少或增加仿真过程的步骤。

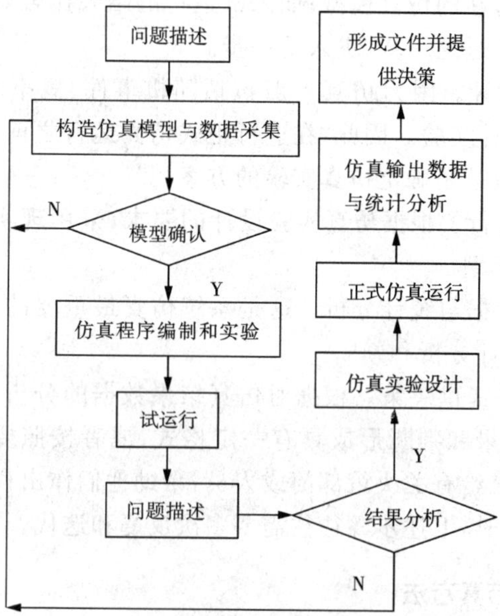

图 11－7　物流系统仿真的步骤

① 问题描述。由于系统仿真是面向问题的而不是面向整个实际系统的，因此首先要在分析调查的基础上，明确要解决的问题以及要实现的目标，确定描述这些目标的主要参数（变量）以及评价准则。

② 构造仿真模型与数据采集。模型是关于实际系统某一方面本质属性的抽象描述和表达。在进行物流系统仿真时，要根据实际系统按一定方式建立相应的状态方程或微分方程来实现仿真建模。同时，还要进行数据采集工作，除了要有必要的仿真输入数据外，还必须收集与仿真初始条件及系统内部变量有关的数据。

③ 模型确认。在仿真建模中，所建立的仿真模型能否代表真实系统，是决定仿真成败的关键。按照统一的标准对仿真模型的代表性进行衡量，就是仿真模型的确认。

④ 仿真程序编制和实验。在建立仿真模型之后，就需要按照所选用的仿真语言编制相应的仿真程序，以便在计算机上做仿真运行实验。

⑤ 试运行。经过确认和实验模型，就可以在实验框架指导下在计算机上进行计算。在运行过程中，可以了解模型的各种不同输入以及各种不同仿真方案的输出等情况，通过获得所需的实验结果和数据，掌握系统的变化规律。

⑥ 结果分析。根据仿真模型试运行的结果对仿真模型的优劣进行确认，看仿真模型是否满足物流系统的实际需要。如果不能满足，需要重新返回第

二步，重新开始构造新的仿真模型；如果试运行的结果比较好地满足了实际情况和模型要求，则通过这一步，进入下一步。

⑦ 仿真实验设计。因为仿真一般包括随机事件、概率分布等，一系列仿真运行实质上是统计实验。因此，在进行正式仿真运行之前，一般均应进行仿真实验框架设计，也就是确定仿真实验的方案。

⑧ 正式仿真运行。根据仿真实验设计的要求，采用现实中真实的数据资料，正式运行仿真模型。

⑨ 仿真输出数据与统计分析。这是系统仿真最重要的一步，需要对仿真数据进行必要的统计分析和判断。

⑩ 形成文件并提供决策。根据对仿真结果数据的分析判断，采用通俗易懂的方式将分析结果和判断形成具有一定格式、或者按照要求形成分析报告或建议方案等，提交给有关决策部门或人员，帮助他们作出科学合理的决策。

实际进行仿真时，上述步骤往往需要多次反复和迭代。

二、物流系统仿真方法

仿真基于模型，模型的特性直接影响仿真的实现。从仿真实现的角度来看，系统模型特性可分为两大类，一类称为连续事件系统，另一类称为离散事件系统。根据被研究系统的特性，可将物流系统仿真方法概括为连续型系统仿真方法和离散型系统仿真方法。

1. 连续型系统仿真方法

连续型系统仿真是指系统中的状态变量随时间连续变化的系统仿真。由于连续型系统仿真要描述物流系统的变化率，所以它通常是由微分方程组成的，除此之外还有代数方程、微分方程、函数方程、差分方程等。这些方程描述了各项状态变量与主要自变量——仿真时间的关系。在此基础上，按一定的规则将仿真时间一步一步向前推移，对方程组进行求解与评价，计算和记录各个状态变量在各个时间点的具体数值。通过连续系统的仿真模型，对系统状态在整个时间序列中连续性变化进行动态描写。

这种方法主要用于物流系统的发展战略研究、运量预测等与时间密切相关的连续系统。现在一般都是采用系统动力学(system dynamics)进行这方面的研究。

2. 离散型系统仿真方法

离散型系统仿真是指系统状态在某些随机时间点上发生离散变化的系统仿真。离散型仿真动态系统本质上属于人造系统，简称为 DEDS(Discrete Event Dynamic Systems)。模型可采用数学方程、曲线、图表、计算机程序等多种形式表示。基于系统的模型,可分析系统的行为性能及其与系统结构和参数的关系,研究系统的控制和优化。但是,对于一个复杂的离散型动态系统建立比较完善的模型很困难。

为了描述离散型仿真方法,需把一些概念的含义作简短的解释。

事件:使系统状态发生瞬间变化的现象(如排队系统中的顾客到达);

活动:确定长度的延迟时间(如服务时间或到达间隔时间);

过程:由事件的时间序列及若干活动组成。

离散型仿真方法分为以事件为基础、以活动为基础、以过程为基础的仿真方法。以事件为基础的仿真模型建模是通过定义系统在事件发生时间中的变化来实现的;以活动为基础的仿真模型建模是描述系统的实体所进行的活动,以及预先设置导致活动开始或结束的条件。这种仿真模型适用于活动延续时间不定,并且由满足一定条件的系统状态而决定的情况;以过程为基础的仿真模型建模综合了以事件为基础的仿真和以活动为基础的仿真两者的特点,描述了作为仿真对象的实体在仿真时间内经历的过程。在物流系统仿真中,采用事件为基础的仿真方法较多。物流系统仿真中的排队仿真、流的仿真等可用以事件为基础的仿真方法描述。根据仿真模型的动态特性,在仿真持续进行时,需要保持对仿真时当前值的跟踪。同时,也需要一个机构把仿真时间值从一个值推进到另一个值。定义仿真模型中给出的仿真时间现行值的变量叫仿真时钟。

根据仿真时钟推进的方式不同,又可分为三种方法,即下次事件时间推进法、固定增量时间推进法和主导时钟推进法。

采用下次事件时间推进法,仿真中要被初始化到零和决定将来事件发生的时间。这以后,仿真钟推进到第一个事件发生的时间,改变系统状态,并预测下一事件发生的时间。然后,仿真钟又被推进到最临近事件发生时间,改变系统状态,预测下一事件发生时间,以此类推。把仿真钟从一个事件时间推进到另一个事件时间的这种过程延续下去,一直到预先规定的停止条件得到最终满足为止。

采用固定增量时间推进法,仿真钟精确地按某些情况选择的 ΔT 时间单位来推进。仿真钟每次变更后,就要进行一次检查,判定前一个时间长度 ΔT 中是否发生什么事件。如果在这个时间区间里发生了一个或几个事件,那么这些事件被认为是发生在这个时间区间的终止处,并相应地改变系统状态和各个统计计数器。当预定的停止条件得到满足时,仿真终止。固定增量时间推进法可以被认为在采用下次事件推进法时,人为地把所有事件安排在每个单位时间发生的情形,因此它是下次事件时间推进法的一种特定情况。

在应用主导时钟推进法时，必须从仿真系统的各种实体中分析出一种起主导作用的主导实体。所谓主导实体，是指在仿真过程中起着关键性和主导作用的实体，它不仅能起到承前启后的贯穿于整个仿真进程的作用，而且又能通过它的活动将其他实体活动密切地衔接在一起。公共运营仿真中的公共汽车就是一个主导实体，乘客在不同站点上车、下车，车辆在不同站点间的运行，都是随着车辆在不同位置变化的。主导实体车辆的状态变化，导致了其他实体的状态变化。

离散事件系统相对于连续系统来说，其主要区别体现在以下几个方面：

第一，状态变化发生在随机时间点上这种引起状态变化的行为称为“事件”，因而这类系统是由事件驱动的；

第二，“事件”往往发生在随机时间点上，亦称为随机事件，因而一般都具有随机特性；系统的状态变量往往是离散变化的；

第三，系统的动态特性很难用人们所熟悉的数学方程形式描述；

第四，研究与分析的主要目标是系统行为的统计性能而不是行为的点轨迹。

总之，相对于连续系统，离散事件系统输入、输出变量的随机性以及状态变化的不确定性，决定了离散系统仿真与连续系统仿真方法有很大的差别：连续系统仿真是借助数字积分算法和离散相似算法等来求解表征系统变量之间关系的方程；离散系统仿真则是建立系统的概率模型，采用数值方法“执行”仿真模型。

物流系统是一种典型的离散事件系统，它的状态只是在离散时间点上发生变化，而且这些离散时间点一般是不确定的。例如，一单泊位码头系统，船舶的到达时间一般是随机的，为每个船舶装卸的时间长度也是随机的，描述该系统的状态是码头的状态(忙或闲)、船舶排队等待的队长。显然，这些状态量的变化也只能在离散的随机时间点上发生。

由于离散事件系统固有的随机性，对这类系统的研究往往十分困难。经典的概率及数理统计理论、随机过程理论虽然为研究这类系统提供了理论基础，并能对一些简单系统提供解析解，但对工程实际中的大量系统，唯有依靠计算机仿真技术才能提供较为完整的结果。

三、物流系统仿真软件的应用

当研究的物流系统不是十分复杂，或经过简化降低了系统的复杂程度时，可以利用数学方法，如线性代数、微积分、运筹学、计算数学等方法去求解问题。但在实际研究中，随着物流理论和实践的不断深入，所提出的研究问题日益复杂，非确定因素、不可知因素、模糊因素众多，因果关系复杂，单独应用数学方法就难以进行描述或无法求解及很难求解，使得我们的研究需要采用计算机仿真软件来辅助解决。

1. 典型的系统仿真软件

① 20 - sim：是由 Twente 大学控制实验室开发的运行于 Windows 系统下的建模与仿真软件。作为著名软件包 TUTSIM 的后续产品，它完全支持图形建模，让用户用直观和友善的方式对动态系统进行设计和分析，用 MATLAB 和 Simulink 可以方便地进行建模与仿真的交互。使用 20 - sim，我们可以仿真动态系统(例如电力、机械、水动力系统或它们的组合系统)的各种行为。

② arena：该软件可以用来模拟服务、制造、运输、物流、供应链和其他系统。在制造过程中，Arena 常用来进行四个方面的仿真分析：生产过程中的工艺过程计划、设备布置等；生产管理中的生产计划、库存管理等；制造过程的经济性、风险性分析，降低成本或辅助企业投资决策等；各种先进制造模式如虚拟组织与敏捷供应链管理的可视化仿真等。

③ Automod：该软件提供了真实的三维虚拟现实动画，使得仿真模型非常容易理解；提供了高级的特征让用户可以仿真复杂的活动，如机器人、设备工具、生产线等的运动和转动。该软件还为用户提供了一套基于专家系统的物料搬运系统，它是根据工业自动化的真实运行经验开发的。该软件包括输送链、自动存储和检索系统、桥式起重机等。其主要特点是：基于发展策略运算法则的最优化分析，用户为得到更好的模型来定义输出审核，多 CPU 并行计算等。

④ Awesim：Awesim 提供生产系统动态模型的仿真机。动画使用图形界面构建，用户可以对交互式仿真进行特定的控制。

⑤ Easy5：由波音公司开发的用来模拟和仿真包含水力、风力、机械、热、电子和数字等子系统的动态系统软件包。包括了一整套控制系统建模、分析和设计功能。

⑥ Idef：该软件是一种流程图分析软件，可以非常容易地使用流程图来绘制和表述流程。它能够提供比传统流程图更多的信息。流程图中包含的流程、流程约束、人和其他资源能够被整合到一起。

⑦ Intrax：该软件能够提供许多被建模和仿真实际流程的管理决策。它能够被用来执行战略(同战略视图、同步价值链视图相符合的现实)、流程改善(工序改善、生产力改善、节约循环时间)、同步价值链(动态视觉，同步约束)和日常运作(可对比的运作替代方案，短期变化影响力的检验)等的模拟和仿真。

⑧ Manufacturing Engineering：该软件提供离散仿真功能来解决制造问题和设计制造方案。它在广阔的应用领域中预测产出率、人工和其他的绩效。

⑨ Matlab：该软件是组合的数字计算、高级图形技术和可视化、高级编程语

言的集成计算机环境。可用来对动态系统进行建模、仿真和分析的交互式工具。它可以构建图形化的结构图,模拟动态系统,评估系统绩效和精练设计。

⑩ Modsim:该软件可以用来仿真像港口、铁路网和航空管制等的管理模型,还可以用来仿真制造系统。

⑪ Promodel:该软件可以对制造系统、仓储系统和物流系统的评估、规划或重新设计进行仿真。典型应用包括精益制造的实施、周期事件的降低、设备投资决策、产出率和能力分析、识别和排除瓶颈、资源分配等。

⑫ Prosolvia:该软件将现实带入虚拟制造。它让用户从各个角度和位置观察产品。在产品开发过程早期的概念设计阶段的最终用户的交互和功能检测,意味着在流程早期可以做出重要的设计和制造决策。对于制造流程,在生产前即可以对人员进行装配和维修培训。

⑬ Quest:是法国达索系统(DassaultSystems)公司开发,针对设备建模、实验、分析设备分布和工艺流程的柔性、面向对象的、基于连续事件的专用模拟软件。该软件为用户提供了图形和可视化分析功能。它能够对输送设备、缓存设备、泊位、自动存储和检验系统等进行准确的建模和仿真。

⑭ SDI Supply Chain:该软件提供了研究需求、物流决策和生产策略的变化对系统核心绩效指标整合的工具。它用来对从原始资源到最终用户的整个供应链进行动力学建模,包括全面的规划、制造和配送等过程。它允许用户设计、分析和研究诸如供应链能力、瓶颈识别、物品调度、资源调度、系统周转率和可靠性等领域的问题。它还可以对供应商、仓库和运输渠道网络建模。供应链绩效从产品总成本、系统滞留成本、系统滞留时间和可靠性等方面进行测量。

⑮ Witness(SDX):Witness 是英国 LannerGroup 的产品,是平面离散系统生产线仿真器,操作简单,在低配置计算机上也完全可以灵活使用,是生产线仿真器的老字号,其齐备的基本仿真功能和处理优势,一直是大家所公认的。该软件提供离散事件仿真,具备的多种工具使得对自动化制造系统进行仿真非常容易。周转时间、损坏模式和定时,调整模式和定时,缓冲设备容量和保存时间,机器类型等连同路径信息都为仿真提供了方便性。该软件还包括物料流动优化、虚拟现实功能。

⑯ Flexsim:Flexsim 应用深层开发对象,这些对象代表着一定的活动和排序过程。该仿真软件的特点主要体现在采用面向对象技术,具有突出的 3D 显示效果,建模和调试简单、方便,模型的扩展性强,易于和其他软件配合使用。

⑰ RaLC:乐龙(RaLC)软件由日本 AIS 人工智能服务有限公司开发,上海乐龙人工智能软件有限公司为其在华独资子公司,完全中文化界面。它具有可操作性,对组合化设备进行定义和复制,适合于人工作业等功能。

⑱ Exend:Exend 系统仿真软件是由美国 ImagineThat 公司开发的通用仿真平台,是基于库德图标模块来搭建的。它可用于构建块的全部数组,有助于快速建模;能展现建模系统的各种关系,并通过动画模型增强表现力,使得复杂系统的构建和理解变得简单。

⑲ Stream:Stream 是日本三井造船股份有限公司开发的仿真软件,其最大特点是从日文命令组中选出并排列的形式记述每一个设备的控制逻辑,关于制作完成的模型,仍然沿袭使用了其前身 MiFactory。

⑳ ShowFlow:ShowFlow 仿真软件可为制造业和物流业提供建模、仿真、动画和统计分析工具。

这些软件可谓各有特点,各有所长。人们通常选择三维实体效果比较好的软件进行物流搬运和物流机械的仿真分析,选择适合做系统分析和流程分析的软件进行供应链网络的系统分析,而选择能嵌入优化算法的扩展功能较好的软件来进行复杂物流系统的调度问题的研究。

2. 系统仿真软件在物流领域中的应用

物流仿真软件的仿真过程,是建立物流系统模型并通过模型在计算机上的运行来对模型进行检测和修正、使模型不断趋于完善的过程。目前物流仿真软件主要应用于企业内部生产物流仿真,企业仓储、运输和配送流程仿真,物流咨询仿真以及高校物流专业仿真研究学习等。下面主要介绍 Flexsim 仿真软件和乐龙(RaLC)仿真软件在物流系统中的应用。对其他软件感兴趣的读者可参阅相关资料。

(1) Flexsim 仿真软件在物流系统中的应用

Flexsim 仿真软件在物流系统中的应用过程主要分系统建模、仿真模拟、仿真结果输出三个阶段,其运行界面分别如图 11-8、图 11-9 和图 11-10 所示。

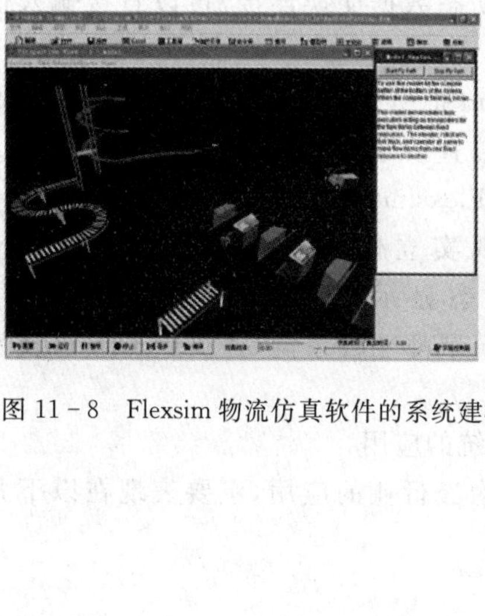

图 11-8 Flexsim 物流仿真软件的系统建模

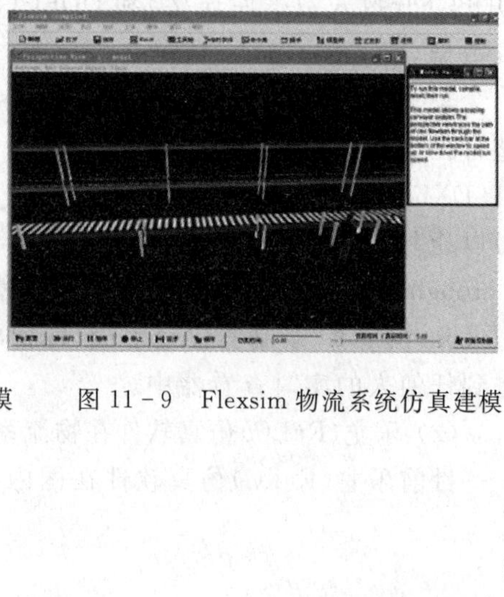

图 11-9 Flexsim 物流系统仿真建模

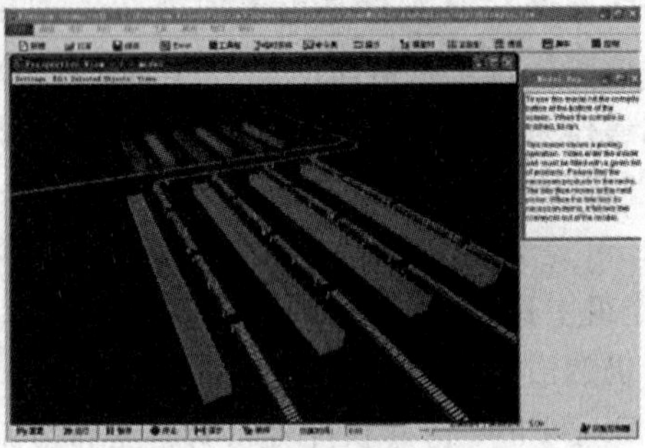

图 11－10　Flexsim 物流仿真结果输出

① 系统建模。Flexsim 应用深层开发对象，这些对象代表着一定的活动和排序过程。要想利用 Flexsim 软件模板里的某个对象，只需要用鼠标把该对象从库里拖出来放在模型视窗即可。每一个对象都有一个坐标、速度、旋转以及一个动态行为(时间)。对象可以创建、删除，而且可以彼此嵌套移动。它们都有自己的功能或继承来自其他对象的功能，这些对象的参数可以把任何物流系统的处理和业务流程快速、高效地予以特征描述。Flexsim 中的对象参数可以表示几乎所有存在的实物对象，像机器、操作员、传送带、叉车、仓库、交通灯、储罐、箱子、货盘、集装箱等都可以用 Flexsim 中的模型表示，同时数据信息也可以轻松地用 Flexsim 丰富的模型库表示出来。

② 系统仿真模拟。Flexsim 中有一个仿真引擎，该引擎可同时运行仿真和模型视窗(可视化)。Flexsim 还可以用试验的形式来仿真假定的情节，而且它可以自动运行并把结果存在报告、图表中，可以利用预定义和自定义的行为指示器(像生产量、研制周期、费用等)来分析每一个情节。而且也可以将结果导入到别的应用程序像 Microsoft Word 和 Excel 等，利用 ODBC(开放式数据库连接)和 DDEC(动态数据交换连接)可以直接输入仿真数据。

③ 仿真结果的可视化输出。Flexsim 把所有最新的虚拟现实博弈图形整合在个人计算机上。Flexsim 中有可以直接导入 3DS(3D Studio)、VRML、3D DXF and STL 等类型文件的选项。Flexsim 内置了虚拟现实浏览窗口，可以让用户添加光源、雾以及虚拟现实立体技术。用户定义的“Fly-Throughs”可以被定义为艺术模型状态显示出来，AVI 文件可以通过 Flexsim 的 AVI 录制器快速生成，任何模型都能被录制、拷贝到 CD，以及发送到任何人的实时查看器中。

(2) 乐龙(RaLC)仿真软件在物流系统的应用

目前乐龙(RaLC)仿真软件在国内物流行业的应用，主要表现在以下几个方面：一是在仓储设备行业中，确定物流设备选用提案、进行物流设备能力验证、查看立体动画商品目录等；二是在物流咨询行业中，定制各类物流解决（优化）方案；三是在制造行业中，对所在物流中心的能力、成本等进行验证，进行物流设备选用议案讨论，创建物流作业操作说明书，分析实绩与设计值之间的差异，验证人员配置，灵活应对物流数量的季度性变化；四是在全国高校中，用于电子化教学、培训、研究和学习，进行可视三维动画演示模型、模拟模型、仿真模型演示等，已经实现了物流研究部门和生产部门之间的零距离。图 11－11、图 11－12 是乐龙（RaLC）仿真软件在国内物流行业中的应用实例。

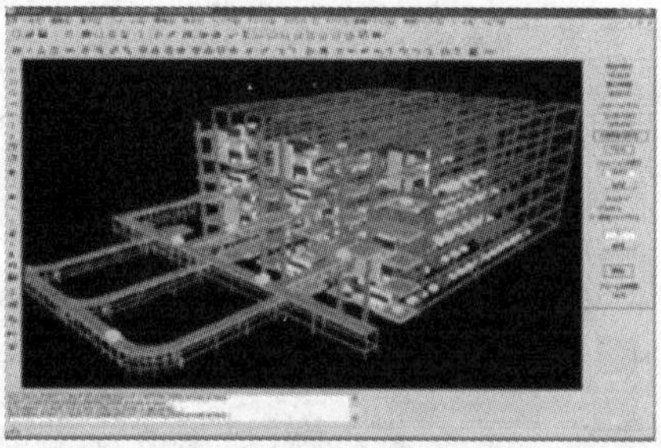

图 11－11　乐龙（RaLC）仿真软件在自动化立体仓库组装中的应用

图 11－12　乐龙（RaLC）仿真软件在平面型仓库中的模型示例

复习思考题

1. 什么是物流系统？物流系统的特征是什么？

2. 物流系统的基本要素主要包括哪些？

3. 物流系统分析一般包括哪几种目的？请举例说明。

4. 物流系统分析方法可以分为几类？请具体说明每一类分析方法及适用情况。

5. 什么是物流系统仿真技术？目前主要的物流仿真软件有哪些？

6. 物流系统仿真的方法有哪些？

7. 说明系统仿真技术在物流分析中的作用。

8. 物流系统分析方法的正确应用需要一些分析工具支持，本章提供了很多关于分析工具的信息，请你查阅相关资料对各种分析工具详细加以了解并予以适当应用。

【结尾案例】

某机械公司配件配送系统的分析

一、机械公司配件部门面临的问题

物流成本与物流服务水平之间具有效益背反关系，要维持较高的服务水平，企业就需要在物流设施、技术水平、信息系统等方面增加投入。如何取得最佳的平衡，就需要利用系统工程的方法来帮助解决问题。

美国国家机械公司配件部门年销售额为16 000万美元，年实物配送费用为2 600万美元，为销售额的16.5%，发生这样高的配送费用是由于公司坚持高质量的服务标准。公司在全国各主要市场都设有仓库，以便于全国各地的客户能快速及时地收到配件，提高客户满意度，因此，公司共建有50多座仓库。

公司高级管理层认为，配送方面费用开支过大，可否通过降低服务标准来降低配送成本呢？公司领导犹豫不决。为此，公司聘请了著名的管理顾问H. N. 谢康解决这个问题。H. N. 谢康认为，撤销20座仓库可使配送费用降至最低，年节省费用200万美元。但公司认为，如果减少了仓库，用户不能就近及时收到配件，将降低客户服务水平，甚至导致客户流失。

二、利用系统分析进行决策

到底该如何解决这一问题呢？是维持现有仓库数量，还是减少仓库数量？此时美国机械公司老总请来了有关方面的专家，针对该公司实际情况进行计算机系统模拟，试图借助仿真模拟技术来辅助分析。

通过计算机对各种情况进行仿真，模拟结果显示：如果采取减少仓库的方法，公司将失去部分客户，失去现有销售额的20%。最后，经过高层决策，决定仍保留原来的50座仓库，避免了由于销售量下降所带来的更大损失。

该案例运用系统工程的模拟技术，帮助决策者透过系统模拟分析，看清了复杂的物流系统的本质及其问题所在，最终避免了决策失误造成的损失。

该案例也说明，对复杂物流系统的分析经常要借助各种模型或仿真技术才能更全面了解系统的各种可能情况。

第十二章　物流外包与第三方物流

【学习目标】

理解第三方物流的概念与特征，了解第三方物流决策的必要性，掌握物流外包决策模型及其应用；理解第三方物流在运作、成本、服务、风险分散、竞争力提升以及社会效益等方面的价值。

【导入案例】

海尔集团和伊莱克斯集团对垒分销物流

家电双雄伊莱克斯集团和海尔集团的发展很大程度缘于其先进的物流体系。伊莱克斯的外包物流体系和海尔的自建物流体系是完全不同的两种模式，两个同行，到底谁的物流体系更能把握住市场命脉呢？

1. 海尔集团：自建物流

中国家电第一企业海尔集团是国家经贸委确定的34家"现代物流工作重点联系单位"之一，也是进入其中的唯一一家家电企业。海尔集团将其物流特色总结为：借助物流专业公司力量，在自建基础上小外包，总体实现采购JIT、原材料配送JIT和成品配送JIT的同步流程。

物流事业部负责人周行说，这一同步模式的实现得益于海尔的现代集成化信息平台。海尔集团用CRM与BBP电子商务平台架起了与全球用户的资源网、全球供应链资源网沟通的桥梁，从而实现了与用户的零距离，提高了海尔集团对订单的响应速度。海尔的BBP采购平台由网上订单管理平台、网上支付平台、网上招标竞价平台和网上信息交流平台组成。网上订单管理平台使海尔100%的采购订单由网上直接下达，同步的采购计划和订单，提高了订单的准确性与可执行性，使海尔集团采购周期由原来的10天减少到了3天。同时，供应商可以在网上查询库存，根据订单和库存情况及时补货。网上支付平台则有效提高了销售环节的工作效率，支付准确率和及时率达到100%，为海尔集团节约了近1 000万元的差旅费，同时降低了供应链管理成本，目前海尔集团网上支付已达到总支付额的20%。网上招标竞价平台通过网上招标，不仅使竞价、价格信息管理准确化，而且防止了暗箱操作，降低了供应商管理成本，实现了以时间消灭空间。网上信息交流平台使海尔集团与供应商在网上就可以进行信息互动交流，实现信息共享，强化合作伙伴关系。

除此之外，海尔集团的 ERP 系统还建立了其内部的信息高速公路，实现了将用户信息同步转化为企业内部的信息，实现以信息替代库存，接近零资金占用。正是由于有了快速高效的信息流，海尔集团物流过程中每一个点的成本都是最低的。在采购 JIT 环节上，海尔集团实现了信息同步，采购、备料同步和距离同步，大大降低了采购环节的费用。信息同步保证了信息的准确性，实现了准时采购。采购、备料同步，使供应链上原材料的库存周期大大缩减。目前已有 7 家国际化供应商在海尔集团建立的两个国际工业园建厂，爱默生等 12 家国际化分供方正准备进驻工业园，与供应商、分供方的距离同步，有力保证了海尔集团 JIT 采购与配送。海尔集团的采购费用每年要降 10%。在原材料配送 JIT 上，海尔集团使用了标准化、单元化、集装化技术和机械化、自动化搬运，以及条形码识别和无线通信技术，用电子看板下达工作指令，完成物料拉动，并由模块化 BOM 集成化进行质量控制。这一系列先进技术保证了海尔集团的工位库存材料不超过四小时，快速完成产品制造。在成品配送 JIT 上，海尔集团利用集团的配送资源，同国家邮政总局、中国远洋运输集团总公司，以及欧洲等专业物流公司合作，做好运输环节工作。目前海尔集团国内可调配车辆已达 16 000 辆以上(其中海尔集团拥有 200 辆车)。同时，海尔集团在全国还建立了 12 个配送中心，每天按照订单向 1 550 个专卖店和 9 000 多个网点配送 100 余个品种，5 万多台产品，形成了完善的成品分拨物流体系、备件配送体系与返回物流体系，实现了中心城市 8 小时配送，区域内 24 小时配送到位，全国范围平均 4.5 天内配送到位。

对于海尔集团物流的小外包，周行这样分析：由于物流中仓储、运输环节的先期投资较大，而且需要投入较大的管理成本，这对企业自建物流体系来说不划算。两年前，我们把这两个环节从海尔集团自建物流体系中分包给了专业物流公司，但要由海尔统一进行协调管理。两年多来，这种方式对企业非常有利而且十分划算。而有些公司现在采用的还是大外包，即把整个物流体系包给物流公司去做，使这一环节受制于人，非常不利于企业自己统筹管理，而且现在很多专业物流公司也没有能力做全方位的物流工作，这对企业自身的发展也十分不利。

2. 伊莱克斯集团:外包物流

伊莱克斯集团正是周行提到的采用大外包物流体系的企业,陈向东是伊莱克斯集团的全国物流经理。自从陈向东掌握伊莱克斯集团的物流大权后,仅伊莱克斯集团的冰箱市场占有份额就迅速从零跃升至12%,其中陈向东功不可没,第三方物流公司也立下了汗马功劳。对于大外包的好处,陈向东有自己的一套理论。

1995年,伊莱克斯与长沙中意电冰箱厂合资组建伊莱克斯-中意电冰箱有限公司时,就明确了责任分工:伊莱克斯只负责产品生产,而中意冰箱厂全权负责产品的销售与售后服务工作。随后,伊莱克斯集团将物流又交由专业物流公司负责。陈向东说:"其实选择第三方物流公司比自建物流体系费用高,但对于伊莱克斯集团2003年在中国近20亿元的销量来说,只能选择第三方物流。"他解释,由于销量不高,为了赶超第一名海尔,伊莱克斯只好轻装上阵。而且企业要自建物流体系,至少得有50亿元的销量,形成一定规模才行。陈向东说:"虽然算下来自建成本要低些,但目前按同一型号单台产品来算,平均下来海尔的成本要高于我们,他们自己做物流就划不来。"

虽然是把物流交给了第三方,但陈向东还是要负责全面统筹,最令他头痛的事就是库存预测。他刚到任时,公司库存预测的准确率只有30%~40%左右,到现在,公司的预测准确率已达到了70%~80%。库存是越低越好,但如何才能预测准确?会不会出现生产1万台产品,结果只要3 000台的情况呢?陈向东说,每个月5号,分公司都会从市场、大分销商处收集信息,再把信息发往北京销售总部,在总部由预测小组根据市场调研和历史类比对数据进行分析、估计与评价,最后达成共识,做出预测。除了这些以外,陈说他还要操心存货盘点的准确度、存货周转率和伊莱克斯集团在中国30多个仓库的利用率等牵涉物流成本的关键数据。

陈向东说,由于伊莱克斯集团在国外销量大,曾尝试自建物流体系,但后来觉得麻烦,不太划算,又慢慢分包出去了。他解释,自建物流体系首先要招进大量管理人才,物流成本会增多,而且物流部门做大了,同企业还会发生冲突,销售老总能不能配合企业老总又是一个关键,太多的不确定因素增大了管理难度。交给第三方物流公司做,则轻松许多,而且第三方物流公司之间有一个游戏规则,便于有序竞争。"但不能把鸡蛋放在一个篮子里。"陈向东认为,企业把物流交给一家公司做,容易使企业受到牵制,只有交给几家公司,让他们之间进行竞争,优胜劣汰,对企业才有利。据透露,伊莱克斯集团在中国的物流目前就是交由包括宝供物流企业集团在内的三家物流公司在做。

第一节　第三方物流与物流外包决策

一、第三方物流的概念

世界经济将在纵向上对工业、供应商、顾客、贸易和物流公司进行重新分工，介入生产以及销售环节的物流公司的出现将是物流业发展的必然趋势。随着现代企业生产经营方式的变革和市场外部条件的变化，人们开始重视第三方物流这种物流形态，并对此表现出极大的兴趣。

1. 第三方物流的出现

(1) 第三方物流的产生是社会分工的结果

在外包等新型管理理念的影响下，各企业为增强市场竞争力，而将企业的资金、人力、物力投入到其核心业务上去，寻求社会化分工协作带来的效率和效益的最大化。专业化分工的结果导致许多非核心业务从企业生产经营活动中分离出来，其中包括物流业。将物流业务委托给第三方专业物流公司负责，可降低物流成本，完善物流活动的服务功能。

(2) 第三方物流的产生是新型管理理念的要求

进入20世纪90年代后，信息技术特别是计算机技术的高速发展与社会分工的进一步细化，推动着管理技术和思想的迅速更新，由此产生了供应链、虚拟企业等一系列强调外部协调和合作的新型管理理念，既增加了物流活动的复杂性，又对物流活动提出了零库存、准时制、快速反应、有效的顾客反应等更高的要求，使一般企业很难承担此类业务，由此产生了专业化物流服务的需求。第三方物流的思想正是为满足这种需求而产生的。它的出现一方面迎合了个性需求时代企业间专业合作不断变化的要求；另一方面实现了进出物流的整合，提高了物流服务质量，加强了对供应链的全面控制和协调，促进供应链达到整体最优。

(3) 改善物流与强化竞争力相结合意识的萌芽

物流研究与物流实践经历了成本导向、利润导向、竞争力导向等几个阶段。将物流改善与竞争力提高的目标相结合是物流理论与技术成熟的标志。这是第三方物流概念出现的逻辑基础。

(4) 物流领域的竞争激化导致综合物流业务的发展

随着经济全球化的发展，物流领域的政策不断放宽，同时也导致物流企业自身竞争的激化，物流企业不断地拓展服务内涵和外延，从而导致第三方物流的出现。这是第三方物流概念出现的历史基础。

在过去几十年中，物流对企业在市场上能否取胜的决定作用变得越来越明显。从本质上说，企业在市场上的表现主要是由产品的质量、价格以及产品的供给三个因素决定，其中任何一个因素对企业的竞争能力都起着重要的影响作用，而这三个因素都分别直接受到物流的影响。世界经济将在纵向上对工业、供应商、顾客、贸易和物流公司进行重新分工，介入生产以及销售环节的物流公司的出现将是物流业发展的必然趋势。

2. 第三方物流的定义

"第三方物流"一词是从国外引进的，其英文表达为"Third Party Logistics"，简称 3PL 或 TPL，是 20 世纪 80 年代中后期才在欧美发达国家出现的概念。第三方物流的概念源自于管理学中的"outsourcing"，意指企业动态地配置自身和其他企业的功能及服务，利用外部的资源为企业内部的生产经营服务。将"outsourcing"引入物流管理领域，就产生了第三方物流。作为一种新型的物流形态，第三方物流使物流从一般制造业和商业等活动中脱离出来，形成能开辟新的利润源泉的新兴的商务活动，受到了产业界和理论界的广泛关注。经过十多年的迅速发展，第三方物流已具有多种多样的形式，"第三方物流"这一术语也更广泛地被使用，但至今还没有一个明确的、权威的、被普遍接受和认可的定义。

第三方物流在欧美发达国家出现较早，相应的研究也比较成熟，但不同研究人员理解的视角也不尽相同。Richardson(1993)强调，外包能使买卖双方从长期关系中获益，并实现双赢。企业通过专注于具有核心能力的产品生产或服务，将非核心业务或职能，如物流服务通过合同的形式外包给第三方物流公司，不仅可降低成本而且也可提高质量。Lieb(1993)认为，第三方物流是指用外部公司去完成传统上由组织内部完成的物流功能，这些功能包括全部物流功能或所选择的部分物流功能。Coyle 等(1996)认为，第三方物流是对单一公司提供全部或部分物流功能的外部供应者。David Simchi-Levi 等认为，第三方物流就是利用一家外部的公司完成企业全部或部分物料管理和产品配送职能。第三方物流是真正的战略联盟，明显比传统的物流供应商关系更为复杂。美国物流管理协会于 2002 年 10 月 1 日公布的《物流术语词条 2002 升级版》的解释是：第三方物流是将企业的全部或部分物流运作任务外包给专业公司管理经营，而这些能为顾客提供多元化物流服务的专业公司称为第三方物流提供商。它们的存在加速了原材料和零部件从供应商向制造商的顺畅流动，更为产成品从制造商向零售商的转移搭建了良好的平台。它们所提供的集成服务涵盖了包括运输、仓储、码头装卸、库存管理、包装以及货运代理在内的诸多业务。

第三方物流理论在20世纪90年代中期传到我国，目前对概念的理解也比较丰富。比如，"第三方物流是指既非商品供给方又非商品需求方的第三方企业，通过契约为客户提供的整个商品流通过程的服务，具体内容包括：商品运输、储存配送以及附加值服务等"；"物流活动和配送工作由专业的物流公司或储运公司来完成，由于它们不参与商品的买卖，只提供专门的物流服务，因此是独立于买方和卖方之外的第三方，故称第三方物流"；"第三方物流是第三方物流服务提供者在特定的时间段内按照特定的价格向使用者提供的个性化的系列物流服务，这种物流服务是建立在现代电子信息技术基础上的，企业之间是联盟关系"；等等。

国内外第三方物流概念的差异，实际上也是对现实中第三方物流形态多样性的一种反映。综合国内外第三方物流概念，争议的焦点主要集中在两个方面，即第三方物流中第三方的认定和第三方物流提供物流服务的范围和深度。实际上，国内外对于第三方物流概念理解的差异，是因为不同学者对第三方物流范畴的理解差异导致的。广义的第三方物流是以商品交易为参照来定义第三方物流，指商品买卖双方之外的第三方提供物流服务的形式。按照这种理解，无论是买方承担的物流还是卖方承担的物流都不是第三方物流，除此之外的任何一方承担的物流都是第三方物流。实际上，广义的第三方物流是相对于自营物流而言的。狭义的第三方物流是以物流服务或物流交易为参照，主要有两种表述：一种是指物流的实际需求方（假定为第一方）和仓储、运输等基础物流服务的供给方（假定为第二方）之外的第三方向第一方提供部分或全部物流服务的物流运作模式；另一种是指由物流劳务的供方、需方之外的第三方提供物流交易双方的部分或全部物流功能的物流运作模式。虽然不同学者对于狭义的第三方物流的认定标准基本一致，但在概念解释、理论和实际运作方面还存在着一些差异。

中华人民共和国国家标准《物流术语》（GB/18354—2001）对第三方物流给出的定义是：独立于供需双方为客户提供专项或全面的物流系统设计或系统运营的物流服务模式。指在物流渠道中，由中间商以合同的形式在一定期限内向供需企业提供所需要的全部或部分物流服务。第三方物流企业在货物的实际供应链中并不是一个独立的参与者，而是代表发货人或收货人，通过提供一整套物流活动来服务于供应链。第三方物流企业本身不拥有货物，而是为其外部客户的物流作业提供管理、控制和专业化服务的企业。

3. 第三方物流的特征

第三方物流具有以下特征：

(1) 第三方物流是合同导向的一系列服务

第三方物流不完全等同于传统的物流外包(out-souring),外包只限于一项或一系列分散的物流功能,如运输公司提供运输服务、仓储公司提供仓储服务。现代第三方物流虽然也包括单项服务,但更多的是提供系列化、多功能甚至全方位的物流服务,注重的是客户物流体系的整体运作效率和效益。而且,现代第三方物流是完全根据双方共同指定的承包合同条款的要求来提供规定的物流服务,而不是客户的临时需求。承包合同规定了服务内容、服务时间、服务价格等,规定了承包和被承包双方的责任和义务。现代第三方物流企业提供的服务,也不严格限于物流方面,可以根据用户需要,包含一些商流、信息流方面的服务,只不过物流是其核心能力。

根据西方管理界的调查研究,被调查的欧美企业几乎都与第三方物流企业签订专门的合同,而且合同都包括惩罚措施,43%的西欧企业和25%的美国企业还制定了一系列的激励条约。合同签订时间一般是1到3年。欧美企业在利用第三方物流服务中,除了最常见的仓储、运输和车辆管理等服务,还利用其他服务,如产品回收、订单履行、运价谈判、物流信息系统等。

(2) 第三方物流是定制的个性化的物流服务

由于第三方物流公司熟悉市场运作,有专门的物流设施和信息手段,有长年的客户关系网络,又有专业人才,因此,它们是专业化的物流机构。一般是站在货主立场,以货主企业的物流合理化为目标,服务对象一般都较少,只有数家比较固定的客户,但服务时间较长。他们不仅可以向客户提供全方位、一体化的物流服务,还可以根据客户的特殊需求来定制服务内容。例如,医药企业浙江康恩贝制药股份公司的第三方物流服务供应商可以提供指令配送、签单原件回收、废弃物的逆向物流、货款回收、随时中止签收前物流运作等个性化服务。不同的是,传统的运输、仓储等物流企业由于服务对象众多而只能提供单一、标准化的物流服务,因此无法满足用户的个性化物流需求。

(3) 第三方物流是建立在现代信息技术基础上的物流服务

信息技术的发展是第三方物流发展的必要条件,也是实现第三方物流服务不可缺少的技术手段。信息技术实现了数据的快速、准确传递。比如,信息技术能够提高物流企业在仓库管理、装卸运输、采购、订货、配送发运、订单处理方面的自动化水平,使订货、包装、保管、运输、流通、加工实现一体化,使大规模、高质量、高服务水平处理物流作业成为可能。另外,第三方物流企业通过网络与货主企业以及其他企业建立广泛的联系,利用网络实现物流信息在交易各方企业之间的快速流动和共享,使原本分散的各个物流环节能够相互联通,成为一个有机整体,使生产企业、流通企业和物流企业都能够按照市场的要求提供产品和服务,避免了由于信息流不畅造成的商品在各个流通阶段的积压。而且,利用信息技术网络,第三方物流企业可以与其他物流企业实现资源共享,充分整合社会物流资源,解决物流需求高峰时运力不足的问题。

(4) 长期的战略性合作关系

第三方物流不是提供临时性的物流服务,其实现的物流功能也不是一项或几项独立简单的物流功能,如运输公司提供运输服务,仓储公司提供仓储服务。第三方物流企业是以提高客户企业经营效率、实现与客户共同发展为目标,根据合同条款向物流需求方提供长期的、复杂的、多功能甚至全方位的物流服务。依靠现代信息技术的支撑,第三方物流企业与客户之间共享信息,建立长期的战略联盟关系,不是简单利益对立的交易双方。其利润来源不是运费、仓储费等直接收入,不是以物流需求企业的成本性支出为代价的,而是来源于物流总成本的降低创造的新价值,这种新价值是第三方物流与客户共同分享的,也就是我们强调的双赢战略。

二、物流外包决策

采用第三方物流服务能给企业带来诸多好处,但同时也伴随着一些风险,第三方物流的优越性不是绝对的。第三方物流的优越性是在同自营物流的比较中体现出来的相对优越性,不是在任何情况下都能体现出其优越性。现实中企业的物流运作有很多形式,并不是任何企业都需要采用第三方物流服务方式。在物流业务外包盛行的今天,自营物流同样有存在的必要。对于有些企业而言,如果物流活动不是很复杂,物流活动波动不是很大,企业可以选择自营物流。有些企业的产品有特殊性,如药品、冷藏品等,对物流设施、设备有特殊要求,企业也可以选择自营物流。有些企业的物流本身就是其经营中的核心能力,完全可以选择也应该选择自营物流,其成功的一个决定性因素就是拥有一个强大的物流配送和供应链支持系统。因此,第三方物流只是企业物流管理和运作的一种可能形式而已,并不是企业物流管理和运作的唯一形式,其使用不是绝对的。

1. 物流外包决策的定义

现代管理科学对决策常有两种理解。狭义理解认为决策就是做出决定,仅限于对不同的方案做出最佳选择。广义理解把决策看成是一个过程,即为了实现某一特定系统的预定目标,在占有信息和经验的基础上,根据客观条件,提出各种备选方案,应用科学的理论和方法,进行必要的判断、分析和计算,按照某种准则,从中选出最满意方案,并对方案的实施进行检查,直到目标实现的全过程。

物流外包决策是企业就是否选择第三方物流服务的问题进行决策,泛指企业在选择自营物流和外包物流活动时做出的是否使用第三方物流服务以及在多大程度上使用第三方物流服务的决定。一般认为，选择一个第三方物流服务商应按以下五个阶段进行：决策决定阶段（决定是否需要专业物流服务）、制定选择准则及目标阶段、淘汰阶段、判断最佳候选公司阶段、建立伙伴关系阶段。这种观点是将是否外包的问题，以及如何外包、外包给谁的问题，统一看成一个完整的企业物流外包决策。

2. 物流外包决策的概念性模型

具体来看，物流外包决策模型大体经历了三个阶段，即传统决策模型、现代二维决策模型和基于“战略-能力”思路的综合决策模型。其中后一个决策模型都是对前一个决策模型的修正或改良。

(1) 传统物流外包决策模型

传统物流外包决策的依据是企业是否有能力自营物流。如果企业有设备和技术就选择自营，以便于控制；如果企业不具备足够的物流资源与能力，就选择外包，如图 12－1 所示。在此依据下，企业进行外包与自营决策时，自身能力是主要考虑因素，物流总成本与顾客服务水平放在其次。而且通常物流外包是企业向运输公司购买运输服务或向仓储企业购买仓储服务，这些服务都只限于一次或者一系列分散的物流功能，需求是临时的。物流公司没有按照企业独特的业务流程提供独特的物流服务，即物流服务与企业价值链是松散的联系。

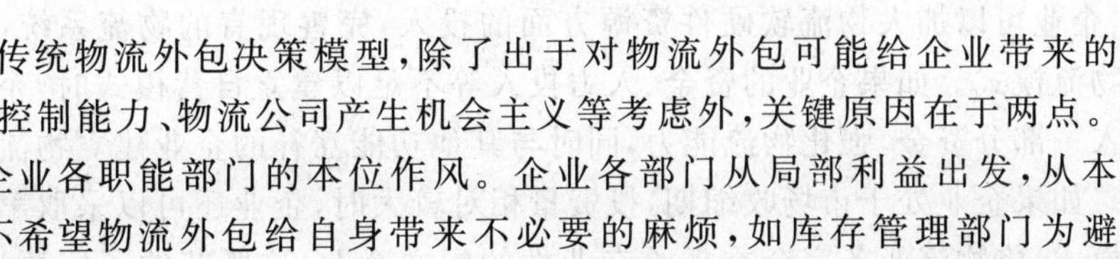

图 12－1　传统物流外包决策模型

传统物流外包决策模型，除了出于对物流外包可能给企业带来的丧失物流控制能力、物流公司产生机会主义等考虑外，关键原因在于两点。一方面，企业各职能部门的本位作风。企业各部门从局部利益出发，从本位出发，不希望物流外包给自身带来不必要的麻烦，如库存管理部门为避免缺货、方便管理希望拥有自己的仓库；采购运输部门为方便提货、配送倾向于拥有运输设备；财务部门认为物流业务外部化带来的频繁的财务手续是令人讨厌的而偏向于企业自营物流；人事部门从员工稳定与和谐关系出发，更愿意企业不要把物流业务外部化；生产部门为方便生产、安排调度计划，不愿仓库地理位置不固定等。由于求人不自由，企业总是尽量采用自营物流的方式，然而这却削弱了企业的竞争力：一方面，自营物流使企业把有限的资源浪费在与核心业务关系不大的物流上，制约了企业核心能力的培养和巩固。另一方面，企业缺乏对物流战略意义的认识。企业总是倾向于物流业务内部化，是因为管理人员在对外包物流的理解上，缺乏对物流战略意义的认识，不清楚哪些物流功能的自营会对本企业的发展有战略影响，哪些则没有，导致“闭关自守”。

(2) 现代二维物流外包决策模型

随着信息技术的飞速发展，物流公司从提供传统的公共物流服务转向提供第三方物流服务，非物流企业则强调核心能力、供应链管理、各职能部门的高度集成，非物流企业与物流公司更倾向于优势互补、结成战略合作伙伴关系。因此，与这种服务关系转变相适应的决策模型也要随之改变。美国物流专家 Ballow 注意到了传统决策模型的局限性，提出了二维物流外包决策模型，如图 12－2 所示。

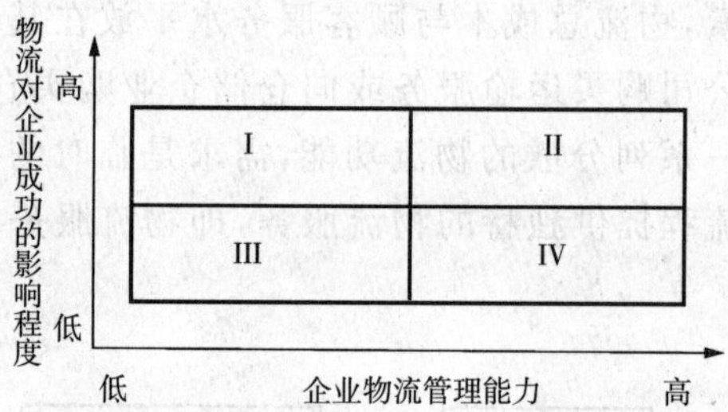

图 12－2　现代二维物流外包决策模型

在区域Ⅰ，当物流对企业成功的重要程度较高，企业处理物流的能力相对较低时，企业可根据自身资源与能力水平，采取合适的措施弥补自身物流能力的不足。一般来说，在市场规模较大且相对集中、资源充足且投资量较小的情况下，企业可以加大物流软硬件资源方面的投入，完善现有的物流系统，采取自营物流模式。如果企业的资金、人力投入等不足以建立自营模式时，企业可以投入一部分资金，强化物流能力，同时与其他功能互补的企业建立物流联盟模式。如果企业处于市场收缩期，投资量相对较大时，企业还可以采取第三方物流模式，将物流业务完全委托给专业性的配送企业，这既节约了资源投入，又可以快速提高企业的物流能力。

在区域Ⅱ，物流对企业成功的影响程度很高，且企业处理物流的能力也高时，则采用自营的方式。这种情况一般出现在一些大型跨国集团公司。此时，在物流成本较低，并且市场相对集中的情况下，企业可以采取自营物流模式，以提高顾客的满意度和物流效率，保持企业内部供应链的稳定。

在区域Ⅲ，物流对企业成功的影响程度较低，同时企业处理物流的能力也低时，则外包公共物流服务；企业可以将其物流业务完全或部分外包给专业的物流企业来做，而将主要精力和资源集中于企业的核心能力上，以获得更大的收益。特别是对于一些中小企业，应当选择外包公共物流模式，以避免资金的紧张。

在区域Ⅳ，物流在企业战略中不占据主要地位，但是企业却拥有较强的物流管理能力，此时，企业可以尝试将物流业务扩展到企业外部，与其他企业组建物流联盟，或者以自己的物流资源与其他需要物流服务的企业合作，以提高资金和设备的利用率，通过物流资源创造收益。如果企业在物流领域具有较强的竞争优势，也可以适当调整业务方向，向社会化的方向发展，成为专业的第三方物流企业。

总体来说，自营还是外包物流服务主要取决于两个基本因素——物流对企业成功的影响程度和企业对物流的管理能力。围绕企业战略目标，寻求物流子系统自身的战略平衡是建立决策模型的最大特点。

但现代二维物流外包决策模型有一个致命的缺陷，那就是没有考虑成本的影响。一般来说，每一个特定的物流系统都是由仓库数目、区位、规模、运输政策、存货政策及顾客服务水平所构成。因此，每一个可能的物流方案都隐含着一套总成本，包括运输成本、仓储成本、采购成本、顾客服务成本等等。

根据唐纳德·J·鲍尔索克斯的物流战略原则，在设计和选择物流系统时，要对系统的总成本加以检验，最后选择成本最小的物流系统。因此，不考虑成本的决策模型是不完全的。在实际运作中，仅仅靠二维决策模型进行决策是有风险的，如何能找到最佳平衡点，就成了企业如何搞好物流管理的重要考虑对象。

(3) 基于“战略-能力”思路的综合决策模型

针对物流外包决策模型没有考虑成本的缺陷，国内一些学者(田宇和龚国华等人)提出了基于“战略-能力”思路的综合决策模型。这一模型采用的是较为规范的递推过程，是一个多因素、多准则的定性推理决策过程，即在对是否选择第三方物流进行决策时，应从物流在企业中所处的战略地位的角度出发，在考虑企业物流能力的基础上，进行综合评价。模型由三个层次组成：物流子系统(或各项物流业务)的战略重要性、物流资源与能力、成本竞争力。具体实施时，可遵循以下决策程序，如图 12-3 所示。

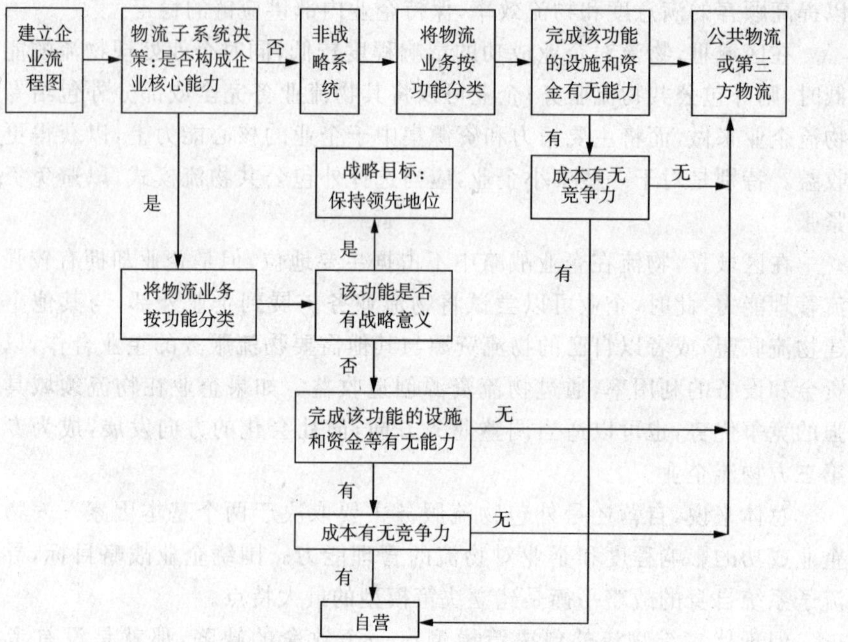

图 12-3 基于"战略-能力"的物流外包决策

进行物流外包决策时,首先必须考虑物流子系统的战略重要性。决定物流子系统是否构成企业的核心能力,一般可从以下几方面进行判断:它们是否高度影响企业业务流程?它们是否需要相对先进的技术,采用此种技术是否能使企业在行业中领先?它们在短期内是否不能为其他企业所模仿?如能得到肯定回答,那么就可断定物流子系统在战略上处于重要地位。由于物流系统是多功能的集合,各功能的重要性和相对能力水平在系统中是不平衡的,因此还要对各功能进行分析。某项功能是否具有战略意义,关键是要看它的替代性。如其替代性很弱,物流公司很难完成,几乎只有本企业才具备此项能力,企业就应保护好、发展好该项功能,使其保持旺盛的竞争力。反之,若物流企业也能完成该项功能或物流子系统对企业而言并非很重要,那就需要从企业物流能力的角度决定是自营还是外包了。

企业物流能力可以通过顾客服务水平来体现。如企业不具备满足一定顾客服务需求的能力,就要进行外包。在外包时采用何种服务,是租赁公共物流服务还是建立物流战略伙伴关系,这就要由物流子系统对企业成功的重要性来决定。在物流子系统构成企业战略子系统的情况下,为保证物流的连续性,就应该与物流公司签订长期合同,由物流公司根据企业流程提供定制服务,即实施第三方物流。如果物流子系统不构成企业战略子系统,那么采用何种服务方式就要在顾客服务水平与成本之间寻找平衡点了。

然而，具备了物流能力并不意味着企业一定要自营物流，还要与物流公司进行比较，在满足一定的顾客服务需求的情况下，谁的成本最低；只有在企业的相对成本较低的情况下，选择自营的方式才有利，否则，企业应把该项功能剥离出去，实行物流外包。

第二节　第三方物流的价值

第三方物流之所以在世界范围内受到企业的广泛青睐，根本原因就在于其独特的作用与价值。第三方物流能够帮助客户获得诸如利润、价格、供应速度、服务、信息的准确性和真实性及新技术的采用等潜在优势。然而现实中，很多企业并没有充分认识到它的真正价值所在，还仅仅停留在帮助企业降低减成本这一层面之上。为了加深对第三方物流价值的认识，有必要对第三方物流为企业带来的价值进行分析。

一、第三方物流的成本价值

企业将物流业务外包给第三方物流公司，由专业物流管理人员和技术人员承担，充分利用专业化物流设备、设施和先进的信息系统，发挥专业化物流运作的管理经验，以求取得整体最佳的效果。企业可以不再保有仓库、车辆等物流设施，对物流信息系统的投资也可转交给第三方物流企业来承担，从而可减少投资和运营物流的成本；还可以减少直接从事物流的人员，从而减少工资支出；提高单证处理效率，减少单证处理费用；由于库存管理控制的加强可降低存货水平，降低存货成本；通过第三方物流企业广泛的节点网络实施共同配送，可大大提高运输效率，减少运输费用，等等。这些都是第三方物流能够产生的成本价值。对企业而言，应建立一套完整的物流成本核算体系，以便真实地反映企业实施物流控制或采用第三方物流所带来的效益，促使企业物流活动日趋合理化。

二、第三方物流的服务价值

在社会化大生产更加扩大、专业化分工更加深化的今天，服务成为企业竞争的关键因素。以最小的总成本提供预期的顾客服务已成为企业努力的方向，帮助企业提高顾客服务水平和质量也正是第三方物流所追求的根本目标。服务水平的提高会提高顾客满意度，提高企业信誉，促进企业的销售，提高利润率，进而提高企业的市场占有率。在市场竞争日益激烈的情况下，高水平的顾客服务对于现代企业来说是至关重要的，它是企业优于其同行的一种竞争优势。物流能力是企业服务的主要内容之一，如果物流能力弱就会制约企业的顾客服务水平。例如，在生产时由于物流问题使采购的材料不能如期到达，也许会迫使工厂停工，不能如期送交顾客订货而承担巨额违约金，更重要的是会使企业自身信誉受损，销量减少，甚至失去良好合作的顾客。这就是为什么现代企业如此重视服务、重视物流的原因之一。物流服务水平实际上已成为企业实力的一种体现。而第三方物流在帮助企业提高自身顾客服务水平上自有其独到之处。利用第三方物流企业信息网络，能够加快对顾客订货的反应能力，加快订单处理，缩短从订货到交货的时间，实现货物的快速交付，提高顾客满意度；通过先进的信息技术和通信技术可加强对在途货物的监控，及时发现、处理配送过程中的意外事故，保证订货及时、安全送达目的地，尽可能实现对顾客的承诺；产品的售后服务、送货上门、退货处理和废品回收等也可由第三方物流企业来完成。

三、第三方物流的风险分散价值

企业如果自己运作物流，要面临两大风险，一是投资的风险，二是存货的风险。企业自营物流是要进行物流设施、设备的投资的，如建立或租赁仓库、购买车辆等。这样的投资往往比较大，而如果企业物流管理能力不强，不能将企业拥有的物流资源有效协调、整合起来，致使物流效率低下，物流设施闲置，必然使企业无法获得满意的投资回报。另一方面，如果企业自己运作物流，而其自身的配送能力、物流管理水平有限，为了及时对顾客订货做出反应，防止缺货，往往需要采取高水平库存的策略，而大量的库存必然产生存货变现及保存丢失等风险。一般来说，企业防止缺货的期望越大，所需的安全储备越多，平均存货数量也越多。在市场需求高度不确定的情况下，安全库存量会占到企业平均库存的一半以上，对于企业来说就存在着很大的资金风险。存货越多，变现能力往往越弱，企业资金越少。同时，随着时间的推移，存货还有贬值的风险，在库存没有销售出去变现之前，任何企业都要冒着巨大的资金风险。企业如果通过第三方物流企业进行专业化配送，由于配送能力提高，存货流动速度加快，企业就能减少内部的安全库存量，并不需要或很少需要进行额外的固定资产投资，最终可以减少以上风险或将以上风险分散一部分给第三方物流企业。

四、第三方物流的竞争力提升价值

企业利用第三方物流，可使自身专注于提高核心竞争力。随着外部市场环境的变化，企业的生产经营活动已变得越来越复杂。一方面，企业需要把更多的精力投入到自己的生产经营当中；另一方面，企业交往的对象更多了，所要处理的关系也更为复杂。在处理各种关系和提高自身的核心能力上，企业的资源分配便会出现矛盾。如果将企业与顾客之间的物流活动转由第三方物流企业来承担，便可大大降低企业在关系处理上的复杂程度。企业通过采用第三方物流后，原来的直接面对多个顾客的一对多关系变成了直接面对第三方物流的一对一关系，在物流作业处理上避免了直接同众多顾客打交道而带来的复杂性，简化了关系网，便于企业将更多精力投入自身的生产经营中。

此外，作为第三方物流企业，可以站在比单一企业更高的角度上来处理物流问题，通过其掌握的物流系统开发设计能力、信息技术能力，将原材料供应商、制造商、批发商、零售商等处于供应链上下游的各相关企业的物流活动有机衔接起来，使企业能够形成一种更为强大的供应链竞争优势，这是个别企业所无法实现的。在专业化分工越来越细的时代，再有实力的企业也不可能面面俱到，什么都做得很好。企业把自己不擅长的部分，或者说不是自己核心能力的部分给第三方来承担，扬长避短，实际上就使企业和第三方物流各自的优势得到强化，既能促使企业专注于提高自身的核心竞争力，有助于企业的长远发展，又有利于带动物流行业整体的发展。

五、第三方物流的社会效益

上述内容实际上可归为第三方物流的经济价值，而除了其独特的经济效益外，第三方物流还具有为大多数人所忽视的价值，即其社会效益。首先，第三方物流可将社会上众多的闲散物流资源有效整合、利用起来。在过去的计划经济体制下，受“大而全”、“小而全”思想的影响，我国很多企业都建有自己的仓库、车队，而且往往存在仓储设施老化、仓储管理人员素质低等问题。企业各自进行存储，导致物流设施效率低下，有的企业仓库不足，需扩建，有的企业仓库则大量闲置、浪费，造成社会物流资源的不合理配置；而自行组织运输则使运输效率低下，社会运力得不到有效利用，车辆空驶现象普遍，运输成本高。而且企业由于受到原有一套物流系统的限制，很难依靠自身力量来进行更新改造，强化物流管理。而通过第三方物流企业专业的管理控制能力和强大的信息系统，对企业原有的仓库、车队等物流资源进行统一管理、运营，组织共同存储、共同配送，将企业物流系统社会化，实现信息、资源的共享，则可从另一个高度上极大地促进社会物流资源的整合和综合利用，提高整体物流效率。

其次，第三方物流有助于缓解城市交通压力。通过第三方物流的专业技能，加强运输控制，通过确定合理的运输路线，采用合理的运输方式，组织共同配送、货物配载等，可减少城市车辆的运行数量，减少车辆空驶、迂回运输等现象，解决由于货车运输的无序化造成的城市交通混乱、堵塞问题，缓解城市交通压力。由于城市车辆运输效率的提高，可减少能源消耗，减少废气排放量和噪声污染等，有利于环境的保护与改善，促进经济的可持续发展。

再次，第三方物流的成长和壮大可带动中国物流业的发展，对中国产业结构的调整和优化有着重要的意义。现在，我国很多新型的第三方物流企业已经相继建立起来，但应该说中国的第三方物流整体水平还不高，很多是由传统的仓储、运输企业转型而来，在管理水平、技术力量及服务范围上还没有质的提高，制约了企业对第三方物流的需求。目前中国物流市场的大小很大程度上取决于第三方物流企业的供应能力，能力有多强，市场就有多大。第三方物流企业应抓住大好机遇，努力提高自身水平与能力，充分体现出第三方物流的价值，成为在流通领域中为供应商和顾客提供低成本、高水平服务的物流产业的生力军。

第三节　我国第三方物流业的发展与对策

第三方物流业随着现代物流业的发展而发展，是物流专业化的重要形式。2008 年，全球物流支出已达到 7 万亿美元，第三方物流达到 5 000 亿美元，占全球物流总支出的 7%左右，从 1996 年到 2006 年，全球第三方物流市场年均增长率为 13%。第三方物流经过二十多年的发展，在西方发达国家已经形成一定的规模，正处于产业发展的成长阶段，在有些国家已经进入成熟阶段。我国是在 20 世纪 90 年代才系统地引进第三方物流理论的，我国第三方物流业还处于物流产业发展的初级阶段。

一、我国发展第三方物流存在的问题

进入新世纪以来，我国物流业总体规模快速增长，服务水平显著提高，发展的环境和条件不断改善，为进一步加快发展奠定了坚实基础。然而，我国物流业的总体水平仍然偏低，发展第三方物流还存在一些突出的宏观和微观层面的问题。

1. 宏观层面的问题

(1) 社会物流运行效率偏低

我国的社会物流总费用与 GDP 的比率高出发达国家 1 倍左右，社会物流成本（特别是运输成本和保管成本）占 GDP 的比重还很大，这也意味着我国第三方物流市场潜力巨大。

(2) 社会化物流需求不足,“大而全”、“小而全”的企业物流模式相当普遍

从原材料采购到产品销售过程中一系列的物流活动主要还是靠企业内部组织来完成,这些就使得我国第三方物流企业的发展受到限制,导致其在市场中的比重较小。我国工业企业外包物流比例较低的主要原因是第三方物流运作成本目前还比较高,企业倾向于把简单的专项物流作业自理,以降低成本;商业企业则是由于行业利润率低,再加上物流作业属于多品种复杂操作,3PL公司难以操作,因此大部分商业企业不得不选择自营物流。

(3) 专业化物流供给能力不足

我国整个第三方物流市场还相当分散,从网络、管理、业绩等方面综合评估,真正实力超群、具有竞争力的第三方物流企业寥寥无几;即使在占我国物流市场份额80%的长三角和珠三角地区,第三方物流企业服务的客户数也平均少于10家。经营规模小、市场份额少、服务功能少、竞争力弱、网络分散是中国第三方物流面临的主要问题;在需求与供给这一对矛盾中,供给是矛盾的主要方面。如何让物流企业与企业物流做大做强,做细做精,是近5至10年内的主攻方面。目前,中国的第三方物流企业无论是运输型、仓储型、贷代型、综合服务型都处于成长期,并且由于全球金融危机的出现而提前进入了调整期,特别体现在并购重组、联动发展、供应链组合与优胜劣汰四个方面。

(4) 物流基础设施能力不足

我国尚未建立布局合理、衔接顺畅、能力充分、高效便捷的综合交通运输体系,物流园区、物流技术装备等能力有待增强。

(5) 物流技术和人才不能满足需要,物流服务的组织化、集约化程度不高

目前,我国的物流技术、人才培养和物流标准还不能完全满足需要,物流服务的组织化和集约化程度不高。由于我国的物流业还处于起步阶段,专业物流人才缺乏,许多人不知道物流究竟为何物,即使有一定的了解,也只认为它是提供运输和仓储服务,而不知道它是对传统业务的新的整合。市场竞争归根结底是人才的竞争,缺乏专业的物流人才,企业也就缺少了创新的能力和发展的动力,只能依靠传统的方式来管理现代物流,必然使得企业低效运行,缺乏活力和竞争力。

(6) 相关法规政策体系还不完善

我国发展第三方物流的相关法规体系以及行业统一规则都没有得到完善,市场诚信体系不健全、不完善,这些都是制约我国第三方物流业发展的重要因素。

2. 微观层面的问题

(1) 第三方物流企业系统没有得到有效集成,信息共享水平不高

我国第三方物流企业在整合自身的资源和业务时面临诸多信息化问题，比如各地分支机构的信息系统是相互独立的，由于开发商不统一，系统功能、标准、流程规范均不统一，这样的基础不能支持跨机构的有效协作，无法开展一体化业务。如果企业不能实现数据共享和系统统一维护，就难以支撑一体化业务。已有调查显示，我国物流企业的信息技术系统不完善，信息反馈有限，与需求方之间沟通不顺畅，不了解需求方的情况变化，缺乏标准化的运作程序，从而导致各地区的服务水平参差不齐。

(2) 物流服务功能单一，提供增值服务的能力还不强

总体上说，我国无论是传统的运输仓储企业，还是民营物流企业和工商企业自建的物流企业，它们提供的物流服务功能都较为单一，增值服务薄弱。无法提供整体解决方案、提供全程多样化的物流服务，是导致物流外包企业对第三方物流企业提供的3PL服务产生诸多不满的关键因素之一。目前，我国从事物流服务的企业的规模和实力都比较小，因而其提供的服务就具有一定的局限性，大部分第三方物流企业只能提供单项或分段的物流服务，不能形成完整的物流供应链；许多第三方物流企业还在用同一水平的物流服务来对待不同的顾客或不同的商品，这根本无法满足不同客户的需求，只能简单提供运输和仓储服务，而在其他增值服务方面，尤其是物流方案设计以及全程物流服务等更高层次的物流服务还没有全面展开。2008年下半年以来，随着国际金融危机对我国实体经济的影响逐步加深，物流市场需求急剧萎缩，运输和仓储等收费价格及利润大幅度下跌，一大批中小物流企业经营出现困难，提供运输、仓储等单一服务的传统物流企业受到严重冲击。

(3) 3PL企业的营销体系不完善

第三方物流不同于其他商业行为的特点，就是产品本身。其他行业基本上有成形的产品，在推销时可以供顾客参考，而第三方物流企业的产品就是服务，服务是没有形状的，因而无法使用传统的营销体系和手段。目前大多数第三方物流供应商的导入方式均是货主企业先发布外包信息，再由若干家第三方物流供应商竞标来确定。这种方式就导致了一个逆反销售的现象，使得原本应该主动寻找客户的第三方物流供应商被动地等待顾客上门。

二、我国第三方物流发展的对策

1. 宏观层面的发展对策

在现代物流的发展过程中，政府部门的任务是提供公平、透明、统一、高效率的物流法制环境，为企业能够在市场中充分发挥积极性和增强创造力提供

良好的外部条件，为能够孵化出强势物流企业创造出宽松的宏观环境。

(1) 政府要为物流业的发展营造良好的政策环境

首先，国内与国际、全国与区域、城市与农村的物流业要协调发展，做好地区之间、行业之间和部门之间物流基础设施建设与发展的协调和衔接工作，走市场化、专业化、社会化的发展道路。其次，要改革现行物流业相关行业管理体制，打破部门间和地区间的分割和封锁，创造公平的竞争环境，促进物流服务的社会化和资源利用的市场化，优先整合和利用现有物流资源，提高物流设施的利用率。再次，要按照现代物流理念，加快技术标准体系建设，综合集成仓储、运输、货代、包装、装卸、搬运、流通加工、配送、信息处理等多种功能，推进物流一体化运作，提高物流效率。此外，政府还需要完善物流政策法规体系，在贯彻落实好现有推动现代物流业发展有关政策的基础上，进一步研究制定促进现代物流业发展的有关政策。要加大政策支持力度，抓紧解决影响当前物流业发展的土地、税收、收费、融资和交通管理等方面的问题；引导和鼓励物流企业加强管理创新，完善公司治理结构，实施兼并重组，尽快做大做强；针对当前产业发展中出现的新情况和新问题，研究制定系统的物流产业政策；清理有关物流的行政法规，加强对物流领域的立法研究，完善物流的法规体系，促进物流业健康发展。

(2) 大力推进物流服务的社会化和专业化

鼓励生产企业和商贸企业按照分工协作的原则，剥离或外包物流功能，整合物流资源，促进企业内部物流社会化。推动物流企业与生产、商贸企业互动发展，促进供应链各环节有机结合。鼓励现有运输、仓储、货代、联运、快递企业的功能整合和服务延伸，加快向现代物流企业模式转型。积极发展多式联运、集装箱、特种货物、厢式货车运输以及重点物资的散装运输等现代运输方式，加强各种运输方式的相互协调，建立高效、安全、低成本的运输系统。加强运输与物流服务的融合，为物流一体化运作与管理提供条件。鼓励邮政企业深化改革，做大做强快递物流业务。大力发展第三方物流，提高企业的竞争力。

(3) 政府要加强和推进公共信息平台建设

各级政府在推进物流信息化的过程中，需要把建设公共信息平台放在首位。目前确有许多政府投资建设的信息平台不成功，浪费很大，甚至至今有些问题并没有完全搞清楚，所以后续的投资可能仍然有很大风险。物流信息平台建设需要采取第三方实施的原则，确保平台具有独立性，从而实现其在公平、公开、公正的基础上，提供有序竞争的环境，以满足广大客户对物流信息平台服务功能的需求。另外，物流信息平台建设要求物流信息标准化，物流信息平台要对不同物流信息系统之间的数据进行交换，就特别需要标准化的物流信息，以实现不同物流信息系统数据的顺利交换。如果物流信息数据不是标准、规范、统一的，势必加大数据交换的难度，降低物流信息平台的利用效率，造成资源浪费和信息失真。

(4) 加强物流基础设施建设的衔接与协调

2009年国务院制定的《物流业调整与振兴规划》要求："按照全国货物的主要流向及物流发展的需要，加强交通运输设施建设，完善综合运输网络布局，促进各种运输方式的衔接和配套，提高资源使用效率和物流运行效率。发展多式联运，加强集疏运体系建设，使铁路、港口码头、机场及公路实现'无缝对接'，着力提高物流设施的系统性、兼容性。充分发挥市场机制的作用，整合现有运输、仓储等物流基础设施，加快盘活存量资产，通过资源的整合、功能的拓展和服务的提升，满足物流组织与管理服务的需要。加强新建铁路、港口、公路和机场转运设施的统一规划和建设，合理布局物流园区，完善中转联运设施，防止产生新的分割和不衔接。加强仓储设施建设，在大中城市周边和制造业基地附近合理规划、改造和建设一批现代化的配送中心。"

(5) 积极促进现代物流的发展

第三方物流企业自身需要转变发展模式，向以信息技术和供应链管理为核心的现代物流业发展，通过提供低成本、高效率、多样化、专业化的物流服务，适应复杂多变的市场环境，提高自身竞争力。首先要充分发挥港口、站场在物流中的节点作用，扩展交通运输在供应链中的服务功能，提供延伸服务和增值服务。引导运输企业拓展业务范围，鼓励运输企业按照市场机制整合资源，提升运输的专业化、社会化服务水平，由单一的运输承运人向现代物流经营人转换，积极发展第三方物流。要加快航运中心建设，延伸水运服务功能，提高海运服务贸易能力。其次要强化现代物流技术的研发和应用，推动物流信息公用平台、物流在线服务平台等的建设，促进物流资源的整合。比如大力推广集装技术和单元化装载技术，推行托盘化单元装载运输方式，大力发展大吨位厢式货车和甩挂运输组织方式，推广网络化运输；加强物流技术装备的研发与生产，鼓励企业采用仓储运输、装卸搬运、分拣包装、条码印刷等专用物流技术装备。另外，要根据物流标准编制规划，尽快制定、修订物流通用基础类、物流技术类、物流信息类、物流管理类、物流服务类等各类标准，完善物流标准化体系。密切关注国际发展趋势，加强重大基础标准研究。要对标准制定工作实施改革，加强物流标准工作的协调配合，充分发挥企业在制定物流标准中的主体作用。加快物流管理、技术和服务标准的推广，鼓励企业和有关方面采用标准化的物流计量、货物分类、物品标志、物流装备设施、工具器具、信息系统和作业流程等，提高物流的标准化程度。

(6) 加快企业重组步伐

第三方物流企业需要加快企业重组步伐，做大做强，提高产业集中度和抗风险能力，保持产业的平稳发展。《物流业调整与振兴规划》提出："鼓励中小物流企业加强信息沟通，创新物流服务模式，加强资源整合，满足多样性的物流需要。加大国家对物流企业兼并重组的政策支持力度，缓解当前物流企业面临的困难，鼓励物流企业通过参股、控股、兼并、联合、合资、合作等多种形式进行资产重组，培育一批服务水平高、国际竞争力强的大型现代物流企业。"中国对外贸易运输集团总公司与中国长江航运集团总公司的合并重组，中邮速递与中邮物流的重组就是典型例子。中外运与中国国际航空股份有限公司、中国远洋运输(集团)总公司与鞍山钢铁集团公司、上海圆通速递有限公司与淘宝网、宝供物流企业集团有限公司与北京福田汽车股份有限公司、中国海洋集团与宝山钢铁集团有限公司等，是物流企业与生产企业、流通企业、服务企业结盟的成功典型。

(7) 实施人才战略

物流产业既是一个跨行业、跨部门的复合产业，又是劳动密集型和技术密集型相结合的产业，所以发展物流产业，不仅需要高级物流管理人才，更需要大量物流执行型与操作型人才。为此，必须采取多种形式，发展多层次教育体系和在职人员培训体系，加快和加强物流人才的培养，在发展学历教育的同时，也要发展非学历教育职业培训工作；要加强从业人员的进修和培训方面的工作，通过开展企业内部培训与企业人力资源开发等方式，提高物流企业员工的现代物流业务知识和业务水平，以提高物流管理的水平。企业要营造良好的组织环境，精心设计留住人才的组织环境，并使之高效工作。

2. 微观层面的发展对策

第三方物流的发展，需要内外功兼修。在中国政府积极营造有利于第三方物流发展的宏观环境和社会物流行业的积极参与下，中国第三方物流企业更应该注重加强企业自身素质的提高，增强核心竞争力，真正成为中国物流市场的主体。

(1) 建设完善的业务网络

物流业是一种规模经济和范围经济明显的行业，只有具备足够大的网络，才会具有较低的平均成本的优势，因为具备了一定规模的网络可以减少往返空载，提高仓库的使用率，加快仓库的周转。业务网络是物流企业的功能网络，是指第三方物流企业要具备满足客户需求的各种业务功能，如储运、仓储、流通加工、配送、增值服务、返程物流以及有关的信息服务等。对业务网络布局，不仅在地域上要选择，还要对物流环节的进入有充分的准备，只有进入到自己熟悉和擅长的环节领域，才有可能成为这个领域的强势企业。其实，这也是物流企业做大做强的根本途径和具有核心竞争力的关键。

(2) 第三方物流企业需要加快提升信息化水平

在国外物流业普遍信息化的背景下，中国物流企业如果要跟上现代物流发展的步伐，就必须学习国外先进的管理理念和先进的技术手段，利用电子商务技术对物流企业进行业务流程再造，以实现中国物流的市场化、现代化、社会化和信息化。国际上一些大型的第三方物流企业无不在信息系统建设方面进行大量投资，以建设比较完善的电子商务平台。中国物流企业要做大做强，也只有在不断壮大业务网络的同时，使现代化的电子商务平台适应业务网络的扩张，完善信息网络。优秀的第三方物流企业必须有能力与客户之间建立基于互联网和 EDI、GIS、GPS 的物流信息系统，充分利用互联网开展电子商务和电子物流等在企业中的应用，它可以帮助物流企业及时跟踪货物的运输过程，掌握库存的准确信息，从而合理调配和使用物流资源。要从中国国情出发，吸收国外先进技术，采取引进消化、先易后难、分步实施的办法，加快各种物流设施、装备和技术信息化建设，形成一整套既适合中国物流发展需要，又与国际惯例接轨的物流信息化体系。

(3) 第三方物流企业需要提供优质、高效的物流服务

首先，第三方物流企业需要把服务质量放在物流的全过程中考虑。第三方物流企业应该增强综合物流的策划和操作能力以及物流要素的整合能力，通过整合资源来提供全面的物流服务，还可与其他物流企业间优势互补，通过共享信息和资源来提高整体竞争力。有了这些基础，第三方物流企业就可根据客户的需求，通过科学合理的流程，把货物安全、准确地送给用户或送到指定地点。其次，第三方物流企业要提高客户服务质量，最有效的方式是建立质量标杆，建立物流服务质量指标体系。为此，第三方物流企业可积极借鉴和吸收国内外物流企业的成功经验，尽可能多地将企业运行的各方面、各环节纳入服务质量指标体系，从而与国际认证体系接轨。由于物流企业服务内容项目繁多、工作较为复杂，这就有必要为物流供应链建设一支由各种专业人才组成的团队，这样物流服务企业提供的各项服务就有了专门技术和管理技能的人才依托。

(4) 第三方物流企业需要转换营销策略

我国的第三方物流企业所面临的是一个尚不成熟的现代物流市场，很多企业尚不熟悉、不习惯使用第三方物流服务。在这个阶段中，第三方物流企业只有采用服务营销的策略，才能开拓市场和开展营销活动。首先，将第三方物流服务市场划分为若干个细分的市场后，根据自身的条件与外部环

境、细分市场的规模和竞争情况、客户的服务需求等各种要素，确定企业主攻的细分市场，并努力去开拓和占领这一细分市场。其次，第三方物流企业可通过对服务的内容、方式、质量等方面的创新和提高，为顾客提供有创新性的物流服务。要努力追求服务的差异化，差异化服务是指通过服务创新等手段为客户提供独特的服务。最后，第三方物流服务企业需要全面关注客户的需求和利益，全面考虑客户的价值取向，强调对客户的服务承诺和服务质量保障等。采用这一营销策略使第三方物流服务企业与客户形成一种相互依存的关系，并通过这种关系获得长远的服务业务。

(5) 发展国际物流，积极参与全球供应链一体化

随着越来越多跨国公司的全球供应链整合延伸到国内，企业的经营视角已不再局限于某个地区，而是转向全球市场，物流国际化成为不可阻挡的必然趋势。如何应对物流国际化将是国内物流企业面临的重大挑战之一。首先，我国物流企业应增强全球化物流的整体意识，积极制定、实施国际化物流战略，通过技术革新提高国内物流企业在国际市场上的竞争能力和成本优势。其次，积极参与全球动态联盟供应链，利用网络技术在全球范围内建立一条经济利益相连、业务关系紧密的行业供应链，实现资源共享、优势互补，充分利用国内、国外一切可利用的资源来适应经济全球化的竞争环境，加速商品周转、资金流动、减少库存和加速商品的国际流通。

复习思考题

1. 如何理解广义与狭义的第三方物流？
2. 简述第三方物流的特征。
3. 阐述物流外包决策模型的发展。
4. 物流外包决策包括哪些步骤？
5. 论述第三方物流的价值。
6. 论述我国如何发展第三方物流。

【结尾案例】

华润集团物流:“1＋3”模式的典范

一、集团内部物流:华润物流的“1”

“1”即为集团内部提供“第一方”物流服务。如何整合各种资源,是一门艺术,“华润物流”不乏精英,也不缺资本,如何将资源合理配置,以发挥其最大效力,他们借鉴了围棋的艺术。

围棋讲求“取势”,华润集团收购万佳百货的战略就是取势,华润集团物流当前开展为集团提供物流服务(第一方物流)的思路也是取势,毕竟“先入汉中者为王”。

围棋还讲求“协同性”,单单一个棋子往往效力有限,但几个棋子经高手排布后,协同性便发挥得淋漓尽致,“远交近攻”、“围魏救赵”等各种手段也呼之欲出。“物流是一个需要整体协同作战的行业”,对于华润集团物流来讲,协同性既指与集团各个产业之间市场业务方面的协同,也包括华润集团物流全国范围内各分支机构之间的协同。

华润集团物流不仅仅是一个提供第三方物流服务的物流公司,同时还是一个提供第一方物流服务的物流公司。它是华润集团整体发展战略中的一部分,是与集团其他产业同步发展、共同推进、协同作战的一个公司。

零售业是华润集团的主业,而零售业又是一个对运输、仓储、配送等物流服务需求量很大的行业。华润集团在香港和内地共经营 333 家超级市场,是香港和内地最大的超级市场连锁店经营商之一。

华润集团近年在中国与世界著名品牌经销商积极合作,开拓中国内地市场,该集团也迅速成为主要的品牌时装经销商之一,经销网络遍布全中国,现已发展成为一个拥有超过 520 家连锁专卖店的网络。

二、与客户同创价值:华润物流的“3”

“3”即是为客户提供第三方物流服务。自华夏企业有限公司在香港成立至今,华润物流的发展经历了一个从注册资金 500 万港币到今天管理分布于香港与内地数十亿港币资产的物流企业。华润物流在香港和内地建立了多家合资船运公司、货运公司等大型货运仓储企业,并在主要城市建立了一批全资货运公司、业务代表处,形成一张覆盖广泛的运输服务网络。其业务范围包括码头与集装箱管理、仓储管理、配送、货运代理、速递、供应链管理、船舶修理等。

悠久的历史、良好的信誉、强大的背景、过硬的设施和优秀的团队，这些都成为华润物流的核心竞争力，使客户放心将自己的物流管理交给华润物流。

华润物流公司和GE塑料集团签署的有关塑料和半导体产品在中国区域7个城市（包括香港、上海、深圳、广东南沙、厦门、天津、大连）全面物流服务合约，是华润物流第一次为跨国公司提供全方位一站式的物流服务，是其由传统的货运仓储企业向现代物流企业转型的可贵尝试。

华润物流与TCL集团海外销售公司签订的为TCL彩电外销俄罗斯提供陆运、海运、海外保税仓储管理及配送的一体化物流服务，是华润集团与TCL集团高层领导探讨物流与分销领域合作的成果，是继GE项目后华润物流获得的又一个全程一站式物流合约。

在物流信息管理方面，华润物流实施了位居世界先进水平的MK logistics系统，满足了第一方和第三方物流服务的应用要求，将第一方物流服务与第三方物流服务统一到一个信息平台上。

华润物流的MK物流信息管理系统，不仅使其信息平台有了飞跃性的进步，从而在中国物流市场获得技术领先优势，而且通过MK系统的实施，在华润物流内部正在涌现出一批MK系统的业务模型设计、实施、培训方面的专业人才。在他们的带动下，华润物流各地的公司将能开辟更多新型的物流业务，配合公司在资产运营、内部资源整合等方面的计划。MK项目极大地推动了华润物流转型成为中国领先的第三方物流服务商的进程，为华润集团分销及相关业务的发展打下较为坚实的基础。

正如华润集团的庄严使命里所昭示，“通过坚定不移的改革和发展，把‘华润’建设成在主营行业有竞争力和领导地位的优秀国有控股企业，并实现股东价值和员工价值最大化”。华润物流也正是在这种使命的驱动下，整合已有的物流服务设施与人员，成为能够为每个需求不同的客户提供一站式第三方物流服务的公司。

参考文献

[1] 白世贞,李楠.物流管理学[M].北京:化学工业出版社,2009.

[2] 霍红,马常红.物流管理学(第二版)[M].北京:中国物资出版社,2008.

[3] 孙明贵.物流管理学[M].北京:北京大学出版社,2009.

[4] 田源.物流管理概论[M].北京:机械工业出版社,2007.

[5] 赵刚,周鑫,刘伟.物流管理教程[M].上海:上海人民出版社,2008.

[6] 张理.物流管理导论[M].北京:清华大学出版社,2009.

[7] 李严锋.物流管理概论[M].北京:科学出版社,2008.

[8] 高四维,吴刚.现代物流管理导论[M].北京:科学出版社,2008.

[9] 吕洪霞.物流管理[M].杭州:浙江大学出版社,2008.

[10] 陈子侠,蒋长兵,陈达强.现代物流管理教程[M].北京:中国物资出版社,2007.

[11] 刘刚.物流管理(第二版)[M].北京:中国人民大学出版社,2008.

[12] 李苏剑,游战清.企业物流管理[M].北京:机械工业出版社,2003.

[13] 孙明贵.物流管理学[M].北京:北京大学出版社,2002.

[14] 王国华.中国现代物流大全[M].北京:中国铁道出版社,2004.

[15] 周启蕾.物流学概论(第二版)[M].北京:清华大学出版社,2009.

[16] 叶怀珍.现代物流学(第二版)[M].北京:高等教育出版社,2006.

[17] 刘常宝.现代物流概论[M].北京:科学出版社,2009.

[18] Paul R. Murphy jr. ,Donald F. Wood. Contemporary Logistics(第八版)[M].北京:中国人民大学出版社,2004.

[19] 马丁·克里斯托弗. Logistics and Supply Chain Management[M].北京:电子工业出版社,2003.

[20] 赵林度.供应链与物流管理理论与实务[M].北京:机械工业出版

社,2007.

[21] 王艳珍.物流学概论[M]. 哈尔滨:哈尔滨工业大学出版社,2009.

[22] 陈廷斌.供应链与物流管理[M]. 北京:清华大学出版社,2008.

[23] 张念.现代物流学[M]. 长沙:湖南人民出版社,2006.

[24] 彭扬,吴承建,彭建良.现代物流学概论[M]. 北京:中国物资出版社,2009.

[25] 汝宜红.物流学[M]. 北京:高等教育出版社,2009.

[26] 田源.仓储管理[M]. 北京:机械工业出版社,2007.

[27] 王国文.仓储规划与运作[M]. 北京:中国物资出版社,2009.

[28] 王国文.仓储管理与战略[M]. 北京:中国物资出版社,2009.

[29] 刘俐.现代仓储运作与管理[M]. 北京:北京大学出版社,2007.

[30] 霍红,刘莉.物流仓储管理[M]. 北京:化学工业出版社,2009.

[31] 左生龙,刘军.现代仓储作业管理[M]. 北京:中国物资出版社,2006.

[32] 邬星根.仓储与配送管理[M]. 上海:复旦大学出版社,2005.

[33] 赵晓波,黄四民.库存管理[M]. 北京:清华大学出版社,2008.

[34] 王文信.仓储管理[M]. 厦门:厦门大学出版社,2007.

[35] 田源,张文杰.仓储规划与管理[M]. 北京:清华大学出版社,2009.

[36] 梁军.仓储管理[M]. 杭州:浙江大学出版社,2009.

[37] 黄中鼎,林慧丹.仓储管理实务[M]. 武汉:华中科技大学出版社,2009.

[38] 李静芳.现代物流管理[M]. 北京:清华大学出版社,2009.

[39] 张连富.物流学(第二版[M]).北京:人民交通出版社,2009.

[40] 喻丽辉,王丽梅.现代物流基础[M]. 北京:清华大学出版社,2009.

[41] 吴承健.物流学概论[M]. 杭州:浙江大学出版社,2009.

[42] 林勋亮.物流与供应链管理[M]. 北京:电子工业出版社,2009.

[43] 刘仁军.物流管理通论[M]. 武汉:武汉大学出版社,2008.

[44] 谭红翔.企业物流管理[M]. 北京:清华大学出版社,2008.

[45] 梁金萍.现代物流学(第二版)[M]. 大连:东北财经大学出版社,2008.

[46] 姜志遥.企业物流管理[M]. 北京:人民交通出版社,2007.

[47] 刘斌.物流管理[M].北京:高等教育出版社,2007.

[48] 熊青.企业物流管理[M].北京:人民交通出版社,2007.

[49] 陈岩.物流基础[M].北京:北京理工大学出版社,2007.

[50] 张余华.现代物流管理[M].武汉:华中科技大学出版社,2006.

[51] 姜志遥.运输管理实务[M].北京:中国铁道出版社,2008.

[52] 刘来平.物流运输管理实务[M].北京:化学工业出版社,2007.

[53] 秦明森.物流运输与配送管理实务[M].北京:中国物资出版社,2006.

[54] 宋杨.运输与配送管理[M].大连:大连理工大学出版社,2006.

[55] 徐家骅.运输管理实务[M].北京:清华大学出版社,2006.

[56] 宁莉.运输作业实务[M].北京:机械工业出版社,2006.

[57] 陈志红.运输实务[M].北京:人民交通出版社,2005.

[58] 宋杨.运输与配送管理[M].大连:大连理工大学出版社,2006.

[59] 汝宜红,宋伯慧.物流配送管理[M].北京:机械工业出版社,2004.

[60] 祁洪祥.配送管理[M].南京:东南大学出版社,2006.

[61] 陈照辉.配送中心选址问题模型及算法研究[D].鞍山:鞍山科技大学,2006.

[62] 杜文.物流运输与配送管理[M].北京:机械工业出版社,2006.

[63] 杨帆.关于制造企业配送模式选择模型的研究[D].天津:天津大学,2007.

[64] 林芳.我国物流配送模式研究[D].成都:西南交通大学,2004.

[65] 刘婵媛.鲜活农产品配送的模式及路线优化研究[D].武汉:华中科技大学,2006.

[66] 刘云忠,宣慧玉.车辆路径问题的模型及算法研究综述[J].管理工程学报,2005,19(1):124—130.

[67] 方庆琯,王转.现代物流设施与规划[M].北京:机械工业出版社,2004.

[68] 魏光兴,重庆.物流配送中心选址方法综述[J].物流与交通,2005,(9):48—49.

[69] 卫民.物流中心的建设规划探讨[J].物流技术,2002,(6):30—32.

[70] 林立千.设施规划与物流中心设计[M].北京:清华大学出版

社,2003.

[71] 刘昌祺.物流配送中心设计[M].北京:机械工业出版社,2002.

[72] 郝晓渊.现代物流配送管理[M].广州:中山大学出版社,2007.

[73] 程艳霞.现代物流管理概论[M].武汉:华中科技大学出版社,2009.

[74] 刘北林.物流配送管理[M].北京:化学工业出版社,2009.

[75] 杨敏.配送中心运营管理[M].北京理工大学出版社,2007.

[76] 李雪松.现代物流仓储与配送[M].北京:中国水利水电出版社,2007.

[77] 夏春玉.物流与供应链管理[M].大连:东北财经大学大学出版社,2007.

[78] 李松庆.物流学[M](第1版).北京:清华大学出版社,2008.

[79] 郭成,(美)John Brown.现代物流管理[M].郑州:郑州大学出版社,2004.

[80] 崔介何.物流学[M].北京:北京大学出版社,2003.

[81] 王健.现代物流概论[M].北京:北京大学出版社,2005.

[82] 鲁小春.现代物流基础设施与设备[M].北京:中国物资出版社,2006.

[83] (美)唐纳德J·鲍尔索克斯,戴维J·克劳斯.物流管理:供应链过程的一体化[M](第1版)北京:机械工业出版社,1999.

[84] 林自葵.物流信息管理[M].北京:清华大学出版社,2006.

[85] 蔡淑琴,夏火松.物流信息与信息系统[M].北京:电子工业出版社,2005.

[86] 刘小卉.物流管理信息系统[M].上海:复旦大学出版社,2006.

[87] 薛华成.管理信息系统[M].北京:清华大学出版社,1999.

[88] 中国物品编码中心.自动识别技术导论[M].武汉:武汉大学出版社,2007.

[89] 孙红.现代物流管理基础[M].上海:立信会计出版社,2006.

[90] 何开伦.物流成本管理[M].武汉:武汉理工大学出版社,2007.

[91] 阎平,彭卫华.物流成本管理[M].北京:中国商业出版社,2007.

[92] 佘艳琴.物流成本管理[M].武汉:武汉大学出版社,2008.

[93] 赵刚.物流成本分析与控制[M].成都:四川出版集团 四川人民出版

社,2009.
[94] 沈默.现代物流管理[M].北京:中国林业出版社,2007.
[95] 王新利.物流管理[M].北京:中国农业出版社,2007.
[96] 乔志强.物流管理概论[M].北京:经济科学出版社,2007.
[97] 温诒忠.物流管理[M].上海:立信会计出版社,2006.
[98] 张铎.物流基础[M].北京:中国铁道出版社,2009.
[99] 柳林.国际物流管理[M].成都:西南交通大学出版社,2006.
[100] 方景芳.物流系统分析与设计[M].北京:机械工业出版社,2009.
[101] 张志勇.物流系统运作管理[M].北京:清华大学出版社,2009.
[102] 尤建新.物流系统规划与设计[M].北京:清华大学出版社,2009.
[103] 张潜.物流系统工程[M].重庆:重庆大学出版社,2008.
[104] 王长琼.物流系统工程[M].北京:高等教育出版社,2007.
[105] 黄君麟.物流学导论[M].北京:人民交通出版社,2007.
[106] 贲志宇.现代物流基础[M].大连:大连出版社,2006.
[107] 何明珂.物流系统论[M].北京:高等教育出版社,2006.
[108] 李松庆.第三方物流论:理论、比较与实证分析[M].北京:中国物资出版社,2005.
[109] 施险峰.中国第三方物流的发展研究[D].上海:复旦大学,2004.
[110] 周昌林.第三方物流组织:理论与应用[M].北京:经济管理出版社,2005.
[111] 杜文,任民.第三方物流[M].北京:机械工业出版社,2004.
[112] 丁俊发.中国物流业面临的形势与任务[J].中国物流与采购联合会会员通讯,2009,(18):1—9.
[113] 戴定一.从应用案例看物流与采购信息化[J].中国物流与采购联合会会员通讯,2009,(16):1—7.
[114] 中华人民共和国交通部.关于加快发展现代交通业的若干意见[EB/OL].中国经济网,2007.
[115] 朱庆伟.基于SCP范式的中国第三方物流发展研究[D].济南:山东大学,2008.